भासनाटकचक्रम्

भासनाटकचक्रम्

Plays Ascribed to Bhāsa

ORIGINAL THIRTEEN TEXTS IN DEVANĀGARI

CRITICALLY EDIED BY

C. R. DEVADHAR

Fergusson College, Poona

MOTILAL BANARSIDASS PUBLISHING HOUSE SINCE 1903

MOTILAL BANARSIDASS

PUBLISHING HOUSE • DELHI

Email: naraina@mlbd.in • Website: www.mlbd.in

@mlbdofficial

+91 89 2999 9000

2nd Reprint: Delhi, 2024

Reprint: Delhi, 1987

First Printed: Poona, 1962

ISBN: 978-93-5971-391-5 (Hardcover)
ISBN: 978-93-5971-850-7 (Paperback)

Printed & Published by
Rajendra P Jain *for*
Motilal Banarsidass Publishing House
A-44, Naraina Industrial Area, Phase I,
New Delhi–110 028 (INDIA)
Email: naraina@mlbd.in Website: www.mlbd.in
Tel.: (+91-11)4751 1592

Delhi Showroom:

4637/20, F-2, Hari Sadan, First Floor, Ansari Road, Daryaganj
Delhi–110 002 (Opp. Fire Station) ***Tel.***: (+91-11)4559 7999

Bengaluru Showroom:

1st Floor, 1/2 Rathnavilas Road, Basvanagudi, Next to Pai
Vista Convention Hall, South End Circle Bengaluru -

CONTENTS

PREFACE

In an article published in the "Bulletin of the Rama Varma Research Institute." Vol. V. part I. (Jan. 1937) the late Professor Dr. M. Winternitz concludes with 'an appeal to our friends and colleagues in the country of Malabar' to provide us with a critical edition of the thirteen plays ascribed to Bhāsa for which there is ample manuscript material in that country. In the meanwhile we have to remain satisfied with the Trivandrum edition and editions of individual plays based on the same. As early as 1925, I published my edition of the Svapnavāsavadatta which was based upon two MSS. in Malayalam characters, transcribed in Devanāgarī, and sent on to me by Mr. K. Rama Pisharodi. I have further used MSS. of the following plays of the group from the Bhandarkar Research Institute :—

1. अविमारक—No. 35 of 1925–26
2. बालचरित--No. 36 of 1925–26
   ,, No. 5 of 1926–27
3. मध्यमव्यायोग--No. 9 of 1926–27
4. ऊरुभङ्ग—No. 9 of 1926–27
5. दूतघटोत्कच--No. 7 of 1926–27
6. कर्णभार –No. 10 of 1926–27

I have collated these MSS. with the published texts of the plays, and I feel very happy to say that the manuscript material has helped me to fix many doubtful or obscure readings. This will be particularly evident form the text of the बालचरित in which most of the obscurities and conjectural readings of the Trivandrum text have been replaced by reliable readings.

In the appendices at the end, I have given a consolidated metrical Index, together with a table giving at a glance the number of verses in a particular metre in the various plays; a collection of all anomalous forms and constructions; a list of citations from rhetorical and other works wherein reference is made to Bhāsa or his works; and lastly, a glossary of rare and out-of-the-way expressions employed in these plays. I am considerably indebted to the work of the late Mm. Gaṇapati Śāstri, and also to the articles on Bhāsa by Dr. V. S. Sukhtankar in preparing these appendices—especially the first two; I have also made use of all the editions of individual plays of the group so far published, and I make my grateful acknowledgments to these. As for the introduction, I have given merely a summary of my views on the Bhāsa problem, leaving the readers to refer to my essay on 'Plays ascribed to Bhāsa, their authenticity and merits' for a further and detailed discussion of the problem. I feel happy to add that two of the most eminent scholars of the West, the late Professor Dr. Sylvain Levi, and the late Professor Dr. M. Winternitz have unequivocally given it as their opinion that the plays in question cannot be the works of the great poet Bhāsa–thus confirming the view that I have expressed in my thesis. In the article referred to at the outset, Professor Winternitz writes, " I believe that most scholars are now inclined to give up the idea that we are in the happy possession of the principal works of the great Bhāsa who was famous already at the time of Kālidāsa." In a letter addressed to Mr. P. Anujan Achan, and published in the same Bulletin, Dr. Winternitz writes, "I am no longer a believer in Bhāsa's authorship of these plays."

A companion volume, giving a critical introduction, a full translation and explanatory notes for each of the plays is under preparation and will be published as early as practicable. I cannot sufficiently express my gratitude to Dr. N. G. Sardesai, the enthusiastic proprietor of the Oriental Book Agency, for his readiness to undertake the publication of the present volume. My student and friend, Mr. J. V. Vaidya, B.A., deserves my best thanks for the invaluable help he has rendered in transcribing and copying the manuscript and in reading the proof-sheets; and lastly, my thanks are due to Mr. S. R. Sardesai, B.A.,LL.B., the Manager of the Samarth Bharat Press, for the very nice printing and getup of the work.

Prabhakara Niketana,
Deccan Gymkhana,
Poona.

C. R. DEVADHAR.

PREFACE TO THE SECOND EDITION

This is a mere reprint of the 1937 edition. The Companion Volume promised could not be published so far owing to difficulties beyond our control, and the idea is postponed for the present.

C. R. DEVADHAR

INTRODUCTION.

The Bhāsa Problem.

Bhāsa, the worthy predecessor of Kālidāsa, was to us a mere name until in the year 1912 the late Mahāmahopādhyāya Gaṇapati Śāstri claimed to have discovered a number of plays written by Bhāsa which were published by him in the Trivandrum series. The number of these plays ultimately came to thirteen. These fall into two broad division : the Epic-Pauranic and the legendary; the former includes plays which are based upon the Mahābhārata, the Rāmāyaṇa and the Viṣṇupurāṇa; while the latter comprises plays that derive their plots from the Bṛhatkathā and other popular legends.

The following are the names of the plays thus classified :—

I. Probably from the Bṛhatkathā—	
	1 Svapnavāsavadatta (Sv.)
	2 Pratijñāyaugandharāyaṇa (Pry.)
	3 Avimāraka (Avi.)
	4 Cārudatta (Cār.)
II. Rāmāyaṇa—	5 Pratimā (Prat.)
	6 Abhiṣekā (abhi.)
III. Mahābhārata—	7 Pañcarātra (Pañ.)
	8 Dūtavākya (Dūta.)
	9 Madhyamavyāyoga (Madhya.)
	10 Dūtaghaṭotkaca (Dgh.)
	11 Karṇabhāra (Karṇa.)
	12 Ūrubhanga (Ū.)
IV. Kṛṣṇa legend—	13 Bālacarita (B.)

The history of Sanskrit drama offers nowhere such fertile ground for romantic speculations as in this group of thirteen anonymous dramas which the late Pandit Gaṇapati Śāstri of Trivandrum attributed to the great poet Bhāsa on the strength of certain facts which, however, are fast failing him. It was in the nature of things, that in the first sensation of this discovery, so fraught with the most wide-reaching results for the history of the drama, it should have been hailed by a chorus of applause to which both East and West joined their voices. If, however, there was an unreasoned and uncritical haste in propounding and supporting the theory, there was also not lacking the nerve and the animus of a hot controversy in the arguments urged against the theory by those who declared these dramas to be the work of the later play-wrights of Kerala. This, if the supporters of the hypothesis could not advance a single argument that may be regarded as conclusive, the evidence on the other side too is mainly negative in character and fails equally to produce conviction. The problem, even after many years of heated controversy, appears to be much more complex than was generally supposed and is as far from a satisfactory solution as ever.

The views expressed on the problem fall into three distinct schools (i) those that have lent their whole-hearted support to the hypothesis, (ii) those that have opposed the hypothesis (iii) and those that have found a *via media* and have held that the contention of the opposing sides is based upon partial truths, and that in a sense these plays are Bhāsa plays and in a sense they are not. Here is a brief resume of the principal arguments advanced in support of their thesis by these different schools of opinion upon the subject.

Although the name of Bhāsa is nowhere mentioned in the manuscripts, neither in the body of the texts nor in the colophons, Mm. Gaṇapati Śāstri comes to the conclusion that all these dramas are to be ascribed to Bhāsa principally on the following important grounds:-- (1) All these dramas begin with the stage-direction नान्द्यन्ते ततः प्रविशति etc, whereas in the classical dramas we are accustomed to have the Nāndī first and then the stage direction नान्द्यन्ते etc. This technical peculiarity of the Bhāsa plays seems to be alluded to in the famous stanza of the Harṣacarita.

सूत्रधारकृतारम्भैर्नाटकैर्बहुभूमिकैः।
सपताकैर्यशो लेभे भासो देवकुलैरिव ॥

Where Bāṇa tells us that the dramas of Bhāsa begin with the appearance of the Sūtradhāra and are rich in persons and episodes. (2) The prologue is called Sthāpanā everywhere in place of Prastāvanā (3) Unlike the classical dramas the title of the work and the name of the author are not mentioned in the Sthāpanās of these plays, which fact argues that the plays belong to pre-classical times when details such as these were possibly left to the preliminaries. (4) The Bharatavākya ends everywhere with the prayer "May our mighty King rule the whole earth." (5) The dramas further present a structural similarity, and the opening verses of many of the plays string together the principal charcters by what is technically called the Mudrālaṅkāra. (6) One of the plays is mentioned by Rājaśekhara with the name of the author; it, therefore, stands to reason that the rest of the group which show numerous affinities with it as regards style, stage-technique, ideas and vocabulary should be ascribed to the same poet–the poet of the Svapnavāsavadatta. (7) Many rhetoricians bring in their works citations from different works of Bhāsa e. g. Vāmana gives us citations from the Sv. Pry. and Cār; Bhāmaha seems to criticise his. Pry. and actually quotes the very words from the Pry.; Daṇḍin cites that famous stanza लिम्पतीव etc. which is found in the B, and the Cār. of our poet. So Abhinavagupta refers to the Sv. in his Nāṭya-vedavivṛti although in his Dhvanyālokālocana he gives us a stanza from the Sv. which, however, is not to be met with in the newly discovered play. The most important reference, however, is the one made by Rājaśekhara who not only mentions a play by name but also definitely associates it with the name of Bhāsa.

In support of this thesis, there is further the evidence of the metres, especially the preponderance of the Epic Śloka, while the deviations from Pāṇini's grammar and the peculiarities of the Prākṛta unmistakably prove that the plays are pre-classical. Dr. Max Lindenau emphasises the deviations of these plays from the Nātya śāstra of Bharata as a further indication of their high antiquity. 'Against the teaching of the text-books on dramaturgy which the classical dramas follow, the author of these plays does not hesitate to describe death, and even frightful death on the stage;' this is only one of the several infringements of the rules of Bharata.

On the other hand, the opponents of the theory have brought forward their arguments which seek to negative these contentions, and they have succeeded in showing that the plays in question are of doubtful authenticity and of uncertain date. They explain the omission of the title of the work and the name of the author on the ground that the play-wrights who were mere plagiarists or adapters had certainly very obvious reasons to remain anonymous. As to the verse from the Harsacarita which states that the dramas of Bhāsa were begun by the Sūtradhāra, it is urged that it would be the perversion of all probabilities to find in this innocuous statement any distinguishing feature of the dramas of Bhāsa; in fact the poet is merely trying to avail himself of an ingenious equivoque to find semblance between objects which have obviously nothing common between them. As a matter of fact even the classical plays can very well be described as सूत्रधारकृतारम्भ 'begun by the Sūtradhāra'; the position of the first stage direction नान्द्यन्ते ततः etc. before the opening verse is a peculiarity of South Indian manuscripts, and not a characteristic of pre-classical plays.

As to the peculiar dramatic technique of these plays it is no-wise peculiar to these dramas as in fact it is shared by almost all South Indian plays And in regard to the deviations from the rules of Bharata, which have been utilised by the supporters of the hypothesis to prove that the plays belong to the pre-classical epoc, it has been proved that such innovations have been introduced in later classical plays also with a view to secure a more arresting stage-effect. As regards the argument which sought to prove the antiquity of the plays on linguistic grounds--on the strength of the Un-Pāṇinian forms and Prākṛta archaism–Prof. Winternitz[1] has pointed out in connection with the former, that 'too much importance cannot be attached to this argument, because such deviations occur also in the epic-legendary literature and even in very later texts,' while as regards the latter—the Prākṛta archaisms--it has now been shown that the so-called archaisms are used in the Malayalam manuscripts of dramas of even Kālidāsa and Harṣa; so that it will have to be unequivocally admit-

1. Ostasiatishe zeitshift Ig. ix.

ted that "The Prākṛta of the drama is a factor depending more on the provenance and the age of manuscripts than on the provenance and the age of the dramatist."

About the verses in these plays which are cited or criticised in different treatises on rhetoric, it is important to bear in mind that the rhetoricians themselves have nowhere associated these citations with either the name of Bhāsa, or with any one of the plays attributed to him. There is on the other hand a large number of verses which are specially mentioned as Bhāsa's in anthologies of Sanskrit verses, but are not found in the present plays.

From the foregoing summary of arguments on both sides, it will be seen that none of the arguments advanced is absolutely convincing and, therefore there have been from the very first cautious critics who were sceptical about the authenticity of the plays and held that these plays—at least some of them—bear the evident marks of being abridged versions of probably the original dramas of Bhāsa.

And vitally important considerations were recently revealed in this connection by K. Rama Pisharoti (BSOS. 3. 112f. 3. 641) who has shown that 'these plays form a part of the repertoire of the Cakyārs'—the traditional actors of Kerala. He, further, adverts to the peculiar practice of the Cakyārs viz. that they never act a drama in full, but only selected scenes now from one drama, and now from another and that for every act they stage, they have their set introduction. It is, therefore, possible that the 'prologues' of the plays are later accretions, while the main scenes preserve to us the original plays abridged or modelled in parts to suit the exigencies of the local theatre; so that it is possible that much of the relative uniformity of style, dramatic method and formal technique may be the result of this local 'editing;' the plays may, therefore, be the product of a class of play-wrights who belonged to one common school and worked under its conventions. Secondly, it is not at all clear that the Tss. Svapnavāsavadattam is the famous Svapnavāsavadattam attributed to Bhāsa by Rājaśekhara. There are in the first place two citations from Sv.[1] given in works on rhetoric which are not found in the extant play. Secondly, the Bhāvaprakāśa of Śāradātanaya gives us a passage in which the Sv. is classed as a play of the Praśānta type; in this passage the author gives us a sort of a synopsis of the play which reveals that the Sv. known to Śāradātanaya had much in common with the Tss. Svapnavāsavadatta but was not identical with it, as one important incident mentioned in the passage is not found in the Tss. play[2]. Further in his Nāṭakalakṣaṇa-ratnakośa, Sāgaranandin gives up an extract from the Sv. which in substance but not in actual words, is found in the Tss. play.

Thus it will be clear that the Sv. of this group is merely a version–a stage version–of the original play.

From all the foregoing discussion, it will be clear that in the first place the Sv. is not the genuine work of Bhāsa, and secondly that it is by no means certain that these plays claim to be the production of one writer; they are a heterogeneous group, and, therefore, cannot be regarded as the work of the poet of the Sv. and therefore of Bhāsa.

---

1. सञ्चितपक्ष्मकपाटं नयनद्वारं स्वरूपतडनेन ?।
उद्घाट्य सा प्रविष्टा हृदयगृहं मे नृपतनूजा ॥
Abhinavagupta on Dhvanyāloka;
पादाक्रान्तानि पुष्पाणि सोष्म चेदं शिलातलम् ।
नूनं काचिदिहासीना मां दृष्ट्वा सहसा नता (गता ?)
Nāṭyadarpaṇa.
2. Vide Svapnavāsavadattam intro, viii.

स्वप्नवासवदत्तस्य कथावस्तु ।

'मगधराजपुत्री पद्मावती वत्सराजस्योदयनस्य महिषी भविष्यति' इति सिद्धादेशप्रत्ययाद् वत्सराजमन्त्री यौगन्धरायणो रुमण्वदाद्यमात्यैः सह संमन्त्र्य वासवदत्तां नामास्य परिणीतपूर्वां महिषीं महासेनदुहितरं लावाणकग्रामदाहे दग्धामात्मानं चैनामभ्युपपत्तुकामं तस्मिन्नेवाग्नौ पतितमपदिश्य परिव्राजकवेष आवन्तिकावेषधारिणीं वासवदत्तामादाय "इयं मे स्वसा, प्रोषितभर्तृकामिमामत्रभवत्या कंचित्कालं परिपाल्यमानामिच्छामि" इति संप्रार्थ्यैनां पद्मावत्या हस्ते न्यासीकृत्यापक्रान्तः। अथ वासवदत्ताविरहार्तो वत्सराजोऽन्यप्रयोजनेन मगधेश्वरस्य पद्मावतीभ्रातुर्दर्शकस्य राजधानीं राजगृहं प्राप्तः सन् तेन राज्ञाभिजनविज्ञानवयोरूपं दृष्ट्वा स्वयमेव दत्तां पद्मावतीं महिषीत्वेन प्रतिजग्राह।

अथान्येद्युः शिरोवेदनया दुःखितां पद्मावतीमाश्वासयितुं समुद्रगृहके गतो वत्सराजस्तामनागतां दृष्ट्वा तत्रैव शय्यायां तां प्रतिपालयन् निद्राविधेयोऽभूत्। अस्मिन्नन्तर उपस्थिता तत्र वासवदत्ता। सा च पद्मावती स्वपितीति बुद्ध्या तस्यां शय्यायां वत्सराजस्य पार्श्वे संविष्टा सती वत्सराजमुत्स्वप्नायमानं श्रुत्वा सहसोत्थाय स्वप्नवचनानुरूपं किमप्येनमभिभाष्य शय्याप्रलम्बितं चास्य हस्तं शयनीय आरोप्य झटिति निश्चक्राम। वत्सराजोऽपि प्रबुध्य संभ्रमेणानुधावन्नेनां द्वारपक्षेण ताडितो रुद्धगतिरभूत्। ततः किमयं भूतार्थो वा मनोरथो वेति नाज्ञासीत्। एतदनन्तरं दर्शकस्य साहाय्येन द्विषदमारुणिमवस्कन्द्य स्वविषयान् वत्सान् प्राप्त उदयनो रणरणकखिन्नो वासवदत्ताजनन्या जामातृवात्सल्यात् प्रहितामात्मनो वासवदत्तायाश्च चित्रफलके लिखितां प्रतिकृतिं पद्मावत्या सह यावत् पश्यति तावत्तयाभिहितम् "आर्यपुत्र! अस्याः प्रतिकृत्याः सदृशीहैव प्रतिवसति; सा हि मम कन्याभावे केनापि ब्राह्मणेन मम भगिनिकेति न्यासो निक्षिप्तः" इति। ततस्तया सहागतां वासवदत्तां प्रत्यभिज्ञाय यौगन्धरायणस्य सदैव स्वामिहितनिरतस्य नीतिविजृम्भितं बुद्ध्वा परमप्रीतस्ताभ्यां पत्नीभ्यां सह सुखमन्वभूत्।

भासनाटकचक्रेऽपि च्छेकैः क्षिप्ते परीक्षितुम्।
स्वप्नवासवदत्तस्य पावकोऽभून्न पावकः॥

When the group of Bhasa plays too was flung into flames by art-critics to test them, the Svapnavasavadatta was spared by fire.

सूत्रधारकृतारंभैर्नाटकैर्बहुभूमिकैः ।
सपताकैर्यशो लेभे भासो देवकुलैरिव ॥

Bhasa won fame by his plays, begun by the stage-director, containing numerous characters, and episodes, just as an architect wins fame by building temples with many floors and (adorned) with flags.

पात्राणि ।

पुरुषाः—

राजा —वत्सराज उदयनः ।
विदूषकः–वसन्तकः, उदयनस्य नर्मसुहृद् ।
यौगन्धरायणः—वत्सराजमन्त्री ।
ब्रह्मचारी —लावाणकेऽधीती ।
काञ्चुकीयः
रैभ्यः—महासेनकाञ्चुकीयः ।
संभषकः } पद्मावतीभृत्यौ
भटः }

स्त्रियः—

वासवदत्ता—उदयनस्य प्रथममहिषी । इयमावन्तिका च ।
पद्मावती— मगधराजस्य दर्शकनाम्नो भगिनी ।
तापसी
चेटी—पद्मावत्याः किङ्करी ।
मधुकरिका } —पद्मावत्याश्चेटयौ ।
पद्मिनिका }
धात्री—पद्मावत्या उपमाता ।
विजया—वत्सराजगृहे प्रतिहारी ।
धात्री—वासवदत्ताया उपमाता ।

॥ श्रीः ॥

भासनाटकचक्रे

स्वप्नवासवदत्तम्

(नान्द्यन्ते ततः प्रविशति सूत्रधारः)

सूत्रधारः—

उदयनवेन्दुसवर्णावासवदत्ताबलौ बलस्य त्वाम् ।
पद्मावतीर्णपूर्णौ वसन्तकम्रौ भुजौ पाताम् ॥ १ ॥

एवमार्यमिश्रान् विज्ञापयामि । अये ! किं नु खलु मयि विज्ञापनव्यग्रे शब्द इव श्रूयते । अङ्ग ! पश्यामि ।

३ (नेपथ्ये)

उस्सरह उस्सरह अय्या ! उस्सरह ॥ [उत्सरतोत्सरतार्याः ! उत्सरत ।]

६ सूत्रधारः– भवतु, विज्ञातम् ।

भृत्यैर्मगधराजस्य स्निग्धैः कन्यानुगामिभिः ।
धृष्टमुत्सार्यते सर्वस्तपोवनगतो जनः ॥ २ ॥

(निष्क्रान्तः)

स्थापना ।

---

३ (प्रविश्य)

भटौ—उस्सरह उस्सरह अय्या ! उस्सरह ॥ [उत्सरतोत्सरतार्याः ! उत्सरत ।]

६ (ततः प्रविशति परिव्राजकवेषो यौगन्धरायण आवन्तिकावेषधारिणी वासवदत्ता च)

यौगन्धरायणः–(कर्णं दत्त्वा) कथमिहाप्युत्सार्यते । कुतः,

धीरस्याश्रमसंश्रितस्य वसतस्तुष्टस्य वन्यैः फलै-
र्मानार्हस्य जनस्य वल्कलवतस्त्रासः समुत्पाद्यते ।
उत्सिक्तो विनयादपेतपुरुषो भाग्यैश्चलैर्विस्मितः
कोऽयं भो निभृतं तपोवनमिदं ग्रामीकरोत्याज्ञया ॥ ३ ॥

वासवदत्ता–अय्य ! को एसो उस्सारेदि ॥ [आर्य ! क एष उत्सारयति ।]

यौगन्धरायणः–भवति ! यो धर्मादात्मानमुत्सारयति ।

वासवदत्ता–अय्य ! ण हि एव्वं वत्तुकामा, अहं वि णाम उस्सारइदव्वा होमि त्ति ॥ [आर्य ! न ह्येवं वक्तुकामा, अहमपि नामोत्सारयितव्या भवामीति ।]

यौगन्धरायणः–भवति ! एवमनिर्ज्ञातानि दैवतान्यवधूयन्ते ।

वासवदत्ता–अय्य ! तह परिस्समो परिखेदं ण उप्पादेदि, जह अअं परिभवो ॥ [आर्य ! तथा परिश्रमः परिखेदं नोत्पादयति, यथायं परिभवः ।]

यौगन्धरायणः–भुक्तोज्झित एष विषयोऽत्रभवत्या । नात्र चिन्ता कार्या । कुतः,

पूर्वं त्वयाप्यभिमतं गतमेवमासी-
च्छ्लाघ्यं गमिष्यसि पुनर्विजयेन भर्तुः ।
कालक्रमेण जगतः परिवर्तमाना
चक्रारपंक्तिरिव गच्छति भाग्यपंक्तिः ॥ ४ ॥

भटौ–उस्सरह अय्या ! उस्सरह ॥ [उत्सरतार्याः ! उत्सरत ।]

(ततः प्रविशति काञ्चुकीयः)

काञ्चुकीयः–सम्भषक ! न खलु न खलूत्सारणा कार्या । पश्य,

परिहरतु भवान् नृपापवादं
न परुषमाश्रमवासिषु प्रयोज्यम् ।
नगरपरिभवान् विमोक्तुमेते
वनमभिगम्य मनस्विनो वसन्ति ॥ ५ ॥

उभौ–अय्य ! तह ॥ [आर्य ! तथा ।]

(निष्क्रान्तौ)

यौगन्धरायणः–हन्त सविज्ञानमस्य दर्शनम् । वत्से ! उपसर्पावस्तावदेनम् ।

वासवदत्ता–अय्य ! तह ॥ [आर्य ! तथा ।]

यौगन्धरायणः–(उपसृत्य) भोः ! किंकृतेयमुत्सारणा ।

काञ्चुकीयः–भोस्तपस्विन् ! ।

यौगन्धरायणः–(आत्मगतम्) तपस्विन्निति गुणवान् खल्वयमालपः । अपरिचयात्तु न श्लिष्यते मे मनसि ।

काञ्चुकीयः– भोः ! श्रूयताम् । एषा खलु गुरुभिरभिहितनामधेयस्यास्माकं महाराजदर्शकस्य भगिनी पद्मावती नाम । सैषा नो महाराजमातरं महादेवीमाश्रमस्थामभिगम्यानुज्ञाता तत्रभवत्या राजगृहमेव यास्यति । तदद्यास्मिन्नाश्रमपदे वासोऽभिप्रेतोऽस्याः । तद् भवन्तः

तीर्थोदकानि समिधः कुसुमानि दर्भान्
स्वैरं वनादुपनयन्तु तपोधनानि ।
धर्मप्रिया नृपसुता न हि धर्मपीडा-
मिच्छेत् तपस्विषु कुलव्रतमेतदस्याः ॥ ६ ॥

यौगन्धरायणः–(स्वगतम्) एवम् । एषा सा मगधराजपुत्री पद्मावती नाम, या पुष्पकभद्रादिभिरादेशिकैरादिष्टा स्वामिनो देवी भविष्यति । ततः,

प्रद्वेषो बहुमानो वा संकल्पादुपजायते ।
भर्तृदाराभिलाषित्वादस्यां मे महती स्वता ॥ ७ ॥

वासवदत्ता–(स्वगतम्) राअदारिअत्ति सुणिअ भइणिआसिणेहो वि मे एत्थ सम्पज्जइ ॥ [राजदारिकेति श्रुत्वा भगिनिकास्नेहोऽपि मेऽत्र संपद्यते ।]

(ततः प्रविशति पद्मावती सपरिवारा चेटी च)

चेटी–एदु एदु भट्टिदारिआ, इदं अस्समपदं, पविसदु ॥ [एत्वेतु भर्तृदारिका, इदमाश्रमपदम्, प्रविशतु ।]

(ततः प्रविशत्युपविष्टा तापसी)

तापसी-साअदं राअदारिआए ॥ [स्वागतं राजदारिकायाः ।]

वासवदत्ता–(स्वगतम्) इअं सा राअदारिआ । अभिजणाणुरूवं खु से रूवं ॥ [इयं सा राजदारिका । अभिजनानुरूपं खल्वस्या रूपम् ।]

पद्मावती–अय्ये ! वन्दामि ॥ [आर्ये ! वन्दे ।]

तापसी–चिरं जीव । पविस जादे ! पविस । तवोवणाणि णाम अदिहिजणस्स सअगेहं ॥ [चिरं जीव । प्रविश जाते ! प्रविश । तपोवनानि नामातिथिजनस्य स्वगेहम् ।]

पद्मावती–भोदु भोदु । अय्ये ! विस्सत्थम्हि । इमिणा बहुमाणवअणेण अणुग्गहिदम्हि ॥ [भवतु, भवतु । आर्ये ! विश्वस्तास्मि । अनेन बहुमानवचनेनानुगृहीतास्मि ।]

वासवदत्ता–(स्वगतम्) ण हि रूवं एव्व, वाआ वि खु से महुरा ॥ [न हि रूपमेव, वागपि खल्वस्या मधुरा ।]

तापसी-भद्दे ! इमं दाव भद्दमुहस्स भइणिअं कोवि राआ ण वरेदि ॥ [भद्रे ! इमां तावद् भद्रमुखस्य भगिनिकां कश्चिद् राजा न वरयति ।]

चेटी–अत्थि राआ पज्जोदो णाम उज्जइणीए। सो दारअस्स कारणादो दूदसम्पादं करेदि॥ [अस्ति राजा प्रद्योतो नामोज्जयिन्याः। स दारकस्य कारणाद् दूतसंपातं करोति।]

वासवदत्ता–(आत्मगतम्) भोदु, भोदु। एसा अ अत्तणीआ दाणिं संवुत्ता॥ [भवतु भवतु। एषा चात्मीयेदानीं संवृत्ता।]

तापसी–अर्हा खु इअं आइदी इमस्स बहुमाणस्स। उभआणि राअउळाणि महत्तराणि त्ति सुणीअदि। [अर्हा खल्वियमाकृतिरस्य बहुमानस्य। उभे राजकुले महत्तरे इति श्रूयते।]

पद्मावती–अय्य! किं दिट्ठो मुणिजणो अत्ताणं अणुग्गहीदुं। अभिप्पेदप्पदाणेण तवस्सिजणो उवणिमन्तीअदु दाव को किं एत्थ इच्छदि त्ति॥ [आर्य! किं दृष्टो मुनिजन आत्मानमनुग्रहीतुम्। अभिप्रेतप्रदानेन तपस्विजन उपनिमन्त्र्यतां तावत् कः किमत्रेच्छतीति।]

काञ्चुकीयः–यदभिप्रेतं भवत्या। भो भो आश्रमवासिनस्तपस्विनः। शृण्वन्तु शृण्वन्तु भवन्तः। इहात्रभवती मगधराजपुत्री अनेन विस्रम्भेणोत्पादितविस्रम्भा धर्मार्थमर्थेनोपनिमन्त्रयते।

कस्यार्थः कलशेन को मृगयते वासो यथानिश्चितं
दीक्षां पारितवान् किमिच्छति पुनर्देयं गुरोर्यद् भवेत्।
आत्मानुग्रहमिच्छतीह नृपजा धर्माभिरामप्रिया
यद् यस्यास्ति समीप्सितं वदतु तत् कस्याद्य किं दीयताम्॥ ८॥

यौगन्धरायणः–हन्त दृष्ट उपायः। (प्रकाशम्) भोः! अहमर्थी।

पद्मावती–दिट्ठिआ सहळं मे तवोवणाभिगमणं॥ [दिष्ट्या सफलं मे तपोवनाभिगमनम्।]

तापसी–संतुट्ठतपस्सिजणं इदं अस्समपदं। आअन्तुएण इमिणा होदव्वं॥ [सन्तुष्टतपस्विजनमिदमाश्रमपदम्। आगन्तुकेनानेन भवितव्यम्।]

काञ्चुकीयः—भोः ! किं क्रियताम् ।

यौगन्धरायणः—इयं मे स्वसा । प्रोषितभर्तृकामिमामिच्छाम्यत्र-भवत्या कञ्चित् कालं परिपाल्यमानाम् । कुतः,

कार्यं नैवार्थैर्नापि भोगैर्न वस्त्रै-
र्नाहं काषायं वृत्तिहेतोः प्रपन्नः ।
धीरा कन्येयं दृष्टधर्मप्रचारा
शक्ता चारित्रं रक्षितुं मे भगिन्याः ॥ ९ ॥

वासवदत्ता—(आत्मगतम्) हं । इह मं णिक्खिविदुकामो अय्यजोअन्धराअणो । होदु, अविआरिअ कमं ण करिस्सदि ॥ [हम् । इह मां निक्षेप्तुकाम आर्ययौगन्धरायणः । भवतु, अविचार्य क्रमं न करिष्यति ।]

काञ्चुकीयः—भवति ! महती स्वल्वस्य व्यपाश्रयणा । कथं प्रतिजानीमः । कुतः,

सुखमर्थो भवेद् दातुं सुखं प्राणाः सुखं तपः ।
सुखमन्यद् भवेत् सर्वं दुःखं न्यासस्य रक्षणम् ॥ १० ॥

पद्मावती—अय्य ! पढमं उग्घोसिअ को किं इच्छदित्ति अजुत्तं दाणिं विआरिदुं । जं एसो भणादि, तं अणुचिट्ठदु अय्यो ॥ [आर्य ! प्रथममुद्घोष्य कः किमिच्छतीत्ययुक्तमिदानीं विचारयितुम् । यदेष भणति तदनुतिष्ठत्वार्यः ।]

काञ्चुकीयः—अनुरूपमेतद्भवत्याभिहितम् ।

चेटी—चिरं जीवदु भट्टिदारिआ एवं सच्चवादिणी ॥ [चिरं जीवतु भर्तृदारिकैवं सत्यवादिनी ।]

तापसी—चिरं जीवदु भद्दे ! ॥ [चिरं जीवतु भद्रे ! ।]

काञ्चुकीयः—भवति ! तथा । (उपगम्य) भोः ! अभ्युपगतमत्रभवतो भगिन्याः परिपालनमत्रभवत्या ।

यौगन्धरायणः– अनुगृहीतोऽस्मि तत्रभवत्या। वत्से! उपसर्पोत्रभवतीम्।

वासवदत्ता– (आत्मगतम्) का गई। एसा गच्छामि मन्दभाआ। [का गतिः। एषा गच्छामि मन्दभागा।]

पद्मावती– भोदु, भोदु। अत्तणीआ दाणिं संवुत्ता॥ [भवतु, भवतु। आत्मीयेदानीं संवृत्ता।]

तापसी– जा ईदिसी से आइदी, इयं वि राअदारिअत्ति तक्केमि॥ [यदिदृश्यस्या आकृतिः, इयमपि राजदारिकेति तर्कयामि।]

चेटी– सुट्ठु अय्या भणादि। अहं त्रि अणुहूदसुहत्ति पेक्खामि॥ [सुष्ठु आर्या भणति। अहमप्यनुभूतसुखेति पश्यामि।]

यौगन्धरायणः– (आत्मगतम्) हन्त भोः! अर्धमवसितं भारस्य। यथा मन्त्रिभिः सह समर्थितं, तथा परिणमति। ततः प्रतिष्ठिते स्वामिनि तत्रभवतीमुपनयतो मे इहात्रभवती मगधराजपुत्री विश्वासस्थानं भविष्यति। कुतः,

पद्मावती नरपतेर्महिषी भवित्री
दृष्टा विपत्तिरथ यैः प्रथमं प्रदिष्टा।
तत्प्रत्ययात् कृतमिदं न हि सिद्धवाक्या-
न्युत्क्रम्य गच्छति विधिः सुपरीक्षितानि॥ ११॥

(ततः प्रविशति ब्रह्मचारी)

ब्रह्मचारी–(ऊर्ध्वमवलोक्य) स्थितो मध्याह्नः। दृढमस्मि परिश्रान्तः। अथ कस्मिन् प्रदेशे विश्रमयिष्ये। (परिक्रम्य) भवतु, दृष्टम्। अभितस्तपोवनेन भवितव्यम्। तथाहि—

विस्रब्धं हरिणाश्चरन्त्यचकिता देशागतप्रत्यया
वृक्षाः पुष्पफलैः समृद्धविटपाः सर्वे दयारक्षिताः।

भूयिष्ठं कपिलानि गोकुलधनान्यक्षेत्रवत्यो दिशो
निःसंदिग्धमिदं तपोवनमयं धूमो हि बह्वाश्रयः ॥ १२ ॥

यावत् प्रविशामि । (प्रविश्य) अये आश्रमविरुद्धः खल्वेष जनः । (अन्यतो विलोक्य) अथवा तपस्विजनोऽप्यत्र । निर्दोषमुपसर्पणम् । अये स्त्रीजनः ।

काञ्चुकीयः– स्वैरं स्वैरं प्रविशतु भवान् । सर्वजनसाधारणमाश्रमपदं नाम ।

वासवदत्ता– हं । [हम् ।]

पद्मावती–अम्मो परपुरुसदंसणं परिहरदि अय्या । भोदु, सुपरिवाळणीओ खु मण्णासो ॥ [अम्मो परपुरुषदर्शनं परिहरत्यार्या । भवतु, सुपरिपालनीयः खलु मन्यासः ।]

काञ्चुकीयः– भोः ! पूर्वं प्रविष्टाः स्मः । प्रतिगृह्यतामतिथिसत्कारः ।

ब्रह्मचारी – (आचम्य) भवतु, भवतु । निवृत्तपरिश्रमोऽस्मि ।

यौगन्धरायणः– भोः ! कुत आगम्यते, क्व गन्तव्यं क्वाधिष्ठानमार्यस्य ।

ब्रह्मचारी– भोः ! श्रूयताम् । राजगृहतोऽस्मि । श्रुतिविशेषणार्थं वत्सभूमौ लावाणकं नाम ग्रामस्तत्रोषितवानस्मि ।

वासवदत्ता– (आत्मगतम्) हा ळावाणअं णाम । ळावाणअसंकित्तणेण पुणो णवीकिदो विअ मे सन्दावो । [हा लावाणकं नाम । लावाणकसंकीर्तनेन पुनर्नवीकृत इव मे संतापः ।]

यौगन्धरायणः– अथ परिसमाप्ता विद्या ।

ब्रह्मचारी– न खलु तावत् ।

यौगन्धरायणः– यद्यनवसिता विद्या, किमागमनप्रयोजनम् ।

ब्रह्मचारी– तत्र खल्वतिदारुणं व्यसनं संवृत्तम् ।

यौगन्धरायणः– कथमिव ।

ब्रह्मचारी– तत्रोदयनो नाम राजा प्रतिवसति ।

यौगन्धरायणः-श्रूयते तत्रभवानुदयनः । किं सः ।

ब्रह्मचारी-तस्यावन्तिराजपुत्री वासवदत्ता नाम पत्नी दृढमभिप्रेता किल ।

यौगन्धरायणः-भवितव्यम् । ततस्ततः ।

ब्रह्मचारी-ततस्तस्मिन् मृगयानिष्क्रान्ते राजनि ग्रामदाहेन सा दग्धा ।

वासवदत्ता-(आत्मगतम्) अलिअं अलिअं खु एदं । जीवामि मन्दभाआ ।। [अलीकमलीकं खल्वेतत् । जीवामि मन्दभागा ।]

यौगन्धरायणः-ततस्ततः ।

ब्रह्मचारी-ततस्तामभ्यवपत्तुकामो यौगन्धरायणो नाम सचिवस्तस्मिन्नेवाग्नौ पतितः ।

यौगन्धरायणः-सत्यं पतित इति । ततस्ततः ।

ब्रह्मचारी-ततः प्रतिनिवृत्तो राजा तद्वृत्तान्तं श्रुत्वा तयोर्वियोगजनितसंतापस्तस्मिन्नेवाग्नौ प्राणान् परित्यक्तुकामोऽमात्यैर्महता यत्नेन वारितः ।

वासवदत्ता-(आत्मगतम्) जाणामि जाणामि अय्यउत्तस्स मइ साणुक्कोसत्तणं ।। [जानामि जानाम्यार्यपुत्रस्य मयि सानुक्रोशत्वम् ।]

यौगन्धरायणः-ततस्ततः ।

ब्रह्मचारी-ततस्तस्याः शरीरोपभुक्तानि दग्धशेषाण्याभरणानि परिष्वज्य राजा मोहमुपगतः ।

सर्वे-हा ।

वासवदत्ता-(स्वगतम्) सकामो दाणिं अय्यजोअन्धराअणो होदु ।। [सकाम इदानीमार्ययौगन्धरायणो भवतु ।]

चेटी-भट्टिदारिए ! रोदिदि खु इअं अय्या ।। [भर्तृदारिके ! रोदिति खल्वियमार्या ।]

पद्मावती–साणुक्कोसाए होदव्वं [सानुक्रोशया भवितव्यम् ।]

यौगन्धरायणः–अथ किमथ किम्। प्रकृत्या सानुक्रोशा मे भगिनी। ततस्ततः।

ब्रह्मचारी–ततः शनैः शनैः प्रतिलब्धसंज्ञः संवृत्तः।

पद्मावती–दिट्ठिआ धरइ। मोहं गदो त्ति सुणिअ सुण्णं विअ मे हिअअं॥ [दिष्ट्या ध्रियते। मोहं गत इति श्रुत्वा शून्यमिव मे हृदयम्।]

यौगन्धरायणः–ततस्ततः।

ब्रह्मचारी–ततः स राजा महीतलपरिसर्पणपांसुपाटलशरीरः सहसोत्थाय 'हा वासवदत्ते! हा अवन्तिराजपुत्रि! हा प्रिये हा प्रियशिष्ये!' इति किमपि किमपि बहु प्रलपितवान्। किं बहुना,

नैवेदानीं तादृशाश्चक्रवाका
नैवाप्यन्ये स्त्रीविशेषैर्वियुक्ताः।
धन्या सा स्त्री यां तथा वेत्ति भर्ता
भर्तृस्नेहात् सा हि दग्धाप्यदग्धा॥ १३॥

यौगन्धरायणः–अथ भोः! तं तु पर्यवस्थापयितुं न कश्चिद्यत्नवानमात्यः।

ब्रह्मचारी–अस्ति रुमण्वान्नामामात्यो दृढं प्रयत्नवांस्तत्रभवन्तं पर्यवस्थापयितुम्। स हि

अनाहारे तुल्यः प्रततरुदितक्षामवदनः
शरीरे संस्कारं नृपतिसमदुःखं परिवहन्।
दिवा वा रात्रौ वा परिचरति यत्नैर्नरपतिं
नृपः प्राणान् सद्यस्त्यजति यदि तस्याप्युपरमः॥ १४॥

वासवदत्ता–(स्वगतम्) दिट्ठिआ सुणिक्खित्तो दाणिं[1] अय्यउत्तो॥ [दिष्ट्या सुनिक्षिप्त इदानीमार्यपुत्रः।]

---

१. दाणी।

यौगन्धरायणः – (आत्मगतम्) अहो महद्भारमुद्वहति रुमण्वान् । कुतः,

सविश्रमो ह्ययं भारः प्रसक्तस्तस्य तु श्रमः ।
तस्मिन् सर्वमधीनं हि यत्राधीनो नराधिपः ॥ १५ ॥

(प्रकाशम्) अथ भोः ! पर्यवस्थापित इदानीं स राजा ।

ब्रह्मचारी–तदिदानीं न जाने । ‘ इह तया सह हसितम्, इह तया सह कथितम्, इह तया सह पर्युषितम्, इह तया सह कुपितम्, इह तया सह शयितम्, ’ इत्येवं तं विलपन्तं राजानममात्यैर्महता यत्नेन तस्माद् ग्रामाद् गृहीत्वापक्रान्तम् । ततो निष्क्रान्ते राजनि प्रोषितनक्षत्रचन्द्रमिव नभोऽरमणीयः संवृत्तः स ग्रामः । ततोऽहमपि निर्गतोऽस्मि ।

तापसी–सो खु गुणवन्तो णाम राआ, जो आअन्तुएण वि इमिणा एव्वं पसंसीअदि ॥ [स खलु गुणवान् नाम राजा, य आगन्तुकेनाप्यनेनैवं प्रशस्यते ।]

चेटी–भट्टिदारिए ! किं णु खु अवरा इत्थिआ तस्स हत्थं गमिस्सदि ॥ [भर्तृदारिके ! किं नु खल्वपरा स्त्री तस्य हस्तं गमिष्यति ।]

पद्मावती–(आत्मगतम्) मम हिअएण एव्व सह मन्तिदं ॥ [मम हृदयेनैव सह मन्त्रितम् ।]

ब्रह्मचारी–आपृच्छामि भवन्तौ । गच्छामस्तावत् ।

उभौ–गम्यतामर्थसिद्धये ।

ब्रह्मचारी–तथास्तु । (निष्क्रान्तः)

यौगन्धरायणः–साधु, अहमपि तत्रभवत्याभ्यनुज्ञातो गन्तुमिच्छामि ।

काञ्चुकीयः–तत्रभवत्याभ्यनुज्ञातो गन्तुमिच्छति किल ।

पद्मावती–अय्यस्स भइणिआ अय्येण विना उक्कण्ठिस्सिदि ॥ [आर्यस्य भगिनीकार्येण विनोत्कण्ठिष्यते ।]

यौगन्धरायणः–साधुजनहस्तगतैषा नोत्कण्ठिष्यति । (काञ्चुकीयमवलोक्य) गच्छामस्तावत् ।

काञ्चुकीयः–गच्छतु भवान् पुनर्दर्शनाय ।

यौगन्धरायणः–तथास्तु । (निष्क्रान्तः)

काञ्चुकीयः– समय इदानीमभ्यन्तरं प्रवेष्टुम् ।

पद्मावती–अय्ये ! वन्दामि ॥ [आर्ये ! वन्दे ।]

तापसी–जादे ! तव सदिसं भत्तारं ळभेहि ॥ [जाते ! तव सदृशं भर्तारं लभस्व ।]

वासवदत्ता–अय्ये ! वन्दामि दाव अहं ॥ [आर्ये ! वन्दे तावदहम् ।]

तापसी–तुवं पि अइरेण भत्तारं समासादेहि ॥ [त्वमप्यचिरेण भर्तारं समासादय ।]

वासवदत्ता-अणुग्गहीदम्हि ॥ [अनुगृहीतास्मि ।]

काञ्चुकीयः–तदागम्यताम् । इत इतो भवति ! । संप्रति हि

खगा वासोपेताः सलिलमवगाढो मुनिजनः
प्रदीप्तोऽग्निर्भाति प्रविचरति धूमो मुनिवनम् ।
परिभ्रष्टो दूराद्रविरपि च संक्षिप्तकिरणो
रथं व्यावर्त्यासौ प्रविशति शनैरस्तशिखरम् ॥ १६ ॥

(निष्क्रान्ताः सर्वे)

इति प्रथमोऽङ्कः ।

अथ द्वितीयोऽङ्कः ।

(ततः प्रविशति चेटी)

चेटी–कुञ्जरिए ! कुञ्जरिए ! कहिं कहिं भट्टिदारिआ पदुमावदी । किं भणासि 'एसा भट्टिदारिआ माहवीळदामण्डवस्स पस्सदो कन्दुएण कीळदि' त्ति । जाव भट्टिदारिअं उवसप्पामि । (परि-

क्रम्यावलोक्य) अम्मो इअं भट्टिदारिआ उक्करिदकण्णचूळिएण वाआमसञ्जादसेदबिन्दुविइत्तिदेण परिस्सन्तरमणीअदंसणेण मुहेण कन्दुएण कीळन्दी इदो एव्व आअच्छदि । जाव उवसप्पिस्सं ॥ [कुञ्जरिके ! कुञ्जरिके ! कुत्र कुत्र भर्तृदारिका पद्मावती । किं भणसि ? एषा भर्तृदारिका माधवीलतामण्डपस्य पार्श्वतः कन्दुकेन क्रीडतीति । यावद् भर्तृदारिकामुपसर्पामि । अम्मो इयं भर्तृदारिका उत्क्षिप्तकर्णचूलिकेन व्यायामसंजातस्वेदबिन्दुविचित्रितेन परिश्रान्तरमणीयदर्शनेन मुखेन कन्दुकेन क्रीडन्तीत एवागच्छति, यावदुपसर्प्स्यामि ।]

(निष्क्रान्ता)

प्रवेशकः ।

(ततःप्रविशति कन्दुकेन क्रीडन्ती पद्मावती सपरिवारा वासवदत्तया सह)

वासवदत्ता–हळा ! एसो दे कन्दुओ ॥ [हला ! एष ते कन्दुकः ।]

पद्मावती–अय्ये ! भोदु दाणिं एत्तअं ॥ [आर्ये ! भवत्विदानीमेतावत् ।]

वासवदत्ता–हळा ! अदिचिरं कन्दुएण कीळिअ अहिअसञ्जादराआ परकेरआ विअ दे हत्था संवुत्ता ॥ [हला ! अतिचिरं कन्दुकेन क्रीडित्वाधिकसंजातरागौ परकीयाविव ते हस्तौ संवृत्तौ ।]

चेटी–कीळदु कीळदु दाव भट्टिदारिआ । णिव्वत्तीअदु दाव अअं कण्णाभावरमणीओ काळो ॥ [क्रीडतु क्रीडतु तावद् भर्तृदारिका । निर्वर्त्यतां तावदयं कन्याभावरमणीयः कालः ।]

पद्मावती–अय्ये ! किं दाणिं मं ओहसिदुं विअ णिज्झाअसि ॥ [आर्ये ! किमिदानीं मामपहसितुमिव निध्यायसि ।]

वासवदत्ता–णहि णहि । हळा ! अधिअं अज्ज सोहदि । अभिदो विअ दे अज्ज वरमुहं पेक्खामि ॥ [नहि नहि । हला ! अधिकमद्य शोभते । अभित इव तेऽद्य वरमुखं पश्यामि ।]

पद्मावती–अवेहि । मा दाणिं मं ओहस ॥ [अपेहि । मेदानीं मामपहस ।]

वासवदत्ता–**एसम्हि तुह्णिआ भविस्सम्महासेणवहू ! ॥** [एषास्मि तूष्णीका भविष्यन्महासेनवधु !]

पद्मावती–**को एसो महासेणो णाम ॥** [क एष महासेनो नाम ।]

वासवदत्ता–**अत्थि उज्जइणीओ राआ पज्जोदो णाम । तस्स बळपरिमाणणिव्वुत्तं णामधेअं महासेणो त्ति ॥** [अस्त्युज्जयिनीयो राजा प्रद्योतो नाम । तस्य बलपरिमाणनिर्वृत्तं नामधेयं महासेन इति ।]

चेटी–**भट्टिदारिआ तेण रञ्ञा सह सम्बंधं णेच्छदि ॥** [भर्तृदारिका तेन राज्ञा सह सम्बंधं नेच्छति ।]

वासवदत्ता–**अह केण खु दाणिं अभिळसदि ॥** [अथ केन खल्विदानीमभिलषति ।]

चेटी–**अत्थि वच्छराओ उदअणो णाम । तस्स गुणाणि भट्टिदारिआ अभिळसदि ॥** [अस्ति वत्सराज उदयनो नाम । तस्य गुणान् भर्तृदारिकाभिलषति ।]

वासवदत्ता–(आत्मगतम्) **अय्यउत्तं भत्तारं अभिळसदि ।** (प्रकाशम्) **केण कारणेण ॥** [आर्यपुत्रं भर्तारमभिलषति । केन कारणेन ।]

चेटी-**साणुक्कोसो त्ति ॥** [सानुक्रोश इति ।]

वासवदत्ता–(आत्मगतम्) **जाणामि जाणामि । अअं वि जणो एव्वं उम्मादिदो ॥** [जानामि जानामि । अयमपि जन एवमुन्मादितः ।]

चेटी–**भट्टिदारिए ! जदि सो राआ विरूवो भवे ॥** [भर्तृदारिके ! यदि स राजा विरूपो भवेत् ।]

वासवदत्ता-**णहि णहि । दंसणीओ एव्व ॥** [नहि नहि । दर्शनीय एव ।]

पद्मावती–**अय्ये ! कहं तुवं जाणासि ॥** [आर्ये ! कथं त्वं जानासि ।]

वासवदत्ता– (आत्मगतम्) **अय्यउत्तपक्खवादेण अदिक्कन्दो**

समुदाआरो । किं दाणिं करिस्सं । होदु, दिट्ठं । (प्रकाशम्) हळा ! एवं उज्जइणीओ जणो मन्तेदि ॥ [आर्यपुत्रपक्षपातेनातिक्रान्तः
५७ समुदाचारः । किमिदानीं करिष्यामि । भवतु, दृष्टम् । हला ! एव-
मुज्जयिनीयो जनो मन्त्रयते ।]

पद्मावती– जुज्जइ । ण खु एसो उज्जइणीदुल्ळहो । सव्वजण-
६० मणोभिरामं खु सोभग्गं णाम ॥ [युज्यते । न खल्वेष उज्जयिनी-
दुर्लभः । सर्वजनमनोभिरामं खलु सौभाग्यं नाम ।]

(ततः प्रविशति धात्री)

६३ धात्री–जेदु भट्टिदारिआ । भट्टिदारिए ! दिण्णासि ॥ [जयतु
भर्तृदारिका । भर्तृदारिके ! दत्तासि ।]

वासवदत्ता– अय्ये ! कस्स ॥ [आर्ये ! कस्मै ।]

६६ धात्री–वच्छराअस्स उदअणस्स [वत्सराजायोदयनाय ।]

वासवदत्ता–अह कुसळी सो राआ ॥ [अथ कुशली स राजा ।]

धात्री–कुसळी सो आअदो । तस्स भट्टिदारिआ पडिच्छिदा अ ॥
६९ [कुशली स आगतः । तस्य भर्तृदारिका प्रतीष्टा च]

वासवदत्ता–अच्चाहिदं ॥ [अत्याहितम् ।]

धात्री– किं एत्थ अच्चाहिदं ॥ [किमत्रात्याहितम् ।]

७२ वासवदत्ता– ण हु किञ्चि । तह णाम सन्तप्पिअ उदासीणो होदि
त्ति ॥ [न खलु किंचित् । तथा नाम संतप्योदासीनो भवतीति ।]

धात्री–अय्ये ! आअमप्पहाणाणि सुळहपय्यवत्थाणाणि महापुरु-
७५ सहिअआणि होन्ति ॥ [आर्ये ! आगमप्रधानानि सुलभपर्यवस्थानानि
महापुरुषहृदयानि भवन्ति ।]

वासवदत्ता– अय्ये ! सअं एव्व तेण वरिदा ॥ [आर्ये ! स्वयमेव
७८ तेन वृता ।]

धात्री– णहि णहि । अण्णप्पओअणेण इह आअदस्स अभिजणवि-

ञ्ञाणवओरूवं पेक्खिअ सअं एव्व महाराएण दिण्णा ॥ [नहि अन्यप्रयोजनेनेहागतस्याभिजनविज्ञानवयोरूपं दृष्ट्वा स्वयमेव महाराजेन दत्ता ।]

वासवदत्ता– (आत्मगतम्) एव्वं । अणवरद्धो दाणिं एत्थ अय्यउत्तो ॥ [एवम् । अनपराद्ध इदानीमत्रार्यपुत्रः ।]

(प्रविश्यापरा)

चेटी– तुवरदु तुवरदु दाव अय्या । अज्ज एव्व किळ सोभणं णक्खत्तं । अज्ज एव्व कोदुअमङ्गळं कादव्वं त्ति अम्हाणं भट्टिणी भणादि ॥ [त्वरतां त्वरतां तावदार्या । अद्यैव किल शोभनं नक्षत्रम् । अद्यैव कौतुकमङ्गलं कर्तव्यमित्यस्माकं भट्टिनी भणति ।]

वासवदत्ता– (आत्मगतम्) जह जह तुवरदि, तह तह अन्धीकरेदि मे हिअअं ॥ [यथा यथा त्वरते, तथा तथान्धीकरोति मे हृदयम् ।]

धात्री– एदु एदु भट्टिदारिआ ॥ [एत्वेतु भर्तृदारिका ।]

(निष्क्रान्ताः सर्वे)

इति द्वितीयोऽङ्कः ।

अथ तृतीयोऽङ्कः ।

(ततः प्रविशति विचिन्तयन्ती वासवदत्ता)

वासवदत्ता– विवाहामोदसङ्कुळे अन्तेउरचउस्साळे परित्तजिअ पदुमावदिं इह आअदम्हि पमदवणं । जाव दाणिं भाअधेअणिव्वुत्तं दुःखं विणोदेमि । (परिक्रम्य) अहो अच्चाहिदं । अय्यउत्तो वि णाम परकेरओ संवुत्तो । जाव उवविसामि । (उपविश्य) धञ्ञा खु चक्कवाअवहू, जा अण्णोण्णविरहिदा ण जीवइ । ण खु अहं पाणाणि परित्तजामि । अय्यउत्तं पेक्खामि त्ति एदिणा मणोरहेण जीवामि

मन्दभाआ ॥ [विवाहामोदसङ्कुले अन्तःपुरचतुःशाले परित्यज्य पद्मावतीमिहागतास्मि प्रमदवनम् । यावदिदानीं भागधेयनिर्वृत्तं दुःखं विनोदयामि । अहो अत्याहितम् । आर्यपुत्रोऽपि नाम परकीयः संवृत्तः । यावदुपविशामि । धन्या खलु चक्रवाकवधूः यान्योन्यविरहिता न जीवति । न खल्वहं प्राणान् परित्यजामि । आर्यपुत्रं पश्यामीत्यनेन मनोरथेन जीवामि मन्दभागा ।]

(ततः प्रविशति पुष्पाणि गृहीत्वा चेटी)

चेटी– **कहिं णु खु गदा अय्या आवन्तिआ ।** (परिक्रम्यावलोक्य) **अम्मो इअं चिन्तासुञ्ञहिअआ णीहारपडिहदचन्दळेहा विअ अमण्डिदभद्दअं वेसं धारअन्दी पिअङ्गुसिळापट्टए उवविट्ठा । जाव उवसप्पामि ।** (उपसृत्य) **अय्ये ! आवन्तिए ! को काळो, तुमं अण्णेसामि** ॥ [क्व नु खलु गता आर्यावन्तिका । अम्मो इयं चिन्ताशून्यहृदया नीहारप्रतिहतचन्द्रलेखेवामण्डितभद्रकं वेषं धारयन्ती प्रियङ्गुशिलापट्टके उपविष्टा । यावदुपसर्पामि । आर्ये ! आवन्तिके ! कः कालः, त्वामन्विष्यामि ।]

वासवदत्ता–**किण्णिमित्तं** ॥ [किंनिमित्तम् ।]

चेटी– **अम्हाअं भट्टिणी भणदि ' महाकुळप्पसूदा सिणिद्धा णिउणा ' त्ति । इमं दाव कोदुअमाळिअं गुम्हदु अय्या** ॥ [अस्माकं भट्टिनी भणति महाकुलप्रसूता स्निग्धा निपुणेति । इमां तावत् कौतुकमालिकां गुम्फत्वार्या ।]

वासवदत्ता–**अह कस्स किळ गुम्हिदव्वं** ॥ [अथ कस्मै किल गुम्फितव्यम् ।]

चेटी–**अम्हाअं भट्टिदारिआए** ॥ [अस्माकं भर्तृदारिकायै ।]

वासवदत्ता– (आत्मगतम्) एदं पि मए कत्तव्वं आसी । अहो अकरुणा खु इस्सरा ॥ [एतदपि मया कर्तव्यमासीत् । अहो अकरुणाः खल्वीश्वराः ।]

चेटी– अय्ये ! मा दाणिं अण्णं चिन्तिअ । एसो जामादुओ मणिभूमीए ण्हाअदि । सिग्घं दाव गुम्हदु अय्या ॥ [आर्ये ! मेदानीमन्यच्चिन्तयित्वा । एष जामाता मणिभूम्यां स्नाति । शीघ्रं तावद् गुम्फत्वार्या ।]

वासवदत्ता– (आत्मगतम्) ण सक्कुणोमि अण्णं चिन्तेदुं । (प्रकाशम्) हळा ! किं दिट्ठो जामादुओ ॥ [न शक्नोम्यन्यच्चिन्तयितुम् । हला किं दृष्टो जामाता ।]

चेटी– आम दिट्ठो भट्टिदारिआए सिणेहेण अम्हाअं कोदूहळेण अ ॥ [आम, दृष्टो भर्तृदारिकायाः स्नेहेनास्माकं कौतूहलेन च ।]

वासवदत्ता–कीदिसो जामादुओ ॥ [कीदृशो जामाता ।]

चेटी– अय्ये ! भणामि दाव, ण ईरिसो दिट्ठपुरुवो ॥ [आर्ये ! भणामि तावद् , नेदृशो दृष्टपूर्वः ।]

वासवदत्ता– हळा ! भणाहि भणाहि, किं दंसणीओ ॥ [हला ! भण भण, किं दर्शनीयः ।]

चेटी–सक्कं भणिदुं सरचावहीणो कामदेवो त्ति ॥ [शक्यं भणितुं शरचापहीनः कामदेव इति ।]

वासवदत्ता– होदु एत्तअं ॥ [भवत्वेतावत् ।]

चेटी–किण्णिमित्तं वारेसि ॥ [किंनिमित्तं वारयसि ।]

वासवदत्ता– अजुत्तं परपुरुससङ्कित्तणं सोदुं ॥ [अयुक्तं परपुरुषसंकीर्तनं श्रोतुम् ।]

चेटी–तेण हि गुम्हदु अय्या सिग्घं ॥ [तेन हि गुम्फत्वार्या शीघ्रम् ।]

वासवदत्ता–इअं गुम्हामि । आणेहि दाव ॥ [इयं गुम्फामि । आनय तावत् ।]

चेटी–गण्हदु अय्या ॥ [गृह्णात्वार्या ।]

वासवदत्ता– (वर्जयित्वा विलोक्य) इमं दाव ओसहं किं णाम ॥ [इदं तावदौषधं किं नाम ।]

चेटी–अविहवाकरणं णाम ॥ [अविधवाकरणं नाम ।]

वासवदत्ता–(आत्मगतम्) इदं बहुसो गुम्हिदव्वं मम अ पदुमावदीए अ । (प्रकाशम्) इदं दाव ओसहं किं णाम ॥ [इदं बहुशो गुम्फितव्यं मम च पद्मावत्याश्च । इदं तावदौषधं किं नाम ।]

चेटी–सवत्तिमद्दणं णाम ॥ [सपत्नीमर्दनं नाम ।]

वासवदत्ता–इदं ण गुम्हिदव्वं ॥ [इदं न गुम्फितव्यम् ।]

चेटी–कीस ॥ [कस्मात् ।]

वासवदत्ता–उवरदा तस्स भय्या, तं णिप्पओअणं त्ति ॥ [उपरता तस्य भार्या, तन्निष्प्रयोजनमिति ।]

(प्रविश्यापरा)

चेटी–तुवरदु तुवरदु अय्या । एसो जामादुओ अविहवाहि अब्भन्तरचउस्सालं पवेसीअदि ॥ [त्वरतां त्वरतामार्या । एष जामाता अविधवाभिरभ्यन्तरचतुःशालं प्रवेश्यते ।]

वासवदत्ता-अइ ! वदामि, गण्ह एदं ॥ [अयि ! वदामि गृहाणैतत् ।]

चेटी-सोहणं । अय्ये ! गच्छामि दाव अहं ॥ [शोभनम् । आर्ये ! गच्छामि तावदहम् ।]

(उभे निष्क्रान्ते)

वासवदत्ता–गदा एसा । अहो अच्चाहिदं । अय्यउत्तो वि णाम परकेरओ संवुत्तो । अवि[1] दाव सय्याए मम दुक्खं विणोदेमि, जदि णिद्दं ळभामि ॥ [गतैषा । अहो अत्याहितम् । आर्यपुत्रोऽपि नाम परकीयः संवृत्तः । अपि तावद् शय्यायां मम दुःखं विनोदयामि, यदि निद्रां लभे ।]

(निष्क्रान्ता)

इति तृतीयोऽङ्कः ।

अथ चतुर्थोऽङ्कः ।

(ततः प्रविशति विदूषकः)

विदूषकः–(सहर्षम्) भो ! दिट्ठिआ तत्तहोदो वच्छराअस्स अभिप्पेदविवाहमङ्गळरमणिज्जो काळो दिट्ठो । भो ! को णाम एदं जाणादि तादिसे वयं अणत्थसळिळावत्ते पक्खित्ता उण उम्मज्जिस्सामो त्ति । इदाणिं पासादेसु वसीअदि, अन्देउरदिग्घिआसु ण्हाईअदि पकिदिमउरसुउमाराणि मोदअखज्जआणि खज्जीअन्ति त्ति अणच्छरसंवासो उत्तरकुरुवासो मए अणुभवीअदि । एक्को खु महन्तो दोसो, मम आहारो सुट्ठु ण परिणमदि । सुप्पच्छदणाए सय्याए णिद्दं ण ळभामि, जह वादसोणिदं अभिदो बिअ वत्तदि त्ति पेक्खामि । भो ! सुहं णामअपरिभूदं अकल्लवत्तं च ॥ [भोः ! दिष्ट्या तत्रभवतो वत्सराजस्याभिप्रेतविवाहमङ्गलरमणीयः कालो दृष्टः । भोः ! को नामैतज्जानाति तादृशे वयमनर्थसलिलावर्ते प्रक्षिप्ताः पुनरुन्मङ्क्ष्याम इति । इदानीं प्रासादेषूष्यते, अन्तःपुरदीर्घि-

---

१. अविदा सय्याए ।

कासु स्नायते, प्रकृतिमधुरसुकुमाराणि मोदकखाद्यानि खाद्यन्त इत्यनप्सरस्संवास उत्तरकुरुवासो मयानुभूयते । एकः खलु महान् दोषः, ममाहारः सुष्ठु न परिणमति, सुप्रच्छदनायां शय्यायां निद्रां न लभे, यथा वातशोणितमभित इव वर्तत इति पश्यामि । भोः ! सुखं नामयपरिभूतमकल्यवर्तं च ।]

(ततः प्रविशति चेटी)

चेटी-**कहिं णु खु गदो अय्यवसन्तओ ।** (परिक्रम्यावलोक्य) **अम्हो एसो अय्यवसन्तओ ।** (उपगम्य) **अय्य वसन्तअ ! को काळो तुमं अण्णेसामि ॥** [कुत्र नु खलु गत आर्यवसन्तकः । अहो एष आर्यवसन्तकः । आर्य वसन्तक ! कः कालस्त्वामन्विष्यामि ।]

विदूषकः-(दृष्ट्वा) **किंणिमित्तं भद्दे ! मं अण्णेससि ॥** [किंनिमित्तं भद्रे ! मामन्विष्यसि ।]

चेटी-**अम्हाणं भट्टिणी भणादि अवि ण्हादो जामादुओ त्ति ॥** [अस्माकं भट्टिनी भणति अपि स्नातो जामातेति ।]

विदूषकः-**किंणिमित्तं भोदि ! पुच्छदि ॥** [किंनिमित्तं भवति ! पृच्छति ।]

चेटी-**किमण्णं । सुमणावण्णअं आणेमि त्ति ॥** [किमन्यत् । सुमनोवर्णकमानयामीति ।]

विदूषकः-**ण्हादो तत्तभवं । सव्वं आणेदु भोदी वज्जिअ भोअणं ॥** [स्नातस्तत्रभवान् । सर्वमानयतु भवती वर्जयित्वा भोजनम् ।]

चेटी-**किंणिमित्तं वारेसि भोअणं ॥** [किंनिमित्तं वारयसि भोजनम् ।]

विदूषकः-**अधण्णस्स मम कोइळाणं अक्खिपरिवट्टो विअ कुक्खिपरिवट्टो संवुत्तो ॥** [अधन्यस्य मम कोकिलानामक्षिपरिवर्त इव कुक्षिपरिवर्तः संवृत्तः ।]

चेटी–ईदिसो एव्व होहि ॥ [ईदृश एव भव ।]

विदूषकः–गच्छदु भोदी । जाव अहं वि तत्तहोदो सआसं गच्छामि ॥ [गच्छतु भवती । यावदहमपि तत्रभवतः सकाशं गच्छामि ।]

(निष्क्रान्तौ)

प्रवेशकः ।

(ततः प्रविशति सपरिवारा पद्मावती, आवन्तिकावेषधारिणी वासवदत्ता च)

चेटी–किंणिमित्तं भट्टिदारिआ पमदवणं आअदा ॥ [किंनिमित्तं भर्तृदारिका प्रमदवनमागता ।]

पद्मावती–हळा ! ताणि दाव सेहालिआगुम्हआणि पेक्खामि कुसुमिदाणि वा ण वेत्ति ॥ [हला ! ते तावच्छेफालिकागुल्मकाः पश्यामि कुसुमिता वा न वेति ।]

चेटी–भट्टिदारिए ! ताणि कुसुमिदाणि णाम, पवाळन्तरिदेहिं विअ मोत्तिआलम्बएहिं आइदाणि कुसुमेहिं ॥ [भर्तृदारिके ! ते कुसुमिता नाम, प्रवालान्तरितैरिव मौक्तिकलम्बकैराचिताः कुसुमैः ।]

पद्मावती–हळा ! जदि एव्वं, किं दाणिं विलम्बेसि ॥ [हला ! यद्येवं, किमिदानीं विलम्बसे ।]

चेटी–तेण हि इमस्सिं सिळावट्टए मुहुत्तअं उपविसदु भट्टिदारिआ जाव अहं वि कुसुमावचअं करेमि ॥ [तेन ह्यस्मिञ् शिलापट्टके मुहूर्तकमुपविशतु भर्तृदारिका । यावदहमपि कुसुमावचयं करोमि ।]

पद्मावती–अय्ये ! किं एत्थ उपविसामो ॥ [आर्ये । किमत्रोपविशावः ।]

वासवदत्ता-एव्वं होदु ॥ [एवं भवतु ।]

(उभे उपविशतः)

चेटी-(तथा कृत्वा) पेक्खदु पेक्खदु भट्टिदारिआ अद्धमणसिळावट्टएहिं विअ सेहाळिआकुसुमेहिं पूरिअं मे अञ्जळिं ॥ [पश्यतु पश्यतु भर्तृदारिका अर्धमनःशिलापट्टकैरिव शेफालिकाकुसुमैः पूरितं मेऽञ्जलिम् ।]

पद्मावती-(दृष्ट्वा) अहो विइत्तदा कुसुमाणं। पेक्खदु पेक्खदु अय्या॥ [अहो विचित्रता कुसुमानाम्। पश्यतु पश्यत्वार्या ।]

वासवदत्ता-अहो दंसणीअदा[1] कुसुमाणं ॥ [अहो दर्शनीयता कुसुमानाम् ।]

चेटी-भट्टिदारिए ! किं भूयो अवइणुस्सं ॥ [भर्तृदारिके ! किं भूयोऽवचेष्यामि ।]

पद्मावती-हळा ! मा मा भूयो अवइणिअ ॥ [हला मा मा भूयोऽवचित्य ।]

वासवदत्ता-हळा ! किंणिमित्तं वारेसि ॥ [हला ! किंनिमित्तं वारयसि ।]

पद्मावती-अय्यउत्तो इह आअच्छिअ इमं कुसुमसमिद्धिं पेक्खिअ सम्माणिदा भवेअं ॥ [आर्यपुत्र इहागत्येमां कुसुमसमृद्धिं दृष्ट्वा संमानिता भवेयम् ।]

वासवदत्ता-हळा ! पिओ दे भत्ता ॥ [हला प्रियस्ते भर्ता ।]

पद्मावती-अय्ये ! ण आणामि, अय्यउत्तेण विरहिदा उक्कण्ठिदा होमि ॥ [आर्ये ! न जानामि, आर्यपुत्रेण विरहितोत्कण्ठिता भवामि ।]

वासवदत्ता- (आत्मगतम्) दुक्करं खु अहं करेमि, इअं वि णाम एव्वं मन्तेदि ॥ [दुष्करं खल्वहं करोमि, इयमपि नामैवं मन्त्रयते ।]

---

१. दुस्सणीअदा ।

चेटी–अभिजादं खु भट्टिदारिआए मन्तिदं 'पिओ मे भत्त' त्ति ॥ [अभिजातं खलु भर्तृदारिकया मन्त्रितं प्रियो मे भर्तेति ।]

पद्मावती–एक्को खु मे सन्देहो ॥ [एकः खलु मे सन्देहः ।]

वासवदत्ता–किं किं ॥ [किं किम् ।]

पद्मावती–जह मम अय्यउत्तो, तह एव्व अय्याए वासवदत्ताए-त्ति ॥ [यथा ममार्यपुत्रस्तथैवार्याया वासवदत्ताया इति ।]

वासवदत्ता–अदो वि अहिअं ॥ [अतोऽप्यधिकम् ।]

पद्मावती– कहं तुवं जाणासि ॥ [कथं त्वं जानासि ।]

वासवदत्ता–(आत्मगतम्) हं, अय्यउत्तपक्खवादेण अदिक्कन्दो समुदाआरो। एव्वं दाव भणिस्सं । (प्रकाशम्) जइ अप्पो सिणेहो, सा सजणं ण परित्तजदि ॥ [हम्, आर्यपुत्रपक्षपातेनातिक्रान्तः समुदाचारः । एवं तावद् भणिष्यामि । यद्यल्पः स्नेहः, सा स्वजनं न परित्यजति ।]

पद्मावती–होदव्वं ॥ [भवितव्यम् ।]

चेटी–भट्टिदारिए ! साहु भट्टारं भणाहि 'अहं पि वीणं सिक्खिस्सामि' त्ति ॥ [भर्तृदारिके ! साधु भर्तारं भण, अहमपि वीणां शिक्षिष्य इति ।]

पद्मावती–उत्तो मए अय्यउत्तो ॥ [उक्तो मयार्यपुत्रः ।]

वासवदत्ता–तदो किं भणिदं ॥ [ततः किं भणितम् ।]

पद्मावती–अभिणिअ किञ्चि दिग्घं णिस्ससिअ तुण्हीओ संवुत्तो ॥ [अभणित्वा किंचिद् दीर्घं निःश्वस्य तूष्णीकः संवृत्तः ।]

वासवदत्ता-तदो तुवं किं विअ तक्केसि ॥ [ततस्त्वं किमिव तर्कयसि ।]

पद्मावती–तक्केमि अय्याए वासवदत्ताए गुणाणि सुमरिअ दक्खिण्णदाए मम अग्गदो ण रोदिदि त्ति ॥ [तर्कयाम्यार्याया वासवदत्ताया गुणान् स्मृत्वा दक्षिणतया ममाग्रतो न रोदितीति ।]

वासवदत्ता–(आ त्मगतम्) धण्णा खु म्हि, जदि एव्वं सच्चं भवे ॥ [धन्या खल्वस्मि , यद्येवं सत्यं भवेत् ।]

(ततः प्रविशति राजा विदूषकश्च)

विदूषकः– ही ही ! पचिअपडिअबन्धुजीवकुसुमविरळवादरमणिज्जं पमदवणं । इदो दाव भवं ॥ [ही ही प्रचितपतितबन्धुजीवकुसुमविरलवात[1]रमणीयं प्रमदवनम् । इतस्तावद् भवान् ।]

राजा–वयस्य वसन्तक ! अयमयमागच्छामि ।

कामे नोज्जयिनीं गते मयि तदा कामप्यवस्थां गते
  दृष्ट्वा स्वैरमवन्तिराजतनयां पञ्चेषवः पातिताः ।
तैरद्यापि सशल्यमेव हृदयं भूयश्च विद्धा वयं
  पञ्चेषुर्मदनो यदा कथमयं षष्ठः शरः पातितः ॥ १ ॥

विदूषकः–कहिं णु खु गदा तत्तहोदी पदुमावदी, ळदामण्डवं गदा भवे, उदाहो असणकुसुमसञ्चिदं वग्घचम्मावगुण्ठिदं विअ पव्वदतिळअं णाम सिळापट्टअं गदा भवे, आदु अधिअकडुअगन्धसत्तच्छदवणं पविट्ठा भवे, अहव आळिहिदमिअपक्खिसङ्कुळं दारुपव्वदअं गदा भवे । (ऊर्ध्वमवलोक्य) ही ही सरअकाळणिम्मळे अन्तरिक्खे पसादिअबळदेवबाहुदंसणीअं सारसपन्तिं जाव समाहिदं गच्छन्तिं पेक्खदु दाव भवं ॥ [कुत्र नु खलु गता तत्रभवती पद्मावती, लतामण्डपं गता भवेद्, उताहो असनकुसुमसंचितं व्याघ्रचर्मावगुण्ठितमिव पर्वततिलकं नाम शिलापट्टकं गता भवेत्, अथवा अधिककटुकगन्धसप्तच्छदवनं प्रविष्टा भवेद्, अथवालिखितमृगपक्षिसंकुलं दारुपर्वतकं गता भवेत् । ही ही शरत्कालनिर्मलेऽ-

---

१. विरलपातरमणीयम् ।

न्तरिक्षे प्रसादितबलदेवबाहुदर्शनीयां सारसपङ्क्तिं यावत् समाहितं गच्छन्तीं प्रेक्षतां तावद् भवान्।]

राजा-वयस्य ! पश्याम्येनाम्

ऋज्वायतां च विरलां च नमोन्नतां च
सप्तर्षिवंशकुटिलां च निवर्तनेषु ।
निर्मुच्यमानभुजगोदरनिर्मलस्य
सीमामिवाम्बरतलस्य विभज्यमानाम् ॥ २ ॥

चेटी-पेक्खदु पेक्खदु भट्टिदारिआ एदं कोकणदमाळापण्डररमणीअं सारसपन्तिं जाव समाहिदं गच्छन्तिं । अम्मो भट्टा ॥ [प्रेक्षतां प्रेक्षतां भर्तृदारिका एतां कोकनदमालापाण्डुररमणीयां सारसपङ्क्तिं यावत् समाहितं गच्छन्तीम्। अहो भर्ता।]

पद्मावती-हं अय्यउत्तो । अय्ये ! तव कारणादो अय्यउत्तदंसणं परिहरामि । ता इमं दाव माहवीळदामण्डवं पविसामो ॥ [हम्, आर्यपुत्रः । आर्ये ! तव कारणादार्यपुत्रदर्शनं परिहरामि । तदिमं तावन्माधवीलतामण्डपं प्रविशामः ।]

वासवदत्ता-एव्वं होदु । [एवं भवतु ।]

(तथा कुर्वन्ति)

विदूषकः-तत्तहोदी पदुमावदी इह आअच्छिअ णिग्गदा भवे ॥ [तत्रभवती पद्मावतीहागत्य निर्गता भवेत् ।]

राजा-कथं भवान् जानाति ।

विदूषकः-इमाणि अवइदकुसुमाणि सेफालिआगुच्छआणि पेक्खदु दाव भवं ॥ [इमानपचितकुसुमान् शेफालिकागुच्छकान् प्रेक्षतां तावद् भवान्।]

राजा-अहो विचित्रता कुसुमस्य, वसन्तक ।

वासवदत्ता-(आत्मगतम्) **वसन्तअसङ्कित्तणेण अहं पुण जाणामि उज्जइणीए वत्तामि त्ति ॥** [वसन्तकसंकीर्तनेनाहं पुनर्जानामि उज्ज-यिन्यां वर्त इति ।]

राजा-**वसन्तक ! अस्मिन्नेवासीनौ शिलातले पद्मावतीं प्रतीक्षिष्यावहे ।**

विदूषकः-**भो ! तह ।** (उपविश्योत्थाय) **ही ही सरअकाळतिक्खो दुस्सहो आदवो । ता इमं दाव माहवीमण्डवं पविसामो ॥** [**भोस्तथा ।** ही ही शरत्कालतीक्ष्णो दुःसह आतपः । तदिमं तावन्माधवीमण्डपं प्रविशावः ।]

राजा-**बाढम् । गच्छाग्रतः ।**

विदूषकः-**एव्वं होदु ॥** [एवं भवतु ।]

(उभौ परिक्रामतः)

पद्मावती-**सव्वं आउळं कत्तुकामो अय्यवसन्तओ । किं दाणिं करेम्ह ॥** [सर्वमाकुलं कर्तुकाम आर्यवसन्तकः । किमिदानीं कुर्मः ।]

चेटी-**भट्टिदारिए ! एदं महुअरपरिणिळीणं ओळंबळदं ओधूय भट्टारं वारइस्सं ॥** [भर्तृदारिके ! एतां मधुकरपरिनिलीनामवलम्बलता-मवधूय भर्तारं वारयिष्यामि ।]

पद्मावती-**एव्वं करेहि ॥** [एवं कुरु ।]

(चेटी तथा करोति)

विदूषकः-**अविहा अविहा, चिट्ठदु चिट्ठदु दाव भवं ॥** [अविधा अविधा, तिष्ठतु तावद् भवान् ।]

राजा-**किमर्थम् ।**

विदूषकः-**दासीएपुत्तेहि महुअरेहि पीडिदो म्हि ॥** [दास्याः पुत्रैर्मधुकरैः पीडितोऽस्मि ।]

राजा–मा मा भवानेवम् । मधुकरसंत्रासः परिहार्यः । पश्य,

मधुमदकला मधुकरा मदनार्ताभिः प्रियाभिरुपगूढाः ।
पादन्यासविषण्णा वयमिव कान्तावियुक्ताः स्युः ॥ ३ ॥

तस्मादिहैवासिष्यावहे ।

विदूषकः–एव्वं होदु ॥ [एवं भवतु ।]

(उभावुपविशतः)

चेटी–भट्टिदारिए ! रुद्धा खु म्ह वयं ॥ [भर्तृदारिके ! रुद्धाः खलु स्मो वयम् ।]

पद्मावती–दिट्ठिआ उवविट्ठो अय्यउत्तो ॥ [दिष्ट्योपविष्ट आर्यपुत्रः ।]

वासवदत्ता–(आत्मगतम्) दिट्ठिआ पकिदित्थसरीरो अय्यउत्तो ॥ [दिष्ट्या प्रकृतिस्थशरीर आर्यपुत्रः ।]

चेटी–भट्टिदारिए ! सस्सुपादा खु अय्याए दिट्ठि ॥ [भर्तृदारिके ! साश्रुपाता खल्वार्याया दृष्टिः ।]

वासवदत्ता–एसा खु महुअराणं अविणआदो कासकुसुमरेणुणा पडिदेण सोदआ मे दिट्ठी ॥ [एषा खलु मधुकराणामविनयात् काशकुसुमरेणुना पतितेन सोदका मे दृष्टिः ।]

पद्मावती–जुज्जइ ॥ [युज्यते ।]

विदूषकः–भो ! सुण्णं खु इदं पमदवणं । पुच्छिदव्वं किञ्चि अत्थि । पुच्छामि भवन्तं ॥ [भोः ! शून्यं खल्विदं प्रमदवनम् । प्रष्टव्यं किंचिदस्ति । पृच्छामि भवन्तम् ।]

राजा–छन्दतः ।

विदूषकः–का भवदो पिआ, तदाणिं तत्तहोदी वासवदत्ता इदाणिं पदुमावदी वा ॥ [का भवतः प्रिया, तदानीं तत्रभवती वासवदत्ता इदानीं पद्मावती वा ।]

राजा - किमिदानीं भवान् महति बहुमानसङ्कटे मां न्यस्यति ।

पद्मावती– हळा ! जादिसे सङ्कडे निक्खित्तो अय्यउत्तो । [हला ! यादृशे सङ्कटे निक्षिप्त आर्यपुत्रः ।]

वासवदत्ता– (आत्मगतम्) अहं अ मन्दभाआ ॥ [अहं च मन्दभागा ।]

विदूषकः– सेरं सेरं भणादु भवं । एक्का उवरदा, अवरा असण्णिहिदा ॥ [स्वैरं स्वैरं भणतु भवान् । एकोपरता, अपरासंनिहिता ।]

राजा–वयस्य ! न खलु न खलु ब्रूयाम् । भवांस्तु मुखरः ।

पद्मावती– एत्तएण भणिदं अय्यउत्तेण ॥ [एतावता भणितमार्यपुत्रेण ।]

विदूषकः– भो ! सच्चेण सवामि, कस्स वि ण आचक्खिस्सं । एसा सन्दट्ठा मे जीहा ॥ [भोः ! सत्येन शपामि, कस्मा अपि नाख्यास्यामि ! एषा संदष्टा मे जिह्वा ।]

राजा–नोत्सहे, सखे ! वक्तुम् ।

पद्मावती–अहो इमस्स पुरोभाइदा । एत्तिएण हिअअं ण जाणादि ॥ [अहो अस्य पुरोभागिता । एतावता हृदयं न जानाति ।]

विदूषकः– किं ण भणादि मम । अणाचक्खिअ इमादो सिळावट्टआदो ण सक्कं एक्कपदं वि गमिदुं । एसो रुद्धो अत्तभवं ॥ [किं न भणति मम । अनाख्यायास्माच्छिलापट्टकान्न शक्यमेकपदमपि गन्तुम् । एष रुद्धोऽत्रभवान् ।]

राजा– किं बलात्कारेण ।

विदूषकः– आम, बळक्कारेण ॥ [आम बलात्कारेण ।]

राजा-तेन हि पश्यामस्तावत् ।

विदूषकः पसीददु पसीददु भवं। वअस्सभावेण साविदो सि, जइ सच्चं ण भणासि ॥ [प्रसीदतु प्रसीदतु भवान्। वयस्यभावेन शापितोऽसि, यदि सत्यं न भणसि।]

राजा–का गतिः। श्रूयताम्।

पद्मावती बहुमता मम यद्यपि रूपशीलमाधुर्यैः।
वासवदत्ताबद्धं न तु तावन्मे मनो हरति ॥ ४ ॥

वासवदत्ता–(आत्मगतम्) भोदु, भोदु। दिण्णं वेदणं इमस्स परिखेदस्स। अहो अव्वादवासं पि एत्थ बहुगुणं सम्पज्जइ ॥ [भवतु भवतु। दत्तं वेतनमस्य परिखेदस्य। अहो अज्ञातवासोऽप्यत्र बहुगुणः संपद्यते।]

चेटी–भट्टिदारिए! अदक्खिञ्ञो खु भट्टा ॥ [भर्तृदारिके! अदाक्षिण्यः खलु भर्ता।]

पद्मावती–हला! मा मा एव्वं। सदक्खिञ्ञो एव्व अय्यउत्तो, जो इदाणिं वि अय्याए वासवदत्ताए गुणाणि सुमरदि ॥ [हला! मा मैवम्। सदाक्षिण्य एवार्यपुत्रः, य इदानीमप्यार्याया वासवदत्तायाः गुणान् स्मरति।]

वासवदत्ता–भद्दे! अभिजणस्स सदिसं मन्तिदं। [भद्रे! अभिजनस्य सदृशं मन्त्रितम्।]

राजा–उक्तं मया। भवानिदानीं कथयतु। का भवतः प्रिया, तदा वासवदत्ता, इदानीं पद्मावती वा।

पद्मावती–अय्यउत्तो पि वसन्तओ संवुत्तो ॥ [आर्यपुत्रोऽपि वसन्तकः संवृत्तः।]

विदूषकः– किं मे विप्पलविदेण। उभओ नि तत्तहोदीओ मे बहुमदाओ ॥ [किं मे विप्रलपितेन। उभे अपि तत्रभवत्यौ मे बहुमते।]

राजा–वैधेय! मामेवं बलाच्छ्रुत्वा किमिदानीं नाभिभाषसे।

विदूषकः-किं मं पि बळक्कारेण ॥ [किं मामपि बलात्कारेण ।]

राजा-अथ किं, बलात्कारेण ।

विदूषकः-तेण हि ण सक्कं सोदुं ॥ [तेन हि न शक्यं श्रोतुम् ।]

राजा-प्रसीदतु प्रसीदतु महाब्राह्मणः । स्वैरं स्वैरमभिधीयताम् ।

विदूषकः-इदाणिं सुणादु भवं । तत्तहोदी वासवदत्ता मे बहुमदा । तत्तहोदी पदुमावदी तरुणी दंसणीआ[1] अकोवणा अणहङ्कारा महुरवाआ सदक्खिण्णा । अअं च अवरो महन्तो गुणो, सिणिद्धेण भोअणेण मं पच्चुगच्छइ[2] 'कहिं णु खु गदो अय्यवसन्तओ' त्ति ॥ [इदानीं शृणोतु भवान् । तत्रभवती वासवदत्ता मे बहुमता । तत्रभवती पद्मावती तरुणी दर्शनीया अकोपना अनहंकारा मधुरवाक् सदाक्षिण्या । अयं चापरो महान् गुणः, स्निग्धेन भोजनेन मां प्रत्युद्गच्छति कुत्र न खलु गत आर्य वसन्तक इति ।]

वासवदत्ता-भोदु भोदु, वसन्तअ ! सुमरेहि दाणिं एदं ॥ [भवतु भवतु, वसन्तक ! स्मरेदानीमेतत् ।]

राजा-भवतु भवतु, वसन्तक ! सर्वमेतत् कथयिष्ये देव्यै वासवदत्तायै ।

विदूषकः-अविहा वासवदत्ता । कहिं वासवदत्ता । चिरा खु उवरदा वासवदत्ता ॥ [अविधा वासवदत्ता । कुत्र वासवदत्ता । चिरात् खलूपरता वासवदत्ता ।]

राजा- (सविषादम्) एवम् । उपरता वासवदत्ता ।

अनेन परिहासेन व्याक्षिप्तं मे मनस्त्वया ।
ततो वाणी तथैवेयं पूर्वाभ्यासेन निस्सृता ॥ ५ ॥

---

१. दस्सणीआ ।

२. मं पच्चुगच्छइ वासवदत्ता 'कहिं णु etc.'

पद्मावती—रमणीओ खु कहाजोओ णिसंसेण विसंवादिओ । [रमणीयः खलु कथायोगो नृशंसेन विसंवादितः ।]

वासवदत्ता—(आत्मगतम्) भोदु भोदु, विस्सत्थम्हि । अहो पिअं णाम, ईदिसं वअणं अपच्चक्खं सुणीअदि ॥ [भवतु भवतु, विश्वस्तास्मि । अहो प्रियं नाम, ईदृशं वचनमप्रत्यक्षं श्रूयते ।]

विदूषकः—धारेदु धारेदु भवं । अणदिक्कमणीओ हि विही । ईदिसं दाणिं एदं ॥ [धारयतु धारयतु भवान् । अनतिक्रमणीयो हि विधिः । ईदृशमिदानीमेतत् ।]

राजा— वयस्य ! न जानाति भवानवस्थाम् । कुतः,

दुःखं त्यक्तुं बद्धमूलोऽनुरागः
स्मृत्वा स्मृत्वा याति दुःखं नवत्वम् ।
यात्रा त्वेषा यद् विमुच्येह बाष्पं
प्राप्तानृण्या याति बुद्धिः प्रसादम् ॥ ६ ॥

विदूषकः—अस्सुपादकिळिण्णं खु तत्तहोदो मुहं । जाव मुहोदअं आणेमि । (निष्क्रान्तः) ॥ [अश्रुपातक्लिन्नं खलु तत्रभवतो मुखम् । यावन्मुखोदकमानयामि ।]

पद्मावती—अय्ये ! बप्फाउळपडन्तरिदं अय्यउत्तस्स मुहं । जाव णिक्कमम्ह ॥ [आर्ये ! बाष्पाकुलपटान्तरितमार्यपुत्रस्य मुखम् । यावन्निष्क्रामामः ।]

वासवदत्ता—एव्वं होदु । अहव चिट्ठ तुवं । उक्कण्ठिदं भत्तारं उज्झिअ अजुत्तं णिग्गमणं । अहं एव्व गमिस्सं ॥ [एवं भवतु । अथवा तिष्ठ त्वम् । उत्कण्ठितं भर्तारमुज्झित्वायुक्तं निर्गमनम् । अहमेव गमिष्यामि ।]

चेटी—सुट्ठु अय्या भणादि । उवसप्पदु दाव भट्टिदारिआ ॥ [सुष्ठ्वार्या भणति । उपसर्पतु तावद् भर्तृदारिका ।]

पद्मावती–किं णु खु पविसामि ॥ [किं नु खलु प्रविशामि ।]

वासवदत्ता–हळा । पविस । (इत्युक्त्वा निष्क्रान्ता) ॥ [हला ! प्रविश ।]

(प्रविश्य)

विदूषकः–(नलिनीपत्रेण जलं गृहीत्वा) एसा तत्तहोदी पदुमावदी ॥ [एषा तत्रभवती पद्मावती ।]

पद्मावती–अय्य वसन्तअ ! किं एदं ॥ [आर्य वसन्तक ! किमेतत् ।]

विदूषकः–एदं इदं । इदं एदं ॥ [एतदिदम् । इदमेतत् ।]

पद्मावती–भणादु भणादु अय्यो भणादु ॥ [भणतु भणत्वार्यो भणतु ।]

विदूषकः–भोदि ! वादणीदेण कासकुसुमरेणुणा अक्खिणिपडिदेण सस्सुपादं खु तत्तहोदो मुहं । ता गण्हदु होदी इदं मुहोदअं ॥ [भवति ! वातनीतेन काशकुसुमरेणुनाक्षिनिपतितेन साश्रुपातं खलु तत्रभवतो मुखम् । तद् गृह्णातु भवतीदं मुखोदकम् ।]

पद्मावती–(आत्मगतम्) अहो सदक्खिण्ण्स्स जणस्स परिजणो वि सदक्खिण्णो एव्व होदि । (उपेत्य) जेदु अय्यउत्तो । इदं मुहोदअं ॥ [अहो सदाक्षिण्यस्य जनस्य परिजनोऽपि सदाक्षिण्य एव भवति । जयत्वार्यपुत्रः । इदं मुखोदकम् ।]

राजा–अये पद्मावती । (अपवार्य) वसन्तक किमिदम् ।

विदूषकः–(कर्णे) एव्वं विअ ॥ [एवमिव ।]

राजा–साधु वसन्तक साधु ! । (आचम्य) पद्मावति ! आस्यताम् ।

पद्मावती– जं अय्यउत्तो आणवेदि । (उपविशति) [यदार्यपुत्र आज्ञापयति ।]

राजा–पद्मावति !

शरच्छशाङ्कगौरेण वाताविद्धेन भामिनि ।
काशपुष्पलवेनेदं साश्रुपातं मुखं मम ॥ ७ ॥

(आत्मगतम्)

इयं बाला नवोद्वाहा सत्यं श्रुत्वा व्यथां व्रजेत् ।
कामं धीरस्वभावेयं स्त्रीस्वभावस्तु कातरः ॥ ८ ॥

विदूषकः– उइदं तत्तहोदो मअधराअस्स अवरण्हकाळे भवन्तं अग्गदो करिअ सुहिज्जणदंसणं । सक्कारो हि णाम सक्कारेण पडिच्छिदो पीदिं उप्पादेदि । ता उट्ठेदु दाव भवं ॥ [उचितं तत्रभवतो मगधराजस्यापराह्णकाले भवन्तमग्रतः कृत्वा सुहृज्जनदर्शनम् । सत्कारो हि नाम सत्कारेण प्रतीष्टः प्रीतिमुत्पादयति । तदुत्तिष्ठतु तावद् भवान् ।]

राजा–बाढम् । प्रथमः कल्पः । (उत्थाय)

गुणानां वा विशालानां सत्काराणां च नित्यशः ।
कर्तारः सुलभा लोके विज्ञातारस्तु दुर्लभाः ॥ ९ ॥

(निष्क्रान्ताः सर्वे)

इति चतुर्थोऽङ्कः ।

अथ पञ्चमोऽङ्कः ।

(ततः प्रविशति पद्मिनिका)

पद्मिनिका–महुअरिए ! महुअरिए ! आअच्छ दाव सिग्घं ॥ [मधुकरिके ! मधुकरिके ! आगच्छ तावच्छीघ्रम् ।]

(प्रविश्य)

मधुकरिका–हळा ! इअम्हि । किं करीअदु ॥ [हला ! इयमस्मि । किं क्रियताम् ।]

पद्मिनिका–हळा किं ण जाणासि तुवं भट्टिदारिआ पदुमावदी सीसवेदणाए दुक्खाविदेत्ति ॥ [हला किं न जानासि त्वं भर्तृ-

दारिका पद्मावती शीर्षवेदनया दुःखितेति ।]

मधुकरिका–हद्धि ॥ [हा धिक् ।]

पद्मिनिका–हळा ! गच्छ सिग्घं, अय्यं आवन्तिअं सद्दावेहि । केवळं भट्टिदारिआए सीसवेदणं एव्व णिवेदेहि । तपो सअं एव्व आगमिस्सदि ॥ [हला ! गच्छ शीघ्रम्, आर्यामावन्तिकां शब्दापय । केवलं भर्तृदारिकायाः शीर्षवेदनामेव निवेदय । ततः स्वयमेवागमिष्यति ।]

मधुकरिका–हळा ! किं सा करिस्सदि ॥ [हला किं सा करिष्यति ।]

पद्मिनिका–सा हु दाणिं महुराहि महुराहि भट्टिदारिआए सीसवेदणं विणोदेदि ॥ [सा खल्विदानीं मधुराभिः कथाभिर्भर्तृदारिकायाः शीर्षवेदनां विनोदयति ।]

मधुकरिका- जुज्जइ । कहिं सअणीयं रइदं भट्टिदारिआए ॥ [युज्यते । कुत्र शयनीयं रचितं भर्तृदारिकायाः ।]

पद्मिनिका–समुद्दगिहके किळ सेज्जात्थिण्णा । गच्छ दाणिं तुवं । अहं वि भट्टिणो णिवेदणत्थं अय्यवसन्तअं अण्णेसामि ॥ [समुद्रगृहके किल शय्यास्तीर्णा । गच्छेदांनीं त्वम् । अहमपि भर्त्रे निवेदनार्थमार्यवसन्तकमन्विष्यामि ।]

मधुकरिका–एव्वं होदु । (निष्क्रान्ता) [एवं भवतु ।]

पद्मिनिका–कहिं दाणिं अय्यवसन्तअं पेक्खामि । [कुत्रेदानीमार्यवसन्तकं पश्यामि ।]

(ततः प्रविशति विदूषकः)

विदूषकः–अज्ज खु देवीविओअविहुरहिअअस्स तत्तहोदो वच्छराअस्स पदुमावदीपाणिग्गहणसमीरिअमाणो[1] अच्चन्तसुहावहे मङ्गळोसवे मदणग्गिदाहो अहिअदरं वड्ढइ । (पद्मिनिकां विलोक्य)

---

१ °समीरिअस्स

अयि पदुमिणिआ। पदुमिणिए ! किं इह वत्तदि ॥ [अद्य खलु देवीवियोगविधुरहृदयस्य तत्रभवतो वत्सराजस्य पद्मावतीपाणिग्रहण-समीर्यमाणोऽत्यन्तसुखावहे मंगलोत्सवे मदनाग्निदाहोऽधिकतरं वर्तते । अयि पद्मिनिका ! पद्मिनिके ! किमिह वर्तते ।]

पद्मिनिका–अय्य वसन्तअ ! किं ण जाणासि तुवं भट्टिदारिआ पदुमावदी सीसवेदणाए दुक्खाविदेत्ति ॥ [आर्य वसन्तक ! किं न जानासि त्वं भर्तृदारिका पद्मावती शीर्षवेदनया दुःखितेति ।]

विदूषकः–भोदि ! सच्चं, ण जाणामि ॥ [भवति ! सत्यं, न जानामि ।]

पद्मिनिका–तेण हि भट्टिणो णिवेदेहि णं। जाव अहं वि सीसा-णुळेवणं तुवारेमि ॥ [तेन हि भर्त्रे निवेदयैनाम् । यावदहमपि शीर्षानुलेपनं त्वरयामि ।]

विदूषकः–कहिं सअणीअं रइदं पदुमावदीए ॥ [कुत्र शयनीयं रचितं पद्मावत्याः ।]

पद्मिनिका–समुद्दगिहके किळ सेज्जात्थिण्णा ॥ [समुद्रगृहके किल शय्यास्तीर्णा ।]

विदूषकः–गच्छतु भोदी। जाव अहं वि तत्तहोदो णिवेदइस्सं ॥ [गच्छतु भवती। यावदहमपि तत्रभवते निवेदयिष्यामि ।]

(निष्क्रान्तौ)

प्रवेशकः ।

(ततः प्रविशति राजा)

राजा–

श्लाघ्यामवन्तिनृपतेः सदृशीं तनूजां
कालक्रमेण पुनरागतदारभारः ।

लावाणके हुतवहेन हृताङ्गयष्टिं
तां पद्मिनीं हिमहतामिव चिन्तयामि ॥ १ ॥

(प्रविश्य)

विदूषकः–तुवरदु तुवरदु दाव भवं ॥ [त्वरतां त्वरतां तावद् भवान् ।]

राजा–किमर्थम् ।

विदूषकः–तत्तहोदी पदुमावदी सीसवेदणाए दुक्खाविदा ॥ [तत्र भवती पद्मावती शीर्षवेदनया दुःखिता ।]

राजा–कैमवाह ।

विदूषकः–पदुमिणिआए कहिदं ॥ [पद्मिनिकया कथितम् ।]

राजा–भोः ! कष्टं

रूपश्रिया समुदितां गुणतश्च युक्तां
लब्ध्वा प्रियां मम तु मन्द इवाद्य शोकः ।
पूर्वाभिघातसरुजोऽप्यनुभूतदुःखः
पद्मावतीमपि तथैव समर्थयामि ॥ २ ॥

अथ कस्मिन् प्रदेशे वर्तते पद्मावती ।

विदूषकः–समुद्दगिहके किळ सेज्जात्थिण्णा ॥ [समुद्रगृहके किल शय्यास्तीर्णा ।]

राजा–तेन हि तस्य मार्गमादेशय ।

विदूषकः–एदु एदु भवं । [एत्वेतु भवान् ।] (उभौ परिक्रामतः)

विदूषकः–इदं समुद्दगिहकं । पविसदु भवं ॥ [इदं समुद्रगृहकम् । प्रविशतु भवान् ।]

राजा–पूर्वं प्रविश ।

विदूषकः–भो ! तह । (प्रविश्य) अविहा, चिट्ठदु, चिट्ठदु दाव भवं । [भो ! तथा अविधा, तिष्ठतु, तिष्ठतु तावद् भवान् ।]

राजा–किमर्थम् ।

विदूषकः–एसो खु दीवप्पभावसूइदरूवो वसुधातळे परिवत्तमाणो अअं काओदरो । [एष खलु दीपप्रभावसूचितरूपो वसुधातले परिवर्तमानोऽयं काकोदरः ।]

राजा–(प्रविश्यावलोक्य सस्मितम्) अहो सर्पव्यक्तिर्वैधेयस्य ।

ऋज्वायतां हि मुखतोरणलोलमालां
भ्रष्टां क्षितौ त्वमवगच्छसि मूर्ख सर्पम् ।
मन्दानिलेन निशि या परिवर्तमाना
किंचित् करोति भुजगस्य विचेष्टितानि ॥ ३ ॥

विदूषकः–(निरूप्य) सुट्ठु भवं भणादि । ण हु अअं काओदरो । (प्रविश्यावलोक्य) तत्तहोदी पदुमावदी इह आअच्छिअ णिग्गदा भवे । [सुष्ठु भवान् भणति । न खल्वयं काकोदरः । तत्रभवती पद्मावतीहागत्य निर्गता भवेत् ।]

राजा–वयस्य ! अनागतया भवितव्यम् ।

विदूषकः–कहं भवं जाणादि । [कथं भवान् जानाति ।]

राजा–किमत्र ज्ञेयम् । पश्य,

शय्या नावनता तथास्तृतसमा न व्याकुलप्रच्छदा
न क्लिष्टं हि शिरोपधानममलं शीर्षाभिघातौषधैः ।
रोगे दृष्टिविलोभनं जनयितुं शोभा न काचित् कृता
प्राणी प्राप्य रुजा पुनर्न शयनं शीघ्रं स्वयं मुञ्चति ॥ ४ ॥

विदूषकः–तेण हि इमस्सिं सय्याए मुहुत्तअं उववि‍सिअ तत्तहोदिं पधिवाळेदु भवं ॥ [तेन ह्यस्यां शय्यायां मुहूर्तकमुपविश्य तत्रभवतीं प्रतिपालयतु भवान् ।]

राजा—बाढम् । (उपविश्य) वयस्य ! निद्रा मां बाधते । कथ्यतां काचित् कथा ।

विदूषकः—अहं कहइस्सं । हों त्ति करेदु अत्तभवं ।। [अहं कथयिष्यामि । हों इति करोत्वत्रभवान् ।]

राजा—बाढम् ।

विदूषकः—अत्थि णअरी उज्जइणी णाम । तहिं अहिअरमणीआणि उदअह्णाणाणि वत्तन्ति किळ ।। [अस्ति नगर्युज्जयिनी नाम । तत्राधिकरमणीयान्युदकस्नानानि वर्तन्ते किल ।]

राजा—कथमुज्जयिनी नाम ।

विदूषकः—जइ अणभिप्पेदा एसा कहा, अण्णं कहइस्सं ।। [यद्यनभिप्रेतैषा कथा अन्यां कथयिष्यामि ।]

राजा—वयस्य ! न खलु नाभिप्रेतैषा कथा । किं तु,

स्मराम्यवन्त्याधिपतेः सुतायाः
प्रस्थानकाले स्वजनं स्मरन्त्याः ।
बाष्पं प्रवृत्तं नयनान्तलग्नं
स्नेहान्ममैवोरसि पातयन्त्याः ॥ ५ ॥

अपि च,

बहुशोऽप्युपदेशेषु यया मामीक्षमाणया ।
हस्तेन स्रस्तकोणेन कृतमाकाशवादितम् ॥ ६ ॥

विदूषकः—भोदु, अण्णं कहइस्सं । अत्थि णअरं बम्हदत्तं णाम । तहिं किळ राआ कंपिळ्ळो णाम ।। [भवतु, अन्यां कथयिष्यामि । अस्ति नगरं ब्रह्मदत्तं नाम । तत्र किल राजा काम्पिल्यो नाम ।]

राजा—किमिति किमिति ।

विदूषकः—(पुनस्तदेव पठति)

राजा—मूर्ख ! राजा ब्रह्मदत्तः, नगरं काम्पिल्यमित्यभिधीयताम् । विदूषकः—किं राआ बम्हदत्तो, णअरं कंपिळ्ळं ॥ [किं राजा ब्रह्मदत्तः, नगरं काम्पिल्यम् ।]

राजा—एवमेतत् ।

विदूषकः—तेण हि मुहुत्तअं पडिवाळेदुं भवं, जाव ओट्ठगअं करिस्सं । राआ बह्मदत्तो, णअरं कंपिळ्ळं । (इति बहुशस्तदेव पठित्वा) इदाणिं सुणादु भवं । अयि सुत्तो अत्तभवं । अदिसीदळा इअं वेळा । अत्तणो पावरअं गण्हिअ आअमिस्सं । (निष्क्रान्तः) [तेन हि मुहूर्तकं प्रतिपालयतु भवान्, यावदोष्ठगतं करिष्यामि । राजा ब्रह्मदत्तः, नगरं काम्पिल्यम् । इदानीं श्रृणोतु भवान् । अयि सुप्तोऽत्रभवान् । अतिशीतलेयं वेला । आत्मनः प्रावारकं गृहीत्वागमिष्यामि ।]

(ततः प्रविशति वासवदत्ता आवन्तिकावेषेण चेटी च)

चेटी—एदु एदु अय्या । दिढं खु भट्टिदारिआ सीसवेदणाए दुक्खाविदा ॥ [एत्वेत्वार्या । दृढं खलु भर्तृदारिका शीर्षवेदनया दुःखिता ।]

वासवदत्ता—हद्धि, कहिं सअणीअं रइदं पदुमावदीए ॥ [हा धिक्, कुत्र शयनीयं रचितं पद्मावत्याः ।]

चेटी—समुद्दगिहके किळ सेज्जात्थिण्णा ॥ [समुद्रगृहके किल शय्यास्तीर्णा ।]

वासवदत्ता—तेण हि अग्गदो याहि ॥ [तेन ह्यग्रतो याहि ।]

(उभे परिक्रामतः)

चेटी—इदं समुद्दगिहकं । पविसदु अय्या । जाव अहं वि सीसाणुळेवणं तुवारेमि । (निष्क्रान्ता) ॥ [इदं समुद्रगृहकम् । प्रविशत्वार्या । यावदहमपि शीर्षानुलेपनं त्वरयामि ।]

वासवदत्ता– अहो अकरुणा खु इस्सरा मे । विरहपय्युस्सुअस्स अय्यउत्तस्स विस्समत्थाणभूदा इअं पि णाम पदुमावदी अस्सत्था जादा । जाव पविसामि । (प्रविश्यावलोक्य) अहो परिजणस्स पमादो । अस्सत्थं पदुमावदिं केवळं दीवसहाअं करिअ परित्तजदि । इअं पदुमावदी ओसुत्ता । जाव उवविसामि । अहव अञ्ञासण-परिग्गहेण अप्पो विअ सिणेहो पडिभादि । ता इमस्सिं सय्याए उवविसामि । (उपविश्य) किं णु खु एदाए सह उवविसन्तीए अज्ज पह्ळादिदं विअ मे हिअअं । दिट्ठिआ अविच्छिण्ण-सुहणिस्सासा । णिव्वुत्तरोआए होदव्वं । अहव एअदेससंविभा-अदाए सअणीअस्स सूएदि मं आलिङ्गेहि त्ति । जाव सइस्सं । (शयनं नाटयति) ॥ [अहो अकरुणाः खल्वीश्वरा मे । विरहपर्युत्सु-कस्यार्यपुत्रस्य विश्रमस्थानभूतेयमपि नाम पद्मावत्यस्वस्था जाता । यावत् प्रविशामि । अहो परिजनस्य प्रमादः । अस्वस्थां पद्मावतीं केवलं दीपसहायां कृत्वा परित्यजति । इयं पद्मावत्यवसुप्ता । यावदुप-विशामि । अथवान्यासनपरिग्रहेणाल्प इव स्नेहः प्रतिभाति । तदस्यां शय्यायामुपविशामि । किं नु खल्वेतया सहोपविशन्त्या अद्य प्रह्लादित-मिव मे हृदयम् । दिष्ट्याविच्छिन्नसुखनिःश्वासा । निवृत्तरोगया भवितव्यम् । अथवैकदेशसंविभागतया शयनीयस्य सूचयति मामालिङ्गेति । यावच्छयिष्ये ।]

राजा– (स्वप्नायते) हा वासवदत्ते ।

वासवदत्ता– (सहसोत्थाय) हं अय्यउत्तो, ण हु पदुमावदी । किं णु खु दिट्ठम्हि । महन्तो खु अय्यजोअन्धराअणस्स पडिण्णाहारो मम दंसणेण णिप्फळो संवुत्तो ॥ [हम् आर्यपुत्रः, न खलु पद्मावती । किं नु खलु दृष्टास्मि । महान् खल्वार्ययौगन्धरायणस्य प्रतिज्ञाभारो मम दर्शनेन निष्फलः संवृत्तः ।]

राजा– हा अवन्तिराजपुत्रि !

वासवदत्ता– दिट्ठिआ सिविणाअदि खु अय्यउत्तो । ण एत्थ कोच्चि जणो । जाव मुहुत्तअं चिट्ठिअ दिट्ठिं हिअअं च तोसेमि ॥ [दिष्ट्या स्वप्नायते खल्वार्यपुत्रः । नात्र कश्चिज्जनः । यावन्मुहूर्तकं स्थित्वा दृष्टिं हृदयं च तोषयामि ।]

राजा– हा प्रिये ! हा प्रियशिष्ये ! देहि मे प्रतिवचनम् ।

वासवदत्ता– आळवामि भट्टा ! आळवामि ॥ [आलपामि भर्तः ! आलपामि ।]

राजा– किं कुपितासि ।

वासवदत्ता–ण हि ण हि, दुक्खिदम्हि ॥ [न हि न हि, दुःखितास्मि ।]

राजा– यद्यकुपिता, किमर्थं नालंकृतासि ।

वासवदत्ता–इदो वरं किं ॥ [इतः परं किम् ।]

राजा–किं विरचिकां स्मरसि ।

वासवदत्ता–(सरोषम्) आ अवेहि, इहावि विरचिआ ॥ [आ अपेहि, इहापि विरचिका ।]

राजा– तेन हि विरचिकार्थं भवतीं प्रसादयामि । (हस्तौ प्रसारयति)

वासवदत्ता–चिरं ठिदम्हि । को वि मं पेक्खे । ता गमिस्सं । अहव, सय्यापळम्बिअं अय्यउत्तस्स हत्थं सअणीए आरोविअ गमिस्सं । (तथा कृत्वा निष्क्रान्ता) ॥ [चिरं स्थितास्मि । कोऽपि मां पश्येत् । तद् गमिष्यामि । अथवा, शय्याप्रलम्बितमार्यपुत्रस्य हस्तं शयनीय आरोप्य गमिष्यामि ।]

राजा–(सहसोत्थाय) वासवदत्ते ! तिष्ठ तिष्ठ । हा धिक् ।

निष्क्रामन् संभ्रमेणाहं द्वारपक्षेण ताडितः ।
ततो व्यक्तं न जानामि भूतार्थोऽयं मनोरथः ॥ ७ ॥

(प्रविश्य)

विदूषकः–अइ पडिबुद्धो अत्तभवं ॥ [अयि प्रतिबुद्धोऽत्रभवान्।]

राजा–वयस्य ! प्रियमावेदये, धरते खलु वासवदत्ता।

३ विदूषकः–अविहा वासवदत्ता। कहिं वासवदत्ता। चिरा खु उवरदा वासवदत्ता ॥ [अविधा वासवदत्ता। कुत्र वासवदत्ता। चिरात् खलूपरता वासवदत्ता।]

६ राजा–वयस्य मा मैवं,

शय्यायामवसुप्तं मां बोधयित्वा सखे गता।
दग्धेति ब्रुवता पूर्वं वञ्चितोऽस्मि रुमण्वता ॥ ८ ॥

विदूषकः–अविहा असम्भावणीअं एदं[1]। आ ! उदअण्हाणसङ्कित्तणेण तत्तहोदिं चिन्तअन्तेण सा सिविणे दिट्ठा भवे ॥ [अविधा

३ असंभावनीयमेतद्। आः ! उदकस्नानसंकीर्तनेन तत्रभवतीं चिन्तयता सा स्वप्ने दृष्टा भवेत्।]

राजा–यदि तावदयं स्वप्नो धन्यमप्रतिबोधनम्।
अथायं विभ्रमो वा स्याद् विभ्रमो ह्यस्तु मे चिरम् ॥ ९ ॥

विदूषकः–भो ! वअस्स ! एदस्सिं णअरे अवन्तिउसुन्दरी णाम जक्खिणी पडिवसदि। सा तुए दिट्ठा भवे ॥ [भोः ! वयस्य !

३ एतस्मिन् नगरेऽवन्तिसुन्दरी नाम यक्षिणी प्रतिवसति। सा त्वया दृष्टा भवेत्।]

राजा–न न,

स्वप्नस्यान्ते विबुद्धेन नेत्रविप्रोषिताञ्जनम्।
चारित्रमपि रक्षन्त्या दृष्टं दीर्घालकं मुखम् ॥ १० ॥

अपि च वयस्य ! पश्य पश्य,

योऽयं संत्रस्तया देव्या तया बाहुर्निपीडितः।
स्वप्नेऽप्युत्पन्नसंस्पर्शो रोमहर्षं न मुञ्चति ॥ ११ ॥

---

१ असम्भावणीअं एदं ण।

विदूषकः—मा दाणिं भवं अणत्थं चिन्तिअ । एदु एदु भवं । चउस्साळं पविसामो ॥ [मेदानीं भवाननर्थं चिन्तयित्वा । एत्वेतु भवान् । चतुःशालं प्रविशावः ।]

(प्रविश्य)

काञ्चुकीयः—जयत्वार्यपुत्रः । अस्माकं महाराजो दर्शको भवन्तमाह ' एष खलु भवतोऽमात्यो रुमण्वान् महता बलसमुदयेनोपयातः खल्वारुणिमभिघातयितुम् । तथा हस्त्यश्वरथपदातीनि मामकानि विजयाङ्गानि संनद्धानि । तदुत्तिष्ठतु भवान् । अपि च,

भिन्नास्ते रिपवो भवद्गुणरताः पौराः समाश्वासिताः
पार्ष्णी यापि भवत्प्रयाणसमये तस्या विधानं कृतम् ।
यद्यत् साध्यमरिप्रमाथजननं तत्तन्मयानुष्ठितं
तीर्णा चापि बलैर्नदी त्रिपथगा वत्साश्च हस्ते तव ॥ १२ ॥'

राजा—(उत्थाय) बाढम् । अयमिदानीम्,

उपेत्य नागेन्द्रतुरंगतीर्णे तमारुणिं दारुणकर्मदक्षम् ।
विकीर्णबाणोग्रतरङ्गभङ्गे महार्णवाभे युधि नाशयामि ॥ १३ ॥

(निष्क्रान्ताः सर्वे)

इति पञ्चमोऽङ्कः ।

अथ षष्ठोऽङ्कः ।

(ततः प्रविशति काञ्चुकीयः)

काञ्चुकीयः—क इह भोः ! काञ्चनतोरणद्वारमशून्यं कुरुते ।

(प्रविश्य)

प्रतीहारी—अय्य ! अहं विजआ । किं करीअदु ॥ [आर्य ! अहं विजया । किं क्रियताम् ।]

काञ्चुकीयः- **भवति ! निवेद्यतां निवेद्यतां वत्सराज्यलाभप्रवृद्धोदयायोदयनाय 'एष खलु महासेनस्य सकाशाद् रैभ्यसगोत्रः काञ्चुकीयः प्राप्तः, तत्रभवत्या चाङ्गारवत्या प्रेषितार्या वसुन्धरा नाम वासवदत्ताधात्री च, प्रतीहारमुपस्थिताविʼ ति ।**

प्रतीहारी-**अय्य ! अदेसकाळो पडिहारस्स ॥** [आर्य ! अदेशकालः प्रतीहारस्य ।]

काञ्चुकीयः- **कथमदेशकालो नाम ।**

प्रतीहारी- **सुणादु अय्यो । अज्ज भट्टिणो सुयामुणप्पासादगदेण केण वि वीणा वादिदा । तं च सुणिअ भट्टिणा भणिअं ' घोसवदीए सद्दो विअ सुणीअदिʼत्ति** [श्रृणोत्वार्यः । अद्य भर्तुः सुयामुनप्रासादगतेन केनापि वीणा वादिता । तां च श्रुत्वा भर्त्रा भणितं घोषवत्याः शब्द इव श्रूयत इति ।]

काञ्चुकीयः- **ततस्ततः ।**

प्रतीहारी-**तदो तहिं गच्छिअ पुच्छिदो ' कुदो इमाए वीणाए आगमोʼत्ति । तेण भणिदं ' अम्हेहिं णम्मदातीरे कुय्यगुम्मळग्गा दिट्ठा । जइ प्पओअणं इमाए, उवणीअदु भट्टिणोʼत्ति । तं च उवणीदं अङ्के करिअ मोहं गदो भट्टा । तदो मोहप्पच्चागदेण बप्फपय्याउळेण मुहेण भट्टिणा भणिअं ' दिट्ठासि घोसवदि ! सा हु ण दिस्सदिʼत्ति । अय्य ! ईदिसो अणवसरो । कहं णिवेदेमि ॥** [ततस्तत्र गत्वा पृष्टः कुतोऽस्या वीणाया आगम इति । तेन भणितमस्माभिर्नर्मदातीरे कूर्चगुल्मलग्ना दृष्टा । यदि प्रयोजनमनया, उपनीयतां भर्त्रे इति । तां चोपनीतामङ्के कृत्वा मोहं गतो भर्ता । ततो मोहप्रत्यागतेन बाष्पपर्याकुलेन मुखेन भर्त्रा भणितं दृष्टासि घोषवति ! सा खलु न दृश्यत इति । आर्य ! ईदृशोऽनवसरः । कथं निवेदयामि ।]

काञ्चुकीयः-**भवति ! निवेद्यताम् । इदमपि तदाश्रयमेव ।**

प्रतीहारी–अय्य ! इअं णिवेदेमि । एसो भट्टा सुयामुनप्पासादादो ओदरइ । ता इह एव्व णिवेदइस्सं ।। [आर्य ! इयं निवेदयामि ।
३३ एष भर्ता सुयामुनप्रासादादवतरति । तदिहैव निवेदयिष्यामि ।]

काञ्चुकीयः–भवति ! तथा ।

(उभौ निष्क्रान्तौ)

मिश्रविष्कम्भकः ।

(ततः प्रविशति राजा विदूषकश्च)

राजा–

श्रुतिसुखनिनदे ! कथं नु देव्याः
स्तनयुगले जघनस्थले च सुप्ता ।
विहगगणरजोविकीर्णदण्डा
प्रतिभयमध्युषितास्यरण्यवासम् ॥ १ ॥

अपि च, अस्निग्धासि घोषवति ! या तपस्विन्या न स्मरसि,

श्रोणीसमुद्वहनपार्श्वनिपीडितानि
खेदस्तनान्तरसुखान्युपगूहितानि ।
उद्दिश्य मां च विरहे परिदेवितानि
वाद्यान्तरेषु कथितानि च सस्मितानि ॥ २ ॥

विदूषकः–अळं दाणिं भवं अदिमत्तं सन्तप्पिअ ।। [अलमिदानीं भवानतिमात्रं संतप्य ।]

३ **राजा**–वयस्य ! मा मैवं,

चिरप्रसुप्तः कामो मे वीणया प्रतिबोधितः ।
तां तु देवीं न पश्यामि यस्या घोषवती प्रिया ॥ ३ ॥

वसन्तक ! शिल्पिजनसकाशान्नवयोगां घोषवतीं कृत्वा शीघ्रमानय ।

विदूषकः–जं भवं आणवेदि । (वीणां गृहीत्वा निष्क्रान्तः)

[यद् भवानाज्ञापयति ।]

(प्रविश्य)

प्रतीहारी–जेदु भट्टा । एसो खु महासेणस्स सआसादो रब्भसगोत्तो कञ्चुईओ देवीए अङ्गारवदीए पेसिदा अय्या वसुन्धरा णाम वासवदत्ताधत्ती अ पडिहारं उवट्ठिदा ॥ [जयतु भर्ता । एष खलु महासेनस्य सकाशाद् रैभ्यसगोत्रः काञ्चुकीयो देव्याङ्गारवत्या प्रेषितार्या वसुन्धरा नाम वासवदत्ताधात्री च प्रतिहारमुपस्थितौ !]

राजा–तेन हि पद्मावती तावदाहूयताम् ।

प्रतीहारी–जं भट्टा आणवेदि । (निष्क्रान्ता) [यद् भर्ताज्ञापयति ।]

राजा–किं नु खलु शीघ्रमिदानीमयं वृत्तान्तो महासेनेन विदितः ।

(ततः प्रविशति पद्मावती प्रतीहारी च)

प्रतीहारी–एदु एदु भट्टिदारिआ ॥ [एत्वेतु भर्तृदारिका ।]

पद्मावती–जेदु अय्यउत्तो ॥ [जयत्वार्यपुत्रः ।]

राजा–पद्मावति ! किं श्रुतं महासेनस्य सकाशाद् रैभ्यसगोत्रः काञ्चुकीयः प्राप्तः, तत्रभवत्या चाङ्गारवत्या प्रेषितार्या वसुन्धरा नाम वासवदत्ताधात्री च, प्रतिहारमुपस्थिताविति ।

पद्मावती–अय्यउत्त ! पिअं मे ञादिकुळस्स कुसळवुत्तन्तं सोदुं ॥ [आर्यपुत्र ! प्रियं मे ज्ञातिकुलस्य कुशलवृत्तान्तं श्रोतुम् ।]

राजा–अनुरूपमेतद् भवत्याभिहितं 'वासवदत्तास्वजनो मे स्वजन' इति । पद्मावति ! आस्यताम् । किमिदानीं नास्यते ।

पद्मावती–अय्यउत्त ! किं मए सह उवविट्ठो एदं जणं पेक्खिस्सदि । [आर्यपुत्र ! किं मया सहोपविष्ट एतं जनं द्रक्ष्यति ।]

राजा–कोऽत्र दोषः ।

पद्मावती–अय्यउत्तस्स अवरो परिग्गहो त्ति उदासीणं विअ होदि ॥ [आर्यपुत्रस्यापरः परिग्रहः इत्युदासीनमिव भवति ।]

राजा- कलत्रदर्शनार्हं जनं कलत्रदर्शनात् परिहरतीति बहुदोषमुत्पादयति । तस्मादास्यताम् ।

पद्मावती-जं अय्यउत्तो आणवेदि । (उपविश्य) अय्यउत्त ! तादो वा अम्बा वा किं णु खु भणिस्सदि त्ति आविग्गा विअ संवुत्ता ॥ [यदार्यपुत्र आज्ञापयति । आर्यपुत्र ! तातो वाम्बा वा किं नु खलु भणिष्यतीत्याविग्नेव संवृत्ता ।]

राजा-पद्मावति ! एवमेतत् ।

किं वक्ष्यतीति हृदयं परिशङ्कितं मे
कन्या मयाप्यपहृता न च रक्षिता सा ।
भाग्यैश्चलैर्महदवाप्य[1] गुणोपघातं
पुत्रः पितुर्जनितरोष इवास्मि भीतः ॥ ४ ॥

पद्मावती-णं[2] किं सक्कं रक्खिदुं पत्तकाळे ॥ [ननु किं शक्यं रक्षितुं प्राप्तकाले ।]

प्रतीहारी-एसो कञ्चुईओ धत्ती अ पडिहारं उवट्ठिदा ॥ [एष काञ्चुकीयो धात्री च प्रतिहारमुपस्थितौ ।]

राजा-शीघ्रं प्रवेश्यताम् ।

प्रतीहारी-जं भट्टा आणवेदि । (निष्क्रान्ता) [यद् भर्ताज्ञापयति ।]

(ततः प्रविशति काञ्चुकीयो धात्री प्रतिहारी च)

काञ्चुकीयः-भोः !

संबन्धिराज्यमिदमेत्य महान् प्रहर्षः
स्मृत्वा पुनर्नृपसुतानिधनं विषादः ।
किं नाम दैव ! भवता न कृतं यदि स्याद्
राज्यं परैरपहृतं कुशलं च देव्याः ॥ ५ ॥

---

१. °महदवाप्तगुणोपघातः ।

२. ण किं सक्कं etc.

प्रतीहारी–एसो भट्टा, उवसप्पदु अय्यो ॥ [एष भर्ता, उपसर्पत्वार्यः ।]

काञ्चुकीयः– (उपेत्य) जयत्वार्यपुत्रः ।

धात्री–जेदु भट्टा ॥ [जयतु भर्ता ।]

राजा– (सबहुमानम्) आर्ये !

पृथिव्यां राजवंश्यानामुदयास्तमयप्रभुः ।
अपि राजा स कुशली मया काङ्क्षितबान्धवः ॥ ६ ॥

काञ्चुकीयः–अथ किम् । कुशली महासेनः । इहापि सर्वगतं कुशलं पृच्छति ।

राजा–(आसनादुत्थाय) किमाज्ञापयति महासेनः ।

काञ्चुकीयः–सदृशमेतद् वैदेहीपुत्रस्य । नन्वासनस्थेनैव भवता श्रोतव्यो महासेनस्य संदेशः ।

राजा–यदाज्ञापयति महासेनः । (उपविशति)

काञ्चुकीयः–दिष्ट्या परैरपहृतं राज्यं पुनः प्रत्यानीतमिति । कुतः,

कातरा येऽप्यशक्ता वा नोत्साहस्तेषु जायते ।
प्रायेण हि नरेन्द्रश्रीः सोत्साहैरेव भुज्यते ॥ ७ ॥

राजा–आर्य ! सर्वमेतन्महासेनस्य प्रभावः । कुतः,

अहमवजितः पूर्वं तावत् सुतैः सह लालितो
दृढमपहृता कन्या भूयो मया न च रक्षिता ।
निधनमपि च श्रुत्वा तस्यास्तथैव मयि स्वता
ननु यदुचितान् वत्सान् प्राप्तुं नृपोऽत्र हि कारणम् ॥ ८ ॥

काञ्चुकीयः–एष महासेनस्य संदेशः । देव्याः संदेशमिहात्रभवती कथयिष्यति ।

राजा–हा अम्ब !

षोडशान्तःपुरज्येष्ठा पुण्या नगरदेवता ।
मम प्रवासदुःखार्ता माता कुशलिनी ननु ॥ ९ ॥

धात्री–अरोआ भट्टिणी भट्टारं सव्वगदं कुसलं पुच्छदि ॥ [अरोगा भट्टिनी भर्तारं सर्वगतं कुशलं पृच्छति ।]

राजा–सर्वगतं कुशलमिति । अम्ब ! ईदृशं कुशलम् ।

धात्री–मा दाणिं भट्टा अदिमत्तं सन्तप्पिदुं ॥ [मेदानीं भर्तातिमात्रं संतप्तुम् ।]

काञ्चुकीयः–धारयत्वार्यपुत्रः । उपरताप्यनुपरता महासेनपुत्री एवमनुकम्प्यमानार्यपुत्रेण । अथवा,

कः कं शक्तो रक्षितुं मृत्युकाले रज्जुच्छेदे के घटं धारयन्ति ।
एवं लोकस्तुल्यधर्मो वनानां काले काले छिद्यते रुह्यते च ॥ १० ॥

राजा–आर्य ! मा मैवं,

महासेनस्य दुहिता शिष्या देवी च मे प्रिया ।
कथं सा न मया शक्या स्मर्तुं देहान्तरेष्वपि ॥ ११ ॥

धात्री–आह भट्टिणी 'उवरदा वासवदत्ता । मम वा महासेणस्स वा जादिसा गोवालअपालआ, तादिसो एव्व तुमं पुढमं एव्व अभिप्पेदो जामादुअत्ति । एदण्णिमित्तं उज्जइणिं आणीदो । अणग्गिसक्खिअं वीणाववदेसेण दिण्णा अत्तणो चवळदाए अणिव्वुत्तविवाहमङ्गळो एव्व गदो । अह अ अम्हेहिं तव अ वासवदत्ताए अ पडिकिदिं चित्तफळआए आळिहिअ विवाहो णिव्वुत्तो । एसा चित्तफळआ तव सआसं पेसिदा । एदं पेक्खिअ णिव्वुदो होहि' ॥ [आह भट्टिनी 'उपरता वासवदत्ता । मम वा महासेनस्य वा यादृशौ गोपालकपालकौ, तादृश एव त्वं प्रथममेवाभिप्रेतो जामातेति । एतन्निमित्तमुज्जयिनीमानीतः । अनग्निसाक्षिकं वीणाव्यपदेशेन दत्ता ।

आत्मनश्चपलतयानिर्वृत्तविवाहमङ्गल एव गतः । अथ चावाभ्यां तव च वासवदत्तायाश्च प्रतिकृतिं चित्रफलकायामालिख्य विवाहो निर्वृत्तः । एषा चित्रफलका तव सकाशं प्रेषिता । तां दृष्ट्वा निर्वृतो भव']

राजा–अहो अतिस्निग्धमनुरूपं चाभिहितं तत्रभवत्या ।

वाक्यमेतत् प्रियतरं राज्यलाभशतादपि ।
अपराद्धेष्वपि स्नेहो यदस्मासु न विस्मृतः ॥ १२ ॥

पद्मावती–अय्यउत्त ! चित्तगदं गुरुअणं पेक्खिअ अभिवादेदुं इच्छामि ॥ [आर्यपुत्र ! चित्रगतं गुरुजनं दृष्ट्वाभिवादयितुमिच्छामि]

धात्री–पेक्खदु पेक्खदु भट्टिदारिआ । (चित्रफलकां दर्शयति) [पश्यतु पश्यतु भर्तृदारिका ।]

पद्मावती–(दृष्ट्वा आत्मगतम्) हं अदिसदिसी खु इअं अय्याए आवन्तिआए । (प्रकाशम्) अय्यउत्त ! सदिसी खु इअं अय्याए ॥ [हम् अतिसदृशी खल्वियमार्याया आवन्तिकायाः । आर्यपुत्र ! सदृशी खल्वियमार्यायाः ।]

राजा–न सदृशी । सैवेति मन्ये । भोः ! कष्टम्,

अस्य स्निग्धस्य वर्णस्य विपत्तिर्दारुणा कथम् ।
इदं च मुखमाधुर्यं कथं दूषितमग्निना ॥ १३ ॥

पद्मावती–अय्यउत्तस्स पडिकिदिं पेक्खिअ जाणामि इअं अय्याए सदिसी ण वेत्ति ॥ [आर्यपुत्रस्य प्रतिकृतिं दृष्ट्वा जानामीयमार्यया सदृशी न वेति ।]

धात्री–पेक्खदु पेक्खदु भट्टिदारिआ ॥ [पश्यतु पश्यतु भर्तृदारिका ।]

पद्मावती–(दृष्ट्वा) अय्यउत्तस्स पडिकिदीए सदिसदाए जाणामि इअं अय्याए सदिसि त्ति ॥ [आर्यपुत्रस्य प्रतिकृत्याः सदृशतया जानामीयमार्यया सदृशीति ।]

राजा–देवि ! चित्रदर्शनात् प्रभृति प्रहृष्टोद्विग्नामिव त्वां पश्यामि । किमिदम् ।

पद्मावती–अय्यउत्त ! इमाए पडिकिदीए सदीसी इह एव्व पडिवसदि ॥ [आर्यपुत्र ! अस्याः प्रतिकृत्याः सदृशीहैव प्रतिवसति ।]

राजा–किं वासवदत्तायाः ।

पद्मावती– आम ॥ [आम् ।]

राजा–तेन हि शीघ्रमानीयताम् ।

पद्मावती–अय्यउत्त ! मम कण्णाभावे केणवि बम्हणेण मम भइणिअत्ति ण्णासो णिक्खित्तो । पोसिदभत्तुआ परपुरुसदंसणं परिहरदि । ता अय्यं मए सह आअदं पेक्खिअ जाणादु अय्यउत्तो ॥ [आर्यपुत्र ! मम कन्याभावे केनापि ब्राह्मणेन मम भगिनिकेति न्यासो निक्षिप्तः । प्रोषितभर्तृका परपुरुषदर्शनं परिहरति । तदार्या मया सहागतां दृष्ट्वा जानात्वार्यपुत्रः ।]

राजा–

यदि विप्रस्य भगिनी व्यक्तमन्या भविष्यति ।
परस्परगता लोके दृश्यते रूपतुल्यता ॥ १४ ॥

(प्रविश्य)

प्रतीहारी–जेदु भट्टा । एसो उज्जइणीओ बम्हणो, भट्टिणीए हत्थे मम भइणिअत्ति ण्णासो णिक्खित्तो, तं पडिग्गहिदुं पडिहारं उवट्ठिदो ॥ [जयतु भर्ता । एष उज्जयिनीयो ब्राह्मणः, भट्टिन्या हस्ते मम भगिनिकेति न्यासो निक्षिप्तः, तं प्रतिग्रहीतुं प्रतीहारमुपस्थितः ।]

राजा–पद्मावति ! किं नु स ब्राह्मणः ।

पद्मावती–होदव्वं ॥ [भवितव्यम् ।]

राजा–शीघ्रं प्रवेश्यतामभ्यन्तरसमुदाचारेण स ब्राह्मणः ।

प्रतीहारी–जं भट्टा आणवेदि । (निष्क्रान्ता) ॥ [यद् भर्ताज्ञापयति ।]

राजा—पद्मावति ! त्वमपि तामानय ।

पद्मावती-जं अय्यउत्तो आणवेदि । (निष्क्रान्ता) ॥ [यदार्यपुत्र आज्ञापयति ।]

(ततः प्रविशति यौगन्धरायणः प्रतीहारी च)

यौगन्धरायणः— भोः ! (आत्मगतम्)

प्रच्छाद्य राजमहिषीं नृपतेर्हितार्थं
कामं मया कृतमिदं हितमित्यवेक्ष्य ।
सिद्धेऽपि नाम मम कर्मणि पार्थिवोऽसौ
किं वक्ष्यतीति हृदयं परिशङ्कितं मे ॥ १५ ॥

प्रतीहारी-एसो भट्टा । उपसप्पदु अय्यो ॥ [एष भर्ता । उपसर्पत्वार्यः ।]

यौगन्धरायणः— (उपसृत्य) जयतु भवान् , जयतु ।

राजा—श्रुतपूर्व इव स्वरः । भो ब्राह्मण ! किं भवतः स्वसा पद्मावत्या हस्ते न्यास इति निक्षिप्ता ।

यौगन्धरायणः-अथ किम् ।

राजा—तेन हि त्वर्यतां त्वर्यतामस्य भगिनिका ।

प्रतीहारी—जं भट्टा आणवेदि । (निष्क्रान्ता) ॥ [यद् भर्ताज्ञापयति ।]

(ततः प्रविशति पद्मावती आवन्तिका प्रतीहारी च)

पद्मावती—एदु एदु अय्या । पिअं दे णिवेदेमि ॥ [एत्वेत्वार्या । प्रियं ते निवेदयामि ।]

आवन्तिका— किम् ॥ [किं किम् ।]

पद्मावती—भादा दे आअदो ॥ [भ्राता ते आगतः ।]

आवन्तिका—दिट्ठिआ इदाणिं पि सुमरदि ॥ [दिष्टयेदानीमपि स्मरति ।]

पद्मावती-(उपसृत्य) जेदु अय्यउत्तो । एसो णासो ॥ [जय-

स्त्वार्यपुत्रः । एष न्यासः ।]

राजा–निर्यातय पद्मावति ! [1]अथवा साक्षिमन्न्यासो निर्यातयितव्यः । इहात्रभवान् रैभ्यः, अत्रभवती चाधिकरणं भविष्यतः ।

पद्मावती– अय्य ! णीअदां दाणिं अय्या ॥ [आर्य ! नीयतामिदानीमार्या ।]

धात्री– (आवन्तिकां निर्वर्ण्य) अम्मो ! भट्टिदारिआ वासवदत्ता ॥ [अम्मो ! भर्तृदारिका वासवदत्ता ।]

राजा– कथं महासेनपुत्री । देवि ! प्रविश त्वमभ्यन्तरं पद्मावत्या सह ।

यौगन्धरायणः– न खलु न खलु प्रवेष्टव्यम् । मम भगिनी खल्वेषा ।

राजा–किं भवानाह । महासेनपुत्री खल्वेषा ।

यौगन्धरायणः–भो राजन् ।

भारतानां कुले जातो विनीतो ज्ञानवाञ्छुचिः ।
तन्नार्हसि बलाद्धर्तुं राजधर्मस्य देशिकः ॥ १६ ॥

राजा–भवतु, पश्यामस्तावद् रूपसादृश्यम् । संक्षिप्यतां यवनिका ।

यौगन्धरायणः–जयतु स्वामी ।

वासवदत्ता–जेदु अय्यउत्तो ॥ [जयत्वार्यपुत्रः ।]

राजा– अये ! असौ यौगन्धरायणः, इयं महासेनपुत्री ।

किं नु सत्यमिदं स्वप्नः सा भूयो दृश्यते मया ।
अनयाप्येवमेवाहं दृष्टया वञ्चितस्तदा ॥ १७ ॥

यौगन्धरायणः–स्वामिन् ! देव्यपनयेन कृतापराधः खल्वहम् । तत् क्षन्तुमर्हति स्वामी । (इति पादयोः पतति)

राजा– (उत्थाप्य) यौगन्धरायणो भवान् ननु ।

मिथ्योन्मादैश्च युद्धैश्च शास्त्रदृष्टैश्च मन्त्रितैः ।
भवद्यत्नैः खलु वयं मज्जमानाः समुद्धृताः ॥ १८ ॥

---

१ अथवा is dropped in some Mss.

यौगन्धरायणः- स्वामिभाग्यानामनुगन्तारो वयम् ।

पद्मावती- अम्महे अय्या खु इअं । अय्ये ! सहीजणसमुदाआरेण अजाणन्तीए अदिक्कन्दो समुदाआरो । ता सीसेण पसादेमि । [अहो आर्या खल्वियम् । आर्ये ! सखीजनसमुदाचारेणाजानन्त्यातिक्रान्तः समुदाचारः, तच्छीर्षेण प्रसादयामि ।]

वासवदत्ता- (पद्मावतीमुत्थाप्य) उट्ठेहि उट्ठेहि अविहवे ! उट्ठेहि ! अत्थिसअं णाम सरीरं अवरज्झइ ॥ [उत्तिष्ठोत्तिष्ठाविधवे ! उत्तिष्ठ । अर्थिस्वं नाम शरीरमपराध्यति ।]

पद्मावती- अनुग्गहिदम्हि ॥ [अनुगृहीतास्मि ।]

राजा-वयस्य यौगन्धरायण ! देव्यपनये का कृता ते बुद्धिः ।

यौगन्धरायणः-कौशाम्बीमात्रं परिपालयामीति ।

राजा-अथ पद्मावत्या हस्ते किं न्यासकारणम् ।

यौगन्धरायणः-पुष्पकभद्रादिभिरादेशिकैरादिष्टा स्वामिनो देवी भविष्यतीति ।

राजा-इदमपि रुमण्वता ज्ञातम् ।

यौगन्धरायणः- स्वामिन् ! सर्वैरेव ज्ञातम् ।

राजा-अहो शठः खलु रुमण्वान् ।

यौगन्धरायणः-स्वामिन् ! देव्याः कुशलनिवेदनार्थमद्यैव प्रतिनिवर्ततामत्रभवान् रैभ्योऽत्रभवती च ।

राजा-न, न । सर्व एव वयं यास्यामो देव्या पद्मावत्या सह ।

यौगन्धरायणः- यदाज्ञापयति स्वामी ।

(भरतवाक्यम्)

इमां सागरपर्यन्तां हिमवद्विन्ध्यकुण्डलाम् ।
महीमेकातपत्राङ्कां राजसिंहः प्रशास्तु नः ॥ १९ ॥

(निष्क्रान्ताः सर्वे)

षष्ठोऽङ्कः ।

इति स्वप्नवासवदत्तमवसितम् ।

पद्यानां सूचिः ।

प्रतिज्ञायौगन्धरायणस्य कथावस्तु ।

अथ कदाचिन्मृगयाव्यसनी वत्सराजो वेणुवनागवनं प्रयातः सन् प्रद्योतेन तत्रोपन्यस्तं वनगजप्रच्छादितशरीरं कपटहस्तिनं परमार्थगजं मत्वा वीणयैनं वशीकर्तुं यावदारभते तावत् सहसा कपटहस्त्यधिष्ठातृभिः प्रद्योतस्य योधैः स परिवार्य बहुप्रहारनिपातिताश्वस्तत्कालं मोहं गतः कर्कशाभिर्लताभिः प्राकृत इव शरीरयन्त्रणात् प्रधर्षितः । ततो वत्सराजेन प्रथमं कुन्तप्रहारजनितमोहः सालंकायनो नाम प्रद्योतस्यामात्यः शरीरयन्त्रणादुन्मुच्यैनं स्कन्धशयनमारोप्योज्जयिनीं नीत्वा प्रद्योताय समर्पितवान् । प्रद्योतश्च स्वकन्यां वासवदत्तां गान्धर्वासक्तां ज्ञात्वा वत्सराजाद्गृहीतं घोषवतीं नाम वीणारत्नं तस्यै दत्वा तमन्तःपुरेऽवरुरोध । तत्र चान्योन्यदर्शनेन समुत्पन्नाभिलाषौ वासवदत्तावत्सराजौ प्रच्छन्नं गान्धर्वेण विधिना निर्वृत्तविवाहौ सुखमनुभवन्तौ स्थितौ । अथ यौगन्धरायणः स्वस्वामिनः परकृतच्छलनं चारमुखाच्छ्रुत्वा तत्र च बन्धनेऽपि स्वामिनमवन्तिराजतनयाविवशीकृतहृदयं ज्ञात्वा विषण्णः स्वस्वामिनो घोषवत्याश्च वासवदत्तया सह प्रत्यानयनं प्रतिजज्ञे । ततः स उन्मत्तसदृशं वेषं धृत्वा गूढाकारैः स्वपुरुषैः सान्तःपुरां सर्वामुज्जयिनीं व्यापयाम्बभूव । अथ च काले सर्वान् स्वपुरुषान् युद्धाय सन्नाह्य दत्तसमयानुरोधेन स्वामिनि वासवदत्ताद्वितीये करेणुं भद्रवतीमधिरुह्योज्जयिन्या निष्क्रान्ते शत्रुभिर्युध्यमान एव गृहीतो यौगन्धरायणः । गुणानुरागिणा प्रद्योतेन तु पूर्वाभिप्रेतजामातृलाभप्रीतेन सत्कृत्य कोशाम्बीं प्रेषितः ।

पात्राणि ।

पुरुषाः---

यौगन्धरायणः–उदयनस्य मन्त्री । उन्मत्तकश्चायमेव ।

श्रमणकः—तद्वेष उदयनस्य मन्त्री रुमण्वान् ।

विदूषकः—उदयनस्य नर्मसुहृद् वसन्तकः ।

ब्राह्मणः—प्रच्छन्नो यौगन्धरायणस्य पुरुषः ।

हंसकः—उदयनसमीपवर्ती कश्चिदुपाध्यायः ।

गात्रसेवकः—यौगन्धरायणस्य पुरुषो वासवदत्तागृहे प्रच्छन्नो हस्तिपकः ।

सालकः—यौगन्धरायणस्य पुरुषः ।

निर्मुण्डकः—यौगन्धरायणगृहे प्रतीहारः ।

महासेनः—अवन्तिराजो वासवदत्ताजनकः प्रद्योतो नाम ।

भरतरोहकः—महासेनमन्त्री ।

बादरायणः—महासेनस्य काञ्चुकीयः ।

भटः—वासवदत्ताया भृत्यः ।

साधारणौ—भरतरोहकस्य पुरुषौ ।

स्त्रियः—

देवी—अङ्गारवती नाम महासेनस्य महिषी ।

विजया—यौगन्धरायणगृहे प्रतीहारी ।

॥ श्रीः ॥

भासनाटकचक्रे

प्रतिज्ञायौगन्धरायणम्

(नान्द्यन्ते ततः प्रविशति सूत्रधारः ।)

सूत्रधारः-पातु वासवदत्तायो महासेनोऽतिवीर्यवान् ।
वत्सराजस्तु नाम्ना सशक्तियौगन्धरायणः ॥ १ ॥

(परिक्रम्य नेपथ्याभिमुखमवलोक्य) आर्ये ! इतस्तावत् ।

(प्रविश्य)

नटी-अय्य ! इअम्हि । [आर्य ! इयमस्मि ।]

सूत्रधारः-आर्ये ! गीयतां तावत् किञ्चिद् वस्तु । ततस्तव गीतप्रसादिते रङ्गे वयमपि प्रकरणमारभामहे । आर्ये ! किमिदं चिन्त्यते । ननु गीयते ।

नटी-अज्ज मए सिविणे ञ्जादिकुलस्स अस्सत्थं विअ दिट्ठं । ता इच्छामि अय्येण कुसलविञ्ञाणणिमित्तं कञ्चि पुरुसं पेसिदुं[1] । [अद्य मया स्वप्ने ज्ञातिकुलस्यास्वास्थ्यमिव दृष्टम् । तदिच्छाम्यार्येण कुशलविज्ञाननिमित्तं कञ्चित् पुरुषं प्रेषयितुम् ।]

सूत्रधारः-बाढम् ।
पुरुषं प्रेषयिष्यामि व्यक्तमात्महिते क्षमम् ।

(नेपथ्ये)

सालक ! सज्जस्त्वम् ।

सूत्रधारः-पुरुषं प्रेषयत्येष यथा यौगन्धरायणः ॥ २ ॥

(निष्क्रान्तौ ।)

स्थापना ।

---

१ पेक्खिदुं.

(ततः प्रविशति यौगन्धरायणः सालकेन सह ।)

यौगन्धरायणः–सालक ! सज्जस्त्वम् ।

सालकः–अय्य ! अह इं । [आर्य अथ किम् ।]

यौगन्धरायणः–महान् खल्वध्वा गन्तव्यः ।

सालकः–महत्तरेण सिणेहेण अय्यं उवचिट्ठामि । [महत्तरेण स्नेहेनार्यमुपतिष्ठे ।]

यौगन्धरायणः–हन्त यास्यति बलवान्, यस्य सौहार्दम् । कुतः,

स्निग्धेष्वासज्यं कर्म यद् दुष्करं स्याद्
यो वा विज्ञाता सत्कृतानां गुणानाम् ।
[1]क्रीतं सामर्थ्यं यस्य तस्य क्रमेण
दैवप्रामाण्याद् भ्रश्यते वर्धते वा ॥ ३ ॥

अथ वेणुवनात्[2] त्रिषु नागवनं श्वः प्रयाता स्वामी प्रागेव सम्भावयितव्यः ।

सालकः–अय्य ! लेहो खु मं ओवज्झइ[3], जहिं आअत्तं कय्यसरीरं । [आर्य ! लेखः खलु मामपवहति, यस्मिन् आयत्तं कार्यशरीरम् ।]

यौगन्धरायणः–विजये !

(प्रविश्य)

विजया–अय्य इअम्हि । [आर्य ! इयमस्मि ।]

यौगन्धरायणः–विजये ! त्वर्यतां लेखः प्रतिसरा च ।

विजया–अय्य ! तह । (निष्क्रान्ता ।) [आर्य ! तथा ।]

यौगन्धरायणः–अथ दृष्टपूर्वस्त्वयैष पन्थाः ।

सालकः–णहि, सुदपुरुवो । [नहि, श्रुतपूर्वः ।]

यौगन्धरायणः–एतदपि मेधाविलक्षणम् । भोः ! वनगजप्रच्छादितशरीरं नीलहस्तिनमुपन्यस्य प्रद्योतः स्वामिनं छलयितुकाम इति

---

१ अतीतं. २ वेणुवनाश्रितेषु गहनेषु. ३ ओबज्झइ.

प्रवृत्तिरुपगता नः । अपीदानीं स्वामिनो बुद्ध्यतिक्रमो न स्यात् । अहो तु खलु वत्सराजभीरुत्वं प्रद्योतस्य । व्यक्तीकृतमसामर्थ्यमक्षौहिण्याः । कुतः,

> व्यक्तं बलं बहु च तस्य न चैककार्यं
> संख्यातवीरपुरुषं च न चानुरक्तम् ।
> व्याजं ततः समभिनन्दति युद्धकाले
> सर्वं हि सैन्यमनुरागमृते[1] कलत्रम् ॥ ४ ॥

(प्रविश्य)

विजया-लेहो खु अअं । पडिसरा सव्ववहूजणहत्थादो तुवारीअदित्ति भट्टिमादा आह । [लेखः खल्वयम् । प्रतिसरा सर्ववधूजनहस्तात् त्वर्यंत इति भर्तृमाता आह ।]

यौगन्धरायणः-विजये ! विज्ञाप्यतां तत्रभवत्यै--सर्ववधूजनहस्तप्रयुक्ता वा एका वा प्रतिसरा दीयतामिति ।

विजया-अय्य ! तह । (निष्क्रान्ता ।) [आर्य ! तथा ।]

(प्रविश्य)

निर्मुण्डकः-सुहं अय्यस्स । [सुखमार्यस्य ।]

यौगन्धरायणः-कथं निर्मुण्डकः ।

निर्मुण्डकः-अय्य ! एसो भट्टिपादमूळादो ओवट्ठिइओ हंसओ आअदो । [आर्य ! एष भर्तृपादमूलादौपस्थितिको हंसकः आगतः ।]

यौगन्धरायणः-कथं हंसक एकः प्राप्त इति । सालक ! विश्रम्यतामिदानीं मुहूर्तम् । त्वरिततरं[2] वा यास्यसि सविश्रमो वा ।

सालकः-अय्य ! तह । (निष्क्रान्तः ।) [आर्य ! तथा ।]

यौगन्धरायणः-निर्मुण्डक ! प्रवेश्यतां हंसकः ।

निर्मुण्डकः-अय्य ! तह । (निष्क्रान्तः ।) [आर्य ! तथा ।]

---

१ अनुरागकृते. २. त्वरितं.

यौगन्धरायणः—स्वामिनाविरहितपूर्वो हंसक एकः प्राप्त इति साविघ्नमिव मे मनः । कुतः,

यथा नरस्याकुलबान्धवस्य गत्वान्यदेशं गृहमागतस्य ।
तथा हि मे सम्प्रति बुद्धिशङ्का श्रोष्यामि किन्नु प्रियमप्रियं वा ।।५।।

(ततः प्रविशति हंसको निर्मुण्डकश्च ।)

निर्मुण्डकः—एदु एदु अय्यो । [एत्वेत्वार्यः ।]

हंसकः—कहिं कहिं अय्यो । [कुत्र कुत्रार्यः ।]

निर्मुण्डकः—एसो अय्यो चिट्ठइ, उवसप्पदु णं । (निष्क्रान्तः ।) [एष आर्यस्तिष्ठति उपसर्पत्वेनम् ।]

हंसकः—(उपसृत्य[1]) सुहं अय्यस्स । [सुखमार्यस्य ।]

यौगन्धरायणः—हंसक ! न खलु गतः स्वामी नागवनम् ।

हंसकः—अय्य ! हिज्जो एव्व गदो भट्टा । [आर्य ! ह्य एव गतो भर्ता ।]

यौगन्धरायणः—हन्त निष्फलमनुप्रेषणम् । छलिताः स्मः । अथास्ति प्रत्याशा, अथवा अद्यैव प्राणा मोक्तव्याः ।

हंसकः—धरदि खु दाव भट्टा । [धरते खलु तावद् भर्ता ।]

यौगन्धरायणः—धरते तावदित्यनूर्जिता विपत्तिरभिहिता । गृहीतेन स्वामिना भवितव्यं ननु ।

हंसकः—सुट्ठु अय्येण विञ्ञादं । गहीदो भट्टा । [सुष्ठु आर्येण विज्ञातम् । गृहीतो भर्ता ।]

यौगन्धरायणः—कथं गृहीतः स्वामी । हन्त भोः ! महान् खलु भारः प्रद्योतस्य भाग्यैर्निस्तीर्णः । अद्यप्रभृति वत्सराजसचिवानां प्रतिष्ठितमसामर्थ्यमयशश्च । इदानीमनुत्पन्नकार्यपण्डितो रुमण्वान क्व गतः । इदानीमभ्यारोहणीयं क्व गतम् । कुतः,

---

१ (उपगम्य ।)

स्निग्धं च सौहृदहृतं च कुलोद्गतं च
व्यायामयोग्यपुरुषं च गुणार्जितं च ।
क्रीतं परैर्गहनदुर्गतया प्रनष्टं
युद्धे समस्तमतिभारतया विपन्नम् ॥ ६ ॥

हंसकः—जइ समग्गजोहबळपरिवारो भवे भट्टा, ण एसो दोसो भवे । [यदि समग्रयोधबलपरिवारो भवेद् भर्ता, नैष दोषो भवेत् ।]

यौगन्धरायणः—कथमसमग्रयोधबलपरिवारो नाम स्वामी ।

हंसकः—सुणादु अय्यो । [शृणोत्वार्यः ।]

यौगन्धरायणः—अध्वश्रान्तो भवान् । आस्यताम् ।

हंसकः—अय्य ! तह । (उपविश्य) सुणादु अय्यो । सावसेसपच्चूसाए रअणीए वाहणसुहाए वेळाए वाळुआतित्थेण णइं णम्मदं तरिअ वेणुवणे कळत्तं आवासिअ छत्तमत्तपरिच्छदेण गजजूहविमद्दजोग्गेण बळेण मग्गमद्दअणीए वीहीए णाअवणं पआदो भट्टा । [आर्य ! तथा । शृणोत्वार्यः । सावशेषप्रत्यूषायां रजन्यां वाहनसुखायां वेलायां वालुकातीर्थेन नदीं नर्मदां तीर्त्वा वेणुवने कलत्रमावास्य छत्रमात्रपरिच्छदेन गजयूथविमर्दयोग्येन बलेन मार्गमदन्या वीथ्या नागवनं प्रयातो भर्ता ।]

यौगन्धरायणः—ततस्ततः ।

हंसकः—तदो इसुक्खेवमत्तोत्थिदे सुय्ये एत्तिअमत्ताणि विअ जोअणाणि गच्छिअ कोसमत्तेण विअ मदअंधीरपव्वदं अणासादिअ तडाअपङ्कुक्खित्तं अद्धणिम्मिदसिळाकम्मं विअ विसमदंसणं दिट्ठं णो णाअजूहं । [तत इषुक्षेपमात्रोत्थिते सूर्ये एतावन्मात्राणीव योजनानि गत्वा क्रोशमात्रेणेव मदगन्धीरपर्वतमनासाद्य तटाकपङ्कोत्क्षिप्तमर्धनिर्मितशिलाकर्मेव विषमदर्शनं दृष्टं नो नागयूथम् ।]

---

१ मिअमदकण्ठीए. मग्गमदगन्धिए.

यौगन्धरायणः–ततस्ततः।

हंसकः–तदो णिज्झाअन्तीसु सेणासु समुप्पण्णसङ्कापिण्डिदे[1] तस्सिं जूहे इमस्स अणत्थस्स उप्पादओ कोच्चि पदादी भट्टारं एव्व उवट्ठिदो। [ततो निध्यायन्तीषु सेनासु समुत्पन्नशङ्कापिण्डिते तस्मिन् यूथेऽस्यानर्थस्योत्पादकः कश्चित् पदातिः भर्तारमेवोपस्थितः।]

यौगन्धरायणः–तिष्ठ। इतः क्रोशमात्रे मल्लिकासालप्रच्छादितशरीरो नखदन्तवर्जमेकनीलो हस्ती मया दृश्यत इत्युक्तवान् ननु।

हंसकः–कहं परिण्णादं खु एदं अय्येण। जागत्ति खु समुप्पणो अअं दोसो। [कथं परिज्ञातं खल्वेतदार्येण। जाग्रति खलु समुत्पन्नोऽयं दोषः।]

यौगन्धरायणः–हंसक! जाग्रतोऽपि बलवत्तरः कृतान्तः। ततस्ततः।

हंसकः–तदो सुवण्णसदप्पदाणेण तं णिसंसं पडिपूजिअ भट्टिणा उत्तं–अत्थि एसो चक्कवट्टी हत्थी णीळकुवळअतणू णाम हत्थिसिक्खाए पठिदो। ता अप्पमत्ता होह तुम्हे इमस्सिं जूहे। गअं तं अहं वीणादुदीओ आणेमि त्ति। [ततः सुवर्णशतप्रदानेन तं नृशंसं प्रतिपूज्य भर्त्रोक्तम्–अस्त्येष चक्रवर्ती हस्ती नीलकुवलयतनुर्नाम हस्तिशिक्षायां पठितः। तद् अप्रमत्ता भवत यूयमस्मिन् यूथे। गजं तमहं वीणाद्वितीय आनयामीति।]

यौगन्धरायणः–अथ कथमुपेक्षितस्तदानीं स्वामी रुमण्वता।

हंसकः–णहि णहि। पसादिअ भट्टा अमच्चेण विण्णाविदो–णहु दे एळावणादीणं वि दिसागआणं गहणं ण सम्भावणीअं। अविदु दुरारक्खदाए आसण्णदोसाणि विसअन्तराणि। तहिं णिल्लज्जो णिरभिजणो पच्चन्तवासी जणो। ता पदादिमत्ताहिट्ठिदं इमं जूहं करिअ सव्व एव्व गच्छामो, ण एकाइणा सामिणा गन्तव्वं त्ति।

१ पीडिदे.

[नहि नहि । प्रसाद्य भर्तामात्येन विज्ञापितः– न खलु ते ऐरावणादीनामपि दिग्गजानां ग्रहणं न सम्भावनीयम् । अपितु दुरारक्षतयासन्नदोषाणि विषयान्तराणि । तत्र निर्लज्जो निरभिजनः प्रत्यन्तवासी जनः । तत् पदातिमात्राधिष्ठितमिदं यूथं कृत्वा सर्व एव गच्छामः, नैकाकिना स्वामिना गन्तव्यमीति ।]

यौगन्धरायणः–अपि महाजनसमक्षमेवमुक्तः स्वामी रुमण्वता । एवमप्यवक्तव्यां स्वामिभक्तिमिच्छामि । ततस्ततः ।

हंसकः–तदो अत्तजीविदणिद्दिट्ठेण सवहेण णिवारिअ अमच्चं णीळवळाहआदो हत्थिणो ओदरिअ सुन्दरपाडळं णाम अस्सं आलुहिअ अणद्धागए सुय्ये विंसदिमत्तेहि पदादिहि सह पआदो भट्टा । [तत आत्मजीवितनिर्दिष्टेन शपथेन निवार्यामात्यं नीलबलाहकाद् हस्तिनोऽवतीर्य सुन्दरपाटलं नामाश्वमारुह्यानर्धागते सूर्ये विंशतिमात्रैः पदातिभिः सह प्रयातो भर्ता ।]

यौगन्धरायणः–विजयाय । हा धिक्, स्नेहात् पूर्ववृत्तान्तो नावेक्षितः । ततस्ततः ।

हंसकः–तदो दिउणं विअ अद्धाणं गच्छिअ साळलुक्खच्छाआए सवण्णणट्ठणीळदाए परुब्भासिदेहि असरीरविणिक्खित्तेहि विअ दन्तजुअळेहि सूइदो धणुसदमत्तेण विअ दिट्ठो सो दिव्ववारणपडिच्छन्दो । [ततो द्विगुणमिवाध्वानं गत्वा सालवृक्षच्छायायां सावर्ण्यनष्टनीलतया प्रोद्भासिताभ्यामशरीरविनिक्षिप्ताभ्यामिव दन्तयुगलाभ्यां सूचितो धनुःशतमात्रेणेव दृष्टः स दिव्यवारणप्रतिच्छन्दः ।]

यौगन्धरायणः–हंसक ! अस्मत्परिताप इत्युच्यताम् । ततस्ततः ।

हंसकः–तदो भट्टिणा ओदरिअ अस्सादो आअमिअ देवदाणं पणामं करिअ गहीदा वीणा । तदो पिट्ठदो एक्ककिदणिच्चओ विअ महन्तो कण्ठीरवो समुप्पण्णो । [ततो भर्त्रावतीर्याश्वादागम्य देवतानां

प्रणामं कृत्वा गृहीता वीणा । ततः पृष्ठत एककृतनिश्चय इव महान् कण्ठीरवः समुत्पन्नः ।]

यौगन्धरायणः–कण्ठीरव इति । ततस्ततः ।

हंसकः–तदो कण्ठीरवपरिञ्ञाणणिमित्तं परिवुत्ता अ वअं । महामत्तोत्तराउहीआहिट्ठिदो पच्चुग्गदो सो किदअहत्थी [ततः कण्ठीरवपरिज्ञाननिमित्तं परिवृत्ताश्च वयम् । महामात्रोत्तरायुधीयाधिष्ठितः प्रत्युद्गतः स कृतकहस्ती ।]

यौगन्धरायणः–ततस्ततः ।

हंसकः–तदो णामगोत्तग्गहणेण समस्सासिअ कुळवुत्तजणं सव्वहा पज्जोदप्पओओ एसो, अणुगच्छह मं, अहं दाणिं परस्स उवण्णासं विसमारम्भं परक्कमेण समीकरोमि त्ति भणिअ भट्टा पविट्ठो एव्व तं परबळं । [ततो नामगोत्रग्रहणेन समाश्वास्य कुलपुत्रजनं सर्वथा प्रद्योतप्रयोग एषः, अनुगच्छत माम्, अहमिदानीं विषमारम्भं परस्योपन्यासं पराक्रमेण समीकरोमीति भणित्वा भर्ता प्रविष्ट एव तत् परबलम् ।]

यौगन्धरायणः–प्रविष्ट इति । अथवा ननु स्थाने,

व्रीलितो वञ्चनां प्राप्य मानी सत्त्वमुपाश्रितः ।
शूरश्चैकायनस्थश्च किमन्यत् प्रतिपद्यते ॥ ७ ॥

ततस्ततः ।

हंसकः–तदो कीळाअमाणो विअ अत्तच्छन्दाणुवत्तिणा सुन्दरपाडळेण अस्सेण अत्ताभिप्पाआदो वि अहिअं पहरन्तो अदिबहुकदाए परबळस्स अदिप्पउज्जमाणवाआमो विसण्णणट्ठसव्वपरिजणो मए एक्काइणा, णहि णहि, भट्टिणा एव्व रक्खिअमाणो अणुबद्धदिवसजुद्धपरिस्सन्तो बहुप्पहारणिपडिअतुरओ तम्माअमाणसुय्यदारुणाए वेळाए मोहं गदो भट्टा । [ततः क्रीडन्निवात्मच्छन्दानुवर्तिना सुन्दरपाटलेनाश्वेनात्माभिप्रायादप्यधिकं प्रहरन् अति-

बहुकतया परबलस्यातिप्रयुज्यमानव्यायामो विषण्णनष्टसर्वपरिजनो मयैकाकिना, नहि नहि, भर्त्रैव रक्ष्यमाणोऽनुबद्धदिवसयुद्धपरिश्रान्तो बहुप्रहारनिपतिततुरगस्ताम्यत्सूर्यदारुणायां वेलायां मोहं गतो भर्ता ।]

यौगन्धरायणः- कथं मोहमुपगतः स्वामी । ततस्ततः ।

हंसकः-तदो जहासत्ति सण्णिहिदगहणुप्पाडिदाहिं अविण्णाअमाणजादीहिं कक्कसाहिं ळदाहिं पाकिदो विअ सरीरअन्तणादो पहरिसिदो भट्टा । [ततो यथाशक्ति सन्निहितगहनोत्पाटिताभिरविज्ञायमानजातिभिः कर्कशाभिर्लताभिः प्राकृत इव शरीरयन्त्रणात् प्रधर्षितो भर्ता ।]

यौगन्धरायणः-कथं प्रधर्षितः स्वामी ।

पीनांसस्य विकृष्टपर्वमहतो नागेन्द्रहस्ताकृते-
श्चापास्फालिकरस्य दूर्[1]भरणाद् बाणाधिकारोपिणः ।
विप्राभ्यर्चयितुः श्रमेषु सुहृदां सत्कर्तुरालिङ्गनै-
र्न्यस्तं तस्य भुजद्वयस्य वलयस्थानान्तरे बन्धनम् ॥ ८॥

अथ कस्यां वेलायां प्रत्यागतप्राणः स्वामी ।

हंसकः-अय्य ! अवसिदावळेवेसु पावेसु । [आर्य ! अवसितावलेपेषु पापेषु ।]

यौगन्धरायणः- दिष्ट्या शरीरं धर्षितं, न तेजः । ततस्ततः ।

हंसकः-ततो पच्चाअदप्पाणं दाणि भट्टारं पेक्खिअ अणेण मम भादा हदो अणेण मम पिदा अणेण मम सुदो मम वअस्सो त्ति अञ्ञहा भट्टिणो परक्कमं वण्णअन्ता सव्वदो अभिद्दुदा दे पावा । [ततः प्रत्यागतप्राणमिदानीं भर्तारं प्रेक्ष्यानेन मम भ्राता हतोऽनेन मम पितानेन मम सुतो मम वयस्य इति अन्यथा भर्तुः पराक्रमं वर्णयन्तः सर्वतोऽभिद्रुतास्ते पापाः ।]

यौगन्धरायणः-ततस्ततः ।

---

१ दूरहरणात्.

हंसकः–अण्णं च दाणि अच्चरिअं[1] । अण्णोण्णाणुणएण तहिं एक्को ववसिदो अकय्यं कत्तुं । सो दक्खिणाहिमुहं परिवत्तिअ भट्टारं समरवाआमसंखोहिदाणि णिरुवआरं संखिविअ केसाणि पीडिअ करेण करवाळं पहारवेगं उप्पादइदुकामो आधावन्तो– [अन्यच्चेदानीमाश्चर्यम् । अन्योन्यानुनयेन तत्रैको व्यवसितोऽकार्यं कर्तुम् । स दक्षिणाभिमुखं परिवर्त्य भर्तारं समरव्यायामसंक्षोभितान् निरुपचारं संक्षिप्य केशान् पीडयित्वा करेण करवालं प्रहारवेगमुत्पादयितुकाम आधावन्–]

यौगन्धरायणः–हंसक ! वृत्तान्तं तावदाधारय[2], यावदहमुच्छ्वसामि

हंसकः–तदो ळुहिळपडळपिच्छिळाए भूमीए सो णिसंसओ सएण वेएण ओघट्टिदचळणो पडिहदारम्भो हदो पडिदो । [ततो रुधिरपटलपिच्छिलायां भूमौ स नृशंसः स्वेन वेगेनावघट्टितचरणः प्रतिहतारम्भो हतः पतितः ।]

यौगन्धरायणः–पतितः पाप एषः । भोः !

परचक्रैरनाक्रान्ता धर्मसङ्करवर्जिता ।
भूमिर्भर्तारमापन्नं रक्षिता परिरक्षति ॥ ९ ॥

हंसकः–तदो भट्टिणा पुढमं कुन्तप्पहारजणिदमोहो साळङ्काअणो णाम पज्जोदस्स अमच्चो 'मा खु मा खु साहसं'त्ति भणिअ तं देसं उवट्ठिदो । [ततो भर्त्रा प्रथमं कुन्तप्रहारजनितमोहः शालङ्कायनो नाम प्रद्योतस्यामात्यो 'मा खलु मा खलु साहसमि'ति भणित्वा तं देशमुपस्थितः ।]

यौगन्धरायणः–ततस्ततः ।

हंसकः–तदो तक्काळदुळ्ळहं पणामं करिअ सरीरअन्तणादो तेण मोइदो भट्टा [ततस्तत्कालदुर्लभं प्रणामं कृत्वा शरीरयन्त्रणात् तेन मोचितो भर्ता ।]

---

१ अच्चाहिदं. २ तावदवधारय.

यौगन्धरायणः–विमुक्तः स्वामी । साधु भोः शालङ्कायन ! साधु । अवस्था खलु नाम शत्रुमपि सुहृत्त्वे कल्पयति । हंसक ! व्यसनात् किञ्चिदुच्छ्वसितमिव मे मनः । अथ किं प्रतिपन्नं तेन साधुना ।

हंसकः–तदो तेण अय्येण अणेअं सोवआरं सन्तिवअणं भणिअ गाढबहुप्पहारदाए असमत्थो वाहणासणत्ति खंधसअणं[1] आरोविअ उज्जइणिं एव्व णीदो भट्टा । [ततस्तेनार्येणानेकं सोपचारं शान्तिवचनं भणित्वा गाढबहुप्रहारतयासमर्थो वाहनासन इति स्कन्धशयनमारोप्योज्जयिनीमेव नीतो भर्ता ।]

यौगन्धरायणः–नीतः स्वामी । एष सोऽनर्थः,

एतत् तन्न्यङ्गमस्माकमेष सोऽतिमनोरथः ।
प्रद्योतस्य मनस्वित्वात् स्वामी दुःखेपु वर्तते ॥ १० ॥

अथ,

कथमगणितपूर्वं द्रक्ष्यते तं नरेन्द्रः
कथमपुरुषवाक्यं श्रोष्यते सिद्धवाक्यः ।
कथमविषयवन्ध्यं धारयिष्यत्यमर्षं
प्रणिपतति निरुद्धः सत्कृतो धर्षितो वा ॥ ११ ॥

(प्रविश्य)

प्रतीहारी– अय्य ! एसा पडिसरा । [आर्य ! इयं प्रतिसरा ।]

यौगन्धरायणः–

एतानि तान्यपतितानि काले भाग्यक्षयान्निष्फलमुद्यतानि ।
तुरङ्गमस्येव रणे निवृत्ते नीराजनाकौतुकमङ्गलानि ॥ १२ ॥

प्रतीहारी– अय्य ! इमा पडिसरा । [आर्य ! एषा प्रतिसरा ।]

यौगन्धरायणः– विजये ! स्थाप्यताम् ।

प्रतीहारी– किं त्ति भट्टिमादरं णिवेदेमि । [किमिति भर्तृमातरं निवेदयामि ।]

---

१ बन्धसअणं.

यौगन्धरायणः–विजये ! एवमेतत् ।

प्रतीहारी–किं एदं । [किमेतत् ।]

यौगन्धरायणः–इदम् ।

प्रतीहारी–भणादु भणादु अय्यो भणादु । [भणतु भणत्वार्यो भणतु ।]

यौगन्धरायणः–अथवा नैतच्छक्यं परिहर्तुम् । निवेदयिष्याम्यत्रभवत्यै । विजये ! स्थिरीक्रियतामात्मा । (कर्णे) एवमिव ।

प्रतीहारी–हा[1] ।

यौगन्धरायणः–विजया खल्वसि ।

प्रतीहारी–एसा गच्छामि मन्दभाआ । [एषा गच्छामि मन्दभागा ।]

यौगन्धरायणः–विजये ! न खलु त्वयात्रभवत्यै गृहीतः स्वामीति सहसा निवेदयितव्यम् । स्नेहदुर्बलं मातृहृदयं रक्ष्यम्

प्रतीहारी–कहं दाणि णिवेदेमि । [कथमिदानीं निवेदयामि ।]

यौगन्धरायणः–श्रृणु ।

पूर्वं तावद् युद्धसम्बद्धदोषाः प्रस्तोतव्या भावनाः संशयानाम् ।
सन्दिग्धेऽर्थे चिन्त्यमाने विनाशे रूढे शोके कार्यतत्त्वं निवेद्यम्॥१३॥

प्रतीहारी–घत्तिस्सं । (निष्क्रान्ता ।) [ग्रहीष्यामि ।]

यौगन्धरायणः–हंसक ! त्वमिदानीं स्वामिना किं न गतः ।

हंसकः–अय्य ! ववसिदो खु अहं अत्ताणं अणुग्गहिदुं साळङ्काअणेण णिउत्तो–गच्छ इमं वुत्तन्तं कोसम्बीए णिवेदेहि त्ति । [आर्य ! व्यवसितः खल्वहमात्मानमनुग्रहीतुं सालङ्कायनेन नियुक्तः––गच्छेमं वृत्तान्तं कौशाम्ब्यां निवेदयेति ।]

यौगन्धरायणः–किन्नु खल्विदानीं निरा[2]शमनुसारं कर्तुकामः, उताहो स्निग्धपुरुषसन्निकर्षं परिहरति ।

हंसकः–अह इं । [अथ किम् ।]

---

१ हं. २ निरागम.

यौगन्धरायणः–स स्वकं विस्मयादात्मानमाविष्करोति, उत सर्वारम्भसिद्धौ रमणीयं भवति । अथ मामन्तरेण स्वामी न किञ्चिदाह ।

हंसकः–अय्य ! अत्थि, पदक्खिणीकरअन्तो भट्टारं अन्तज्जळावगाढाए दिट्ठीए बहुकं सदट्ठुकामेण विअ म्हि भट्टिणा उत्तो–गच्छ जोअन्ध–(इत्यर्धोक्ते तिष्ठति ।) [आर्य ! अस्ति, प्रदक्षिणीकुर्वन् भर्तारमन्तर्जलावगाढया दृष्टया बहुकं सन्देष्टुकामेनेवास्मि भर्त्रोक्तः––गच्छ यौगन्ध–]

यौगन्धरायणः–स्वैरमभिधीयतां, स्वामिवाक्यमेतत् ।

हंसकः–जोअन्धराअणं पेक्खेहि त्ति । [यौगन्धरायणं प्रेक्षस्वेति ।]

यौगन्धरायणः–मा तावत् । सर्वसचिवमण्डलमतिक्रम्यैको यौगन्धरायणो द्रष्टव्य इत्याह ।

हंसकः–अह इं । [अथ किम् ।]

यौगन्धरायणः–तेन हि अनर्हप्रतिक्रियमनिर्विष्टभर्तृपिण्डमनुपकृतराजसत्कारं यदि खलु मां द्रष्टव्यं मन्यते स्वामी ।

हंसकः–बाहं । [बाढम् ।]

यौगन्धरायणः–पुरुषान्तरितं मां द्रक्ष्यति स्वामी,

रिपुनृपनगरे वा बन्धने वा वने वा
समुपगतविनाशः प्रेत्य वा तुल्यनिष्ठम् ।
जितमिति कृतबुद्धिं वञ्चयित्वा नृपं तं
पुनरधिगतराज्यः पार्श्वतः श्लाघनीयम् ॥ १४ ॥

(नेपथ्ये)

हा हा भट्टा ! [हा हा भर्तः !]

यौगन्धरायणः–

---

१ स्वयं.

एष शोकप्रतीकारो यथाशक्ति निवेद्यते ।
एतत् स्त्रीभिरसामर्थ्यं मन्त्रिणामनुवर्ण्यते ॥ १५ ॥

(प्रविश्य)

प्रतीहारी–अय्य ! भट्टिमादा । [आर्य ! भर्तृमाता ।]

यौगन्धरायणः–किं किम् ।

प्रतीहारी–आह ।

यौगन्धरायणः– किमिति ।

प्रतीहारी–एवंविहस्स सुहिज्जणेण परिगहीदस्स वच्छराअस्स अअं वुत्तन्तो । किं सक्कं कत्तुं अन्तरेण विहाणं । ता सम्माणिअ सुहिज्जणं समत्थिअदु । जो खु दाणि सङ्कटेसु वा ण विसीददि, विसमगदो वा ण पय्यवचिट्ठदि, वञ्चिदो वा ण णिव्वेदं गच्छदि, पडिघादेसु का पाणा ण समुज्झदि, सो खु बुद्धिमन्तो पुच्छिज्जइ पढमं एव्व मे वच्छस्स वअस्सो पच्चा अमच्चो आणेदु मे पुत्तअं पुत्तओ त्ति । [एवंविधस्य सुहृज्जनेन परिगृहीतस्य वत्सराजस्यायं वृत्तान्तः । किं शक्यं कर्तुमन्तरेण विधानम् । तत् सम्मान्य सुहृज्जनं समर्थ्यताम् । यः खल्विदानीं सङ्कटेषु वा न विषीदति, विषमगतो वा न पर्यवतिष्ठते, वञ्चितो वा न निर्वेदं गच्छति, प्रतिघातेषु वा प्राणान् न समुज्झति, स खलु बुद्धिमान् पृच्छयते प्रथममेव मे वत्सस्य वयस्यः पश्चादमात्य आनयतु मे पुत्रकं पुत्रक इति ।]

यौगन्धरायणः–अहो तु खल्वत्रभवत्या राजवंशाश्रितं धीरवाक्यमभिहितम् । अत्रभवत्याः सम्भावनां पूजयामि । विजये ! आपस्तावत् ।

प्रतीहारी–अय्य ! तह । (निष्क्रम्य प्रविश्य) इमा आवो । [आर्य ! तथा । इमा आपः ।]

यौगन्धरायणः–आनय । (आचम्य) विजये ! किमाह तत्रभवती ।

प्रतीहारी–आणेदु मे पुत्तअं पुत्तओ त्ति । [आनयतु मे पुत्रकं पुत्रक इति]

यौगन्धरायणः–हंसक ! किमाह स्वामी ।

हंसकः–जोअन्धरायणं पेक्खेहि त्ति । [यौगन्धरायणं प्रेक्षस्वेति ।]

यौगन्धरायणः–विजये !

[1]यदि शत्रुबलग्रस्तो राहुणा चन्द्रमा इव ।
मोचयामि न राजानं नास्मि यौगन्धरायणः ॥ १६ ॥

प्रतीहारी-अय्य ! तह । (निष्क्रान्ता ।) [आर्य ! तथा ।]

(प्रविश्य)

निर्मुण्डकः–अय्य ! अच्छरिअं णिव्वुत्तं । भट्टिणो सन्तिणिमित्तं उवट्टिअभोअणं बम्हणजणं पेक्खिअ केण वि किळ उम्मत्तवेसधारिणा बम्हणेण [2]उच्चं हसिअ उत्तं––सेरं सेरं अण्हन्तु भवन्तो, अब्भुदअं खु इमस्स राअउळस्स भविस्सदि त्ति । तदो वअणसमआळं एव्व अदंसणं गदो । [आर्य ! आश्चर्यं निर्वृत्तम् । भर्तुः शान्तिनिमित्तमुपस्थितभोजनं ब्राह्मणजनं प्रेक्ष्य केनापि किलोन्मत्तवेषधारिणा ब्राह्मणेनोच्चं हसित्वोक्तं–स्वैरं स्वैरमश्नन्तु भवन्तः, अभ्युदयः खल्वस्य राजकुलस्य भविष्यतीति । ततो वचनसमकालमेवादर्शनं गतः ।]

यौगन्धरायणः–अपि सत्यम् ।

(ततः प्रविशति ब्राह्मणः ।)

ब्राह्मणः–इमेऽत्रभवता परिगृहीता आत्मप्रयोजनोत्सृष्टाः परिच्छदविशेषाः । एभिः प्रच्छादितशरीरो भगवान् द्वैपायनः प्राप्तः ।

यौगन्धरायणः–एवं, द्वैपायनः प्राप्तः ।

ब्राह्मणः–बाढम् ।

यौगन्धरायणः–तेन हि पश्यामस्तावत् ।

ब्राह्मणः–पश्यतु भवान् ।

---

१ यदि शत्रुबलग्रस्तं राहुणा चन्द्रमिव । which should be यदि शत्रुबलग्रस्तं तं चन्द्रमिव राहुणा ॥ २ उवहसिअ.

यौगन्धरायणः-कथमन्यद् रूपमिव मे संवृत्तम् । हन्त भोः ! गतोऽस्मि स्वामिसन्निकर्षमेव । इदानीं ममोपदेशार्थमिवोत्सृष्टः ।

उन्मत्तसदृशो वेषो धारितस्तेन साधुना ।
मोचयिष्यति राजानं मां च प्रच्छादयिष्यति ॥ १७ ॥

(प्रविश्य)

प्रतीहारी-अय्य ! भट्टिमादा आह-इच्छामि पुत्तअं पेक्खिदुं त्ति । [आर्य ! भर्तृमाताह—इच्छामि मे पुत्रकं प्रेक्षितुमिति ।]

यौगन्धरायणः-अयमयमागच्छामि । आर्य ! शान्तिगृहे मां प्रतीक्षस्व ।

ब्राह्मणः-बाढम् । (निष्क्रान्तः ।)

यौगन्धरायणः-हंसक ! विश्रम्यतामिदानीम् ।

हंसकः-अय्य ! तह । (निष्क्रान्तः ।) [आर्य ! तथा ।]

यौगन्धरायणः-विजये ! गच्छाग्रतः ।

प्रतीहारी- अय्य ! तह । [आर्य ! तथा ।]

यौगन्धरायणः-भोः !

काष्ठादग्निर्जायते मथ्यमानाद्
भूमिस्तोयं खन्यमाना ददाति ।
सोत्साहानां नास्त्यसाध्यं नराणां
मार्गारब्धाः सर्वयत्नाः फलन्ति ॥ १८ ॥

(निष्क्रान्ताः ।)

प्रथमोऽङ्कः ।

अथ द्वितीयोङ्कः ।

(ततः प्रविशति काञ्चुकीयः ।)

काञ्चुकीयः--आभीरक ! आभीरक ! गच्छ महासेनवचनात् प्रतीहाररक्षकं ब्रूहि—एष काशिराजोपाध्याय आर्यजैवन्तिरद्य दौत्येन प्राप्तः । अस्य[1] सामान्यदूतसत्कारं पृष्ठतः कृत्वा सुखमिव निवेश्यताम् । यथा चातिथिसत्कारं जानीयात् तथा प्रयतितव्यम् इति । भोः ! एवं नामाहन्यहनि गोत्रानुकूलेभ्यो राजकुलेभ्यः कन्याप्रदानं प्रति दूतसम्प्रेषणा वर्तते । न खलु महासेनः कञ्चिदपि प्रत्याचष्टे, न चाप्यनुगृह्णीते ! किन्नु खल्विदम् । अथवा दैवमत्र कन्याप्रदानेऽधिकृतम् । कुतः,

व्यक्तं न तावत् समुपैति तस्य दूतो वधूत्वे विहिता हि यस्य ।
ततो नरेन्द्रेषु गुणान् नरेन्द्रो न वेत्ति जानन्नपि तत्प्रतीक्षः ॥१॥

अये संलीयमानान्तःपुरचरः सनाथीभवत्ययं देशः । अये अयं महासेनः य एषः,

दूर्वाङ्कुरस्तिमितनीलमणिप्ररोहैः
पीताङ्गदैः परिगतैः परिणीवितांसः[2] ।
अस्माद् घनात् कनकतालवनैकदेशा-
न्निर्धावितैः[3] शरवणादिव कार्त्तिकेयः ॥ २ ॥

(निष्क्रान्तः ।)

विष्कम्भकः ।

(ततः प्रविशति राजा सपरिवारः ।)

राजा—

मम हयखुरभिन्नं मार्गरेणुं नरेन्द्रा
मुकुटतटविलग्नं भृत्यभूता वहन्ति ।

---

१ अन्यसामान्यदूत० . २ परिणीहितांसः . ३ निर्धारितैः .

न च मम परितोषो यन्न मां वत्सराजः
प्रणमति गुणशाली कुञ्जरज्ञानदृप्तः ॥ ३ ॥

बादरायण !

(प्रविश्य) काञ्चुकीयः--जयतु महासेनः ।

राजा—निवेशितो जैवन्तिः ।

काञ्चुकीयः—निवेशितोऽनुरूपतश्च सत्कृतः ।

राजा—न्याय्यं कृतं राजवंश्यगुणाभिलाषिणा । समागतानां[1] युक्तः पूजया प्रतिग्रहः । अथ सर्वोऽपि कन्याप्रदानं प्रतिपृष्टश्चेत् परच्छन्देन तिष्ठति । (काञ्चुकीयमवलोक्य) बादरायण ! वक्तुकाममिव[2] त्वां लक्षये ।

काञ्चुकीयः—न खलु किञ्चित् । कन्याप्रदानं प्रति समुत्पन्नोऽभिमर्शः ।

राजा—अलमलं परिहृत्य । सर्वसाधारणो ह्येष विधिः । अभिधीयताम् ।

काञ्चुकीयः—महासेन ! एषा मे विवक्षा--एवं नामाहन्यहनि गोत्रानुकूलेभ्यो राजकुलेभ्यः कन्याप्रदानं प्रति दूतसम्प्रेषणा वर्तते । न च महासेनः कञ्चिदपि प्रत्याचष्टे, न चाप्यनुगृह्णीते । किन्नु खल्विदमिति ।

राजा—बादरायण ! एवमेतत् । अतिलोभाद् वरगुणानामतिस्नेहाच्च वासवदत्तायां न शक्नोमि निश्चयं गन्तुम् ।

कुलं तावच्छ्लाघ्यं प्रथममभिकाङ्क्षे हि मनसा
ततः सानुक्रोशं मृदुरपि गुणो ह्येष बलवान् ।
ततो रूपे कान्तिं न खलु गुणतः स्त्रीजनभयात्
ततो वीर्योदग्रं न हि न परिपाल्या युवतयः ॥ ४ ॥

काञ्चुकीयः—महासेनं वर्जयित्वा न हीदानीमेते गुणा क्वचिदेकस्था दृश्यन्ते ।

---

१ समासन्नप्रीतिकारणागतानाम्. २ वक्तुकाम इव.

राजा—अतः खलु चिन्त्यते ।

कन्याया वरसम्पत्तिः पितुः (प्रायः) प्रयत्नतः ।
भाग्येषु शेषमायत्तं दृष्टपूर्वं न चान्यथा ॥ ५ ॥

दुहितुः प्रदानकाले दुःखशीला हि मातरः । तस्माद् देवी तावदाहूयताम् ।

काञ्चुकीयः—यदाज्ञापयति महासेनः । (निष्क्रान्तः ।)

राजा—भोः ! काशिराजदूतसम्प्रेषणेन वत्सराजग्रहणार्थं गतं शालङ्कायनं प्रति गता मे बुद्धिः । किन्नु खल्वद्यापि वृत्तान्तं न प्रेषयति स ब्राह्मणः ।

कामं या तस्य सा लीला तत्रैवानुगतं मनः ।
ये त्वस्य सचिवाः सर्वे यत्नमास्थाय ते स्थिताः ॥ ६ ॥

(ततः प्रविशति देवी सपरिवारा ।)

देवी—जेदु महासेणो । [जयतु महासेनः ।]

राजा—आस्यताम् ।

देवी—जं महासेणो आणवेदि । (उपविशति ।) [यन्महासेन आज्ञापयति ।]

राजा—वासवदत्ता क्व ।

देवी—उत्तराए वेदालिआए सआसे वीणं सिक्खिदुं णारदीअं गआ आसी । [उत्तराया वैतालिक्याः सकाशे वीणां शिक्षितुं नारदीयां गतासीत् ।]

राजा—कथमुत्पन्नोऽस्या गान्धर्वेऽभिलाषः ।

देवी केण वि किळ उग्घादेण कञ्चणमाळं वीणाजोग्गं करअन्तिं पेक्खिअ सिक्खिदुकामा आसी । [केनापि किलोद्धातेन काञ्चनमालां वीणायोग्यां कुर्वतीं प्रेक्ष्य शिक्षितुकामासीत् ।]

राजा—सदृशं बाल्यस्य ।

देवी–महासेणं वि किं वि विण्णविदुकामा म्हि । [महासेनमपि किमपि विज्ञापयितुकामास्मि ।]

राजा–किमिति ।

देवी–आअय्यं इच्छामि त्ति । [आचार्यमिच्छामीति ।]

राजा–उपस्थितविवाहकालायाः किमिदानीमाचार्येण । पतिरेवैनां शिक्षयिष्यति ।

देवी–हं एसो दाणि मे दारिआए काळो । [हम् एष इदानीं मे दारिकायाः कालः ।]

राजा–भोः ! नित्यं प्रदीयतामित्यस्मानुपरुध्य किमिदानीं सन्तप्यसे ।

देवी–अभिप्पेदं मे पदाणं । विओओ मं सन्तावेदि । अह कस्स उण दिण्णा । [अभिप्रेतं मे प्रदानम् । वियोगो मां सन्तापयति । अथ कस्मै पुनर्दत्ता ।]

राजा–न तावन्निश्चयो गम्यते ।

देवी–इदाणिं पि ण दाव । [इदानीमपि न तावत् ।]

राजा–

अदत्तेत्यागता लज्जा दत्तेति व्यथितं मनः ।
धर्मस्नेहान्तरे न्यस्ता दुःखिताः खलु मातरः ॥ ७ ॥

सर्वथा श्वशुरपरिचरणसमर्थे वयसि वर्तते वासवदत्ता । एष चापरः काशिराजोपाध्याय आर्यजैवन्तिरद्य दौत्येन प्राप्तो विलोभयति मां चारित्रेण । (आत्मगतम्) न किञ्चिदाह । अश्रुपूर्वा व्याकुला कथं निश्चयं गमिष्यति । भवतु, निवेदयाम्यस्यै । (प्रकाशम्) श्रूयन्तेऽस्मत्सम्बन्धप्रयोजनायागता राजानः ।

देवी–किं दाणि वित्थरेण । जहिं दइअ ण सन्तप्पामो, तहिं दीअदु । [किमिदानीं विस्तरेण । यत्र दत्त्वा न सन्तप्यामहे, तत्र दीयताम् ।]

राजा–अहो महान् खलु लीलाभिहितो दुःखविस्तर इदानीं पश्चादु-

पालम्भनं श्रोतुम् । तस्माद् देवी तावन्निश्चयं गच्छतु । श्रूयताम्,
अस्मत्सम्बद्धो मागधः काशिराजो वाङ्गः सौराष्ट्रो मैथिलः शूरसेनः ।
एते नानार्थैर्लोभयन्ते गुणैर्मां कस्ते वैतेषां पात्रतां याति राजा ॥८॥

(प्रविश्य)

काञ्चुकीयः–वत्सराजः ।

राजा–किं वत्सराजः ।

काञ्चुकीयः–प्रसीदतु प्रसीदतु महासेनः । प्रियवचननिवेदनत्वरया क्रमविशेषो नावेक्षितः ।

राजा–प्रियवचनमिति ।

देवी–(उत्थाय) जेदु महासेणो । [जयतु महासेनः ।]

राजा–(सहर्षम्) प्रियवचनपरिहार्या हि देवी । आस्यताम् ।

देवी–जं महासेणो आणवेदि । (उपविशति ।) [यद् महासेन आज्ञापयति ।]

राजा–उत्तिष्ठोत्तिष्ठ, स्वैरमभिधीयताम् ।

काञ्चुकीयः–(उत्थाय) तत्रभवतामात्येन शालङ्कायनेन गृहीतो वत्सराजः ।

राजा–(सहर्षम्) किमाह भवान् ।

काञ्चुकीयः–तत्रभवतामात्येन शालङ्कायनेन गृहीतो वत्सराजः ।

राजा–उदयनः ।

काञ्चुकीयः–अथ किम् ।

राजा–शतानीकस्य पुत्रः ।

काञ्चुकीयः–दृढम् ।

राजा–सहस्रानीकस्य नप्ता ।

काञ्चुकीयः–स एव ।

राजा–कौशाम्बीशः ।

काञ्चुकीयः—सुव्यक्तम् ।

राजा—गान्धर्ववित्तकः ।

काञ्चुकीयः—एवं ब्रुवन्ति ।

राजा—वत्सराजो ननु ।

काञ्चुकीयः—अथ किं, वत्सराजः ।

राजा—अथ किमुपरतो यौगन्धरायणः ।

काञ्चुकीयः—न खलु कौशाम्ब्यां किल ।

राजा—यद्येवं, न गृहीतो वत्सराजः ।

काञ्चुकीयः—श्रद्धत्तां महासेनः ।

राजा—

न श्रद्दधाम्युदयनग्रहणं त्वयोक्तं
व्यावर्तनं करतलैरिव मन्दरस्य ।
यस्याहवेषु रिपवः कथयन्ति शौर्यं
यौगन्धरायणमतानि च नः स्वनन्ति ॥ ९ ॥

काञ्चुकीयः—प्रसीदतु महासेनः । वृद्धोऽस्मि ब्राह्मणः खल्वहम् । न महासेनसमीपेऽनृतमभिहितपूर्वम् ।

राजा—आ अस्त्येतत् । अथ कः प्रियदूतः शालङ्कायनेन प्रेषितः ।

काञ्चुकीयः—न पुरुषः । जवातिशययुक्तेन खररथेन वत्सराजमग्रतः कृत्वा स्वयमेवामात्यः प्राप्तः ।

राजा—एवं प्राप्तः । हन्त भोः ! अद्य विमुक्तसन्नाहा सुखं विश्राम्यत्वक्षौहिणी । अद्यप्रभृति प्रच्छन्नकृतदूतसम्प्रेषणा अशङ्किताः स्थास्यन्ति राजानः । एष समासः—अद्यास्मि महासेनः ।

देवी—किं अमच्चेण आणीदो । [किममात्येनानीतः ।]

राजा—अथ किम् ।

देवी—एदण्णिमित्तं कस्स वि ण दिस्सामो वासवदत्तं । [एतन्निमित्तं कस्मा अपि न दित्सामो वासवदत्ताम् ।]

राजा—युद्धावर्जितशत्रुः खल्वेष मम। बादरायण ! शालङ्कायनः क्व।

काञ्चुकीयः—[1]ओहितो भद्रद्वारे।

राजा—गच्छ। भरतरोहकं ब्रूहि—कुमारविधिविशिष्टेन सत्कारेण वत्सराजमग्रतः कृत्वा प्रवेश्यताममात्य इति।

काञ्चुकीयः—यदाज्ञापयति महासेनः।

राजा—एहि तावत्।

काञ्चुकीयः—अयमस्मि।

राजा—वत्सराजदर्शने कश्चिन्नोत्सारयितव्यः।

शत्रुं पश्यन्तु मे पौराः श्रुतपूर्वं स्वकर्मभिः।
सिंहमन्तर्गतामर्षं यज्ञार्थमिव संयतम्॥ १०॥

काञ्चुकीयः—यदाज्ञापयति महासेनः। (निष्क्रान्तः।)

देवी—बहूणि अब्भुदआणि इमस्सिं राअउळे अणुभूदाणि। ण खु अहं ईदिसं पीदिजोग्गं महासेणस्स सुमरामि। [बहवोऽभ्युदया अस्मिन् राजकुलेऽनुभूताः। न खल्वहमीदृशं प्रीतियोग्यं महासेनस्य स्मरामि।]

राजा—अहमप्येतादृशं प्रीतिविशेषं न श्रुतपूर्वं स्मरामि, यथा गृहीतो वत्सराज इति।

देवी—वच्छराओ णं। [वत्सराजो ननु।]

राजा—अथ किम्।

देवी—बहूणि सम्बन्धप्पओअणागदाणि राअउळाणि सुदाणि। एदिणा ण पेसिदपुरुवो पुरुसो। [बहूनि सम्बन्धप्रयोजनागतानि राजकुलानि श्रुतानि। एतेन न प्रेषितपूर्वः पुरुषः।]

राजा—देवि ! महासेनशब्दमपि न गणयति, किं सम्बन्धमभिलषति।

देवी—ण गणेदि। किं बाळो अपण्डिदो वा। [न गणयति। किं बालः अपण्डितो वा।]

---

१ आस्थितो द्वारे.

राजा–बालः, न त्वपण्डितः।

देवी–किण्णु हु एणं उस्सेअअदि। [किन्नु खल्वेनमुत्सेकयति।]

राजा–उत्सेकयत्येनं प्रकाशराजर्षिनामधेयो वेदाक्षरसमवायप्रविष्टो[1] भारतो वंशः। दर्पयत्येनं दायाद्यागतो गान्धर्वो वेदः। विभ्रमयत्येनं वयस्सहजं रूपम्। विस्रम्भयत्येनं कथमप्युत्पन्नोऽस्य पौरानुरागः।

देवी–अभिळसणीआ वरगुणा। कस्स वामदाए दोसो संवुत्तो। [अभिलषणीया वरगुणाः। कस्य वामतया दोषः संवृत्तः।]

राजा–देवि ! किमिदानीमस्थाने विस्मितासि। पश्य,

अग्निः कक्षः इवोत्सृष्टो दहतु कात्स्न्येंन मेदिनीम्।
अस्य मे शासनं दीप्तं विषयान्तेऽवसीदति ॥ ११ ॥

(प्रविश्य)

काञ्चुकीयः– जयतु महासेनः। यथाज्ञाप्रयुक्तसत्कारं प्रविष्टः शालङ्कायनः। स तु विज्ञापयति–इदं भरतकुलोपभुक्तं वत्सराजकुले द्रष्टव्यं घोषवती नाम वीणारत्नम्। महासेनः प्रतिग्राहयितव्य इति। (वीणां दर्शयति।)

राजा–प्रतिगृहीतं जयमङ्गलम्। (वीणां गृहीत्वा) इयं सा घोषवती नाम। यैषा,

श्रुतिसुखमधुरा स्वभावरक्ता करजमुखोल्लिखिताग्रघृष्टतन्त्री।
ऋषिवचनगतेव मन्त्रविद्या गजहृदयानि बलाद्वशीकरोति ॥१२॥

भोः ! समरावजितानां रत्नानामिष्टसम्भोगः प्रीतिमुत्पादयति।

अर्थशास्त्रगुणग्राही ज्येष्ठो गोपालकः सुतः।
गान्धर्वद्वेषी व्यायामशाली चाप्यनुपालकः ॥ १३ ॥

क नु खल्वियं सुन्यस्ता भवेत्। देवि ! वासवदत्ता वीणामुपक्रान्ता ननु।

---

१ प्रतिष्ठितः, देवान्वयसमवायप्रविष्टो.

देवी–आम।

राजा–तेन हि इयमस्यै प्रदीयताम्।

देवी–वीणाप्पदाणेण भूओ वि उम्मत्ता विअ चिट्ठदि। [वीणाप्रदानेन भूयोऽप्युन्मत्तेव तिष्ठति।]

राजा–क्रीडतु क्रीडतु। नैतत् सुलभं श्वशुरकुले। बादरायण! क्व सा।

काञ्चुकीयः–अमात्येन सहोपविष्टा।

राजा–अथ वत्सेष्वधिकृतः।

काञ्चुकीयः–अहितविनयत्वात् पादयोरङ्के तस्य बहुप्रहारत्वाच्च स्कन्धवाह्येन शयनीयेन मध्यमगृहे प्रवेशितः।

राजा–हा धिग्, बहुप्रहारः। एष इदानीं निरुपस्कृतस्य तेजसो दोषः। नृशंसः खल्वस्मिन् काल उपेक्षितवान्। बादरायण! गच्छ। भरतरोहकं ब्रूहि—क्रियतामस्य व्रणप्रतिकर्मेति।

काञ्चुकीयः–यदाज्ञापयति महासेनः।

राजा–अथवा एहि तावत्।

काञ्चुकीयः–अयमस्मि।

राजा–अस्य सर्वदर्शनमविमुक्तसत्कारमवगन्तव्यम्। आकारसूचिता अस्य प्रीतयो विज्ञेयाः। अतिक्रान्तविग्रहाश्रिताः कथा न कथयितव्याः। क्षुतादिप्रयोगेष्वाशिषोऽभिधेयाः। कालसंवादिना स्तवेनार्च्यः।

काञ्चुकीयः–यदाज्ञापयति महासेनः। (निष्क्रम्य प्रविश्य) जयतु महासेनः। पथ्येव कृतव्रणप्रतिकर्मा वत्सराजः। अकालस्तावदिदानीं द्वितीयस्य प्रतिकर्मण इति। मध्याह्नमारोहति दिवाकरः।

राजा–अथ कस्मिन् प्रदेशे वीरमानी।

काञ्चुकीयः–मयूरयष्टिमुखे।

राजा–हा धिग्, अनाश्रयणीयः खल्वयं देशः। आतपप्रातिकूल्यार्थं मणिभूमिकायां प्रवेशयेत्याज्ञापय।

काञ्चुकीयः–यदाज्ञापयति महासेनः । (निष्क्रम्य प्रविश्य) यदाज्ञप्तं महासेनेन, सर्वमनुष्ठितम् । अमात्यस्तु भरतरोहको महासेनं द्रष्टुमिच्छति ।

राजा-व्यक्तं न रोचते तस्मै वत्सराजसत्क्रिया । अस्यैष नीतेः परिश्रमः । अहमेवैनमनुनयामि ।

देवी-किं सम्बन्धो णिच्चिदो । [किं सम्बन्धो निश्चितः ।]

राजा-न तावन्निश्चयो गम्यते ।

देवी-अळं दाणि तुवरिअ । बाळा मे दारिआ । [अलमिदानीं त्वरित्वा । बाला मे दारिका ।]

राजा-यदभिरुचितं भवत्यै । प्रविशत्वभ्यन्तरम् ।

देवी-जं महासेणो आणवेदि । (निष्क्रान्ता सपरिवारा ।) [यन्महासेन आज्ञापयति ।]

राजा- (विचिन्त्य)

पूर्वं तावद् वैरमस्यावलेपादानीतेस्मिन् स्यात् तु मध्यस्थता मे
युद्धक्लिष्टं संशयस्थं विपन्नं श्रुत्वा त्वेनं संशयं चिन्तयामि ॥ १४ ॥

(निष्क्रान्तौ ।)

द्वितीयोऽङ्कः ।

अथ तृतीयोऽङ्कः ।

(ततः प्रविशति डिण्डिकवेषो विदूषकः ।)

विदूषकः-(निरूप्य) भो ! देवउळपीठिआए मम मोदअमळ्ळअं णिक्खिविअ दक्खिणामासआणि गणिअ बन्धिअ पडिणिवुत्तो दाणि मोदअमळ्ळअं ण पेक्खामि । (विचिन्त्य) आ एकमोद-अपरितोसिदो ण दाव ओळग्गो मं अणुसरदि । उच्चदाए पाआरस्स अगई कुक्कुराणं । अक्खदभत्तदाए अळोहणीअं पहिआणं । आदु

अपि णं खाआमि । भोदु ओग्गारइस्सं दाव अहं । ही ही बुड्ढो विअ सूअरवत्थी सुद्धवादं एव्व उग्गिरामि । अहव ळोहिदकच्चाअणीए केरअं मम केरअं त्ति करिअ सिवेण पडिहत्थीकिदं भवे । (निरूप्य) जदि वि एसो बम्हआरी बहुकेहि रूवेहि अविणअं करेदि । भोदु पेक्खिस्सं दाव अहं । भो ! एदं खु मम मोदअमळ्ळअं सिवस्स पादमूळे चिट्ठइ । जाव णं गह्णामि । देहि भट्टा ! देहि मे मोदअमळ्ळअं । भट्टा ! तुवं वि मम चोरो सि । अविहा अळिहिदं खुमम मोदअमळ्ळअं संदावतिमिरेण सुट्ठु ण पेक्खामि । भोदु पमज्जिस्सं दाव अहं । ही ही साहु ळे चित्तअर ! भाव ! साहु । जुत्तळेहदाए वण्णाणं जह जह पमज्जामि, तह तह उज्जळदरं होइ । भोदु, उदएण पमज्जिस्सं । कहिं णु हु उदअं । इदं सोहणं सुद्धतडाअं । अहं विअ सिवो वि दाव एदस्सिं मोदअमळ्ळए णिरासो होदु । [भोः ! देवकुलपीठिकायां मम मोदकमल्लकं निक्षिप्य दक्षिणामाषकान् गणयित्वा बद्ध्वा प्रतिनिवृत्त इदानीं मोदकमल्लकं न प्रेक्षे । आ एकमोदकपरितोषितो न तावदवलग्नो मामनुसरति । उच्चतया प्राकारस्यागतिः कुक्कुराणाम् । अक्षतभक्ततयालोभनीयं पथिकानाम् । अथवा अप्येनं खादामि । भवतु उद्गरिष्यामि तावदहम् ही ही वृद्ध इव सूकरबस्तिः शुद्धवातमेवोद्गिरामि । अथवा लोहितकात्यायन्याः सम्बन्धि मम सम्बन्धीति कृत्वा शिवेन प्रतिहस्तीकृतं भवेत् । यद्यप्येष ब्रह्मचारी बहुकै रूपैरविनयं करोति । भवतु प्रेक्षिष्ये तावदहम् । भोः ! एष खलु मम मोदकमल्लकः शिवस्य पादमूले तिष्ठति । यावद् एनं गृह्णामि । देहि भर्तः ! देहि मे मोदकमल्लकम् । भर्तः ! त्वमपि मम चोरोऽसि । अविधा आलिखितं खलु मम मोदकमल्लकं सन्तापतिमिरेण सुष्ठु न प्रेक्षे । भवतु प्रमार्जिष्यामि तावदहम् । ही ही साधु रे चित्रकर ! भाव ! साधु । युक्तलेखतया वर्णानां यथा यथा प्रमार्ज्मि, तथा तथो-

ज्ज्वलतरं भवति। भवतु, उदकेन प्रमार्जिष्यामि। कुत्र नु खलूदकम्। इदं शोभनं शुद्धतटाकम्। अहमिव शिवोऽपि तावद् एतस्मिन् मोदकमल्लके निराशो भवतु।]

(नेपथ्ये)

मोदआ! मोदआ! हहह। [मोदकाः! मोदकाः! हहह।]

विदूषकः–**अविहा एसो उम्मत्तओ मम मोदअमळ्ळअं गह्णिअ हसमाणो फेणायमाणमळिणवरिसारच्छोदअं विअ इदो एव्वाहावइ। चिट्ठ चिट्ठ उम्मत्तअ! चिट्ठ। इमिणा दण्डअट्ठेण सीसं दे भिन्दामि।** [अविधा एष उन्मत्तको मम मोदकमल्लकं गृहीत्वा हसमानः फेनायमानमलिनवर्षारथ्योदकमिवेत एवाधावति। तिष्ठ तिष्ठोन्मत्तक! तिष्ठ। अनेन दण्डकाष्ठेन शीर्षं ते भिनद्मि।]

(ततः प्रविशत्युन्मत्तकः।)

उन्मत्तकः–**मोदआ! मोदआ! हहह।** [मोदकाः! मोदकाः! हहह।]

विदूषकः–**भो उम्मत्तअ! आणेहि मम मोदअमळ्ळअं।** [भो उन्मत्तक! आनय मम मोदकमल्लकम्।]

उन्मत्तकः–**किं मोदआ। कहिं मोदआ। कस्य मोदआ। किं इमे मोदआ उज्झन्ति, आदु पिणज्झन्ति, उदाहो खज्जन्ति।** [किं मोदकाः। कुत्र मोदकाः। कस्य मोदकाः। किमिमे मोदका उज्झ्यन्ते, अथवा पिनह्यन्ते उताहो खाद्यन्ते।]

विदूषकः–**ण खज्जन्ति ण खज्जन्ति ण उज्झन्ति अ।** [न खाद्यन्ते न खाद्यन्ते नोज्झ्यन्ते च।]

उन्मत्तकः–**एसा खु मम रसणा खाइदुकामा ळिङ्गाणि करेदि।** [एषा खलु मम रसना खादितुकामा लिङ्गानि करोति।]

विदूषकः–**भो उम्मत्तअ। आणेहि मम मोदअमळ्ळअं। मा परकेरए सिणेहं करिअ ओवज्झेहि।** [भो उन्मत्तक! आनय मम मोदकमल्लकम्। मा परकीये स्नेहं कृत्वा अवबध्यस्व।]

उन्मत्तकः–**के के मं वज्झन्ति । मोदआ खु मं रक्खन्ति ।**
णेवच्छविसेसमण्डिदा पीदिं उवदेदुं उवट्ठिआ ।
ळाअगिहे दिण्णमुळ्ळिआ काळवसेण मुहुत्तदुब्बळा ॥ १ ॥
[के के मां बध्नन्ति । मोदकाः खलु मां रक्षन्ति ।
नेपथ्यविशेषमण्डिताः प्रीतिमुपदातुमुपस्थिताः ।
राजगृहे दत्तमूल्या कालवशेन मुहूर्तदुर्बलाः ॥]

विदूषकः–**भो उम्मत्तअ ! आणेहि मम मोदअमळ्ळअं । इमिणा । पच्चएण उवज्झाअउलं गन्तव्वं ।** [भो उन्मत्तक ! आनय मम मोदकमल्लकम् । अनेन प्रत्ययेनोपाध्यायकुलं गन्तव्यम् ।]

उन्मत्तकः–**मए वि इमिणा पच्चएण जोअणसदं गन्तव्वं ।** [मयाप्यनेन प्रत्ययेन योजनशतं गन्तव्यम् ।]

विदूषकः–**किं एळावणे तुवं ।** [किमैरावणस्त्वम् ।]

उन्मत्तकः–**आम एळावणे अहं । ण हु दाव देवळाजो मं आशणं आळुहदि । शुदं च मया पादपाशिएहि इन्दे वज्झ त्ति । धाराणिअळेहि विज्जुम्मईहि कशाहि ताळिअ वाउब्भामेण परिब्भमन्तेण भिन्दीअदि मेहबन्धणं ।** [आम ऐरावणोऽहम् । न खलु तावद्देवराजो मामासनमारोहति । श्रुतं च मया पादपाशिकैरिन्द्रो बद्ध इति । धारानिगलैः विद्युन्मयीभिः कशाभिस्ताडयित्वा वातोद्भ्रामेण परिभ्रमता भिद्यते मेघबन्धनम् ।]

विदूषकः–**भो उम्मत्तअ ! ण तुवं मम दइस्सिसि, विळविस्सं दाव अहं ।** [भो उम्मत्तक ! न त्वं मम दास्यसि, विलपिष्यामि तावदहम् ।]

उन्मत्तकः–**विळव विळव विक्कोस वा विळव ।** [विलप विलप विक्रोश वा विलप ।]

विदूषकः–**अब्बम्मण्णं भो ! अब्बम्मण्णं ।** [अब्रह्मण्यं भोः ! अब्रह्मण्यम् ।]

उन्मत्तकः–अहं पि विळविस्सं। इन्दे वज्झे भो। इन्दे वज्झे भो !। [अहमपि विलपिष्यामि। इन्द्रो बद्धो भोः ! इन्द्रो बद्धो भोः !।]

विदूषकः–अब्बम्मण्णं भो ! अब्बम्मण्णं। [अब्रह्मण्यं भोः ! अब्रह्मण्यम्।]

(नेपथ्ये)

मा भाआहि मा भाआहि बम्हणाउस। मा भाआहि। [मा बिभीहि मा बिभीहि ब्राह्मणोपासक ! मा बिभीहि।]

विदूषकः–(सहर्षम्) आअदे चन्दे समाअदाणि सव्वणक्खत्ताणि। अघं बम्हणभावं। ईहामत्तएण समणएण अभअं दीअदि। [आगते चन्द्रे समागतानि सर्वनक्षत्राणि। अघं ब्राह्मणभावः। ईहामात्रकेण श्रमणकेनाभयं दीयते।]

(ततः प्रविशति श्रमणकः।)

श्रमणकः–मा भाआहि मा भाआहि बम्हणाउस ! मा भाआहि। के के इह, किं कय्यं, विळवन्दि। [मा बिभीहि मा बिभीहि ब्राह्मणोपासक ! मा बिभीहि। के के इह, किं कार्यं, विलपन्ति।]

विदूषकः–अविहा पडिहारक्खअउत्तिं खु समणओ अणुहोदि। भो समणअ ! भअवं ! एसो उम्मत्तओ मम मोदअमळ्ळअं गहणिअ ण देदि [अविधा प्रतिहाररक्षकवृत्तिं खलु श्रमणकोऽनुभवति। भोः श्रमणक ! भगवन् ! एष उन्मत्तको मम मोदकमल्लकं गृहीत्वा न ददाति।]

श्रमणकः–मोदअं पेक्खामि दाव। [मोदकं प्रेक्षे तावत्।]

उन्मत्तकः–पेक्खदु पेक्खदु शमणअ ! भवं ! [प्रेक्षतां प्रेक्षतां श्रमणक ! भवान् !]

श्रमणकः–थु थु। [थु थु।]

विदूषकः–हद्धि उम्मत्तअस्स हत्थे ईहामत्तएण समणएण थुथूकिदा अधण्णस्स मम मोदआ दिट्ठपुरुवा एव्व संवुत्ता। [हा धिग्

उन्मत्तकस्य हस्ते ईहामात्रकेण श्रमणकेन थुथूकृता अधन्यस्य मम मोदका दृष्टपूर्वा एव संवृत्ताः ।]

श्रमणकः-भो उम्मत्तआउस ! णीआदेहि णीआदेहि एदाणि मोदआणि कत्थूळिआफेणपण्डराणि बहुपिट्ठसमिद्धकोमळाणि णिट्ठाणिआ सुरा विअ महुराणि । मा दे खाइदाणि खअं उप्पादन्ति । [भो उन्मत्तकोपासक ! निर्यातय निर्यातय एतानि मोदकानि कस्थूलिकाफेनपाण्डराणि बहुपिष्टसमृद्धकोमलानि निष्ठानिताः सुरा इव मधुराणि । मा ते खादितानि क्षयमुत्पादयन्तु ।]

विदूषकः-अविहा मोदआणि त्ति करिअ कण्डिळळड्डुआ मे पडिच्छिदा । [अविधा मोदका इति कृत्वा कण्डिललड्डुका मे प्रतीष्टाः ।]

श्रमणकः-उम्मत्तआउस ! णीआदेहि णीआदेहि । जदि ण णीआदेसि, तुवं सवेमि । [उन्मत्तकोपासक ! निर्यातय निर्यातय । यदि न निर्यातयसि, त्वां शपामि ।]

उन्मत्तकः-पशीददु पशीददु शमणअ ! भअवं । मा खु मा खु मं शविदुं गह्ण गह्ण । [प्रसीदतु प्रसीदतु श्रमणक ! भगवन् ! माखलु माखलु मां शप्तुम् । गृहाण गृहाण ।]

श्रमणकः-बम्हणाउस ! पेक्ख पेक्ख मम प्पभावं । [ब्राह्मणोपासक ! प्रेक्षस्व प्रेक्षस्व मम प्रभावम् ।]

विदूषकः-एसो उम्मत्तओ एदेण ईहामत्तएण समणएण उज्झिदं सावं पेक्खअ मोदअमळ्ळअं भीदभीदं अग्गङ्गुळिआए पसारिदाए ठाविअ चिट्ठइ । भो उम्मत्तअ ! आणेहि मम मोदअमळ्ळअं । [एष उन्मत्तक एतेनेहामात्रकेण श्रमणकेन उज्झितं शापं प्रेक्ष्य मोदकमल्लकं भीतभीतमग्राङ्गुल्यां प्रसारितायां स्थापयित्वा तिष्ठति । भो उन्मत्तक ! आनय मम मोदकमल्लकम् ।]

श्रमणकः–एदु एदु भवं। एदेहि मोदएहि मं सोत्थि वाअइस्ससि। [एतु एतु भवान्। एतैर्मोदकैर्मां स्वस्ति वाचयिष्यसि।]

विदूषकः–ही ही ममकेरएहिं सोत्थि वाएमि। मए वि कोडुम्बिअस्स हत्थादो पडिग्गहग्गहीदाणि। ताणि भवदो वि उवाअणं भविस्सदि। सो वि समिद्धो होदु। एसो उम्मत्तओ अग्गिगिहं अहिमुहो गच्छइ। ट्ठिदो मज्झह्णो। पुव्वह्णे वि दाव अअं देसो सुञ्ञो भविस्सदि। जाव अहं वि इमाणि दक्खिणामासआणि मग्गगेहे णिक्खिविअ गच्छामि। एकस्स शाडिआए कय्यं अवरस्स मुळ्ळेण। [ही ही मदीयैः स्वस्ति वाचयामि। मयापि कौटुम्बिकस्य हस्तात् प्रतिग्रहगृहीतानि। तानि भवतोऽप्युपायनं भविष्यति। सोऽपि समृद्धो भवतु। एष उन्मत्तकोऽग्निगृहमभिमुखो गच्छति। स्थितो मध्याह्नः। पूर्वाह्णेऽपि तावदयं देशः शून्यो भविष्यति। यावदहमपीमान् दक्षिणामाषकान् मार्गगेहे निक्षिप्य गच्छामि। एकस्य शाटिकया कार्यमपरस्य मूल्येन।]

(सर्वे अग्निगृहं प्रविशन्ति।)

यौगन्धरायणः–वसन्तक! शून्यमिदमग्निगृहम्।

विदूषकः–आम भो! सुञ्ञं खु इदं। [आम भोः! शून्यं खल्विदम्।]

यौगन्धरायणः–तेन हि परिष्वजेतां भवन्तौ।

उभौ–बाढम्। (परिष्वजेते)

यौगन्धरायणः–भवतु भवतु। तुल्यपरिश्रमौ भवन्तौ। आस्तां भवान् भवानप्यास्ताम्।

उभौ–बाढम्।

(सर्वे उपविष्टाः।)

यौगन्धरायणः–वसन्तक! अपि दृष्टस्त्वया स्वामी।

विदूषकः–आम भो! दिट्ठो तत्तभवं। [आम भोः! दृष्टस्तत्रभवान्।]

योगन्धरायणः-हन्त भोः अतिक्रान्तयोगक्षेमा रात्रिः । दिवस इदानीं प्रतिपाल्यते ।

अहः समुत्तीर्य निशा प्रतीक्ष्यते शुभे प्रभाते दिवसोऽनुचिन्त्यते ।
अनागतार्थान्यशुभानि पश्यतां गतं गतं कालमवेक्ष्य निर्वृतिः ॥२॥

रुमण्वान्-सम्यग् भवानाह । तुल्येऽपि कालविशेषे निशैव बहुदोषा बन्धनेषु । कुतः,

व्यवहारेष्वसाध्यानां लोके वा प्रतिरज्यताम् ।
प्रभाते दृष्टदोषाणां वैरिणां रजनी भयम् ॥ ३ ॥

यौगन्धरायणः-वसन्तक ! स्वामिना सह कथितं ननु ।

विदूषकः-आम भो ! चिरं एव्व अ म्हि तत्तहोदा ओवज्झो । अज्ज
३ चउद्दसीं ण्हाअमाणो पडिवाळिदो अ । [आम भोः ! चिरमेव चास्मि तत्रभवतावबद्धः । अद्य चतुर्दशीं स्नायमानः प्रतिपालितश्च ।]

यौगन्धरायणः-स्नातः स्वामी ।

६ विदूषकः- ण्हादो अत्तभवं । [स्नातोऽत्रभवान् ।]

यौगन्धरायणः-कृतं देवकार्यम् ।

विदूषकः- आ भो ! पणाममत्तेण पूइदा देवदा । [आम भोः !
९ प्रणाममात्रेण पूजिता देवताः ।]

यौगन्धरायणः-एतामपि बहुमतामवस्थां प्राप्तः स्वामी । कुतः,

स्नातस्य यस्य समुपस्थितदैवतस्य
पुण्याहघोषविरमे पटहा नदन्ति ।
तस्यैव कालविभवात् तिथिपूजनेषु
दैवप्रणामचलिता निगलाः स्वनन्ति ॥ ४ ॥

रुमण्वान्-भवत इदानीं प्रयत्न उचितं तिथिसत्कारमानेष्यति स्वामिनः ।

यौगन्धरायणः-वसन्तक ! गच्छ भूयः स्वामिनं पश्य । विज्ञाप्यतां च स्वामी--या सा प्रयाणं प्रतीह प्रस्तुता कथा, तस्याः श्वः प्रयोगकाल इति । कुतः, स्थानावगाहयवसशय्याभागेष्वाश्रयेषूपन्यस्तौषधिव्याजो नलागिरिर्मन्त्रौषधिनियमसंभृतः पुराणंकर्म[1]-व्यामोहितः । अनुकूलमारुतमोक्तव्यः सज्जितो धूपः । रोषप्रतिकूलोऽस्य सज्जितः प्रतिगजमदः । शालासन्निकृष्टमल्पसाधनं गृहमादीपयितुमग्नित्रासित्वाद् वारणानाम् । गजपतिचित्तोद्भ्रमणार्थं देवकुलेषु स्थापिताः शङ्खदुन्दुभयः । तेन नादेन सर्वसाधनपरिगतशरीरेणावश्यं श्वः प्रद्योतेन स्वामी शरणमुपगन्तव्यः । ततः स्वामिना शत्रोरनुमतेनैव बन्धनान्निष्क्रम्य सहव्यापन्नां घोषवतीं हस्तगतां कृत्वा नलागिरिः स्वाधीनः कर्तव्यः । ततो व्यवस्थितासनस्तदानीं स्वामी नलागिरौ,

सेनाभिर्मनसानुबद्धजघनं कृत्वा जवे वारणं
सिंहानामसमाप्त एव विरुते त्यक्त्वा सविन्ध्यं वनम् ।
एकाहे व्यसने वने स्वनगरे गत्वा त्रिवर्णां दशां
येनैव द्विरदच्छलेन नियतस्तेनैव निर्वाह्यते ॥ ५ ॥

इति !

रुमण्वान्-वसन्तक ! किमिदानीं चिन्त्यते ।

विदूषकः-एव्वं चिन्तेमि महन्तो खु भवदो पयत्तो विवज्जिस्सिदि त्ति । [एवं चिन्तयामि महान् खलु भवतः प्रयत्नो विपत्स्यत इति ।]

उभौ-न खलु वयं विज्ञातारः ।

विदूषकः-अहं पुढमं पश्चा भवन्तो । [अहं प्रथमं पश्चाद् भवन्तौ ।]

यौगन्धरायणः-अथ किंकृता कार्यविपत्तिः ।

विदूषकः-वच्छराअस्स अंणकय्यदाए[2] । [वत्सराजस्यान्यकार्यतया ।]

१ पुराणकर्मणि. २ अत्तकय्यदाए.

यौगन्धरायणः-कथमिव ।

विदूषकः-सुणह भवन्तो । [शृणुतां भवन्तौ]

उभौ-अवहितौ स्वः ।

विदूषकः-जा सा काळट्ठमी अदिक्कन्दा, तहिं तत्तहोदी वासवदत्ता णाम राअदारिआ धत्तीदुदीआ कण्णआदंसणं णिद्दोसं त्ति करिअ अवणीदकञ्चुआए सिविआए ओघट्टिदपणाळीपस्सुदसळिळ-विसमं राअमग्गं परिहरिअ जं तं बन्धणदुवारस्स अग्गदो भअवदीए[1] जक्खिणीए ट्ठाणं, तस्सिं देवकय्यं कत्तुं गआ आसी । [या सा कालाष्टमी अतिक्रान्ता, तस्यां तत्रभवती वासवदत्ता नाम राजदारिका धात्रीद्वितीया कन्यकादर्शनं निर्दोषमिति कृत्वापनीतकञ्चुकायां शिबिकायामवघट्टितप्रणालीप्रस्रुतसलिलविषमं राजमार्गं परिहृत्य यत्तद् बन्धनद्वारस्याग्रतो भगवत्या यक्षिण्याः स्थानं, तस्मिन् देवकार्यं कर्तुं गतासीत् ।]

यौगन्धरायणः-ततस्ततः ।

विदूषकः-तदो तत्तभवं तं दिअसं अब्भन्तरबन्धणपरिरक्खअं सिवअं णाम राअदासं अणुमाणिअ बन्धणदुवारे णिक्कन्तो । [ततस्तत्रभवान् तं दिवसमभ्यन्तरबन्धनपरिरक्षकं शिवकं नाम राजदासमनुमान्य बन्धनद्वारे निष्क्रान्तः ।]

उभौ-ततस्ततः ।

विदूषकः-तदो पुरुसक्खन्धपरिवट्टणट्ठिदाए सिविआए पकामं दिट्ठा सा राअदारिआ । [ततः पुरुषस्कन्धपरिवर्तनस्थितायां शिबिकायां प्रकामं दृष्टा सा राजदारिका ।]

यौगन्धरायणः-ततस्ततः ।

विदूषकः-किं तदो तदो त्ति । बन्धणं दाणिं पमदवणं सम्भाविअ पउत्तो राअळीळं कत्तुं । [किं ततस्तत इति । बन्धनमिदानीं प्रमदवनं संभाव्य प्रवृत्तो रागलीलां कर्तुम् ।]

१ भअवदीए अवन्तिसुन्दरीए.

यौगन्धरायणः—न खलु तां प्रति समुत्पन्नाभिलाषः स्वामी ।

विदूषकः—भो ! सङ्घआरिणो अणत्थ त्ति ईदिसं एव्व । [भोः ! सङ्घचारिणोऽनर्था इतीदृशमेव ।]

यौगन्धरायणः—सखे ! रुमण्वन् ! स्थिरीक्रियतामात्मा । अनेनैव वेषेण जरा गन्तव्या ।

विदूषकः—भो ! अहं च एदेण उत्तो—भणेहि जोअन्धराअणस्स जहसमत्थिदा समत्थणा ण रोअदे मे । समाणे गमणे पज्जोदस्स अवमाणविसेसो चिन्तीअदि । मा कामप्पधाण त्ति मं अवमण्णेहि । अवमाणस्स अवजिदिं अण्णेसामि त्ति । [भोः ! अहं चैतेनोक्तः—भण यौगन्धरायणाय यथासमर्थिता समर्थना न रोचते मे । समाने गमने प्रद्योतस्यावमानविशेषश्चिन्त्यते । मा कामप्रधान इति मामवमन्यस्व । अवमानस्यापचितिमन्विष्यामीति ।]

यौगन्धरायणः—अहो शत्रुजनापहास्यमभिधानम् । अहो निरपत्रपता खलु बुद्धेः । अहो सुहृज्जनसन्तापकारणम् । अदेशकाले ललितं कामयते स्वामी । कुतः,

शक्ता दर्पयितुं स्वहस्तरचिता भूमिः कटप्रच्छदा
पर्याप्तो निगलस्वनश्चरणयोः कन्दर्पमालम्बितुम् ।
कः श्रुत्वा न भवेद्धि मन्मथपटुः प्रत्यक्षतो बन्धने
रक्षार्थं परिगण्यमानपुरुषै राजेति शब्दापनम् ॥ ६ ॥

विदूषकः—भो ! दंसिदो सिणेहो । णिव्विट्ठं पुरुसआरं । साहु उज्झिअ णं गच्छामो । [भोः ! दर्शितः स्नेहः । निर्विष्टः पुरुषकारः । साधूज्झित्वैनं गच्छामः ।]

यौगन्धरायणः—वसन्तको भवान् ननु । वसन्तक ! मा मैवम् ।

परित्यजाम सन्तप्तं दुःखेन मदनेन च ।
सुहृज्जनमुपाश्रित्य यः कालं नावबुध्यते ॥ ७ ॥

विदूषकः–एव्वं एव्व जरं गमिस्सामो । [एवमेव जरां गमिष्यामः ।]

यौगन्धरायणः–तन्ननु श्लाघ्यम् ।

विदूषकः–सिळाघणीओ भवे, जदि ळोओ जाणादि । [श्लाघनीयं भवेद्, यदि लोको जानाति ।]

यौगन्धरायणः–न नः कार्यं लोकेन, स्वामिप्रियार्थोऽयमारम्भः ।

विदूषकः–सो वि दाव ण जाणादि । [सोऽपि तावन्न जानाति ।]

यौगन्धरायणः–काले ज्ञास्यति ।

विदूषकः–कदमो दाणि सो काळो । [कतम इदानीं स कालः ।]

यौगन्धरायणः–यदेयमारम्भसिद्धिः ।

विदूषकः–तदो तादिसो भवं बन्धणादो राआणं अन्तेउरादो राअदारिअं उभे णिय्यादेदु । [ततस्तादृशो भवान् बन्धनाद्राजानमन्तःपुराद्राजदारिकामुभे निर्यातयतु ।]

रुमण्वान्–इह भवता द्रष्टव्यम् ।

यौगन्धरायणः–उभयमिति । बाढम् । इयं द्वितीया प्रतिज्ञा––

सुभद्रामिव गाण्डीवी नागः पद्मलतामिव ।
यदि तां न हरेद् राजा नास्मि यौगन्धरायणः ॥ ८ ॥

अपि च,

यदि तां चैव तं चैव तां चैवायतलोचनाम् ।
नाहरामि नृपं चैव नास्मि यौगन्धरायणः ॥ ९ ॥

(कर्णं दत्त्वा) अये शब्द इव । ज्ञायतां शब्दः ।

विदूषकः–भो ! तह । (निष्क्रम्य प्रविश्य) भो ! पडिउत्तदिवसविस्सम्भेण अविरळं सञ्चरन्तो जणो दीसइ । किं दाणि करम्ह । [भोस्तथा । भोः ! परिवृत्तदिवसविस्रम्भेणाविरलं सञ्चरन् जनो दृश्यते । किमिदानीं कुर्मः ।]

रुमण्वान्–तेन हि चतुर्द्वारमग्निगृहं, भिद्यतां न सङ्घातः ।

यौगन्धरायणः–न न । अभिन्नो नः सङ्घातः । भिद्यतामरिसङ्घातः । स्वकार्यमनुष्ठीयताम् ।

उभौ–तह । [तथा] (निष्क्रान्तौ ।)

उन्मत्तकः-ही ही चन्दं गिळदि ळाहू । मुञ्च मुञ्च चन्दं । यदि ण मुञ्चेशि, मुहं दे पाडिअ मुञ्चावइस्सं । एशे एशे दुट्ठअश्शे परिब्भट्टे आअच्छदि । एशे एशे चउप्पहवीहिआअं । जाव णं आलुहिअ बळिं भक्खिस्सं । एशे एशे दाळअभट्टा ! मं ताळेह । मा खु मा खु मं ताळेह । किं भणाशि-अम्हाणं किं पि णच्चेहि त्ति । दक्खह दक्खह दाळअभट्टा ! एशे दाळअभट्टा ! पुणो वि मं ताळेह इट्टिअहि । मा खु मा खु ताळेह । तेण हि अहं पि तुम्हे ताळेमि । [ही ही चन्द्रं गिरति राहुः । मुञ्च मुञ्च चन्द्रम् । यदि न मुञ्चसि, मुखं ते पाटयित्वा मोचयिष्यामि । एष एष दुष्टाश्वः परिभ्रष्ट आगच्छति । एष एष चतुष्पथवीथिकायाम् । यावदेनमारुह्य बलिं भक्षयिष्यामि । एते एते दारकभर्तारः ! मां ताडयथ । मा खलु मा खलु मां ताडयत । किं भणथ-अस्माकं किमपि नृत्येति । पश्यत पश्यत दारकभर्तारः ! । एते दारकभर्तारः ! पुनरपि मां ताडयथ यष्टिभिः । मा खलु मा खलु ताडयत । तेन ह्यहमपि युष्मान् ताडयामि ।]

(निष्क्रान्तः ।)

तृतीयोऽङ्कः ।

अथ चतुर्थोऽङ्कः ।

(ततः प्रविशति भटः ।)

भटः–को काळो अहं भट्टिदारिआए वासवदत्ताए उदए कीळिदुकामाए भद्दवदीपरिचारअं गत्तसेवअं ण पेक्खामि । भाव पुप्फदन्तअ ! गत्तसेवअं ण पेक्खसि । किं भणासि- एसो गत्तसेवओ कण्डिळ्ळसुण्डिगिणीए गेहं पविसिअ सुरं पिबदि त्ति । गच्छदु भावो । (परिक्रम्य)

इदं कण्डिळसुण्डिगिणीए गेहं । जाव णं सद्दावेमि । भो गत्तसेवअ ! गत्तसेवअ ! । [कः कालोऽहं भर्तृदारिकाया वासवदत्ताया उदके क्रीडितुकामाया भद्रवतीपरिचारकं गात्रसेवकं न प्रेक्षे । भाव पुष्पदन्तक ! गात्रसेवकं न प्रेक्षसे । किं भणसि-एष गात्रसेवकः कण्डिलशौण्डिक्या गेहं प्रविश्य सुरां पिबतीति । गच्छतु भावः । इदं कण्डिलशौण्डिक्या गेहम् । यावदेनं शब्दापयामि । भो गात्रसेवक ! गात्रसेवक ! ।]

(नेपथ्ये)

को दाणिं एसो एत्थ राअमग्गे गत्तसेवअ ! गत्तसेवअ ! त्ति मं सद्दावेदि । [क इदानीमेषोऽत्र राजमार्गे गात्रसेवक ! गात्रसेवकेति मां शब्दापयति ।]

भटः–एसो गत्तसेवओ सुरं पिबिअ पिबिअ हसिअ हसिअ मदिअ मदिअ जवापुप्फं विअ रत्तळोअणो इदो एव्व आअच्छदि । एदस्स पुरदो ण चिट्ठिस्सं । (निवृत्य स्थितः ।) [एष गात्रसेवकः सुरां पीत्वा पीत्वा हसित्वा हसित्वा मदित्वा मदित्वा जपापुष्पमिव रक्तलोचन इत एवागच्छति । एतस्य पुरतो न स्थास्यामि ।]

(ततः प्रविशति यथानिर्दिष्टो गात्रसेवकः)

गात्रसेवकः–को दाणिं एसो एत्थ राअमग्गे गत्तसेवअ ! गत्तसेवअ ! त्ति मं सद्दावेदि । पाणागारादो णिक्कन्तो दिट्ठ म्हि मम ससुरेण सुरुट्ठेण । अमुदअमळ्ळएण घिदमरिअळोणरूशिदे मंशखण्डे मुहे पक्खित्ते अ । णुसा रज्जइ पीदा जइ । अत्तां णं दण्डुज्जुआ होइ ।

धण्णा सुराहि मत्ता धण्णा सुराहि अणुळित्ता ।
धण्णा सुराहि ण्हादा धण्णा सुराहि संव्वविदा ॥ १ ॥

अधण्णा अत्तणो पुत्तदाराणं कट्ठं पिट्ठं सुणन्ता जे मूढा णरा सुसमिद्धा सुरातटाअं ण जोजअंति । ता जाणे जमळोए वा णरअं अत्थि ण त्थि अ ।

[क इदानीमेषोऽत्र राजमार्गे गात्रसेवक ! गात्रसेवक ! इति मां शब्दापयति । पानागारान्निष्क्रान्तो दृष्टोऽस्मि मम श्वशुरेण सुरुष्टेन । अमृतमल्लकेन घृतमरिचलवणरूषितो मांसखण्डो मुखे प्रक्षिप्तश्च । स्नुषा रज्यति पीता यदि । श्वश्रूर्ननु दण्डोद्यता भवति ।

धन्याः सुराभिर्मत्ता धन्याः सुराभिरनुलिप्ताः ।
धन्याः सुराभिः स्नाता धन्याः सुराभिः संज्ञापिताः ॥ १ ॥

अधन्या आत्मनः पुत्रदाराणां कष्टं पिष्टं श्रृण्वन्तो ये मूढा नराः सुसमृद्धाः सुरातटाकं न योजयन्ति । ततो जाने यमलोके वा नरकोऽस्ति नास्ति च ।]

भटः– (उपसृत्य) **भो गत्तसेवअ ! को काळो तुमं अण्णेसामि । भट्टिदारिआए वासवदत्ताए उदए किळिदुकामाए भद्दवदी ण दिस्सदि । तुमं दाव मत्तो एत्थ आहिण्डसि ।**

[भो गात्रसेवक ! कः कालस्त्वामन्विष्यामि । भर्तृदारिकाया वासवदत्ताया उदके क्रीडितुकामाया भद्रवती न दृश्यते । त्वं तावन्मत्तोऽत्राहिण्डसे ।]

गात्रसेवकः–**जुज्जइ । सा अ णं मत्ता, सो पुरुसो वि मत्तो, अहं वि मत्तो, तुमं वि मत्तो, सव्वं मत्तसमं होइ ।**

[युज्यते । सा च ननु मत्ता, स पुरुषोऽपि मत्तोऽहमपि मत्तः, त्वमपि मत्तः, सर्वं मत्तसमं भवति ।]

भटः–**सव्वं दाव चिट्ठदु । राअउळे भद्दपीठिअं णणिक्कमिअ कुदो अअं आहिण्डादि त्ति ।**

[सर्वं तावत् तिष्ठतु । राजकुले भद्रपीठिकां ननिष्क्राम्य कुतोऽयमाहिण्डत इति ।]

गात्रसेवकः–**इदो आहिण्डामि, एत्थ पिबामि, एदेण पिबामि, मा संरम्भेण । किं करीअदु ।**

---

१ भद्दपीठिआ ण णिक्कमदि । कुदो अअं पिबदित्ति.

[इत आहिण्डे, अत्र पिबामि, एतेन पिबामि, मा संरम्भेण । किं क्रियताम् !]

भटः–हिज्जउ असम्बन्धप्पळावो । सिग्घं भद्दवदिं पवेसेहि । [भवत्वसम्बन्धप्रलापः । शीघ्रं भद्रवतीं प्रवेशय ।]

गात्रसेवकः– पविसदु पविसदु भद्दवदी । अंघो मए भद्दवदीए अङ्कुसं आढत्तं । [प्रविशतु प्रविशतु भद्रवती । अङ्घो मया भद्रवत्या अङ्कुशमाहितम् ।]

भटः–सभावविणीदाए भद्दवदीए अङ्कुसेण किं कय्यं । गच्छ, सिग्घं भद्दवदिं पवेसेहि । [स्वभावविनीताया भद्रवत्या अङ्कुशेन किं कार्यम् । गच्छ, शीघ्रं भद्रवतीं प्रवेशय ।]

गात्रसेवकः–पविसदु पविसदु भद्दवदी । अंघो मए भद्दवदीए खुरप्पमाळा आढत्ता । [प्रविशतु प्रविशतु भद्रवती । अङ्घो मया भद्रवत्याः क्षुरप्रमालाहिता ।]

भटः– पुप्फबन्धिआए भद्दवदीए खुरप्पमाळाए किं कय्यं । सिग्घं भद्दवदिं पवेसेहि । [पुष्पबन्ध्याया भद्रवत्याः क्षुरप्रमालया किं कार्यम् । शीघ्रं भद्रवतीं प्रवेशय ।]

गात्रसेवकः–पविसदु पविसदु भद्दवदी । अंघो मए भद्दवदीए घण्टा आढत्ता ! [प्रविशतु प्रविशतु भद्रवती । अङ्घो मया भद्रवत्या घण्टाहिता ।]

भटः–उदए कीळिदुकामाए भद्दवदीए घण्टाए किं कय्यं । सिग्घं भद्दवदिं पवेसेहि । [उदके क्रीडितुकामाया भद्रवत्या घण्टया किं कार्यम् । शीघ्रं भद्रवतीं प्रवेशय ।]

गात्रसेवकः–पविसदु पविसदु भद्दवदी । अंघो मए भद्दवदीए कसिअं आढत्तं । [प्रविशतु प्रविशतु भद्रवती । अङ्घो मया भद्रवत्याः कशिका आहिता ।]

भटः–कसिएण किं कय्यं। सिग्घं भद्दवदिं पवेसेहि। [कशिकया किं कार्यम्। शीघ्रं भद्रवतीं प्रवेशय।]

गात्रसेवकः–पविसदु पविसदु भद्दवदी। अंघो। [प्रविशतु प्रविशतु भद्रवती। अङ्घो।]

भटः–किं अंघो। [किम् अङ्घो।]

गात्रसेवकः–अंघो मए। [अङ्घो मया।]

भटः–किं तुए। [किं त्वया।]

गात्रसेवकः–अंघो भद्द। [अङ्घो भद्र।]

भटः–किं भद्दत्ति। [किं भद्रेति।]

गात्रसेवकः–अंघो भद्दवदी। [अङ्घो भद्रवती।]

भटः–किं भद्दवदी। [किं भद्रवती।]

गात्रसेवकः–भद्दवदी पि आढत्ता। [भद्रवत्यप्याहिता।]

भटः–ण तुवं एत्थ अवरज्झो। कण्डिळसुण्डिकिणी खु अवरज्झा, जा राअवाहणं गण्हिअ सुरं देदि। [न त्वमत्रापराद्धः कण्डिलशौण्डकी खल्वपराद्धा, या राजवाहनं गृहीत्वा सुरां ददाति।]

गात्रसेवकः–अंघो मए उत्तं–मा मूळविड्ढिं विणासेहि त्ति। [अङ्घो मयोक्तम्–मा मूलवृद्धिं विनाशयेति।]

भटः–हं सद्दो विअ। [हं शब्द इव।]

गात्रसेवकः–अंघो जाणामि जाणामि, कण्डिळसुण्डिकिणीए गेहं भिन्दिअ भद्दवदी पळाअदि। [अङ्घो जानामि जानामि, कण्डिलशौण्डिक्या गेहं भित्वा भद्रवती पलायते।]

भटः– किं भणासि (आकाशे) एसो भट्टा वच्छराओ वासवदत्तं गण्हिअ णिग्गदो त्ति। [किं भणसि–एष भर्ता वत्सराजो वासवदत्तां गृहीत्वा निर्गत इति।]

गात्रसेवकः– (सहर्षम्)अविघ्नमस्तु स्वामिनः।

भटः—पिब पिब। अज्ज वि तुमं मत्तो आहिण्डेहि। [पिब पिब। अद्यापि त्वं मत्त आहिण्डस्व।]

गात्रसेवकः—आः को मत्तः, कस्य वा मदः, वयं खल्वार्ययौगन्धरायणेन स्वेषु स्वेषु स्थानेषु स्थापिताश्चारपुरुषाः। यावदहमपि सुहृज्जनस्य संज्ञां करोमि। एते ते सुहृदो निरोधमुक्ता इव कृष्णसर्पा इतस्ततो निर्धावन्ति। भो भोः सुहृदः! श्रृण्वन्तु श्रृण्वन्तु भवन्तः—

नवं शरावं सलिलैः सुपूर्णं सुसंस्कृतं दर्भकृतोत्तरीयम्।
तत्तस्य मा भून्नरकं स गच्छेद् यो भर्तृपिण्डस्य कृते न युध्येत् ॥२॥

क्व नु खल्वार्ययौगन्धरायणः। (विलोक्य) अये अयमत्रभवान् आर्ययौगन्धरायणः। य एषः,

निशितविमलखड्गः संहृतोन्मत्तवेषः
कनकरचितचर्मण्यग्रवामाग्रहस्तः।
विरचितबहुचीरः पाण्डराबद्धपट्टः
सतडिदिव पयोदः किञ्चिदुद्गीर्णचन्द्रः ॥ ३ ॥

[1]अहो महत् प्रवृत्तं युद्धम्।

हत्वा गजान् सगजिनः सहयांश्च यौधा-
नक्षौहिणीमतिविगाह्य बलान्मुहूर्तम्।
नागेन्द्रदन्तमुसलाहतभग्नबाहु-
र्भ्रष्टायुधोऽपि ननिवृत्तपदोऽभियातः ॥ ४ ॥

हा धिग्, ग्रहणमुपगतः खल्वार्ययौगन्धरायणः। यावदहमप्यार्ययौगन्धरायणस्य प्रत्यन्तरीभविष्यामि। (निष्क्रान्तः।)

---

१ अहो प्रतिभयमिदं युद्धम्। अहो महत्प्रतिभयं प्रवृत्तमिदं युद्धम्.

भटः— किं णु खु एदं । पाआरतोरणवज्जं सव्वं कोसम्बी खु इदं । होदु, इमं वुत्तन्तं अमच्चस्स णिवेदेमि । [किन्नु खल्वेतत् । प्राकारतोरणवर्जे सर्वे कौशाम्बी खल्विदम् । भवत्विमं वृत्तान्तममात्याय निवेदयामि ।]

(निष्क्रान्तः ।)

प्रवेशकः ।

(ततः प्रविशतः साधारणौ ।)

उभौ— उस्सरह उस्सरह अय्या ! उस्सरह । [उत्सरतोत्सरतार्या ! उत्सरत ।]

प्रथमः—अंघो कण्ठस्स दीअमाणस्स ण उच्चं विरमदि । [अङ्घो कण्ठस्य दीर्यमाणस्य नोच्चं विरमति ।]

द्वितीयः—अंघो भट्टिदारिआए वासवदत्ताए अवणअणविब्भमदाए विरुवन्तस्स मे वअणं कोच्चि ण सुणादि । अंघो किं भणह—किण्णिमित्तं उस्सारणा वत्तदि त्ति । गहीदो अय्यजोअन्धराअणो । किं भणह—कहं गहीद त्ति । सुणन्तु अय्या । अय्यजोअन्धराअणेण असिदुदीएण अक्खोहिणीए अग्गवेगो मुहुत्तअं धारिदो । विजयसुन्दरस्स हत्थिणो दन्तन्तचोदिदो असी विवण्णो । असिदोसेण गहीदो, ण पुरुसदोसेण । [अङ्घो भर्तृदारिकाया वासवदत्ताया अपनयनविभ्रमतया विरुवतो मे वचनं कश्चिन्न शृणोति । अङ्घो किं भणथ—किन्निमित्तमुत्सारणा वर्तत इति । गृहीत आर्ययौगन्धरायणः । किं भणत—कथं गृहीत इति । शृण्वन्त्वार्याः । आर्ययौगन्धरायणेनासिद्वितीयेनाक्षौहिण्या अग्रवेगो मुहूर्तं धारितः । विजयसुन्दरस्य हस्तिनो दन्तान्तचोदितोऽसिर्विपन्नः । असिदोषेण गृहीतो, न पुरुषदोषेण ।]

प्रथमः—अंघो अप्पमत्ता होह तुम्हे । पाआरतोरणवज्जं सव्वं कोसम्बी खु इअं । [अङ्घो अप्रमत्ता भवत यूयम् । प्राकारतोरणवर्जं सर्वं कौशाम्बी खल्वियम् ।]

उभौ-ओदरदु ओदुरदु अय्यो ओदरदु।

३० [अवतरत्ववतरत्वार्योऽवतरतु ।]

(ततः प्रविशति यौगन्धरायणः बद्धबाहुः फलकशयनेनानीयमानः ।)

यौगन्धरायणः-अयमहमवतरामि।

रिपुगतमपनीय वत्सराजं ग्रहणमुपेत्य रणे स्वशस्त्रदोषात्।
अयमहमपनीतभर्तृदुःखो जितमिति राजकुले सुखं विशामि ॥५॥

भोः ! सुखं खलु निष्कलत्राणां कान्तारप्रवेशः, रमणीयतरः खलु प्राप्तमनोरथानां विनिपातः, अपश्चात्तापकरः खलु सञ्चितधर्माणां
३ मृत्युः। मया हि,

वैरं भयं परिभवं च समं विहाय
कृत्वा नयैश्च विनयैश्च शरैश्च कर्म।
शत्रोः श्रियं च सुहृदामयशश्च हित्वा
प्राप्तो जयश्च नृपतिश्च महांश्च शब्दः॥ ६ ॥

उभौ-उस्सरह उस्सरह अय्या ! उस्सरह। [उत्सरतोत्सरतार्याः ! उत्सरत ।]

यौगन्धरायणः-मद्दर्शनाभिलाषी जनो न कश्चिदुत्सारयितव्यः।

पश्यन्तु मां नरपतेः पुरुषाः ससत्त्वा
राजानुरागनियमेन विपद्यमानम्।
ये प्रार्थयन्ति च मनोभिरमात्यशब्दं
तेषां स्थिरीभवतु नश्यतु वाभिलाषः॥ ७ ॥

उभौ-उस्सरह उस्सरह। किं तुम्हेहि ण दिट्ठपुरुवो अय्यजो-अन्धराअणो ! [उत्सरतोत्सरत । किं युष्माभिर्न दृष्टपूर्व आर्ययौग-
३ न्धरायणः !]

यौगन्धरायणः-दृष्टः पूर्वं, न त्वेवम्। मम हि,

उन्मत्तच्छन्नवेषस्य रथ्यासु परिधावतः ।
अवगीतमिदं रूपं कर्म सम्प्रति दृश्यते ॥ ८ ॥

(प्रविश्य)

भटः-अय्य ! पिअं दे णिवेदेमि । गहीदो किळ वच्छराओ ।
३ [आर्य ! प्रियं ते निवेदयामि । गृहीतः किल वत्सराजः ।]

यौगन्धरायणः- नैतदस्ति ।

चिरमरिनगरे निरोधमुक्तः स किल वनान्युपलभ्य भद्रवत्या ।
ग्रहणमुपगमिष्यति प्रयातो निमिषितमात्रगतेषु योजनेषु ॥ ९ ॥

भद्र ! कथं गृहीत इति श्रुतम् ।

भटः-अणुसारिअ णळागिरिणा गहीदो किळ । [अनुसार्य नला-
३ गिरिणा गृहीतः किल ।]

यौगन्धरायणः-अस्ति वाहनसामर्थ्यम् । असमायुक्तस्तु सः ।

गजस्याधोरणायुक्तो जवो भवति शिक्षया ।
विमुक्तं वत्सराजेन क एनं वाहयिष्यति ॥ १० ॥

भटः-अय्य ! अमच्चो आह-आउहागारे चिट्ठदु किळ अय्यो ।
पुरुसगुत्तो अअं देसो त्ति । [आर्य ! अमात्य आह-आयुधागारे
३ तिष्ठतु किलार्यः । पुरुषगुप्तोयं देश इति ।]

यौगन्धरायणः-अहो हास्यमभिधानम् ।

अग्निं बद्ध्वा वत्सराजाभिधानं यस्मिन् काले सर्वतो रक्षितव्यम्
तस्मिन् काले सुप्तमासीदमात्यैर्नीते रत्ने भाजने को निरोधः ॥ ११ ॥

(परिक्रम्य)

भटः-इदं आहुहागारं । पविसदु अय्यो । [इदमायुधागारम् ।
३ प्रविशत्वार्यः ।]

(प्रविश्य) भटः-अमच्चो आह-अवणीअदु बन्धणं त्ति ।
[अमात्य आह-अपनीयतां बन्धनमिति ।]

यौगन्धरायणः-अक्षीणं मां कुरु । व्यक्तं भरतरोहको मां द्रष्टुमिच्छति । अहमपि तावद् भरतरोहकं द्रष्टुमिच्छामि ।

मद्वाक्यैः परिखिद्यमानहृदयं रोषात् प्रमत्ताक्षरैः
प्रारब्धेषु नयच्छलेषु तुलितं तुल्याधिकारोज्झितम् ।
सूक्तैः शास्त्रविनिश्चितैर्विरहितं बुद्ध्याधिकं वञ्चितं
द्रष्टुं मल्लमपक्रियाविनिहतं व्रीलादिवाधोमुखम् ॥ १२ ॥

(ततः प्रविशति भरतरोहकः ।)

भरतरोहकः-क्वासौ क्वासौ यौगन्धरायणः ।

अवसितनिजकार्यं[1] वञ्चनैर्दुर्निरीक्षं
कथमिव परिभाषे भर्तुरर्थे विपन्नम् ।
चिरमवनतकार्यं[2] चापि निर्युक्तमन्त्रं
भुजगमिव सरोषं धर्षितं चोच्छ्रितं च ॥ १३ ॥

भटः-अय्यजोअन्धराअणो अय्यं पडिवालअन्तो आउहागारे चिट्ठइ । [आर्ययौगन्धरायण आर्यं प्रतिपालयन् आयुधागारे तिष्ठति ।]

३ भरतरोहकः-भवतु भवतु ।

मन्त्रित्वे वञ्चितो ह्येष सव्याजं नीलहस्तिना ।
प्रत्यादेष्टुं स तद्वैरं मामिदानीं प्रतीक्षते ॥ १४ ॥

भटः-अय्य ! एसो अमच्चो । [आर्य ! एषोऽमात्यः ।]

भरतरोहकः- (उपगम्य) भो यौगन्धरायण !

३ यौगन्धरायणः-भोः ! ।

भटः-अहो सरस्स गम्भीरदा । अय्यस्स एकक्खरेण पूरिदो अयं देसो । [अहो स्वरस्य गम्भीरता । आर्यस्यैकाक्षरेण पूरितोऽयं देशः]

---

१ ° नृप °

२ ° मुपनत.

६ भरतरोहकः– (उपविश्य) भोः ! यौगन्धरायण इत्यशरीराण्यक्षराणि श्रूयन्ते । दिष्टया भवान् दृश्यते ।

यौगन्धरायणः–दिष्टया भवान् दृश्यत इति । पश्यतु भवान् माम्,

एवं रुधिरदिग्धाङ्गं वैरं नियममास्थितम् ।
गुरोरवजितं हत्वा शान्तं द्रौणिमिव स्थितम् ॥ १५ ॥

भरतरोहकः–अहो छलेनागतगजारम्भस्यात्मसंम्भावना ।

यौगन्धरायणः–किं छलेनेति । तत् पुनरिदानीं युक्तम् ।

या सा मल्लिकसालवृक्षरचिता नागाश्रिता वञ्चना
बद्धः सेवितवान् हि नो नरपतिर्बाहूपधानां क्षितिम् ।
राज्ञो वारणनिग्रहे परिचयाद् वीणाश्रिता वञ्चना
पूर्वं प्रस्तुतमेत्र यामि भवता नैवा[1]पराधो मम ॥ १६ ॥

भरतरोहकः–भो यौगन्धरायण ! यदग्निसाक्षिकं महासेनस्य दुहितरं शिष्यां प्रतिगृह्य अदत्तापनयनं कृतं, युक्तेयं भोस्तस्करप्रवृत्तिः ।

३ यौगन्धरायणः–मा मा भवानेवम् । विवाहः खल्वेष स्वामिनः ।

भारतानां कुले जातो वत्सानामूर्जितः पतिः ।
अकृत्वा दारनिर्देशमुपदेशं करिष्यति ॥ १७ ॥

भरतरोहकः–अद्यापि महासेनेन प्रयुक्तसत्कारो वत्सराजः । तदिदानीं किं नावेक्षते ।

३ यौगन्धरायणः- मा मा भवानेवम् ।

यदस्य चाज्ञां कुरुते नलागिरिः स शिक्षितानां वचनेषु तिष्ठति ।
ततो विमुक्तः स्वशरीररक्षणे यशः प्रदातुं सुहृदां च जीवितम् ॥१८॥

भरतरोहकः–यद्येवं, नलागिरिग्रहणार्थं विमुक्तश्चेद्, न पुनर्बद्धस्ते स्वामी ।

---

१. नैवात्र दोषो मम.

यौगन्धरायणः–नेति पश्यत्युपक्रोशभयात्।

भरतरोहकः–अपरोक्षराज्यव्यवहारो भवानिति ब्रवीति। समराव-जितेषु शत्रुषु किमाह शास्त्रम्।

यौगन्धरायणः–वधः।

भरतरोहकः–वधार्हो वत्सराजश्चेत् किमस्माभिः स सत्कृतः।

यौगन्धरायणः–एतदवेक्ष्य खलु यदस्य शरीरं नापहृतम्।

भरतरोहकः–एतदपि सम्भाव्यं मन्यते स्वामी।

यौगन्धरायणः–कः संशयः।

हस्तप्राप्तो हि वो राजा रक्षितस्तेन साधुना।
न ह्यनारुह्य नागेन्द्रं वैजयन्ती निपात्यते ॥ १९ ॥

भरतरोहकः–भवतु भवतु। महासेनस्य प्रतिकूलं कृत्वा कौशाम्बीं प्रति का कृता ते बुद्धिः।

यौगन्धरायणः–अहो हास्यमभिधानम्।

भवतां चाग्रतो यातः शेषकार्येषु का कथा।
समूलं वृक्षमुत्पाट्य शाखाश्छेत्तुं कुतः श्रमः ॥ २० ॥

(प्रविश्य)

काञ्चुकीयः– (कर्णे) एवमिव।

भरतरोहकः–प्रकाशमुच्यताम्।

काञ्चुकीयः–

कारणैर्बहुभिर्युक्तैः कामं नापकृतं त्वया।
गुणेषु न तु मे द्वेषो भृङ्गारः प्रतिगृह्यताम् ॥ २१ ॥ इति।

यौगन्धरायणः–हा धिक्।

गृहा न निर्वान्ति मया प्रदीपितास्तथैव तावद्धृदयानि मन्त्रिणाम्।
इयं तु पूजा मम दण्डधारिणः कृतापराधस्य हि सत्कृतिर्वधः ॥२२॥

(नेपथ्ये हाहाकारः क्रियते।)

भरतरोहकः—अये,

को नु खल्वेष सहसा प्रासादाग्राद् विनिःसृतः ।
श्येनपक्षाभिमृष्टानां कुररीणामिव ध्वनिः ॥ २३ ॥

भोः ! ज्ञायतां शब्दः ।

काञ्चुकीयः—यदाज्ञापयत्यार्यः । (निष्क्रम्य प्रविश्य) एषा तत्रभवत्यङ्गारवती शोकाभिभूतहृदया प्रासादाच्छरीरं विमोक्तुकामा महासेनेनाभिहिता यथा—क्षत्रधर्मेणोद्दिष्टस्ते दुहितुर्विवाहः । किमिदानीं हर्षकाले सन्तप्यसे । तच्चित्रफलकस्थयोर्वत्सराजवासवदत्तयोर्विवाहोऽनुष्ठीयताम् इति । तत्र हि,

स्त्रीजनेनाद्य सहसा प्रहर्षव्याकुलक्रमा ।
क्रियते मङ्गलाकीर्णा सबाष्पा कौतुकक्रिया ॥ २४ ॥

यौगन्धरायणः— एवं सम्बन्धं मन्यते महासेनः । तेन ह्यानीयतां भृङ्गारः ।

काञ्चुकीयः—गृह्यताम् । (उपनयति ।)

भरतरोहकः—भो यौगन्धरायण ! किं ते भूयः प्रियमुपहरति महासेनः ।

यौगन्धरायणः—यदि मे महासेनः प्रसन्नः, किमतः परमिच्छामि ।

(भरतवाक्यम्)

भवन्त्वरजसो गावः परचक्रं प्रशाम्यतु ।
इमामपि महीं कृत्स्नां राजसिंहः प्रशास्तु नः ॥ २५ ॥

(निष्क्रान्ताः सर्वे ।)

चतुर्थोऽङ्कः ।

प्रतिज्ञानाटिकावसिता ।

श्लोकानुक्रमणी ।

अविमारकस्य कथावस्तु ।

चण्डभार्गवस्य नामात्यन्तकोपनस्य महर्षेः संवत्सरावधिशापात् सपुत्रदारः श्वपाकत्वमवाप्तः सौवीरराजः कुन्तिभोजनगरे प्रच्छन्नं निवसति स्म । तस्यात्मजो विष्णुसेनोऽविरूपधारिणोऽसुरस्य मारणादविमारक इति लब्धापरनामा कदाचित् स्वमातुलस्य कुन्तिभोजस्य दुहितरं कुरङ्गीमुद्यानगतामञ्जनगिरिसंज्ञस्य मदान्धगजस्य संरम्भात् परित्रातवान् । ततःप्रभृति प्रवृद्धानुरागयोरनयोः कुरङ्ग्यविमारकयोर्घटनाय कुरङ्ग्या धात्री कदाचिद् रात्रावेनं सुगूढं कुरङ्ग्या अन्तःपुरं प्रावेशयत् । तत्र चासावविच्छिन्नसुखसंभोगेन तया सह कालं यापयामास । एवं संवत्सरेऽतिक्रान्ते विदितवृत्तान्तेन कुन्तिभोजेन सुरुद्धे कन्यापुरे, अविघ्नेन निर्गत्य कतिपयदिवसप्रोषितो स मदनेनान्तर्दह्यमानो जीवितं धारयितुमसमर्थो दवाग्नौ पतितोऽप्यात्मानमविकलशरीरमभिवीक्ष्य मरुत्प्रपातार्थं कञ्चिच्छैलमारुरोह । अत्रान्तरे तस्मिन्नेव शैलशिखरे कोऽपि विद्याधरः प्रियतमया सह विश्रमितुमवतीर्णः प्रणिधानतो विदिततद्वृत्तान्तो दयमानोऽस्मा अङ्गुलीयकमदात् यद् दक्षिणाङ्गुल्या धृतं धर्तारं तत्स्पृष्टं तत्स्पृष्टस्पृष्टं चान्तर्हितान करोत् । वामाङ्गुल्या धृतं तु पुनः प्रकृतिस्थान् । ततस्तद् दक्षिणाङ्गुल्या धारयन् स्ववयस्येन विदूषकेण सह कन्यापुरं पुनः प्रविश्य तया सार्धं स्वैरं चिरं रममाण आसीत् । कुन्तिभोजस्तु जामातृत्वेन चिरमभिलषितस्याविमारकस्य प्रवृत्तिमलभमानो भागिनेयान्तरं काशिराजपुत्रं जयवर्माणं दारिकां कुरङ्गीं दातुमैच्छत् । अथ कालेन सौवीरराजं स्वनगर एव प्रच्छन्नं प्रतिवसन्तं ज्ञात्वा गूढपुरुषैरेनमन्विष्योपलभ्य च यावत् तद्वृत्तान्तं तस्मादेव शृणोति तावत् तत्रागतो देवर्षिर्नारदः । तेन च कथितं यथा कुमारोऽविमारकः कुन्तिभोजस्य सोदर्यायां काशिराजमहिष्यां सुदर्शनायामग्नेरुत्पन्नः । तया च स्वभगिन्यै सौवीरराजमहिष्यै सुचेतनायै मृतपुत्रायै प्रसूतिकाल एव समर्पितः । सोऽयमविमारकोऽधुना विद्याधरेण प्रीत्यान्तर्धानकार्यमात्रमङ्गुलीयकं दत्तं धारयन् कन्यापुरं प्रविश्य कुरङ्ग्या यथेष्टमभिरममाणः सुखमास्त इति । अथ अविमारकः कन्यापुरान् निर्गत्य देवर्षिं नारदमभिवाद्य मातुलेन स्वपितृभ्यां च सङ्गतस्तैराशीर्भिरभिनन्दितश्च ।

पात्राणि ।

पुरुषाः—

राजा—कुरङ्ग्याः पिता कुन्तिभोजः ।

कौञ्जायनः—
भूतिकः— } कुन्तिभोजस्यामात्यौ ।

भटः—कुन्तिभोजस्य प्रतिहारो जयसेननामा ।

अविमारकः—सौवीरराजसूनुः ।

विदूषकः—अविमारकस्य वयस्यः संतुष्टनामा ।

सौवीरराजः—अविमारकस्य पिता ।

नारदः—देवर्षिः ।

विद्याधरः—अविमारकस्याङ्गुलीयकप्रदाता ।

स्त्रियः—

देवी—कुन्तिभोजस्य महिषी ।

कुरङ्गी—कुन्तिभोजदुहिता ।

सुदर्शना—अविमारकस्य जननी काशिराजमहिषी ।

प्रतिहारी—कुन्तिभोजस्य द्वारपालिका ।

चेटी—कुरङ्ग्याः किङ्करी चन्द्रिकाख्या ।

धात्री—कुरङ्ग्या उपमाता जयदा नाम ।

नलिनिका—
मागधिका—
विलासिनी— } कुरङ्ग्याः परिजनः ।

वसुमित्रा—
हरिणिका— } देव्याश्चेटयौ ।

सौदामिनी—विद्याधरस्य प्रियतमा ।

श्रीगणेशाय नमः ।

महाकविश्रीभासप्रणीतम्

अविमारकम् ।

(नान्द्यन्ते ततः प्रविशति सूत्रधारः ।)

सूत्रधारः-

उत्क्षिप्तां सानुकम्पं सलिलनिधिजलादेकदंष्ट्राग्ररूढा-
माक्रान्तामाजिमध्ये निहतदितिसुतामेकपादावधूताम् ।
सम्भुक्तां प्रीतिपूर्वं स्वभुजवशगतामेकचक्राभिगुप्तां
श्रीमान् नारायणस्ते प्रदिशतु वसुधामुच्छ्रितैकातपत्राम् ॥ १ ॥

(नेपथ्याभिमुखमवलोक्य) आर्ये ! इतस्तावत् ।

(प्रविश्य)

नटी- अय्य ! इअम्हि । [आर्य ! इयमस्मि ।]

सूत्रधारः- आर्ये ! तव वदनजनितकौतूहलेन स्मितेन निवेदित इवान्तर्गतो भावः । ननु किञ्चिद् वक्तुकामासि ।

नटी- को एत्थ विम्हओ अय्यो भावण्णो त्ति । [कोऽत्र विस्मय आर्यो भावज्ञ इति ।]

सूत्रधारः- तेन हि स्वैरमभिधीयताम् ।

नटी- इच्छेमि अय्येण सह उय्याणं गन्तुं । अत्थि मे तहिं इत्थिआकरणीअं णिअमकय्यं । [इच्छाम्यार्येण सहोद्यानं गन्तुम् । अस्ति मे तत्र स्त्रीकरणीयं नियमकार्यम् ।]

(नेपथ्ये)

भूतिक ! त्वमप्युद्यानं गच्छ कुरङ्गीरक्षणार्थम् । मदभावस्थो ह्यञ्जनगिरिः ।

सूत्रधारः- आर्ये ! ननु भवत्या श्रुतम्-उद्यानं गता राजपुत्रीति । तस्मात् सम्प्रति सर्वतः परिगुप्तानि भवन्त्युद्यानानि । प्रतिनिवृत्तायां राजसुतायां स्वैरं गमिष्याव: ।

नटी- जं अय्यो आणवेदि । [यदार्य आज्ञापयति ।]

(निष्क्रान्तौ)

स्थापना ।

(ततः प्रविशति राजा सपरिवारः)

राजा-

इष्टा मखा द्विजवराश्च मयि प्रसन्नाः
प्रज्ञापिता भयरसं समदा नरेन्द्राः ।
एवंविधस्य च न मेऽस्ति मनःप्रहर्षः
कन्यापितुर्हि सततं बहु चिन्तनीयम् ॥ २ ॥

केतुमति ! गच्छ देवीमानय ।

प्रतिहारी- जं भट्टा आणवेदि । [यद् भर्ताज्ञापयति ।] (निष्क्रान्ता)

(ततः प्रविशति सपरिवारा देवी)

देवी- जेदु महाराओ । [जयतु महाराजः ।]

राजा- देवि ! नित्यप्रसन्नमपि ते मुखमद्यातिप्रसन्नमिव । किङ्कृतोऽयं प्रहर्षः ।

देवी- णं महाराएण कहिदं-कुरङ्गीणिमित्तं दूदो आअदत्ति । ता अइरेण जामादुअं पेक्खामि त्ति । [ननु महाराजेन कथितं-कुरङ्गीनिमित्तं दूत आगत इति । तदचिरेण जामातरं प्रेक्ष इति ।]

राजा-तादृशमप्यस्ति । न तु तावत् क्रियते निश्चयः । एह्युपविश ।

देवी-जं महाराओ आणवेदि । [यद् महाराज आज्ञापयति ।]

(उपविशति ।)

राजा–देवि ! विवाहा नाम बहुशः परीक्ष्य कर्तव्या भवन्ति । कुतः,

जामातृसम्पत्तिमचिन्तयित्वा
पित्रा तु दत्ता स्वमनोभिलाषात् ।
कुलद्वयं हन्ति मदेन नारी
कूलद्वयं क्षुब्धजला नदीव ॥ ३ ॥

अये शब्द इव । बहुभिः कारणैर्भवितव्यम् । अयं हि,

बहुत्वाद् दूरसंस्थोऽपि समीप इव वर्तते ।
सत्सु हेतुसहस्रेषु कुरङ्गयां शङ्कते मतिः ॥ ४ ॥

देवी–हं उय्याणं गआ मे दुहिआ । [हम् उद्यानं गता मे दुहिता ।]

राजा–कोऽत्र ।

२ (प्रविश्य)

भटः–जयतु महाराजः । एष आर्यकौञ्जायनो निवेदयितुमागतः ।

राजा–शीघ्रं प्रवेश्यताम् ।

६ भटः–यदाज्ञापयति महाराजः । (निष्क्रान्तः ।)

(ततः प्रविशति कौञ्जायनः ।)

कौञ्जायनः–(सनिर्वेदम्) भोः ! कष्टममात्यत्वं नाम । कुतः,

प्रसिद्धौ कार्याणां प्रवदति जनः पार्थिवबलं
विपत्तौ विस्पष्टं सचिवमतिदोषं जनयति ।
अमात्या इत्युक्ताः श्रुतिसुखमुदारं नृपतिभिः
सुसूक्ष्मं दण्ड्यन्ते मतिबलविदग्धाः कुपुरुषाः ॥ ५ ॥

जयसेन ! कस्मिन् प्रदेशे वर्तते स्वामी । किं ब्रवीषि--उपस्थान-
गृह इति । अतस्त्वशङ्कनीयेयं भूमिः । (परिक्रम्य ससम्भ्रमम्)
२ प्रसीदतु स्वामी ।

राजा-अलमलं सम्भ्रमेण । स्वैरमुपविश्य कथ्यतां वृत्तान्तः ।

कौञ्जायनः—शृणोतु स्वामी। ननु स्वामिनाहमुक्तः—स्वामिदारिकया सह गच्छोद्यानम् इति।

राजा—एवमुक्तम्। पुनः किम्।

कौञ्जायनः—ततो गत्वोद्यानं यथासुखमाक्रीड्य निवर्तमानायां राजसुतायां दासीदासहसितकथितश्रवणबृंहितमदस्रवन्मदजलार्द्रदुर्दिनाननो निहतपतितसादिपुरुषः क्षितिरजोवगुण्ठिताव्यक्तभीममूर्तिर्मूर्तिमानिव पवनो दृष्टादृष्टलघुप्रचारः स्वामिसचिवानां वक्तव्यं जनयितुकाम इवैकपुरुषविशेषं प्रकाशयितुमिच्छन्निव मदान्धस्तं देशमभ्युपगतो हस्ती।

राजा—तिष्ठतु विस्तरः। ननु कुशलिनी कुरङ्गी।

कौञ्जायनः—कथमकुशलिनी भवति विद्यमानेषु स्वामिभाग्येषु।

राजा—दिष्ट्या। यथेष्टमिदानीं ब्रूहि।

कौञ्जायनः—ततः प्रद्रुतेषु प्राकृतजनेषु हाहाकारमात्रप्रतीकारासु स्त्रीषु समाश्रितनिहतेषु सुपुरुषेषु उद्यानगतानां सर्वोपकरणानां परीक्षणाय मुहूर्तव्याक्षिप्ते मयि च नीतिगुप्ते सहसैव स्वामिदारिकाया यानमेव प्राप्तः स हस्ती।

देवी—हं इदो वरं किण्णुखु भविस्सदि। [हम् इतः परं किन्नुखलु भविष्यति।]

राजा—अथ केन सनाथीकृता कुरङ्गी।

कौञ्जायनः—अथ कश्चिद् दर्शनी—— (इत्यर्धोक्ते तिष्ठति)

राजा—यथेष्टमिदानीं ब्रूहि। निष्परिहारा व्यापदः।

कौञ्जायनः—अथ कश्चिद् दर्शनीयोऽप्यविस्मितस्तरुणोऽप्यनहङ्कारः शूरोऽपि दाक्षिण्यवान् सुकुमारोपि बलवान् स्वामिदारिकायां हस्तिनाभिभूयमानायां तत्कालदुर्लभमभयं प्रदाय निर्विशङ्कः समासादितवांस्तं द्विपवरम्।

राजा–अनृणः स कारुण्यस्य । ततस्ततः ।

कौञ्जायनः–ततस्तेन सललितसरभसकरतलताडनप्ररुष्टः सहसैव स्वामिदारिकां विहाय तमेव हन्तुकामः प्रतिनिवृत्तः स व्यालः ।

देवी–कुसळो होदु । [कुशलं भवतु ।]

राजा–ततस्ततः ।

कौञ्जायनः–अथ तदनन्तरमभ्यागतेन भूतिकेन मया च पुनर्यानमारोप्य द्रुतमानीय कन्यान्तःपुरमेव प्रवेशिता स्वामिदारिका ।

राजा–अहो महानयं प्रमादः । अथ भूतिकः किमर्थं नाभ्यागतः ।

कौञ्जायनः–उक्तोऽहं भूतिकेन–गत्वेमं वृत्तान्तं स्मामिने कथय । अहं तस्य पुरुषस्य प्रवृत्तिमन्वयं च ज्ञात्वा शीघ्रमागमिष्यामीति ।

राजा–तेन हि सर्वं परीक्ष्यागमिष्यति भूतिकः । कौञ्जायन ! कतरकुलसमुद्भूतः परव्यसनसहायः ।

कौञ्जायनः–स्वामिन् इह विसंवादयत्यात्मानमन्त्यजोऽहमिति ।

देवी–महाराअ ! अकुळीणो कहं एव्वं साणुक्कोसो भवे । [महाराज ! अकुलीनः कथमेवं सानुक्रोशो भवेत् ।]

राजा–किन्नुखलु भवेदेतत् ।

(ततः प्रविशति भूतिकः ।)

भूतिकः–(सविस्मयम्) अहो प्रच्छन्नरत्नता पृथिव्याः । अस्य तावत् पुरुषस्य निर्व्याजेन विक्रमेण मन्दीभूता इव मनस्विनां विक्रमबुद्धयः । एकस्तु मे संशयः, किमर्थमात्मानमन्वयं चाच्छादयति । अथवा कः शक्तः सूर्यं हस्तेनाच्छादयितुम् । इह हि,

छन्ना भवन्ति भुवि सत्पुरुषाः कथञ्चित्
स्वैः कारणैर्गुरुजनैश्च नियम्यमानाः ।
भूयः परव्यसनमेत्य विमोक्तुकामा
विस्मृत्य पूर्वनियमं विवृत्ता भवन्ति ॥ ६ ॥

जयसेन ! कस्मिन् प्रदेशे वर्तते स्वामी । किं ब्रवीषि-उपस्थानगृह इति । अतस्त्वशङ्कनीयेयं भूमिः । यावत् प्रविशामि । (प्रविश्य) अये अयं महाराजो देव्या सहास्ते । (उपगम्य) जयतु महाराजः ।

राजा-देवि ! त्वमभ्यन्तरं प्रविश्याश्वासय कुरङ्गीम् । अहमप्यनुपदमागमिष्यामि ।

देवी-जं महाराओ आणवेदि । [यन्महाराज आज्ञापयति ।]

(निष्क्रान्ता)

राजा-को वृत्तान्तस्तस्य परार्थमनवेक्षितशरीरस्य ।

भूतिकः-शृणोतु स्वामी । स मुहूर्तमनादरमत्वरितं सललितं प्रियवयस्येनेव तेन हस्तिना प्रक्रीड्य निवर्तनानुवर्तनगतिविशेषैर्विमोह्य लज्जित इव तेन कर्मणामहाजनप्रशंसामसहमानः समवनतशिरस्कः स्वैरं स्वमेवावासं गतः ।

राजा-भोः ! प्रीतोऽस्मि । अयं हि मे द्वितीयो लाभः ।

भूतिकः-अथ तदनन्तरमुपलभ्य हस्तिनीभिस्तं गजवरं सङ्ग्राह्येमां गजशालां प्रवेश्याहं तस्य पुरुषस्य प्रवृत्तिमन्वयं च ज्ञातुमन्यापदेशेन गतवानस्मि ।

राजा-अथ किं कृतो निश्चयः । श्रुतमस्माभिरन्त्यज इति ।

भूतिकः-शान्तं शान्तं पापम् । नायं तादृशः । केनापि कारणेनात्मानमन्वयं चाच्छादयति ।

राजा-अथ किं भवता परीक्षितम् ।

भूतिकः-किमत्र परीक्षितव्यम् ।

दैवं रूपं ब्रह्मजं तस्य वाक्यं
क्षात्रं तेजः सौकुमार्यं बलं च ।
यद्येवं स्यात् सत्यमस्यान्त्यजत्वं
व्यर्थोऽस्माकं शास्त्रमार्गेषु खेदः ॥ ७ ॥

राजा–किमस्त्यस्य कलत्रम् ।

भूतिकः–सर्वमस्ति । कलत्रं स्वयमनिविष्टः ।

३ राजा–यद्यपि स्त्रीदर्शनं परिहृतं, किमर्थं तस्य पिता न परीक्षितः ।

भूतिकः–दृष्टस्तत्रभवान् सत्पुत्रसम्पन्नः । स हि,

व्यायामस्थिरविपुलोच्छ्रितायतांसो
ज्याघातप्रचितकिणोल्बणप्रकोष्ठः ।
प्रच्छन्नोऽप्यनुकृतिलक्ष्यराजभावो
मेघान्तर्गतरविवत् प्रभानुमेयः ॥ ८ ॥

राजा–अलमेतावता प्रसङ्गेन । पुनरप्येषा परीक्षा क्रियताम् ।

भूतिकः–यदाज्ञापयति स्वामी ।

३ राजा–अथेदानीं काशिराजदूतं प्रति किं कर्तव्यम् ।

भूतिकः–स्वामिन् ! दूतशतान्यागतान्यागमिष्यन्ति च ।

न तत्र कर्तव्यमिहास्ति लोके
कन्यापितृत्वं बहुवन्दनीयम् ।
सर्वे नरेन्द्रा हि नरेन्द्रकन्यां
मञ्चाः पताकामिव तर्कयन्ति ॥ ९ ॥

राजा–कोऽभिप्रायः ।

भूतिकः–सर्वत्र दाक्षिण्यं न कर्तव्यम् । गुणबाहुल्यं तदात्वमायतिं
३ चावेक्ष्य त्वरतां दीर्घसूत्रतां च परित्यज्य देशकालाविरोधेन साध-
यितव्यं कार्यमित्यर्थः ।

राजा–युक्तमभिहितं भूतिकेन । कौञ्जायन ! किमर्थं तूष्णीं भूतः ।

६ कौञ्जायनः–स्वामिन् ! बहुष्वपि क्षत्रियेषु पूर्वसम्बन्धविशेषौ सौवीर-
राजकाशिराजौ स्वामिनो भगिनीपतित्वे तुल्यौ अस्मत्सम्बन्ध-
योग्याविति स्वामिना चिन्तितौ । तत्र पूर्वमेव सौवीरराजेन पुत्रस्य

कारणाद् दूतः प्रेषितः । स चास्माभिरतिबाला कन्येत्यपदेशमुक्त्वा सुपूजितो विसर्जितः । इदानीं तु काशिराजेन पुत्रस्य कारणाद् दूतः प्रेषितः । तत्र बलाबलचिन्तायां स्वामी प्रमाणम् ।

राजा—सम्यगुक्तं कौञ्जायनेन । भूतिक ! सर्वराजमण्डलमपोह्य द्वयोः स्थापितयोः कं प्रति विशेषः ।

भूतिकः—न भृत्यदूषणीया राजानः, स्वामिनो हि स्वाम्यममात्यानाम् ।

राजा—अलमुपचारेण । ब्रूहि को निश्चयः ।

भूतिकः—इदानीं तु न प्रत्याख्यातव्यम् । स्वामिन् ! सौवीरराजकाशिराजौ स्वामिनो भगिनीपतित्वे तुल्यौ । अथ देव्या भ्रातेति सौवीरेन्द्रो गुणाधिकः ।

राजा—न खलु भवानस्मत्सङ्कल्पानभिवादकः ।

भूतिकः—उभयथानुगृहीतोऽस्मि ।

राजा—भोः ! किन्नुखलु सौवीरेन्द्रेण पुनर्न दूतसम्पातः क्रियते ।

भूतिकः—तत्रास्ति मे कश्चित् सन्देहः । सुष्ठु परीक्ष्य वक्ष्यामीति नोक्तवानस्मि ।

राजा—ननु कुशली तत्रभवान् ।

भूतिकः—वदन्ति चारपुरुषाः—

न दृश्यते तत्रभवान् सपुत्रः
कार्याण्यमात्याः किल वर्तयन्ति ।
न विद्यते कारणमत्र किञ्चि-
न्न लभ्यते राजकुलप्रवेशः ॥ १० ॥

राजा—भोः ! किन्नुखलु भवेदेतत् ।

कामाहतः कुमतिभिः सचिवैर्गृहीतो
रोगातुरः स्वजनरागमवेक्षते वा ।

शम्नो द्विजैर्व्रतमुपेत्य करोति शान्तिं
को वा भवेन्नरपतेर्गृहरोधहेतुः ॥ ११ ॥

शीघ्रं परीक्ष्यतामेष वृत्तान्तः ।

भूतिकः–यदाज्ञापयति स्वामी ।

राजा–कौञ्जायन ! किमिदानीं काशिराजदूतं प्रति कर्तव्यम् ।

कौञ्जायनः–एवं गते काशिराजदूतः पूजयितव्यः । बहुमुखा विवाहा यथेष्टं साध्यन्ते ।

राजा–अहो कार्यमेवापेक्षते बुद्धिरमात्यानां, न स्नेहम् ।

(नेपथ्ये)

जयतु स्वामी, जयतु महाराजः । दश नाळिकाः पूर्णाः ।

भूतिकः–स्वामिन् ! शेषमभ्यन्तरे चिन्तयिष्यामः । अतिक्रामति स्नानवेला । स्वामिदारिका चाश्वासयितव्या । महादेवी च चिरं प्रतीक्षते । महाजनोऽप्यस्मिन्नुपद्रवे स्वामिनं द्रष्टुमिच्छति ।

राजा–अहो महद्भारो राज्यं नाम । कुतः,

धर्मः प्रागेव चिन्त्यः सचिवमतिगतिः प्रेक्षितव्या स्वबुद्ध्या
प्रच्छाद्यौ रागरोषौ मृदुपरुषगुणौ कालयोगेन कार्यौ ।
ज्ञेयं लोकानुवृत्तं परचरनयनैर्मण्डलं प्रेक्षितव्यं
रक्ष्यो यत्नादिहात्मा रणशिरसि पुनः सोऽपि नावेक्षितव्यः ॥१२॥

(निष्क्रान्ताः सर्वे ।)

प्रथमोऽङ्कः ।

अथ द्वितीयोऽङ्कः।

(ततः प्रविशति विदूषकः)

विदूषकः-भो ! ण जाणन्ति अवत्थाविसेसं इस्सरपुत्ता णाम। अदो तत्तभवं अविमारओ इसिसावेण कुळपरिब्भंसं अन्तअकुळप्पवासं अत्तणो विण्णाणं गुरुजणं च अचिन्तअन्तो जदा हत्थिसम्भमदिअसे कुन्तिभोअदुहिआ कुरङ्गी दिट्ठा, तदप्पहुदि अण्णादिसो विअ संवुत्तो। ही ही किं बहुणा, मए वि सह गोट्ठिं णेच्छदि, सव्वआळं चिन्तअन्तो अहिरमदि। सच्चो खु लोअप्पवादो ‘ सङ्गआरिणो अणत्थ ’ त्ति। को एत्थ सम्बन्धो। सा राअदारिआ सअं अन्तज त्ति[१]। अहं पि दाव बम्हणपरिवादं परिहरन्तो बम्हणकुलेसु परिब्भमिअ पच्छण्णो तत्तहोदो आवासं एव्व गच्छामि।

[भोः ! न जानन्त्यवस्थाविशेषमीश्वरपुत्रा नाम। अतस्तत्रभवान् अविमारकः ऋषिशापेन कुलपरिभ्रंशमन्त्यजकुलप्रवासमात्मनो विज्ञानं गुरुजनं चाचिन्तयन् यदा हस्तिसम्भ्रमदिवसे कुन्तिभोजदुहिता कुरङ्गी दृष्टा, तदाप्रभृत्यन्यादृश इव संवृत्तः। ही ही किं बहुना, मयापि सह गोष्ठीं नेच्छति, सर्वकालं चिन्तयन्नभिरमते। सत्यः खलु लोकप्रवादः ‘ सङ्गचारिणोऽनर्था ’ इति। कोऽत्र सम्बन्धः। सा राजदारिका स्वयमन्त्यज इति। अहमपि तावद् ब्राह्मणपरिवादं परिहरन् ब्राह्मणकुलेषु परिभ्रम्य प्रच्छन्नस्तत्रभवत आवसमेव गच्छामि।]

(ततः प्रविशति चेटी)

चेटी-एदस्सिं अवत्थापरिब्भट्ठे राअउळे अबहुकय्यदाए णअरं पेक्खिदुं णिग्गदम्हि। (परिक्रम्यावलोक्य) अयि एसो अय्यसन्तुट्ठो गच्छइ। होदु, एदेण सह हसन्ती मुहुत्तअं णिव्वेदं विणोदेमि। (उपसृत्योर्ध्वमवलोक्य) हव्वा कोमुदिए ! किं ळद्धो बम्हणो।

---

१. अन्तजत्ति (पुच्छदि ?).

किं भणासि–ण ळभामि त्ति । [एतस्मिन्नवस्थापरिभ्रष्टे राजकुलेऽबहुकार्यतया नगरं प्रेक्षितुं निर्गतास्मि । अयि एष आर्यसन्तुष्टो गच्छति । भवतु, एतेन सह हसन्ती मुहूर्तकं निर्वेदं विनोदयामि । हला ! कौमुदिके ! किं लब्धो ब्राह्मणः । किं भणसि–न लभ इति ।]

विदूषकः–**चन्दिए ! किं एदं ।** [चन्द्रिके ! किमेतत् ।]

चेटी–**अय्य ! कञ्चि बम्हणं अण्णेसामि ।** [आर्य ! कञ्चिद् ब्राह्मणमन्विष्यामि ।]

विदूषकः–**बम्हणेण किं कय्यं ।** [ब्राह्मणेन किं कार्यम् ।]

चेटी–**किमण्णं, भोअणत्थं णिमन्तेदुं ।** [किमन्यद्, भोजनार्थं निमन्त्रयितुम् ।]

विदूषकः–**भोदि ! अहं को, समणओ ।** [भवति ! अहं कः, श्रमणकः ।]

चेटी–**तुवं किळ अवेदिओ ।** [त्वं किलावैदिकः ।]

विदूषकः–**किस्स अहं अवेदिओ । सुणाहि दाव । अत्थि रामाअणं णाम णट्टसत्थं । तस्सिं पञ्च सुळोआ असम्पुण्णे संवच्छरे मए पठिदा ।** [कस्मादहमवैदिकः । शृणु तावत् । अस्ति रामायणं नाम नाट्यशास्त्रम् । तस्मिन् पञ्च श्लोका असम्पूर्णे संवत्सरे मया पठिताः ।]

चेटी–**जाणामि जाणामि । अय्यस्स कुळोइदो ईदिसो मेधाविभावो ।** [जानामि जानामि । आर्यस्य कुलोचित ईदृशो मेधाविभावः ।]

विदूषकः–**ण केवळं सुळोआ एव, तेसं अत्थो वि मुणिओ । अण्णं च । अवरो विसेसो, बम्हणो दुळ्ळहो अक्खरञ्ञो अत्थञ्ञो अ ।** [न केवलं श्लोका एव, तेषामर्थोऽपि ज्ञातः । अन्यच्च । अपरो विशेषः, ब्राह्मणो दुर्लभोऽक्षरज्ञोऽर्थज्ञश्च ।]

चेटी–**तेण हि भणाहि किं णाम एदं अक्खरं ।** (नाममुद्रिकां दर्शयति) [तेन हि भण किं नामैतदक्षरम् ।]

विदूषकः–(आत्मगतम्) अजाणमाणो किं भणिस्सं । (विचार्य) भोदु दिट्ठं । एवं दाव भणिस्सं । (प्रकाशम्) भोदि ! एदं अक्खरं मम पुत्थए णत्थि । [अजानानः किं भणिष्यामि । भवतु दृष्टम् । एवं तावद् भणिष्यामि । भवति ! एतदक्षरं मम पुस्तके नास्ति ।]

चेटी–जदि ण जाणासि, अदक्खिणं भुञ्जेहि । [यदि न जानासि, अदक्षिणं भुङ्क्ष्व ।]

विदूषकः–भोदु भोदु । [भवतु भवतु ।]

चेटी–पेक्खामि दाव अय्यस्स अङ्गुळीअअं । [पश्यामि तावदार्यस्याङ्गुलीयकम् ।]

विदूषकः–पेक्ख पेक्ख ममकेरअं दंसणीअं । [पश्य पश्य मदीयं दर्शनीयम् ।]

चेटी–(गृहीत्वा) एसो भट्टिदारओ इदो एव्व आअच्छदि । [एष भर्तृदारक इत एवागच्छति ।]

विदूषकः– (परावृत्यावलोक्य) कहिं कहिं तत्तभवं । [कुत्र कुत्र तत्रभवान्]

चेटी–विळोभिदो मुद्धबम्हणो । इमं जणसमूहं पविसिअ चउप्पहमग्गे वञ्चिअ गमिस्सं । (निष्क्रान्ता) [विलोभितो मुग्धब्राह्मणः । इमं जनसमूहं प्रविश्य चतुष्पथमार्गे वञ्चयित्वा गमिष्यामि ।]

विदूषकः–(सर्वतो विलोक्य) चन्दिए ! चन्दिए ! कहिं कहिं चन्दिआ । हा वञ्चिदो म्हि । गण्डभेददासीए सीळं जाणन्तो वि अत्तणो भोअणविस्सम्भेण छाळिदो म्हि । (परिक्रम्य) भोअणं वि अळिअं चिन्तेमि । (अग्रतो विलोक्य) हन्त एसा धावइ । चिट्ठ चिट्ठ अधम्मिट्ठदासि ! चिट्ठ । किं धावइ एव । जाव अहं वि धावामि । (धावति ।) मम पादा सिविणे हत्थिणा आसादिअमाणस्स विअ तहिं तहिं एव्व पडन्ति । हन्त कुम्भदासीए वुत्तन्तं तत्तहोदो

णिवेदइस्सं [चन्द्रिके ! चन्द्रिके ! कुत्र कुत्र चन्द्रिका । हा वञ्चितोऽस्मि । गण्डभेददास्याः शीलं जानन्नप्यात्मनो भोजनविस्रम्भेण च्छलितोऽस्मि । भोजनमप्यलीकं चिन्तयामि । हन्तैषा धावति । तिष्ठ तिष्ठ अधर्मिष्ठदासि ! तिष्ठ । किं धावत्येव । यावदहमपि धावामि । मम पादौ स्वप्ने हस्तिनाक्रम्यमानस्येव तत्र तत्रैव पततः । हन्त कुम्भदास्या वृत्तान्तं तत्रभवते निवेदयिष्यामि ।]

(निष्क्रान्तः)

प्रवेशकः ।

(ततः प्रविशत्युपविष्टोऽविमारकः ।)

अविमारकः:-

अद्यापि हस्तिकरशीकरशीतलाङ्गीं
बालां भयाकुलविलोलविषादनेत्राम् ।
स्वप्नेषु नित्यमुपलभ्य पुनर्विबोधे
जातिस्मरः प्रथमजातिमिव स्मरामि ॥ १ ॥

अहो बलमनङ्गस्य । कुतः,

दृष्टिस्तदाप्रभृति नेच्छति रूपमन्यद्
बुद्धिः प्रहृष्यति विषीदति च स्मरन्ती ।
पाण्डुत्वमेति वदनं तनुतां शरीरं
शोकं व्रजामि दिवसेषु निशासु मोहम् ॥ २ ॥

अथवा अयुक्तमधृतित्वं पुरुषाणाम् । सङ्कल्पमानो हि विजृम्भते मदनः । तस्मादहमिदानीं न सङ्कल्पयामि । (स्मृत्वा) अहो तस्या रूपसम्पद्, रूपानुरूपं यौवनं, यौवनसदृशं सौकुमार्यम् । अत्र हि,

प्रतिच्छन्दं धात्रा युवतिवपुषां किन्नु रचितं
गता वा स्त्रीरूपं कथमपि च ताराधिपरुचिः ।
विहाय श्रीः कृष्णं जलशयनसुप्तं कृतभया
धृतान्यस्त्रीरूपं क्षितिपतिगृहे वा निवसति ॥ ३ ॥

कथमहं पुनरारब्धश्चिन्तयितुम् । किमिदानीं करिष्ये । मनश्च तावदस्मदिच्छया न प्रवर्तते । इह हि,

प्रतिषिद्धं प्रयत्नेन क्षणमात्रं न वीक्षते ।
चिराभ्यस्तपथं याति शास्त्रं दुर्गुणितं यथा ॥ ४ ॥

अथवा न शक्यं मनो जेतुम् । चिन्तयिष्याम्येनाम् । अहो सर्वेषां स्त्रीगुणानामेकत्र समवायः । (चिन्ताभिभूत उपविशति)

(ततः प्रविशति धात्री नलिनिका च ।)

धात्री- (सवितर्कम्) अहो सङ्कडदा कय्यस्स । जइ एवं करीअदि, राअउळं दूसिअं होइ । जदि ण करीअदि, अवस्सं सा विवज्जइ । मए अणेएहि उवाएहि विआरिदं च । मम वि सा अज्ज वि पच्छादेदि । अहव किं ताए पच्छादिदं । सा तदप्पहुदि सुमणावण्णअं णेच्छदि, आहारं णाभिळसदि, ण रमदि गोट्ठीजणेण, दिग्घं णिस्ससदि, असम्बद्धं कहेदि, कहिदं ण जाणादि, गूढं हसदि, विवित्ते रोदिदि, रोअं अवदिसदि, तणुआ होदि, पण्डुभावं गच्छदि । एकं पि तहिं अच्छरिअं । एवंविधेहि अवत्थाविसेसेहि अत्तणो ळज्जाए भएण कुळमाणेण बाळभावेण अ एकस्सा वि किञ्चि ण मन्तेदि । [अहो सङ्कटता कार्यस्य । यद्येवं क्रियते, राजकुलं दूषितं भवति । यदि न क्रियतेऽवश्यं सा विपद्यते । मयानेकैरुपायैर्विचारितं च । ममापि साद्यापि प्रच्छादयति । अथवा किं तया प्रच्छादितम् । सा तदाप्रभृति सुमनावर्णकं नेच्छति,

१ 'अआरणं णि'.

आहारं नाभिलषति, न रमते गोष्ठीजनेन, दीर्घं निःश्वसिति, असम्बद्धं कथयति, कथितं न जानाति, गूढं हसति, विविक्ते रोदिति, रोगमपदिशति, तन्वी भवति, पाण्डुभावं गच्छति । एकमपि तत्राश्चर्यम् । एवंविधैरवस्थाविशेषैरात्मनो लज्जया भयेन कुलमानेन बालभावेन च एकस्या अपि किञ्चिन्न मन्त्रयते ।]

नलिनिका–**किस्स ण मन्तेदि । मम सव्वं कहेदि ।** [कस्मान्न मन्त्रयते । मम सर्वं कथयति ।]

धात्री–**हळा ! जाणामि दे अभिप्पाअं, अवत्थं जाणिअ सव्वहा इमं एदेण जोजेहि त्ति ।** [हला ! जानामि तेऽभिप्रायम् , अवस्थां ज्ञात्वा सर्वथेमामेतेन योजयेति ।]

नलिनिका–**किंणुखु ईदिसो तादिसेहि गुणविसेसेहि अकुळीणो भवे ।** [किन्नुखल्वीदृशस्तादृशैर्गुणविशेषैरकुलीनो भवेत् ।]

धात्री–**तहिं च सन्देहो । सुदं च मए भट्टिणीए समीवे अमच्चेहि किळ भणिदं—ण सो तादिसो दुक्खुळजो त्ति । अत्ताणं केण वि कारणेण पच्छादेदि त्ति ।** [तत्र च सन्देहः । श्रुतं च मया भट्टिन्याः समीपेऽमात्यैः किल भणितं– न स तादृशः दुष्कुलज इति । आत्मानं केनापि कारणेन प्रच्छादयतीति ।]

नलिनिका–**कोणुखु भवे ।** [कोनुखलु भवेत् ।]

धात्री–**जदि सो सन्देहो णत्थि , को अण्णो अदिरित्तगुणो जामादुओ भवो ।** [यदि स सन्देहो नास्ति, कोऽन्योऽतिरिक्तगुणो जामाता भवेत् ।]

(नेपथ्ये)

यदि च विभवरूपज्ञानसत्त्वादयः स्यु-
र्न तु कुलविकलानां वर्तते वृत्तशुद्धिः ।
ध्रुवमिह कुलमस्य श्रोष्यसि प्राप्तकाले
त्यज्य कुलगतशङ्कां साध्यतां स्वन्तमेतत् ॥ ५ ॥

धात्री-हळा ! केण खु भणिदं । [हला ! केन खलु भणितम् ।]

नलिनिका-एत्थ को[1] वि ण दिस्सदि । [अत्र कोऽपि न दृश्यते ।]

धात्री-पहिट्ठरोमकूवं मे सरीरं । असंसअं दव्वेण भणिदं । अहं पुण जाणामि ण एसो केवळो माणुसत्ति । [प्रहृष्टरोमकूपं मे शरीरम् । असंशयं दैवेन भणितम् । अहं पुनर्जानामि नैष केवलो मानुष इति ।]

नलिनिका-गदो तस्स कुळसन्देहो । अम्हाणं वअणं करेदि ण करेदि त्ति चिन्तेमि । (विचिन्त्य) धण्णो खु सो जणो इमं एवं उम्मादेदि । किं बहुणा, सअं कामदेवो वि भट्टिदारिआए रूवं पेक्खिअ किळिस्सिदि । तेण सो वि किळिस्सिदि त्ति तक्केमि । [गतस्तस्य कुलसन्देहः । अस्माकं वचनं करोति न करोतीति चिन्तयामि । धन्यः खलु स जन इममेवमुन्मादयति । किं बहुना, स्वयं कामदेवोऽपि भर्तृदारिकाया रूपं प्रेक्ष्य क्लिश्यते । तेन सोऽपि क्लिश्यत इति तर्कयामि ।]

धात्री-हळा ! एसो तस्स आवासो, जं तदा हत्थिसम्भमदिअसे कोदूहळेण आअदम्ह । [हला ! एष तस्यावासः, यं तदा हस्तिसम्भ्रमदिवसे कौतूहलेनागते स्वः ।]

नलिनिका-हळा । अहो दस्सणीअं किदोवहारं च दुवारमुहं । हळा ! एहि पविसामो । [हला ! अहो दर्शनीयं कृतोपहारं च द्वारमुखम् । हला ! एहि प्रविशावः ।]

धात्री-हळा ! कहिं भट्टिदारओ । किं भणासि-चउस्साळे वत्तदि त्ति । (परिक्रम्य.वलोक्य) अअं अम्हाणं भट्टिदारओ एको एव किं वि चिन्तअन्तो चिट्ठइ । [हला ! कुत्र भर्तृदारकः । किं भणसि-चतुःशाले वर्तत इति । अयमस्माकं भर्तृदारक एक एव किमपि चिन्तयंस्तिष्ठति ।]

---

१ ' कोच्चि ण '.

नलिनिका—ह्ळा ! णं पविसामो । [हला ! ननु प्रविशावः ।]

धात्री—एवं करेम्ह । (प्रविश्य) सुहं अय्यस्स । [एवं कुर्वः । सुखमार्यस्य ।]

अविमारकः—अहो तस्या रूपसम्पत् ।

धात्री—(साकुलम्) किण्णुहु भवे । सुहं अय्यस्स । [किन्नुखलु भवेत् । सुखमार्यस्य ।]

अविमारकः—

उरः स्तनतटालसं जघनभारखिन्ना तनुः

धात्री—अम्मो विप्पळवदि । [अम्मो विप्रलपति ।]

अविमारकः—

मुखं नयनवल्लभं प्रकृतिताम्रबिम्बाधरम् ।

धात्री—धण्णो खु सो जणो इमं एवं उम्मादेदि । [धन्यः खलु स जन इममेवमुन्मादयति ।]

अविमारकः—

भयेऽपि यदि तादृशं नयनपात्रपेयं वपुः

धात्री—सुत्थिदं कय्यं । [सुस्थितं कार्यम् ।]

अविमारकः—

कथन्नु सुरतान्तरप्रचुरविभ्रमं तद् भवेत् ॥ ६ ॥

धात्री—सा एव इमं उम्मादेदि । [सैवेममुन्मादयति ।]

नलिनिका—सुट्ठु भणिदं—एसो वि किळिस्सिदि त्ति । [सुष्ठु भणितम् एषोऽपि क्लिश्यत इति ।]

धात्री—सुट्ठु विञ्ञादं तुए । सुहं अय्यस्स । [सुष्ठु विज्ञातं त्वया । सुखमार्यस्य ।]

अविमारकः—(विलोक्य सव्रीडम्) स्वागतं भवतीभ्याम् ।

उभे—अवि सुहं । [अपि सुखम् ।]

अविमारकः–भविष्यति वां दर्शनेन ।

धात्री–अय्य ! किं चिन्तीअदि । [आर्य ! किं चिन्त्यते ।]

अविमारकः– भवति ! शास्त्रं चिन्त्यते ।

धात्री–किं णाम एदं रमणीअं सत्थं विवित्ते चिन्तीअदि । [किं नामैतद् रमणीयं शास्त्रं विविक्ते चिन्त्यते ।]

अविमारकः–भवति ! योगशास्त्रं चिन्त्यते ।

धात्री–(सस्मितम्) पडिग्गहिदं मङ्गळवअणं । जोअसत्थं एव्व होदु । [प्रतिगृहीतं मङ्गलवचनम् । योगशास्त्रमेव भवतु ।]

अविमारकः– (आत्मगतम्) कोनुखलु वाक्यार्थः । अन्यदप्यभिलाषवशादन्यथा सङ्कल्पयामि । (प्रकाशम्) किमभिप्रेतं भवत्याः ।

धात्री–जोअं इच्छन्तीओ आअदम्ह । अणुमदो अय्येण जोओ त्ति णं णिट्ठिदं कय्यं अम्हाअं राअउळे विवित्ते अवआसे[1] । तहिं पि को वि जणो अहिअदरं जोअं चिन्तअन्तो अच्छदि । तेण सह तहिं एव अय्येण सुट्ठु जोअविहाणं चिन्तीअदु त्ति । [योगमिच्छन्त्यावागते स्वः । अनुमत आर्येण योग इति ननु निष्ठितं कार्यमस्माकं राजकुले विविक्त अवकाशे । तत्रापि कोऽपि जनोऽधिकतरं योगं चिन्तयन्नस्ति । तेन सह तत्रैवार्येण सुष्ठु योगविधानं चिन्त्यतामिति ।]

अविमारकः–कथमद्यापि सावशेषाणि मे भाग्यानि । (आसनादुत्थाय) भवति ! पुनर्दत्ता इव मे प्राणाः । कुतः,

तस्या भयाकुलितदृष्टिविषं मनोज्ञं
सौम्यप्रकारमतितीक्ष्णमवेक्ष्य वक्त्रम् ।
उन्मादमभ्युपगतोऽस्मि चिरं[2] भवत्यो-
र्वाक्यामृतेन पुनरद्य कृतः ससंज्ञः ॥ ७ ॥

---

१ आवासे. २ पुनर्भवत्या.

धात्री–दिट्ठिआ अय्येण परिपालिदो अअं जणो । अलमदिप्पसङ्गेण । अज्ज एव पविसिदव्वं कण्णाउरं । अमच्चो अय्यभूदिओ कण्णाउरक्खओ कासिराअदूदेण सह अम्हाअं महाराएण पूइदो पत्थिदो अ । [दिष्ट्यार्येण परिपालितोऽयं जनः । अलमतिप्रसङ्गेन । अद्यैव प्रवेष्टव्यं कन्यापुरम् । अमात्य आर्यभूतिकः कन्यापुररक्षकः काशिराजदूतेन सहास्माकं महाराजेन पूजितः प्रस्थितश्च ।]

अविमारकः–बाढम् । प्रथमः कल्पः । भवति ! कस्तावदौषधमुपलभ्य मन्दीभवत्यातुरः ।

धात्री– पवेसमत्तं एव्व दुल्लहं । सक्कं अब्भन्तरे चिरं वसिदुं । [प्रवेशमात्रमेव दुर्लभम् । शक्यमभ्यन्तरे चिरं वस्तुम् ।]

अविमारकः–प्रविष्ट एवाहं चिन्तयितव्यः । क्रियतामनर्गलविशाला प्रासादमाला ।

धात्री–एवं करेम्ह । सव्वं अब्भन्तरकरणीअं संपादेम्ह । अप्पमत्तो एव पविसदु अय्यो । [एवं कुर्वः । सर्वमभ्यन्तरकरणीयं संपादयावः । अप्रमत्त एव प्रविशत्वार्यः ।]

अविमारकः–भवति ! सकृदभिधीयतां राजकुलस्य विधानम् ।

धात्री–एवं विअ । [एवमिव ।]

अविमारकः–हन्त भोः !

श्रुत्वा तु राज्ञो गृहसंविधानं
प्रविष्टमात्मानमवैति बुद्धिः ।
न पौरुषं वै परदूषणीयं
न चेद् विसंवादमुपैति दैवम् ॥ ८ ॥

(विचिन्त्य) भवति ! कोऽस्माकमस्मिन् कार्ये प्रत्ययः ।

उभे–अअं पच्चओ । जेदु भट्टिदारओ । [अयं प्रत्ययः । जयतु भर्तृदारकः ।]

अविमारकः— हन्त गम्यतां सम्प्रति । प्रतीक्ष्यतामर्धरात्रम् ।

उभे—जं भट्टिदारओ आणवेदि (निष्क्रान्ते) [यद् भर्तृदारक आज्ञापयति ।]

(ततः प्रविशति विदूषकः ।)

विदूषकः—अहो णअरस्स सोहा संपदि । अत्थं आसादिदो भअवं सुय्यो दीसइ दहिपिण्डपण्डरेसु पासादेसु अग्गापणालिन्देसु पसारिअगुळमहुरसङ्गदो विअ । गणिआजणो णाअरिअजणो अ अण्णोण्णविसेसमण्डिदा अत्ताणं दंसइदुकामा तेसु तेसु पासादेसु सविब्भमं सञ्चरन्ति । अहं तु तादिसाणि पेक्खिअ उम्मादिअमाणस्स तत्तहोदो रत्तिसहाओ होमि त्ति णअरादो णिग्गदो म्हि । सो वि दाव अम्हाअं अधण्णदाए केण वि अणत्थसञ्चिन्तणेण अण्णादिसो विअ संवुत्तो । एदं तत्तहोदो आवासगिहं । अज्ज णअरापणाळिन्दे सुणामि तत्तहोदो गिहादो णिग्गदा राअदारिआए धत्ती सही अ त्ति । किंणुखु एत्थ कय्यं । अहव हत्थिहत्थचञ्चळाणि पुरुसभग्गाणि होन्ति । अहव गच्छदु अणत्थो अम्हाअं । अवत्थासदिसं राअउळं पविसामि । (प्रविश्य) ही ही एसो अत्तभवं कामुअजणवण्णएण अणुळित्तो विअ पण्डुभावेण इदो एव आअच्छदि । अहव सव्वं अळङ्कारो होदि सुरूवाणं । (उपेत्य) जेदु भवं । [अहो नगरस्य शोभा सम्प्रति । अस्तमासादितो भगवान् सूर्यो दृश्यते दधिपिण्डपाण्डरेषु प्रासादेष्वग्रापणालिन्देषु प्रसारितगुडमधुरसङ्गत इव । गणिकाजनो नागरिकजनश्चान्योन्यविशेषमण्डितावात्मानं दर्शयितुकामौ तेषु तेषु प्रासादेषु सविभ्रमं संचरतः । अहं तु तादृशानि प्रेक्ष्योन्माद्यतस्तत्रभवतो रात्रिसहायो भवामीति नगरान्निर्गतोऽस्मि । सोऽपि तावदस्माकमधन्यतया केनाप्यनर्थसंचिन्तनेनान्यादृश इव संवृत्तः । एतत् तत्रभवत आवासगृहम् ।

अद्य नगरापणालिन्दे शृणोमि तत्रभवतो गृहान्निर्गता राजदारिकाया धात्री सखी चेति । किंनुखल्वत्र कार्यम् । अथवा हस्तिहस्तचञ्चलानि पुरुषभाग्यानि भवन्ति । अथवा गच्छत्वनर्थोऽस्माकम् । अवस्थासदृशं राजकुलं प्रविशामि । ही ही एषोऽत्रभवान् कामुकजनवर्णकेनानुलिप्त इव पाण्डुभावेनेत एवागच्छति । अथवा सर्वमलङ्कारो भवति सुरूपाणाम् । जयतु भवान् ।]

अविमारकः– **वयस्य ! अतिविलम्बितमिव भवता नगरे ।**

विदूषकः–**तुमं दाव आमन्तणविप्पलद्धो विअ बम्हणो अहोरत्तं चिन्तेसि । अहं पि दाव दिअसे णअरं परिब्भमिअ अलद्धभोआ पाअडगणिआ विअ रत्तिं पस्सदो सइदुं आअच्छामि ।** [त्वं तावदामन्त्रणविप्रलब्ध इव ब्राह्मणोऽहोरात्रं चिन्तयसि । अहमपि तावद् दिवसे नगरं परिभ्रम्यालब्धभोगा प्राकृतगणिकेव रात्रौ पार्श्वतः शयितुमागच्छामि ।]

अविमारकः–**सखे ! प्रियं ते कथयिष्यामि ।**

विदूषकः–**किं समत्तो अम्हाअं इसिसावो ।** [किं समाप्तोऽस्माकमृषिशापः ।]

अविमारकः–**मूर्ख ! अवश्यं भवितव्येऽर्थे कः प्रहर्षः ।**

विदूषकः–**किं पुण अण्णं ।** [किं पुनरन्यत् ।]

अविमारकः– **किं न दृष्टा कुरङ्गी धात्री नलिनिका च ।**

विदूषकः–**आम भो ! दिट्ठाओ तत्तहोदीओ । किं आणीदं ।** [आम भोः ! दृष्टे तत्रभवत्यौ । किमानीतम् ।]

अविमारकः– **अस्मच्छोकौषधमानीतम् ।**

विदूषकः–**पेक्खामि दाव ।** [पश्यामि तावत् ।]

अविमारकः–**काले द्रक्ष्यसि । अद्य तावच्छ्रूयताम् ।**

विदूषकः–**भणादु भणादु भवं ।** [भणतु भणतु भवान् ।]

अविमारकः—किं बहुना । तत्रभवती ब्रवीति अद्यैव प्रवेष्टव्यं कन्यापुरमिति ।

विदूषकः— (विहस्य) केण खु उवाएण अब्भन्तरं पविसिअ जीवग्गहणं पत्तुकामोऽसि । अमच्चा णाम विसमसीळा कुन्तिभोअस्स । [केन खलूपायेनाभ्यन्तरं प्रविश्य जीवग्रहणं प्राप्तुकामोऽसि । अमात्या नाम विषमशीलाः कुंतिभोजस्य ।]

अविमारकः— कथं भवतापि शङ्कनीयम् । पश्य,

भग्ना मयैकेन पराः ससैन्या
अद्यापि गन्धेन न संश्रयन्ते ।
किं मानुषैः सोऽप्यसुरेश्वरो मे
हतो भुजाभ्यामविरूपधारी ॥ ९ ॥

विदूषकः— जाणामि जाणामि भवदो अमाणुसाणि कम्माणि । सव्वहा सङ्कणीओ रत्तिच्छण्णो परगिहप्पवेसो । [जानामि जानामि भवतोऽमानुषाणि कर्माणि । सर्वथा शङ्कनीयो रात्रिच्छन्नः परगृहप्रवेशः ।]

अविमारकः—एष समासः । सर्वथा प्रवेष्टव्यं कुन्तिभोजस्य कन्यापुरम् । तदनुमन्तुमर्हति महाब्राह्मणः ।

विदूषकः—कहं मं उज्झिअ गच्छसि । अहं भवन्तं सव्वकाळं ण मुञ्चामि । अक्कोसन्तो वि एक्को इच्छिदव्वो । [कथं मामुज्झित्वा गच्छसि । अहं भवन्तं सर्वकालं न मुञ्चामि । आक्रोशन्नप्येक एष्टव्यः ।]

अविमारकः—न जानाति भवान् शास्त्रमार्गम् ।

एकः परगृहं गच्छेद् द्वितीयेन तु मन्त्रयेत् ।
बहुभिः समरं कुर्यादित्ययं शास्त्रनिर्णयः ॥ १० ॥

तस्मादेकेनैव मया प्रवेष्टव्यं कुन्तिभोजस्य कन्यापुरम्। न ते वयं शङ्कनीयाः। पश्यतु भवान्,

मितगुणमिह कुन्तिभोजसैन्यं
नृपभवनं विभवैः सुखं प्रवेष्टुम्।
वयमपि च भुजायुधप्रधानाः
किमिह सखे! भवतापि शङ्कनीयाः॥ ११॥

विदूषकः– जइ एवं किदो णिच्चओ, संपदि णअरं पविसामो। तहिं मम अत्थि मित्तो। तस्स आवासे काळं पडिवाळम्ह। [यद्येवं कृतो निश्चयः, संप्रति नगरं प्रविशावः। तत्र ममास्ति मित्रम्। तस्यावासे कालं प्रतिपालयावः।]

अविमारकः– सम्यग् भवानाह। साम्प्रतमभ्यन्तरं प्रविश्य कृताह्निको महाराजेनाभ्यनुज्ञातो वासगृहे शयनसंविधानं प्रविश्याज्ञातो नगरं प्रविश्य भवतो मित्रगृहे कालं प्रतिपालयामि।

(प्रविश्य)

चेटी–जेदु भट्टिदारओ। आवुत्तं ह्णाणोदअं। [जयतु भर्तृदारकः। आवृत्तं स्नानोदकम्।]

अविमारकः–अयमयमागच्छामि। गच्छाग्रतः।

चेटी–जं भट्टिदारओ आणवेदि। (निष्क्रान्ता) [यद् भर्तृदारक आज्ञापयति।]

अविमारकः–वयस्य! अस्तमितो भगवान् दिवाकरः। सम्प्रति हि–

पूर्वा तु काष्ठा तिमिरानुलिप्ता
सन्ध्यारुणा भाति च पश्चिमाशा।
द्विधा विभक्तान्तसमन्तरिक्षं
यात्यर्धनारीश्वररूपशोभम्॥ १२॥

विदूषकः– सुट्ठु भवं भणादि । अदिक्कन्दो दिअसो । आरूढो पओसो । [सुष्ठु भवान् भणति । अतिक्रान्तो दिवसः । आरूढः प्रदोषः ।]

अविमारकः–अहो विचित्रस्वभावता जगतः । कुतः,

व्यामृष्टसूर्यतिलको विततोडुमालो
नष्टातपो मृदुमनोहरशीतवातः ।
संलीनकामुकजनः प्रविकीर्णशूरो
वेषान्तरं रचयतीव मनुष्यलोकः ॥ १३ ॥

(निष्क्रान्तौ)

द्वितीयोऽङ्कः ।

अथ तृतीयोऽङ्कः ।

(ततः प्रविशति कुरङ्गी चेटयौ च)

कुरङ्गी–हळा ! किं तेण भणिअं । [हला ! किं तेन भणितम् ।]

चेटी–भट्टिदारिए ! केण । [भर्तृदारिके ! केन ।]

कुरङ्गी–(स्वगतम्) हं भिन्दामि खु मन्दभाआ । (प्रकाशम्) कण्णेउरचेडेण । [हं भिनद्मि खलु मन्दभागा । कन्यापुरचेटेन ।]

मागधिका–दिट्ठो मए कण्णेउरचेडो । भणिदं च । ण किञ्चि आह । [दृष्टो मया कन्यापुरचेटः । भणितं च । न किञ्चिदाह ।]

कुरङ्गी–हन्त भट्टिणीए णिवेदेमि—कण्णेउरचेडो मम सुअपञ्जरं ण करेदि त्ति । [हन्त भट्टिन्यै निवेदयामि–कन्यापुरचेटो मम शुकपञ्जरं न करोतीति ।]

मागधिका–णं णिट्ठिदो सुअपञ्जरो भट्टिदारिए । [ननु निष्ठितः शुकपञ्जरो भर्तृदारिकायाः ।]

कुरङ्गी–वाचाडे ! किं अण्णो वि अत्थि । [वाचाटे ! किमन्योऽप्यस्ति ।]

मागधिका–भोदव्वं । [भवितव्यम् ।]

कुरङ्गी–हळा ! का वेळा । [हला ! का वेला ।]

मागधिका–ओगाहो पओसो । [अवगाढः प्रदोषः ।]

कुरङ्गी–तेण हि पासादं आलुहामो । [तेन हि प्रासादमारोहामः ।]

मागधिका–विळासिणि ! अग्गदो जाहि । विरएहि सअणासणाणि । [विलासिनि ! अग्रतो याहि । विरचय शयनासनानि ।]

विलासिनी–सुत्ता खु तुवं । को काळो विरइदाणि सअणासणाणि । [सुप्ता खलु त्वम् । कः कालो विरचितानि शयनासनानि ।]

मागधिका–हळा ! जाणामि दे अळसत्तणं । दिवसरइदाणि भणासि रइदाणि त्ति । [हला ! जानामि तेऽलसत्वम् । दिवसरचितानि भणसि रचितानीति ।]

विलासिनी–हळा ! मा एव्वं भणाहि । भट्टिदारिअं अन्तरेण अण्णादिसाणि होन्ति । [हला ! मैवं भण । भर्तृदारिकामन्तरेणान्यादृशानि भवन्ति ।]

मागधिका–हळा ! गदुअ जाणामि । हला ! गत्वा जानामि ।]

(सर्वाः परिक्रामन्ति ।)

मागधिका–एसो पासादो । [एष प्रासादः ।]

कुरङ्गी–अग्गदो जाहि । (आरोहणं नाटयति ।) [अग्रतो याहि ।]

मागधिका–साहु विळासिणि ! साहु । अत्तणो णामसदिसं किदं । एदस्सिं सिळादळे रइदं सअणं । [साधु विलासिनि ! साधु । आत्मनो नामसदृशं कृतम् । एतस्मिन् शिलातले रचितं शयनम् ।]

विलासिनी–अब्भन्तरमण्डवे खु रइदं सअणं । मागधिए ! पेक्ख पेक्ख मे अळसत्तणं । [अभ्यन्तरमण्डपे खलु रचितं शयनम् । मागधिके ! पश्य पश्य मेऽलसत्वम् ।]

मागधिका—अदिपण्डिदा खु संवुत्ता । एवं पण्डितचेडवुत्तं भत्तारं ळभेहि । [अतिपण्डिता खलु संवृत्ता । एवं पण्डितचेटवृत्तं भर्तारं लभस्व ।]

कुरङ्गी-हळा ! इमस्सिं सिळादळे मुहुत्तअं उववि सामि । [हला ! अस्मिन् शिलातले मुहूर्तकमुपविशामि ।]

मागधिका-जं भट्टिदारिआए रुइदं । होदु । [यद् भर्तृदारिकायै रुचितम् । भवतु ।]

(सर्वा उपविशन्ति)

मागधिका-भट्टिदारिए ! कहेमि वक्खाणं । [भर्तृदारिके । कथयामि व्याख्यानम् ।]

कुरङ्गी-हळा ! जाणामि दे असम्बद्धप्पळावं । [हला ! जानामि तेऽसंबद्धप्रलापम् ।]

मागधिका-भट्टिदारिए ! अभिणवा खु कहा । [भर्तृदारिके ! अभिनवा खलु कथा ।]

कुरङ्गी-याचेमि, मा णिब्बन्धिअ, मुहूत्तअं सआमि । [याचे, मा निर्बध्य, मुहूर्तकं शये ।]

विलासिनी-सुहं सइदु भट्टिदारिआ । मे कहेहि । [सुखं शेतां भर्तृदारिका । मम कथय ।]

कुरङ्गी-(आत्मगतम्) किंणुखु भवे । [किंनुखलु भवेत् ।]

मागधिका-हळा ! सुणाहि भट्टिदारिअं अन्तरेण । हला ! शृणु भर्तृदारिकामन्तरेण ।]

कुरङ्गी-हं विदिदं रहस्सं । परिब्भट्ठम्हि । [हं विदितं रहस्यम् । परिभ्रष्टास्मि ।]

विलासिनी-हळा ! कहिं तुए सुदं । [हला ! कुत्र त्वया श्रुतम् ।]

मागधिका-भट्टिणीपरिचारिआए वसुमित्ताए कहिदं [भट्टिनी-परिचारिकया वसुमित्रया कथितम् ।]

विलासिनी–सअं णाम भट्टिणीए कहिदं होदि । [स्वयं नाम भट्टिन्या कथितं भवति ।]

मागधिका–अत्थि कासिराअपुत्तो जअवम्मा णाम । तस्स दिण्णा भट्टिदारिआ । तस्स अ दूदो आअदो महाराएण पूइदो । पडिग्गाहिदं च वण्णिआरं । [अस्ति काशिराजपुत्रो जयवर्मा नाम । तस्मै दत्ता भर्तृदारिका । तस्य च दूत आगतो महाराजेन पूजितः । प्रतिगृहीतं च वर्णिकारम् ।]

कुरङ्गी–(आत्मगतम्) एदं अळिअं । अहं अत्तणो पभवामि । [एतदलीकम् । अहमात्मनः प्रभवामि ।]

मागधिका–तहिं किळ भट्टिणीए भणिदं--बाळा खु मे दुहिआ, ण सक्कुणोमि एक्कं पि दिअसं अपेक्खन्ती जीविउं । जदि मे महाराओ पसण्णो, एत्थ एव्व जामादुओ आणीदव्वो त्ति । [तत्र किल भट्टिन्या भणितं–बाला खलु मे दुहिता, न शक्नोम्येकमपि दिवसमपश्यन्ती जीवितुम् । यदि मे महाराजः प्रसन्नः, अत्रैव जामाताऽनेतव्य इति ।]

विलासिनी–तदो तदो । [ततस्ततः ।]

मागधिका–तदो तं पि किळ अणुमदं महाराएण । अज्ज णक्खत्तं सोभणं त्ति तेण अ दूदेण अमच्चो अय्यभूदिओ पत्थिदो । [ततस्तदपि किलानुमतं महाराजेन । अद्य नक्षत्रं शोभनमिति तेन च दूतेनामात्य आर्यभूतिकः प्रस्थितः ।]

कुरङ्गी–(स्वगतम्) हन्त काळन्तरिदं कय्यं । [हन्त कालान्तरितं कार्यम् ।]

विलासिनी–पिअं भट्टिदारिआए रूवजोव्वणं सफळं संवुत्तं त्ति । [प्रियं भर्तृदारिकाया रूपयौवनं सफलं संवृत्तमिति ।]

(प्रविश्य)

नलिनिका–भणिदं हि मम मादाए-गच्छ एदं वुत्तन्तं भट्टिदारिआए कहेहि । पिअणिवेदिअमाणाणि पिआणि पिअदराणि होन्ति । अह अ सा वि मं पेक्खन्ती सव्वं विस्सत्थं ण भणादि । अहं पि काले पस्सदो पभवामि त्ति । जाव भट्टिदारिआए पिअं णिवेदेमि । (परिक्रामति) [भणितं हि मम मात्रा-गच्छैतं वृत्तान्तं भर्तृदारिकायै कथय । प्रियनिवेद्यमानानि प्रियाणि प्रियतराणि भवन्ति । अथ च सापि मां पश्यन्ती सर्वं विश्वस्तं न भणति । अहमपि काले पार्श्वतः प्रभवामीति यावद् भर्तृदारिकायै प्रियं निवेदयामि ।]

कुरङ्गी– कोणुखु अभूदपूव्वो रोओ चिन्तिअमाणो मं उम्मादेदि । सुमणावण्णअं णेच्छदि । ण तुस्सदि गोट्ठीए । इदं एत्थ दारुणं मणोहरं च । (निःश्वस्य) णळिणिए ! किं एदं । [कोनुखल्वभूतपूर्वो रोगश्चिन्त्यमानो मामुन्मादयति । सुमनावर्णकं नेच्छति । न तुष्यति गोष्ठया । इदमत्र दारुणं मनोहरं च । नलिनिके ! किमेतत् ।]

मागधिका– भट्टिदारिए ! माअधिआ खु अहं । [भर्तृदारिके ! मागधिका खल्वहम् ।]

विलासिनी– भट्टिदारिए ! विलासिणी खु अहं । [भर्तृदारिके ! विलासिनी खल्वहम् ।

नलिनिका– (उपगम्य) भट्टिदारिए ! अहं णळिणिआ । सोवाणसद्देण खु भट्टिदारिआए विञ्ञादं । भट्टिदारिए ! भट्टिणी भणादि । [भर्तृदारिके ! अहं नलिनिका । सोपानशब्देन खलु भर्तृदारिकाया विज्ञातम् । भर्तृदारिके ! भट्टिनी भणति ।]

कुरङ्गी– किं त्ति । [किमिति ।]

नलिनिका– (कर्णे) एवं विअ । [एवमिव ।]

कुरङ्गी– हं हीणं चारित्तं । [हं हीनं चारित्रम् ।]

नलिनिका–णं सम्भावणीओ एसो । णं सो एव सो । [ननु संभावनीय एषः । ननु स एव सः ।]

कुरङ्गी–णळिणिए ! संवाहेहि मं । [नलिनिके ! संवाहय माम् ।]

नलिनिका–जं भट्टिदारिआ आणवेदि । [यद् भर्तृदारिकाज्ञापयति ।]

विलासिनी–णळिणिए ! विवाहो कदा भविस्सिदि । [नलिनिके ! विवाहः कदा भविष्यति ।]

(नेपथ्ये)

अद्य ।

नलिनिका–चिरं जीव ।

(नेपथ्ये)

राजपुरुषाः ! अमात्यः प्रस्थित इति कश्चिदमात्यभृत्यः कन्यापुररक्षणार्थं नाभ्यागतः । तद् यथेष्टं भवतु । तावदहं श्वो राज्ञो निवेदयिष्यामि ।

विलासिनी–हळा णळिणिए ! किं भणिदं । [हला नलिनिके ! किं भणितम् ।]

नलिनिका–जदा सो भट्टिदारओ पविसदि, तदा होदि विवाहो । [यदा स भर्तृदारकः प्रविशति, तदा भवति विवाहः ।]

विलासिनी–अविग्घेण पविसदु । [अविघ्नेन प्रविशतु ।]

नलिनिका–एवं होदु । [एवं भवतु ।]

मागधिका–हळा ! एहि चउस्साळे उपविसामो । [हला ! एहि चतुःशाले उपविशामः ।]

विलासिनी–एवं होदु । गदप्पाओ पओसो । आरूढा जोह्ना । [एवं भवतु । गतप्रायः प्रदोषः । आरूढा ज्योत्स्ना ।]

नलिनिका–हळा ! मम वि अत्थरं अत्थरेहि । [हला ! ममाप्यास्तरमास्तृणु ।]

मागधिका–अत्थि अवआसो । सेवेहि भट्टिदारिअं, जाव णिद्दं
१४४ लभदि । [अस्त्यवकाशः । सेवस्व भर्तृदारिकां, यावन्निद्रां लभते ।]

नलिनिका–एवं होदु । [एवं भवतु ।]

(उभे निष्क्रान्ते ।)

१४७ (ततः प्रविशति खड्गहस्तश्चोरवेषेण रज्जुहस्तोऽविमारकः)

अविमारकः–(सविमर्शम्) भोः ! कष्टं तारुण्यं नाम । कुतः,

रागं विजृम्भयति संश्रयते प्रमादं
दोषान् न चिन्तयति साहसमभ्युपैति ।
स्वच्छन्दतो व्रजति नेच्छति नीतिमार्गं
बुद्धिं शुभां सुविदुषामवशीकरोति ॥ १ ॥

कथमात्माधीनेष्वर्थेषु मन्दीभवामि । इह हि,

नगरपरिचितोऽहं रक्षिणो ज्ञातसारा-
स्तिमिरगहनभीमं वर्तते चार्धरात्रम् ।
असिरपि सुसहायो निश्चितश्चान्तरात्मा
किमिह बहुविचारैः को मया दुष्करोऽर्थः ॥ २ ॥

अहो अर्धरात्रस्य प्रतिभयता । सम्प्रति हि,

गर्भस्था इव मोहमभ्युपगताः सर्वाः प्रजा निद्रया
प्रासादाः सुखसुप्तनीरवजना ध्यानं प्रविष्टा इव ।
प्रग्रस्ता इव सञ्चितेन तमसा स्पर्शानुमेया नगा
अन्तर्धानमिवोपयाति सकलं प्रच्छन्नरूपं जगत् ॥ ३ ॥

अद्यैव खलु वर्तते कालरात्रिः ।

तिमिरमिव वहन्ति मार्गनद्यः
पुलिननिभाः प्रतिभान्ति हर्म्यमालाः ।
तमसि दश दिशो निमग्नरूपाः
प्लवतरणीय इवायमन्धकारः ॥ ४ ॥

(परिक्रम्य कर्णं दत्त्वा) अये गान्धर्वध्वनिरिव श्रूयते । को नु खल्वयं
सर्वकालसुखी पुरुषः कान्तया सह गान्धर्वमनुभवति । व्यक्तं
३ स्वयं वीणां वादयति । कुतः,

उच्चं हर्म्ये सन्निरुद्धाश्च जाला-
स्तन्त्रीनादः श्रूयते सानुनादम् ।
बाह्यस्थानं व्यक्तमेवं प्रयोक्तुं
किं सामर्थ्यं स्त्रीकराग्राङ्गुलीनाम् ॥ ५ ॥

गीतं तु पुनः स्त्रियाः । इह हि,

तानस्तु मन्दो विशदप्रवृत्तो
जातश्च नादो मुखनासिकेन ।
स्थूलोऽपि हेतुः करतालनादः
सञ्जायते सद्वलयस्वनेन ॥ ६ ॥

(परिक्रम्यावलोक्य) इहह अयमपरः कः क्रुद्धां कान्तां प्रसादयति ।
महान् खल्वस्यापराधः, येनेयमस्यां वेलायामपि न प्रसीदति ।
३ अथवा प्रसन्ना खल्वियं व्यपदेशमिच्छति । कुतः,

बाष्पोपरुद्धजडगद्गदजिह्मकण्ठं
काहं तवेत्यसकलं प्रणयाद् वदन्ती ।
सद्भावतः प्रियवशं समुपागतापि
स्त्रीभावतः प्रवदति प्रतिकूलमेव ॥ ७ ॥

को नु खल्वयं पक्षी भैरवस्वरः । आ उलूकः खल्वयम् । कथं हसित-
मनेन । उलूकस्वरश्रवणभीतया कान्तया परिष्वक्तः खल्वयं तपस्वी ।
३ सदृशं वयसः । किं परव्यापारवीक्षणम्[1] । साधयामस्तावत् ।
(परिक्रम्य) को नु खल्वयमस्मिन् नगरापणालिन्दे सशङ्कित-
मतिस्निग्धं च सम्भाषते । अस्मत्सब्रह्मचारी खल्वयं तपस्वी ।

---

१ किमपरव्यापारेण.

सम्पीड्यते परिजनेन शनैर्वदेति
संविग्नवद् भवति भूषणनिस्वनेन ।
सङ्गं वदत्यसुखदं मदनाभिभूतः
सङ्केतमिच्छति च नेच्छति चाभिगन्तुम् ॥ ८ ॥

(परिक्रम्य) अये ज्योत्स्ना । नैषा ज्योत्स्ना, उभयपङ्क्तिगतानां
प्रासादानां गवाक्षान्तरगता दीपप्रभैषा । इह खलु प्रयत्नादात्मा रक्षि-
३ तव्यः । अये अयं तु तस्करः । एष हि,

दृढपरिकरबन्धहृष्टचित्तः
परगृहवादनिविष्टदृष्टिचेष्टः ।
द्रुतगतिरपि दीपिकावलोकी
भवति च पादनिपातनादभीरुः ॥ ९ ॥

हन्त परिहरिष्याम्येनम् । (एकान्ते स्थितः) गतो नृशंसः । वय-
मपि तावत् प्रतिष्ठामहे । (परिक्रम्य) अये रक्षिणः खल्वेते । किन्नु
३ खल्विदानीं करिष्ये । भवतु दृष्टम् । इमां शृङ्गाटकस्थां विटसभां
प्रविशामि । (विलङ्घ्य स्थित्वा)

आरक्षिणां तु विमुखं मितविक्रमाणां
मामभ्युपेत्य हसतीव ममैष खड्गः ।
नैते तु रक्षिपुरुषा मम भारभूता
मत्कार्यसाधनपरोऽहमिह प्रविष्टः ॥ १० ॥

गता रक्षिणः । के रक्षन्ति रक्षितात्मानम् ।
अबहुपुरुषपक्षमेत्य शौर्यं
निशि विचरन्ति सरागलोभमोहाः ।
इह तु पुरुषकारसारसाक्षी
बहुविषमश्च सुखश्च रात्रिचारः ॥ ११ ॥

एतद् राजकुलम् । अहो स्थिरत्वमुच्छ्रितत्वं प्राकारस्य । इह खलु प्रयुज्यते पुरुषाणां कक्ष्याबन्धः । अथवा प्रविष्ट एवाहं चिन्तयितव्यः, यदि स्थिराः कपिशीर्षकाः । इह स्थित्वा रज्जुं प्रक्षिपामि । नमः प्रजापतये । नमः सर्वसिद्धेभ्यः । प्रसीदन्तु बलिशम्बरमहाकालाः । विजृम्भतां रात्रिः । वर्धतां निद्रा । अनुमन्यतां पद्मा । लयं गताः सर्वविघ्ना भवन्तु । हताः परिपन्थिका भवन्तु । जयतु भगवती कात्यायनी । (रज्जुं क्षिप्त्वा) हन्त बद्धः कर्कटकरज्ज्वा कपिशीर्षकः । अहो भवितव्यस्य प्रभावः । एकनैव क्षेपेण सुसंसक्तां रज्जुं कार्यसिद्धिमिव पश्यामि । अहो बलवान् हि भगवान् प्रजापतिः । कुतः,

यत्ने कृते यदि न सिध्यति कोऽत्र दोषः
　　को वा न सिध्यति ममेति करोति कार्यम् ।
यत्नैः शुभैः पुरुषता भवतीह नृणां
　　दैवं विधानमनुगच्छति कार्यसिद्धिः ॥ १२ ॥

भवतु रज्जुमवलम्ब्यारोहामि । (आरुह्य दृष्ट्वा) अहो राजकुलस्य श्रीः ।

विपुलमपि मितोपमं विभागा-
　　न्निबिडमिवाभ्युदितं क्रमोच्छ्रयेण ।
नृपभवनमिदं सहर्म्यमालं
　　जिगमिषतीव नभो वसुन्धरायाः ॥ १३ ॥

इह तु न स्थातव्यम् । अट्टालप्रतोलीन्द्रपथेभ्यः सर्वविघ्ना भवन्ति । भवतु अनयैव रज्ज्वावतरिष्यामि । (अवतीर्य) क्व नु खल्विदानीं रज्जुं प्रच्छादयामि । (विचिन्त्य) भवतु दृष्टम् । अस्यां हस्तिशालायां पाशं छित्वा क्षिपामि । (प्रक्षिपति । परिक्रम्य)

अये तन्त्रीनादो युवतिकलगीतध्वनियुतः

अन्यतो यास्यामि ।

अये गन्धामोदो गजवरमदोद्बोधितपटुः ।

मुहूर्तं स्थित्वा यास्यामि ।

प्रभैषा दीपानामिह तु वितता रक्षिपुरुषाः

का गतिः ।

चिराद् रात्रौ शान्तं सह कमलषण्डैर्नृपगृहम् ॥१४॥

यास्यामि । एष तयोक्तो मार्गः । इयं मन्दाकिनी । असौ दारुपर्वतकः । इयमुपस्थानसभा । अये अयं कन्यापुरप्रासादः । एष तु काष्ठकर्मबहुलतया समासन्नजालत्वाच्च सुखमारोढुम् । अथवा दुरारोहश्चेत्,

कान्तासमीपमुपगम्य मनोभिलाषा-
द्धर्म्याधिरोहणमतेर्मम का विशङ्का ।
संसक्तनालगतकण्टकभीतचेता-
स्तृष्णार्दितः क इह पुष्करिणीं जहाति ॥ १५ ॥

भवत्वारोहामि । (आरुह्य) इदं तयोक्तं जालयन्त्रम् । (विघाट्य प्रविश्यावलोक्य च) साधु कुन्तिभोज ! साधु । उत्प्रहसित इव भवनेनानेन स्वर्गः । तथाहि,

हंसाः स्वपन्ति मणिरत्नशिलातलेषु
वैदूर्यमौक्तिककृताः सिकताप्रतानाः ।
स्तम्भाः प्रवालविहिताः किमिह प्रलापै -
र्मन्दीभवन्ति मणिदीपहताः प्रदीपाः ॥ १६ ॥

अलं रौद्रवेषेण । (चोरवेषमपनीय कक्ष्याबन्धं विमुञ्चति)

१° प्रधानाः.

नलिनिका-को णु खु वुत्तन्तो भट्टिदारअस्स । भट्टिदारिआ वि अवत्थादुल्लहं णिद्दं ळभदि अज्ज उ मम पिओ आअच्छदि त्ति सुदमत्तेण एव । [को नु खलु वृत्तान्तो भर्तृदारकस्य । भर्तृदारिकाप्यवस्थादुर्लभां निद्रां लभत अद्य तु मम प्रिय आगच्छतीति श्रुतमात्रेणैव ।]

अविमारकः- (श्रुत्वा सहसोपसृत्य) भवति ! अयं मे वृत्तान्तः ।

नलिनिका-(विलोक्य सहर्षम्) साअदं भट्टिदारअस्स । [स्वागतं भर्तृदारकस्य ।]

अविमारकः-(दृष्ट्वा सानन्दम्) इयमियं सा । यत्र मम,

दृष्टिर्न तृप्यति परिष्वजतीव साङ्गं
　बुद्धिस्त्वरां व्रजति बोधयतीव सुप्ताम् ।
रागोऽभिचोदयति सादयतीव चाङ्गं
　हर्षात् प्रसीदति विमुह्यति चान्तरात्मा ॥ १७ ॥

नलिनिका-(आत्मगतम्) एसो खु भअवं कामदेवो ओघो विअ उभअपक्खं पीडेइ । (प्रकाशम्) भट्टिदारअ ! अळङ्करीअदु सअणअळं । [एष खलु भगवान् कामदेव ओघ इवोभयपक्षं पीडयति । भर्तृदारक ! अलंक्रियतां शयनतलम् ।]

अविमारकः-बाढम् । (उपविशति)

नलिनिका-भट्टिदारअ ! किं ओबोधेमि भट्टिदारिअं । [भर्तृदारक ! किमवबोधयामि भर्तृदारिकाम् ।]

अविमारकः-भद्रे ! अलमलं बालचापलेन । पश्य,

अहं द्विनेत्रो न सहस्रनेत्रो
　मतिश्च मूढा सुचिराभिलाषात्[1] ।
कामार्णवस्याद्य तु दृष्टपारं
　चेक्रिड्यतां मे सुखमक्षियुग्मम् ॥ १८ ॥

१ °मिलाषा.

नलिनिका—जाणामि जाणामि भट्टिदारिअं अन्तरेण भट्टिदारअस्स परिस्समं । [जानामि जानामि भर्तृदारिकामन्तरेण भर्तृदारकस्य परिश्रमम् ।]

अविमारकः—अद्य सफलो मे परिश्रमः ।

कुरङ्गी—(बुद्ध्वा) हळा ! किं णिरणुक्कोसेण भणिअं । [हला ! किं निरनुक्रोशेन भणितम् ।]

नलिनिका—भट्टिदारिए ! भणिदं खु मए पुढमं । [भर्तृदारिके ! भणितं खलु मया प्रथमम्]

अविमारकः—प्राप्तं खलु मया जीवितस्य फलं, येनेयमीदृशं मोहं गता ।

कुरङ्गी—(आत्मगतम्) हं परिब्भट्ठम्हि । (प्रकाशम्) हळा ! किं मए भणिदं । [हं परिभ्रष्टास्मि । हला ! किं मया भणितम् ।]

नलिनिका—भट्टिदारिए ! किञ्चि ण मन्तिदं । [भर्तृदारिके ! किञ्चिन्न मन्त्रितम् ।]

अविमारकः—अयमस्या मोहविस्तरेण द्वितीयो मे मोहः ।

कुरङ्गी—णळिणिए ! चिरं खु उवविट्ठा । का वेळा । [नलिनिके ! चिरं खलूपविष्टा । का वेला ।]

नलिनिका—संवुत्तं अद्धरत्तं । [संवृत्तोऽर्धरात्रः ।]

कुरङ्गी—तेण हि परिस्सन्तासि । एहि परिस्सजेहि मं । [तेन हि परिश्रान्तासि । एहि परिष्वजस्व माम् ।]

नलिनिका—(अपवार्य) अहं संवाहेमि । भट्टिदारअ ! परिस्सजेहि भट्टिदारिअं । [अहं संवाहयामि । भर्तृदारक ! परिष्वजस्व भर्तृदारिकाम् ।]

अविमारकः–(सहर्षम्) बाढम्। एवमेव त्वमपि प्रियशतानि शृणु।

कुरङ्गी–अळं अदिसिणेहेण। एहि दाव। [अलमतिस्नेहेन। एहि तावत्।]

नलिनिका–भट्टिदारिए ! इअम्हि। [भर्तृदारिके ! इयमस्मि।]

कुरङ्गी–(बलादाकृष्याविमारकमालिङ्गति) हं को दाणिं मं संवाहेदि। [हं क इदानीं मां संवाहयति।]

नलिनिका–(कर्णे) एवं विअ। [एवमिव।]

कुरङ्गी–(ससम्भ्रमम्) हा हीणं चारित्तं। भीदम्हि। [हा हीनं चारित्रम्। भीतास्मि।]

अविमारकः–

न त्वं प्रिये ! मम नवासि मनोभियोगात्
किं कम्पसे पवनवेगहता लतेव।
भद्रे ! भयं त्यज कुरुष्व मयि प्रसादं
किं वा प्रलप्य बहुधा शरणागतोऽस्मि ॥ १९ ॥

(कुरङ्गी सलज्जं नलिनिकां विलोकयति)

नलिनिका–भट्टिदारअ ! उट्ठेहि उट्ठेहि। भट्टिदारिआ भणादि। उट्ठेहि किळ। [भर्तृदारक ! उत्तिष्ठोत्तिष्ठ। भर्तृदारिका भणति। उत्तिष्ठ किल।]

अविमारकः–बाढम्। (उत्तिष्ठति)

(प्रविश्य)

धात्रि–जेदु भट्टिदारओ। [जयतु भर्तृदारकः।]

अविमारकः–कथं भवती।

धात्री–णळिणिए ! अब्भन्तरमण्डवे खु रइदं सअणं। भट्टिदारिअं भट्टिदारअं च तहिं एव पवेसेहि। [नलिनिके ! अभ्यन्तरमण्डपे खलु रचितं शयनम्। भर्तृदारिकां भर्तृदारकं च तत्रैव प्रवेशय।]

नलिनिका-तह । [तथा ।]

(निष्क्रान्ता धात्री)

नलिनिका-भट्टिदारअ ! अब्भन्तरमण्डवे खु रइदं सअणं । तहिं एव पविसदु भट्टिदारिआए सह । [भर्तृदारक ! अभ्यन्तरमण्डपे खलु रचितं शयनम् । तत्रैव प्रविशतु भर्तृदारिकया सह ।]

अविमारकः-त्वमप्येवं प्रियशतानि श्रृणु । (हस्तेन तस्या हस्तं गृहीत्वेत्तिष्ठति ।)

नलिनिका-एदु एदु भट्टिदारओ । [एत्वेतु भर्तृदारकः ।]

अविमारकः-अयमयमागच्छामि ।

(उभौ परिक्रामतः)

अविमारकः-(सहर्षम्) अनृणोऽस्मि यौवनस्य । कुतः,

नेत्रे बाष्पपरिप्लुते करधृतौ व्यावल्गमानौ स्तनौ
श्रोणी चाधिकभारिका न विशदौ पादौ ह्रिया स्यन्दिनौ ।
एतत् सप्तपदप्रमाणमिह भोः ! सम्पाद्यते योजना
यद्येषा क्षणदा भवेद् युगशतं धन्यो मदन्य कुतः ॥ २० ॥

(निष्क्रान्ताः सर्वे ।)

तृतीयोऽङ्कः ।

अथ चतुर्थोऽङ्कः ।

(ततः प्रविशति चाङ्गेरिकाहस्ता मागधिका)

मागधिका-अहो परिजणस्स पमादो । आसुय्योदअं पि ण किदा पासादरअणा । ण सुणीअदि गोट्ठीजणकोलाहलो । किं णु खु भवे । आ, रत्तिजागरदाए पभादप्पसुत्ता भवे । जाव भट्टिदारिअं ओबोधेमि । परिक्रामति) [अहो परिजनस्य प्रमादः । आसूर्योदयमपि न कृता प्रासादरचना । न श्रूयते गोष्ठीजनकोलाहलः । किं नु खलु

भवेत् । आ, रात्रिजागरतया प्रभातप्रसुप्ता भवेत् । यावद् भर्तृदारिकामवबोधयामि ।]

(ततः प्रविशति विलासिनी वीजनेन)

विलासिनी—मागधिए ! चिट्ठ चिट्ठ । [मागधिके ! तिष्ठ तिष्ठ ।]

मागधिका—हळा ! मा वारेहि । भट्टिदारिआए सुमणावण्णअं मए आणीअदि । [हला ! मा वारय । भर्तृदारिकायै सुमनावर्णकं मया नीयते ।]

विलासिनी—किं भट्टिदारिआए सुमणावण्णएण वा अळङ्कारेण वा । [किं भर्तृदारिकायाः सुमनावर्णकेन वालङ्कारेण वा ।]

मागधिका—अविणीदे ! मा अमङ्गळं भणाहि । सददाळङ्किदा भट्टिदारिआ होदु [अविनीते ! मा अमङ्गलं भण। सततालङ्कृता भर्तृदारिका भवतु ।]

विलासिनी—ण खु । आइदी एव भट्टिदारिआए अलङ्कारो त्ति भणामि । [न खलु । आकृतिरेव भर्तृदारिकाया अलङ्कार इति भणामि।]

मागधिका—उम्मत्तिए ! णणु पुप्फं वि वासीअदि । [उन्मत्तिके ! ननु पुष्पमपि वास्यते ।]

विलासिनी—सदिसं एदं । सभावरमणीआणि मण्डिदाणि अदिरमणीआणि होन्ति । [सदृशमेतत् । स्वभावरमणीयानि मण्डितान्यतिरमणीयानि भवन्ति ।]

मागधिका—हळा ! सुजोजिदो खु भट्टिदारिआए रूवाणुरूवो भत्ता । [हला ! सुयोजितः खलु भर्तृदारिकाया रूपानुरूपो भर्ता ।]

विलासिनी-अळं पक्खवादेण भट्टिदारअस्स समीवे भट्टिदारिआ पदुमिणिआ विअ दिस्सदि । [अलं पक्षपातेन । भर्तृदारिकस्य समीपे भर्तृदारिका पद्मिनीव दृश्यते ।]

मागधिका-सुट्ठु भणादि । अहं वि चिन्तेमि—ससरीरो भअवं

कामदेवो ईदिसो भवेत्ति। [सुष्ठु भणति । अहमपि चिन्तयामि—सशरीरो भगवान् कामदेव ईदृशो भवेदिति ।]

विलासिनी–तह एव भट्टिदारिआ भट्टिदारअं विणा खणमत्तं वि ण रमदि। [तथैव भर्तृदारिका भर्तृदारकं विना क्षणमात्रमपि न रमते।]

(ततः प्रविशति सास्रा नलिनिका

नलिनिका–(सशोकम्) सच्चो खु लोअप्पवादो—बहुविग्घाणि सुहाणि त्ति। एसो खु संवच्छरो अदिक्कन्दो भट्टिदारिआए अविच्छिण्णसुहसम्भोएण रदिं करिअ । अम्हाअं पुण गोट्ठीजणस्स उत्तरकुरुवासो संवुत्तो। अज्ज उण महाराएण विदिदो एसो खु वुत्तन्तो त्ति सुणिअ सीददि विअ सरीरं । भट्टिदारिआ च ळज्जाभअमअणेहि अभिताळिअमाणा सन्दावेण मुद्धा अवअदचेदणा विअ संवुत्ता। एसो खु पासादो णिव्वाविददीवो विअ मे पडिभादि । तेण भट्टिदारएण विरहिदाए मम एक्कं पि हिअअप्पीदिकरं ण जादं। भट्टिदारओ अविग्घेण णिग्गदो त्ति सुणिअ अज्ज पह्लादिदं विअ मे हिअअं। सम्पदि सुरुद्धं कण्णाउरं। (परिक्रम्य) अम्मो सहीओ। हळा माअधिए ! किं एदं। [सत्यः खलु लोकप्रवादः—बहुविघ्नानि सुखानीति । एष खलु संवत्सरोऽतिक्रान्तो भर्तृदारिकाया अविच्छिन्नसुखसम्भोगेन रतिं कृत्वा। अस्माकं पुनर्गोष्ठीजनस्योत्तरकुरुवासः संवृत्तः। अद्य पुनर्महाराजेन विदित एष खलु वृत्तान्त इति श्रुत्वा सीदतीव शरीरम् । भर्तृदारिका च लज्जाभयमदनैरभिताडयमाना सन्तापेन मुग्धापगतचेतनेव संवृत्ता । एष खलु प्रासादो निर्वापितदीप इव मे प्रतिभाति। तेन भर्तृदारकेण विरहिताया ममैकमपि हृदयप्रीतिकरं न जातम्। भर्तृदारकोऽविघ्नेन निर्गत इति श्रुत्वाद्य प्रह्लादितमिव मे हृदयम्। सम्प्रति सुरुद्धं कन्यापुरम्। अम्मो सख्यौ। हला मागधिके ! किमेतत्।]

मागधिका—हळा ! किं पुच्छसि । णं मण्डणवेळा भट्टिदारिआए । [हला ! किं पृच्छसि । ननु मण्डनवेला भर्तृदारिकायाः ।]

नलिनिका— अदिक्कन्दो उच्छवो । (रोदिति) [अतिक्रान्त उत्सवः ।]

उभे—सिविणं विअ किं एदं । भणाहि समाणा भवामो । [स्वप्न इव किमेतत् । भण समाना भवामः ।]

नलिनिका—सव्वहा गओ भट्टिदारओ । [सर्वथा गतो भर्तृदारकः ।]

उभे—हं ।

नलिनिका—अहं पि भट्टिदारिआए दुक्खं पेक्खिदुं असहन्ती इह आअदम्हि । [अहमपि भर्तृदारिकाया दुःखं प्रेक्षितुमसहमानेहागता- स्मि ।]

मागधिका— ण सक्कं खु भट्टिदारिआए अवत्थादंसणं । तह वि भट्टिदारिअं अस्सासइस्सामो । [न शक्यं खलु भर्तृदारिकाया अवस्थादर्शनम् । तथापि भर्तृदारिकामाश्वासयिष्यामः ।]

उभे—एवं करेम्ह । [एवं कुर्मः ।]

(सर्वा निष्क्रान्ताः)

प्रवेशकः ।

(ततः प्रविशत्यविमारकः)

अविमारकः—(सशोकम्)

कन्यापुरात् कथमपीह विनिर्गतं मे
भाग्यावशेषमवलम्ब्य शरीरमात्रम् ।
अद्यापि तन्मम मनो न तु मामुपैति
नावेक्षते मयि तया प्रिययावरुद्धम् ॥ १ ॥

का नु खलु भवेदवस्था कुरङ्गयाः ।

ह्रीता भवेत् प्रेष्यजनप्रवादैर्भीता च राज्ञा दृढसन्निरुद्धा ।
बाष्पाविला मामनवेक्षमाणा मोहं व्रजेद् रात्रिषु किं करिष्ये ॥ २ ॥

हन्त दृष्टः प्रतीकारः । तथापि तावदस्मदपेक्षया नापेक्षित आत्मा । तस्मादहमपि तावत् तदर्थे प्राणान् परित्यजामि । (परिक्रम्य) कतिपयदिवसप्रोषितोऽहमस्मि । अद्य तु मानसं शारीरं च दुःखमसह्यमिव मे प्रतिभाति । इह हि,

निर्व्याजं परिचयवर्धमानरागां
रूपाढ्यामभिनवयौवनां मनोज्ञाम् ।
त्यक्त्वा तां क्षणमपि वञ्चितोऽस्मि जीवन्
कष्टोऽन्यः क इह भवेत् कृतघ्नभावः ॥ ३ ॥

सम्प्रति हि मदनेनान्तर्दह्यमानस्य क्षारीभवितुमारब्धो भगवान् सूर्यः सहस्ररश्मिः । (सर्वतो विलोक्य) अहो प्रतिभयता निदाघस्य । सम्प्रति हि,

अत्युष्णा ज्वरितेव भास्करकरैरापीतसारा मही
यक्ष्मार्ता इव पादपाः प्रमुषितच्छाया दवाग्न्याश्रयात् ।
विक्रोशन्त्यवशादिवोच्छ्रितगुहाव्यात्ताननाः पर्वता
लोकोऽयं रविपाकनष्टहृदयः संयाति मूर्छामिव ॥ ४ ॥

किमिदानीं करिष्ये । न चास्म्यहं गन्तुं समर्थः । कुतः,

लिम्पन्ति रूक्षपवनाः सिकताग्निचूर्णैः
संस्वेदयन्ति च नगाः परुषैः पलाशैः ।
दावैर्द्रवीकृततनुः स्रवतीव भास्वा-
नादित्यपाकचलितः फलतीव लोकः ॥ ५ ॥

हा प्रिये ! हा सुन्दरि ! देहि मे प्रतिवचनम् । (मूर्च्छां नाटयति । पुनर्निःश्वस्य । ऊर्ध्वमवलोक्य) रुद्धः खलु भगवान् सूर्यः सहस्ररश्मिः । अथवा,

किमत्र चित्रं विततः पयोदा
रुन्धन्ति सूर्यं ननु वातनीताः ।
अन्तःस्थितं मे यदि वारयन्ति
कामं भवेद् विस्मयनीयमेतत् ॥ ६ ॥

किमनेन जीवन्मरणेन । विसर्जयिष्याम्यात्मानम् (उत्थाय परिक्रामति) किन्नु खलु करिष्ये । भवतु दृष्टम् । अस्मिन्नारण्यतटाके विसर्जयिष्याम्यात्मानम् । धिगधर्मः खलु मे मरणमार्गः । अभिमानमोहान्महापथो विस्मृतः । अन्यथा प्रयतिष्ये । (विलोक्य) भवतु दृष्टम् । अये अदूरे दृश्यते दवाग्निः । तस्मिन् प्राणानाहुतिं करिष्यामि । (उपगम्य प्रणम्य च) भगवन् ! अग्ने !

इष्टं चेदेकचित्तानां यद्यग्निः साधयिष्यति ।
परत्रापि च मे कान्ता सा भवेदेककीर्तनी ॥ ७ ॥

(अग्निं प्रविश्य सकुतूहलम्) किमिदं वर्तते ।

दग्धाः स्फुलिङ्गनिकरैर्निपतन्ति वृक्षा
ज्वालाश्च मे मलयचन्दनपङ्कशीताः ।
अग्निर्दयां हि कुरुते मदनातुरेऽपि
पुत्रं पितेव च परिष्वजति प्रहृष्टः ॥ ८ ॥

भोः ! किमतः परं विस्मयनीयम् । अग्निः खलु मां न दहति । अथवा एतदप्यस्ति कारणम् । अन्यथा प्रयतिष्ये (परिक्रम्य) एष खलु महान् पर्वतः,

असितजलदवृन्दैर्मिश्रसन्दिग्धशृङ्गो
गगनचरकुलानां विश्रमस्थानभूतः ।
सुकविमतिविचित्रो मित्रसंयोगहृद्यो
नरपतिरिव नीचो दृश्यते निष्फलाढ्यः ॥ ९ ॥

भवतु तावदस्मिञ्छैले प्राणान् परित्यजामि । मरुत्प्रपातो हि सर्वार्थसाधकः । यावदारोहामि । (आरुह्यावलोक्य) एतत् पानीयं गोत्रस्थं स्नात्वोपस्पृश्य मन्त्रं जपामि । (तथा कृत्वा जपति)

(ततः प्रविशति विद्याधरः सह प्रियया)

विद्याधरः–

प्राक्सन्ध्या कुरुषूत्तरेषु गमिता स्नातः पुनर्मानसे
भूयो मन्दरकन्दरान्तरतटेष्वामोदितं यौवनम् ।
क्रीडार्थं हिमवद्गुहासु चरिता दृष्टिश्च संलोभिता
यास्यावो मलयस्य चन्दननगान्मध्याह्ननिद्रासुखान् ॥ १० ॥

(आकाशयानं निरूप्य) सौदामिनि ! पश्य पश्य भगवत्या वसुन्धराया दूरस्थां दर्शनीयामाकृतिम् । इह हि,

शैलेन्द्राः कलभोपमा जलधयः क्रीडातटाकोपमा
वृक्षाः शैवलसन्निभाः क्षितितलं प्रच्छन्ननिम्नस्थलम् ।
सीमन्ता इव निम्नगाः सुविपुलाः सौधाश्च बिन्दूपमा
दृष्टं वक्त्रमिवाभिभाति सकलं संक्षिप्तरूपं जगत् ॥ ११ ॥

भद्रे ! अवहिता भव । शीतचन्दननिलयं मलयं प्रयास्यावः ।

सौदामिनी–अय्य ! तह । [आर्य ! तथा ।]

(उभावाकाशयानं निरूपयतः)

सौदामिनी–अय्य ! ण पारेमि अविस्सन्ता गन्तुं । [आर्य ! न पारयाम्यविश्रान्ता गन्तुम् ।]

विद्याधरः–तेन हि कस्मिंश्चित् पर्वते मुहूर्तं विश्रम्य गमिष्यावः ।

सौदामिनी–अय्य ! पिअं मे । [आर्य ! प्रियं मे ।]

(उभाववतरतः)

विद्याधरः–सौदामिनि ! पश्य पश्य ।

जलदगहनमुज्झतीव वेगा-
　　दभिपततीव मही समुद्रमुद्रा ।
जलदसमयतोयदा इवामी
　　भृशमभिभान्ति नगा विजृम्भमाणाः ॥ १२ ॥

भवति ! अहं पर्वतः समर्थ इवास्माकं मुहूर्तमातिथ्यं कर्तुम् । तस्माद् विश्रान्तौ गमिष्यावः ।

सौदामिनी—अय्य ! एवं करेम्ह । [आर्य ! एवं कुर्वः ।]

विद्याधरः—सौदामिनि ! पुष्पितानां नगानां षड्भागग्रहणमस्माकं धर्मः । तस्मादनृणान् वृक्षान् करिष्यावः ।

सौदामिनी—अय्य ! तह । [आर्य । तथा ।]

(पुष्पापचयं नाटयतः)

विद्याधरः—(अविमारकं विलोक्य) अये को नु खल्वयम् । आ ज्ञातम् । विद्याधरः खलु मन्त्रभ्रष्टः । कुतः, रूपमीदृशं हि नान्येषाम् । दिष्ट्या यदयं दृष्टः । भवत्वहमपि विस्मृतं पृच्छामि ।

अविमारकः—भवतु कृतं देवकार्यम् । प्रपतामि । (पार्श्वतो विलोक्य, विद्याधरं दृष्ट्वा) भोः ! को नु खल्वयम् । अथवा, स्वप्नोऽयं भवेत् । न ह्यहं सुप्तः । आ अन्तकाले मनुष्याः किमपि पश्यन्ति । तदेतत् स्यात् । तदपि संमूढानां खलु । अहं तु सर्वं जानामि । भवतु पृच्छाम्येनम् । भोः ! कतरकुलान्वयो भवतालङ्क्रियते ।

विद्याधरः—श्रूयताम्— 'अहं मेघनादो नाम विद्याधरः । इयं तावदस्मत्कुडुम्बिनी सौदामिनी नाम । अद्य भगवन्तमगस्त्यमाराधयितुं मलयपर्वते विद्याधरैरुत्सवः प्रारब्धः । तत्र वयमपि सङ्केतिताः । इह मुहूर्तं विश्रम्य गमिष्याव इत्यवतीर्णाः । एषोऽस्माकं वृत्तान्तः । अथ किमर्थमिदानीं भवान् क्षितितलं देवलोकीकरोति ।

अविमारकः–(आत्मगतम्) किन्नु खलु वक्तव्यम् । वर्तमाने ममान्तकालेऽनृतं न वक्तव्यम् । (प्रकाशम्) भोः ! सौवीरराजपुत्रोऽविमारको नाम्नास्मि ।

विद्याधरः–(आत्मगतम्) एतदनृतम् । नेयमाकृतिर्मानुषी । (प्रकाशम्) अथ किमर्थमेकाकी भवानिहागतः ।

अविमारकः–(आत्मगतम्) किन्नु खलु वक्ष्यामि । (अधोमुखस्तिष्ठति)

विद्याधरः–(आत्मगतम्) भवत्वहमेव ज्ञास्यामि । (विद्यामावर्तयति) भोः ! कष्टम् । अयं खलु भगवतोऽग्नेः पुत्र आत्मानं न जानाति, कुन्तिभोजदुहितरं कुरङ्गीमभिलषमाणो रममाणश्च तत्र विदिते सति निर्गतः, पुनः प्रवेशोपायमलभमानः प्राणपरित्यागाभिलाषी मरुत्प्रपातं कर्तुमिहारूढः । सापि च तत्र जीवन्मरणमनुभवति । अहमस्यास्मिन् कार्ये सहायो भविष्यामि । (प्रकाशम्) भो अविमारक ! अच्छलं मित्रत्वं नाम । न शक्नोषि मया विदितमर्थं प्रच्छादयितुम् ।

अविमारकः–उच्यताम् ।

विद्याधरः–अद्यप्रभृत्यावयोः सख्यमस्तु । सकला च भवतोऽस्माभिरवस्था विदिता । प्राणपरित्यागार्थमिहारूढो भवान् ननु ।

अविमारकः–वयस्य ! एवमेतत् ।

विद्याधरः–भोः ! प्रीतोऽस्म्यनेन विस्रम्भेण । यदि तत्राज्ञातमेव प्रवेष्टुं स्यादुपायः, किं करिष्यति भवान् ।

अविमारकः–(सहर्षम्) किमन्यत् । अनुप्रवेक्ष्यामि । तदर्थो हि व्याक्षेपः ।

विद्याधरः–तेन हि सखे ! दृश्यतामङ्गुलीयम् । (इत्यङ्गुलीयकं दर्शयति)

अविमारकः–वयस्य ! किमनेन प्रयोजनम् ।

विद्याधरः– एतदङ्गुलीयकं दक्षिणाङ्गुल्या धारयन्नदृश्यो भवति, वामेन प्रकृतिस्थः ।

अविमारकः– वयस्य एतदप्यस्ति ।

विद्याधरः– अयं ते प्रत्ययं करिष्यामि । वयस्य ! किं मां पश्यसि ।

अविमारकः– एवम् ।

विद्याधरः– अवहितो भव ।

अविमारकः– अवहितोऽस्मि ।

विद्याधरः– (दक्षिणाङ्गुल्यां प्रक्षिप्य) वयस्य ! किं मां पश्यसि ।

अविमारकः– वयस्य ! छायापि न दृश्यते, किं पुनः शरीरम् । एते खलु लोके सुखिनो नाम ।

ये सञ्चरन्ति गगने वनितासहायाः
क्रीडन्ति पर्वततटेषु कृतोपदेशाः ।
सर्वं विदन्त्यपि च मन्त्रकृतैः प्रभावै-
रन्तर्हिताश्च विवृताश्च सुखं भ्रमन्ति ॥ १३ ॥

भवतु, प्रविष्ट एवास्म्यनेन ।

विद्याधरः– (वामाङ्गुल्यां प्रक्षिप्य) तेन हि गृह्यतामङ्गुलीयकम् ।

अविमारकः– (प्रतिगृह्य) अनुगृहीतोऽस्मि ।

विद्याधरः– न न, अहमेवानुगृहीतः । कुतः,

न तथा रत्नमासाद्य सुजनः परितुष्यति ।
यथा तत् तद्गताकाङ्क्षे पात्रे दत्त्वा प्रहृष्यति ॥ १४ ॥

अविमारकः– एकस्तु मे संशयः । मम शरीरे परीक्षितुमिति वक्तुमसदृशमिव ।

विद्याधरः– तेन हि प्रक्षिप दक्षिणाङ्गुल्याम् ।

अविमारकः– बाढम् । (तथा करोति)

विद्याधरः- वयस्य ! गृह्यतामसिः ।

अविमारकः- बाढम् । (खड्गं गृहीत्वा सविस्मयम्) अहो खड्गस्य प्रभावः ।

प्रच्छन्नरूपस्त्वशनिः कथञ्चित्
खड्गीकृतः स्यात्तु तडित्कलापः ।
निर्भर्त्सयन् सूर्यकृतां प्रदीप्तिं
वनं दवाग्निः सहसाभ्युपैति ॥ १५ ॥

विद्याधरः- अहो वीर्यमग्निपुत्रस्य । अस्य खड्गस्य प्रभावं विद्याधरेष्वपि कतिचित् सहन्ते । अग्निः खलु भगवानिमं रक्षति ।

अविमारकः- (खड्गं दृष्ट्वा) अहो भगवतीनां विद्यानां प्रभावः ।

दिव्यं स्वभावं समुपागतोऽस्मि
स एव नामास्मि गुणैर्विशिष्टः ।
इदं यदा निर्गुणमर्त्यवृन्दै-
र्न ज्ञायते चास्ति च मे शरीरम् ॥ १६ ॥

वयस्य ! कृतमस्मत्कार्यम् । गृह्यतामसिः ।

विद्याधरः- यदिष्टं भवतः । वयस्य ! अन्तर्हितश्चान्तर्हितस्पृष्टश्च तत्स्पृष्टश्चान्तर्हिता भवन्तीति निश्चयः ।

अविमारकः- सखे ! प्रीतोऽस्मि । अयमभ्युदयादभ्युदयः । सखे ! अस्मदपेक्षया विलम्बितमिति तर्कयामि । मा भूदिदानीं वेलातिक्रमः ।

विद्याधरः- प्रविष्टोऽस्मि, यद्यापृष्टो भवान् ।

अविमारकः- किं बहुना भाषितेन ।

विद्यावशानां तु भवद्विधानां
कोऽस्मद्विधः स्यात् प्रतिकर्तुकामः ।

क्रीतोऽस्म्यहं जीवितसम्प्रदानात्
प्रशाधि मां किं करवाणि भृत्यः ॥ १७ ॥

विद्याधरः-जानाम्यहं भवतोऽच्छलां बुद्धिम् । यदि च भवानस्मद्वचनमनुवर्तते,

सख्यै मम प्रतिनिवेदय मामिमां च
त्वं मामनुस्मर सखे ! गतिरीक्ष्यतां मे ।
क्रीडारसैः प्रतिविलोभय राजपुत्रीं
कार्यान्तरेषु पुनरप्यहमस्मि पार्श्वे ॥ १८ ॥

अहो पुरुषसारो हि नाम नेच्छति विसर्जयितुं मे मनः । वयस्य ! गच्छामस्तावत् ।

३ अविमारकः-गच्छतु भवान् पुनर्दर्शनाय ।

विद्याधरः-बाढम् ।

(उत्थितो विद्याधरः सह प्रियया)

६ अविमारकः-(ऊर्ध्वमवलोक्य) एष हि तत्रभवान् मेघनादो गगनार्णवमवगाढः । य एषः,

वातोद्धूताग्रकेशः सलिलधरदरीमृष्टदष्टाङ्गरागः
सम्यग्बद्धासिकक्ष्यः प्रिययुवतिकरस्पृष्टसङ्गूढमध्यः ।
वातोद्धूतोत्तरीयो मुकुटमणिगणैस्तारकाः सम्प्रमृद्नन्
श्रीमान् विद्याधरोऽसावुपरिगतिजवैः क्षीयमाणः प्रयाति ॥१९॥

इयमपि विद्याबलेन प्रियमनुवर्तते । यैषा,

जवशिथिलविमुक्तपार्श्वकेशी
स्तनतटवल्गनखिन्नसन्नमध्या ।
वियति दयितदत्तपूर्वकाया
तडिदिव तोयधरेषु दृष्टनष्टा ॥ २० ॥

गतस्तत्रभवान् मेघनादः । अहमप्यद्यैव नगराभिमुखो भविष्यामि । यावदवतरामि । (अवतीर्य) परिश्रान्त इवास्मि । भवतु, एतस्मिन् शिलातले मुहूर्तं विश्रम्य गमिष्यामि । (उपविशति ।)

(ततः प्रविशति विदूषकः ।)

विदूषकः—अहो तत्तहोदो सुगहीदणामहेअस्स सोवीरराअस्स अधण्णदा, जाए चिरं अपुत्तो भविअ अत्तणो णिअमविसेसेण देव्वप्पसादेण अ माणुसलोअदुल्लभं सुपुत्तं लभिअ पुणो वि तादिसो एव्व संवुत्तो । सव्वहा मम अ समत्तजीविददाए बन्धुजणस्स अधण्णदाए परिब्भट्ठो कुमारो । (परिक्रम्य) अज्ज खु तत्तहोदीए भणिदं—खेमेण गदो कुमारो त्ति । अहव को एत्थ जाणादि अदिसुउमारो राअउमारो एआई वम्महेण अभिताळिअमाणो परिब्भट्ठो कुसलो होदि त्ति । अहं वि कुमारं वा कुमारस्स सरीरं वा पेक्खिस्सामि दाव सव्वलोअं परिब्भमिअ । जदि ण पेक्खामि, तत्तहोदो परत्त सहाओ होमि । परिस्सन्तो खु अहं । भोदु, एदस्सिं पादपच्छाआआं मुहुत्तअं विस्समिअ गमिस्सं । (स्वपिति) [अहो तत्रभवतः सुगृहीतनामधेयस्य सौवीरराजस्याधन्यता, यया चिरमपुत्रो भूत्वात्मनो नियमविशेषेण दैवप्रसादेन च मानुषलोकदुर्लभं सुपुत्रं लब्ध्वा पुनरपि तादृश एव संवृत्तः । सर्वथा मम च समाप्तजीविततया बन्धुजनस्याधन्यतया परिभ्रष्टः कुमारः । अद्य खलु तत्रभवत्या भणितं—क्षेमेण गतः कुमार इति । अथवा कोऽत्र जानाति अतिसुकुमारो राजकुमार एकाकी मन्मथेनाभिताडयमानः परिभ्रष्टः कुशलो भवतीति । अहमपि कुमारं वा कुमारस्य शरीरं वा प्रेक्षिष्ये तावत् सर्वलोकं परिभ्रम्य । यदि न प्रेक्षे, तत्रभवतः परत्र सहायो भवामि । परिश्रान्तः खल्वहम् । भवतु, एतस्यां पादपच्छायायां मुहूर्तकं विश्रम्य गमिष्यामि ।]

अविमारकः-का नु खलु सन्तुष्टस्यावस्था। सुष्ठु भवेद् यदि मे निर्गमनं तेन श्रुतं, न श्रुतं चेद् विपत्स्यते स ब्राह्मणः। अथवा किं मम सर्वारम्भैस्तेन विना। स हि,

गोष्ठीषु हास्यः समरेषु यौधः
शोके गुरुः साहसिकः परेषु।
महोत्सवो मे हृदि किं प्रलापै-
र्द्विधा विभक्तं खलु मे शरीरम् ॥ २१ ॥

(सर्वतो विलोक्य) अये को नु खलु च्छायायामध्वगः प्रसुप्तः। (उपेत्य) अभ्युदयो मे हृदयस्य यदृच्छयागतः। त्वरते मे मनः परिष्वक्तुमेनम्।

विदूषकः-(बुद्ध्वा) चिरं खु सुत्तम्हि। जाव गच्छामि। को विस्समो णाम विब्भट्ठमणोरहाणं। (परिक्रम्याविमारकं विलोक्य) कहं तत्तभवं अविमारओ। [चिरं खलु सुप्तोऽस्मि। यावद् गच्छामि। को विश्रमो नाम विभ्रष्टमनोरथानाम्। कथं तत्रभवान् अविमारकः।]

अविमारकः-अये वयस्यः सन्तुष्टः।

(उभौ परिष्वजेते)

विदूषकः-(उच्चैर्विहस्य) भो वअस्स! कहेहि कहेहि एत्तिअं काळं किं तुए किदं। [भो वयस्य! कथय कथयैतावन्तं कालं किं त्वया कृतम्।]

अविमारकः-वयस्य! एतत् कृतम्। (अङ्गुलीयकं दक्षिणाङ्गुल्यां प्रक्षिप्य तिरस्कृतः।)

विदूषकः-हा हा कहिं कहिं तत्तभवं! कहं ण दिस्सदि। आ तस्सिं गदाए चिन्ताए तं विअ पेक्खामि। अहव फुडीकरिस्सं।

भो वअस्स ! सावेण साविदो सि, जदि अत्ताणं छादेसि । [हा हा क क तत्रभवान् । कथं न दृश्यते । आ तस्मिन् गतया चिन्तया तमिव पश्यामि । अथवा स्फुटीकरिष्यामि । भो वयस्य ! शापेन शापितोऽसि, यद्यात्मानं छादयसि ।]

अविमारकः–वयस्य ! अयमस्मि ।

विदूषकः–कहिं कहिं सि । [क कासि ।]

अविमारकः–(वामाङ्गुल्यामङ्गुलीयकं प्रक्षिप्य) वयस्य ! अयमस्मि ।

विदूषकः–पुढमं सुद्धो अविमारओ, इदाणिं माआविमारओ संवुत्तो । एवं माआवित्तअ ! किस्स तुवं कण्णाउरे पच्छण्णरूवो ण चरसि । [प्रथमं शुद्धोऽविमारकः, इदानीं मायाविमारकः संवृत्तः । एवं मायावित्तक ! कस्मात् त्वं कन्यापुरे प्रच्छन्नरूपो न चरसि ।]

अविमारकः–वयस्य ! इदानीं खल्वेतदुपलब्धम् ।

विदूषकः–अच्छरीअं अच्छरीअं । कुदो दाणि एदस्स आगमो । [आश्चर्यमाश्चर्यम् । कुत इदानीमेतस्यागमः ।]

अविमारकः–सर्वमन्तःपुरे कथयिष्यामि ।

विदूषकः–सम्पदि बुभुक्खिदो सि । [संप्रति बुभुक्षितोऽसि ।]

अविमारकः–वैधेय ! शीघ्रमागच्छ प्रक्षेपभूमिप्रवेशाय । नैवायं हस्तो मोचयितव्यः ।

विदूषकः–अच्छरीअं अच्छरीअं । अहं पि दाव अदिस्सो । मम सरीरं अत्थि वा णत्थि वा । उच्छिट्ठं करिस्सं । थु थु । [आश्चर्यमाश्चर्यम् । अहमपि तावददृश्यः । मम शरीरमस्ति वा नास्ति वा । उच्छिष्टं करिष्यामि । थु थु ।]

अविमारकः–मूर्ख ! अलमलं विलंबितेन । त्वरते मे मनः कान्तादर्शनाय । (आकर्षति)

विदूषकः–ण मे सद्धा । [न मे श्रद्धा ।]

अविमारकः-हन्त भोजनवेलां प्रतिपालयामि ।

विदूषकः-कञ्चि काळं विस्समिअ गमिस्सामो । [कंचित् कालं विश्रम्य गमिष्यावः ।]

अविमारकः-किं न स्मरति मां कुरङ्गी ।

विदूषकः-किण्णु खु जीवदि णग्गन्धस्समणिआ । [किं नु खलु जीवति नग्नान्धश्रमणिका ।]

अविमारकः-वयस्य ! याचे भवन्तं, शीघ्रमागम्यताम् ।

विदूषकः-किस्स तुवं किदसमावुत्तो वडुओ विअ तुवरसि । [कस्मात् त्वं कृतसमावर्तो बटुक इव त्वरसे ।]

अविमारकः-मूर्ख ! इतस्तावत् ।

विदूषकः-मा कड्ढेहि, अअं अणुधावामि । [मा कर्ष, अयमनुधावामि ।]

अविमारकः-(परिक्रम्य) एतन्नगरम् ।

विदूषकः-पेक्खामि दाव णअरस्स सोहं । [पश्यामि तावन्नगरस्य शोभाम् ।]

अविमारकः-इदं राजकुलम् ।

एतन्नरेन्द्रभवनं निशि जातशङ्को
　यत् साहसं समुपलभ्य तथा प्रविष्टः ।
भूयस्तदेव दिवसे सुसहायमायो
　वृन्दं सतामिव पटुः प्रविशाम्यशङ्कः ॥ २२ ॥

(परिक्रम्य) इदानीं प्रासादे स्नातयाभ्यन्तरस्थया कुरङ्ग्या भवितव्यम् ।

विदूषकः- जहिं वा तहिं वा पविसामो । अदिक्कमदि भिक्खवेळा । [यत्र वा तत्र वा प्रविशावः । अतिक्रामति भिक्षावेला ।]

अविमारकः-एहि तावदभ्यन्तरमेव प्रविशावः । (प्रविश्य) इह हि,

पुरे गृहे वापि पुरा सुखोषितै-
र्मनस्विभिर्दुर्लभचिन्तयागतैः ।
पुनः कृतार्थैर्मुदितान्तरात्मभिः
सुखं प्रवेष्टुं सविशेषकर्मभिः ॥ २३ ॥

(निष्क्रान्तौ)

चतुर्थोऽङ्कः ।

अथ पञ्चमोऽङ्कः ।

(ततः प्रविशति कुरङ्गी नलिनिका च)

नलिनिका-भट्टिदारिए ! अलं सन्दावेण । कण्णाउरप्पासादं आलुहिअ दिट्ठिविलोभणं करिस्सामो । [भर्तृदारिके ! अलं सन्तापेन । कन्यापुरप्रासादमारुह्य दृष्टिविलोभनं करिष्यावः ।]

कुरङ्गी-हला ! किं तुए मम हिअअं परिण्णादं । एत्थ हि अजाणन्तेण परिजणेण मम परितोसणिमित्तं बउलसरलसज्जज्जुणकदम्बणीवणिउलप्पहुदीणि मेहकालवलहाणि परमसुरहीणि आणीअमाणाणि मं उम्मादअन्ति । अह अ इमे मोरा अम्हाअं राअउलमाणसे अदिपीठमद्दभावं करन्ति । अम्हेहि सददव्वालिदा वि अदेसकालण्णदाए अत्तणो अहिकण्णभावं दंसेंदि । सुअसारिआ वि वक्खाणं एव कहेदुं आरद्धा । मम णिव्वेदभावं अजाणन्ती भूदिअसारिआ वि सव्वलोअवुत्तन्तं कहइस्सामि त्ति आअदा । मम रोआवत्थं पुच्छिदुं आअदो परिजणो मं णिब्बन्धिअ णिवेदेदि । ता इच्छामि मुहुत्तअं पासादे अच्छिदुं । [हला ! किं त्वया मम हृदयं परिज्ञातम् । अत्र

ह्यजानता परिजनेन मम परितोषनिमित्तं बकुलसग्लसर्जार्जुनकदम्बनीप-निचुलप्रभृतीनि मेघकालवल्लभानि परमसुरभीण्यानीयमानानि मामुन्मा-दयन्ति । अथ चेमे मयूरा अस्माकं राजकुलमानसे अतिपीठमर्दभावं कुर्वन्ति । अस्माभिः सततलालिता अप्यदेशकालज्ञतयात्मनोऽधिकज्ञभावं दर्शयन्ति । शुकसारिकापि व्याख्यानमेव कथयितुमारब्धा । मम निर्वेदभावमजानन्ती भूतिकसारिकापि सर्वलोकवृत्तान्तं कथयिष्यामी-त्यागता । मम रोगावस्थां प्रष्टुमागतः परिजनो मां निर्बध्य निवेदयति । तदिच्छामि मुहूर्तकं प्रासादे आसितुम् ।]

नलिनिका– जं भट्टिदारिआए रुइदं । होदु । [यद् भर्तृदारिकायै रुचितम् । भवतु ।]

(उभे आरोहतः ।)

कुरङ्गी– हळा ! एत्थ वि महन्तो अणत्थो उट्ठिदो विज्जुप्पदीवं धारिअ काळमेहो । [हला ! अत्रापि महाननर्थ उत्थितः विद्युत्प्रदीपं धृत्वा कालमेघः ।]

नलिनिका–भट्टिदारिए ! अळं उक्कण्ठिदेण । पेक्ख पेक्ख णवस-ळिळधररुद्धसुय्यं पविरळजळणिवाददरसणीअं गअणअळं । [भर्तृदारिके ! अलमुत्कण्ठितेन । पश्य पश्य नवसलिलधररुद्धसूर्यं प्रविरलजलनिपातदर्शनीयं गगनतलम् ।]

कुरङ्गी-पेक्खामि अ रमणीअं आआसं । [पश्यामि च रमणीय-माकाशम् ।]

(ततः प्रविशत्यविमारको विदूषकश्च)

अविमारकः-वयस्य ! दृष्टा सा कुरङ्गी । यैषा,

रोगादकालागुरुचन्दनार्द्रा
विमुक्तभूषा गतहावभावा ।

विभाति निर्व्याजमनोहराङ्गी
वेदश्रुतिर्हेतुविवर्जितेव ॥ १ ॥

विदूषकः- भो ! तुट्ठो म्हि । तुवं खु सव्वल्लोए अहं सुरूवो त्ति अत्ताणं आअरसि । जिदो दाणि तत्तहोदीए सहावरमणीएण रूवेण । चिन्तेमि भवदो विओएण इअं तणुआ जादा । एवं पि एसा बाळचन्दळेहा विअ दिट्ठिं तोसेदि । [भोः ! तुष्टोऽस्मि ! त्वं खलु सर्वल्लोकेऽहं सुरूप इत्यात्मानमाचरसि । जित इदानीं तत्रभवत्याः स्वभावरमणीयेन रूपेण । चिन्तयामि भवतो वियोगेनेयं तनुका जाता । एवमप्येषा बालचन्द्रलेखेव दृष्टिं तोषयति ।]

अविमारकः-सखे ! अतिपण्डित इव, किमेतत् ।

विदूषकः-भो ! णिच्चपरिच्चएण मं परिहससि । अपुव्वो जणो मम बुद्धिं अजाणन्तो अहिअदरं पसंसेदि । अहं पि तं जाणिअ एदस्सिं णअरे केण वि विस्सम्भं ण करेमि । [भोः ! नित्यपरिचयेन मां परिहससि । अपूर्वो जनो मम बुद्धिमजानन्नधिकतरं प्रशंसति । अहमपि तद् ज्ञात्वैतस्मिन्नगरे केनापि विस्रम्भं न करोमि ।]

अविमारकः- अलमौदासीन्येन । बहुजनपरिवारतया न लब्धः क्षणः कान्तां प्रबोधयितुम् । तदिदानीं प्रासादगतामपि तत्रैव तां बोधयिष्यावः ।

विदूषकः-सुट्ठु भवं भणादि । पासादं आळुहामो । [सुष्ठु भवान् भणति । प्रासादमारोहावः ।]

अविमारकः-सखे ! प्रयत्नादारोढव्यं यथा तथा न प्रवर्तते प्रासादशब्दः ।

विदूषकः-भो ! ण सक्कं एदं । को सकदि उच्छिट्ठं णकरन्तो भुञ्जिदुं । अहं एत्थ चिट्ठामि । तुवं एव आळुह । [भोः ! न

शक्यमेतत्। कः शक्नोत्युच्छिष्टमकुर्वन् भोक्तुम्। अहमत्र तिष्ठामि।
२४ त्वमेवारोह।]

अविमारकः-यदि विमुञ्चे, दृश्यते भवान्।

विदूषकः-भो! विस्सरिदं खु मए एदं। पुणो पुणो कहेहि। [भोः!
२७ विस्मृतं खलु मयैतत्। पुनः पुनः कथय।]

अविमारकः-इतस्तावत्। (आरुह्यावलोक्य) सखे! इयमस्मत्कान्ता शिलातले नलिनिकया सहास्ते। यैषा,

सव्ये करे समुपवेश्य मुखं सुदीनं
कालं मनोभवसहायममृष्यमाणा।
व्यग्रा विचिन्तयति किञ्चिदलोलदृष्टि-
र्बाष्पं निवारयितुमूर्ध्वमवेक्षमाणा ॥ २ ॥

कुरङ्गी-(स्वगतम्) किं एदेण जीवम्मरणेण। (प्रकाशम्) णळि
णिए! गच्छ माअधिअं आणेहि उवण्हाणेण। [किमेतेन जीव-
३ न्मरणेन। नलिनिके! गच्छ मागधिकामानयोपस्नानेन।]

नलिनिका-एआइणिं भट्टिदारिअं उज्झिअ कहं गमिस्सं। ण हु
एत्थ को वि जणो। [एकाकिनीं भर्तृदारिकामुज्झित्वा कथं गमि-
६ ष्यामि। न खल्वत्र कोऽपि जनः।]

(प्रविश्य)

हरिणिका-जेदु भट्टिदारिआ। भट्टिदारिए! भट्टिणी भणादि--
९ सम्पदि कीदिसी सीसवेदणत्ति। एदं वि ओसधं ळिम्पेहि किळ।
[जयतु भर्तृदारिका। भर्तृदारिके! भट्टिनी भणति-सम्प्रति कीदृशी
शीर्षवेदनेति। एतदप्यौषधं लिम्प किल।]

१२ कुरङ्गी-णळिणिए! गच्छ दाणि तुवं। तक्केमि देवो वरिसिदुं
आरद्धो। अहं इच्छामि अहिणवेण आआसतोएण ण्हादुं। ता
तुवारेहि उवण्हाणं। [नलिनिके! गच्छेदानीं त्वम्। तर्कयामि देवो

वर्षितुमारब्धः । अहमिच्छाम्यभिनवेनाकाशतोयेन स्नातुम् । तत् त्वरयोपस्नानम् ।]

नलिनिका–जं भट्टिदारिआ आणवेदि । [यद् भर्तृदारिकाज्ञापयति ।]

अविमारकः–किन्नु खल्वनया व्यवसितम् ।

कुरङ्गी–हळा ! एहि दाव । [हला ! एहि तावत् ।]

नलिनिका–भट्टिदारिए ! इअम्हि । [भर्तृदारिके ! इयमस्मि ।]

कुरङ्गी–हळा ! णं सीदळं दे सरीरं । [हला ! ननु शीतलं ते शरीरम् ।]

नलिनिका–भट्टिदारिए ! ण आणामि । [भर्तृदारिके ! न जानामि ।]

कुरङ्गी–हळा ! एहि परिस्सजेहि मं । [हला ! एहि परिष्वजस्व माम् ।]

नलिनिका–भट्टिदारिए ! तह । (परिष्वजते) [भर्तृदारिके ! तथा ।]

कुरङ्गी–हळा ! अदिसीदळं मणोहरं च दे सरीरं । [हला ! अतिशीतलं मनोहरं च ते शरीरम् ।]

नलिनिका–अणुग्गहीदम्हि । [अनुगृहीतास्मि ।]

कुरङ्गी–हळा ! सम्पदि णस्सदि विअ मे सरीरदाहो । (स्वगतम्) हन्त किदो सहिप्पणओ । समत्तो अ अज्ज एदाए सरीरसंसग्गो । (प्रकाशम्) गच्छ दाणि तुवं । [हला ! सम्प्रति नश्यतीव मे शरीरदाहः । हन्त कृतः सखीप्रणयः । समाप्तश्चाद्यैतस्याः शरीरसंसर्गः । गच्छेदानीं त्वम् ।]

नलिनिका–जं भट्टिदारिआ आणवेदि । (निष्क्रान्ता) [यद् भर्तृदारिकाज्ञापयति ।]

हरिणिका–भट्टिदारिए ! भट्टिणीए किं णिवेदेमि । [भर्तृदारिके ! भट्टिन्यै किं निवेदयामि ।]

कुरङ्गी-अज्ज विअदरोआ सोत्था होदि त्ति । [अद्य विगतरोगा स्वस्था भवतीति ।]

हरिणिका-कहं तुए विञ्ञादं त्ति पुच्छिदा किं विण्णवेमि । [कथं त्वया विज्ञातमिति पृष्टा किं विज्ञापयामि ।]

कुरङ्गी-सुट्ठु तुए विञ्ञादं । एदेण ओसधविसेसेण त्ति भणेहि । [सुष्ठु त्वया विज्ञातम् । एतेनौषधविशेषेणेति भण ।]

हरिणिका-जं भट्टिदारिआ आणवेदि । (निष्क्रान्ता) [यद् भर्तृदारिकाज्ञापयति ।]

अविमारकः-किन्नु खल्वनया व्यवसितम् ।

उष्णं श्वसिति तन्वङ्गी सर्वतः प्रेक्षते मुहुः ।
नेत्राभ्यां बाष्पपूर्णाभ्यां किन्नु कर्तुं व्यवस्थिता ॥ ३ ॥

कुरङ्गी-होदु, उत्तरीअवासेण अत्ताणं उब्बन्धिअ वावादइस्सं । (उत्थाय तथा कुर्वती मेघस्तनितं श्रुत्वा) हं परित्ताआहि परित्ताआहि मं । [भवतु, उत्तरीयवाससात्मानमुद्बध्य व्यापादयिष्यामि । हं परित्रायस्व परित्रायस्व माम् ।]

अविमारकः-सखे ! न शक्यमतःपरमुपेक्षितुम् । (अङ्गुलीयकं वामाङ्गुल्यां प्रक्षिप्य) कान्ते ! न भेतव्यं न भेतव्यम् । (इति कुरङ्गीमुत्थापयति)

कुरङ्गी- (सहर्षम्) किण्णु खु संच्चं एदं । मूढा विअ जादा । [किन्नु खलु सत्यमेतत् । मूढेव जाता ।]

अविमारकः-कान्ते । व्यपनीयतां शङ्का । (परिष्वजते)

कुरङ्गी-अच्छरीअं एकक्खणेण णस्सदि विअ मे सरीरदाहो । [आश्चर्यम् । एकक्षणेन नश्यतीव मे शरीरदाहः ।]

अविमारकः-अयं खल्वस्याः परिष्वङ्गः,

सततपरिचितो मनोभियोगा-
दधिकरसः प्रथमात् समागमात् ।
रणशिरसि नृपेण साहसाद्यो
विजय इवाद्य मयानुभूयते ॥ ४ ॥

विदूषकः-कहं रोदिदुं आरद्धा । अळं अदिमत्तं सन्दावेण । अहव अहं वि रोदामि । एक्कं पि तहिं दुळ्ळहं मम णअणादो बप्फं ण णिग्गच्छइ । जदा मे पिदा उवरदो, तदा वि महन्तेण आरम्भेण रोदिदुं आरद्धो । बप्फं ण णिग्गच्छइ किं पुण अण्णसन्दावस्स । तह वि अणुस्सुओ रोदामि । [कथं रोदितुमारब्धा । अलमतिमात्रं सन्तापेन । अथवा अहमपि रोदिमि । एकमपि तत्र दुर्लभं मम नयनाद् बाष्पं न निर्गच्छति । यदा मे पितोपरतस्तदापि महतारम्भेण रोदितुमारब्धः । बाष्पं न निर्गच्छति । किं पुनरन्यसन्तापस्य । तथाप्यनुत्सुको रोदिमि ।]

अविमारकः-अलमुत्प्रहसितेन । अच्छलो हि स्नेहो नाम ।

न ते न बुद्धिर्मम दूषणीया
येन प्रकामं भवतास्मि हास्यः ।
प्राज्ञस्य मूर्खस्य च कार्ययोगे
समत्वमभ्येति तनुर्न बुद्धिः ॥ ५ ॥

(प्रविश्य)

नलिनिका-हरिणिए ! हरिणिए ! कहं दुवारं रुद्धं । हद्धि दुवारणिरोहेण अवअदसन्दावं अत्ताणं करिस्सदि त्ति तक्केमि । हरिणिए ! हरिणिए ! । हद्धि तं एव संवुत्तं । [हरिणिके ! हरिणिके ! । कथं द्वारं रुद्धम् । हा धिग् द्वारनिरोधेनापगतसन्तापमात्मानं करिष्यतीति तर्कयामि । हरिणिके ! हरिणिके ! । हा धिग् तदेव संवृत्तम् ।]

अविमारकः–नलिनिकाया इव स्वरः । वयस्य ! विघाटयतां द्वारम् ।

विदूषकः–जं भवं आणवेदि । (विघाट्य) एदु एदु भोदी । [यद् भवानाज्ञापयति । एत्वेतु भवति ।]

नलिनिका– हं को दाणिं एसो पुरिसो । [हं क इदानीमेष पुरुषः ।]

विदूषकः–सुट्ठु विञ्ञादं तुए । अहो राअउलस्स विसेसो । को अण्णो जणो मं पेक्खिअ पुरिसो त्ति भणादि । इत्थिआ खु अहं । [सुष्ठु विज्ञातं त्वया । अहो राजकुलस्य विशेषः । कोऽन्यो जनो मां प्रेक्ष्य पुरुष इति भणति । स्त्री खल्वहम् ।]

अविमारकः–नलिनिके ! प्रविशेदानीम् ।

नलिनिका–कहं भट्टिदारओ । भट्टिदारअ ! वन्दामि । भट्टिदारअ ! को एसो पुरिसो । [कथं भर्तृदारकः । भर्तृदारक ! वन्दे । भर्तृदारक ! क एष पुरुषः ।]

विदूषकः–अहं पुक्खरिणी णाम चेडी । [अहं पुष्करिणी नाम चेटी ।]

अविमारकः–योऽस्माभिः सदा कथ्यते सन्तुष्ट इति, सोऽयं ब्राह्मणः ।

नलिनिका–आ दिट्ठपुरुवो णअरापणाळिन्दे अअं बम्हणो । [आ दृष्टपूर्वो नगरापणालिन्देऽयं ब्राह्मणः ।]

विदूषकः–आम भोदि । जण्णोपवीदेण बम्हणो, चीवरेण रत्तपडो । जदि वत्थं अवणेमि, समणओ होमि । भोदि ! किं एदं । [आम भवति ! यज्ञोपवीतेन ब्राह्मणः, चीवरेण रक्तपटः । यदि वस्त्रमपनयामि श्रमणको भवामि । भवति ! किमेतत् ।]

नलिनिका–भट्टिदारिआए उवण्हाणं । [भर्तृदारिकाया उपस्नानम् ।]

विदूषकः–किं एदिणा बुभुक्खिदाए रोदन्तीए अत्तहोदीए उवण्हाणेण कय्यं । गच्छं सिग्घं भोअणं आणेहि । अहं अग्गासणीओ

होमि । [किमेतेन बुभुक्षिताया रुदन्त्या अत्रभवत्या उपस्नानेन कार्यम् । गच्छ शीघ्रं भोजनमानय । अहमग्रासनीयो भवामि ।]

नलिनिका- दुब्बम्हण ! एदं पि भोअणं चिन्तेसि । सव्वं दाव चिट्ठदु । कहं दिअसे अणेअपुरुससम्पादे राअमग्गे भट्टिदारओ पविट्ठो । [दुर्ब्राह्मण ! एतदपि भोजनं चिन्तयसि । सर्वं तावत् तिष्ठतु । कथं दिवसेऽनेकपुरुषसम्पाते राजमार्गे भर्तृदारकः प्रविष्टः ।]

अविमारकः-सर्वं भवत्यै सन्तुष्टः कथयिष्यति ।

नलिनिका-विसज्जिदम्हि इमिणा बहुमाणवअणेण । होदु, इमं गह्णिअ चउस्साळं पविसिअ गोट्ठीजणेण सह वुत्तन्तं सुणामि । एहि बम्हण ! (इत्याकर्षति ।) [विसर्जितास्म्यनेन बहुमानवचनेन । भवतु, इमं गृहीत्वा चतुःशालं प्रविश्य गोष्ठीजनेन सह वृत्तान्तं शृणोमि । एहि ब्राह्मण ! ।]

विदूषकः-अब्बम्हण्णं अब्बम्हण्णं । [अब्रह्मण्यमब्रह्मण्यम् ।]

कुरङ्गी-हस्सो खु अअं बम्हणो । [हास्यः खल्वयं ब्राह्मणः ।]

अविमारकः-वयस्य । हास्यः खलु भवान् ।

विदूषकः-को एत्थ मम अस्सद्धेअं भणादि । अहं ण हस्सो, तत्तहोदी एव्व हस्सा । जा अत्तणो अवत्थं जाणिअ किं पि कत्तुं ववसिअ मेहसद्दं सुणिअ सव्व विसुमरिअ पडिदा । [कोऽत्र ममाश्रद्धेयं भणति । अहं न हास्यः, तत्रभवत्येव हास्या । यात्मनोऽवस्थां ज्ञात्वा किमपि कर्तुं व्यवस्य मेघशब्दं श्रुत्वा सर्वं विस्मृत्य पतिता ।]

कुरङ्गी-हं एदं पि इमेहि दिट्ठं । [हम् एतदप्याभ्यां दृष्टम् ।]

नलिनिका-याचेमि अहं । इदो एहि बम्हण ! । [याचेऽहम् । इत एहि ब्राह्मण ! ।]

विदूषकः-जइ भोअणं देसि, तदो गच्छामि अहं । इट्ठं आअन्तुअस्स भोअणदाणं । [यदि भोजनं ददासि, ततो गच्छाम्यहम् । इष्टमागन्तुकस्य भोजनदानम् ।]

नलिनिका-एहि मे सव्वाभरणं देमि । [एहि मे सर्वाभरणं ददामि ।]

विदूषकः-णहि घिदवअणेण पित्तं णस्सदि । मम हत्थगदं करेहि । [नहि घृतवचनेन पित्तं नश्यति । मम हस्तगतं कुरु ।]

नलिनिका-एवं होदु । (आभरणान्यवमुच्य ददाति) [एवं भवतु ।]

विदूषकः-सुणादु होदी । [शृणोतु भवती ।]

नलिनिका-मूढ ! बम्हण ! चउस्साळे उववि‍सिअ गोट्ठीजणेण सह सुणामि । [मूढ ! ब्राह्मण ! चतुःशाल उपविश्य गोष्ठीजनेन सह शृणोमि ।]

विदूषकः-तत्तहोदीं पुच्छिअ आअच्छामि । [तत्रभवतीं पृष्ट्वागच्छामि ।]

नलिनिका-को तुवं, मम सव्वाभरणं गह्णिअ वळ्ळहो जादो । एहि दाव । (विदूषकं हस्ते गृह्णाति ।) [कस्त्वं, मम सर्वाभरणं गृहीत्वा वल्लभो जातः । एहि तावत्]

विदूषकः-भोदि ! मा मा एवं । अदिसुउमारो खु अहं । [भवति ! मा मैवम् । अतिसुकुमारः खल्वहम् ।]

नलिनिका-जाणामि जाणामि दे सुउमारत्तणं । जइ सुउमारो, सिग्घं एहि । [जानामि जानामि ते सुकुमारत्वम् । यदि सुकुमारः, शीघ्रमेहि ।]

विदूषकः-भोदि ! अअं आअच्छामि । [भवति ! अयमागच्छामि ।]

(निष्क्रान्तौ ।)

अविमारकः-प्रिये ! पश्य पश्य परमदर्शनीयान् प्रावृट्कालवल्लभान् कालमेघान् । इमे हि,

जलदसमयघोषणाडम्बरानेकरूपक्रियाजम्भका वज्रभृदगृष्टयो
भगणयवनिकास्तडित्पन्नगीवासवल्मीकभूता नभोमार्गरूढक्षुपाः ।

मदनशरनिशानशैलाः प्ररुष्टाङ्गनासन्धिपाला गिरिस्नापनाम्भोघटाः
उदधिसलिलभैक्षहारा रवीन्द्वर्गला देवयन्त्रप्रपा भान्ति नीलाम्बुदाः ॥६॥

कुरङ्गी–अय्यउत्त ! दस्सणीआ दाणिं संवुत्ता । [आर्यपुत्र ! दर्शनीया इदानीं संवृत्ताः ।]

अविमारकः– अहो विपुलता विरलता धाराणाम् । तथाहि,

व्योमार्णवोर्मिसदृशा निनदन्ति मेघा
मेघप्ररोहसदृशाः प्रपतन्ति धाराः ।
रक्षोङ्गनाभ्रुकुटिवत् तडितः स्फुरन्ति
प्राप्तोऽप्रयौवनघनस्तनमर्दकालः ॥ ७ ॥

कुरङ्गी–अय्यउत्त ! आरद्धो सम्पदि वरिसिदुं देवो । [आर्यपुत्र ! आरब्धः सम्प्रति वर्षितुं देवः ।]

अविमारकः–प्रिये ! एहि अभ्यन्तरमेव प्रविशावः ।

कुरङ्गी–(सहर्षम्) जं अय्यउत्तो आणवेदि । [यद् आर्यपुत्र आज्ञापयति ।]

(निष्क्रान्तौ ।)

पञ्चमोऽङ्कः ।

अथ षष्ठोऽङ्कः ।

(ततः प्रविशति धात्री ।)

धात्री–अहो अणवत्था किदन्तस्स, जं राअदारिआ पढमं महाराएण सोवीरराएण तं विहूणुसेणं उद्दिसिअ वरिदा । अज्ज अविदिअसम्भवेण माणुसव्लोअदुल्लभाकिदिगुणविसेसेण केण वि संओओ जादो । अहअ दाणि कासिराअपुत्तो जअवम्मा णाम भट्टिणीए सुदस्सणाए सह अमच्चेण भूदिएण आणीदो सम्पदि

राअउळं पविट्ठो। सअं किळ कासिराओ जण्णवावारेण ण आअदो। किंणु खु एदं भविस्सदि। [अहो अनवस्था कृतान्तस्य, यद् राजदारिका प्रथमं महाराजेन सौवीरराजेन तं विष्णुसेनमुद्दिश्य वृता। अद्याविदितसम्भवेन मानुषलोकदुर्लभाकृतिगुणविशेषेण केनापि संयोगो जातः। अथ चेदानीं काशिराजपुत्रो जयवर्मा नाम भट्टिन्या सुदर्शनया सहामात्येन भूतिकेनानीतः संप्रति राजकुलं प्रविष्टः। स्वयं किल काशिराजो यज्ञव्यापारेण नागतः। किन्नु खल्वेतद् भविष्यति।]

(ततः प्रविशति वसुमित्रा।)

वसुमित्रा— अह्रो विसमसीळा संवच्छरिआ णाम अत्तणो णक्खत्तविसेसं एव्व चिन्तअन्ति, कम्मगोरवं ण जाणन्ति। अज्ज पविट्ठो कुमारो, अज्ज एव विवाहो णिउत्तो। (परिक्रम्य) किण्णु खु जअदा इअं किं वि चिन्तअन्ती अप्पसण्णा विअ उस्सआ दीसइ। जअदे! भट्टिणी भणादि—आअच्छेहि त्ति। [अहो विषमशीलाः सांवत्सरिका नामात्मनो नक्षत्रविशेषमेव चिन्तयन्ति, कर्मगौरवं न जानन्ति। अद्य प्रविष्टः कुमारोऽद्यैव विवाहो नियुक्तः। किं नु खलु जयदेयं किमपि चिन्तयन्त्यप्रसन्नेवोत्सुका दृश्यते। जयदे! भट्टिनी भणति—आगच्छेति।]

धात्री— हळा! जाणासि किं णिमित्तं त्ति। [हला! जानासि किं निमित्तमिति।]

वसुमित्रा— किं अण्णं, एदस्सिं कय्ये कत्तव्वं चिन्तेदुं। [किमन्यत्, एतस्मिन् कार्ये कर्तव्यं चिन्तयितुम्।]

धात्री—सम्पदि भट्टिणीए को अभिप्पाओ। [संप्रति भट्टिन्याः कोऽभिप्रायः।]

वसुमित्रा— अत्तणो वंसजादस्स विह्णुसेणस्स अवत्थं अजाणिअ णेच्छदि जअवम्मणो दारिअं दादुं। किन्तु महाराओ सोवीररा-

अउत्तं अजाणन्तो अज्ज किळ अहिअसन्दावो जादो। [आत्मनो वंशजातस्य विष्णुसेनस्यावस्थामज्ञात्वा नेच्छति जयवर्मणे दारिकां दातुम्। किन्तु महाराजः सौवीरराजपुत्रमजानन्नद्य किलाधिकसन्तापो जातः।]

(प्रविश्य)

नलिनिका- अज्ज किदसङ्केदा विअ अम्हाअं सव्वसङ्कडा। (परिक्रम्यावलोक्य) किण्णु हु एसा मम मादा वसुमित्ताए सह किं वि चिन्तेदि। इमं उपसप्पिअ असुहवुत्तन्तं सुणामि। [अद्य कृतसंकेतानीवास्माकं सर्वसंकटानि। किं नु खल्वेषा मम माता वसुमित्रया सह किमपि चिन्तयति। इमामुपसर्प्यासुखवृत्तान्तं शृणोमि।]

वसुमित्रा-हळा णळिणिए! एहि दाव। तुमं कञ्चुइसहवासेण राअउळवुत्तन्तं जाणासि। [हला नलिनिके! एहि तावत्। त्वं कञ्चुकिसहवासेन राजकुलवृत्तान्तं जानासि।]

नलिनिका-अभिणवो वुत्तन्तो। णं तं णिवेदिउं आअदम्हि। [अभिनवो वृत्तान्तः। ननु तं निवेदयितुमागतास्मि।]

वसुमित्रा-भणाहि जादे!। [भण जाते!।]

नलिनिका-पेसिदो खु सोवीरराअस्स अमच्चेहि दूदो- अम्हाअं सामी तुम्हाणं णअरे सपुत्तदारकळत्तो पच्छण्णो पडिवसदि त्ति अम्हाअं गूढपुरुसेहि वुत्तन्तो जाणिअदु सामिणेत्ति। [प्रेषितः खलु सौवीरराजस्यामात्यैर्दूतः-अस्माकं स्वामी युष्माकं नगरे सपुत्र-दारकलत्रः प्रच्छन्नः प्रतिवसतीत्यस्माकं गूढपुरुषैर्वृत्तान्तो ज्ञायतां स्वामिनेति।]

उभे-कहं पच्छण्णवेसो वत्तदित्ति। तदो तदो। [कथं प्रच्छन्नवेषो वर्तत इति। ततस्ततः।]

नलिनिका– तदो एवं सव्वं सुणिअ तस्स लेहस्स अवसाणं पेक्खिअ अय्यभूदिएण सह गओ किळ महाराओ तं अण्णेसिदुं। [तत एतत् सर्वं श्रुत्वा तस्य लेखस्यावसानं प्रेक्ष्यार्यभूतिकेन सह गतः किल महाराजस्तमन्वेषितुम्।]

धात्री–किण्णु खु भवे। [किन्नु खलु भवेत्।]

वसुमित्रा–णळिणिए!। तुवं दाव अब्भन्तरं पविस। [नलिनिके! त्वं तावदभ्यन्तरं प्रविश।]

नलिनिका–जं अय्या भणादि। (निष्क्रान्ता) [यदार्या भणति।]

वसुमित्रा–एहि दाव वअं भट्टिणीं पेक्खामो। [एहि तावत्। आवां भट्टिनीं पश्यावः।]

धात्री– एवं करेम्ह। [एवं कुर्वः।]

(निष्क्रान्ते।)

प्रवेशकः।

(ततः प्रविशति कुन्तिभोजः सौवीरराजभूतिकाभ्याम्)

कुन्तिभोजः– वयस्य!

किं प्रेक्षसे मम मुखं चिरकालदृष्टो
गाढं परिष्वज सखे! स्मर बालभावम्।
प्रीत्या भवन्तमनिमेषमवेक्षितुं मे
स्नेहान्नवीकृत इवाद्य वयस्यभावः॥ १॥

सौवीरराजः– यदिष्टं भवतः।

(उभौ परिष्वजेते)

कुन्तिभोजः–

चिन्ताकुलत्वं व्रजतीव बुद्धि-
र्वाक्यं च बाष्पाहतगद्गदं च।

नेत्रे सबाष्पे मुखमप्रसन्नं
किं हर्षकाले क्रियते विकारः ॥ २ ॥

सौवीरराजः– न खल्वहमप्रहृष्टो भवत्सङ्गमेन। किन्तु बलवान् पुत्रस्नेहो नाम।

यो मे पुत्रगतः शोको हृदयस्थो विजृम्भते।
सोऽद्य लब्ध्वा सहायं त्वां बाष्परूपेण निर्गतः ॥ ३ ॥

कुन्तिभोजः–कथं पुत्रगतः शोक इति।

भूतिकः–विदितमस्तु स्वामिना। न दृश्यते किलास्मिन् संवत्सरे
३ कुमारः।

सौवीरराजः–बलवान् पुत्रस्नेहो नाम। पश्यतु भवान्

अनुपमबलवीर्यरूपवन्तं
सुतमविमारकमद्य चिन्तयामि।
तव चरणरजोक्षिताग्रकेशो
यदि स भवेदिह को नु मद्विशिष्टः ॥ ४ ॥

भूतिकः– (आत्मगतम्) महान् खल्वयं सन्तापो वर्धत एव हि कुमारमन्तरेण। विलोपयाम्येनम्। (प्रकाशम्) कथं स्वामिनोऽभ्या-
३ गता व्यापत्।

कुन्तिभोजः– अहमप्यनेन व्याक्षेपेण विस्मृतवानेतत् प्रष्टुम्।

सौवीरराजः– श्रूयताम्। अथवा भूतिकस्तु विजानाति। अप्यस्मन्मु-
६ खाच्छ्रोतुमिच्छति।

कुन्तिभोजः– वयमवहिताः स्मः।

सौवीरराजः– अपि ज्ञायते चण्डभार्गवो नामात्यन्तरोषी ब्रह्मर्षिः।

९ कुन्तिभोजः– श्रूयते तत्रभवांस्तपोनिधिः।

सौवीरराजः–सोऽस्मद्विषयमभ्यागतः । कान्तारे तस्य शिष्यो व्याघ्रेणाभिभूय मारितः ।

कुन्तिभोजः–ततस्ततः ।

सौवीरराजः–ततोऽहमपि तस्मिन् काले मृगयावशाद् यदृच्छयैव तं देशमभ्युपगतः ।

कुन्तिभोजः–ततस्ततः ।

सौवीरराजः–अथ मां दृष्ट्वा विजृम्भमाणरोषभ्रुकुटीपुटविषमीकृतवदनः प्रलम्बजटाभारः शिष्ये स न्यस्तकरः क्रुद्धो दहन्निव क्रोधाग्निना मद्वचनमश्रोतुकामः संरम्भस्खलितवचनो मां बहुधा क्षेप्तुमारब्धः ।

कुन्तिभोजः–ततस्ततः ।

सौवीरराजः–ततोऽहमपि भवितव्यस्यार्थस्य प्राबल्येनाधृतिः 'वृत्तान्तं न ब्रवीषि, निष्कारणं क्षिपसि' इति संक्रुद्धवानस्मि ।

न भाषसे वृत्तमुपैषि रोषं
निष्कारणं प्रक्षिपसि प्रकामम् ।
आभाजनं त्वं तपसां प्रकोपाद्
ब्रह्मर्षिरूपेण भवाञ्छ्वपाकः ॥ ५ ॥

कुन्तिभोजः–असदृशमुक्तं भवता ।

सौवीरराजः–ततस्तच्छ्रुत्वैवाज्यधारावसिक्तो भगवान् हुताशन इव प्रज्वलितनेत्रो बहुशः शिरः कम्पयन् 'कथं कथम्' इत्युक्त्वा मां शप्तुमारब्धवान् ।

यस्माद् ब्रह्मर्षिमुख्योऽहं श्वपाक इति भाषितः ।
तस्मात् सपुत्रदारस्त्वं श्वपाकत्वमवाप्स्यसि ॥ ६ ॥

इति ।

कुन्तिभोजः–अहो अल्पमूलत्वं महतां चानर्थस्य ।

भूतिकः–सभाग्यं सौवीरराजकुलम् । कुतः,

ब्रह्मर्षिणा प्ररुष्टेन श्वपाकत्वं तदा कृतम् ।
तस्मात् तेनैव रूपेण न सर्वं भस्मसात् कृतम् ॥ ७ ॥

कुन्तिभोजः–युक्तमभिहितं भवता । ततस्ततः ।

सौवीरराजः–ततस्तच्छापप्रक्षुब्धमनसा मया सुचिरमनुनीयमानः शनैः शनैः प्रकृतिस्थो भूत्वानुग्रहं कृतवान्––

यावत् प्रच्छन्नरूपेण तावत् संवत्सरं व्रजेः ।
ततः संवत्सरे पूर्णे मुक्तशापो भविष्यसि ॥ ८ ॥

इति । एवमुक्त्वा प्रसन्नचित्तेन एहि भोः काश्यप ! इत्याहूयत, स तमनुगतो व्याघ्रेण मारितो बटुः । चरितं च मया संवत्सरं श्वपाकव्रतम् । अद्यास्मि शापान्मुक्तः ।

कुन्तिभोजः–अहो व्यापदः प्रवृत्तिर्निवृत्तिश्च । दिष्टया भवान् वर्धते ।

भूतिकः–जयतु स्वामी ।

कुन्तिभोजः–ननु विष्णुसेनमाता सपरिवारमन्तःपुरं प्रविष्टा ।

भूतिकः–तत्रभवती प्रविश्याभ्यन्तरं चिरकालप्रसुप्तं प्रणयमुद्बोधयति ।

कुन्तिभोजः–अथेदानीं विष्णुसेनः कथमविमारको जातः ।

भूतिकः– शृणोतु स्वामी––अस्ति धूमकेतुर्नामासुरः । सर्वलोकमारणाय परिभ्रमन् स कदाचित् सौवीरराष्ट्रमुत्सादयितुं प्रवृत्तः ।

कुन्तिभोजः–अपूर्वा खलु कथा । ततस्ततः ।

भूतिकः–ततः स्वदेशे सर्वप्रजानामार्तिं दृष्ट्वा तस्य राक्षसस्य च प्रतिक्रियामनवेक्षमाणः स्वामी क्लेशमुपगतः ।

कुन्तिभोजः–ततस्ततः ।

भूतिकः–ततस्तत् सर्वं बुद्ध्वा कुमारो विष्णुसेनः क्षितिरेणुपरुषगात्रः प्रलम्बमानकाकपक्षः शिशुभिस्तुल्यवयोभिः प्रक्रीडमानो दैवयोगात् प्रमत्तेषु रक्षिपुरुषेषु सहसैव तं देशमभ्युपगतो यत्रासौ राक्षसः ।

कुन्तिभोजः–अहो आश्चर्यमाश्चर्यम् । ततस्ततः ।

भूतिकः–ततः स राक्षसः प्रीत्या सुसम्पन्नमिवाहारं कुमारमभिसमीक्ष्य स्वकर्म कर्तुमारब्धः ।

कुन्तिभोजः– अहो नृशंसता राक्षसस्य । ततस्ततः ।

भूतिकः– अथ कुमारेण किञ्चित् प्रहस्य,

प्रपतदशनिना यथा गिरीन्द्रो
दवदहनेन यथा वनप्रदेशः ।
युधि ललितमनायुधेन तेन
क्षितिपसुतेन तदा हतः स नीचः ॥ ९ ॥

कुन्तिभोजः–प्रथममेव हस्तिसम्भ्रमे मयोक्तं—दैवादुत्पादितोऽयं केवलो मानुषो न भवतीति ।

सौवीरराजः–भवान् सहस्रनेत्रश्चरैः कथं चिन्तयत्यविमारकं प्रति ।

भूतिकः–स्वामिन् !

गम्यास्तु देशाः सुपरीक्षिता मे
न दृश्यते क्वापि चरैः कुमारः ।

परीक्षितुं तं मनसोऽस्ति शक्ति-
र्नूनं हि मायामनुगच्छतीति ॥ १० ॥

(ततः प्रविशति नारदः)

नारदः–

वेदैः पितामहमहं परितोषयामि
गीतैः करोमि हरिमुद्गतरोमहर्षम् ।
उत्पादयाम्यहरहर्विविधैरुपायै-
स्तन्त्रीपु च स्वरगणान् कलहांश्च लोके ॥ ११ ॥

भोः ! कुन्तिभोजस्य पित्रा दुर्योधनेन वयं सुचिरमाराधिताः ! तस्मिन् मानुषस्वभावमुपगते कुन्तिभोजश्चास्मासु भृत्यत्वमाचरति । अद्य कुन्तिभोजस्य सौवीरराजस्य च महानविमारकादर्शनेन कार्यसङ्कटो वर्तते । तदिदानीमहमविमारकप्रदर्शनेन तयोर्व्याक्षेपं समाक्षिपामीत्यवतीर्णोऽस्मि भूम्याम् । (इति कुन्तिभोजसौवीरराजयोः पुरतः स्थितः ।)

कुन्तिभोजः–अये भगवान् देवर्षिर्नारदः । भगवन् ! अभिवादये ।

नारदः–स्वस्ति भवते ।

कुन्तिभोजः–अनुगृहीतोऽस्मि ।

सौवीरराजः– भगवन् ! अभिवादये ।

नारदः–शान्तिरस्तु ते ।

सौवीरराजः–अनुगृहीतोऽस्मि ।

कुन्तिभोजः– (कर्णे)भूतिक ! एवं क्रियताम् ।

भूतिकः–यदाज्ञापयति स्वामी । (निष्क्रम्य प्रविश्य) इदमर्घ्यं पाद्यं च ।

कुन्तिभोजः–भगवन् ! क्रियतामनुग्रहः ।

नारदः–एवमस्तु ।

१८ कुन्तिभोजः–(अभ्यर्च्य) भगवन् ! अस्मद्गृहं परिपूतं भवदवतरणेन ।

सौवीरराजः–इदानीं मुक्तशापोऽस्मि देवर्षिदर्शनेन ।

२१ नारदः–नाहं साम्प्रतं युष्मद्दर्शनार्थमेवागतोऽत्र । अविमारकदर्शनेन सम्भूतं दुःखं भवतोर्ज्ञात्वावतीर्णोऽस्मि ।

उभौ–यद्येवं, विमुक्तसन्तापौ स्वः ।

२४ नारदः–भूतिक ! सुदर्शनामानय ।

भूतिकः–यदाज्ञापयति भगवान् । (निष्क्रम्य सुदर्शनया सार्धं प्रविष्टः)

सुदर्शना–अब्भाअदो देवरिसी । [अभ्यागतो देवर्षिः ।]

२७ भूतिकः-एवम् ।

सुदर्शना–सणाहो दाणि मे पुत्तअस्स विवाहो संवुत्तो । (उपगम्य) भअवं वन्दामि । [सनाथ इदानीं मे पुत्रकस्य विवाहः संवृत्तः ।
३० भगवन् ! वन्दे ।]

नारदः–

एवमेव महाभागे ! नित्यं प्रीतिमवाप्नुहि ।
कुन्तिभोजश्च भूपालो नित्यं स्यात् प्रीतिपीडितः ॥ १२ ॥

सुदर्शना–अणुग्गहीदम्हि । [अनुगृहीतास्मि ।]

नारदः–इदानीं पृच्छतां भवन्तौ प्रष्टव्यम् ।

३ उभौ–अनुगृहीतौ स्वः ।

कुन्तिभोजः–भगवन् ! किं जीवति सौवीरराजपुत्रः ।

नारदः–बाढम् ।

६ सौवीरराजः–केन कारणेन न दृश्यते ।

नारदः– विवाहव्याक्षेपात् ।

सौवीरराजः–कथं निर्विष्टः कुमारः ।

९ कुन्तिभोजः–अथ कस्मिन् प्रदेशे ।

नारदः–नगरे वैरन्त्ये ।

कुन्तिभोजः-वैरन्त्यं नाम नगरमप्यस्तीति । भवतु कस्य जामातृत्वमुपगतः ।

नारदः–कुन्तिभोजस्य ।

कुन्तिभोजः-कः सः ।

नारदः–

पिता कुरङ्गया भूपालो वैरन्त्यनगरेश्वरः ।
दुर्योधनस्य तनयः कुन्तिभोजो भवान् ननु ॥ १३ ॥

कुन्तिभोजः–किं बहुभिः प्रश्नैः । मत्सुतायां कुरङ्गयां निर्विष्ट इत्युच्यते भगवता ।

नारदः-एवमेतत् ।

कुन्तिभोजः-लज्जित इवास्मि । केन दत्ता, कथं वा, कथं चायं प्रविष्टः कन्यापुरम् ।

नारदः-

दत्ता सा विधिना पूर्वं दृष्टा सा गजसम्भ्रमे ।
पूर्वं पौरुषमाश्रित्य प्रविष्टो मायया पुनः ॥ १४ ॥

कुन्तिभोजः-भवत्वेवं तावन्निःष्प्रतिवचनमृषिवचनम् । भगवन् ! इदानीं किं प्राप्तकालं कुमारस्य कुरङ्गयाश्च । विवाहः पूर्वमारब्धव्यः ।

नारदः-निश्चितो विवाहो ननु गान्धर्वः स्वसमय एव इदानीम् ।

कुन्तिभोजः–अग्निसाक्षिकमिच्छामि ।

नारदः- नित्यमग्निसाक्ष्येव । तथापि स्वजनपरितोषणार्थमभ्यन्तरसमयमात्रमुपाध्यायेन कारयित्वा शीघ्रमानीयतामिह कुमारः सह भार्यया ।

कुन्तिभोजः–भगवन् ! एष गच्छामि ।

नारदः-तिष्ठतु भवान्। भूतिक! गच्छ त्वम्।

भूतिकः-यदाज्ञापयति भगवान्। (निष्क्रान्तः।)

कुन्तिभोजः-भगवन्! विज्ञाप्यमस्ति।

नारदः-इतस्तावत्। स्वैरमभिधीयताम्।

कुन्तिभोजः-भगवन् सुदर्शनायाः पुत्राय जयवर्मणे कुरङ्गीं दास्यामीति मयानीता सा पूर्वं सनाथा। किं कर्तव्यमिदानीम्, अभिधीयताम्।

नारदः-एवं करोमि। मुहूर्तमेकान्ते तिष्ठ।

कुन्तिभोजः-तथास्तु। (तथा करोति।)

नारदः-सुदर्शने! इतस्तावत्।

सुदर्शना-भअवं! इअम्हि। [भगवन्। इयमस्मि।]

नारदः-ननु श्रुतमस्मद्वचनम्।

सुदर्शना-सुदं सोवीरराअउत्तस्स गुणसङ्कीत्तणं। [श्रुतं सौवीरराजपुत्रस्य गुणसङ्कीर्तनम्।]

नारदः-मा मैवम्। भवत्या विस्मृतोऽग्निदेवादुत्पन्नोऽग्रजस्ते पुत्रः।

सुदर्शना- हं, एदं पि भअवं जाणादि। [हम्, एतदपि भगवान् जानाति।]

नारदः-ममैवाज्ञां कुरुष्व तावत्।

सुदर्शना-एवं करोमि। भअवं भणादु। [एवं करोमि। भगवान् भणतु।]

नारदः-तवायं पुत्रोऽग्नेरुत्पन्नः। त्वद्भगिन्याः सुचेतनायाः प्रसवसमकाल एव तत्सुतः स्वर्गं गतः। तवायं पुत्रस्त्वद्भगिन्यै त्वया दत्तः। सौवीरराजश्चासावत्यन्तसन्तुष्टः प्रीतिसदृशीः क्रियाः कृत्वा विष्णुसेन इति संज्ञामकरोत्। अमानुषस्वरूपबलवीर्यपराक्रमेणानेन वर्धमानेन यस्मादविरूपधारी मा-

रितोऽसुरः, तस्मादविमारक इति विष्णुसेनं लोको ब्रवीति। ततः सोऽपि ब्रह्मशापपरिभ्रष्टो हस्तिसम्भ्रमदिवसे कुरङ्गीं दृष्ट्वा समुत्पन्नाभिलाषः[1] परेण पौरुषेण सङ्गम्य कुरङ्ग्या दर्शनशङ्कितैः कन्यापुररक्षिभिः परीक्ष्यमाणोऽग्निना भगवता प्रच्छादितो निर्गतः। तेन निर्वेदेनाग्निं प्रविष्टः पित्रा भगवताग्निना प्रीत्या परिष्वज्यपानो न दहत्यग्निरिति मरुत्प्रपातार्थं कञ्चित् पर्वतमारूढः।

सुदर्शना–अहो अच्चाहिदं। [अहो अत्याहितम्।]

नारदः–तत्र केनापि विद्याधरेण तद्रूपदर्शनमात्रप्रहृष्टेन प्रीत्यान्तर्धानकार्यमात्रमङ्गुलीयकं दत्तं, यद् दक्षिणाङ्गुल्या धारयन्नदृश्यो भवति, वामेन प्रकृतिस्थश्च।

सुदर्शना–अच्छरीअं अच्छरीअं। [आश्चर्यमाश्चर्यम्।]

नारदः–ततस्तद् दक्षिणाङ्गुल्या धारयन् सन्तुष्टनामधेयेन ब्राह्मणेन सह कुन्तिभोजस्य कन्यापुरं स्वगृहवत् प्रविश्य कुरङ्ग्या यथेष्टमभिरममाणः सुखमास्ते। एष वृत्तान्तः। किमिदानीं कर्तव्यम्।

सुदर्शना–अणन्तरं अय्याए वञ्चिदाए चळदी विअ मे हिअअं, कोदूहळेण तुस्सदि। भअवं! एसु दिअसेसु कुरङ्गीं जअवम्मणो भय्यत्ति पुच्छदि। अज्जप्पहुदि तस्स वन्दणीआ संवृत्ता। [अनन्तरमार्यया वञ्चितया चलतीव मे हृदयं, कौतूहलेन तुष्यति। भगवन् एषु दिवसेषु कुरङ्गी जयवर्मणो भार्येति पृच्छयते। अद्य प्रभृति तस्य वन्दनीया संवृत्ता।]

नारदः–अभिजनयुक्तमेवाभिहितं भवत्या। कथमिदानीं ज्येष्ठपत्नी कनीयसे दीयते। सुदर्शने! अभिधीयतां काशिराजाय जयवर्मणः कुरङ्गीं वयसाधिकेति। नन्वस्ति कुरङ्ग्याः कनीयसी सुमित्रा नाम। सा जयवर्मणो भार्या भविष्यति।

---

१ समुत्थमदनाभिलाषः।

सुदर्शना–पडिग्गहिदं इसिवअणं। [प्रतिगृहीतमृषिवचनम्।]

नारदः– गच्छ कुन्तिभोजमनुवर्तस्व।

सुदर्शना–जं भअवं आणवेदि। [यद् भगवानाज्ञापयति।]

(ततः प्रविशति वरवेषेणाविमारकः कुरङ्गी भूतिकश्च)

अविमारकः– भोः! लज्जित इवास्म्यनेन वृत्तान्तेन।

दृष्ट्वा तदानीं गजसम्भ्रमे मां
मद्विक्रमं ये परिकीर्तयन्ति।
ते किन्नु वृत्तान्तमिमं विदित्वा
चारित्रदोषं मयि पातयन्ति ॥ १५ ॥

(परिक्रम्य दृष्ट्वा) अये अयं खलु भगवान् नारदः। य एषः,

शापे प्रसादेषु च सक्तबुद्धि-
र्वेदेषु गीतेषु च रक्तकण्ठः।
स्निग्धेषु वैराण्युपपाद्य यत्ना-
न्नष्टानि कार्याणि शमीकरोति ॥ १६ ॥

कुन्तिभोजः– इत इतः कुमारः। अभिवादयस्वात्मकुलदैवतं देवर्षिम्।

अविमारकः– भगवन्! अभिवादये।

नारदः– स्वस्ति भवते सपत्नीकाय।

अविमारकः– अनुगृहीतोऽस्मि। मातुल! अभिवादये।

कुन्तिभोजः– एह्येहि वत्स!

क्षमया जय विप्रेन्द्रान् दयया जय संश्रितान्।
तत्त्वबुद्ध्या जयात्मानं तेजसा जय पार्थिवान् ॥ १७ ॥

अविमारकः– अनुगृहीतोऽस्मि।

कुन्तिभोजः– वत्स! इत इतः पितरमभिवादयस्व।

अविमारकः– भोस्तात! अभिवादये।

सौवीरराजः– एह्येहि वत्स !

विरचितवरवेषदर्शनीयो
गुरुजनवन्दनमिश्रशुभ्रवक्त्रः ।
वयमिव भव हर्षबाष्पनेत्र-
स्त्वमिह भवत्तनयं समीक्षमाणः ॥ १८ ॥

पुत्र ! अभिवादयस्व मातुलम् ।

अविमारकः– मातुल ! अभिवादये ।

कुन्तिभोजः– एह्येहि वत्स !

यज्ञैः शुभैर्हरिसमो भव नित्ययुक्तैः
सत्यैर्दृढैर्दशरथप्रतिमो भव त्वम् ।
नित्यार्पितैः पितृसमो भव सम्प्रदानैः
स्वेनात्मना सुसदृशेन पराक्रमेण ॥ १९ ॥

सौवीरराजः– पुत्र ! सुदर्शनामभिवादयस्व ।

कुन्तिभोजः–अयुक्तमिव सुचेतनामनभिवाद्य सुदर्शनामभिवादयितुम् ।

नारदः– अस्ति कारणम् । अभिवाद्यतां सुदर्शना ।

उभौ– एवं क्रियताम् ।

अविमारकः– भवति ! अभिवादये ।

सुदर्शना– पुत्र ! चिरं जीव एदाए सह । (परिष्वज्य) चिरेण दिट्ठो सि । अज्ज मए अणुभूदो पुत्तसम्पत्तिरसो । [पुत्र ! चिरं जीवैतया सह । चिरेण दृष्टोऽसि । अद्य मयानुभूतः पुत्रसंपत्तिरसः ।] (रोदिति)

कुन्तिभोजः–

इमां तु बाष्पार्द्रकुतूहलाक्षीं
सम्प्रस्रवद्दुग्धपयोदयुग्माम् ।

---

१. इत्येपिते (!)

अवेक्षितां मातरमप्रकाश्य
धात्रीत्वमेवैति सुचेतना मे ॥ २० ॥

नारदः– अलमतिस्नेहेन । प्रविशतु कन्यापुरं सुचेतना सुचेतना सुदर्शना सुदर्शना च सभार्येण पुत्रेण ।

कुन्तिभोजः– यदाज्ञापयति भगवान् ।

सुदर्शना– जं भअवं आणवेदि । [यद् भगवानाज्ञापयति ।]

नारदः– अचिरेण सौवीरराजो विसृज्यतां स्वदेशगमनाय । जयवर्मणे सुमित्रां प्रदीयतां काशिराज्ञे । त्वमपि सन्निहितो भव ।

कुन्तिभोजः– अनुगृहीतोऽस्मि ।

नारदः– कुन्तिभोजः ! किमन्यत् ते प्रियमुपहरामि ।

कुन्तिभोजः– भगवान् यदि मे प्रसन्नः, किमतः परमहमिच्छामि ।

गोब्राह्मणानां हितमस्तु नित्यं
सर्वप्रजानां सुखमस्तु लोके ।

नारदः– सौवीरराज ! किं ते भूयः प्रियमुपहरामि ।

सौवीरराजः– यदि मे भगवान् प्रसन्नः, किमतः परमहमिच्छामि ।

इमामुदीर्णार्णवनीलवस्त्रां
नरेश्वरो नः पृथिवीं प्रशास्तु ॥ २१ ॥

(भरतवाक्यम्)

भवन्त्वरजसो गावः परचक्रं प्रशाम्यतु ।
इमामपि महीं कृत्स्नां राजसिंहः प्रशास्तु नः ॥ २२ ॥

(निष्क्रान्ताः सर्वे)

षष्ठोऽङ्कः ।

श्लोकानुक्रमणी ।

चारुदत्तस्य कथावस्तु ।

चारुदत्तो नाम कश्चित् सार्थवाहपुत्रो विप्र उदाराशयोऽर्थिषु गलितविभवसर्वस्व उज्जयिन्यां श्रेष्ठिचत्वरे निवसति स्म । तस्मिन् दृढमनुरक्ता वसन्तसेना नाम गणिका । अथ कदाचिद्राजवीथ्यां गच्छन्ती सा विटद्वितीयेन राजश्यालेन शकारेणानुगम्यमाना संभ्रान्ता प्रदोषान्धकारपूरितगम्भीरायां रथ्यायां दैवाच्चारुदत्तस्य भवनं प्राप्ता तस्माद् गृहाद् दीपं गृहीत्वा निष्क्रामन्तीं चारुदत्तचेटीं रदनिकां दृष्ट्वा पटान्तेन दीपं निर्वाप्याभ्यन्तरं प्रविष्टा । अथ विटेन प्रोत्साहितो राजश्यालो वसन्तसेनाबुद्ध्या रदनिकां यावद् बलादाक्रष्टुमारभते स्म तावच्चारुदत्तवयस्यो मैत्रेयो दीपं गृहीत्वा तत्र प्राप्तः । स च तेन प्रधर्षितां चेटीं दृष्ट्वा भृशमेनं निर्भर्त्सयामास । अथ शकारो भवनगता वसन्तसेना त्वया श्वो निर्यातयितव्या इति चारुदत्तं संदिश्य निष्क्रान्तः । वसन्तसेना तु परिचारिकाभ्रान्त्या चारुदत्तेनाभ्यन्तरप्रवेशनायार्पितं सुमनोवासितं प्रावारकं गृहीत्वा विवर्धितमदना संवृत्ता । अनुपदमेव विदूषकरदनिकाप्रवेशाच्चारुदत्तः स्वं प्रमादं ज्ञातवान् । वसन्तसेनाप्यभयमेनं ययाचे । तस्य हस्ते च स्वीयान् सुवर्णालंकारान् निक्षिप्यार्यमैत्रेयेणानुगता स्वभवनं प्रतिनिववृते ।

ततोऽन्येद्युश्चारुदत्तसंवाहको द्यूतोपजीवी द्यूतकरभयाद् वसन्तसेनाभवनं प्रविष्टः शरणागतस्तयाभयदानेन विश्वसितश्चारुदत्तगुणान् प्रशशंस । अनन्तरं तस्याश्चेटः कर्णपूर आत्मनः परिस्पन्दं वर्णयितुमारब्धः । अनेन हि मोचितः कोऽपि वराकः प्रव्राजको हस्तिहस्तसंमर्दात् । ततोऽस्य पराक्रमेण तुष्टश्चारुदत्त एनमात्मनः प्रावारकं दत्तवान् । ततोऽस्य गुणानुरागित्वमौदार्यं च चिन्तयन्ती वसन्तसेना दृढमुत्कण्ठिताभूत् ।

अथ कदाचिद्वसन्तसेनाचेट्या मदनिकायाः कामुकः सज्जलको नाम तामभुजिष्यां कर्तुं प्रवृत्तस्तस्या निष्क्रयार्थं रात्रौ चारुदत्तगृहे सन्धिं कृत्वा वसन्तसेनया निक्षिप्तं सुवर्णभाण्डमपजहार । तच्च गृहीत्वा वसन्तसेनागृहं प्राप्तो मदनिकायै साहसं स्वीयं निवेदयामास । भित्त्यन्तरितया वसन्तसेनयाऽपि श्रुतं

तद्रहस्यम् । अत्रान्तरे चारुदत्तसकाशात्प्राप्तो विदूषकः " सुवर्णभाण्डं तद् द्यूते हारितं " इत्युपदिश्य तन्मूल्यत्वेन चारुदत्तपत्न्या समर्पितां रत्नावलीं तस्यै प्रादात् । सज्जलकोऽपि मदनिकावचनानुरोधेन ' आर्यचारुदत्तप्रेषितमिदं ' इति वदंस्तस्या आर्पयत् । तया तु साहसं कृत्वानीतमिदं सुवर्णभाण्डमिति प्रत्याख्यातः । अन्ते तु प्रेम्णो विजृम्भितमेतदिति प्रीता मदनिकां स्वीयैराभरणैरलंकृत्य सज्जलकाय प्रदाय प्रवहणे तावारोप्य व्यसर्जयत् । स्वयं च चारुदत्तमभिसर्तुमुद्यताऽभवत् ।

पात्राणि ।

पुरुषाः—

नायकः-- दरिद्रसार्थवाहपुत्रः चारुदत्तः ।

विदूषकः-- (मैत्रेयः) चारुदत्तस्य मित्रम् ।

शकारः— राजश्यालः संस्थानकः ।

विटः

संवाहकः

चेटः— (मृच्छकटिके कर्णपूरकः) वसन्तसेनायाः किङ्करः ।

सज्जलकः — (मृच्छकटिके शर्विलकः) मदनिकाकामुकः ।

स्त्रियः--

गणिका— वसन्तसेना ।

ब्राह्मणी-- चारुदत्तस्य पत्नी ।

रदनिका-- चारुदत्तगृहे चेटी ।

मदनिका-- वसन्तसेनायाः सखी चेटी च ।

श्रीगणेशाय नमः ।

भासनाटकचक्रे

चारुदत्तम्

(नान्द्यन्ते ततः प्रविशति सूत्रधारः ।)

सूत्रधारः- किण्णु खु अज्ज पच्चूस एव्व गेहादो णिक्खन्तस्स बुभुक्खाए पुक्खरपत्तपडिदजळविन्दू विअ चञ्चळाअन्ति विअ मे अक्खीणि । (परिक्रम्य) जाव गेहं गच्छिअ जाणामि किण्णु हु संविधा विहिदा ण वेत्ति । (परिक्रम्य) एदं अम्हाणं गेहं । जाव पविसामि । (प्रविश्यावलोक्य) जह ळोहीपरिवट्टणकाळसारा भूमी, णेउब्भामणसुगन्धो विअ गन्धो, सुणिमित्तं विअ परिब्भमन्तो वडिवस्सअजणो, किण्णु खु संविधा विहिदा । आदु बुभुक्खाए ओदणमअं विअ जीवळोअं पेक्खामि । जाव अय्यं सद्दावेमि । अय्ये ! इदो दाव । [किन्नु खल्वद्य प्रत्यूष एव गेहान्निष्क्रान्तस्य बुभुक्षया पुष्करपत्रपतितजलबिन्दू इव चञ्चलायेते इव मेऽक्षिणी । यावद् गेहं गत्वा जानामि किन्नु खलु संविधा विहिता न वेति । एतदस्माकं गेहम् । यावत् प्रविशामि । यथा लौहीपरिवर्तनकालसारा भूमिः, स्नेहोद्भावनसुगन्ध इव गन्धः, सुनिमित्तमिव परिभ्रमन् वरिवस्यकजनः, किन्नु खलु संविधा विहिता । अथवा बुभुक्षयौदनमयमिव जीवलोकं पश्यामि । यावदार्यां शब्दापयामि । आर्ये ! इतस्तावत् ।]

नटी—अय्य ! इअम्हि । अय्य ! दिट्ठिआ खु सि आअदो । [आर्य ! इयमस्मि । आर्य ! दिष्ट्या खल्वस्यागतः ।]

सूत्रधारः—अय्ये ! किं अत्थि अम्हाणं गेहे को वि पादरासो । [आर्ये ! किमस्त्यस्माकं गेहे कोऽपि प्रातराशः ।]

नटी–अत्थि। [अस्ति ।]

सूत्रधारः–चिरं जीव। एवं सोभणाणि भोअणाणि दत्ति[1]आ होहि। [चिरं जीव। एवं शोभनानि भोजनानि दात्री भव।]

नटी–अय्य ! तुवं एव पडिवाळन्ती चिट्ठामि। [आर्य ! त्वामेव प्रतिपालयन्ती तिष्ठामि।]

सूत्रधारः–अय्ये ! किं अत्थि अब्भत्थिदं। [आर्ये ! किमस्त्यभ्यर्थितम्।]

नटी–अत्थि। [अस्ति।]

सूत्रधारः–एवं देवा तुमं अस्सासअन्तु। अय्ये ! किं किं। [एवं देवास्त्वामाश्वासयन्तु। आर्ये ! किं किम्।]

नटी–घिदं गुळं दहिं तण्डुळा अ अत्थि। [घृतं गुडो दधि तण्डुलाश्चास्ति।]

सूत्रधारः–एवं सव्वं अम्हाणं गेहे अत्थि। [एतत् सर्वमस्माकं गेहेऽस्ति।]

नटी–णहि णहि। अन्तळावणे। [नहि नहि। अन्तरापणे।]

सूत्रधारः–(सरोषम्) आः अणय्ये ! एवं दे आसा छिन्दीअदु। अभावं च गमिस्ससि। अहं चण्डप्पवादळण्डुओ विअ वरण्डी पव्वदादो दूरं आरोविअ पाडिदो म्हि। [आः अनार्ये ! एवं ते आशा छिद्यताम्। अभावं च गमिष्यसि। अहं चण्डप्रवातलण्डित इव वरण्डः पर्वताद् दूरमारोप्य पातितोऽस्मि।]

नटी-मा भाआहि मा भाआहि। मुहुत्तअं पडिवाळेदु अय्यो सव्वं सज्जं भविस्सदि। ळद्धं णाम एदं। अज्ज मम उववासस्स अय्यो सहायो होदु। [मा बिभीहि मा बिभीहि। मुहूर्तकं प्रतिपालयत्वार्यः। सर्वं सज्जं भविष्यति। लब्धं नामैतत्। अद्य ममोपवासस्यार्यः सहायो भवतु।]

१ दन्तिआ.

सूत्रधारः–किण्णामहेओ अय्याए उववासो । [किन्नामधेय आर्याया उपवासः ।]

नटी–अभिरूववदी णाम । [अभिरूपपतिर्नाम ।]

सूत्रधारः–किं अण्णजादीए । [किमन्यजात्याम् ।]

नटी–आम । [आम ।]

सूत्रधारः–सव्वं दाव चिट्ठदु । को णु दाणि अय्याए उववासस्स उवदेसिओ । [सर्वं तावत् तिष्ठतु । को न्विदानीमार्याया उपवासस्योपदेशिकः ।]

नटी–इमिणा वडिवस्सएण[1] चुण्णगोट्ठेण ! [अनेन वरिवस्यकेन चूर्णगोष्ठेन !]

सूत्रधारः–साहु चुण्णगोट्ठ ! साहु । [साधु चूर्णगोष्ठ ! साधु ।]

नटी–जइ अय्यस्स अणुग्गहो, तदो इच्छेअं अम्हारिसजणजोग्गं कञ्चि बम्हणं निमन्तेदुं । [यद्यार्यस्यानुग्रहः, तत इच्छेयमस्मादृशजनयोग्यं कञ्चिद् ब्राह्मणं निमन्त्रयितुम् ।]

सूत्रधारः–धम्मिट्ठो खु णिओओ । तेण पादरासो वि मे भविस्सदि । जइ एव्वं, पविसदु अय्या । अहं वि अम्हारिसजणजोग्गं कञ्चि बम्हणं अण्णेसामि । [धर्मिष्ठः खलु नियोगः । तेन प्रातराशोऽपि मे भविष्यति । यद्येवं प्रविशत्वार्या । अहमप्यस्मादृशजनयोग्यं कञ्चिद् ब्राह्मणमन्विष्यामि ।]

नटी–जं अय्यो आणवेदि । (निष्क्रान्तः) [यदार्य आज्ञापयति ।]

सूत्रधारः–कहिं ण्णु खु दरिद्दबम्हणं ळभेअं । (विलोक्य) एसो अय्य चारुदत्तस्स वअस्सो अय्यमेत्तेओ णाम बम्हणो इदो एव्व आअच्छदि । जाव उवणिमन्तेमि । (परिक्रम्य) अय्य ! णिमन्तिदो सि । आमन्तणस्स मा दरिद्द त्ति मं अवमण्णेहि । सम्पण्णं अण्हिदव्वं भविस्सदि । घिदं गुळं दहिं तण्डुला अ सव्वं अत्थि । अवि अ

---

१. पडिवेस्सएण.

दक्खिणामासआणि भविस्सन्ति। [कुत्र नु खलु दरिद्रब्राह्मणं लभेय। एष आर्यचारुदत्तस्य वयस्य आर्यमैत्रेयो नाम ब्राह्मण इत एवागच्छति। यावदुपनिमन्त्रयामि। आर्य! निमन्त्रितोऽसि। आमन्त्रणस्य मा दरिद्र इति मामवमन्यस्व। सम्पन्नमशितव्यं भविष्यति। घृतं गुडो दधि तण्डुलाश्च सर्वमस्ति। अपि च दक्षिणामाषका भविष्यन्ति।]

(नेपथ्ये)

अण्णं अण्णं णिमन्तेदु दाव भवं। अरित्तओ दाव अहं। [अन्यमन्यं निमन्त्रयतु तावद् भवान्। अरिक्तकस्तावदहम्।]

सूत्रधारः--

धिदगुळदहिसुसमिद्धं धूविअसूवोवदंससम्भिण्णं।
सक्कारदत्तमिट्ठं भूञ्जीअदु भत्तमय्येण॥ १॥

[घृतगुडदधिसुसमृद्धं धूपितसूपोपदंशसम्भिन्नम्।
सत्कारदत्तमिष्टं भुज्यतां भक्तमार्येण॥ १॥]

(निष्क्रान्तः।)

स्थापना।

(ततः प्रविशति विदूषकः।)

विदूषकः--अण्णं अण्णं णिमन्तेदु दाव भवं। अरित्तओ दाव अहं। णं भणामि अहं अरित्तओ त्ति। किं भणासि--सम्पण्णं असणं अण्हिदव्वं भविस्सदि त्ति। अहं पुण जाणामि। अहिअमहुरस्स अम्बरस अजोग्गदाए अट्ठि ण भक्खीअदि त्ति। किं दाणि मं उळ्ळाळिअ उळ्ळाळिअ भणासि। भणामि वावुदो त्ति। किं भणासि--दक्खिणामासआणि भविस्सदि त्ति। एसो वाआ पच्चाचक्खिदो हिअएण अणुबन्धीअमाणो गच्छीअदि। अहो अच्चा-

हिदं । अहं वि णाम परस्स आमन्तआणि त्ति तक्केमि । जो अहं तत्तहोदो चारुदत्तस्स गेहे अहोरत्तपय्यत्तसिद्धेहि णाणाविधेहि हिङ्गुविद्धेहि ओग्गारणसुगन्धेहि भूक्खेवमत्तपडिच्छिदेहि अन्तरन्तरपाणीएहि असणप्पआरेहि चित्तअरो विअ बहुमळ्ळएहि परिवुदो आअण्ठमत्तं अण्हिअ चच्चरवुसहो विअ मोदअखज्जएहि रोमन्थाअमाणो दिवसं खेवेमि, सो एव्व दाणि अहं तत्तहोदो चारुदत्तस्स दरिद्दाए समं पारावदेहि साहारणवुत्तिं उवजीवन्तो अण्णहिं चरिअ चरिअ तस्स आवासं एव्व गच्छामि । अण्णं च अच्छरिअं । मम उदरं अवत्थाविसेसं जाणादि । अप्पेणावि तुस्सदि । बहुअं वि ओदणभरं भरिस्सदि दीअमाणं । ण आएदि अदीअमाणं, ण पच्चाचिक्खदि । ण खु अहं एरिसेण ण सन्तुट्ठो । ता सट्ठीकिददेवकय्यस्स तत्तहोदो चारुदत्तस्स कारणादो गहीदो सुमणो अन्तळिक्खवासो अ । जाव से पम्सपरिवत्ती होमि । (परिक्रम्यावलोक्य) एसो तत्तभवं चारुदत्तो पभादचन्दो विअ सकरुणप्पिअदंसणो जहाविभवेण गिहदेवदाणि अच्चअन्तो इदो एव्व आअच्छदि । जाव णं उवसप्पामि । (निष्क्रान्तः ।) [अन्यमन्यं निमन्त्रयतु तावद् भवान् । अरिक्तकस्तावदहम् । ननु भणाम्यहमरिक्तक इति । किं भणसि—सम्पन्नमशनमशितव्यं भविष्यतीति । अहं पुनर्जानामि । अधिकमधुरस्य आम्रस्य अयोग्यतया अस्थि न भक्ष्यत इति । किमिदानीं मामुल्लाल्योल्लाल्य भणसि । भणामि व्यापृत इति । किं भणसि—दक्षिणामाषका भविष्यन्तीति । एष वाचा प्रत्याख्यातो हृदयेनानुबध्यमानो गम्यते । अहो अत्याहितम् । अहमपि नाम परस्यामन्त्रणानीति तर्कयामि । योऽहं तत्रभवतश्चारुदत्तस्य गेहेऽहोरात्रपर्याप्तसिद्धैर्नानाविधैर्हिङ्गुविद्धैरुद्गारसुगन्धिभिः भ्रुक्षेपमात्रप्रतीष्टैरन्तरान्तरपानीयैरशनप्रकारैश्चित्रकर इव बहुमल्लकैः

परिवृत आकण्ठमात्रमशित्वा चत्वरवृषभ इव मोदकखाद्यै रोमन्थायमानो दिवसं क्षिपामि, स एवेदानीमहं तत्रभवतश्चारुदत्तस्य दरिद्रतया समं पारावतैः साधारणवृत्तिमुपजीवन् अन्यत्र चरित्वा चरित्वा तस्यावासमेव गच्छामि। अन्यच्चाश्चर्यम्। ममोदरमवस्थाविशेषं जानाति। अल्पेनापि तुष्यति। बहुकमप्योदनभरं भरिष्यति दीयमानम्। न याचते अदीयमानं, न प्रत्याचष्टे। न खल्वहमीदृशेन न सन्तुष्टः। तत् षष्ठीकृतदेवकार्यस्य तत्रभवतश्चारुदत्तस्य कारणाद् गृहीतानि सुमनसोऽन्तरीयवासश्च। यावदस्य पार्श्वपरिवर्ती भवामि। एष तत्रभवांश्चारुदत्तः प्रभातचन्द्र इव सकरुणप्रियदर्शनो यथाविभवेन गृहदैवतान्यर्चयन् इत एवागच्छति। यावदेनमुपसर्पामि।]

(ततः प्रविशति बलिमुपहरन्नायको विदूषकश्चाङ्गेरिकाहस्ता चेटी च।)

नायकः–(दीर्घं निःश्वस्य) **भोः! दारिद्र्यं खलु नाम मनस्विनः पुरुषस्य सोच्छ्वासं मरणम्। कुतः,**

यासां बलिर्भवति मद्गृहदेहलीनां
हंसैश्च सारसगणैश्च विभक्तपुष्पः।
तास्वेव पूर्वबलिरूढयवाङ्कुरासु
बीजाञ्जलिः पतति कीटमुखावलीढः ॥ २ ॥

विदूषकः–**अळं दाणि भवं अदिमत्तं सन्तप्पिदुं। पुरुसजोव्वणाणि विअ गिहजोव्वणाणि खु दसाविसेसं अणुहोन्ति। आसमुद्दआणविपण्णविभवस्स बहुळपक्खचन्दस्स जोण्हापरिक्खओ विअ भवदो एव्व रमणीओ अअं दरिद्दभावो।** [अलमिदानीं भवानतिमात्रं सन्तप्तुम्। पुरुषयौवनानीव गृहयौवनानि खलु दशाविशेषमनुभवन्ति। आसमुद्रयानविपन्नविभवस्य बहुलपक्षचन्द्रस्य ज्योत्स्नापरिक्षय इव भवत एव रमणीयोऽयं दरिद्रभावः।]

नायकः– न खल्वहं नष्टां श्रियमनुशोचामि। गुणरसज्ञस्य तु
१ पुरुषस्य व्यसनं दारुणतरं मां प्रतिभाति। कुतः,

सुखं हि दुःखान्यनुभूय शोभते
यथान्धकारादिव दीपदर्शनम्।
सुखात्तु यो याति दशां दरिद्रतां
स्थितः शरीरेण मृतः स जीवति॥ ३॥

विदूषकः–भो वअस्स! समुद्दपट्टणसारभूदो तादिसो अत्थसञ्चओ
कहिं गओ। [भो वयस्य! समुद्रपत्तनसारभूतस्तादृशोऽर्थसञ्चयः
२ क्व गतः।]

नायकः–(निःश्वस्य) वयस्य! यत्र गतानि मे भागधेयानि।
पश्य,

क्षीणा ममार्थाः प्रणयिक्रियासु
विमानितं नैव परं स्मरामि।
एतत्तु मे प्रत्ययदत्तमूल्यं
सत्त्वं सखे! न क्षयमभ्युपैति॥ ४॥

(चिन्तां नाटयति।)

विदूषकः–किं भवं अत्थविभवं चिन्तेदि। [किं भवानर्थविभवं
३ चिन्तयति।]

नायकः–

सत्यं न मे धनविनाशगता विचिन्ता
भाग्यक्रमेण हि धनानि पुनर्भवन्ति।
एतत्तु मां दहति नष्टधनश्रियो मे
यत् सौहृदानि सुजने शिथिलीभवन्ति॥ ५॥

अपि च,

दारिद्र्यात् पुरुषस्य बान्धवजनो वाक्ये न सन्तिष्ठते
सत्त्वं हास्यमुपैति शीलशशिनः कान्तिः परिम्लायते ।
निर्वैरा विमुखीभवन्ति सुहृदः स्फीता भवन्त्यापदः
पापं कर्म च यत् परैरपि कृतं तत्तस्य सम्भाव्यते ॥ ६ ॥

विदूषकः–एदे दाणि दासीएपुत्ता अत्थवावारा गोवदारआ विअ मसअभीदा गिहादो णिग्गच्छन्ति । धणविणासदुक्खस्स उण चिन्तिअमाणस्स वसन्ते वुड्ढस्स सरत्थम्बस्स विअ अङ्कुरङ्कुरा उब्भमन्ति । ता अळं भवदो सन्दावेण । [एत इदानीं दास्याः पुत्रा अर्थव्यापारा गोपदारका इव मशकभीता गृहाद् निर्गच्छन्ति । धनविनाशदुःखस्य पुनश्चिन्त्यमानस्य वसन्ते वृद्धस्य शरस्तम्बस्येवाऽङ्कुराङ्कुरा उद्भ्रमन्ति । तदलं भवतः सन्तापेन ।]

नायकः–वयस्य ! किमर्थं सन्तापं करिष्ये । किञ्चाहं दरिद्रः, यस्य मम,

विभवानुवशा भार्या समदुःखसुखो भवान् ।
सत्त्वं च न परिभ्रष्टं यद् दरिद्रेषु दुर्लभम् ॥ ७ ॥

(ततः प्रविशति गणिका सम्भ्रान्ता विटेन शकारेण चानुगम्यमाना ।)

शकारः–चिट्ठ चिट्ठ वशन्तशेणिए ! चिट्ठ,

किं याशि धावशि पधावशि पक्खळन्ती
शाहु प्पशीद ण मळीअशि चिट्ठ दाव ।
कामेण शम्पदि हि डज्झइ मे शळीळं
अङ्गाळमज्झपडिदे विअ चम्मखण्डे ॥ ८ ॥

[तिष्ठ तिष्ठ वसन्तसेने ! तिष्ठ,

किं यासि धावसि प्रधावसि प्रस्खलन्ती
साधु प्रसीद न मार्यसे तिष्ठ तावत् ।
कामेन सम्प्रति हि दह्यते मे शरीर–
मङ्गारमध्यपतितमिव चर्मखण्डम् ॥ ८ ॥]

विटः–**वसन्तसेने !**

किं त्वं भयेन परिवर्तितसौकुमार्या
नृत्तोपदेशविशदौ चरणौ क्षिपन्ती ।
उद्विग्नचञ्चलकटाक्षनिविष्टदृष्टि-
र्व्याधानुसारचकिता हरिणीव यासि ॥ ९ ॥

शकारः–**भावे ! एशा गच्छइ वशन्तशेणिआ,**
दुवेहि अम्हेहि अणुबन्धअन्ती जहा शिगाली विअ कुक्कुलेहि ।
शणूपुला मेहलणादहाशा शवेट्टणं मे हलअं हलन्ती ॥ १० ॥

[भाव ! एषा गच्छति वसन्तसेना,
द्वाभ्यामावाभ्यामनुबध्यमाना यथा शृगालीव कुक्कुराभ्याम् ।
सनूपुरा मेखलानादहासा सवेष्टनं मे हृदयं हरन्ती ॥ १० ॥]

विटः–**वसन्तसेने !**

किं त्वं पदात् पदशतानि निवेशयन्ती
नागीव यासि पतगेन्द्रभयाभिभूता ।
वेगादहं प्रचलितः पवनोपमेयः
किं त्वां ग्रहीतुमथवा न हि मेऽस्ति शक्तिः ॥ ११ ॥

गणिका–(समन्तादवलोक्य) **पल्लवअ ! पल्लवअ ! परहुदिए ! परहुदिए ! महुअरअ ! महुअरअ ! सारिए ! सारिए ! हद्धि,**
३ **णट्ठो मे परिजणो । एत्थ सअं एव अप्पा रक्खिदव्वो ।** [पल्लवक !

पल्लवक ! परभृतिके ! परभृतिके ! मधुकरक ! मधुकरक ! शारिके ! शारिके ! । हा धिक्, नष्टो मे परिजनः । अत्र स्वयमेवात्मा रक्षितव्यः ।]

६ शकारः-विळव विळव णाए ! विळव पळ्ळवं वा, परहुदिअं वा, महुअरं वा, शाळिअं वा, शव्वं वशन्तमाशं वा । के के तुमं परित्तअशि ।

किं वाशुदेवे शवपट्टणेशे
कुन्तीशुदे वा जणमेजए वा ।
अहं तुमं गण्हिअ केशहत्थे
दुःशाशणे शीदमिवाहळामि ॥ १२ ॥

[विलप विलप ज्ञाते ! विलप पल्लवं वा, परभृतिकां वा, मधुकरं वा, शारिकां वा, सर्वं वसन्तमासं वा । कः कस्त्वां परित्रास्यते । किं वासुदेवः शवपत्तनेशः कुन्तीसुतो वा जनमेजयो वा । अहं त्वां गृहीत्वा केशहस्ते दुःशासनः सीतामिवाहरामि ॥ १२ ॥]

विटः-वसन्तसेने ! सर्वत्र भयानभिज्ञहृदयं मां कुरु । पश्य,

परिचिततिमिरा मे शीलदोषेण रात्रि-
र्बहुलतिमिरकालास्तीर्णपूर्वा विघट्टाः ।
युवतिजनसमक्षं काममेतन्न वाच्यं
विपणिषु हतशेषा रक्षिणः साक्षिणो मे ॥ १३ ॥

गणिका-हं इदाणिं संसइदा संवुत्ता, जो अप्पगुणाणि सअं एव्व मन्तेदि । कहं एदे अकय्यं ण करिस्सन्दि । [अहम् इदानीं संश-
३ यिता संवृत्ता, य आत्मगुणान् स्वयमेव मन्त्रयते । कथमेतेऽकार्यं न करिष्यन्ति ।]

विटः-भवति ! क्रियतामस्माकंमनुनयप्रग्रहः (परिग्रहः) । पश्य,

जनयति खलु रोषं प्रश्रयो भिद्यमानः
किमिव च रुषितानां दुष्करं मद्विधानाम् ।
अनुनयति समर्थः खड्गदीर्घः करोयं
युवतिवधघृणाया मां शरीरं च रक्ष ॥ १४ ॥

गणिका-अणुणओ वि खु से भाएदि । [अनुनयोऽपि खल्वस्य भाययति ।]

शकारः-वशन्तशेणिए ! शुट्ठु भावे भणादि । बहुमण्णिअदि खु दाव बलिअजणदुल्लहे अणुणए । पेक्ख वाशु !

अशि क्खु तिक्खे शिहिग्गीवमेअए
खिवेमि शीशं तव माळए हवा ।
अळं तु अम्हाल्लिशकाणि ळोशिअ
मडे खु जो होइ ण णाम जीवइ ॥ १५ ॥

[वसन्तसेने ! सुष्ठु भावो भणति । बहुमान्यते खलु तावद् बलवज्जनदुर्लभोऽनुनयः । पश्य वासु !

असिः खलु तीक्ष्णः शिखिग्रीवामेचकः क्षिपामि शीर्षं तव मारयेथवा ।
अलं त्वस्मादृशकान् रोषयित्वा मृतः खलु यो भवति न नाम जीवति ॥ १५ ॥]

गणिका-अय्य ! कुळउत्तजणस्स सीळपरितोसोवजीविणी गणिआ खु अहं । [आर्य ! कुलपुत्रजनस्य शीलपरितोषोपजीविनी गणिका खल्वहम् ।]

विटः-अतः खलु प्रार्थ्यसे ।

गणिका-अय्य ! इमादो जणादो किं इच्छीअदि सरीरं वा आदु अळङ्कारो वा । [आर्य ! अस्माज्जनात् किमिष्यते शरीरं वाथवालङ्कारो वा ।]

विटः-न पुष्पमोक्षणमर्हति लता । कृतमलङ्कारेण ।

९ गणिका–अहं खु दाणि अत्ताणं ण सन्दावेअं । [अहं खल्विदानीमात्मानं न सन्तापयेयम् ।]

१२ शकारः–वशन्तशेणिए ! अहं भट्टिपुत्ते कामइदव्वे । [वसन्तसेने अहं भर्तृपुत्रः कामयितव्यः]

गणिका–सन्तो सि । [शान्तोऽसि ।]

१५ शकारः–शुणाहि भावे ! शुणाहि । एशा वशन्तशेणिआ मं शन्तो शि त्ति भणादि । [शृणु भाव ! शृणु । एषा वसन्तसेना मां श्रान्तोऽसीति भणति !]

१८ विटः–(आत्मगतम्) आक्रुष्टमात्मानं न जानाति मूर्खः । ध्वंस इत्युक्ते श्रान्त इत्यवगच्छति । अपि च,

अभिनयति वचांसि सर्वगात्रैः
किमपि किमप्यनवेक्षितार्थमाह ।
अनुचितगतिरप्रगल्भवाक्यः
पुरुषमयस्य पशोर्नवावतारः ॥ १६ ॥

(प्रकाशम्) वसन्तसेने ! किमिदं मत्सन्निधौ वेशवासविरुद्धमभिहितम् । पश्य,

तरुणजनसहायश्चिन्त्यतां वेशवासो
विगणय गणिका त्वं मार्गजाता लतेव ।
वहसि हि धनहार्यं पण्यभूतं शरीरं
सममुपचर भद्रे ! सुप्रियं चाप्रियं च ॥ १७ ॥

गणिका–एसो मे अभिणिवेसो अभिजणेण तुळीअदि । [एष मेऽभिनिवेशोऽभिजनेन तोल्यते ।]

३ शकारः–भावे ! एशा अन्धआळपूळिदगम्भीला ळच्छा दीशइ । मा खु णाए एत्थ भंशइदव्वा । आ कामदेवाणुआणप्पहुदि णअण-

मत्तशत्थुळं दरिद्दशत्थवाहपुत्तं चाळुदत्तवडुअं कामेदि एशा । इदं तश्श गेहश्श पक्खदुवाळं । [भाव ! एषान्धकारपूरितगम्भीरा रथ्या दृश्यते । मा खलु ज्ञाता अत्र भ्रंशयितव्या । आ कामदेवानुयानात् प्रभृति नयनमात्रसंस्थुलं दरिद्रसार्थवाहपुत्रं चारुदत्तबटुकं कामयत एषा । इदं तस्य गृहस्य पक्षद्वारम् ।]

गणिका–(सहर्षमात्मगतम्) एदं तस्स गेहं । दिट्ठिआ दाणिं अमित्तजणणिरोहेण पिअजणसमीवं उवणीदम्हि । भोदु, एवं दाव करिस्सं । (अपसरति ।) [एतत् तस्य गेहम् । दिष्ट्येदानीममित्रजननिरोधेन प्रियजनसमीपमुपनीतास्मि । भवतु, एवं तावत् करिष्यामि ।]

शकारः– (विलोक्य) भावे ! णट्ठा णाए णट्ठा । [भाव ! नष्टा ज्ञाता नष्टा ।]

विटः–कथं नष्टा । अन्विष्यतामन्विष्यताम् ।

शकारः–भावे ! ण दिश्शदि । [भाव ! न दृश्यते ।]

विटः–हन्त वञ्चिताः स्मः । वसन्तसेने ! उपलब्धेदानीमसि ।

कामं प्रदोषतिमिरेण न दृश्यसे त्वं
सौदामनीव जलदोदरसन्निरुद्धा ।
त्वां सूचयिष्यति हि वायुवशोपनीतो
गन्धश्च शब्दमुखराणि च भूषणानि ॥ १८ ॥

(गणिका मालामपनीय भूषणानि चोत्सारयति ।)

विटः–अहो बलवांश्चायमन्धकारः । सम्प्रति हि,

लिम्पतीव तमोऽङ्गानि वर्षतीवाञ्जनं नभः ।
असत्पुरुषसेवेव दृष्टिर्निष्फलतां गता ॥ १९ ॥

अपि च,

सुलभशरणमाश्रयो भयानां वनगहनं तिमिरं च तुल्यमेव ।
उभयमपि हि रक्षतेऽन्धकारो जनयति यश्च भयानि यश्च भीतः ॥ २० ॥

तथाहि—

आलोकविशाला मे सहसा तिमिरप्रवेशसञ्छन्ना ।
उन्मीलितापि दृष्टिर्निमीलितेवान्धकारेण ॥ २१ ॥

गणिका—अम्महे भित्तिपरिणामसूइदं पक्खदुवाळं । असम्भोअमळिणदाए इह अहिअं अन्धआरो । ता इह एव्व चिट्ठिस्सं । (स्थिता ।) [अहो भित्तिपरिणामसूचितं पक्षद्वारम् । असम्भोगमलिनतयेहाधिकमन्धकारः । तद् इहैव स्थास्यामि ।]

नायकः—मैत्रेय ! गच्छ, चतुष्पथे बलिमुपहर मातृभ्यः ।

विदूषकः—ण मे सद्धा, अण्णो गच्छदु । [न मे श्रद्धा, अन्यो गच्छतु ।]

नायकः—किमर्थम् ।

विदूषकः—मम बुद्धी आदंसमण्डळगआ विअ छाआ वामेसु दक्खिणा दक्खिणेसु वामा होइ । [मम बुद्धिरादर्शमण्डलगतेव च्छाया वामेषु दक्षिणा दक्षिणेषु वामा भवति ।]

नायकः—मूर्ख ! यथाविभवेनार्च्यताम् । भक्त्या तुष्यन्ति दैवतानि । तद् गम्यताम् ।

विदूषकः—एआई अहं कहं गमिस्सं । [एकाक्यहं कथं गमिष्यामि ।]

नायकः—रदनिके । अनुगच्छात्रभवन्तम् ।

रदनिका—जं भट्टा आणवेदि । [यद् भर्ताज्ञापयति ।]

विदूषकः—भोदि ! दीवं अहं णइस्सं । [भवति ! दीपमहं नेष्यामि ।]

नायकः—यथा भवान् मन्यते तथास्तु ।

विदूषकः—(दीपं गृहीत्वा) भो रदणिए ! अवावुद पक्खदुवाळं । [भो रदनिके ! अपावृणु पक्षद्वारम् ।]

रदनिका—तह । (नाट्येन द्वारमपावृणोति) [तथा ।]

(गणिका वस्त्रान्तेन दीपं निर्वापयति ।)

विदूषकः–**अविहा ! अविहा ! ।** [अविहा ! अविहा ! ।]

नायकः–**वयस्य ! किमेतत् ।**

विदूषकः–**अवावुदपक्खदुवारपिण्डीकीदप्पविट्ठेण राअमग्गसङ्किण्णेण वादेण सहसा णिग्गच्छन्तस्स मम हत्थे णिवावुदो दीवो ।** [अपावृतपक्षद्वारपिण्डीकृतप्रविष्टेन राजमार्गसङ्कीर्णेन वातेन सहसा निर्गच्छतो मम हस्ते निर्वापितो दीपः ।]

नायकः–**मूर्ख ! धिक् त्वाम् ।**

विदूषकः–**अप्पं खु मे अवरद्धं । रदणिए ! गच्छ, चउप्पहे मं पडिवाळेहि । जाव अहं वि अब्भन्तरचउस्साळादो दीवं गण्हिअ आअच्छामि ।** (निष्क्रान्तः ।) [अल्पं खलु मेऽपराद्धम् । रदनिके ! गच्छ, चतुष्पथे मां प्रतिपालय । यावदहमप्यभ्यन्तरचतुश्शालाद् दीपं गृहीत्वागच्छामि ।]

चेटी–**अय्य ! तह ।** (परिक्रामति) । [आर्य ! तथा ।]

गणिका–**दिट्ठिआ मम पवेसणिमित्तं अवावुदं पक्खदुवाळं । अळं चारित्तभएण । जाव पविसामि ।** (अभ्यन्तरं प्रविश्य तिष्ठति ।) [दिष्ट्या मम प्रवेशनिमित्तमपावृतं पक्षद्वारम् । अलं चारित्रभयेन । यावत् प्रविशामि ।]

विटः–(विलोक्यात्मगतम्) **भवनान्निर्गत्य काचिदियमागच्छति । भवतु, अनया वराकं वञ्चयामि ।** (प्रकाशम्) **सुरभिस्नानधूपानुविद्ध इव गन्धः ।**

शकारः–**आम भावे ! शुणामि गन्धं शवणेहिं । अन्धआळपूळिदेहिं णाशापुडेहिं शुट्ठु ण पेक्खामि ।** [आम भाव ! श्रृणोमि गन्धं श्रवणाभ्याम् । अन्धकारपूरिताभ्यां नासापुटाभ्यां सुष्ठु न पश्यामि ।]

विटः–**तिष्ठ तिष्ठ । क्व यास्यसि ।** (**चेटीं गृह्णाति** ।)

(चेटी सभयं भूमौ पतिता ।)

४८ शकारः- गण्ह भावे ! गण्ह । [गृहाण भाव ! गृहाण ।]

विटः-

एषा हि वयसो दर्पात् कुलपुत्रावमानिनी ।
केशेषु कुसुमन्यासैः सेवितव्येषु धर्षिता ॥ २२ ॥

शकारः-भावे ! किं गहीदा । [भाव ! किं गृहीता ।]

विटः-अथ किम् । एषा गन्धानुसारेण गृहीता ।

३ शकारः-दाशीए पुत्तीए शीशं दाव छिन्दिअ पच्चा माळइश्शं । [दास्याः पुत्र्याः शीर्षं तावच्छित्त्वा पश्चान्मारयिष्यामि ।]

विटः- गृह्यतां तावत् ।

६ शकारः- (चेटीं गृहीत्वा)

एशा हि वाशू शिळशि ग्गहीदा केशेशु वाळेशु शिळोलुहेशु ।
कूजाहि कन्दाहि ळवाहि वात्तं महेश्शळं शङ्कळभिश्शळं वा ॥२३॥
[एषा हि वासूः शिरसि गृहीता केशेषु बालेषु शिरोरुहेषु ।
कूज क्रन्द लप वार्तं महेश्वरं शङ्करमीश्वरं वा ॥ २३ ॥]

(चेटीं बलादाकर्षति ।)

चेटी-किं अय्यमिस्सेहि ववसिदं । [किमार्यमिश्रैर्व्यवसितम् ।

३ शकारः-भावे ! जाणामि शळयोगेण ण होइ वशन्तशेणिआ ॥ [भाव ! जानामि स्वरयोगेन न भवति वसन्तसेना ।]

विटः-न मोक्तव्या । वसन्तसेनैवैषा ।

एषा रङ्गप्रवेशेन कलानां चैव शिक्षया ।
स्वरान्तरेण दक्षा हि व्याहर्तुं तन्न मुच्यताम् ॥ २४ ॥

(प्रविश्य)

विदूषकः- (दीपं गृहीत्वा) राअमग्गसङ्किण्णेण सीअसुउमारेण
३ वादेण पदे पदे विक्खोहिअमाणजणिअतरङ्गतेळ्ळपुण्णभाअणं दीवं

कहं वि रक्खिअ गण्हिअ आअदो म्हि । [राजमार्गसङ्कीर्णेन शीतसुकुमारेण वातेन पदे पदे विक्षोभ्यमाणजनिततरङ्गतैलपूर्णभाजनं दीपं कथमपि रक्षित्वा गृहीत्वागतोऽस्मि ।]

चेटी-(शकारं पादेन ताडयन्ती रुदित्वा) अय्य ! मेत्तेअ ! अयं परिभवो आदु अवळेवो । [आर्य ! मैत्रेय ! अयं परिभवोऽथवावलेपः ।]

विदूषकः-मा दाव, मा दाव । (सखड्गं विटं शकारं च दृष्ट्वा शङ्कितस्तिष्ठति ।) [मा तावद्, मा तावत् ।]

विटः- अये आर्यचारुदत्तस्य वयस्यो मैत्रेयः खल्वयम् । नेयमपि वसन्तसेना । महाब्राह्मण ! अन्यशङ्कया खल्विदमस्माभिरनुष्ठितं, न दर्पात् । पश्यतु भवान्,

अकामा ह्रियतेऽस्माभिः काचित् स्वाधीनयौवना ।
सा भ्रष्टा शङ्कया तस्याः प्राप्तेयं शीलवञ्चना ॥ २५ ॥

शकारः-अविहा दळिद्दशत्थवाहपुत्तश्श चालुदत्तवडुअश्श चेडी खु इअं, ण होह वशन्तशेणिआ । शाहु, वशन्तशेणिए ! शाहु ! अन्धआळं कळिअ अन्तळा वञ्चिदे भावे, अहके दाव वञ्चिदे कूडकावडशीळए । शौवहा दुक्खडे कडे । [अविहा दरिद्रसार्थवाहपुत्रस्य चारुदत्तबटुकस्य चेटी खल्वियं, न भवति वसन्तसेना । साधु वसन्तसेने ! साधु । अन्धकारं कृत्वान्तरा वञ्चितो भावः । अहं तावद् वञ्चितः कूटकपटशीले । सर्वथा दुष्करं कृतम् ।]

विदूषकः-मा दाव । ण जुत्तमिदं । [मा तावत् । न युक्तमिदम् ।]

विटः-भो महाब्राह्मण ! अयमनुनयसर्वस्वमञ्जलिः ।

विदूषकः-भोदु, भोदु । अणवरद्धो भवं । अणुणीदो अहं एव्व एत्थ अवरद्धो । [भवतु, भवतु । अनपराद्धो भवान् । अनुनीतोऽहमेवात्रापराद्धः ।

शकारः-भावे ! दिढं खु भाआशि तं दळिद्दशत्थवाहपुत्तं चालुदत्तवडुअं। [भाव ! दृढं खलु बिभेषि तं दरिद्रसार्थवाहपुत्रं चारुदत्तबटुकम् ।]

विटः-सत्यं भीतोऽस्मि ।

शकारः-किश्श भावे ! किश्श । [कस्माद् भाव ! कस्मात् ।]

विटः-तस्य गुणेभ्यः । पश्यतु भवान्,

स मद्विधानां प्रणयैः कृशीकृतो
न तस्य कश्चिद् विभवैरमण्डितः ।
निदाघसंशुष्क इव ह्रदो महान्
नृणां तु तृष्णामपनीय शुष्यति ॥ २६ ॥

महाब्राह्मण ! अयमर्थः सार्थवाहपुत्रस्य न कथयितव्यः ।

(निष्क्रान्तो विटः ।)

शकारः-माळिश ! वडुअ ! माळिश ! भणेहि तं दळिद्दशत्थवाहपुत्तं चालुदत्तवडुअं मम वअणेण-ळाअशाळे शण्ठाणे शवट्टेण शीशेण अणुवन्दिअ भणादि-णाडअइत्थिआ वशन्तशेणिआ णाम गणिआदारिआ शुवण्णवण्णा दुवेहि अम्मेहि बळक्कारेण णीअमाणा महन्तेण शुवण्णाळङ्कारेण तव गेहं पविट्ठा । शा शुवे णिय्याअइदव्वा । मा दाव तव अ मम अ दालुणो खोहो होदि त्ति । वडुअ ! माळिश ! इदं च भणाहि-मा दाशीएपुत्त ! वारावदगळप्पविट्ठं विअ मूळकन्दं शीशकवाळं मडमडाइश्शं । मा खु कवाडशम्पुडप्पविट्ठं विअ पक्ककवित्थं शीशं दे चुण्णचुण्णं मडमडाइश्शं त्ति । [मारिष ! बटुक ! मारिष ! भण तं दरिद्रसार्थवाहपुत्रं चारुदत्तबटुकं मम वचनेन-राजश्यालः संस्थानकः सपट्टेन शीर्षेणानुवन्द्य भणति-नाटकस्त्री वसन्तसेना नाम गणिकादारिका सुवर्णवर्णा द्वाभ्यामावाभ्यां बलात्कारेण नीयमाना महता सुवर्णालङ्कारेण तव गेहं प्रविष्टा । सा

श्वो निर्यातयितव्या । मा तावत् तव च मम च दारुणः क्षोभो भवतीति । बटुक ! मारिष ! इदं च भण-मा दास्याः पुत्र ! पारावतगलप्रविष्टमिव मूलकन्दं शीर्षकपालं मडमडायिष्यामि । मा खलु कपाटसम्पुटप्रविष्टमिव पक्वकपित्थं शीर्षं ते चूर्णचूर्णं मडमडायिष्यामि इति ।]

विदूषकः-**भो ! तह ।** (शकारं दीपेनोद्वेजयति) । [भोः ! तथा ।]

शकारः-(सर्वतो विलोक्य) **कहिं भावे । गदे भावे ! अविहा भावे ! ।** [क्व भावः । गतो भावः । अविहा भाव ! ।]

(निष्क्रान्तः शकारः ।)

विदूषकः-**किदं देवकय्यं त्ति तत्तहोदो णिवेदइस्सामो । भोदि ! अवणीअदु दे हिअअमण्णू । अअं वुत्तन्तो अब्भन्तरं ण पेसिदव्वो ।** [कृतं देवकार्यमिति तत्रभवतो निवेदयिष्यावः । भवति ! अपनीयतां ते हृदयमन्युः । अयं वृत्तान्तोऽभ्यन्तरं न प्रेषयितव्यः ।]

चेटी-**अय्य ! रदणिआ खु अहं ।** [आर्य ! रदनिका खल्वहम् ।]

विदूषकः-**एहि गच्छामो ।** [एहि गच्छावः ।]

(उभौ परिक्रामतः ।)

नायकः-**भद्रे ! कृतं देवकार्यम् ।**

गणिका-(आत्मगतम्) **परिजणत्ति मं सद्दावेदि । भोदु, रक्खिदम्हि ।** [परिजन इति मां शब्दापयति । भवतु, रक्षितास्मि ।]

नायकः-**मारुताभिलाषी प्रदोषः । तद् गृह्यतां प्रावारकम् ।**

गणिका-(प्रावारकं गृहीत्वा सहर्षम्) **अणुदासीणं जोव्वणं से पडवासगन्धो सूएदि ।** [अनुदासीनं यौवनमस्य पटवासगन्धः सूचयति ।]

नायकः-**रदनिके ! प्रवेश्यतामभ्यन्तरचतुःशालम् ।**

गणिका-(आत्मगतम्) **अभाइणी अहं अब्भन्तरप्पवेसस्स ।** [अभागिन्यहमभ्यन्तरप्रवेशस्य ।]

नायकः–किमिदानीं न प्रविशसि ।

गणिका–इदाणिं अहं किं भणिस्सं । [इदानीमहं किं भणिष्यामि ।]

नायकः–रदनिके किं विलम्बसे ।

(रदनिकाविदूषकावुपसृत्य)

चेटी–भट्टिदारअ ! इअ म्हि । [भर्तृदारक ! इयमस्मि ।]

नायकः–इयमिदानीं का ।

अविज्ञातप्रयुक्तेन धर्षिता मम वाससा ।
संवृता शरदभ्रेण चन्द्रलेखेव शोभते ॥ २७ ॥

गणिका-(आत्मगतम्) दीवाळोअसूइदरूवो सो एव्व दाणि एसो, जस्स किदे अहं णिस्सासमत्तरक्खिदं सरीरं उव्वहामि । [दीपालोकसूचितरूपः स एवेदानीमेषः, यस्य कृतेऽहं निःश्वासमात्ररक्षितं शरीरमुद्वहामि ।]

विदूषकः–भो चारुदत्त ! राअसाळो सण्ठाणो सवट्ठेण सीसेण अणुवन्दिअ विण्णवेदि-णाडअइत्थिआ वसन्तसेणिआ णाम गणिआदारिआ अम्हेहि बळक्कारेण णीअमाणा महन्तेण सुवण्णाळङ्कारेण तुम्हाणं गेहं पविट्ठा । सा सुवे णिय्याअइदव्वत्ति । [भोः चारुदत्त ! राजश्यालः संस्थानः सपट्टेन शीर्षेणानुवन्द्य विज्ञापयति–नाटकस्त्री वसन्तसेना नाम गणिकादारिकास्माभिर्बलात्कारेण नीयमाना महता सुवर्णालङ्कारेण युष्माकं गेहं प्रविष्टा । सा श्वो निर्यातयितव्येति ।]

गणिका–हं बळक्कारेण णीअमाणत्ति णं भणादि । भोदु, अअं पत्तकाळो । (प्रकाशम्) अय्य ! सरणागदम्हि । [हं बलात्कारेण नीयमानेति ननु भणति । भवतु, अयं प्राप्तकालः । आर्य ! शरणागतास्मि ।]

नायकः–न भेतव्यम् । न भेतव्यम् । किं वसन्तसेनैषा ।

विदूषकः–अविहा वसन्तसेणा । (अपवार्य) भो चारुदत्त ! वसन्तसेणा खु इअं, जा भवदा कामदेवाणुआणप्पहुदि णअण

मत्तसंत्थुदा सण्णिहिदमणोभवेण हिअएण उव्वहीअदि । ता पेक्खदु इअं । [अविहा वसन्तसेना । भोः चारुदत्त ! वसन्तसेना खल्वियं, या भवता कामदेवानुयानप्रभृति नयनमात्रसंस्तुता सन्निहितमनोभवेन हृदयेनोदुह्यते । तत् पश्यत्विमाम् ।]

नायकः–वयस्य ! पश्याम्येनां,

> यत्र मे पतितः कामः क्षीणे विभवसञ्चये ।
> रोषः कुपुरुषस्येव स्वाङ्गेष्वेवावसीदति ॥ २८ ॥

गणिका–अदिण्णभूमिप्पवेसपधरिसणेण अवरद्धा अहं अय्यं सीसेण पसादेमि । [अदत्तभूमिप्रवेशप्रधर्षणेनापराद्धाहमार्यं शीर्षेण प्रसादयामि ।]

नायकः-यद्येवमहमपि तावदविज्ञातप्रयुक्तेन प्रेष्यसमुदाचारेण सापराधो भवतीं प्रसादयामि ।

विदूषकः–भो ! विवहन्ता इव सअडिअं दुव्विणीदबव्लीवद्दा अण्णोण्णं सङ्किलेसन्ति । अहं दाणि कं पसादेमि । भोदु, दाणि रदणिअं पसादेमि । रदणिए ! पसीददु, पसीददु होदी । [भोः ! विवहन्ताविव शकटिकां दुर्विनीतबलीवर्दावन्योन्यं क्लेशयतः । अहमिदानीं कं प्रसादयामि । भवतु, इदानीं रदनिकां प्रसादयामि । रदनिके ! प्रसीदतु, प्रसीदतु भवती ।]

नायकः- भवति ! परवानस्मि । किमनुतिष्ठति स्नेहः ।

गणिका–(आत्मगतम्) महुरं खु इच्छिदव्वं । अदक्खिणं खु पढमदंसणे जइच्छागदाए इह वसिदुं । ता एवं करिस्सं । (प्रकाशम्) जइ मे अय्यो पसण्णो, अअं मे अलङ्कारो इह एव्व चिट्ठदु । अलङ्कारणिमित्तं पावा मं अणुसरन्ति । अहं पि अय्येण रक्खिदा गेहं गन्तुमिच्छामि । [मधुरं खल्वेष्टव्यम् । अदक्षिणं खलु प्रथमदर्शने यदृच्छागतयेह वस्तुम् । तदेवं करिष्यामि । यदि मे आर्यः प्रसन्नः, अयं मेऽलङ्कार इहैव तिष्ठतु । अलङ्कारनिमित्तं पापा मामनुसरन्ति । अहमप्यार्येण रक्षिता गेहं गन्तुमिच्छामि ।]

नायकः-अन्वर्थमुपदिशति । मैत्रेय ! गृह्यताम् ।

विदूषकः-ण मे सद्धा । [न मे श्रद्धा ।]

नायकः-मूर्ख ! गृह्यताम् ।

विदूषकः-जं भवं आणवेदि । आणेदु भोदी । [यद् भवानाज्ञापयति । आनयतु भवती ।]

(गणिका विमुच्यालङ्कारं प्रयच्छति ।)

विदूषकः- (गृहीत्वा) रदणिए ! गण्ह एदं सुवण्णालङ्कारं तुवं । सट्ठीए सत्तमीए अ धारेहि । अहं अट्ठमीए अणद्धाए धारइस्सं । [रदनिके ! गृहाणैतं सुवर्णालङ्कारं त्वम् । षष्ठ्यां सप्तम्यां च धारय । अहमष्टम्यामनध्याये धारयिष्यामि ।]

चेटी- (विहस्य) सत्थं वक्खाणअन्तस्स भट्टिपुत्तस्स तदाणिं अवसरो होदि । आणेदु अय्यो । (गृहीत्वा निष्क्रान्ता ।) [शास्त्रं व्याचक्षाणस्य भर्तृपुत्रस्य तदानीमवसरो भवति । आनयत्वार्यः ।]

नायकः-कोऽत्र भोः ! । दीपिका तावत् ।

विदूषकः-भोः ! दीविआ गणिका विअ णिस्सिणेहा संवुत्ता । [भोः ! दीपिका गणिकेव निःस्नेहा संवृत्ता ।]

नायकः- कृतं दीपिकया । (विलोक्य) उदितो भगवान् सर्वजनसामान्यप्रदीपश्चन्द्रः । अतः खलु,

उदयति हि शशाङ्कः क्लिन्नखर्जूरपाण्डु-
र्युवतिजनसहायो राजमार्गप्रदीपः ।
तिमिरनिचयमध्ये रश्मयो यस्य गौरा
हृतजल इव पङ्के क्षीरधाराः पतन्ति ॥ २९ ॥

भवति ! राजमार्गे निष्क्रमणः क्रियताम् । सखे ! अनुगच्छात्रभवतीम् ।

विदूषकः-जं भवं आणवेदि । एदु एदु भोदी । [यद् भवानाज्ञापयति । एत्वेतु भवती ।] (निष्क्रान्ताः सर्वे ।)

प्रथमोऽङ्कः ।

२२

अथ द्वितीयोऽङ्कः ।

(ततः प्रविशति गणिका चेटी च ।)

गणिका-तदो तदो । [ततस्ततः ।]

चेटी-अम्महे ण किञ्चि मए भणिदं । किं तदो तदो त्ति । [अम्महे न किञ्चिन्मया भणितम् । किं ततस्तत इति ।]

गणिका-हञ्जे ! किं मए मन्तिदं । [हञ्जे ! किं मया मन्त्रितम् ।]

चेटी--अज्जुए ! सिणेहो पुच्छदि, ण पुरोभाइदा[1] । किं चिन्तीअदि । [अज्जुके ! स्नेहः पृच्छति, न पुरोभागिता । किं चिन्त्यते ।]

गणिका-हञ्जे ! तुमं दाव किं त्ति तक्केसि । [हञ्जे ! त्वं तावत् किमिति तर्कयसि ।]

चेटी-अप्पओअणदाए गणिआभावस्स अज्जुआ कं पि कामेदि त्ति तक्केमि । [अप्रयोजनतया गणिकाभावस्याज्जुका कमपि कामयत इति तर्कयामि ।]

गणिका-सुट्ठु तुए किदं । अवञ्चिदा दे दिट्ठी । ईदिसवण्णय्येव । [सुष्ठु त्वया कृतम् । अवञ्चिता ते दृष्टिः । ईदृशवर्णैव ।]

चेटी-अणलंकिदं पि अज्जुअं मण्डिदं विअ पेक्खामि । कामो हि भअवं अणवगीदो ऊसुवो तरुणजणस्स । [अनलङ्कृतामप्यज्जुकां मण्डितामिव पश्यामि । कामो हि भगवाननवगीत उत्सवस्तरुणजनस्य ।

गणिका-हदासे ! उक्कण्ठिदव्वे का दे रदी । [हताशे ! उत्कण्ठितव्ये का ते रतिः ।]

चेटी-अज्जुए ! इच्छामि पुच्छिदुं बहुमाणो विअ रमणीओ कोच्चि राअकुमारो । [अज्जुके ! इच्छामि प्रष्टुं बहुमान इव रमणीयः कश्चिद् राजकुमारः ।]

---

१. पुरोभाईदाए.

गणिका–रमिदुं इच्छामि, ण सेविदुं। [रन्तुमिच्छामि, न सेवितुम्।]

चेटी–किण्णु खु विज्जाविसेसरमणीओ कोच्चि बम्हणदारओ। [किन्नु खलु विद्याविशेषरमणीयः कश्चिद् ब्राह्मणदारकः।]

गणिका–अत्थि अदिबहुमहो विस्संभो। पूअणीओ खु सो जणो। [अस्त्यतिबहुमतो विस्रम्भः। पूजनीयः खलु स जनः।]

चेटी–किण्णु हु वणिजदारओ कोच्चि आगन्तुओ। [किन्नु खलु वणिग्दारकः कश्चिदागन्तुकः।]

गणिका–उम्मत्तिए ! आसाच्छेदं उकण्ठन्ता का सहेदि। [उन्मत्तिके ! आशाच्छेदमुत्कण्ठमाना का सहते।]

चेटी–किं ण सक्कं सोदुं। को अम्हाणं मणोरहाउत्तो। [किं न शक्यं श्रोतुम्। कोऽस्माकं मनोरथावुत्तः।]

गणिका–किं तुवं कामदेवाणुयाणे ण आअदा सि। [किं त्वं कामदेवानुयाने नागतासि।]

चेटी–णं आअदम्हि [नन्वागतास्मि।]

गणिका–केण उदासीणं मन्तेसि। [केनोदासीनं मन्त्रयसे।]

चेटी–भणादु, भणादु अज्जुआ, भणादु। [भणतु, भणत्वज्जुका, भणतु।]

गणिका–हञ्जे ! सुणाहि दाव। अत्थि सत्थवाहपुत्तो चारुदत्तो णाम। [हञ्जे ! शृणु तावत्। अस्ति सार्थवाहपुत्रश्चारुदत्तो नाम।]

चेटी–जेण सरणागदा तुवं रक्खिदा। [येन शरणागता त्वं रक्षिता।]

गणिका– सो एव्व। [स एव।]

चेटी–हद्धि, दरिद्दो क्खु सो। [हा धिक, दरिद्रः खलु सः।]

गणिका–अदो क्खु कामीअदि। अदिदरिद्दपुरुससत्ता गणिआ अवअणीआ होइ। [अतः खलु काम्यते। अतिदरिद्रपुरुषसक्ता गणिकाअवचनीया भवति।]

चेटी-अज्जुए ! उद्धूदपुप्फं सहआरं महुअराओ उवासन्ति । [अज्जुके ! उद्धूतपुष्पं सहकारं मधुकरा उपासते ।]

गणिका-हञ्जे ! एवं, उवासन्ति । दे महुअरा त्ति पुच्छीअन्ति । [हञ्जे ! एवम्, उपासते । ते मधुकरा इति पृच्छ्यन्ते ।]

चेटी-किं, विहवमन्ददाए वेसवासप्पसङ्गकादरो दुक्खं ति जइ ण आअच्छे । [किं, विभवमन्दतया वेशवासप्रसङ्गकातरो दुःखमिति यदि नागच्छेत् ।]

गणिका-णं अहं तं कामेमि । [नन्वहं तं कामये ।]

चेटी-जइ एत्तओ बहुमाणो, किं णाभिसरीअदि । [यद्येतावान् बहुमानः, किं नाभिस्रियते ।]

गणिका-ण हु ण गच्छामि । किन्तु सहसा अभिसरिदो पच्चुअआरदुल्लभदाए पुणो मे दुल्लभो भवे त्ति विलम्बेमि । [न खलु न गच्छामि । किन्तु सहसाभिसृतः प्रत्युपकारदुर्लभतया पुनर्मे दुर्लभो भवेदिति विलम्बे ।]

चेटी-हं, किं एतण्णिमित्तं तहिं एव्व सो अलङ्कारो ठाविदो । [हं, किमेतन्निमित्तं तत्रैव सोऽलङ्कारः स्थापितः ।]

गणिका-ईदिसं एव्व । [ईदृशमेव ।]

(ततः प्रविशत्यपटीक्षेपेण संवाहकः ।)

संवाहकः-अय्ये ! सरणागदो म्हि । [आर्ये ! शरणागतोऽस्मि ।]

गणिका-अलं अय्यस्स सम्भमेण । [अलमार्यस्य सम्भ्रमेण ।]

चेटी-हं, को दाणि एसो । [हं, क इदानीमेषः ।]

गणिका-उन्मत्तिए ! किं सरणाअदो पुच्छीअदि । [उन्मत्तिके ! किं शरणागतः पृच्छ्यते ।]

चेटी-अवि णाम साहसिओ भवे । [अपि नाम साहसिको भवेत् ।]

गणिका-उन्मत्तिए ! गुणवन्तो रक्खिदव्वो होदि । [उन्मत्तिके ! गुणवान् रक्षितव्यो भवति ।]

संवाहकः–अय्ये ! णं भएण उवआरो विस्सरिदो, ण परिभवेण । पेक्खदु अय्या, भीदाहवा पधरिसिदाहवा आवण्णाहवा सुलभचारित्तवञ्चणाहवा अवराहेदुं समत्था होन्ति । [आर्ये ! ननु भयेनोपचारो विस्मृतः, न परिभवेन । पश्यत्वार्या, भीता अथवा प्रधर्षिता अथवा आपन्ना अथवा सुलभचारित्रवञ्चना वा अपराधयितुं समर्था भवन्ति ।]

गणिका–भोदु, भोदु । विस्सत्थो भोदु अय्यो । गणिआ खु अहं । [भवतु, भवतु । विश्वस्तो भवत्वार्यः । गणिका खल्वहम् ।]

संवाहकः–अभिजणेण, ण सीळेण । [अभिजनेन, न शीलेन ।]

गणिका–हञ्जे ! एवं विअ । [हञ्जे ! एवमिव ।]

चेटी–अज्जुआ अय्यं पुच्छदि, कुदो अय्यस्स भअं ति । [अज्जुकार्यं पृच्छति, कुत आर्यस्य भयमिति ।]

संवाहकः– अय्ये ! धणिआदो । [आर्ये ! धनिकात् ।]

गणिका–जइ एवं, आसणं देदु अय्यस्स । [यद्येवम्, आसनं दीयतामार्यस्य ।]

चेटि–तह । (आसनं ददाति ।) [तथा ।]

गणिका–उववि सदु अय्यो । [उपविशत्वार्यः ।]

संवाहकः–(स्वगतम्) पूआविसेसेण जाणामि कय्यं ति । (उपविशति ।) [पूजाविशेषेण जानामि कार्यमिति ।]

गणिका–हञ्जे ! एवं विअ । [हञ्जे ! एवमिव ।]

चेटी–अज्जुए ! तह । अय्य ! राअमग्गे विस्सत्थसम्पादं अय्यं कादुं इच्छदि अज्जुआ । कस्स किं कत्तव्वं । [अज्जुके ! तथा । आर्य ! राजमार्गे विश्वस्तसम्पातमार्यं कर्तुमिच्छत्यज्जुका । कस्य किं कर्तव्यम् ।]

संवाहकः–सुणादु अय्या । [श्रृणोत्वार्या ।]

गणिका–अवहिदम्हि । [अवहितास्मि ।]

संवाहकः–पाडळिपुत्तं मे जम्मभूमी । पकिदीए वणिजओ अहं ।

तदो भाअधेअपरिवुत्तदाए दसाए संवाहअवुत्तिं उवजीवामि । [पाटलिपुत्रं मे जन्मभूमिः । प्रकृत्या वणिगहम् । ततो भागधेयपरिवृत्त-तया दशया संवाहकवृत्तिमुपजीवामि ।]

गणिका—संवाहओ अय्यो । सुउमारा कळा सिक्खिदा अय्येण । [संवाहक आर्यः । सुकुमारा कला शिक्षितार्येण ।]

संवाहकः—कळेत्ति सिक्खिदा । आजीविअं दाणि संवुत्तम् । [कलेति शिक्षिता । आजीविकेदानीं संवृत्ता ।]

गणिका—णिव्वेदसूअअं विअ वअणं अय्यस्स । तदो तदो । [निर्वेदसूचकमिव वचनमार्यस्य । ततस्ततः ।]

संवाहकः—अज्जुए ! सो दाणि अहं आअन्तुआणं सुणिअ पुरुस-विसेसकोदूहळेण आअदो म्हि इमं उज्जअणिं । [अज्जुके ! स इदानीमहमागन्तुकानां श्रुत्वा पुरुषविशेषकौतूहलेनागतोऽस्मीमामुज्जय-नीम् ।]

गणिका— तदो तदो । [ततस्ततः ।]

संवाहकः-तदो इह आअदमत्त एव्व कोच्चि सत्थवाहपुत्तो समासा-दिदो । [तत इहागतमात्र एव कश्चित् सार्थवाहपुत्रः समासादितः ।]

गणिका-केरिसो । [कीदृशः ।]

संवाहकः-आइदिमन्तो अविब्भमन्तो अणुच्छित्तो ळळिदो ळळिद-दाए अविम्हओ चउरो महुरो दक्खो सदक्खिञ्ञो अभिमदो आइदो तुट्ठो होदि । दय्य ण विकत्थेदि । अप्पं वि सुमरदि, बहुअं पि अवइदं विसुमरदि । अज्जुए ! किं बहुणा, तस्स कुळवुत्तस्स गुणाणं चउब्भाअं पि सुदिग्घेण वि गिम्हदिअहेण वण्णिदुं ण सक्कं किं बहुणा, दक्खिञ्ञदाए परकेरअं विअ अत्तणो सरीरं धारेदि । [आकृतिमान् अविभ्रमन् अनुत्सिक्तो ललितो ललिततयाविस्मयश्चतुरो मधुरो दक्षः सदाक्षिण्योऽभिमत आचितस्तुष्टो

भवति । दत्त्वा न विकत्थते । अल्पमपि स्मरति, बहुकमप्यपकृतं विस्मरति । अज्जुके ! किं बहुना, तस्य कुलपुत्रस्य गुणानां चतुर्भागमपि सुदीर्घेणापि ग्रीष्मदिवसेन वर्णयितुं न शक्यम् । किं बहुना, दक्षिणतया परकीयमिवात्मनः शरीरं धारयति ।]

गणिका–(अपवार्य) **हञ्जे ! को णु खु सो अय्यचारुदत्तस्स गुणाणं अणुकरेदि** । [हञ्जे ! को नु खलु स आर्यचारुदत्तस्य गुणानामनुकरोति ।]

चेटि–**मम वि कोदूहळं सोदुं । को णु हु उज्जअणिं अत्तणो गुणेहि मण्डेदि** । [ममापि कौतूहलं श्रोतुम् । को नु खलूज्जयनीमात्मनो गुणैर्मण्डयति ।]

गणिका–**तदो तदो** । [ततस्ततः ।]

संवाहकः–**तदो तस्स गुणविक्किणिदसरीरो विस्सरिदकळत्तो उवजीविओ संवुत्तो** । [ततस्तस्य गुणविक्रीतशरीरो विस्मृतकलत्र उपजीवी संवृत्तः ।]

गणिका–**किं सो दरिद्दो** । [किं स दरिद्रः ।]

संवाहकः–**कहं अणाचिक्खिदे अय्या जाणादि** । [कथमनाख्यात आर्या जानाति ।]

गणिका–**एअस्सिं दुळ्ळहो गुणविभवो त्ति । तदो तदो** । [एकस्मिन् दुर्लभो गुणविभव इति । ततस्ततः ।]

चेटि–**को णाम सो अय्यो** । [को नाम स आर्यः ।]

संवाहकः–**अय्यचारुदत्तो णाम** । [आर्यचारुदत्तो नाम ।]

गणिका–**जुज्जइ । तदो तदो** । [युज्यते । ततस्ततः ।]

संवाहकः–**तदो सो विभवमन्ददाए अस्साहीणपरिजणो विसज्जिअकुडुम्बभरणो चारित्तमत्तावसेसो सत्थवाहकुळे पडिवसदि । अहं पि तेण अय्येण अब्भणुण्णादो–अण्णं उवचिट्ठदु त्ति । कहं**

अण्णं एरिसं मणुस्सरअणं ळभेअं ति, कहं च तस्स कोमळळळिदमहुरसरीप्परिसकिदत्थं मे हत्थं साहारणसरीरसम्मद्देण सोअणीअं करिस्सं ति जादणिव्वेदो दद्धसरीररक्खणत्थं जूदोवजीवी संवुत्तो । [ततः स विभवमन्दतयास्वाधीनपरिजनो विसर्जितकुटुम्बभरणश्चारित्रमात्रावशेषः सार्थवाहकुले प्रतिवसति । अहमपि तेनार्येणाभ्यनुज्ञातोऽन्यमुपतिष्ठतामिति । कथमन्यमीदृशं मनुष्यरत्नं लभेयेति, कथं च तस्य कोमललिलितमधुरशरीरस्पर्शकृतार्थं मे हस्तं साधारणशरीरसंमर्देन शोचनीयं करिष्यामीति जातनिर्वेदो दग्धशरीररक्षणार्थं द्यूतोपजीवी संवृत्तः ।]

(गणिका सहर्षबाष्पं चेटीमवलोकयति ।)

चेटी- तदो तदो । [ततस्ततः ।]

संवाहकः-तदो बहूणि दिणाणि मए पराइदेण पुरुसेण कदाइ अहं पि दहसु सुवण्णेसु पराइदो म्हि । [ततो बहूनि दिनानि मया पराजितेन पुरुषेण कदाचिदहमपि दशसु सुवर्णेषु पराजितोऽस्मि ।

गणिका-तदो तदो । [ततस्ततः ।]

संवाहकः-तदो अज्ज वेसमग्गे जइच्छोवणदो समासादिदो म्हि । तस्स भएण इह पविट्ठो । एवं अय्या जाणादु । [ततोऽद्य वेशमार्गे यदृच्छोपनतः समासादितोऽस्मि । तस्य भयेनेह प्रविष्टः । एवमार्या जानातु ।]

गणिका- (आत्मगतम्) अहो अच्चाहिदं । एवं खु मण्णे वासपादपविणासेण पक्खिणो आहिण्डन्ति त्ति । (प्रकाशम्) एवं गदे अत्तकेरओ अय्यो । हळा ! एहि तं जणं विसज्जेहि । [अहो अत्याहितम् । एवं खलु मन्ये वासपादपविनाशेन पक्षिण आहिण्डन्त इति । एवं गत आत्मीय आर्यः । हला ! एहि तं जनं विसर्जय ।]

चेटि-तह । (निष्क्रान्ता ।) [तथा ।]

गणिका–ण खु अय्येण अत्थणिमित्ता चिन्ता कादव्वा । अय्यचारुदत्तो एव देदि त्ति अय्यो जाणादु । [न खल्वार्येणार्थनिमित्ता चिन्ता कर्तव्या । आर्यचारुदत्त एव ददातीत्यार्यो जानातु ।]

(प्रविश्य) चेटी–अज्जुए ! विसज्जिदो सो जणो, परितुट्ठो गदो अ । [अज्जुके ! विसर्जितः स जनः, परितुष्टो गतश्च ।]

संवाहकः–अणुग्गहिदो म्हि । [अनुगृहीतोऽस्मि ।]

गणिका–गच्छदु अय्यो सुहिज्जणदंसणेण पीदिं णिव्वत्तेदुं । [गच्छत्वार्यः सुहृज्जनदर्शनेन प्रीतिं निर्वर्तयितुम् ।]

संवाहकः–अज्ज एव कदाइ णिव्वेदेण पव्वजेअं । जइ इअं परिअणे सङ्कन्ता कळा भवे, तदो अय्याए अणुग्गहिदो भवेअं । [अद्यैव कदाचिन्निर्वेदेन प्रव्रजेयम् । यदीयं परिजने सङ्क्रान्ता कला भवेत्, तत आर्ययानुगृहीतो भवेयम् ।]

गणिका–जस्स किदे इअं कळा सिक्खिदा, सो एव्व अय्येण उवचिट्ठिदव्वो भविस्सदि । [यस्य कृते इयं कला शिक्षिता, स एवार्येणोपस्थातव्यो भविष्यति ।]

संवाहकः–(स्वगतम्) णिउणं खु पच्चाचक्खिदो म्हि । को हि णाम अप्पणा किदं पच्चुअआरेण विणासेदि । (प्रकाशम्) अय्ये ! गच्छामि दाव अहं । [निपुणं खलु प्रत्याख्यातोऽस्मि । को हि नामात्मना कृतं प्रत्युपकारेण विनाशयति । आर्ये ! गच्छामि तावदहम् ।]

गणिका–गच्छदु अय्यो पुणो दंसणाअ । [गच्छत्वार्यः पुनर्दर्शनाय ।]

संवाहकः- अय्ये ! तह । (निष्क्रान्तः ।) [आर्ये ! तथा ।]

गणिका–हं, सद्दो विअ । [हं, शब्द इव ।]

(प्रविश्य)

चेटः–विच्छिछत्तिए ! विच्छिछत्तिए ! कहिं कहिं अज्जुआ । [विच्छित्तिके ! विच्छित्तिके ! कुत्र कुत्राज्जुका ।]

गणिका—हञ्जे ! किं एदं । [हञ्जे ! किमेतत् ।]

चेटः—हं, विप्पलद्धो म्हि, वादाअणणिक्खामिदपुव्वकाआए ओण-
२०४ मिअपओहराए कण्णऊरस्स परिप्फन्दो अज्जुआए जेण ण दिट्ठो ।
[हं, विप्रलब्धोऽस्मि, वातायननिष्क्रामितपूर्वकाययावनमितपयोधरया
कर्णपूरस्य परिस्पन्दोऽज्जुकया येन न दृष्टः ।]
२०७ गणिका—लहुजणस्स सुलहो विम्हओ । किं दे उस्सेअस्स कारणम् ।
[लघुजनस्य सुलभो विस्मयः । किं ते उत्सेकस्य कारणम् ।]

चेटः—सुणादु अज्जुआ—एसो उग्गवेगेण ओगाहणणिव्वत्तिदेण
२१० पस्सुदमदगन्धं राअमग्गं करन्तेण मङ्गलहत्थिणा भद्दकवोदएण
अणेअपुरुससङ्कुलेसु राअमग्गेसु उत्तरिअपडविराअदाए अहि-
अलक्खणीओ कोच्चि पव्वइदो समासादिदो । [शृणोत्वज्जुका-
२१३ एष उग्रवेगेनावगाहननिवर्तितेन प्रस्नुतमदगन्धं राजमार्गं कुर्वता मङ्ग-
लहस्तिना भद्रकपोतकेनानेकपुरुषसङ्कुलेषु राजमार्गेषूत्तरीयपटविरागत-
याधिकलक्षणीयः कश्चित् प्रव्रजितः समासादितः ।]
२१६ गणिका—हं, तदो तदो । [हं, ततस्ततः ।]

चेटः—तदो मए हत्थिहत्थामिद्दताडिअमाणो दन्तन्तरपरिवत्तमाणो
हत्थिहत्थपडिदचरणो तदो हा हा विपाडिदो हा हा हदो त्ति जणवादे
२१९ संवुत्ते तदो दिण्णकरप्पहारेण परिवत्तिदं हत्थिं करिअ मोइदो सो
परिव्वाजो । [ततो मया हस्तिहस्तामर्दताड्यमानो दन्तान्तरपरिवर्त-
मानो हस्तिहस्तपतितचरणः ततो हा हा विपाटितो हा हा हत इति
२२२ जनवादे संवृत्ते ततो दत्तकरप्रहारेण परिवर्तितं हस्तिनं कृत्वा मोचितः
स परिव्राट् ।]

गणिका—पिअं मे । तदो तदो । [प्रियं मे । ततस्ततः ।]
२२५ चेटः—तदो सव्वो जणो भणादि—अहो चेडस्स कम्म त्ति । ण
उण कोच्चि किं पि इच्छइ दाउं । तदो अज्जुए ! केण वि कुलवुत्तेण

उइदाणि आभरणट्ठाणाणि विळोइअ अङ्गुट्ठेणाणिअ वि उण अळद्धं पेक्खिअ दव्वं उवाळभिअ दिग्घं णिस्ससिअ एत्तओ मे विभवो त्ति करिअ परिजणहत्थे अअं पावरओ पेसिदो। [ततः सर्वो जनो भणति– अहो चेटस्य कर्मेति। न पुनः कश्चित् किमपीच्छति दातुम्। ततोऽज्जुके! केनापि कुलपुत्रेणोचितान्याभरणस्थानानि विलोक्याङ्गुष्ठेनानीयापि पुनरलब्धं प्रेक्ष्य दैवमुपालभ्य दीर्घं निःश्वस्यै-तावान् मे विभव इति कृत्वा परिजनहस्तेऽयं प्रावारकः प्रेषितः।]

गणिका–को णु खु अय्यचारुदत्तस्स गुणाणि[1] अणुकरेदि। [को नु खल्वार्यचारुदत्तस्य गुणाननुकरोति।]

चेटी–अज्जुए! मम वि कोदूहळं अत्थि। को णु खु एसो। [अज्जुके! ममापि कौतूहलमस्ति। को नु खल्वेषः।]

गणिका–केण वि साहुणा पुरुसेण होदव्वं। [केनापि साधुना पुरुषेण भवितव्यम्।]

चेटी–साहु पुच्छीअदु दाव। [साधु पृच्छ्यतां तावत्।]

गणिका–हञ्जे! एकपुरुसपक्खवादिदा सव्वगुणाणि[2] हन्ति। [हञ्जे! एकपुरुषपक्षपातिता सर्वगुणान् हन्ति।]

चेटी–भद्द! से णाम तुवं जाणासि। [भद्र! अस्य नाम त्वं जानासि।]

चेटः–ण हु जाणामि। [न खलु जानामि।]

गणिका–अदिळहु तुए किदं। [अतिलघु त्वया कृतम्।]

चेटी–जइ एवं, इह तुए को त्ति[3] मन्तिदं। [यद्येवम्, इह त्वया क इति मन्त्रितम्।]

चेटः–अहं एत्तअं तु जाणामि—भद्दओ अविम्हओ त्ति। [अह-मेतावत् तु जानामि– भद्रकोऽविस्मय इति।]

---

१. गुणाणं २. गुणाणं ३. किं ति.

गणिका-एहि दाव तं पेक्खामो । [एहि तावत् तं पश्यामः ।]

चेटः-पेक्खदु पेक्खदु अज्जुआ । एसो गच्छइ । [पश्यतु पश्यत्वज्जुका । एष गच्छति ।]

गणिका-(प्रासादाद् विलोक्य) हञ्जे ! एसो हि सो अय्यचारुदत्तो एव्व जण्णोववीदमत्तपावरओ गच्छइ । ता जाव दूरं गओ ण भविस्सदि एसो, पेक्खम्ह दाव णं । [हञ्जे ! एष हि स आर्यचारुदत्त एव यज्ञोपवीतमात्रप्रावारको गच्छति । तद् यावद् दूरं गतो न भविष्यत्येष, पश्यामस्तावदेनम् ।]

(निष्क्रान्ताः सर्वे ।)

द्वितीयोऽङ्कः ।

अथ तृतीयोऽङ्कः ।

(ततः प्रविशति नायको विदूषकश्च ।)

नायकः-वयस्य ! वीणा नामासमुद्रोत्थितं रत्नम् । कुतः,

उत्कण्ठितस्य हृदयानुगता सखीव
सङ्कीर्णदोषरहिता विषयेषु गोष्ठी ।
क्रीडारसेषु मदनव्यसनेषु कान्ता
स्त्रीणां तु कान्तरतिविघ्नकरी सपत्नी ॥ १ ॥

विदूषकः-भो वयस्स ! को काळो किदपरिघोषणदाए णिस्सम्पादा राअमग्गा । कुक्कुरा वि ओसुत्ता । वअं णिद्दं ण ळभामो । अण्णं च दाणि अच्छरीअं । इमं हदवीणं ण रमामि । अहिअदिढत्थाणे विच्छिण्णतन्तिआ होदु । [भो वयस्य ! कः कालः कृतपरिघोषणतया निःसम्पाता राजमार्गाः । कुक्कुरा अप्यवसुप्ताः । वयं निद्रां न लभामहे । अन्यच्चेदानीमाश्चर्यम् । इमां हतवीणां न रमे । अधिकदृढस्थाने विच्छिन्नतन्त्रीका भवतु ।]

नायकः—वयस्य ! भावशाबलेन बहुशः खल्वद्य मधुरं गीतम् । न च भवान् रमते ।

विदूषकः—अदो एव्व एदं अहं ण रमामि । महुरं पि बहु खादिअं अजिण्णं होइ । [अत एवैतामहं न रमे । मधुरमपि बहु खादितमजीर्णं भवति ।]

नायकः— सर्वथा सुव्यक्तं गीतम् । कुतः,

रक्तं च तारमधुरं च समं स्फुटं च
भावार्पितं च न च साभिनयप्रयोगम् ।
किं वा प्रशस्य विविधैर्बहु तत्तदुक्त्वा
भित्त्यन्तरं यदि भवेद् युवतीति विद्याम् ॥ २ ॥

विदूषकः— कामं पसंसेदु भवं । मम खु दाव गाअन्तो मणुस्सो इत्थिआ वि पठन्ती उभअं आदरं ण देदि । गाअन्तो दाव मणुस्सो रत्तसुमणावेट्ठिदो विअ पुरोहिदो दिढं ण सोहइ । इत्थिआ वि पठन्ती छिण्णणासिआ विअ धेणुआ अदिविरूवा होइ । [कामं प्रशंसतु भवान् । मम खलु तावद् गायन् मनुष्यः स्त्र्यपि पठन्त्युभयमादरं न ददाति । गायंस्तावन्मनुष्यो रक्तसुमनोवेष्टित इव पुरोहितो दृढं न शोभते । स्त्र्यपि पठन्ती छिन्ननासिकेव धेनुरतिविरूपा भवति ।]

नायकः— सखे ! उपारूढोऽर्धरात्रः । स्थिरतिमिरा राजमार्गाः । निस्सम्पातपुरुषत्वात् प्रसुप्तेवोज्जयनी प्रतिभाति । कुतः,

असौ हि दत्त्वा तिमिरावकाशमस्तं गतो ह्यष्टमपक्षचन्द्रः ।
तोयावगाढस्य वनद्विपस्य विषाणकोटीव निमज्जमाना ॥ ३ ॥

विदूषकः—सुट्ठु भवं भणादि । अन्तद्धिअमाणचन्दळद्धावआसो ओदरदी विअ पासादादो अन्धआरो [सुष्ठु भवान् भणति । अन्तर्दधानचन्द्रलब्धावकाशोऽवतरतीव प्रासादादन्धकारः ।]

नायकः– (परिक्रम्य) इदमस्मदीयं गृहम् । वर्धमानवक ! वर्धमानवक !

विदूषकः– वद्धमाणवअ ! वद्धमाणवअ ! दुवारं अवावुद । [वर्धमानवक ! वर्धमानवक ! द्वारमपावृणु ।]

(प्रविश्य)

चेटः– अम्मो अय्यमेत्तेओ । [अम्मो आर्यमैत्रेयः ।]

नायकः– वर्धमानवक !

चेटः– अम्मो भट्टिदारओ । भट्टिदारअ ! वन्दामि । [अम्मो भर्तृदारकः । भर्तृदारक ! वन्दे ।]

नायकः– पादोदकमानय ।

चेटः– (परिक्रम्य) इदं पादोदअं । (नायकस्य पादौ प्रक्षालयति ।) [इदं पादोदकम् ।]

विदूषकः– वड्ढमाणवअ ! मम वि पादं पक्खाळेहि । [वर्धमानवक ! ममापि पादं प्रक्षालय ।]

चेटः– सुहोदेसु पादेसु भूमीए पळोट्टिदव्वं । उदअं विणासेहि । अहव आणेहि । पक्खाळइस्सं । (नाट्येन विदूषकस्य पादौ प्रक्षालयति ।) [सुधौतयोः पादयोर्भूम्यां प्रलोठितव्यम् । उदकं विनाशय । अथवानय । प्रक्षालयिष्यामि ।]

विदूषकः– ण केवळं दासीएपुत्तेण पादा धोदा, मुहं वि धोदं । [न केवलं दास्याः पुत्रेण पादौ धौतौ, मुखमपि धौतम् ।]

नायकः– वयस्य !

इयं हि निद्रा नयनावलम्बिनी ललाटदेशादुपसर्वतीव माम् ।
अदृश्यमाना चपला जरेव या मनुष्यवीर्यं परिभूय वर्धते ॥ ४ ॥

मैत्रेय ! सुप्यताम् ।

(निष्क्रान्तश्चेटः ।)

(प्रविश्याभरणसमुद्गहस्ता)

चेटी– **अय्यमेत्तेअ ! उट्ठेहि उट्ठेहि ।** [आर्यमैत्रेय ! उत्तिष्ठोत्तिष्ठ ।]

विदूषकः– **भोदि ! किं एदं ।** [भवति ! किमेतत् ।]

चेटी– **इअं सुवण्णभण्डं सट्ठीए सत्तमीए परिवेट्टामि । अट्ठमी खु अज्ज ।** [इदं सुवर्णभाण्डं षष्ठयां सप्तम्यां परिवर्तयामि । अष्टमी खल्वद्य ।]

नायकः– **इदं तद् वसन्तसेनायाः स्वकम् ।**

चेटी– **आम । भणादु भणादु भट्टिदारओ, गण्हदु त्ति ।** [आम । भणतु भणतु भर्तृदारकः गृह्णात्विति ।]

नायकः– **मैत्रेय ! गृह्यताम् ।**

विदूषकः– **किं णिमित्तं अअं अळङ्कारो अब्भन्तरचउस्साळं ण प्पवेसीअदि ।** [किन्निमित्तमयमलङ्कारोऽभ्यन्तरचतुःशालं न प्रवेश्यते ।]

नायकः– **मूर्ख ! बाह्यजनधारितमलङ्कारं गृहजनो न द्रक्ष्यति ।**

विदूषकः– **का गई ! आणेहि गण्हामि चोरेहिं गण्हिअमाणं ।** [का गतिः । आनय गृह्णामि चोरैर्गृह्यमाणम् ।]

(चेटी दत्त्वा निष्क्रान्ता ।)

विदूषकः– **भो ! किंणिमित्तं सो पावरओ तस्स गणिआपरिआरअस्स दिण्णो ।** [भोः ! किन्निमित्तं स प्रावारकस्तस्मै गणिकापरिचारकाय दत्तः ।]

नायकः– **सानुक्रोशतया ।**

विदूषकः– **इह वि साणुक्कोसदा !** [इहापि सानुक्रोशता ।]

नायकः– **वयस्य ! मा मैवम् ।**

विदूषकः– **अहं भरिदगद्दभो विअ भूमीए पळोट्टामि ।** [अहं भरितगर्दभ इव भूम्यां प्रलुठामि ।]

२७ नायकः—निद्रा मां बाधते। तूष्णीं भव।

विदूषकः—सअदु भवं सुहप्पबोहाअ। जाव अहं पि सुविस्सं।
[शेतां भवान् सुखप्रबोधाय। यावदहमपि स्वप्स्यामि।]

३० (द्वावपि स्वपितः।)

(ततः प्रविशति सज्जलकः।)

सज्जलकः—एष भोः।

कृत्वा शरीरपरिणाहसुखप्रवेशं
शिक्षाबलेन च बलेन च कर्ममार्गम्।
गच्छामि भूमिपरिसर्पणघृष्टपार्श्वो
निर्मुच्यमान इव जीर्णतनुर्भुजङ्गः॥ ५॥

भोः! वृक्षवाटिकापक्षद्वारे सन्धि छित्वा प्रविष्टोऽस्मि। यावदिदानीं चतुःशालमुपसर्पामि। (सनिर्वेदं विचिन्त्य) भोः

कामं नीचमिदं वदन्तु विबुधाः सुप्तेषु यद्वर्तते
विश्वस्तेषु हि वञ्चनापरिभवः शौर्यं न कार्कश्यता।
स्वाधीना वचनीयतापि तु वरं बद्धो न सेवाञ्जलि-
र्मार्गश्चैष नरेन्द्रसौप्तिकवधे पूर्वं कृतो द्रौणिना॥ ६॥

(विचिन्त्य)

लुब्धोऽर्थवान् साधुजनावमानी वणिक् स्ववृत्तावतिकर्कशश्च।
यस्तस्य गेहं यदि नाम लप्स्ये भवामि दुःखोपहतो न चित्ते॥ ७॥

यद्वा तद्वा भवतु। किं वा न कारयति मन्मथः। यावदारभे कर्म। भोः!

देशः को नु जलावसेकशिथिलश्छेदादशब्दो भवेद्
भित्तीनां क्व नु दर्शितान्तरसुखः सन्धिः करालो भवेत्।
क्षारक्षीणतया चलेष्टककृशं हर्म्यं क्व जीर्णं भवेत्
कुत्र स्त्रीजनदर्शनं च न भवेत् स्वन्तश्च यत्नो भवेत्॥ ८॥

(परिक्रम्य) इयं वास्तुविभागक्रिया । सोपस्नेहतया गृहविशिष्ट इवायं भवनविन्यासः । इह तावत् प्रवेशावकाशं करिष्ये । भोः ! कीदृश इदानीं सन्धिच्छेदः कर्तव्यः स्यात् ।

सिंहाक्रान्तं पूर्णचन्द्रं झषास्यं चन्द्रार्धं वा व्याघ्रवक्त्रं त्रिकोणम् ।
सन्धिच्छेदः पीठिका वा गजास्यमस्मत्पक्ष्या विस्मितास्ते कथं स्युः॥९॥

भवतु, सिंहाक्रान्तमेव च्छेदयिष्ये ।

विदूषकः–भो ! जागन्ति खु भवं, णहि । [भोः ! जागर्ति खलु भवान्, नहि ।]

नायकः– किमर्थम् ।

विदूषकः–अहं खु दाव कत्तव्वकरत्थीकिदसङ्केदो विअ सक्किअसमणओ णिद्दं ण लभामि । वामं खु मे अक्खि फन्देदि । चोरो सन्धि छिन्ददी विअ पेक्खामि । जइ ईदिसी अवत्था अत्थाणं, जादीए दरिद्दो एव्व होमि । [अहं खलु तावत् कर्तव्यकरस्त्रीकृतसङ्केत इव शाक्यश्रमणको निद्रां न लभे । वामं खलु मेऽक्षि स्पन्दते । चोरः सन्धि छिनत्तीव पश्यामि । यदीदृश्यवस्थार्थानां, जात्या दरिद्र एव भवामि ।]

नायकः–मूर्ख ! धिक् त्वाम् । दारिद्र्यमभिलषसि ।

सज्जलकः–अथ केनेदानीं सन्धिच्छेदमार्गः सूचयितव्यः स्यात् । नन्विदं दिवा ब्रह्मसूत्रं रात्रौ कर्मसूत्रं भविष्यति ।

अद्यास्य भित्तिषु मया निशि पाटितासु
छेदात् समासु सकृदर्पितकाकलीषु ।
काल्यं विषादविमुखः प्रतिवेशवर्गो
दोषांश्च मे वदतु कर्मसु कौशलं च ॥ १० ॥

नमः खरपटाय । नमो रात्रिगोचरेभ्यो देवेभ्यः । (तथा करोति ।)

हन्त अवसितं कर्म। प्रविशामस्तावत्। (प्रविश्य) अये! ज्वलति
३ दीपः। अपसरामि तावत्। धिक्, सज्जलकः खल्वहम्।

मार्जारः प्लवने वृकोऽपसरणे श्येनो गृहालोकने
निद्रा सुप्तमनुष्यवीर्यतुलने संसर्पणे पन्नगः।
माया वर्णशरीरभेदकरणे वाग् देशभाषान्तरे
दीपो रात्रिषु सङ्कटे च तिमिरं वायुः स्थले नौर्जले॥ ११॥

(सर्वतो विलोक्य) आगन्तुकत्वादविदितसमृद्धिविस्तरः केवलं भवन-
प्रत्ययादिह प्रविष्टोऽस्मि। न चेदानीं कश्चित् परिच्छदविशेषं
३ पश्यामि। किन्नु खलु दरिद्र एवायम्। उताहो अयं संयमन-
निरर्थकं द्रष्टव्यं धारयति। अथवा, अभिजातोऽयं भवनविन्यासः।
उपभुक्तप्रनष्टविभवेनानेन भवितव्यम्।

तथा विभवमन्दोऽपि जन्मभूमिव्यपेक्षया।
गृहं विक्रयकालेऽपि नीलस्नेहेन रक्षति॥ १२॥

भवतु पश्यामस्तावत्। अथवा, न खलु मे तुल्यावस्थः कुलपुत्रः
पीडयितव्यः। गच्छामि तावत्।

३ विदूषकः—भो! गण्ह एदं सुवण्णभण्डअं। [भो! गृहाणैतत्
सुवर्णभाण्डम्।]

सज्जलकः—कथं सुवर्णभाण्डमित्याह। किं मां दृष्ट्वाभिभाषते।
६ आहोस्वित् सत्त्वलाघवात् स्वप्नायते। भवतु पश्यामस्तावत्।
(दृष्ट्वा) भूतार्थं सुप्त एवायम्। तथाहि,

निःश्वासोऽस्य न शङ्कितो न विषमस्तुल्यान्तरं जायते
गात्रं सन्धिषु दीर्घतामुपगतं शय्याप्रमाणाधिकम्।
दृष्टिर्गाढनिमीलिता न चपलं पक्ष्मान्तरं जायते
दीपं चव न मर्षयेदभिमुखः स्याल्लक्ष्यसुप्तो यदि॥ १३॥

क नु खलु तत् । अये जर्जरप्रावरणैकदेशे दीपप्रभाव्यक्तीकृतरूपं दृश्यते । सुपरिगृहीतमनेन । अयमत्र प्राप्तकालः । इमे मया गृहीताः शलभाः । दीपनिर्वापणार्थमेकं मुञ्चामि । (भ्रमरकरण्डकादेकं मुञ्चति ।) अये एष दीपं निर्वाप्य पतति ।

विदूषकः–अविहा णिव्वाविदो दीवो दाणिं । मुसिदो म्हि । भो चारुदत्त ! गण्ह एदं सुवण्णाळङ्कारं । अहं खु भीदीए उप्पहप्पवुत्तो विअ वणिजो णिद्दं ण ळभामि । मम बम्हत्तणेण साविदो सि, जइ ण गण्हसि । [अविहा निर्वापितो दीप इदानीम् । मुषितोऽस्मि । भोश्चारुदत्त ! गृहाणेमं सुवर्णालङ्कारम् । अहं खलु भीत्योत्पथप्रवृत्त इव वणिग् निद्रां न लभे । मम ब्रह्मत्वेन शापितोऽसि, यदि न गृह्णासि ।]

सज्जलकः–किमत्र शपथपरिग्रहेण । एष प्रतिगृह्णामि । (गृह्णाति ।)

विदूषकः–(दत्त्वा) अहं विक्किणिदभण्डओ विअ वणिजओ सुहं सइस्सं । [अहं विक्रीतभाण्डक इव वणिक् सुखं शयिष्ये ।]

सज्जलकः–सुखं स्वपिहि महाब्राह्मण ! । (विचिन्त्य) भोः ! ब्राह्मणेन विश्वासाद् दीयमानं मया हर्तव्यमासीत् ।

धिगस्तु खलु दारिद्र्यमनिर्वेदं च यौवनम् ।
यदिदं दारुणं कर्म निन्दामि च करोमि च ॥ १४ ॥

(नेपथ्ये पटहशब्दः क्रियते ।)

सज्जलकः–(कर्णं दत्त्वा) अये प्रभातसमयः संवृत्तः । अपसरामि तावत् ।

(निष्क्रान्तः सज्जलकः ।)

(प्रविश्य)

चेटी–(साक्रन्दम्) अय्यमेत्तेअ ! अम्हाणं रुक्खवाडिआपक्खदुवाळे सन्धिं छिन्दिअ चोरो पविट्ठो । [आर्यमैत्रेय ! अस्माकं

वृक्षवाटिकापक्षद्वारे सन्धिं छित्वा चोरः प्रविष्टः ।]

विदूषकः– (सहसोत्थाय) **किं भणादि होदी ।** [किं भणति भवती ।]

(चेटी रुक्खवाडिअत्ति पठति ।)

विदूषकः–**चोरं छिन्दिअ सन्धी पविट्ठो ।** [चोरं छित्वा सन्धिः प्रविष्टः ।]

चेटी–**हदास ! सन्धिं छिन्दिअ चोरो पविट्ठो ।** [हताश ! सन्धिं छित्वा चोरः प्रविष्टः ।]

विदूषकः–**आअच्छ णं दंसेहि ।** [आगच्छ ननु दर्शय ।]

चेटी– (परिक्रम्य) **एदं ।** [एतत् ।]

विदूषकः–**अविहा दासीएवुत्तेण कुक्कुरेण पवेसो किदो । भोदि ! आअच्छ, चारुदत्तस्स पिअं णिवेदेमि ।**

(उभावुपगम्य)

भो चारुदत्त ! पिअं दे णिवेदेमि ।

[अविहा दास्याःपुत्रेण कुक्कुरेण प्रवेशः कृतः । भवति ! आगच्छ चारुदत्तस्य प्रियं निवेदयामि । भोश्चारुदत्त ! प्रियं ते निवेदयामि ।]

नायकः–(बुद्ध्वा) **किं मे प्रियम् । ननु वसन्तसेना प्राप्ता ।**

विदूषकः–**ण खु वसन्तसेणा, वसन्तसेणो पत्तो ।** [न खलु वसन्तसेना, वसन्तसेनः प्राप्तः ।]

नायकः–**रदनिके ! किमेतत् ।**

चेटी–**भट्टिदारअ ! अम्हाणं रुक्खवाडिआपक्खदुवारे सन्धिं छिन्दिअ चोरो पविट्ठो ।** [भर्तृदारक ! अस्माकं वृक्षवाटिकापक्षद्वारे सन्धिं छित्वा चोरः प्रविष्टः ।]

नायकः–**किं चोरः प्रविष्टः ।**

विदूषकः–**भो वअस्स ! सव्वहा तुवं भणासि, मुक्खो मेत्तेओ अपण्डिदो मेत्तेओ त्ति । णं मए सोभणं किदं तं सुवण्णभण्डअं तव हत्थे समप्पअन्तेण ।** [भो वयस्य ! सर्वथा त्वं भणसि, मूर्खो

मैत्रेयोऽपण्डितो मैत्रेय इति । ननु मया शोभनं कृतं तत् सुवर्णभाण्डकं तव हस्ते समर्पयता ।]

नायकः-किं भवता दत्तम् ।

विदूषकः- अहइं । [अथ किम् ।]

नायकः-कस्यां वेलायाम् ।

विदूषकः- अद्धरत्ते । [अर्धरात्रे ।]

नायकः-किमर्धरात्रे । बाढं दत्तम् ।

विदूषकः- भो चारुदत्त ! जं वेळं पडिबुद्धो आसि, तस्सिं वेळाअं खु दिण्णं । [भोश्चारुदत्त ! यस्यां वेलायां प्रतिबुद्ध आसीः, तस्यां वेलायां खलु दत्तम् ।]

नायकः- हन्त हृतं सुवर्णभाण्डकम् ।

विदूषकः-दाणिं मे हत्थे पडिच्छिदु अत्तभवं । [इदानीं मम हस्ते प्रयच्छत्वत्रभवान् ।]

नायकः- (आत्मगतम्)

कः श्रद्धास्यति भूतार्थं सर्वो मां तुलयिष्यति ।
शङ्कनीया हि दोषेषु निष्प्रभावा दरिद्रता ॥ १५ ॥

(प्रविश्य)

ब्राह्मणी-रदणिए ! रदणिए ! आअच्छ । णहि सुणादि । कवाडसद्दं दाव करिस्सं । (तथा करोति ।) [रदनिके ! रदनिके ! आगच्छ । नहि शृणोति । कवाटशब्दं तावत् करिष्यामि ।]

चेटी-हं, कवाडसद्दो विअ । भट्टिदारिआ मं सद्दावेदि । (परिक्रम्य) भट्टिदारिए ! इअ म्हि । [हं, कवाटशब्द इव । भर्तृदारिका मां शब्दापयति । भर्तृदारिके ! इयमस्मि ।]

ब्राह्मणी-ण परिक्खदो ण वावादिदो अय्यउत्तो अय्यमेत्तेओ वा । [न परिक्षतो न व्यापादित आर्यपुत्र आर्यमैत्रेयो वा ।]

चेटी- कुसळी भट्टिदारओ अय्यमेत्तेओ अ । जो तस्स जणस्स अळङ्कारो चोरेण गहीदो । [कुशली भर्तृदारक आर्यमैत्रेयश्च । यस्तस्य जनस्यालङ्कारश्चोरेण गृहीतः ।]

ब्राह्मणी- किं भणासि चोरेण गहीद त्ति । [किं भणसि चोरेण गृहीत इति ।]

चेटी- अह इं । [अथ किं ।]

ब्राह्मणी- किंणु खु तस्स जणस्स दादव्वं भविस्सदि । अहव एदं दइस्सं । (कर्णौ स्पृष्ट्वा) हद्धि ताळीपत्तं खु एदं । सो दाणि परिअओ मं विळम्बेदि । किं दाणि करिस्सं । (विचिन्त्य) भोदु, दिट्ठं । मम ञ्ञादिकुळादो ळद्धा सदसहस्समुळ्ळा मुत्तावळी । तं पि अय्यउत्तो सोढीरदाए पडिच्छदि । भोदु, एवं दाव करिस्सं । (निष्क्रान्ता) [किन्नु खलु तस्मै जनाय दातव्यं भविष्यति । अथवैतद् दास्यामि । हा धिक् तालीपत्रं खल्वेतत् । स इदानीं परिचयो मां विडम्बयति । किमिदानीं करिष्यामि । भवतु, दृष्टम् । मम ज्ञातिकुलाद् लब्धा शतसहस्रमूल्या मुक्तावली । तामप्यार्यपुत्रः शौटीरतया प्रतीच्छति । भवतु, एवं तावत् करिष्यामि ।]

विदूषकः- इमस्स अन्धआरुप्पादिदस्स अवराहस्स किदे भवन्तं सीसेण पसादेमि । दाणिं मे हत्थे पडिच्छदु अत्तभवं । [अस्यान्धकारोत्पादितस्यापराधस्य कृते भवन्तं शीर्षेण प्रसादयामि । इदानीं मे हस्ते प्रयच्छत्वत्रभवान् ।]

नायकः- किं भवानिदानीं मां बाधते ।

भवांस्तावदविश्वासी शीलज्ञो मम नित्यशः ।
किं पुनः स कलाजीवी वञ्चनापण्डितो जनः ॥ १६ ॥

विदूषकः- मण्णे मए मन्दभग्गेण कुम्भीळस्स हत्थे दिण्णं । (विषण्णस्तिष्ठति ।) [मन्ये मया मन्दभाग्येन कुम्भीलस्य हस्ते दत्तम् ।]

(प्रविश्य)

ब्राह्मणी- रदणिए ! अय्यमेत्तेअं सद्दावेहि । [रदनिके ! आर्यमैत्रेयं शब्दापय ।]

चेटी- अय्यमेत्तेअ ! भट्टिदारिआ तुमं सद्दावेदि । [आर्यमैत्रेय ! भर्तृदारिका त्वां शब्दापयति ।]

विदूषकः- भोदि ! किं मं । [भवति ! किं माम् ।]

चेटी- आम । [आम ।]

विदूषकः- एस आअच्छामि । (उपसर्पति ।) [एष आगच्छामि ।]

ब्राह्मणी- अय्यमेत्तेअ ! इमं पडिग्गहं पडिगण्ह । [आर्यमैत्रेय ! इमं प्रतिग्रहं प्रतिगृहाण ।]

विदूषकः- अवत्थाविरुद्धो खु अअं पदाणविभवो । कुदो एदस्स आगमो । [अवस्थाविरुद्धः खल्वयं प्रदानविभवः । कुत एतस्यागमः ।]

ब्राह्मणी- णं सट्ठिं उववसामि । सव्वसारविभवेण बम्हणेण सोत्थि वाअइदव्वं ति एसो इमस्स आगमो । [ननु षष्ठीमुपवसामि । सर्वसारविभवेन ब्राह्मणेन स्वस्ति वाचयितव्यमित्येषोऽस्यागमः ।]

विदूषकः- अट्ठमी खु अज्ज । [अष्टमी खल्वद्य ।]

ब्राह्मणी- पमादादो अदिक्कमो किदो । अज्ज पूआ णिव्वत्तीअदि । [प्रमादाद् अतिक्रमः कृतः । अद्य पूजा निर्वर्त्यते ।]

विदूषकः- अणणुरूवदाए पदाणस्स अणुक्कोसो विअ पडिभादि । (जनान्तिकम्) रदणिए ! किं करिस्सं । [अननुरूपतया प्रदानस्यानुक्रोश इव प्रतिभाति । रदनिके ! किं करिष्यामि ।]

चेटी- (अपवार्य) किंणु खु तस्स जणस्स दादव्वं भविस्सदि त्ति एदण्णिमित्तं भट्टिदारओ सन्तप्पदि त्ति भट्टिदारिआ तव हत्थे दइअ अय्यउत्तं अणिरिणं करिस्सामि त्ति एवं करेदि । ता गण्ह

एदं । [किन्नु खलु तस्मै जनाय दातव्यं भविष्यतीत्येतन्निमित्तं भर्तृदारकः संतप्यत इति भर्तृदारिका तव हस्ते दत्त्वार्यपुत्रमनृणं करिष्यामीत्येवं करोति । तद् गृहाणैतत् ।]

ब्राह्मणी–**उदअसम्भवदाए मुत्तावळीए तव अ दुल्लहदाए उवआरो विस्सरिदो । गण्ह एदं ।** (ददाति ।) [उदकसम्भवतया मुक्तावल्यास्तव च दुर्लभतयोपचारो विस्मृतः । गृहाणैतत् ।]

विदूषकः–(गृहीत्वा) **सव्वं दाव चिट्ठदु । रोदिदी विअ होदीए दिट्ठि ।** [सर्वं तावत् तिष्ठतु । रोदितीव भवत्या दृष्टिः ।]

ब्राह्मणी–**देवउळधूमेण रोदाविदा ।** [देवकुलधूमेन रोदिता ।]

विदूषकः–**साविदासि तत्तहोदा चारुदत्तेण, जइ अळिअं भणासि ।** [शापितासि तत्रभवता चारुदत्तेन, यद्यलीकं भणसि ।]

ब्राह्मणी–**हद्धि ।** (निष्क्रान्ता ।) [हा धिक् ।]

विदूषकः–**एसा वाआए दुक्खं रक्खिअ अस्सूहि सूइअ गआ ।** (उपगम्य) **भो ! इदं ।** [एषा वाचा दुःखं रक्षित्वाऽश्रुभिः सूचयित्वा गता । भोः ! इदम् ।]

नायकः–**किमेतत् ।**

विदूषकः– **सरिसकुळदारसङ्गहस्स फळं ।** [सदृशकुलदारसंग्रहस्य फलम् ।]

नायकः–**किं ब्राह्मणी मामनुकम्पते ।**

विदूषकः–**एवं विअ ।** [एवमिव ।]

नायकः–**धिगात्मानम् । अद्य हतोऽस्मि ।**

मयि द्रव्यक्षयक्षीणे स्त्रीद्रव्येणानुकम्पितः ।
अर्थतः पुरुषो नारी या नारी सार्थतः पुमान् ॥ १७ ॥

विदूषकः–**तत्तहोदी हिअएण तुमं याचेदि । अहं सीसेण याचेमि । गण्ह एदं ।** [तत्रभवती हृदयेन त्वां याचते । अहं शीर्षेण याचे । गृहाणैतत् ।]

नायकः–तथा । (गृहीत्वा) वयस्य ! इमां मुक्तावलीं गृहीत्वा वसन्तसेनायाः सकाशं गच्छ ।

अर्थेषु काममुपलभ्य मनोरथो मे
स्त्रीणां धनेष्वनुचितं प्रणयं करोति ।
माने च कार्यकरणे च विलम्बमानो
धिग् भोः ! कुलं च पुरुषस्य दरिद्रतां च ॥ १८ ॥

विदूषकः–अहो अप्पमुळ्ळस्स सुवण्णभण्डअस्स किदे सदसहस्समुळ्ळा मुत्तावळी णीआदइदव्वा । [अहो अल्पमूल्यस्य सुवर्णभाण्डकस्य कृते शतसहस्रमूल्या मुक्तावली निर्यातयितव्या ।]

नायकः–वयस्य ! मा मैवम् ।

यं समालक्ष्य विश्वासं न्यासोऽस्मासु कृतस्त्वया ।
तस्यैतन्महतो मूल्यं प्रत्ययस्य प्रदीयताम् ॥ १९ ॥

(निष्क्रान्ताः सर्वे ।)

तृतीयोऽङ्कः ।

अथ चतुर्थोऽङ्कः ।

(ततः प्रविशति सोत्कण्ठा वसन्तसेना, चित्रफलकामादाय वर्तिकाकरण्डहस्ता चेटी च ।)

गणिका– हञ्जे ! पेक्खसि सरिसो तस्स जणस्स । [हञ्जे ! पश्यसि सदृशस्तस्य जनस्य ।]

चेटी–अज्जुए ! तस्सिं हत्थिविमद्दकोळाहळे बहुमाणपय्यत्थाए दिट्ठिए दूरदो दिट्ठो सो भट्टिदारओ ईदिसो एव्व । [अज्जुके ! तस्मिन् हस्तिविमर्दकोलाहले बहुमानपर्यस्तया दृष्ट्या दूरतो दृष्टः स भर्तृदारक ईदृश एव ।]

गणिका–तुमं दाव दक्खो वेसवासजणो त्ति जणवादं पूरअन्ती अळिअं भणासि । [त्वं तावद् दक्षो वेशवासजन इति जनवादं पूरयन्त्यलीकं भणसि ।]

चेटी–किं एदं वेसवासजणो सव्वो दक्खिणो होइ त्ति । पेक्खदु अज्जुआ, चम्पआरामे पिचुमन्दा जाअन्ति । अदिसरिस त्ति मम हिअअं अहिरमदि । परमत्थदो एव्व पसंसीअदि, णं कामदेवो । [किमेतद् वेशवासजनः सर्वो दक्षिणो भवतीति । पश्यत्वज्जुका, चम्पकारामे पिचुमन्दा जायन्ते । अतिसदृश इति मम हृदयमभिरमते । परमार्थत एव प्रशस्यते, ननु कामदेवः ।]

गणिका–हञ्जे ! सहीजणेण अवहसणीअत्तणं अत्तणो परिहरामि । [हञ्जे ! सखीजनेनापहसनीयत्वमात्मनः परिहरामि ।]

चेटी–एदं जुज्जइ । सहीजणसपत्तिओ गणिआजणो णाम । [एतद् युज्यते । सखीजनसपत्नीको गणिकाजनो नाम ।]

(ततः प्रविशत्याभरणहस्ताऽपरा चेटी ।)

चेटी–सुहं अज्जुआए । [सुखमज्जुकायाः ।]

गणिका–हञ्जे ! साअदं दे । [हञ्जे ! स्वागतं ते ।]

चेटी–अज्जुए ! अत्ता आणवेदि–इदं दुवारं पविट्ठं पोक्खरं उवावत्तिदं पहवणं । ता तुवरमाणमण्डणा गहीदावउण्ठणा आअच्छदु त्ति । इह अळङ्कारं अळङ्करेदु अज्जुआ । [अज्जुके ! अम्बाज्ञापयति– इदं द्वारं प्रविष्टं पौष्करमुपावर्तितं प्रवहणम् । तत् त्वरमाणमण्डना गृहीतावगुण्टनागच्छत्विति । इहालङ्कारमलङ्करोत्वज्जुका ।]

गणिका–किं अय्यचारुदत्तो मण्डइस्सिदि । [किमार्यचारुदत्तो मण्डयिष्यति ।]

चेटी–णहि, जेण अळङ्कारो पेसिदो सो राअसाळो सण्ठाणो। [न हि; येनालङ्कारः प्रेषितः स राजस्यालः संस्थानः।]

गणिका–अवेहि अविणीदे। [अपेह्यविनीते।]

चेटी–पसीददु पसीददु अज्जुआ। सन्देसं खु अहं मन्तेमि। (पादयोः पतति।) [प्रसीदतु प्रसीदत्वज्जुका। सन्देशं खल्वहं मन्त्रये।]

गणिका–उट्ठेहि उट्ठेहि। कुसन्देसं असूआमि, ण तुवं। [उत्तिष्ठोत्तिष्ठ। कुसन्देशमसूयामि, न त्वाम्।]

चेटी–किं अहं अत्तं भणामि। [किमहमम्बां भणामि।]

गणिका–भणेहि अत्तं––जदा अय्यचारुदत्तो अभिसारइदव्वो तदा मण्डेमि त्ति। [भणाम्बां– यदार्यचारुदत्तोऽभिसारयितव्यस्तदा मण्डयामीति।]

चेटी–तह। (निष्क्रान्ता।) [तथा।]

(ततः प्रविशति सज्जलकः।)

सज्जलकः–

कृत्वा निशायां वचनीयदोषं निद्रां च हित्वा तिमिरं भयं च।
स एव सूर्योदयमन्दवीर्यः शनैर्दिवाचन्द्र इवास्मि भीतः॥ १॥

दिष्ट्या कर्मान्ते प्रभातम्। यावदिदानीं वसन्तसेनायाः परिचारिकाया मदनिकाया निष्क्रयार्थं मयेदं कृतम्। (परिक्रम्य) इदं वसन्तसेनाया गृहम्। यावत् प्रविशामि। (प्रविश्य) किन्नु खल्वभ्यन्तरस्था मदनिका। अथवा, पूर्वाह्णे गणिकानामभ्यन्तरे सान्निध्यम्। अतस्तत्रैव तया भवितव्यम्। यावच्छब्दापयामि। मदनिके! मदनिके!।

चेटी-(आकर्ण्य) सज्जळअस्स विअ सरो। वावुदा अज्जुआ। ता उवसप्पिस्सं। (उपगम्य) इअम्हि। [सज्जलकस्येव स्वरः। व्यापृताज्जुका। तदुपसर्पिष्यामि। इयमस्मि।]

सज्जलकः- इतस्तावत्।

चेटी-किं तुवं सङ्किदवण्णो विअ। [किं त्वं शङ्कितवर्ण इव।]

सज्जलकः-न खलु, किञ्चित् कथयितुकामः।

गणिका-हञ्जे ! इमं चित्तफळअं सअणीए ठावेहि। (विलोक्य) कहिं गआ हदासा। अहव अदूरगआए होदव्वं। जाव णं पेक्खिस्सं। (परिक्रम्यावलोक्य) अम्मो इअं सा अदिसिणिद्धाए दिट्ठीए केण वि मणुस्सेण पिबन्ती विअ सह मन्तअन्ती चिट्ठइ। तक्केमि एसो जो कोवि कएण मं याचेदि। [हञ्जे ! इदं चित्रफलकं शयनीये स्थापय। कुत्र गता हताशा। अथवा अदूरगतया भवितव्यम्। यावदेनां प्रेक्षिष्ये। अम्मो इयं साऽतिस्निग्धया दृष्टया केनापि मनुष्येण पिबन्तीव सह मन्त्रयमाणा तिष्ठति। तर्कयाम्येष यः कोऽपि क्रयेण मां याचते।]

सज्जलकः-श्रूयतां रहस्यम्।

गणिका-अजुत्तं पररहस्सं सोदुं, अहं गमिस्सं। [अयुक्तं पररहस्यं श्रोतुम्, अहं गमिष्यामि।]

सज्जलकः-अपि वसन्तसेना (इत्यर्धोक्ते)।

गणिका-अहं अहिइदा एदाअं कहाअं। होदु, सुणिस्सं दाव भविस्सदि। (पुनः प्रतिनिवृत्य स्थिता।) [अहमधिकृतैतस्यां कथायाम्। भवतु, श्रोष्यामि तावद् भविष्यति।]

सज्जलकः-किं दास्यति त्वां निष्क्रयेण।

गणिका-सो एव्व एसो। होदु, सुणिस्सं। [स एवैषः। भवतु, श्रोष्यामि।]

चेटी-सज्जळअ ! मम पदाणं पुढमं एव अज्जुआए उत्तं। [सज्जलक ! मम प्रदानं प्रथममेवाज्जुकयोक्तम्।]

सज्जलकः-तेन हीममस्यै प्रयच्छ, एवं वक्तव्या च -

अयं तव शरीरस्य प्रमाणादिव निर्मितः ।
अप्रकाश्यो ह्यलङ्कारो मत्स्नेहाद् धार्यतामिति ॥ २ ॥

चेटी- पेक्खामि दाव । [पश्यामि तावत् ।]

सज्जलकः-गृह्यताम् । (दर्शयति ।)

चेटी-दिट्ठपुरुवो विअ अअं अळङ्कारो । [दृष्टपूर्व इवायमलङ्कारः ।]

गणिका-ममकेरओ विअ अअं अळङ्कारो । [मदीय इवायमलङ्कारः ।]

चेटी-भणाहि भणाहि । को इमस्स आअमो । [भण भण । कोऽस्यागमः ।]

सज्जलकः-त्वत्स्नेहात् साहसं कृतम् ।

उभे-हं, साहसिओ । [हं, साहसिकः ।]

चेटी-(आत्मगतम्) आ, अज्जुआए खु इमस्स आइदी कम्मदारुणदाए उव्वेअणीआ संवुत्ता । (प्रकाशम्) हद्धि मम किदे उभअं संसइदं संवुत्तं-तव सरीरं चारित्तं च । [आ, अज्जुकायाः खल्वस्याकृतिः कर्मदारुणतयोद्वेजनीया संवृत्ता । हा धिग् मम कृते उभयं संशयितं संवृत्तं- तव शरीरं चारित्रं च ।]

सज्जलकः-उन्मत्तिके ! साहसे खलु श्रीर्वसति ।

चेटी-अपण्डिदो खु सि । को हि णाम जीविदेण सरीरं विक्कीणिस्सदि । अह कस्स गेहे इअं विस्सासवञ्चणा किदा । [अपण्डितः खल्वसि । को हि नाम जीवितेन शरीरं विक्रेष्यति । अथ कस्य गेहे इयं विश्वासवञ्चना कृता ।]

सज्जलकः-यथा प्रभाते मया श्रुतं--श्रेष्ठिचत्वरे प्रतिवसति सार्थवाहपुत्रश्चारुदत्तो नाम ।

उभे-हुम् ।

सज्जलकः-अयि,

विषादस्त्रस्तसर्वाङ्गी सम्भ्रमोत्फुल्ललोचना ।
मृगीव शरविद्धाङ्गी कम्पसे चानुकम्पसे ॥ ३ ॥

चेटी—सच्चं भणाहि । सत्थवाहकुळे साहसं करन्तेण तुए कोच्चि कुळवुत्तो सत्थेण अत्थि परिक्खदो वावादिदो वा । [सत्यं भण । सार्थवाहकुले साहसं कुर्वता त्वया कश्चित् कुलपुत्रः शस्त्रेणास्ति परिक्षतो व्यापादितो वा ।]

गणिका—सुट्ठु, मए वि पुच्छिदव्वं एदाए पुच्छिदं । [सुष्ठु, मयापि प्रष्टव्यमेतया पृष्टम् ।]

सज्जलकः—मदनिके ! एतावत् किं न पर्याप्तं, द्वितीयमप्यकार्यं करिष्यामि । न खल्वत्र शस्त्रेण कश्चित् परिक्षतो व्यापादितो वा ।

चेटी—सज्जळअ ! सच्चं । [सज्जलक ! सत्यम् ।]

सज्जलकः—सत्यम् ।

चेटी—साहु सज्जळअ ! पिअं मे । [साधु सज्जलक ! प्रियं मे ।]

सज्जलकः—किं किं प्रियमित्याह । ईदृशं मदनिके !

त्वत्स्नेहबद्धहृदयो हि करोम्यकार्यं
सन्तुष्टपूर्वपुरुषेऽपि कुले प्रसूतः ।
रक्षामि मन्मथगृहीतमिदं शरीरं
मित्रं च मां व्यपदिशस्यपरं च यासि ॥ ४ ॥

चेटी—सज्जळअ ! सुणाहि । अज्जुआए अअं अळङ्कारो । (कर्णे ।) एव्वं विअ । [सज्जलक ! शृणु । अज्जुकाया अयमलङ्कारः । एवमिव ।]

सज्जलकः—एवम् ।

अज्ञानाद् या मया पूर्वं शाखा पत्रैर्वियोजिता ।
छायार्थी ग्रीष्मसन्तप्तस्तामेव पुनराश्रितः ॥ ५ ॥

गणिका–सन्तप्पदि त्ति तक्केमि एदेण अकय्यं किदं ति। [संतप्यत इति तर्कयामि एतेनाकार्यं कृतमिति।]

सज्जलकः–मदनिके ! एवं गते किं कर्तव्यम्।

चेटी–तहिं एव णिय्यादेहि, णहि मण्डइस्सदि अज्जुआ। [तत्रैव निर्यातय, नहि मण्डयिष्यत्यज्जुका।]

सज्जलकः–अथेदानीं सोऽमर्षान्मां चोर इति रक्षिपुरुषैर्ग्राहयिष्यति चेदत्र किं करिष्यामि।

चेटी–मा भाआहि मा भाआहि। कुळवुत्तो खु सो गुणाणं परितुस्सदि। [मा बिभीहि मा बिभीहि। कुलपुत्रः खलु स गुणानां परितुष्यति।]

गणिका–साहु भद्दे ! अवत्तव्वासि, अळङ्किदा विअ एदेण वअणेण। [साधु भद्रे ! अव्यक्तव्यासि, अलङ्कृतेवैतेन वचनेन।]

सज्जलकः–सर्वथा न शक्ष्याम्यहं तत्र गन्तुम्।

चेटी–अअं अण्णो उवाओ। [अयमन्य उपायः।]

गणिका–एदे गुणा वेसवासस्स। [एते गुणा वेशवासस्य।]

सज्जलकः–कोऽन्य उपायः।

चेटी–णं तव रूपञ्ञा अज्जुआ अवि सत्थवाहपुत्तो अ। [ननु तव रूपज्ञाऽज्जुकापि सार्थवाहपुत्रश्च।]

सज्जलकः–न खलु।

चेटी–तेण हि इमं दाव अळङ्कारं तस्स सत्थवाहपुत्तस्स वअणादो अज्जुआए णिय्यादेहि। एवं च किदे तुवं रक्खिदो, सो अय्यो अ अणिव्विण्णो भविस्सदि। अहं च पीडिदा ण भविस्सं। आदु अज्जुअं च पुणो वञ्चिअ पुणो एव्व दासभावो भवे। [तेन हीमं तावदलङ्कारं तस्य सार्थवाहपुत्रस्य वचनादज्जुकायै निर्यातय। एवं च कृते त्वं रक्षितः, स आर्यश्चानिर्विण्णो भविष्यति। अहं च पीडिता न भविष्यामि। अथवा अज्जुकां च पुनर्वञ्चयित्वा पुनरेव दासभावो भवेत्।]

सज्जलकः-मदनिके ! प्रीतोऽस्मि ।

गणिका-भोदु, अब्भन्तरं पविसिअ उवविसामि । (तथा करोति ।) [भवत्वभ्यन्तरं प्रविश्योपविशामि ।]

चेटी-सज्जलअ ! आअच्छ, कामदेवउळे मं पडिवाळेहि । अहं ओसरं जाणिअ अज्जुआए णिवेदेमि । [सज्जलक ! आगच्छ, कामदेवकुले मां प्रतिपालय । अहमवसरं ज्ञात्वाज्जुकायै निवेदयामि ।]

सज्जलकः-बाढम् । (निष्क्रान्तः ।)

(ततः प्रविशत्यपरा चेटी ।)

चेटी-सुहं अज्जुआए । एसो सत्थवाहपुत्तस्स सआसादो कोच्चि बम्हणो आअदो अज्जुअं पेक्खिदुं । [सुखमज्जुकायाः । एष सार्थवाहपुत्रस्य सकाशात् कश्चिद् ब्राह्मण आगतोऽज्जुकां द्रष्टुम् ।]

गणिका-(सादरम्) गच्छ, सिग्घं पवेसेहि णं । [गच्छ, शीघ्रं प्रवेशयैनम् ।]

चेटी-तह । (उपसृत्य) एदु एदु अय्यो । [तथा । एत्वेत्वार्यः ।]

(प्रविश्य)

विदूषकः-(सर्वतो विलोक्य) अहो गणिआवाडस्स सस्सिरीअदा । णाणापट्टणसमागदेहि आअमिएहि पुत्थआ वाईअन्ति । संओजअन्ति अ आहारप्पआराणि । वीणा वादीअन्ति । सुवण्णआरा अळङ्कारप्पआराणि आदरेण जोजअन्ति । [अहो गणिकावाटस्य सश्रीकता । नानापट्टणसमागतैरागमिकैः पुस्तकानि वाच्यन्ते । संयोज्यन्ते चाहारप्रकाराः वीणा वाद्यन्ते । सुवर्णकारा अलङ्कारप्रकारानादरेण योजयन्ति ।]

चेटी-एसा अज्जुआ । उवसप्पदु अय्यो । [एषाज्जुका । उपसर्पत्वार्यः ।]

विदूषकः-(उपगम्य) सोत्थि होदीए । [स्वस्ति भवत्यै ।]

गणिका–साअदं अय्यस्स। हञ्जे ! आसणं अय्यस्स, पादोदअं च। [स्वागतमार्यस्य। हञ्जे ! आसनमार्यस्य, पादोदकं च।]

विदूषकः–(आत्मगतम्) सव्वं आणेदु वज्जिअ भोअणं। [सर्वमानयतु वर्जयित्वा भोजनम्।]

चेटी–जं अज्जुआ आणवेदि। (आसनं ददाति पादोदकं च।) उवविसदु अय्यो। [यदज्जुकाज्ञापयति। उपविशत्वार्यः।]

विदूषकः–(उपविश्य) पडिच्छदु आसणं भोदी। अहं किञ्चि भणिदुं आअदो। [प्रतीच्छत्वासनं भवती। अहं किञ्चिद् भणितुमागतः।]

गणिका–(उपविश्य) अवहिदम्हि। [अवहितास्मि।]

विदूषकः–केत्तिअमत्तं खु तस्स अळङ्कारस्स मुळ्ळप्पमाणं। [कियन्मात्रं खलु तस्यालङ्कारस्य मूल्यप्रमाणम्।]

गणिका–किंणिमित्तं खु अय्यो पुच्छदि। [किन्निमित्तं खल्वार्यः पृच्छति।]

विदूषकः–सुणादु भोदी। तत्तहोदो चारुदत्तस्स गुणप्पच्चाअणणिमित्तं खु तुए अळङ्कारो तहिं णिक्खित्तो। सो तेण जूदे हारिदो। [शृणोतु भवती। तत्रभवतश्चारुदत्तस्य गुणप्रत्यायननिमित्तं खलु त्वयालङ्कारस्तस्मिन् निक्षिप्तः। स तेन द्यूते हारितः।]

गणिका–जूदे। जुज्जइ। तदो तदो। [द्यूते। युज्यते। ततस्ततः।]

विदूषकः– तदो तस्स अळङ्कारस्स मुळ्ळभूदं इमं मुत्तावळिं पडिच्छदु भोदी। [ततस्तस्यालङ्कारस्य मूल्यभूतामिमां मुक्तावलीं प्रतीच्छतु भवती।]

गणिका–(आत्मगतम्) धिक् खु गणिआभावं। लुद्धत्ति मं तुळअदि। जइ ण पडिच्छे, सो एव्व दोसो भविस्सदि। (प्रकाशम्)

आणेदु अय्यो । [धिक् खलु गणिकाभावम् । लुब्धेति मां तुलयति । यदि न प्रतीच्छामि, स एव दोषो भविष्यति । आनयत्वार्यः ।]

विदूषकः– **इदं गण्हदु भोदी ।** [इदं गृह्णातु भवती ।]

गणिका– (गृहीत्वा) **पडिच्छिदं तए त्ति अय्यो णिवेदेदु ।** [प्रतीष्टं तयेत्यार्यो निवेदयतु ।]

विदूषकः– (आत्मगतम्) **कोवि उवआरो वि ण एदाए भणिदो ।** (प्रकाशम् ।) **एवं होदु ।** (दत्त्वा निष्क्रान्तः ।) [कोऽप्युपचारोऽपि नैतया भणितः । एवं भवतु ।]

गणिका– **साहु चारुदत्त ! साहु । भाअधेअपरिवुत्तदाए दसाए माणावमाणं रक्खिदं ।** [साधु चारुदत्त ! साधु । भागधेयपरिवृत्ततायां दशायां मानावमानं रक्षितम् ।]

(प्रविश्य)

मदनिका– **अज्जुए ! सत्थवाहपुत्तस्स सआसादो कोच्चि मणुस्सो आअदो इच्छइ अज्जुअं पेक्खिदुं ।** [अज्जुके ! सार्थवाहपुत्रस्य सकाशात् कश्चिद् मनुष्य आगत इच्छत्यज्जुकां द्रष्टुम् ।]

गणिका– **किं दिट्ठपुरुवो णवदंसणो वा ।** [किं दृष्टपूर्वो नवदर्शनो वा ।]

मदनिका– **अज्जुए ! णहि, तस्सकरेओ त्ति मे पडिभादि ।** [अज्जुके ! नहि, तदीय इति मे प्रतिभाति ।]

गणिका– **गच्छ, पवेसेहि णं ।** [गच्छ, प्रवेशयैनम् ।]

मदनिका– **तह ।** (निष्क्रान्ता ।) [तथा ।]

गणिका– **अहो रमणिज्जदा अज्ज दिवसस्स ।** [अहो रमणीयताऽद्य दिवसस्य ।]

(ततः प्रविशति मदनिका सज्जलकेन सह ।)

सज्जलकः– **कष्टा खल्वात्मशङ्का नाम,**

यः कश्चिच्चकितगतिर्निरीक्षते मां सम्भ्रान्तो द्रुतमुपसर्पति स्थितो वा ।
सर्वांस्तांस्तुलयति दोषतो मनो मे स्वैर्दोषैर्भवति हि शङ्कितो मनुष्यः ॥ ६ ॥

मदनिका– एसा अज्जुआ। उवसप्पदु अय्यो। [एषाज्जुका। उपसर्पत्वार्यः।]

सज्जलकः– (उपसृत्य) सुखं भवत्यै।

गणिका– साअदं अय्यस्स। हञ्जे! आसणं देदु अय्यस्स। [स्वागतमार्यस्य। हञ्जे! आसनं दीयतामार्याय।]

सज्जलकः– भवतु भवतु। गृहीतमासनम्। त्वरिततरमनुष्ठेयं किञ्चित् कार्यमस्ति।

गणिका– एवं भणादु अय्यो। [एवं, भणत्वार्यः।]

सज्जलकः– आर्यचारुदत्तेनास्मि प्रेषितः–यस्तावदलङ्कारो मम हस्ते निक्षिप्तः, स त्वसंभोगमलिनतया गृहस्यासान्निध्यात् कौडुम्बिकानां दुरारक्षः। तद् गृह्यताम् इति।

गणिका– इमं तस्स चारुदत्तस्य देदु अय्यो। [इमं तस्मै चारुदत्ताय ददात्वार्यः।]

सज्जलकः– भवति! न खल्वहं गच्छामि।

गणिका– अहं जाणामि तस्स गेहे साहसं करिअ आणीदो अअं अळङ्कारो। तस्स गुणाणि अणुकम्पेदु अय्यो। [अहं जानामि तस्य गेहे साहसं कृत्वानीतोऽयमलङ्कारः। तस्य गुणाननुकम्पतामार्यः।]

सज्जलकः– (आत्मगतम्) कथं विदितोऽस्म्यनया।

गणिका– को एत्थ, पवहणं दाव अय्यस्स। [कोऽत्र, प्रवहणं तावदार्यस्य।]

मदनिका– णेमिसद्दो विअ सुणीअदि। आअदेण पवहणेण होदव्वं [नेमिशब्द इव श्रूयते। आगतेन प्रवहणेन भवितव्यम्।]

गणिका– (स्वैराभरणैर्मदनिकामलङ्कृत्य) आरुहदु अय्यो अय्याए सह पवहणं। [आरोहत्वार्य आर्यया सह प्रवहणम्।]

मदनिका-- अज्जुए! किं एदं। [अज्जुके! किमेतत्]

गणिका -मा खु मा खु एवं मन्तिअ । अय्या खु सि दाणिं संवुत्ता । गण्हदु अय्यो । (मदनिकां गृहीत्वा सज्जलकाय प्रयच्छति ।) [मा खलु मा खल्वेवं मन्त्रयित्वा । आर्या खल्वसीदानीं संवृत्ता । गृह्णात्वार्यः ।]

सज्जलकः-(आत्मगतम्) भोः ! कदा खल्वस्याः प्रतिकर्तव्यं भविष्यति । अथवा, शान्तं शान्तं पापम् ।

नरः प्रत्युपकारार्थी विपत्तौ लभते फलम् ।
द्विषतामेव कालोऽस्तु योऽस्या भवतु तस्य वा ॥ ७ ॥

(तया सह निष्क्रान्तः सज्जलकः ।)

गणिका-चउरिए ! [चतुरिके !]

(प्रविश्य)

चेटी- अज्जुए ! इअम्हि । [अज्जुके ! इयमस्मि ।]

गणिका-हञ्जे ! पेक्ख जागरन्तीए मए सिविणो दिट्ठो एवं । [हञ्जे ! पश्य जाग्रत्या मया स्वप्नो दृष्टः एवम् ।]

चेटी- पिअं मे, अमुदंकणाडअं संवुत्तं । [प्रियं मे, अमृताङ्कनाटकं संवृत्तम् ।]

गणिका-एहि इमं अळङ्कारं गण्हिअ अय्यचारुदत्तं अभिसरिस्सामो । [एहीममलंकारं गृहीत्वार्यचारुदत्तमभिसरिष्यावः ।

चेटी-अज्जुए ! तह । एदं पुण अभिसारिआसहाअभूदं दुद्दिणं उण्णमिदं । [अज्जुके ! तथा । एतत् पुनरभिसारिकासहायभूतं दुर्दिनमुन्नमितम् ।

गणिका-हदासे ! मा हु वड्ढावेहि । हताशे ! मा खलु वर्धय ।]

चेटी-एदु एदु अज्जुआ । [एत्वेत्वज्जुका ।]

(निष्क्रान्ते ।)

चतुर्थोऽङ्कः ।

चारुदत्तस्य श्लोकानुक्रमणिका ।

प्रतिमायाः कथावस्तु ।

अत्र कथावस्तु प्रायः सर्वं रामायणाद् गृहीतम् । तत्र प्रथमं श्रीरामस्याभिषेके प्रवृत्ते सति राज्ञः कर्णे मन्थरया किमप्यभिहितम् । ततश्च विच्छिन्नोऽभिषेकः । रामश्च कैकेयीवचनाद् राज्ञा निर्वासितः । ततः पुत्रशोकाद् राजा दशरथो विपन्नः । अथ मातुलगृहनिवासात् प्रतिनिवृत्तो भरतः प्रतिमागृहे पितामहादिप्रतिमाभिः सह स्थापितो दशरथस्य प्रतिमां दृष्ट्वा विदितपीतृव्यापत्तिः कैकेयीं निर्भर्त्सयांचक्रे । स्वयं च सुमन्त्रसहितो रामं द्रष्टुमरण्ये गत्वा तस्मात् तत्पादुके गृहीत्वाभिषेकजलं तयोरेवावर्जयितुमभ्यनुज्ञामादाय नगरं प्रत्याजगाम । तत्र चारण्यवासमनुभवति रामे मायाभिक्षुणा रावणेन सीतापहृता । तामभ्यवपत्तुमागतो जटायुर्हतो रावणेन । सुमन्त्रनिवेदितसीतापहारो भरतो रामसाहाय्यार्थं लङ्कां गन्तुं विनिश्चिकाय । ततो वानरसहायो लङ्केश्वरं निहत्य सीतामादाय रामः पुनरप्याश्रमं प्राप्त इति उदन्तमुपलभ्य मातृभिः सह सप्रकृतिको भरतस्तत्रैव रामं प्रत्युद्गतः । तदनन्तरं भरतात् प्रतिगृहीतराज्यो रामो राज्येऽभिषिषिचे ।

पात्राणि ।

पुरुषाः--

राजा--दशरथः कोसलाधिपः ।

रामः
लक्ष्मणः
भरतः
शत्रुघ्नः } —दशरथस्य पुत्राः ।

सुमन्त्रः—दशरथस्य सारथिः ।

रावणः--राक्षसाधिपः परिव्राजकवेषः ।

काञ्चुकीयः

सूतः

देवकुलिकः-प्रतिमागृहरक्षकः ।

भटः

सुधाकारः

वृद्धतापसौ

तापसः

नन्दिलकः

स्त्रियः--

सीता--रामस्य पत्नी ।

कौसल्या
सुमित्रा
कैकेयी } --राममातरः ।

अवदातिका--चेटी सीतायाः ।

विजया--प्रतीहारी ।

नन्दिनिका--चेटी ।

तापसी

भासनाटकचक्रे

प्रतिमा ।

(नान्द्यन्ते ततः प्रविशति सूत्रधारः ।)

सूत्रधारः ।

सीताभवः पातु सुमन्त्रतुष्टः
सुग्रीवरामः सहलक्ष्मणश्च ।
यो रावणार्यप्रतिमश्च देव्या
विभीषणात्मा भरतोऽनुसर्गम् ॥ १ ॥

(नेपथ्याभिमुखमवलोक्य ।)

आर्ये, इतस्तावत् ।

३ (प्रविश्य ।)

नटी–अय्य इअम्हि । [आर्य, इयमस्मि ।]

सूत्रधारः–आर्ये, इदमेवेदानीं शरत्कालमधिकृत्य गीयतां तावत् ।

६ नटी–अय्य, तह । (गायति ।) [आर्य, तथा ।]

सूत्रधारः–अस्मिन् हि काले

चरति पुलिनेषु हंसी काशांशुकवासिनी सुसंहृष्टा ।

(नेपथ्ये)

अय्य, अय्य । [आर्य, आर्य ।]

३ (आकर्ण्य ।)

सूत्रधारः–भवतु विज्ञातम्

मुदिता नरेन्द्रभवने त्वरिता प्रतिहाररक्षीव ॥ २ ॥

(निष्क्रान्तौ ।)

स्थापना ।

(प्रविश्य ।)

प्रतिहारी–अय्य को इह कञ्चुईआणं संणिहिदो । [आर्य क इह काञ्चुकीयानां संनिहितः ।]

(प्रविश्य ।)

काञ्चुकीयः–भवति, अयमस्मि । किं क्रियताम् ।

प्रतिहारी--अय्य ! महाराओ देवासुरसङ्गामेसु अप्पडिहदमारहो दसरहो आणवेदि–सिग्घं भट्टिदारअस्स रामस्स रज्जप्पहावसञ्ओअकारआ अहिसेअसम्भारा आणीअन्तु त्ति । [आर्य, महाराजो देवासुरसङ्ग्रामेष्वप्रतिहतमहारथो दशरथ आज्ञापयति । शीघ्रं भर्तृदारकस्य रामस्य राज्यप्रभावसंयोगकारका अभिषेकसंभारा आनीयन्तामिति ।]

काञ्चुकीयः–भवति, यद्यदाज्ञप्तं महाराजेन, तत् सर्वमुपस्थापितम् । पश्य ।

छत्रं सव्यजनं सनन्दिपटहं भद्रासनं कल्पितं
न्यस्ता हेममयाः सदर्भकुसुमास्तीर्थाम्बुपूर्णा घटाः ।
युक्तः पुष्यरथश्च मन्त्रिसहिताः पौराः समभ्यागताः
सर्वस्यास्य हि मङ्गलं स भगवान् वेद्यां वसिष्ठः स्थितः ॥ ३ ॥

प्रतिहारी–जइ एव्वं, सोहणं किदं । [यद्येवं, शोभनं कृतम् ।]

काञ्चुकीयः–हन्त भोः

इदानीं भूमिपालेन कृतकृत्याः कृताः प्रजाः ।
रामाभिधानं मेदिन्यां शशाङ्कमभिषिञ्चता ॥ ४ ॥

प्रतिहारी–तुवरदु तुवरदु दाणि अय्यो । [त्वरतां त्वरतामिदानीमार्यः ।]

काञ्चुकीयः–भवति ! इदं त्वर्यते ।

(निष्क्रान्तः ।)

प्रतिहारी-(परिक्रम्यावलोक्य) अय्य ! संभवअ ! संभवअ ! गच्छ तुवं पि महाराअवअणेण अय्यपुरोहिदं जहोपआरेण तुवारेहि । (अन्यतो गत्वा ।) सारसिए ! सारसिए ! सङ्गीदयाळं गच्छिअ नाडईआणं विण्णवेहि-काळसंवादिणा णाडएण सज्जा होह त्ति । जाव अहं वि सव्वं किदं त्ति महाराअस्स णिवेदेमि । (निष्क्रान्ता ।) [आर्य ! संभवक ! संभवक ! गच्छ, त्वमपि महाराजवचनेनार्यपुरोहितं यथोपचारेण त्वरय । सारसिके ! सारसिके ! सङ्गीतशालां गत्वा नाटकीयानां विज्ञापय-कालसंवादिना नाटकेन सज्जा भवतेति । यावदहमपि सर्वं कृतमिति महाराजाय निवेदयामि ।]

(ततः प्रविशत्यवदातिका वल्कलं गृहीत्वा ।)

अवदातिका-अहो अच्चाहिदं । परिहासेण वि इमं वक्कलं उवणअन्तीए मम एत्तिअं भअं आसी, किं पुण ळोभेण परधणं हरन्तस्स । हसिदुं विअ इच्छामि । ण खु एआइणीए हसिदव्वं । [अहो अत्याहितम् । परिहासेनापीमं वल्कलमुपनयन्त्या ममैतावद् भयमासीत्, किं पुनर्लोभेन परधनं हरतः । हसितुमिवेच्छामि । न खल्वेकाकिन्या हसितव्यम् ।]

(ततः प्रविशति सीता सपरिवारा)

सीता-हञ्जे, ओदादिआ परिसङ्किदवण्णा विअ दिस्सइ । किं णु हु विअ एदं । [हञ्जे, अवदातिका परिशङ्कितवर्णेव दृश्यते । किन्नु खल्विवैतत् ।]

चेटी-भट्टिणि ! सुळहावराहो परिअणो णाम । अवरद्धा भविस्सदि । [भट्टिनि ! सुलभापराधः परिजनो नाम । अपराद्धा भविष्यति ।]

सीता—णहि णहि । हसिदुं विअ इच्छदि । [नहि नहि, हसितुमिवेच्छति ।]

अवदातिका—(उपसृत्य ।) जेदु भट्टिणी ! भट्टिणि ण खु अहं अवरज्झा । [जयतु भट्टिनी ! भट्टिनि न खल्वहमपराद्धा ।]

सीता—का तुमं पुच्छदि । ओदादिए ! किं एदं वामहत्थपरिगहिदं । [का त्वां पृच्छति । अवदातिके ! किमेतद् वामहस्तपरिगृहीतम् ।]

अवदातिका—भट्टिणि ! इदं वक्कळं । [भट्टिनि ! इदं वल्कलम् ।]

सीता—वक्कळं किस्स आणीदं । [वल्कलं कस्मादानीतम् ।]

अवदातिका—सुणादु भट्टिणी । णेवच्छपालिणी अय्यरेवा णिव्वुत्तरङ्गप्पओअणं असोअरुक्खस्स एक्कं किसळअं अम्हेहि जाइदा आसि । ण अ ताए दिण्णं । तदो अरिहदि अवराहो त्ति इदं गहिदं । [शृणोतु भट्टिनी । नेपथ्यपालिन्यार्यरेवा निवृत्तरङ्गप्रयोजनमशोकवृक्षस्यैकं किसलयमस्माभिर्याचितासीत् । न च तया दत्तम् । ततोऽर्हत्यपराध इतीदं गहीतम् ।]

सीता—पावअं किदं । गच्छ, णिय्यादेहि । [पापकं कृतम् । गच्छ, निर्यातय ।]

अवदातिका—भट्टिणि ! परिहासणिमित्तं खु मए एदं आणीदं । [भट्टिनि ! परिहासनिमित्तं खलु मयैतदानीतम् ।]

सीता—उम्मत्तिए ! एवं दोसो वड्ढइ । गच्छ णिय्यादेहि, णिय्यादेहि । [उन्मत्तिके ! एवं दोषो वर्धते । गच्छ, निर्यातय, निर्यातय ।]

अवदातिका—जं भट्टिणी आणवेदि । (प्रस्थातुमिच्छति ।) [यद् भट्टिन्याज्ञापयति ।]

सीता—हळा ! एहि दाव । [हला ! एहि तावत् ।]

अवदातिका—भट्टिणि ! इअम्हि । [भट्टिनि ! इयमस्मि ।]

सीता–हळा ! किं णु हु मम वि दाव सोहदि । [हला ! किन्नु खलु ममापि तावच् शोभते ।

अवदातिका–भट्टिणि ! सव्वसोवणीअं सुरूवं णाम । अलङ्करोदु भट्टिणी [भट्टिनि ! सर्वशोभनीयं सुरूपं नाम ! अलङ्करोतु भट्टिनी ।]

सीता–आणेहि दाव । (गृहीत्वालंकृत्य ।) हला ! पेक्ख, किं दाणिं सोहदि । [आनय तावत् । हला ! पश्य, किमिदानीं शोभते ।]

अवदातिका–तव खु सोहदि णाम । सोवण्णिअं विअ वक्कलं संवुत्तं । [तव खलु शोभते नाम । सौवर्णिकमिव वल्कलं संवृत्तम् ।]

सीता–हञ्जे ! तुवं किञ्चि ण भणासि । [हञ्जे ! त्वं किञ्चिन्न भणसि ।]

चेटी–णत्थि वाआए पओअणं । इमे पहरिसिदा तणूरुहा मन्तेन्ति । (पुलकं दर्शयति ।) [नास्ति वाचा प्रयोजनम् । इमानि प्रहर्षितानि तनूरुहाणि मन्त्रयन्ते ।]

सीता–हञ्जे आदंसअं दाव आणेहि ! [हञ्जे ! आदर्शं तावदानय ।]

चेटी–जं भट्टिणी आणवेदि । (निष्क्रम्य प्रविश्य ।) भट्टिणि ! अअं आदंसओ । [यद् भट्टिन्याज्ञापयति । भट्टिनि ! अयमादर्शः ।]

सीता–(चेटीमुखं विलोक्य) चिट्ठदु दाव आदंसओ । तुवं किं वि वत्तुकामा विअ । [तिष्ठतु तावदादर्शः । त्वं किमपि वक्तुकामेव ।]

चेटी–भट्टिणि, एवं मए सुदं । अय्यबाळाई कञ्चुई भणादि–अहिसेओ अहिसेओ त्ति । [भट्टिनि ! एवं मया श्रुतम् । आर्यबालाकिः कञ्चुकी भणति–अभिषेकोऽभिषेक इति ।]

(प्रविश्यापरा)

चेटी–भट्टिणि ! पिअक्खाणिअं पिअक्खाणिअं । [भट्टिनि, प्रियाख्यानिकं प्रियाख्यानिकम् ।]

सीता–किं किं पडिच्छिअ मन्तेसि । [किं किं प्रतीष्य मन्त्रयसे ।]

चेटी–भट्टिदारओ किल्ल अहिसिञ्चीअदि । [भर्तृदारकः किलाभिषिच्यते ।]

७८ सीता–अवि तादो कुसली । [अपि तातः कुशली ।]

चेटी–महाराएण एव्व अहिसिञ्चीअदि । [महाराजेनैवाभिषिच्यते ।]

सीता–जइ एवं, दुदीअं मे पिअं सुदं । विसालदरं उच्छङ्गं

८१ करेहि । [यद्येवं, द्वितीयं मे प्रियं श्रुतम् । विशालतरमुत्सङ्गं कुरु ।]

चेटी–भट्टिणि ! तह । (तथा करोति ।) [भट्टिनि ! तथा ।]

(सीता आभरणान्यवमुच्य ददाति ।)

८४ चेटी–भट्टिणि ! पटहसद्दो विअ । [भट्टिनि ! पटहशब्द इव ।]

सीता–सो एव्व । [स एव ।]

चेटी-एक्कपदे ओघट्टीअ तुह्णीओ पटहसद्दो संवुत्तो । [एकपदे

८७ अवघट्य तूष्णीकः पटहशब्दः संवृत्तः ।]

सीता-को णु खु उग्घादो अहिसेअस्स । अहव बहुवुत्तन्ताणि राअउल्राणि णाम । [को नु खलूद्घातोऽभिषेकस्य । अथवा बहुवृत्तान्तानि

९० राजकुलानि नाम ।]

चेटी-भट्टिणि, एवं मए सुदं-भट्टिदारअं अहिसिञ्चिअ महाराओ वणं गमिस्सदि त्ति । [भट्टिनि ! एवं मया श्रुतं-भर्तृदारक-

९३ मभिषिच्य महाराजो वनं गमिष्यतीति ।]

सीता–जइ एव्वं, ण सो अहिसेओदओ, मुहोदअं णाम । [यद्येवं, न तदभिषेकोदकं, मुखोदकं नाम ।]

९६ (ततः प्रविशति रामः ।)

रामः–हन्त भोः !

आरब्धे पटहे स्थिते गुरुजने भद्रासने लङ्घिते

स्कन्धोच्चारणनम्यमानवदनप्रच्योतितोये घटे ।

राज्ञाहूय विसार्जिते मयि जनो धैर्येण मे विस्मितः
स्वः पुत्रः कुरुते पितुर्यदि वचः कस्तत्र भो ! विस्मयः ॥५॥

विश्रम्यतामिदानीं पुत्रेति स्वयं राज्ञा विसर्जितस्यापनीतभारोच्छ्वसितमिव मे मनः । दिष्ट्या स एवास्मि रामः महाराज एव महाराजः । यावदिदानीं मैथिलीं पश्यामि ।

अवदातिका-भट्टिणि ! भट्टिदारओ खु आअच्छइ । णावणीदं वक्कळं । [भट्टिनि ! भर्तृदारकः खल्वागच्छति । नापनीतं वल्कलम् ।]

रामः-मैथिलि ! किमास्यते ।

सीता-हं अय्यउत्तो । जेदु अय्यउत्तो । [हं आर्यपुत्रः । जयत्वार्यपुत्रः ।]

रामः-मैथिलि ! आस्यताम् । (उपविशति ।)

सीता-जं अय्यउत्तो आणवेदि । (उपविशति ।) [यद् आर्यपुत्र आज्ञापयति ।]

अवदातिका-भट्टिणि ! सो एव्व भट्टिदारअस्स वेसो । अळिअं विअ एदं भवे । [भट्टिनि ! स एव भर्तृदारकस्य वेषः । अलीकमिवैतद् भवेत् ।]

सीता-तादिसो जणो अळिअं ण मन्तेदि । अहव बहुवुत्तन्ताणि राअउळाणि णाम । [तादृशो जनोऽलीकं न मन्त्रयते । अथवा बहुवृत्तान्तानि राजकुलानि नाम ।]

रामः-मैथिलि ! किमिदं कथ्यते ।

सीता-ण खु किञ्चि । इअं दारिआ भणादि-अहिसेओ अहिसेओ त्ति । [न खलु किंचित् । इयं दारिका भणति-अभिषेकोऽभिषेक इति ।]

रामः-अवगच्छामि ते कौतूहलम् । अस्त्यभिषेकः । श्रूयताम् । अद्यास्मि महाराजेनोपाध्यायामात्यप्रकृतिजनसमक्षमेकप्रकारसंक्षिप्तं

कोसलराज्यं कृत्वा बाल्याभ्यस्तमङ्कमारोप्य मातृगोत्रं स्निग्धमाभाष्य पुत्र ! राम ! प्रतिगृह्यतां राज्यमित्युक्तः ।

सीता–तदाणीं अय्यउत्तेण किं भणिदं । [तदानीमार्यपुत्रेण किं भणितम् ।]

रामः–मैथिलि ! त्वं तावत् किं तर्कयसि ।

सीता–तक्केमि अय्यउत्तेण अभणिअ किञ्चि दिग्घं णिस्ससिअ महाराअस्स पादमूळेसु पडिअं त्ति । [तर्कयाम्यार्यपुत्रेणाभणित्वा किञ्चिद् दीर्घं निःश्वस्य महाराजस्य पादमूलयोः पतितमिति ।]

रामः–सुष्ठु तर्कितम् । अल्पं तुल्यशीलानि द्वन्द्वानि सृज्यन्ते । तत्र हि पादयोरस्मि पतितः ।

> समं बाष्पेण पतता तस्योपरि ममाप्यधः ।
> पितुर्मे क्लेदितौ पादौ ममापि क्लेदितं शिरः ॥ ६ ॥

सीता–तदो तदो । [ततस्ततः ।]

रामः–ततोऽप्रतिगृह्यमाणेष्वनुनयेषु आसन्नजरादोषैः स्वैः प्राणैरस्मि शापितः ।

सीता– तदो तदो । [ततस्ततः ।]

रामः–ततस्तदानीं,

> शत्रुघ्नलक्ष्मणगृहीतघटेऽभिषेके
> छत्रे स्वयं नृपतिना रुदता गृहीते ।
> सम्भ्रान्तया किमपि मन्थरया च कर्णे
> राज्ञः शनैरभिहितं च न चास्मि राजा ॥ ७ ॥

सीता– पिअं मे । महाराओ एव्व महाराओ, अय्यउत्तो एव्व अय्यउत्तो । [प्रियं मे । महाराज एव महाराजः, आर्यपुत्र एवार्यपुत्रः ।]

रामः– मैथिलि, किमर्थं विमुक्तालङ्कारासि ।

सीता– ण खु दाव, आवज्झामि । [न तावद् , आबध्नामि ।]

६ रामः– न खलु । प्रत्यग्रावतारितैर्भूषणैर्भवितव्यम् । तथाहि––

कर्णौ त्वरापहृतभूषणभुग्नपाशौ
संस्रंसिताभरणगौरतलौ च हस्तौ ।
एतानि चाभरणभारनतानि गात्रे
स्थानानि नैव समतामुपयान्ति तावत् ॥ ८ ॥

सीता– पारेदि अय्यउत्तो अळिअं पि सच्चं विअ मन्तेदुं ।
[पारयत्यार्यपुत्रोऽलीकमपि सत्यमिव मन्त्रयितुम् ।]

३ रामः–तेन हि अलङ्क्रियताम् । अहमादर्शं धारयिष्ये । (तथा कृत्वा निर्वण्य ।) तिष्ठ ।

आदर्शे वल्कलानीव किमेते सूर्यरश्मयः ।
हसितेन परिज्ञातं क्रीडेयं नियमस्पृहा ॥ ९ ॥

अवदातिके, किमेतत् ।

अवदातिका–भट्टा ! किण्णु हु सोहदि ण सोहदित्ति कोदूहळेण
३ आवज्झा । [भर्तः ! किन्नु खलु शोभते न शोभत इति कौतूहलेनाबद्धानि ।]

रामः–मैथिलि ! किमिदम् । इक्ष्वाकूणां वृद्धालङ्कारस्त्वया धार्यते । अस्त्यस्माकं प्रीतिः । आनय ।

६ सीता– मा खु मा खु अय्यउत्तो अमङ्गळं भणादु । [मा खलु मा खल्वार्यपुत्रोऽमङ्गलं भणतु ।]

रामः–मैथिलि, किमर्थं वारयसि ।

१ सीता–उज्झिदाहिसेअस्स अय्यउत्तस्स अमङ्गळं विअ मे पडिआदि ।
[उज्झिताभिषेकस्यार्यपुत्रस्यामङ्गलमिव मे प्रतिभाति ।]

रामः–

मा स्वयं मन्युमुत्पाद्य परिहासे विशेषतः।
शरीरार्धेन मे पूर्वमाबद्धा हि यदा त्वया ॥ १० ॥

(नेपथ्ये)

हा हा महाराजः।

सीता– अय्यउत्त ! किं एदं । [आर्यपुत्र, किमेतत् ।]

रामः– (आकर्ण्य ।)

नारीणां पुरुषाणां च निर्मर्यादो यदा ध्वनिः ।
सुव्यक्तं प्रभवामीति मूले दैवेन ताडितम् ॥ ११ ॥

तूर्णं ज्ञायतां शब्दः ।

(प्रविश्य)

काञ्चुकीयः– परित्रायतां परित्रायतां कुमारः ।

रामः– आर्य ! कः परित्रातव्यः ।

काञ्चुकीयः– महाराजः ।

रामः– महाराज इति । आर्य ! ननु वक्तव्यम्, एकशरीरसंक्षिप्ता पृथिवी रक्षितव्येति । अथ कुत उत्पन्नोऽयं दोषः ।

काञ्चुकीयः– स्वजनात् ।

रामः– स्वजनादिति । हन्त नास्ति प्रतीकारः ।

शरीरेऽरिः प्रहरति हृदये स्वजनस्तथा ।
कस्य स्वजनशब्दो मे लज्जामुत्पादयिष्यति ॥ १२ ॥

काञ्चुकीयः– तत्रभवत्याः कैकेय्याः ।

रामः– किमम्बायाः । तेन हि उदर्केण गुणेनात्र भवितव्यम् ।

काञ्चुकीयः– कथमिव ।

रामः–श्रूयतां,

यस्याः शक्रसमो भर्ता मया पुत्रवती च या ।
फले कस्मिन् स्पृहा तस्या येनाकार्यं करिष्यति ॥ १३ ॥

काञ्चुकीयः–कुमार ! अलमुपहतासु स्त्रीबुद्धिषु स्वमार्जवमुपनिक्षेप्तुम् । तस्या एव खलु वचनाद् भवदभिषेको निवृत्तः ।

रामः–आर्य, गुणाः खल्वत्र ।

काञ्चुकीयः–कथमिव ।

रामः–श्रूयतां,

वनगमननिवृत्तिः पार्थिवस्यैव ताव-
न्मम पितृपरवत्ता बालभावः स एव ।
नवनृपतिविमर्शे नास्ति शङ्का प्रजाना-
मथ च न परिभोगैर्वञ्चिता भ्रातरो मे ॥ १४ ॥

काञ्चुकीयः–अथ च तयानाहूतोपसृतया भरतोऽभिषिच्यतां राज्य इत्युक्तम् । अत्राप्यलोभः ।

रामः–आर्य ! भवान् खल्वस्मत्पक्षपातादेव नार्थमवेक्षते । कुतः,

शुल्के विपणितं राज्यं पुत्रार्थे यदि याच्यते ।
तस्या लोभोऽत्र नास्माकं भ्रातृराज्यापहारिणाम् ॥ १५ ॥

काञ्चुकीयः–अथ–

रामः–अतः परं न मातुः परिवादं श्रोतुमिच्छामि । महाराजस्य वृत्तान्तस्तावदभिधीयताम् ।

काञ्चुकीयः–ततस्तदानीं,

शोकादवचनाद् राज्ञा हस्तेनैव विसर्जितः ।
किमप्यभिमतं मन्ये मोहं च नृपतिर्गतः ॥ १६ ॥

रामः–कथं मोहमुपगतः ।

(नेपथ्ये)

३ कथं कथं मोहमुपगत इति ।

यदि न सहसे राज्ञो मोहं धनुः स्पृश मा दयाम्

रामः—(आकर्ण्य पुरतो विलोक्य ।)

अक्षोभ्यः क्षोभितः केन लक्ष्मणो धैर्यसागरः ।
येन रुष्टेन पश्यामि शताकीर्णमिवाग्रतः ॥ १७ ॥

(ततः प्रविशति धनुर्बाणपाणिर्लक्ष्मणः ।)

लक्ष्मणः— (सक्रोधम् ।) कथं कथं मोहमुपगत इति ।

यदि न सहसे राज्ञो मोहं धनुः स्पृश मा दयां
स्वजननिभृतः सर्वोऽप्येवं मृदुः परिभूयते ।
अथ न रुचितं मुञ्च त्वं मामहं कृतनिश्चयो
युवतिरहितं लोकं कर्तुं यतश्छलिता वयम् ॥ १८ ॥

सीता—अय्यउत्त ! रोदिदव्वे काळे सोमित्तिणा धणू गहीदं अपुव्वो खु से आआसो । [आर्यपुत्र ! रोदितव्ये काले सौमित्रिणा
३ धनुर्गृहीतम् । अपूर्वः खल्वस्यायासः ।]

रामः—सुमित्रामातः ! किमिदम् ।

लक्ष्मणः—कथं कथं किमिदं नाम ।

क्रमप्राप्ते हृते राज्ये भुवि शोच्यासने नृपे ।
इदानीमपि सन्देहः किं क्षमा निर्मनस्विता ॥ १९ ॥

रामः—सुमित्रामातः ! अस्मद्राज्यभ्रंशो भवत उद्योगं जनयति । आः, अपण्डितः खलु भवान् ।

भरतो वा भवेद् राजा वयं वा ननु तत् समम् ।
यदि तेऽस्ति धनुःश्लाघा स राजा परिपाल्यताम् ॥ २० ॥

लक्ष्मणः-न शक्नोमि रोषं धारयितुम् । भवतु भवतु । गच्छामस्तावत् (प्रस्थितः ।)

३ रामः-

त्रैलोक्यं दग्धुकामेव ललाटपुटसंस्थिता ।
भ्रुकुटिर्लक्ष्मणस्यैषा नियतीव व्यवस्थिता ॥ २१ ॥

सुमित्रामातः ! इतस्तावत् ।

लक्ष्मणः-आर्य ! अयमस्मि ।

३ रामः-भवतः स्थैर्यमुत्पादयता मयैवमभिहितम् । उच्यतामिदानीम् ।

ताते धनुर्नमयि सत्यमवेक्षमाणे
मुञ्चानि मातरि शरं स्वधनं हरन्त्याम् ।
दोषेषु बाह्यमनुजं भरतं हनानि
किं रोषणाय रुचिरं त्रिषु पातकेषु ॥ २२ ॥

लक्ष्मणः-(सबाष्पम् ।) हा धिक् । अस्मानविज्ञायोपालभसे ।

यत्कृते महति क्लेशे राज्ये मे न मनोरथः ।
वर्षाणि किल वस्तव्यं चतुर्दश वने त्वया ॥ २३ ॥

रामः-अत्र मोहमुपगतस्तत्रभवान् । हन्त निवेदितमप्रभुत्वम् । मैथिलि !

मङ्गलार्थेऽनया दत्तान् वल्कलांस्तावदानय ।
करोम्यन्यैर्नृपैर्धर्मं नैवाप्तं नोपपादितम् ॥ २४ ॥

सीता-गह्णदु अय्यउत्तो । [गृह्णात्वार्यपुत्रः ।]

रामः-मैथिलि ! किं व्यवसितम् ।

३ सीता-णं सहधम्मआरिणी क्खु अहं । [ननु सहधर्मचारिणी खल्वहम् ।]

रामः-मयैकाकिना किल गन्तव्यम् ।

सीता–अदो णु खु अणुगच्छामि । [अतो नु खल्वनुगच्छामि ।]

रामः–वने खलु वस्तव्यम् ।

सीता–तं खु मे पासादो । [तत् खलु मे प्रासादः ।]

रामः–श्वश्रूश्वशुरशुश्रूषापि च ते निर्वर्तयितव्या ।

सीता–णं उद्दिसिअ देवदाणं पणामो करीअदि । [एनामुद्दिश्य देवतानां प्रणामः क्रियते ।]

रामः–लक्ष्मण ! वार्यतामियम् ।

लक्ष्मणः–आर्य नोत्सहे श्लाघनीये काले वारयितुमत्रभवतीम् । कुतः,

अनुचरति शशाङ्कं राहुदोषेऽपि तारा
पतति च वनवृक्षे याति भूमिं लता च ।
त्यजति न च करेणुः पङ्कलग्नं गजेन्द्रं
व्रजतु चरतु धर्मं भर्तृनाथा हि नार्यः ॥ २५ ॥

(प्रविश्य)

चेटी–जेदु भट्टिणी । णेवच्छपाळिणी अय्यरेवा पणमिअ विण्णवेदि–ओदादिआए सङ्गीदसाळादो अच्छिन्दिअ वक्कळा आणीदा । इमा अवरा अणणुहूदा वक्कळा । णिव्वत्तीअदु दाव किळ पओअणं त्ति । [जयतु भट्टिनी । नेपथ्यपालिन्यार्यरेवा प्रणम्य विज्ञापयति–अवदातिकया सङ्गीतशालाया आच्छिद्य वल्कला आनीताः । इमेऽपरा अननुभूता वल्कलाः । निर्वर्त्यतां तावत् किल प्रयोजनमिति ।]

रामः–भद्रे ! आनय, संतुष्टैषा । वयमर्थिनः ।

चेटी–गह्णदु भट्टा (तथा कृत्वा निष्क्रान्ता ।) [गृह्णातु भर्ता ।]

(रामो गृहीत्वा परिधत्ते ।)

लक्ष्मणः–प्रसीदत्वार्यः ।

निर्योगाद् भूषणान्माल्यात् सर्वेभ्योऽर्धं प्रदाय मे ।
चीरमेकाकिना बद्धं चीरे खल्वसि मत्सरी ॥ २६ ॥

रामः-मैथिलि ! वार्यतामयम् ।

सीता-सोमित्ते ! णिवत्तीअदु किळ । [सौमित्रे ! निवर्त्यतां किल ।]

३ लक्ष्मणः- आर्ये !

गुरोर्मे पादशुश्रूषां त्वमेका कर्तुमिच्छसि ।
तवैव दक्षिणः पादो मम सव्यो भविष्यति ॥ २७ ॥

सीता-दीअदु खु अय्यउत्तो । सन्तप्पदि सोमित्ती । [दयतां खल्वार्यपुत्रः । संतप्यते सौमित्रिः ।]

३ रामः- सौमित्रे ! श्रूयताम् । वल्कलानि नाम,

तपःसङ्ग्रामकवचं नियमद्विरदाङ्कुशः ।
खलीनमिन्द्रियाश्वानां गृह्यतां धर्मसारथिः ॥ २८ ॥

लक्ष्मणः-अनुगृहीतोऽस्मि । (गृहीत्वा परिधत्ते ।)

रामः-श्रुतवृत्तान्तैः पौरैः संनिरुद्धो राजमार्गः । उत्सार्यतामुत्सा-
३ र्यतां तावत् ।

लक्ष्मणः- आर्य ! अहमग्रतो यास्यामि । उत्सार्यतामुत्सार्यताम् ।

रामः-मैथिलि ! अपनीयतामवगुण्ठनम् ।

६ सीता-जं अय्यउत्तो आणवेदि । (अपनयति ।) [यदार्यपुत्र आज्ञापयति ।]

रामः- भो भोः पौराः ! शृण्वन्तु शृण्वन्तु भवन्तः ।

स्वैरं हि पश्यन्तु कलत्रमेतद् बाष्पाकुलाक्षैर्वदनैर्भवन्तः ।
निर्दोषदृश्या हि भवन्ति नार्यो यज्ञे विवाहे व्यसने वने च ॥२९॥

(प्रविश्य)

काञ्चुकीयः-कुमार ! न खलु न खलु गन्तव्यम् । एष हि महाराजः,

श्रुत्वा ते वनगमनं वधूसहायं
सौभ्रात्रव्यवसितलक्ष्मणानुयात्रम् ।
उत्थाय क्षितितलरेणुरूषिताङ्गः
कान्तारद्विरद इवोपयाति जीर्णः ॥ ३० ॥

लक्ष्मणः-आर्य !

चीरमात्रोत्तरीयाणां किं दृश्यं वनवासिनाम् ।

रामः-

गतेष्वस्मासु राजा न शिरःस्थानानि पश्यतु ॥ ३१ ॥

(इति निष्क्रान्ताः सर्वे ।)

प्रथमोऽङ्कः ।

अथ द्वितीयोऽङ्कः ।

(ततः प्रविशति काञ्चुकीयः ।)

काञ्चुकीयः-भो भोः प्रतिहारव्यापृताः ! स्वेषु स्वेषु स्थानेष्वप्रमत्ता भवन्तु भवन्तः ।

(प्रविश्य)

प्रतिहारी-अय्य किं एदं । [आर्य ! किमेतत् ।]

काञ्चुकीयः-एष हि महाराजः सत्यवचनरक्षणपरं राममरण्यं गच्छन्तमुपावर्तयितुमशक्तः पुत्रविरहशोकाग्निना दग्धहृदय उन्मत्त इव बहु प्रलपन् समुद्रगृहके शयानः,

मेरुश्चलन्निव युगक्षयसन्निकर्षे
शोषं व्रजन्निव महोदधिरप्रमेयः ।
सूर्यः पतन्निव च मण्डलमात्रलक्ष्यः
शोकाद्भृशं शिथिलदेहमतिर्नरेन्द्रः ॥ १ ॥

प्रतिहारी—हा हा एव्वंगओ महाराओ। [हा हा एवंगतो महाराजः।]

काञ्चुकीयः—भवति! गच्छ।

प्रतिहारी—अय्य! तह। (निष्क्रान्ता।) [आर्य! तथा।]

काञ्चुकीयः—(सर्वतो विलोक्य।) अहो तु खलु रामनिर्गमनदिनादारभ्य शून्यैवेयमयोध्या संलक्ष्यते। कुतः,

नागेन्द्रा यवसाभिलाषविमुखाः सास्रेक्षणा वाजिनो
हेषाशून्यमुखाः सवृद्धवनिताबालाश्च पौरा जनाः।
त्यक्ताहारकथाः सुदीनवदनाः क्रन्दन्त उच्चैर्दिशा
रामो याति यया सदारसहजस्तामेव पश्यन्त्यमी ॥ २ ॥

यावदहमपि महाराजस्य समीपवर्ता भविष्यामि। (परिक्रम्यावलोक्य) अये! अयं महाराजो महादेव्या सुमित्रया च सुदुःसहमपि पुत्रविरहसमुद्भवं शोकं निगृह्यात्मानमेव संस्थापयन्तीभ्यामन्वास्यमानस्तिष्ठति। कष्टा खल्ववस्था वर्तते। एष एष महाराजः,

पतत्युत्थाय चोत्थाय हा हेत्युच्चैर्लपन् मुहुः।
दिशं पश्यति तामेव यया यातो रघूद्वहः ॥ ३ ॥

(निष्क्रान्तः।)

मिश्रविष्कम्भकः।

(ततः प्रविशति यथानिर्दिष्टो राजा देव्यौ च।)

राजा—

हा वत्स! राम! जगतां नयनाभिराम!
हा वत्स! लक्ष्मण! सुलक्षणसर्वगात्र!।
हा साध्वि! मैथिलि! पतिस्थितचित्तवृत्ते!
हा हा गताः किल वनं बत मे तनूजाः ॥ ४ ॥

चित्रमिदं भोः ! यद् भ्रातृस्नेहात् पितरि विमुक्तस्नेहमपि तावल्लक्ष्मणं द्रष्टुमिच्छामि । वधु वैदेहि ।

रामेणापि परित्यक्तो लक्ष्मणेन च गर्हितः ।
अयशोभाजनं लोके परित्यक्तस्त्वयाप्यहम् ॥ ५ ॥

पुत्र राम ! वत्स लक्ष्मण ! वधु वैदेहि । प्रयच्छत मे प्रतिवचनं पुत्रकाः ! शून्यमिदं भोः । न मे कश्चित् प्रतिवचनं प्रयच्छति ।
३ कौसल्यामातः कासि ।

सत्यसन्ध ! जितक्रोध ! विमत्सर ! जगत्प्रिय ! ।
गुरुशुश्रूषणे युक्त ! प्रतिवाक्यं प्रयच्छ मे ॥ ६ ॥

हा क्वासौ सर्वजनहृदयनयनाभिरामो रामः, क्वासौ मयि गुर्वनुवृत्तिः । क्वासौ शोकार्तेष्वनुकम्पा । क्वासौ तृणवदगणितराज्यैश्वर्यः ।
३ पुत्र ! राम ! वृद्धं पितरं मां परित्यज्य किमसम्वद्धेन धमण ते कृत्यम् हा धिक् । कष्टं भोः !

सूर्य इव गतो रामः सूर्यं दिवस इव लक्ष्मणोऽनुगतः ।
सूर्यदिवसावसाने छायेव न दृश्यते सीता ॥ ७ ॥

(ऊर्ध्वमवलोक्य ।) भोः कृतान्तहतक !

अनपत्या वयं रामः पुत्रोऽन्यस्य महीपतेः ।
वने व्याघ्री च कैकेयी त्वया किं न कृतं त्रयम् ॥ ८ ॥

कौसल्या– (सरुदितम्) अलं दाणि महाराओ अदिमत्तं सन्तप्पिअ परवसं अत्ताणं कादुं । णं सा ते अ कुमारा महाराअस्स सम-
३ आवसाणे पेक्खिदव्वा भविस्सन्ति । [अलमिदानीं महाराजोऽतिमात्रं सन्तप्य परवशमात्मानं कर्तुम् । ननु सा तौ च कुमारौ महाराजस्य समयावसाने प्रेक्षितव्या भविष्यन्ति ।]
६ राजा–का त्वं भोः ।

कौसल्या–असिणिद्धपुत्तप्पसविणी खु अहं । [अस्निग्धपुत्रप्रसविनी खल्वहम् ।]

राजा–किं किं सर्वजनहृदयनयनाभिरामस्य रामस्य जननी त्वमसि कौसल्या ।

कौसल्या–महाराअ ! सा एव मन्दभाइणी खु अहं । [महाराज ! सैव मन्दभागिनी खल्वहम् ।]

राजा–कौसल्ये सारवती खल्वसि । त्वया हि खलु रामो गर्भे धृतः ।

अहं हि दुःखमत्यन्तमसह्यं ज्वलनोपमम् ।
नैव सोढुं न संहर्तुं शक्नोमि मुषितेन्द्रियः ॥ ९ ॥

(सुमित्रां विलोक्य ।) इयमपरा का ।

कौसल्या–महाराअ ! वच्छलक्खण- । (इत्यर्धोक्ते) [महाराज ! वत्सलक्ष्मण- ।]

राजा–(सहसोत्थाय-) क्वासौ क्वासौ लक्ष्मणः । न दृश्यते । भोः कष्टम् ।

(देव्यौ ससंभ्रममुत्थाय राजानमवलम्बेते ।)

कौसल्या–महाराअ ! वच्छलक्खणस्स जणणी सुमित्तत्ति वत्तुं मए उवक्कन्दं । [महाराज ! वत्सलक्ष्मणस्य जननी सुमित्रेति वक्तुं मयोपक्रान्तम् ।]

राजा–अयि सुमित्रे !

तवैव पुत्रः सत्पुत्रो येन नक्तन्दिवं वने ।
रामो रघुकुलश्रेष्ठश्छाययेवानुगम्यते ॥ १० ॥

(प्रविश्य)

काञ्चुकीयः–जयतु महाराजः । एष खलु तत्रभवान् सुमन्त्रः प्राप्तः ।

राजा-(सहसोत्थाय सहर्षम् ।) अपि रामेण ।

काञ्चुकीयः-न खलु, रथेन ।

राजा-कथं कथं रथेन केवलेन । (इति मूर्च्छितः पतति ।)

देव्यौ-महाराअ ! समस्ससिहि समस्ससिहि । (गात्राणि परामशतः ।) [महाराज ! समाश्वसिहि समाश्वसिहि ।]

काञ्चुकीयः-भोः । कष्टम् । ईदृग्विधाः पुरुषविशेषा ईदृशीमापदं प्राप्नुवन्तीति विधिरनतिक्रमणीयः । महाराज ! समाश्वसिहि समाश्वसिहि ।

राजा-(किञ्चित् समाश्वस्य ।) बालाके ! सुमन्त्र एक एव ननु प्राप्तः ।

काञ्चुकीयः-महाराज ! अथ किम् ।

राजा-कष्टं भोः !

शून्यः प्राप्तो यदि रथो भग्नो मम मनोरथः ।
नूनं दशरथं नेतुं कालेन प्रेषितो रथः ॥ ११ ॥

तेन हि शीघ्रं प्रवेश्यताम् ।

काञ्चुकीयः-यदाज्ञापयति महाराजः । (निष्क्रान्तः ।)

राजा-

धन्याः खलु वने वातास्तटाकपरिवर्तिनः ।
विचरन्तं वने रामं ये स्पृशन्ति यथासुखम् ॥ १२ ॥

(ततः प्रविशति सुमन्त्रः ।)

सुमन्त्रः-(सर्वतो विलोक्य सशोकम् ।)

एते भृत्याः स्वानि कर्माणि हित्वा स्नेहाद् रामे जातबाष्पाकुलाक्षाः ।
चिन्तादीनाः शोकसंदग्धदेहा विक्रोशन्तं पार्थिवं गर्हयन्ति ॥ १३ ॥

(उपेत्य ।) जयतु महाराजः ।

राजा–भ्रातः ! सुमन्त्र !

क्व मे ज्येष्ठो रामः–-

नहि नहि युक्तमभिहितं मया ।

क्व ते ज्येष्ठो रामः प्रियसुत ! सुतः सा क्व दुहिता
विदेहानां भर्तुर्निरतिशयभक्तिर्गुरुजने ।
क्व वा सौमित्रिर्मां हतपितृकमासन्नमरणं
किमप्याहुः किं ते सकलजनशोकार्णवकरम् ॥ १४ ॥

सुमन्त्रः– महाराज ! मा मैवममङ्गलवचनानि भाषिष्ठाः । अचिरादेव तान् द्रक्ष्यसि ।

राजा–सत्यमयुक्तमभिहितं मया । नायं तपस्विनामुचितः प्रश्नः । तत् कथ्यताम् । अपि तपस्विनां तपो वर्धते । अप्यरण्यानि स्वाधीनानि विचरन्ती वैदेही न परिखिद्यते ।

सुमित्रा–सुमन्त ! बहुवक्कलाळङ्किदसरीरा वाळा वि अवाळचरित्ता भत्तुणो सहधम्मआरिणि अम्हे महाराअं च किञ्चि णाळवदि । [सुमन्त्र ! बहुवल्कलालङ्कृतशरीरा बालाप्यबालाचारित्रा भर्तुः सहधर्मचारिणी अस्मान् महाराजं च किञ्चिन्नालपति ।]

सुमन्त्रः– सर्व एव महाराजम् ।

राजा–न न । श्रोत्ररसायनैर्मम हृदयातुरौषधैस्तेषां नामधेयैरेव श्रावय ।

सुमन्त्रः-यदाज्ञापयति महाराजः । आयुष्मान् रामः ।

राजा–राम इति । अयं रामः । तन्नामश्रवणात् स्पृष्ट इव मे प्रतिभाति । ततस्ततः ।

सुमन्त्रः– आयुष्मान् लक्ष्मणः ।

राजा–अयं लक्ष्मणः । ततस्ततः ।

सुमन्त्रः– आयुष्मती सीता जनकराजपुत्री ।

राजा–इयं वैदेही । रामो लक्ष्मणो वैदेहीत्ययमक्रमः ।

सुमन्त्रः–अथ कः क्रमः ।

राजा–रामो वैदेही लक्ष्मण इत्यभिधीयताम् ।

रामलक्ष्मणयोर्मध्ये तिष्ठत्वत्रापि मैथिली ।
बहुदोषाण्यरण्यानि सनाथैषा भविष्यति ॥ १५ ॥

सुमन्त्रः–यदाज्ञापयती महाराजः । आयुष्मान् रामः ।

राजा–अयं रामः ।

सुमन्त्रः–आयुष्मती जनकराजपुत्री ।

राजा–इयं वैदेही ।

सुमन्त्रः–आयुष्मान् लक्ष्मणः ।

राजा–अयं लक्ष्मणः । राम ! वैदेहि ! लक्ष्मण ! परिष्वजध्वं मां पुत्रकाः ! ।

सकृत् स्पृशामि वा रामं सकृत् पश्यामि वा पुनः ।
गतायुरमृतेनेव जीवामीति मतिर्मम ॥ १६ ॥

सुमन्त्रः–शृङ्गिवेरपुरे रथादवतीर्यायोध्याभिमुखाः स्थित्वा सर्व एव महाराजं शिरसा प्रणम्य विज्ञापयितुमारब्धा ।

कमप्यर्थं चिरं ध्यात्वा वक्तुं प्रस्फुरिताधराः ।
बाष्पस्तम्भितकण्ठत्वादनुक्त्वैव वनं गताः ॥ १७ ॥

राजा–कथमनुक्त्वैव वनं गताः । (इति द्विगुणं मोहमुपगतः ।)

सुमन्त्रः– (ससम्भ्रमम्) बालाके ! उच्यताममात्येभ्यः– अप्रतीकारायां दशायां वर्तते महाराज इति ।

काञ्चुकीयः– तथा । (निष्क्रान्तः ।)

देव्यौ–महाराअ ! समस्ससिहि समस्ससिहि । [महाराज ! समाश्वसिहि समाश्वसिहि ।]

राजा– (किञ्चित् समाश्वस्य ।)

अङ्गं मे स्पृश कौसल्ये ! न त्वां पश्यामि चक्षुषा ।

रामं प्रति गता बुद्धिरद्यापि न निवर्त्तते ॥ १८ ॥

पुत्र ! राम ! यत् खलु मया सन्ततं चिन्तितं,

राज्ये त्वामभिषिच्य सन्नरपतेर्लाभात् कृतार्थाः प्रजाः

कृत्वा त्वत्सहजान् समानविभवान् कुर्वात्मनः सन्ततम् ।

इत्यादिश्य च ते तपोवनमितो गन्तव्यमित्येतया

कैकेय्या हि तदन्यथा कृतमहो निःशेषमेकक्षणे ॥ १९ ॥

सुमन्त्र ! उच्यतां कैकेय्याः—

गतो रामः प्रियं तेऽस्तु त्यक्तोऽहमपि जीवितैः ।

क्षिप्रमानीयतां पुत्रः पापं सफलमस्त्विति ॥ २० ॥

सुमन्त्रः—यदाज्ञापयति महाराजः ।

राजा—(ऊर्ध्वमवलोक्य ।) अये रामकथाश्रवणसन्दग्धहृदयं मामाश्वासयितुमागताः पितरः । कोऽत्र ।

(प्रविश्य)

काञ्चुकीयः—जयतु महाराजः ।

राजा—आपस्तावत् ।

काञ्चुकीयः—यदाज्ञापयति महाराजः । (निष्क्रम्य प्रविश्य ।) जयतु महाराजः । इमा आपः ।

राजा—(आचम्यावलोक्य ।)

अयममरपतेः सखा दिलीपो रघुरयमत्रभवानजः पिता मे ।

किमभिगमनकारणं भवद्भिः सह वसने समयो ममापि तत्र ॥२१॥

राम ! वैदेहि ! लक्ष्मण ! अहमितः पितॄणां सकाशं गच्छामि । हे पितरः ! अयमयमागच्छामि । (मूर्च्छया परामृष्टः ।)

(काञ्चुकीयो यवनिकास्तरणं करोति ।)

सर्वे–हा हा महाराओ । [हा हा महाराजः ।]

(निष्क्रान्ताः सर्वे ।)

द्वितीयोऽङ्कः ।

अथ तृतीयोऽङ्कः ।

(ततः प्रविशति सुधाकारः ।)

सुधाकारः–(सम्मार्जनादीनि कृत्वा ।) **भोदु, दाणि किदं एत्थ कय्यं अय्यसम्भवअस्स आणत्तं । जाव मुहुत्तं सुविस्सं ।** (स्वपिति ।) [भवतु, इदानीं कृतमत्र कार्यमार्यसंभवकस्याज्ञप्तम् । यावन्मुहूर्तं स्वप्स्यामि ।]

(प्रविश्य)

भटः–(चेटमुपगम्य ताडयित्वा ।) **अङ्घो दासीएपुत्त ! किं दाणि कम्मं ण करेसि ।** (ताडयति ।) [अङ्घो दास्याः पुत्र ! किमिदानीं कर्म न करोषि ।]

सुधाकारः– (बुद्ध्वा ।) **ताळेहि मं ताळेहि मं** [ताडय मां ताडय माम् ।]

भटः–**ताडिदे तुवं किं करिस्ससि ।** [ताडिते त्वं किं करिष्यसि ।]

सुधाकारः–**अहण्णस्स मम कत्तवीअस्स विअ बाहुसहस्सं णत्थि ।** [अधन्यस्य मम कार्तवीर्यस्येव बाहुसहस्रं नास्ति ।]

भटः–**बाहुसहस्सेण किं कय्यं ।** [बाहुसहस्रेण किं कार्यम् ।]

सुधाकारः–**तुवं हणिस्सं ।** [त्वां हनिष्यामि ।]

भटः–**एहि दासीएपुत्त ! मुदे मुञ्चिस्सं ।** (पुनरपि ताडयति ।) [एहि दास्याः पुत्र ! मृते मोक्ष्यामि ।]

सुधाकारः–(रुदित्वा ।) **सक्कं दाणि भट्टा ! मे अवराहं जाणिदुम् ।**

[शक्यमिदानीं भर्तः ! मेऽपराधं ज्ञातुम् ।]

भटः–णत्थि किळ अवराहो णत्थि । णं मए सन्दिट्ठो भट्टिदारअस्स रामस्स रज्जविब्भट्ठकिदसन्दावेण सग्गं गदस्स भट्टिणो दसरहस्स पडिमागेहं देट्ठुं अज्ज कोसळ्ळापुरोएहि सव्वेहि अन्तेउरेहि इह आअन्तव्वं त्ति । एत्थ दाणि तुए किं किदं । [नास्ति किलापराधो नास्ति । ननु मया सन्दिष्टो भर्तृदारकस्य रामस्य राज्यविभ्रष्टकृतसन्तापेन स्वर्गं गतस्य भर्तुर्दशरथस्य प्रतिमागेहं द्रष्टुमद्य कोसल्यापुरोगैः सर्वैरन्तःपुरैरिहागन्तव्यमिति । अत्रेदानीं त्वया किं कृतम् ।]

सुधाकारः-पेक्खदु भट्टा । अवणीदकवोदसन्दाणअं दाव गब्भगिहं । सोहवण्णअदत्तचन्दणपञ्चाङ्गुळा भित्तीओ । ओसत्तमळ्ळदामसोहीणि दुवाराणि । पइण्णा वालुआ । एत्थ दाणि मए किं ण किदं । [पश्यतु भर्ता । अपनीतकपोतसन्दानकं तावद् गर्भगृहम् । सौधवर्णकदत्तचन्दनपञ्चाङ्गुला भित्तयः । अवसक्तमाल्यदामशोभीनि द्वाराणि । प्रकीर्णा वालुकाः । अत्रेदानीं मया किं न कृतम् ।]

भटः–जइ एवं, विस्सत्थो गच्छ । जाव अहं वि सव्वं किदं त्ति अमच्चस्स णिवेदेमि । [यद्येवं, विश्वस्तो गच्छ । यावदहमपि सर्वं कृतमित्यमात्याय निवेदयामि ।]

(निष्क्रान्तौ ।)

प्रवेशकः ।

(ततः प्रविशति भरतो रथेन सूतश्च ।)

भरतः– (सावेगम् ।) सूत ! चिरं मातुलपरिचयादविज्ञातवृत्तान्तोऽस्मि । श्रुतं मया दृढमकल्यशरीरो महाराज इति । तदुच्यताम्

पितुर्मे को व्याधिः

सूतः– हृदयपरितापः खलु महान्

भरतः— किमाहुस्तं वैद्याः

सूतः— न खलु भिषजस्तत्र निपुणाः ।

भरतः— किमाहारं भुङ्क्ते शयनमपि

सूतः— भूमौ निरशनः

भरतः— किमाशा स्याद्

सूतः— दैवं

भरतः— स्फुरति हृदयं वाहय रथम् ॥ १ ॥

सूतः— यदाज्ञापयत्यायुष्मान् । (रथं वाहयति ।)

भरतः—(रथवेगं निरूप्य) अहो नु खलु रथवेगः । एते ते

द्रुमा धावन्तीव द्रुतरथगतिक्षीणविषया
नदीवोद्वृत्ताम्बुर्निपतति मही नेमिविवरे ।
अरव्यक्तिर्नष्टा स्थितमिव जवाच्चक्रवलयं
रजश्चाश्वोद्भूतं पतति पुरतो नानुपतति ॥ २ ॥

सूतः— आयुष्मन् ! सोपस्नेहतया वृक्षाणामभितः खल्वयोध्यया भवितव्यम् ।

३ भरतः—अहो नु खलु स्वजनदर्शनोत्सुकस्य त्वरता मे मनसः । सम्प्रति हि,

पतितमिव शिरः पितुः पादयोः
स्निह्यतेवास्मि राज्ञा समुत्थापितः
त्वरितमुपगता इव भ्रातरः
क्लेदयन्तीव मामश्रुभिर्मातरः ।
सदृश इति महानिति व्यायतश्चेति
भृत्यैरिवाहं स्तुतः सेवया
परिहसितमिवात्मनस्तत्र पश्यामि
वेषं च भाषां च सौमित्रिणा ॥ ३ ॥

सूतः-(आत्मगतम्) भोः ! कष्टम् , यदयमविज्ञाय महाराजविनाशमुदर्के निष्फलामाशां परिवहन्नयोध्यां प्रवेक्ष्यति कुमारः। जानद्भिरप्यस्माभिर्न निवेद्यते। कुतः,

पितुः प्राणपरित्यागं मातुरैश्वर्यलुब्धताम्।
ज्येष्ठभ्रातुः प्रवासं च त्रीन् दोषान् कोऽभिधास्यति ॥ ४ ॥

(प्रविश्य)

भटः-जयतु कुमारः।

भरतः-भद्र ! किं शत्रुघ्नो मामभिगतः।

भटः-अभिगतः खलु वर्तते कुमारः। उपाध्यायास्तु भवन्तमाहुः।

भरतः-किमिति किमिति।

भटः-एकनाडिकावशेषः कृत्तिकाविषयः। तस्मात् प्रतिपन्नायामेव रोहिण्यामयोध्यां प्रवेक्ष्यति कुमारः।

भरतः-बाढमेवम्। न मया गुरुवचनमतिक्रान्तपूर्वम्। गच्छ त्वम्।

भटः-यदाज्ञापयति कुमारः। (निष्क्रान्तः।)

भरतः-अथ कस्मिन् प्रदेशे विश्रमिष्ये। भवतु, दृष्टम्। एतस्मिन् वृक्षान्तराविष्कृते देवकुले मुहूर्तं विश्रमिष्ये। तदुभयं भविष्यति दैवतपूजा विश्रमश्च। अथ च उपोपविश्य प्रवेष्टव्यानि नगराणीति सत्समुदाचारः। तस्मात् स्थाप्यतां रथः।

सूतः-यदाज्ञापयत्यायुष्मान्। (रथं स्थापयति।)

भरतः-(रथादवतीर्य) सूत ! एकान्ते विश्रामयाश्वान्।

सूतः-यदाज्ञापयत्यायुष्मान्। (निष्क्रान्तः।)

भरतः-(किञ्चिद् गत्वावलोक्य) साधुमुक्तपुष्पलाजाविष्कृता बलयदत्तचन्दनपञ्चाङ्गुलाभित्तयः, अवसक्तमाल्यदामशोभीनि द्वाराणि, प्रकीर्णा वालुकाः। किन्नु खलु पार्वणोऽयं विशेष, अथवा आह्निकमास्तिक्यम्। कस्य नु खलु दैवतस्य स्थानं भविष्यति।

नेह किञ्चित् प्रहरणं ध्वजो वा बहिश्चिह्नं दृश्यते । भवतु, प्रविश्य ज्ञास्ये । (प्रविश्यावलोक्य ।) अहो क्रियामाधुर्यं पाषाणानाम् । अहो भावगतिराकृतीनाम् । दैवतोद्दिष्टानामपि मानुषविश्वासतासां प्रतिमानाम् । किन्नु खलु चतुर्दैवतोऽयं स्तोमः । अथवा यानि तानि भवन्तु । अस्ति तावन्मे मनसि प्रहर्षः ।

कामं दैवतमित्येव युक्तं नमयितुं शिरः ।
वार्षलस्तु प्रणामः स्यादमन्त्रार्चितदैवतः ॥ ५ ॥

(प्रविश्य)

देवकुलिकः—भोः ! नैत्यकावसाने प्राणिधर्ममनुतिष्ठति मयि को नु खल्वयमासां प्रतिमानामल्पान्तराकृतिरिव प्रतिमागृहं प्रविष्टः । भवतु, प्रविश्य ज्ञास्ये । (प्रविशति ।)

भरतः—नमोस्तु ।

देवकुलिकः— न खलु न खलु प्रणामः कार्यः ।

भरतः— मा तावद् भोः !

वक्तव्यं किञ्चिदस्मासु विशिष्टः प्रतिपाल्यते ।
किङ्कृतः प्रतिषेधोऽयं नियमप्रभविष्णुता ॥ ६ ॥

देवकुलिकः— न खल्वेतैः कारणैः प्रतिषेधयामि भवन्तम् । किन्तु दैवतशङ्कया ब्राह्मणजनस्य प्रणामं परिहरामि । क्षत्रिया ह्यत्रभवन्तः ।

भरतः—एवम् । क्षत्रिया ह्यत्रभवन्तः । अथ के नामात्रभवन्तः ।

देवकुलिकः— इक्ष्वाकवः ।

भरतः—(सहर्षम्) इक्ष्वाकव इति । एते तेऽयोध्याभर्तारः ।

एते ते दैवतानामसुरपुरवधे गच्छन्त्यभिसरी-
मेते ते शक्रलोके सपुरजनपदा यान्ति स्वसुकृतैः ।
एते ते प्राप्नुवन्तः स्वभुजबलजितां कृत्स्नां वसुमती-
मेते ते मृत्युना ये चिरमनवसिताश्छन्दं मृगयता ॥७॥

भोः ! यदृच्छया खलु मया महत् फलमासादितम् । अभिधीयतां कस्तावदत्रभवान् ।

देवकुलिकः–अयं खलु तावत् सन्निहितसर्वरत्नस्य विश्वजितो यज्ञस्य प्रवर्तयिता प्रज्वलितधर्मप्रदीपो दिलीपः ।

भरतः–नमोस्तु धर्मपरायणाय । अभिधीयतां कस्तावदत्रभवान् ।

देवकुलिकः–अयं खलु तावत् संवेशनोत्थापनयोरनेकब्राह्मणजन-सहस्रप्रयुक्तपुण्याहशब्दरवो रघुः ।

भरतः–अहो बलवान् मृत्युरेतामपि रक्षामतिक्रान्तः । नमोस्तु ब्राह्मणजनावेदितराज्यफलाय । अभिधीयतां कस्तावदत्रभवान् ।

देवकुलिकः–अयं खलु तावत् प्रियावियोगनिर्वेदपरित्यक्तराज्यभारो नित्यावभृथस्नानप्रशांतरजा अजः ।

भरतः–नमोऽस्तु श्लाघनीयपश्चात्तापाय । (दशरथस्य प्रतिमामवलोकयन् पर्याकुलो भूत्वा ।) भोः ! बहुमानव्याक्षिप्तेन मनसा सुव्यक्तं नावधारितम् । अभिधीयतां कस्तावदत्रभवान् ।

देवकुलिकः–अयं दिलीपः ।

भरतः–पितृपितामहो महाराजस्य । ततस्ततः ।

देवकुलिकः–अत्रभवान् रघुः ।

भरतः–पितामहो महाराजस्य । ततस्ततः ।

देवकुलिकः–अत्रभवानजः ।

भरतः–पिता तातस्य । किमिति किमिति ।

देवकुलिकः–अयं दिलीपः, अयं रघुः, अयमजः ।

भरतः–भवन्तं किञ्चित् पृच्छामि । धरमाणानामपि प्रतिमाः स्थाप्यन्ते ।

देवकुलिकः–न खलु अतिक्रान्तानामेव ।

भरतः–तेन ह्यापृच्छे भवन्तम् ।

देवकुलिकः–तिष्ठ ।

येन प्राणाश्च राज्यं च स्त्रीशुल्कार्थे विसर्जिताः ।
इमां दशरथस्य त्वं प्रतिमां किं न पृच्छसे ॥ ८ ॥

भरतः–हा तात ! । (मूर्छितः पतति । पुनः प्रत्यागत्य ।)

हृदय भव सकामं यत्कृते शङ्कसे त्वं
श्रृणु पितृनिधनं तद् गच्छ धैर्यं च तावत् ।
स्पृशति तु यदि नीचो मामयं शुल्कशब्द-
स्त्वथ च भवति सत्यं तत्र देहो विशोध्यः ॥ ९ ॥

आर्य ! ।

देवकुलिकः–आर्येति इक्ष्वाकुकुलालापः खल्वयम् । कश्चित् कैकेयीपुत्रो भरतो भवान् ननु ।

भरतः–अथ किमथ किम् । दशरथपुत्रो भरतोऽस्मि न कैकेय्याः ।

देवकुलिकः–तेन ह्यापृच्छे भवन्तम् ।

भरतः–तिष्ठ । शेषमभिधीयताम् ।

देवकुलिकः–का गतिः । श्रूयताम् । उपरतस्तत्रभवान् दशरथः । सीतालक्ष्मणसहायस्य रामस्य वनगमनप्रयोजनं न जाने ।

भरतः–कथं कथम्, आर्योऽपि वनं गतः । (द्विगुणं मोहमुपगतः ।)

देवकुलिकः–कुमार ! समाश्वसिहि समाश्वसिहि ।

भरतः–(समाश्वस्य ।)

अयोध्यामटवीभूतां पित्रा भ्रात्रा च वर्जिताम् ।
पिपासार्तोऽनुधावामि क्षीणतोयां नदीमिव ॥ १० ॥

आर्य ! विस्तरश्रवणं मे मनसः स्थैर्यमुत्पादयति । तत् सर्वमनवशेषमभिधीयताम् ।

देवकुलिकः–श्रूयतां, तत्रभवता राज्ञाभिषिच्यमाने तत्रभवति रामे भवतो जनन्याभिहितं किल ।

भरतः–तिष्ठ ।

तं स्मृत्वा शुल्कदोषं भवतु मम सुतो राजेत्यभिहितं
तद्धैर्येणाभ्धसत्या व्रज सुत ! वनमित्यार्योऽप्यभिहितः।
तं दृष्ट्वा बद्धचीरं निधनमसदृशं राजा ननु गतः
पात्यन्ते धिक्प्रलापा ननु मयि सदृशाः शेषाः प्रकृतिभिः ॥ ११ ॥

(मोहमुपगतः ।)

(नेपथ्ये)

उस्सरह अय्या ! उस्सरह । [उत्सरतार्याः ! उत्सरत ।]

देवकुलिकः-(विलोक्य ।) अये,

काले खल्वागता देव्यः पुत्रे मोहमुपागते ।
हस्तस्पर्शो हि मातॄणामजलस्य जलाञ्जलिः ॥ १२ ॥

(ततः प्रविशन्ति देव्यः सुमन्त्रश्च ।)

सुमन्त्रः-इत इतो भवत्यः ।

इदं गृहं तत् प्रतिमानृपस्य नः समुच्छ्रयो यस्य स हर्म्यदुर्लभः ।
अयन्त्रितैरप्रतिहारिकागतैर्विना प्रणामं पथिकैरुपास्यते ॥ १३ ॥

(प्रविश्यावलोक्य ।) भवत्यः ! न खलु न खलु प्रवेष्टव्यम् ।

अयं हि पतितः कोऽपि वयस्थ इव पार्थिवः ।

देवकुलिकः-

परशङ्कामलं कर्तुं गृह्यतां भरतो ह्ययम् ॥ १४ ॥

(निष्क्रान्तः ।)

देव्यः-(सहसोपगम्य ।) हा जाद ! भरद ! । [हा जात ! भरत !]

भरतः-(किञ्चित् समाश्वस्य ।) आर्य ! ।

सुमन्त्रः-जयतु महा-- (इत्यर्धोक्ते सविषादम् ।) अहो स्वरसादृश्यम् । मन्ये प्रतिमास्थो महाराजो व्याहरतीति ।

भरतः-अथ मातॄणामिदानीं कावस्था ।

देव्यः–जाद ! एसा णो अवत्था । (अवगुण्ठनमपनयन्ति ।) [जात ! एषा नोऽवस्था ।]

सुमन्त्रः–भवत्यः ! निगृह्यतामुत्कण्ठा ।

भरतः– (सुमन्त्रं विलोक्य ।) सर्वसमुदाचारसन्निकर्षस्तु मां सूचयति । कच्चित् तात ! सुमन्त्रो भवान् ननु ।

सुमन्त्रः– कुमार ! अथ किम् । सुमन्त्रोऽस्मि ।

अन्वास्यमानश्चिरजीवदोषैः कृतघ्नभावेन विडम्ब्यमानः ।
अहं हि तस्मिन् नृपतौ विपन्ने जीवामि शून्यस्य रथस्य सूतः ॥ १५ ॥

भरतः–हा तात ! (उत्थाय ।) तात ! अभिवादनक्रममुपदेष्टुमिच्छामि मातॄणाम् ।

सुमन्त्रः–बाढम् । इयं तत्रभवतो रामस्य जननी देवी कौसल्या ।

भरतः–अम्ब ! अनपराद्धोऽहमभिवादये ।

कौसल्या–जाद ! णिस्सन्दावो होहि । [जात ! निःसंतापो भव ।]

भरतः–(आत्मगतम् ।) आकृष्ट इवास्म्यनेन । (प्रकाशम् ।) अनुगृहीतोऽस्मि । ततस्ततः ।

सुमन्त्रः–इयं तत्रभवतो लक्ष्मणस्य जननी देवी सुमित्रा ।

भरतः–अम्ब ! लक्ष्मणेनातिसन्धितोऽहमभिवादये ।

सुमित्रा–जाद ! जसोभाई होहि । [जात ! यशोभागी भव ।]

भरतः–अम्ब ! इदं प्रयतिष्ये । अनुगृहीतोऽस्मि । ततस्ततः ।

सुमन्त्रः–इयं ते जननी ।

भरतः–(सरोषमुत्थाय ।) आः पापे !

मम मातुश्च मातुश्च मध्यस्था त्वं न शोभसे ।
गङ्गायमुनयोर्मध्ये कुनदीव प्रवेशिता ॥ १६ ॥

कैकेयी–जाद ! किं मए किदं । [जात ! किं मया कृतम् ।]

भरतः– किं कृतमिति वदसि ।

वयमयशसा चीरेणार्यो नृपो गृहमृत्युना
प्रततरुदितैः कृत्स्नायोध्या मृगैः सह लक्ष्मणः।
दयिततनयाः शोकेनाम्बाः स्नुषाध्वपरिश्रमै-
र्धिगिति वचसा चोग्रेणात्मा त्वया ननु योजिताः ॥ १७ ॥

कौसल्या—जाद ! सव्वसमुदाआरमज्झत्थो किं ण वन्दसि मादरं। [जात ! सर्वसमुदाचारमध्यस्थः किं न वन्दसे मातरम्।]

भरतः—मातरमिति। अम्ब ! त्वमेव मे माता। अम्ब ! अभिवादये।

कौसल्या—णहि णहि ! इअं दे जणणी। [नहि नहि। इयं ते जननी।]

भरतः—आसीत् पुरा। न त्विदानीम्। पश्यतु भवती,

त्यक्त्वा स्नेहं शीलसङ्क्रान्तदोषैः
पुत्रास्तावन्नन्वपुत्राः क्रियन्ते।
लोकेऽपूर्वं स्थापयाम्येष धर्मं
भर्तृद्रोहादस्तु माताप्यमाता ॥ १८ ॥

कैकेयी—जाद ! महाराअस्स सच्चवअणं रक्खन्तीए मए तह उत्तं। [जात ! महाराजस्य सत्यवचनं रक्षन्त्या मया तथोक्तम्।]

भरतः—किमिति किमिति।

कैकेयी—पुत्तओ मे राजा होदु त्ति। [पुत्रको मे राजा भवत्विति।]

भरतः—अथ स इदानीमार्योऽपि भवत्याः कः।

पितुर्मे नौरसः पुत्रो न क्रमेणाभिषिच्यते।
दयिता भ्रातरो न स्युः प्रकृतीनां न रोचते ॥ १९ ॥

कैकेयी—जाद ! सुक्कलुद्धा णणु पुच्छिदव्वा। [जात ! शुल्कलुब्धा ननु प्रष्टव्या।]

भरतः—

वल्कलैर्हृतराज्यश्रीः पदातिः सह भार्यया।
वनवासं त्वयाज्ञप्तः शुल्केऽप्येतदुदाहृतम् ॥ २० ॥

कैकेयी–जाद ! देसकाळे णिवेदेमि । [जात ! देशकाले निवेदयामि ।]

भरतः–

अयशसि यदि लोभः कीर्तयित्वा किमस्मान्
किमु नृपफलतर्षः किं नरेन्द्रो न दद्यात् ।
अथ तु नृपतिमातेत्येष शब्दस्तवेष्टो
वदतु भवति ! सत्यं किं तवार्यो न पुत्रः ॥ २१ ॥

कष्टं कृतं भवत्या

त्वया राज्यैषिण्या नृपतिरसुभिर्नैव गणितः
सुतं ज्येष्ठं च त्वं व्रज वनमिति प्रेषितवती ।
न शीर्णं यद् दृष्ट्वा जनकतनयां वल्कलवती-
महो धात्रा सृष्टं भवति हृदयं वज्रकठिनम् ॥ २२ ॥

सुमित्रः–कुमार ! एतौ वसिष्ठवामदेवौ सह प्रकृतिभिरभिषेकं पुरस्कृत्य भवन्तं प्रत्युद्गतौ विज्ञापयतः ।

गोपहीना यथा गावो विलयं यान्त्यपालिताः ।
एवं नृपतिहीना हि विलयं यान्ति वै प्रजाः ॥ २३ ॥

भरतः–अनुगच्छन्तु मां प्रकृतयः ।

सुमित्रः–अभिषेकं विसृज्य क्व भवान् यास्यति ।

३ भरतः–अभिषेकमिति । इहात्रभवत्यै प्रदीयताम् ।

सुमित्रः–क्व भवान् यास्यति ।

भरतः–

तत्र यास्यामि यत्रासौ वर्तते लक्ष्मणप्रियः ।
नायोध्या तं विनायोध्या सायोध्या यत्र राघवः ॥ २४ ॥

(निष्क्रान्ताः सर्वे ।)

तृतीयोऽङ्कः

अथ चतुर्थोऽङ्कः ।

(ततः प्रविशतश्चेटयौ ।)

विजया-हळा णन्दिणिए ! भणेहि भणेहि । अज्ज कोसळ्ळापुरोगेहि सव्वेहि अन्तेवुरेहि पडिमागेहं दट्ठुं गदेहि तहिं किळ भट्टिदारओ भरदो दिट्ठो । अहं च मन्दभाआ दुवारे ट्ठिदा । [हला नन्दिनिके ! भण भण । अद्य कौसल्यापुरोगैः सर्वैरन्तःपुरैः प्रतिमागेहं द्रष्टुं गतस्तत्र किल भर्तृदारको भरतो दृष्टः । अहं च मन्दभागा द्वारे स्थिता ।]

नन्दिनिका-हळा ! दिट्ठो अम्हेहि कोदूहळेण भट्टिदारओ भरदो । [हला ! दृष्टोऽस्माभिः कौतूहलेन भर्तृदारको भरतः ।]

विजया-भट्टिणी कुमारेण किं भणिदा । [भट्टिनी कुमारेण किं भणिता ।]

नन्दिनिका- किं भणिदं । ओळोइदुं वि णेच्छदि कुमारो । [किं भणितम् । अवलोकितुमपि नेच्छति कुमारः ।]

विजया-अहो अच्चाहिदम् । रज्जलुद्धाए भट्टिदारअस्स रामस्स रज्जविब्भट्ठं करन्तीए अत्तणो वेहव्वं आदिट्ठं । ळोओ वि विणासं गमिओ । णिग्घिणा हु भट्टिणी । पापअं किदं । [अहो अत्याहितम् । राज्यलुब्धया भर्तृदारकस्य रामस्य राज्यविभ्रष्टं कुर्वत्यात्मनो वैधव्यमादिष्टम् । लोकोऽपि विनाशं गमितः । निर्घृणा खलु भट्टिनी । पापकं कृतम् ।]

नन्दिनिका-हळा ! सुणाहि । पइदीहि आणीदं अभिसेअं विसज्जिअ रामतवोवणं गदो कुमारो । [हला ! शृणु । प्रकृतिभिरानीतमभिषेकं विसृज्य रामतपोवनं गतः कुमारः ।]

विजया- (सविषादम्) हं । एवं गदो कुमारो । णन्दिणिए ! एहि,

अम्हे भट्टिणिं पेक्खामो। [हम्। एवं गतः कुमारः । नन्दिनिके ! एह्यावां भट्टिनीं पश्यावः।]

(निष्क्रान्ते।)

प्रवेशकः।

(ततः प्रविशति भरतो रथेन सुमन्त्रः सूतश्च।)

भरतः-

स्वर्गं गते नरपतौ सुकृतानुयात्रे
पौराश्रुपातसलिलैरनुगम्यमानः।
द्रष्टुं प्रयाम्यकृपणेषु तपोवनेषु
रामाभिधानमपरं जगतः शशाङ्कम् ॥ १ ॥

सुमन्त्रः- एष एष आयुष्मान् भरतः,

दैत्येन्द्रमानमथनस्य नृपस्य पुत्रो
यज्ञोपयुक्तविभवस्य नृपस्य पौत्रः।
भ्राता पितुः प्रियकरस्य जगत्प्रियस्य
रामस्य रामसदृशेन पथा प्रयाति ॥ २ ॥

भरतः-भोस्तात !

सुमन्त्रः-कुमार, अयमस्मि।

भरतः-क्व तत्रभवान् ममार्यो रामः। क्वासौ महाराजस्य प्रतिनिधिः। क्व सन्निदर्शनं सारवताम्। क्वासौ प्रत्यादेशो राज्यलुब्धायाः कैकेय्याः। क्व तत् पात्रं यशसः। क्वासौ नरपतेः पुत्रः। क्वासौ सत्यमनुव्रतः।

मम मातुः प्रियं कर्तुं येन लक्ष्मीर्विसर्जिता।
तमहं द्रष्टुमिच्छामि दैवतं परमं मम ॥ ३ ॥

सुमन्त्रः–कुमार ! एतस्मिन्नाश्रमपदे ।

अत्र रामश्च सीता च लक्ष्मणश्च महायशाः ।
सत्यं शीलं च भक्तिश्च येषु विग्रहवत् स्थिता ॥ ४ ॥

भरतः–तेन हि स्थाप्यतां रथः ।

सूतः–यदाज्ञापयत्यायुष्मान् । (तथा करोति)

भरतः–(रथादवतीर्य ।) सूत ! एकान्ते विश्रामयाश्वान् ।

सूतः–यदाज्ञापयत्यायुष्मान् । (निष्क्रान्तः ।)

भरतः–भोस्तात ! निवेद्यतां निवेद्यताम् ।

सुमन्त्रः–कुमार ! किमिति निवेद्यते ।

भरतः–राज्यलुब्धायाः कैकेय्याः पुत्रो भरतः प्राप्त इति ।

सुमन्त्रः–कुमार ! अलं गुरुजनापवादमभिधातुम् ।

भरतः–सुष्ठु, न न्याय्यं परदोषमभिधातुम् । तेन उच्यतामिक्ष्वाकुकुलन्यङ्गभूतो भरतो दर्शनमभिलषतीति ।

सुमन्त्रः–कुमार ! नाहमेवं वक्तुं समर्थः । अथ पुनर्भरतः प्राप्त इति ब्रूयाम् ।

भरतः–न न । नाम केवलमभिधीयमानमकृतप्रायश्चित्तमिव मे प्रतिभाति । किं ब्रह्मघ्नानामपि परेण निवेदनं क्रियते । तस्मात् तिष्ठतु तातः । अहमेव निवेदयिष्ये । भो भोः । निवेद्यतां निवेद्यतां तत्रभवते पितृवचनकराय राघवाय—

निर्घृणश्च कृतघ्नश्च प्राकृतः प्रियसाहसः ।
भक्तिमानागतः कश्चित् कथं तिष्ठतु यात्विति ॥ ५ ॥

(ततः प्रविशति रामः सिताल‍क्ष्मणाभ्याम् ।)

रामः–(आकर्ण्य सहर्षम् ।) सौमित्रे ! किं शृणोषि । अयि विदेहराजपुत्रि ! त्वमपि शृणोषि ।

कस्यासौ सदृशतरः स्वरः पितुर्मे
गाम्भीर्यात् परिभवतीव मेघनादम् ।
यः कुर्वन् मम हृदयस्य बन्धुशङ्कां
सस्नेहः श्रुतिपथमिष्टतः प्रविष्टः ॥ ६ ॥

लक्ष्मणः–आर्य ! ममापि खल्वेष स्वरसंयोगो बन्धुजनबहुमानमावहति । एष हि,

घनः स्पष्टो धीरः समदवृषभस्निग्धमधुरः
कलः कण्ठे वक्षस्यनुपहतसञ्चाररभसः ।
यथास्थानं प्राप्य स्फुटकरणनानाक्षरतया
चतुर्णां वर्णानामभयमिव दातुं व्यवसितः ॥ ७ ॥

रामः–सर्वथा नायमबान्धवस्य स्वरसंयोगः । क्लेदयतीव मे हृदयम् । वत्स लक्ष्मण ! दृश्यतां तावत् ।

३ लक्ष्मणः–यदाज्ञापयत्यार्यः । (परिक्रामति ।)

भरतः–अये कथं न कश्चित् प्रतिवचनं प्रयच्छति । किन्तु खलु विज्ञातोऽस्मि कैकेय्याः पुत्रो भरतः प्राप्त इति ।

६ लक्ष्मणः–(विलोक्य) अये अयमार्यो रामः । न न । रूपसादृश्यम् ।

मुखमनुपमं त्वार्यस्याभं शशाङ्कमनोहरं
मम पितृसमं पीनं वक्षः सुरारिशरक्षतम् ।
द्युतिपरिवृतस्तेजोराशिर्जगत्प्रियदर्शनो
नरपतिरयं देवेन्द्रो वा स्वयं मधुसूदनः ॥ ८ ॥

(सुमन्त्रं दृष्ट्वा ।) अये तातः ।

सुमन्त्रः–अये कुमारो लक्ष्मणः ।

३ भरतः–एवं, गुरुरयम् । आर्य, अभिवादये ।

लक्ष्मणः–एह्येहि । आयुष्मान् भव । (सुमन्त्रं वीक्ष्य ।) तात ! कोऽत्रभवान् ।

६ सुमन्त्रः—कुमार !

रघोश्चतुर्थोऽयमजात् तृतीयः पितुः प्रकाशस्य तव द्वितीयः ।
यस्यानुजस्त्वं स्वकुलस्य केतोस्तस्यानुजोऽयं भरतः कुमारः ॥ ९ ॥

लक्ष्मणः—एह्येहीक्ष्वाकुकुमार ! स्वस्त्यायुष्मान् भव ।

असुरसमरदक्षैर्वज्रसंघृष्टचापै—
रनुपमबलवीर्यैः स्वैः कुलैस्तुल्यवीर्यः ।
रघुरिव स नरेन्द्रो यज्ञविश्रान्तकोशो
भव जगति गुणानां भाजनं भ्राजितानाम् ॥ १० ॥

भरतः—अनुगृहीतोऽस्मि ।

लक्ष्मणः—कुमार ! इह तिष्ठ । त्वदागमनमार्यायं निवेदयामि ।

३ भरतः—आर्य ! अचिरमिदानीमभिवादयितुमिच्छामि । शीघ्रं निवेद्यताम् ।

लक्ष्मणः—बाढम् । (उपेत्य ।) जयत्वार्यः । आर्य !

अयं ते दयितो भ्राता भरतो भ्रातृवत्सलः ।
संक्रान्तं यत्र ते रूपमादर्शे इव तिष्ठति ॥ ११ ॥

रामः—वत्स लक्ष्मण ! किमेवं भरतः प्राप्तः ।

लक्ष्मणः— आर्य ! अथ किम् ।

३ रामः— मैथिलि ! भरतावलोकनार्थं विशालीक्रियतां ते चक्षुः ।

सीता—अय्यउत्त ! किं भरदो आअदो । [आर्यपुत्र ! किं भरत आगतः ।]

६ रामः—मैथिलि ! अथ किम् ।

अद्य खल्ववगच्छामि पित्रा मे दुष्करं कृतम् ।
कीदृशस्तनयस्नेहो भ्रातृस्नेहोऽयमीदृशः ॥ १२ ॥

लक्ष्मणः—आर्य ! किं प्रविशतु कुमारः ।

रामः–वत्स लक्ष्मण ! इदमपि तावदात्माभिप्रायमनुवर्तयितुमिच्छसि। गच्छ सत्कृत्य शीघ्रं प्रवेश्यतां कुमारः ।

लक्ष्मणः–यदाज्ञापयत्यार्यः ।

रामः–अथवा तिष्ठ त्वम् ।

इयं स्वयं गच्छतु मानहेतोर्मातेव भावं तनये निवेश्य ।
तुपारपूर्णोत्पलपत्रनेत्रा हर्षास्त्रमासारमिवोत्सृजन्ती ॥ १३ ॥

सीता–जं अय्यउत्तो आणवेदि । (उत्थाय परिक्रम्य भरतमवलोक्य ।) हं तदो तं वेळं दाणि णिक्कन्तो अय्यउत्तो । णहि णहि । रूवसादिस्सं । [यदार्यपुत्र आज्ञापयति । हं ततस्तां वेलामिदानीं निष्क्रान्त आर्यपुत्रः । न हि न हि । रूपसादृश्यम् ।]

सुमन्त्रः-अये वधूः ।

भरतः–अये इयमत्रभवती जनकराजपुत्री ।

इदं तत् स्त्रीमयं तेजो जातं क्षेत्रोदराद्धलात् ।
जनकस्य नृपेन्द्रस्य तपसः सन्निदर्शनम् ॥ १४ ॥

आर्ये ! अभिवादये भरतोऽहमस्मि ।

सीता– (आत्मगतम् ।) णहि रूवं एव्व । सरजोओ वि सो एव्व। (प्रकाशम् ।) वच्छ ! चिरं जीव । [नहि रूपमेव । स्वरयोगोऽपि स एव । वत्स ! चिरं जीव ।]

भरतः–अनुगृहीतोऽस्मि ।

सीता–एहि वच्छ ! भादुमणोरहं पूरेहि । [एहि वत्स ! भ्रातृमनोरथं पूरय ।]

सुमन्त्रः–प्रविशतु कुमारः ।

भरतः–तात ! इदानीं किं करिष्यसि ।

सुमन्त्रः–

अहं पश्चान् प्रवेक्ष्यामि स्वर्गं याते नराधिपे ।
विदितार्थस्य रामस्य ममैतत् पूर्वदर्शनम् ॥ १५ ॥

भरतः–एवमस्तु । (राममुपगम्य) आर्य ! अभिवादये भरतोऽहमस्मि ।

रामः–(सहर्षम्) एह्येहि, इक्ष्वाकुकुमार ! स्वस्ति. आयुष्मान् भव ।
वक्षः प्रसारय कवाटपुटप्रमाणमालिङ्ग मां सुविपुलेन भुजद्वयेन ।
उन्नामयाननमिदं शरदिन्दुकल्पं प्रह्लादय व्यसनदग्धमिदं शरीरम् ॥

भरतः–अनुगृहीतोऽ‌िम ।

सुमन्त्रः–(उपेत्य ।) जयत्वायुष्मान् ।

रामः–हा तात !

गत्वा पूर्वं स्वसैन्यैरभिमरिसमये खं समानैर्विमानै–
विख्यातो यो विमर्दे स स इति बहुशः सासुराणां सुराणाम् ।
स श्रीमांस्त्यक्तदेहो दयितमपि विना स्नेहवन्तं भवन्तं
स्वर्गस्थः साम्प्रतं किं रमयति पितृभिः स्वैर्नरेन्द्रैर्नरेन्द्रः ॥१७॥

सुमन्त्रः–(सशोकम्)

नरपतिनिधनं भवत्प्रवासं भरतविषादमनाथतां कुलस्य ।
बहुविधमनुभूय दुष्प्रसह्यं गुण इव बह्वपराद्धमायुषा मे ॥१८॥

सीता–रोदन्तं अय्यउत्तं पुणो वि रोदावीअदि तादो । [रुदन्तमार्यपुत्रं पुनरपि रोदयति तातः ।]

रामः–मैथिलि ! एष पर्यवस्थापयाम्यात्मानम् । वत्स ! लक्ष्मण ! आपस्तावत् ।

लक्ष्मणः–यदाज्ञापयत्यार्यः ।

भरतः–आर्य ! न खलु न्याय्यम् । क्रमेण शुश्रूषयिष्ये । अहमेव

यास्यामि । (कलशं गृहीत्वा निष्क्रम्य प्रविश्य ।) इमा आपः ।

रामः– आचम्य । मैथिलि ! विशीर्यते खलु लक्ष्मणस्य व्यापारः ।

सीता-अय्यउत्त ! णं एदिणा पि सुस्सूसइदव्वो । [आर्यपुत्र ! नन्वेतेनापि शुश्रूषयितव्यः ।]

रामः-सुष्ठु खल्विह लक्ष्मणः शुश्रूषयतु । तत्रस्थो मां भरतः शुश्रूषयतु ।

भरतः-प्रसीदत्वार्यः ।

इह स्थास्यामि देहेन तत्र स्थास्यामि कर्मणा ।
नाम्नैव भवतो राज्यं कुलरक्षं भविष्यति ॥ १९ ॥

रामः-वत्स ! कैकेयीमातः ! मा मैवम् ।

पितुर्नियोगादहमागतो वनं
न वत्स ! दर्पान्न भयान्न विभ्रमात् ।
कुलं च नः सत्यधनं ब्रवीमि ते
कथं भवान् नीचपथे प्रवर्तते ॥ २० ॥

सुमन्त्रः-अथेदानीमभिषेकोदकं क तिष्ठतु ।

रामः-यत्र मे मात्राभिहितं, तत्रैव तावत् तिष्ठतु ।

भरतः-प्रसीदत्वार्यः । आर्य ! अलमिदानीं व्रणे प्रहर्तुम् ।

अपि सुगुण ! ममापि त्वत्प्रसूतिः प्रसूतिः
स खलु निभृतधीमांस्ते पिता मे पिता च ।
सुपुरुष ! पुरुषाणां मातृदोषो न दोषो
वरद ! भरतमार्तं पश्य तावद् यथावत् ॥ २१ ॥

सीता-अय्यउत्त ! अदिकरुणं मन्तेअइ भरदो । किं दाणिं अय्यउत्तेण चिन्तीअदि । [आर्यपुत्र ! अतिकरुणं मन्त्रयते भरतः । किमिदानीमार्यपुत्रेण चिन्त्यते ।]

रामः-मैथिलि !

तं चिन्तयामि नृपतिं सुरलोकयातं
येनायमात्मजविशिष्टगुणो न दृष्टः ।
ईदृग्विधं गुणनिधिं समवाप्य लोके
धिग् भो ! विधेर्यदि बलं पुरुषोत्तमेषु ॥ २२ ॥

वत्स ! कैकेयीमातः ।

यत्सत्यं परितोषितोऽस्मि भवता निष्कल्मषात्मा भवां-
स्त्वद्वाक्यस्य वशानुगोऽस्मि भवतः ख्यातैर्गुणैर्निर्जितः ।
किन्त्वेतन्नृपतेर्वचस्तदनृतं कर्तुं न युक्तं त्वया
किञ्चोत्पाद्य भवद्विधं भवतु ते मिथ्याभिधायी पिता ॥२३॥

भरतः –

यावद् भविष्यति भवन्नियमावसानं
तावद् भवेयमिह ते नृप ! पादमूले ।

रामः –

मैवं नृपः स्वसुकृतैरनुयातु सिद्धिं
मे शापितो न परिरक्षसि चेत् स्वराज्यम् ॥ २४ ॥

भरतः–हन्त ! अनुत्तरमभिहितम् । भवतु समयतस्ते राज्यं परिपालयामि ।

रामः–वत्स ! कः समयः ।

भरतः–मम हस्ते निक्षिप्तं तव राज्यं चतुर्दशवर्षान्ते प्रतिग्रहीतुमिच्छामि ।

रामः–एवमस्तु ।

भरतः–आर्य ! श्रुतम् ! आर्ये श्रुतम् । तात श्रुतम् ।

सर्वे–वयमपि श्रोतारः ।

भरतः–आर्य ! अन्यमपि वरं हर्तुमिच्छामि ।

रामः–वत्स ! किमिच्छसि । किमहं ददामि । किमहमनुष्ठास्यामि ।

भरतः–

पादोपभुक्ते तव पादुके म एते प्रयच्छ प्रणताय मूर्ध्ना ।
यावद् भवानेष्यति कार्यसिद्धिं तावत् भविष्याम्यनयोर्विधेयः ॥२५॥

रामः–(स्वगतम्) हन्त भोः !

सुचिरेणापि कालेन यशः किञ्चिन्मयार्जितम् ।
अचिरेणैव कालेन भरतेनाद्य सञ्चितम् ॥ २६ ॥

सीता–अय्यउत्त ! णं दीयदि खु पुडमजाअणं भरदस्स । [आर्यपुत्र ! ननु दीयते खलु प्रथमयाचनं भरताय ।]

रामः– तथास्तु । वत्स ! गृह्यताम् । (पादुके अर्पयति ।)

भरतः–अनुगृहीतोऽस्मि । (गृहीत्वा) आर्य ! अत्राभिषेकोदकमावर्जयितुमिच्छामि ।

रामः–तात ! यदिष्टं भरतस्य तत् सर्वं क्रियताम् ।

सुमन्त्रः–यदाज्ञापयत्यायुष्मान् ।

भरतः–(आत्मगतम्) हन्त भोः,

श्रद्धेयः स्वजनस्य पौररुचितो लोकस्य दृष्टिक्षमः
स्वर्गस्थस्य नराधिपस्य दयितः शीलान्वितोऽहं सुतः ।
भ्रातॄणां गुणशालिनां बहुमतः कीर्तेर्महद् भाजनं
संवादेषु कथाश्रयो गुणवतां लब्धप्रियाणां प्रियः ॥ २७ ॥

रामः–वत्स कैकेयीमातः ! राज्यं नाम मुहूर्तमपि नोपेक्षणीयम् । तस्मादद्यैव विजयाय प्रतिनिवर्ततां कुमारः ।

सीता–हं अज्ज एव्व गमिस्सदि कुमारो भरदो । [हम् अद्यैव गमिष्यति कुमारो भरतः ।]

रामः–अलमतिस्नेहेन । अद्यैव विजयाय प्रतिनिवर्ततां कुमारः ।

भरतः–आर्य ! अद्यैवाहं गमिष्यामि ।

आशावन्तः पुरे पौराः स्थास्यन्ति त्वद्दिदृक्षया ।
तेषां प्रीतिं करिष्यामि त्वत्प्रसादस्य दर्शनात् ॥ २८ ॥

सुमन्त्रः-आयुष्मन् ! मयेदानीं किं कर्तव्यम् ।

रामः—तात ! महाराजवत् परिपाल्यतां कुमारः ।

सुमन्त्रः-यदि जीवामि, तावत् प्रयतिष्ये ।

रामः-वत्स कैकेयीमातः ! आरुह्यतां ममाग्रतो रथः ।

भरतः—यदाज्ञापयत्यार्यः । (रथमारोहतः ।)

रामः—मैथिलि ! इतस्तावत् । वत्स लक्ष्मण ! इतस्तावत् । आश्रमपदद्वारमात्रमपि भरतस्यानुयात्रं भविष्यामः ।

(इति निष्क्रान्ताः सर्वे ।)

चतुर्थोऽङ्कः ।

अथ पञ्चमोऽङ्कः ।

(ततः प्रविशति सीता तापसी च ।)

सीता-अय्ये । उवहारसुमणाइण्णो सम्मज्जिदो अस्समो । अस्समपदविभवेण अणुट्ठिओ देवसमुदाआरो । ता जाव अय्यउत्तो ण आअच्छदि दाव इमाणं वाळरुक्खाणं उदअप्पदाणेण अणुक्कोसइस्सं । [आर्ये ! उपाहारसुमनआकीर्णः संमार्जित आश्रमः । आश्रमपदविभवेनानुष्ठितो देवसमुदाचारः । तद् यावदार्यपुत्रो नागच्छति, तावदिमान् बालवृक्षानुदकप्रदानेनानुक्रोशयिष्यामि ।]

तापसी-अविग्घं से होदुं । [अविघ्नमस्य भवतु ।]

रामः-(सशोकम् ।)

त्यक्त्वा तां गुरुणा मया च रहितां रम्यामयोध्यां पुरी-
मुद्यम्यापि ममाभिषेकमखिलं मत्सन्निधावागतः ।
रक्षार्थं भरतः पुनर्गुणनिधिस्तत्रैव सम्प्रेषितः
कष्टं भो नृपतेर्धुरं सुमहतीमेकः समुत्कर्षति ॥ १ ॥

(विमृश्य) ईदृशमेवैतत् । यावदिदानीमीदृशशोकविनोदनार्थमवस्थाकुटुम्बिनीं मैथिलीं पश्यामि । तत् क नु खलु गता वैदेही । (परिक्रम्यावलोक्य) अये इमानि खलु प्रत्यग्राभिषिक्तानि वृक्षमूलानि अदूरगतां मैथिलीं सूचयन्ति । तथाहि,

भ्रमति सलिलं वृक्षावर्ते सफेनमवस्थितं
तृषितपतिता नैते क्लिष्टं पिबन्ति जलं खगाः ।
स्थलमभिपतन्त्यार्द्राः कीटा बिले जलपूरिते
नववलयिनो वृक्षा मूले जलक्षयरेखया ॥ २ ॥

(विलोक्य ।) अये इयं वैदेही । भोः । कष्टम् ।

योऽस्याः करः श्राम्यति दर्पणेऽपि
स नैति खेदं कलशं वहन्त्याः ।
कष्टं वनं स्त्रीजनसौकुमार्यं
समं लताभिः कठिनीकरोति ॥ ३ ॥

(उपेत्य) मैथिलि ! अपि तपो वर्धते ।

सीता—हं अय्यउत्तो । जेदु अय्यउत्तो । [हम् आर्यपुत्रः । जयत्वार्यपुत्रः ।]

रामः—मैथिलि ! यदि ते नास्ति धर्मविघ्नः, आस्यताम् ।

सीता—जं अय्यउत्तो आणवेदि । (उपविशति ।) [यदार्यपुत्र आज्ञापयति ।]

रामः—मैथिलि ! प्रतिवचनार्थिनीमिव त्वां पश्यामि । किमिदम् ।

सीता-सोअसुण्णहिअअस्स विअ अय्यउत्तस्स मुहराओ । किं
१ एदं । [शोकशून्यहृदयस्येवार्यपुत्रस्य मुखरागः । किमेतत् ।]

रामः-मैथिलि ! स्थाने खलु कृता चिन्ता ।

कृतान्तशल्याभिहते शरीरे तथैव तावद्‌हृदयव्रणो मे ।
नानाफलाः शोकशराभिघातास्तत्रैव तत्रैव पुनः पतन्ति ॥ ४ ॥

सीता-अय्यउत्तस्स को विअ सन्दावो । [आर्यपुत्रस्य क इव सन्तापः ।]

३ रामः-श्वस्तत्रभवतस्तातस्यानुसंवत्सरश्राद्धविधिः । कल्पविशेषेण निवपनक्रियामिच्छन्ति पितरः । तत् कथं निर्वर्तयिष्यामीत्येतच्चिन्त्यते । अथवा ।

गच्छन्ति तुष्टिं खलु येन केन त एव जानन्ति हि तां दशां मे ।
इच्छामि पूजां च तथापि कर्तुं तातस्य रामस्य च सानुरूपाम् ॥५॥

सीता-अय्यउत्त ! णिव्वत्तइस्सिदि सद्धं भरदो रिद्धीए, अवत्थाणुरूवं फलोदएण वि अय्यउत्तो । एदं तादस्स बहुमदअरं भवि-
२ स्सदि । [आर्यपुत्र ! निर्वर्तयिष्यति श्राद्धं भरत ऋद्ध्या, अवस्थानुरूपं फलोदकेनाप्यार्यपुत्रः । एतत् तातस्य बहुमततरं भविष्यति ।]

रामः-मैथिलि !

फलानि दृष्ट्वा दर्भेषु स्वहस्तरचितानि नः ।
स्मारितो वनवासं च तातस्तत्रापि रोदिति ॥ ६ ॥

(ततः प्रविशति परिव्राजकवेषो रावणः ।)

रावणः-एष भोः !

नियतमनियतात्मा रूपमेतद् गृहीत्वा
खरवधकृतवैरं राघवं वञ्चयित्वा ।
स्वरपदपरिहीणां हव्यधारामिवाहं
जनकनृपसुतां तां हर्तुकामः प्रयामि ॥ ७ ॥

(परिक्रम्याधो विलोक्य) इदं रामस्याश्रमपदद्वारम् । (यादवतरामि) (अवतरति ।) यावदहमप्यतिथिसमुदाचारमनुष्ठास्यामि । अहमतिथिः । कोऽत्र भोः ! ।

रामः–(श्रुत्वा ।) स्वागतमतिथये !

रावणः–साधु विशेषितं खलु रूपं स्वरेण ।

रामः–(विलोक्य) । अये भगवान् । भगवन् ! अभिवादये ।

रावणः–स्वस्ति ।

रामः–भगवन् ! एतदासनमास्यताम् ।

रावणः–(आत्मगतम् ।) कथमाज्ञप्त इवास्म्यनेन । (प्रकाशम्) बाढम् । ((उपविशति ।)

रामः–मैथिलि ! पाद्यमानय भगवते ।

सीता–जं अय्यउत्तो आणवेदि । (निष्क्रम्य प्रविश्य ।) इमा आवो । [यदार्यपुत्र आज्ञापयति । इमा आपः ।]

रामः–शुश्रूषय भगवन्तम् ।

सीता–जं अय्यउत्तो आणवेदि । [यदार्यपुत्र आज्ञापयति ।]

रावणः–(मायाप्रकाशनपर्याकुलो भूत्वा) भवतु, भवतु,

इयमेका पृथिव्यां हि मानुषीणामरुन्धती ।
यस्या भर्तेति नारीभिः सत्कृतः कथ्यते भवान् ॥ ८ ॥

रामः–तेन हि आनय, अहमेव शुश्रूषयिष्ये ।

रावणः–अयि छायां परिहृत्य शरीरं न लङ्घयामि । वाचानुवृत्तिः खल्वतिथिसत्कारः । पूजितोऽस्मि । आस्यताम ।

रामः–बाढम् । (उपविशति ।)

रावणः–(आत्मगतम् ।) यावदहमपि ब्राह्मणसमुदाचारमनुष्ठास्यामि । (प्रकाशम्) भोः ! काश्यपगोत्रोऽस्मि । साङ्गोपाङ्गं वेदमधीये मानवीयं धर्मशास्त्रं माहेश्वरं योगशास्त्रं, बार्हस्पत्यमर्थशास्त्रं, मेधातिथेर्न्यायशास्त्रं, प्राचेतसं श्राद्धकल्पं च ।

रामः—कथं कथं श्राद्धकल्पमिति ।

रावणः—सर्वाः श्रुतीरतिक्रम्य श्राद्धकल्पे स्पृहा दर्शिता । किमेतत् ।

रामः—भगवन् ! भ्रष्टायां पितृमत्तायामागम इदानीमेषः ।

रावणः—अलं परिहृत्य । पृच्छतु भवान् ।

रामः—भगवन् ! निवपनक्रियाकाले केन पितॄंस्तर्पयामि ।

रावणः—सर्वं श्रद्धया दत्तं श्राद्धम् ।

रामः—भगवन् ! अनादरतः परित्यक्तं भवति । विशेषार्थं पृच्छामि ।

रावणः—श्रूयताम् । विरूढेषु दर्भाः, ओषधीषु तिलाः, कलायं शाकेषु, मत्स्येषु महाशफरः, पक्षिषु वार्ध्राणसः, पशुषु गौः खड्गो वा, इत्येते मानुषाणां विहिताः ।

रामः—भगवन् ! वाशब्देनावगतमन्यदप्यस्तीति ।

रावणः—अस्ति प्रभावसम्पाद्यम् ।

रामः—भगवन् ! एष एव मे निश्चयः ।

उभयस्यास्ति सान्निध्यं यद्येतत् साधयिष्यति ।
धनुर्वा तपसि श्रान्ते श्रान्ते धनुषि वा तपः ॥ ९ ॥

रावणः—सन्ति । हिमवति प्रतिवसन्ति ।

रामः—हिमवतीति । ततस्ततः ।

रावणः—हिमवतः सप्तमे शृङ्गे प्रत्यक्षस्थाणुशिरःपतितगङ्गाम्बुपायिनो वैदूर्यश्यामपृष्ठाः पवनसमजवाः काञ्चनपार्श्वा नाम मृगाः, यैर्वैखानसवालखिल्यनैमिशीयादयो महर्षयश्चिन्तितमात्रोपस्थितविपन्नैः श्राद्धान्यभिवर्धयन्ति ।

तैस्तर्पिताः सुतफलं पितरो लभन्ते
हित्वा जरां खमुपयान्ति हि दीप्यमानाः ।
तुल्यं सुरैः समुपयान्ति विमानवास—
मावर्तिभिश्च विषयैर्न बलाद्ध्रियन्ते ॥ १० ॥

रामः- मैथिलि !

आपृच्छ पुत्रकृतकान् हरिणान् द्रुमांश्च
विन्ध्यं वनं तव सखीर्दयिता लताश्च ॥
वत्स्यामि तेषु हिमवद्गिरिकाननेषु
दीप्तैरिवौषधिवनैरुपरञ्जितेषु ॥ ११ ॥

सीता-जं अय्यउत्तो आणवेदि । [यदार्यपुत्र आज्ञापयति ।]

रावणः-कौसल्यामातः ! अलमतिमनोरथेन । न ते मानुषैर्दृश्यन्ते ।

३ रामः-भगवन् ! किं हिमवति प्रतिवसन्ति ।

रावणः-अथ किम् ।

रामः-तेन हि पश्यतु भवान् ।

सौवर्णान् वा मृगांस्तान् मे हिमवान् दर्शयिष्यति ।
भिन्नो मद्बाणवेगेन क्रौञ्चत्वं वा गमिष्यति ॥ १२ ॥

रावणः-(स्वगतम् ।) अहो असह्यः खल्वस्यावलेपः ।

रामः- (दिशो विलोक्य ।) अये विद्युत्सम्पात इव दृश्यते ।

३ रावणः-(प्रकाशम् ।) कौसल्यामातः । इहस्थमेव भवन्तं पूजयति
हिमवान् । एष काञ्चनपार्श्वः ।

रामः-भगवतो वृद्धिरेषा ।

६ सीता-दिट्ठिआ अय्यउत्तो वड्ढइ । [दिष्ट्यार्यपुत्रो वर्धते ।]

रामः-न न,

तातस्यैतानि भाग्यानि यदि स्वयमिहागतः ।
अर्हत्येष हि पूजायां लक्ष्मणं ब्रूहि मैथिलि ॥ १३ ॥

सीता-अय्यउत्त ! णं तित्थअत्तादो उवावत्तमाणं कुलवदिं पच्चु-
ग्गच्छेहित्ति सन्दिट्ठो सोमित्ती । [आर्यपुत्र ! ननु तीर्थयात्रात
३ उपावर्तमानं कुलपतिं प्रत्युद्गच्छेति सन्दिष्टः सौमित्रिः ।]

रामः–तेन हि अहमेव यास्यामि ।

सीता–अय्यउत्त ! अहं किं करिस्सं । [आर्यपुत्र ! अहं किं
६ करिष्यामि ।]

रामः–शुश्रूषयस्व भगवन्तम् ।

सीता–जं अय्यउत्तो आणवेदि । [यदार्यपुत्र आज्ञापयति ।]

९ (निष्क्रान्तो रामः ।)

रावणः–अये, अयमर्घ्यमादायोपसर्पति राघवः । एष इदानीं पूजामनवेक्ष्य धावन्तं मृगं दृष्ट्वा धनुरारोपयति राघवः ।

अहो बलमहो वीर्यमहो सत्त्वमहो जवः ।
राम इत्यक्षरैरल्पैः स्थाने व्याप्तमिदं जगत् ॥ १४ ॥

एष मृगः । एकप्लुतातिक्रान्तशरविषयो वनगहनं प्रविष्टः ।

सीता–(आत्मगतम् ।) अय्यउत्तविरहिदाए भअं मे एत्थ उप्पज्जइ ।
३ [आर्यपुत्रविरहिताया भयं मेऽत्रोत्पद्यते ।]

रावणः–(आत्मगतम् ।)

माययापहृते रामे सीतामेकां तपोवनात् ।
हरामि रुदतीं बालाममन्त्रोक्तामिवाहुतिम् ॥ १५ ॥

सीता–जाव उडजं पविसामि । (गन्तुमीहते) [यावदुटजं प्रविशामि ।]

रावणः–(स्वरूपं गृहीत्वा ।) सीते ! तिष्ठ तिष्ठ ।

३ सीता–(सभयम् ।) हं को दाणि अअं । [हं क इदानीमयम् ।]

रावणः–किं न जानीषे ।

युद्धे येन सुराः सदानवगणाः शक्रादयो निर्जिता
दृष्ट्वा शूर्पणखाविरूपकरणं श्रुत्वा हतौ भ्रातरौ ।
दर्पाद् दुर्मतिमप्रमेयबलिनं रामं विलोभ्य च्छलैः
स त्वां हर्तुमना विशालनयने ! प्राप्तोऽस्म्यहं रावणः ॥१६॥

सीता–हं रावणो णाम । (प्रतिष्ठते ।) [हं रावणो नाम ।]

रावणः–आः, रावणस्य चक्षुर्विषयमागता क्व यास्यसि ।

सीता–अय्यउत्त ! परित्ताआहि परित्ताआहि । सोमित्ती ! परित्ताआहि परित्ताआहि मं । [आर्यपुत्र ! परित्रायस्व परित्रायस्व । सौमित्रे ! परित्रायस्व परित्रायस्व माम् ।]

रावणः–सीते ! श्रूयतां मत्पराक्रमः ।

भग्नः शक्रः कम्पितो वित्तनाथः कृष्टः सोमो मर्दितः सूर्यपुत्रः ।
धिग् भोः स्वर्गं भीतदेवैर्निविष्टं धन्या भूमिर्वर्तते यत्र सीता ॥१७॥

सीता–अय्यउत्त ! परित्ताआहि परित्ताआहि । सोमित्ती ! परित्ताआहि परित्ताआहि मं । [आर्यपुत्र ! परित्रायस्व परित्रायस्व । सौमित्रे ! परित्रायस्व परित्रायस्व माम् ।]

रावणः–

रामं वा शरणमुपेहि लक्ष्मणं वा
स्वर्गस्थं दशरथमेव वा नरेन्द्रम् ।
किं वा स्यात् कुपुरुषसंश्रितैर्वचोभि-
र्न व्याघ्रं मृगशिशवः प्रधर्षयन्ति ॥ १८ ॥

सीता–अय्यउत्त ! परित्ताआहि परित्ताआहि । सोमित्ती ! परित्ताआहि परित्ताआहि मं । [आर्यपुत्र ! परित्रायस्व परित्रायस्व । सौमित्रे ! परित्रायस्व परित्रायस्व माम् ।]

रावणः–

विलपसि किमिदं विशालनेत्रे
विगणय मां च यथा तवार्यपुत्रम् ।
विपुलबलयुतो ममैष योद्धुं
ससुरगणोऽप्यसमर्थ एव रामः ॥ १९ ॥

सीता–(सरोषं) सत्तो सि । [शप्तोऽसि ।]

रावणः–हहह ! अहो पतिव्रतायास्तेजः ।

योऽहमुत्पतितो वेगान्न दग्धः सूर्यरश्मिभिः ।
अस्याः परिमितैर्दग्धः शप्तोऽसीत्येभिरक्षरैः ॥ २० ॥

सीता–अय्यउत्त ! परित्ताआहि परित्ताआहि । [आर्यपुत्र ! परित्रायस्व परित्रायस्व ।]

३ रावणः–(सीतां गृहीत्वा ।) भो भो जनस्थानवासिनस्तपस्विनः ! शृण्वन्तु शृण्वन्तु भवन्तः ।

बलादेष दशग्रीवः सीतामादाय गच्छति ।
क्षात्रधर्मे यदि स्निग्धः कुर्याद् रामः पराक्रमम् ॥ २१ ॥

सीता–अय्यउत्त ! परित्ताआहि परित्ताआहि । [आर्यपुत्र ! परित्रायस्व परित्रायस्व ।]

३ रावणः–(परिक्रामन् विलोक्य ।) अये स्वपक्षपवनोत्क्षेपक्षुमितवनषण्डश्चण्डचञ्चुरभिधावत्येष जटायुः । आः तिष्ठेदानीम् ।

मद्भुजाकृष्टनिस्त्रिंशकृत्तपक्षक्षतच्युतैः ।
रुधिरैरार्द्रगात्रं त्वां नयामि यमसादनम् ॥ २२ ॥

(निष्क्रान्तौ ।)

पञ्चमोऽङ्कः ।

अथ षष्ठोऽङ्कः ।

(ततः प्रविशतो वृद्धतापसौ ।)

३ उभौ–परित्रायतां परित्रायतां भवन्तः !

प्रथमः–

इयं हि नीलोत्पलदामवर्चसा मृणालशुक्लोज्ज्वलदंष्ट्रहासिना ।
निशाचरेन्द्रेण निशार्धचारिणा मृगीव सीता परिभूय नीयते ॥१॥

द्वितीयः–एषा खलु तत्रभवती वैदेही

विचेष्टमानेव भुजङ्गमाङ्गना
विधूयमानेव च पुष्पिता लता ।
प्रसह्य पापेन दशाननेन सा
तपोवनात् सिद्धिरिवापनीयते ॥ २ ॥

उभौ–परित्रायतां परित्रायतां भवन्तः ! ।

प्रथमः–(ऊर्ध्वमवलोक्य ।) अये वचनसमकाल एव दशरथस्यानृण्यं कर्तुं मयि स्थिते क्व यास्यसीति रावणमाहूयान्तरिक्षमुत्पतितो जटायुः ।

द्वितीयः–एष रोषादुद्वृत्तनयनः प्रतिनिवृत्तो रावणः ।

प्रथमः–एष रावणः ।

द्वितीयः–एष जटायुः ।

उभौ–हन्तैतदन्तरिक्षे प्रवृत्तं युद्धम् ।

प्रथमः–काश्यप ! काश्यप ! पश्य क्रव्यादीश्वरस्य सामर्थ्यम् ।

पक्षाभ्यां परिभूय वीर्यविषयं द्वन्द्वं प्रतिव्यूहते
तुण्डाभ्यां सुनिघृष्टतीक्ष्णमचलः संवेष्टनं चेष्टते ।
तीक्ष्णैरायसकण्टकैरिव नखैर्भीमान्तरं वक्षसो
वज्राग्रैरिव दार्यमाणविषमाच्छैलाच्छिला पाट्यते ॥३॥

द्वितीयः–हन्त संक्रुद्धेन रावणेनासिना क्रव्यादीश्वरः स दक्षिणांसदेशे हतः ।

उभौ–हा धिक् ! पतितोऽत्रभवान् जटायुः,

प्रथमः– भोः कष्टम् । एष खलु तत्रभवान् जटायुः,

कृत्वा स्ववीर्यसदृशं परमं प्रयत्नं
क्रीडामयूरमिव शत्रुमचिन्तयित्वा
दीप्तं निशाचरपतेरवधूय तेजो
नागेन्द्रभग्नवनवृक्ष इवावसन्नः ॥ ४ ॥

उभौ–स्वर्ग्योऽयमस्तु ।

प्रथमः–काश्यप ! आगम्यताम् । इमं वृत्तान्तं तत्रभवते राघवाय निवेदयिष्यावः ।

द्वितीयः–बाढम् । प्रथमः कल्पः ।

(निष्क्रान्तौ ।)

विष्कम्भकः ।

(ततः प्रविशति काञ्चुकीयः ।)

काञ्चुकीयः– क इह भोः ! काञ्चनतोरणद्वारमशून्यं कुरुते ।

(प्रविश्य)

प्रतिहारी–अय्य ! अहं विजया ! किं करीअदु । [आर्य ! अहं विजया । किं क्रियताम् ।]

काञ्चुकीयः– विजये ! निवेद्यतां निवेद्यतां भरतकुमाराय–एष खलु रामदर्शनार्थं जनस्थानं प्रस्थितः प्रतिनिवृत्तस्तत्रभवान् इति ।

प्रतिहारी–अय्य ! अवि किदत्थो तादसुमन्तो आअदो । [आर्य ! अपि कृतार्थस्तातसुमन्त्र आगतः ।]

काञ्चुकीयः–भवति ! न जाने ।

हृदयस्थितशोकाग्निशोषिताननमागतम् ।
दृष्ट्वैवाकुल्मासीन्मे सुमन्त्रमधुना मनः ॥ ५ ॥

प्रतिहारी–अय्य ! एदं सुणिअ पय्याउळं विअ मे हिअअं । [आर्य ! एतच्छ्रुत्वा पर्याकुलमिव मे हृदयम् ।]

काञ्चुकीयः–भवति ! किमिदानीं स्थिता । शीघ्रं निवेद्यताम् ।

प्रतिहारी–अय्य । इअं णिवेदेमि । (निष्क्रान्ता ।) [आर्य ! इयं निवेदयामि ।]

काञ्चुकीयः–(विलोक्य ।) अये ! अयमत्रभवान् भरतकुमारः सुमन्त्रागमनजनितकुतूहलहृदयश्चीरवल्कलवसनश्चित्रजटापुञ्जपिञ्जरितोत्तमाङ्ग इत एवाभिवर्तते । य एषः,

प्रख्यातसद्गुणगणः प्रतिपक्षकाल-
स्तिग्मांशुवंशतिलकस्त्रिदशेन्द्रकल्पः ।
आज्ञावशादखिलभूपरिरक्षणस्थः
श्रीमानुदारकलभेभसमानयानः ॥ ६ ॥

(ततः प्रविशति भरतः प्रतिहारी च ।)

भरतः–विजये ! एवम् , उपगस्तत्रभवान् सुमन्त्रः ।

गत्वा तु पूर्वमयमार्यनिरीक्षणार्थं
लब्धप्रसादशपथे मयि सन्निवृत्ते ।
दृष्ट्वा किमागत इहात्रभवान् सुमन्त्रो
रामं प्रजानयनबुद्धिमनोभिरामम् ॥ ७ ॥

काञ्चुकीयः– (उपगम्य ।) जयतु कुमारः ।

भरतः–अथ कस्मिन् प्रदेशे वर्तते तत्रभवान् सुमन्त्रः ।

काञ्चुकीयः–असौ काञ्चनतोरणद्वारे ।

भरतः–तेन हि शीघ्रं प्रवेश्यताम् ।

काञ्चुकीयः–यदाज्ञापयति कुमारः । (निष्क्रान्तः ।)

(ततः प्रविशति सुमन्त्रः प्रतिहारी च ।)

सुमन्त्रः–(सशोकम्) कष्टं भोः ! कष्टम् ।

नरपतिनिधनं मयानुभूतं नृपतिसुतव्यसनं मयैव दृष्टम् ।
श्रुत इह स च मैथिलीप्रणाशो गुण इव बह्वपराद्धमायुषा मे ॥ ८ ॥

प्रतिहारी–(सुमन्त्रमुद्दिश्य ।) एदु एदु अय्यो । एसो भट्टा । उपसप्पदु अय्यो । [एत्वेत्वार्यः । एष भर्ता । उपसर्पत्वार्यः ।]

सुमन्त्रः– (उपसृत्य ।) जयतु कुमारः ।

भरतः–तात ! अपि दृष्टस्त्वया लोकाविष्कृतपितृस्नेहः । अपि दृष्टं द्विधाभूतमरुन्धतीचारित्रम् । अपि दृष्टं त्वया निष्कारणावहितवनवासं सौभ्रात्रम् ।

(सुमन्त्रः सचिन्तस्तिष्ठति ।)

प्रतिहारी–भट्टिदारओ खु अय्यं पुच्छदि । [भर्तृदारकः खल्वार्यं पृच्छति ।]

सुमन्त्रः–भवति किं माम् ।

भरतः–(स्वगतम् ।) अतिमहान् खल्वायासः । सन्तापाद् भ्रष्टहृदयः । (प्रकाशम् ।) अपि मार्गात् प्रतिनिवृत्तस्तत्रभवान् ।

सुमन्त्रः–कुमार ! त्वन्नियोगाद् रामदर्शनार्थं जनस्थानं प्रस्थितः कथमहमन्तरा प्रतिनिवर्तिष्ये ।

भरतः-किन्तु खलु क्रोधेन वा लज्जया वात्मानं न दर्शयन्ति ।

सुमन्त्रः–कुमार !

कुतः क्रोधो विनीतानां लज्जा वा कृतचेतसाम् ।
मया दृष्टं तु तच्छून्यं तैर्विहीनं तपोवनम् ॥ ९ ॥

भरतः-अथ क गता इति श्रुताः ।

सुमन्त्रः–अस्ति किल किष्किन्धा नाम वनौकसां निवासः । तत्र गता इति श्रुताः ।

भरतः–हन्त ! अविज्ञातपुरुषविशेषाः खलु वानराः । दुःखिताः प्रतिवसन्ति ।

सुमन्त्रः–कुमार ! तिर्यग्योनयोऽप्युपकृतमवगच्छन्ति ।

भरतः–तात ! कथमिव ।

सुमन्त्रः–

सुग्रीवो भ्रंशितो राज्याद् भ्रात्रा ज्येष्ठेन वालिना ।
हृतदारो वसञ्छैले तुल्यदुःखेन मोक्षितः ॥ १० ॥

भरतः-तात ! कथं तुल्यदुःखेन नाम ।

सुमन्त्रः-(आत्मगतम् ।) हन्त सर्वमुक्तमेव मया । (प्रकाशम् ।) कुमार! न खलु किञ्चित् । ऐश्वर्यभ्रंशतुल्यता ममाभिप्रेता ।

भरतः–तात! किं गूहसे स्वर्गं गतेन महाराजपादमूलेन शापितः स्याः, यदि सत्यं न ब्रूयाः।

सुमन्त्रः–का गतिः। श्रूयतां,

वैरं मुनिजनस्यार्थे रक्षसा महता कृतम्।
सीता मायामुपाश्रित्य रावणेन ततो हृता ॥ ११ ॥

भरतः–कथं हृतेति। (मोहमुपगतः।)

सुमन्त्रः–समाश्वसिहि समाश्वसिहि।

भरतः–(पुनः समाश्वस्य।) भोः! कष्टम्।

पित्रा च बान्धवजनेन च विप्रयुक्तो
दुःखं महत् समनुभूय वनप्रदेशे।
भार्यावियोगमुपलभ्य पुनर्ममार्यो
जीमूतचन्द्र इव खे प्रभया वियुक्तः ॥ १२ ॥

भो! किमिदानीं करिष्ये। भवतु, दृष्टम्। अनुगच्छतु मां तातः।

सुमन्त्रः-यदाज्ञापयति कुमारः।

(उभौ परिक्रामतः।)

सुमन्त्रः–कुमार! न खलु न खलु गन्तव्यम्। देवीनां चतुश्शालमिदम्।

भरतः– अत्रैव मे कार्यम्। भोः! क इह प्रतिहारे।

(प्रविश्य।)

प्रतिहारी–जेदु भट्टिदारओ। विजआ खु अहं। [जयतु भर्तृदारकः। विजया खल्वहम्।]

भरतः-विजये! ममागमनं निवेदयात्रभवत्यै।

प्रतिहारी-कदमाए भट्टिणीए णिवेदेमि। [कतमस्यै भट्टिन्यै निवेदयामि।]

भरतः–या मां राजानमिच्छति।

प्रतिहारी– (आत्मगतम् ।) हं किं णु खु भवे। (प्रकाशम् ।) भट्टा ! तह। (निष्क्रान्ता ।) [हं किन्तु खलु भवेत् ! भर्तः ! तथा ।]

(ततः प्रविशति कैकेयी प्रतिहारी च ।)

कैकेयी–विजए ! मं पेक्खिदुं भरदो आअदो । [विजये ! मां प्रेक्षितुं भरत आगतः ।]

प्रतिहारी–भट्टिणि ! तह । भट्टिदारअस्स रामस्स सआसादो तादसुमन्तो आअदो। तेण सह भट्टिदारओ भरदो भट्टिणिं पेक्खिदुं इच्छदि किळ। [भट्टिनि ! तथा । भर्तृदारकस्य रामस्य सकाशात् तातसुमन्त्र आगतः। तेन सह भर्तृदारको भरतो भट्टिनीं प्रेक्षितुमिच्छति किल ।]

कैकेयी–(स्वगतम् ।) केण खु उग्घादेण मं उवाळम्भिस्सिदि भरदो। [केन खलूद्घातेन मामुपालप्स्यते भरतः ।]

प्रतिहारी–भट्टिणि ! किं पविसदु भट्टिदारओ । [भट्टिनि ! किं प्रविशतु भर्तृदारकः ।]

कैकेयी–गच्छ । पवेसेहि णं। [गच्छ । प्रवेशयैनम् ।]

प्रतिहारी–भट्टिणि ! तह । (परिक्रम्योपसृत्य) जेदु भट्टिदारओ । पविसदु किळ । [भट्टिनि ! तथा ! जयतु भर्तृदारकः । प्रविशतु किल ।]

भरतः–विजये ! किं निवेदितम् ।

प्रतिहारी–आम ।

भरतः– तेन हि प्रविशावः ।

(प्रविशतः ।)

कैकेयी–जाद ! विअआ मन्तेदि—रामस्स सआसादो सुमन्तो आअदोत्ति। [जात ! विजया मन्त्रयते—रामस्य सकाशात् सुमन्त्र आगत इति ।]

भरतः– अतः परं प्रियं निवेदयाम्यत्रभवत्यै ।

कैकेयी–जाद ! अवि कोसळ्ळा सुमित्ता अ सद्दावइदव्वा । [जात ! अपि कौसल्या सुमित्रा च शब्दापयितव्ये ।]

भरतः–न खलु ताभ्यां श्रोतव्यम् ।

कैकेयी–(आत्मगतम् ।) हं किं णु हु भवे । (प्रकाशम् ।) भणाहि जाद ! । [हं किन्नु खलु भवेत् । भण जात ! ।]

भरतः– श्रूयतां,

यः स्वराज्यं परित्यज्य त्वन्नियोगाद् वनं गतः ।
तस्य भार्या हृता सीता पर्याप्तस्ते मनोरथः ॥ १३ ॥

कैकेयी–हं ।

भरतः–

हन्त भोः ! सत्वयुक्तानामिक्ष्वाकूणां मनस्विनाम् ।
वधूप्रधर्षणं प्राप्तं प्राप्यात्रभवतीं वधूम् ॥ १४ ॥

कैकेयी–(आत्मगतम् ।) भोदु, दाणि काळो कहेउं । (प्रकाशम् ।) जाद ! तुवं ण आणासि महाराअस्स सावं । [भवतु, इदानीं कालः कथयितुम् । जात ! त्वं न जानासि महाराजस्य शापम् ।]

भरतः–किं शप्तो महाराजः ।

कैकेयी–सुमन्त ! आअक्ख वित्थरेण । [सुमन्त्र ! आचक्ष्व विस्तरेण ।]

सुमन्त्रः–यदाज्ञापयति भवती । कुमार ! श्रूयताम्—पुरा मृगयां गतेन महाराजेन कस्मिंश्चित् सरसि कलशं पूरयमाणो वनगज-बृंहितानुकारिशब्दसमुत्पन्नवनगजशङ्कया शब्दवेधिना शरेण विपन्न-चक्षुषो महर्षेश्चक्षुर्भूतो मुनितनयो हिंसितः ।

भरतः–हिंसित इति । शान्तं पापं शान्तं पापम् । ततस्ततः ।

सुमन्त्रः–ततस्तमेवंगतं दृष्ट्वा,

तेनोक्तं रुदितस्यान्ते मुनिना सत्यभाषिणा ।
यथाहं भोस्त्वमप्येवं पुत्रशोकाद् विपत्स्यसे ॥ १५ ॥

इति ।

भरतः–नन्विदं कष्टं नाम ।

कैकेयी–जाद ! एदण्णिमित्तं अवराहे मं णिक्खिविअ पुत्तओ रामो वणं पेसिदो, ण हु रज्जळोहेण । अपरिहरणीओ महरिसिसावो पुत्तविप्पवासं विणा ण होइ । [जात ! एतन्निमित्तमपराधे मां निक्षिप्य पुत्रको रामो वनं प्रेषितः, न खलु राज्यलोभेन । अपरिहरणीयो महर्षिशापः पुत्रविप्रवासं विना न भवति ।]

भरतः–अथ तुल्ये पुत्रविप्रवासे कथमहमरण्यं न प्रेषितः ।

कैकेयी–जाद ! मादुळकुळे वत्तमाणस्स पइदीहूदो दे विप्पवासो । [जात ! मातुलकुले वर्तमानस्य प्रकृतीभूतस्ते विप्रवासः ।]

भरतः–अथ चतुर्दश वर्षाणि किं कारणमवेक्षितानि ।

कैकेयी–जाद ! चउद्दस दिअस त्ति वत्तुकामाए पय्याउळहिअआए चउद्दस वरिसाणि त्ति उत्तं । [जात ! चतुर्दश दिवसा इति वक्तुकामया पर्याकुलहृदयया चतुर्दश वर्षाणीत्युक्तम् ।]

भरतः–अस्ति पाण्डित्यं सम्यग् विचारयितुम् । अथ विदितमेतद् गुरुजनस्य ।

सुमन्त्रः–कुमार ! वसिष्ठवामदेवप्रभृतीनामनुमतं विदितं च ।

भरतः–हन्त त्रैलोक्यसाक्षिणः खल्वेते । दिष्ट्यानपराद्धात्रभवती । अम्ब ! यद् भ्रातृस्नेहात् समुत्पन्नमन्युना मया दूषितात्रभवती, तत् सर्वं मर्षयितव्यम् । णम्ब ! अभिवादये ।

कैकेयी–जाद ! का णाम मादा पुत्तअस्स अवराहं ण मरिसेदि । उट्ठेहि उट्ठेहि । को एत्थ दोसो । [जात ! का नाम माता पुत्रकस्यापराधं न मर्षयति । उत्तिष्ठोत्तिष्ठ । कोऽत्र दोषः ।]

भरतः– अनुगृहीतोऽस्मि । आपृच्छाम्यत्रभवतीम् । अद्यैवाहमार्यस्य साहाय्यार्थं कृत्स्नं राजमण्डलमुद्योजयामि । अयमिदानीं,

वेलामिमां मत्तगजान्धकारां करोमि सैन्योघनिवेशनद्धाम् ।
बलैस्तरद्भिश्च नयामि तुल्यं ग्लानिं समुद्रं सह रावणेन ॥ १६ ॥

अये शब्द इव । तूर्णं ज्ञायतां शब्दः ।

(प्रविश्य ।)

प्रतिहारी–जेदु कुमारो । इयं वुत्तन्तं सुणिअ जेट्ठभट्टिणी मोहं गआ । [जयतु कुमारः । इमं वृत्तान्तं श्रुत्वा ज्येष्ठभट्टिनी मोहं गता ।]

कैकेयी–हं !

भरतः–कथं मोहमुपगताम्बा ।

कैकेयी–एहि जाद ! अय्यं अस्सासइस्सामो । [एहि ! जात ! आर्यामाश्वासयिष्यावः ।]

भरतः–यदाज्ञापयत्यम्बा ।

(निष्क्रान्ताः सर्वे ।)

षष्ठोऽङ्कः ।

अथ सप्तमोऽङ्कः ।

(ततः प्रविशति तापसः ।)

तापसः–नन्दिलक ! नन्दिलक !

(प्रविश्य)

नन्दिलकः–अय्य ! अअं म्हि [आर्य ! अयमस्मि ।]

तापसः–नन्दिलक ! कुलपतिर्विज्ञापयति––एष खलु स्वदारापहारिणं त्रैलोक्यविद्रावणं रावणं नाशयित्वा राक्षसगणविरुद्धवृत्तं गुणगणविभूषणं बिभीषणमभिषिच्य देवदेवर्षिसिद्धविमलचारित्रां तत्रभवतीं सीतामादाय ऋक्षराक्षसवानरमुख्यैः परिवृतः सम्प्राप्तस्तत्र·

भवान् शरद्विमलगगनचन्द्राभिरामो रामः । तदद्यास्मिन्नाश्रमपदेऽस्मद्विभवेन यत् सङ्कल्पयितव्यं तत् सर्वं सज्जीक्रियतामिति ।

नन्दिलकः— अय्य ! सव्वं सज्जीकिदं । किन्तु— [आर्य ! सर्वं सज्जीकृतम् । किन्तु—]

तापसः—किमेतत् ।

नन्दिलकः—एत्थ बिभीसणकेरआ रक्खसा । तेसं भक्खणणिमित्तं कुळवदी पमाणं । [अत्र विभीषणसम्बन्धिनो राक्षसाः । तेषां भक्षणनिमित्तं कुलपतिः प्रमाणम् ।]

तापसः—किमर्थम् ।

नन्दिलकः—ते खु खज्जन्ति । [ते खलु खादन्ति ।]

तापसः—अलमलं सम्भ्रमेण । बिभीषणविधेयाः खलु राक्षसाः ।

नन्दिलकः—णमो रक्खससज्जणाअ । (निष्क्रान्तः ।) [नमो राक्षससज्जनाय ।]

तापसः— (विलोक्य ।) अये अयमत्रभवान् राघवः । य एष

जय नरवर ! जेयः स्याद् द्वितीयस्तवारि-
स्तव भवतु विधेया भूमिरेकातपत्रा ।
इति मुनिभिरनेकैः स्तूयमानः प्रसन्नैः
क्षितितलमवतीर्णो मानवेन्द्रो विमानात् ॥ १ ॥

जयतु भवान् जयतु । (निष्क्रान्तः ।)

मिश्रविष्कम्भकः ।

(ततः प्रविशति रामः ।)

रामः—भोः !

समुदितबलवीर्यं रावणं नाशयित्वा
जगति गुणसमग्रां प्राप्य सीतां विशुद्धाम् ।
वचनमपि गुरूणामन्तशः पूरयित्वा
मुनिजनवनवासं प्राप्तवानस्मि भूयः ॥ २ ॥

तापसीनामभिवन्दनार्थमभ्यन्तरं प्रविष्टा चिरायते खलु मैथिली । (विलोक्य ।) अये इयं वैदेही,

सखीति सीतेति च जानकीति यथावयः स्निग्धतरं स्नुषेति ।
तपस्विदारैर्जनकेन्द्रपुत्री सम्भाष्यमाणा समुपैति मन्दम् ॥ ३ ॥

(ततः प्रविशति सीता तापसी च ।)

तापसी–हला ! एसो दे कुडुम्बिओ । उवसप्प णं । ण सक्कं तुमं एआइणिं पेक्खिदुं । [हला ! एष ते कुटुम्बिकः । उपसर्पैनम् । न शक्यं त्वामेकाकिनीं प्रेक्षितुम् ।]

सीता–हं ! अज्ज वि अविस्ससणीअं विअ मे पडिभादि । (उपसृत्य ।) जेदु अय्यउत्तो । [हम् ! अद्याप्यविश्वसनीयमिव मे प्रतिभाति । जयत्वार्यपुत्रः ।]

रामः–मैथिलि ! अपि जानासि, पूर्वाधिष्ठानमस्माकं जनस्थानमासीत् । अप्यत्र ज्ञायन्ते पुत्रकृतका वृक्षाः ।

सीता–जाणामि जाणामि । ओळोइअपत्तआ उळ्लोअइदव्वा दाणिं संवुत्ता । [जानामि जानामि । अवलोकितपत्रका उल्लोकयितव्या इदानीं संवृत्ताः ।]

रामः–एवमेतत् । निम्नस्थलोत्पादको हि कालः । मैथिलि ! अप्युपलभ्यतेऽस्य सप्तपर्णस्याधस्ताच्छुक्लवाससं भरतं दृष्ट्वा परित्रस्तं मृगयूथमासीत् ।

सीता–अय्यउत्त ! दिढं खु सुमरामि । [आर्यपुत्र ! दृढं खलु स्मरामि ।]

रामः–अयं तु नस्तपसः साक्षिभूतो महाकच्छः । अत्रास्माभिरासीनैस्तातस्य निवपनक्रियां चिन्तयद्भिः काञ्चनपार्श्वो नाम मृगो दृष्टः ।

२१ सीता–हं अय्यउत्त ! मा खु मा खु एवं भणिदुं । (भीता वेपते ।)
[हम् आर्यपुत्र ! मा खलु मा खल्वेवं भणितुम् ।]

रामः–अलमलं सम्भ्रमेण । अतिक्रान्तः खल्वेष कालः । (दिशो
२४ विलोक्य ।) अये कुतो नु,

रेणुः समुत्पतति लोध्रसमानगौरः
सम्प्रावृणोति च दिशः पवनावधूतः ।
शङ्खध्वनिश्च पटहस्वनधीरनादैः
सम्मूर्च्छितो वनमिदं नगरीकरोति ॥ ४ ॥

(प्रविश्य)

लक्ष्मणः–जयत्वार्यः । आर्य !

अयं सैन्येन महता त्वद्दर्शनसमुत्सुकः ।
मातृभिः सह सम्प्राप्तो भरतो भ्रातृवत्सलः ॥ ५ ॥

रामः–वत्स लक्ष्मण ! किमेवं भरतः प्राप्तः ।

लक्ष्मणः–आर्य ! अथ किम् ।

३ रामः–मैथिलि ! श्वश्रूजनपुरोगं भरतमवलोकयितुं विशालीक्रियतां
ते चक्षुः ।

सीता–अय्यउत्त ! इच्छिदव्वे काले भरदो आअदो । [आर्यपुत्र !
६ एष्टव्ये काले भरत आगतः ।]

(ततः प्रविशति भरतः समातृकः ।)

भरतः–

तैस्तैः प्रवृद्धविषयैर्विषमैर्विमुक्तं
मेघैर्विमुक्तममलं शरदीव सोमम् ।
आर्यासहायमहमद्य गुरुं दिदृक्षुः
प्राप्तोस्मि तुष्टहृदयः स्वजनानुबद्धः ॥ ६ ॥

रामः-अम्बाः ! अभिवादये ।

सर्वाः-जाद ! चिरं जीव । दिट्ठिआ वड्ढामो अवसिदपडिण्णं तुमं कुसळिणं सह वहूए ऐक्खिअ । [जात ! चिरं जीव । दिष्ट्या वर्धामहे अवसितप्रतिज्ञं त्वां कुशलिनं सह वध्वा प्रेक्ष्य ।]

रामः-अनुगृहीतोऽस्मि ।

लक्ष्मणः-अम्बाः ! अभिवादये ।

सर्वाः-जाद ! चिरं जीव । [जात ! चिरं जीव ।]

लक्ष्मणः-अनुगृहीतोऽस्मि ।

सीता-अय्या ! वन्दामि । [आर्याः ! वन्दे ।]

सर्वाः-वच्छे ! चिरमङ्गळा होहि । [वत्से ! चिरमङ्गला भव ।]

सीता-अणुग्गहिदम्हि । [अनुगृहीतास्मि ।]

भरतः-आर्य ! अभिवादये भरतोऽहमस्मि ।

रामः-एह्येहि वत्स ! इक्ष्वाकुकुमार ! स्वस्ति, आयुष्मान् भव ।

वक्षः प्रसारय कवाटपुटप्रमाण-
मालिङ्ग मां सुविपुलेन भुजद्वयेन ।
उन्नामयाननमिदं शरदिन्दुकल्पं
प्रल्हादय व्यसनदग्धमिदं शरीरम् ॥ ७ ॥

भरतः-अनुगृहीतोऽस्मि । आर्ये ! अभिवादये भरतोऽहमस्मि ।

सीता-अय्यउत्तेण चिरसञ्चारी होहि । [आर्यपुत्रेण चिरसञ्चारी भव ।]

भरतः-अनुगृहीतोऽस्मि । आर्य ! अभिवादये ।

लक्ष्मणः-एह्येहि वत्स ! दीर्घायुर्भव । परिष्वजस्व गाढम् ।

(आलिङ्गति ।)

भरतः-अनुगृहीतोऽस्मि । आर्य प्रतिगृह्यतां राज्यभारः ।

रामः-वत्स ! कथमिव ।

कैकेयी-जाद ! चिराहिळसिदो खु एसो मणोरहो । [जात ! चिराभिलषितः खल्वेष मनोरथः ।]

(ततः प्रविशति शत्रुघ्नः ।)

शत्रुघ्नः-

विविधैर्व्यसनैः क्लिष्टमक्लिष्टगुणतेजसम् ।
द्रष्टुं मे त्वरते बुद्धी रावणान्तकरं गुरुम् ॥ ८ ॥

(उपगम्य ।) आर्य ! शत्रुघ्नोऽहमभिवादये ।

रामः-एह्येहि वत्स ! स्वस्ति, आयुष्मान् भव ।

शत्रुघ्नः-अनुगृहीतोऽस्मि । आर्ये अभिवादये ।

सीता-वच्छ ! चिरं जीव । [वत्स ! चिरं जीव ।]

शत्रुघ्नः-अनुगृहीतोऽस्मि । आर्य ! अभिवादये ।

लक्ष्मणः-स्वस्ति, आयुष्मान् भव ।

शत्रुघ्नः-अनुगृहीतोऽस्मि । आर्य ! एतौ वसिष्ठवामदेवौ सह प्रकृतिभिरभिषेकं पुरस्कृत्य त्वद्दर्शनमभिलषतः ।

तीर्थोदकेन मुनिभिः स्वयमाहृतेन
नानानदीनदगतेन तव प्रसादात् ।
इच्छन्ति ते मुनिगणाः प्रथमाभिषिक्तं
द्रष्टुं मुखं सलिलसिक्तमिवारविन्दम् ॥ ९ ॥

कैकेयी-गच्छ जाद ! अभिळसेहि अभिसेअं । [गच्छ जात ! अभिलषाभिषेकम् ।]

रामः-यदाज्ञापयत्यम्बा । (निष्क्रान्तः ।)

(नेपथ्ये)

जयतु भवान् । जयतु स्वामी । जयतु महाराजः । जयतु देवः । जयतु भद्रमुखः । जयत्वार्यः । जयतु रावणान्तकः ।

कैकेयी-एदे पुरोहिदा कञ्चुइणो पुत्तअस्स मे विजअघोसं वड्ढ-

अन्तो आसीहिं पूजअन्ति । [एते पुरोहिताः कञ्चुकिनः पुत्रकस्य मे विजयघोषं वर्धयन्त आशीर्भिः पूजयन्ति ।]

सुमित्रा–पइदीओ परिचारआ सज्जणा अ पुत्तअस्स मे विजअं वड्ढअन्ति । [प्रकृतयः परिचारकाः सज्जनाश्च पुत्रकस्य मे विजयं वर्धयन्ति ।]

(नेपथ्ये)

भो भो जनस्थानवासिनस्तपस्विनः ! श्रृण्वन्तु श्रृण्वन्तु भवन्तः ।

हत्वा रिपुप्रभवमप्रतिमं तमौघ
सूर्योऽन्धकारमिव शौर्यमयैर्मयूखैः ।
सीतामवाप्य सकलाशुभवर्जनीयां
रामो महीं जयति सर्वजनाभिरामः ॥ १० ॥

कैकेयी–अम्महे, पुत्तस्स मे विजअघोसणा वड्ढइ । [अम्महे पुत्रस्य मे विजयघोषणा वर्धते ।]

(ततः प्रविशति कृताभिषेको रामः सपरिवारः ।)

रामः–(विलोक्याकाशे ।) भोस्तात !

स्वर्गेऽपि तुष्टिमुपगच्छ विमुञ्च दैन्यं
कर्म त्वयाभिलषितं मयि यत् तदेतत् ।
राजा किलास्मि भुवि सत्कृतभारवाही
धर्मेण लोकपरिरक्षणमभ्युपेतम् ॥ ११ ॥

भरतः–

अधिगतनृपशब्दं धार्यमाणातपत्रं
विकम्पितकृतमौलिं तीर्थतोयाभिषिक्तम् ।
गुरुमधिगतलीलं वन्द्यमानं जनौघै–
र्नवशशिनमिवार्यं पश्यतो मे न तृप्तिः ॥ १२ ॥

शत्रुघ्नः–एतदार्याभिषेकेण कुलं मे नष्टकल्मषम् ।
पुनः प्रकाशतां याति सोमस्येवोदये जगत् ॥ १३ ॥

रामः—वत्स लक्ष्मण ! अधिगतराज्योऽहमस्मि ।

लक्ष्मणः— दिष्ट्या भवान् वर्धते ।

(प्रविश्य)

काञ्चुकीयः— जयतु महाराजः । एष खलु तत्रभवान् बिभीषणो बिज्ञापयति, सुग्रीवनीलमैन्दजाम्बवद्धनूमत्प्रमुखाश्चानुगच्छन्तो बिज्ञापयन्ति—दिष्ट्या भवान् वर्धत इति ।

रामः— सहायानां प्रसादाद् वर्धत इति कथ्यताम् ।

काञ्चुकीयः— यदाज्ञापयति महाराजः ।

कैकेयी— धण्णा खु म्हि । इदं अब्भुदअं अओज्झाअं पेक्खिदुं इच्छामि । [धन्या खल्वस्मि । इममभ्युदयमयोध्यायां प्रेक्षितुमिच्छामि ।]

रामः—द्रक्ष्यति भवती । (विलोक्य ।) अये प्रभाभिर्वनमिदमखिलं सूर्यवत् प्रतिभाति । (विभाव्य ।) आ ज्ञातम् । सम्प्राप्तं पुष्पकं दिवि रावणस्य विमानम् । कृतसमयमिदं स्मृतमात्रमुपगच्छतीति । तत् सर्वैरारुह्यताम् ।

(सर्वे आरोहन्ति ।)

रामः— अद्यैव यास्यामि पुरीमयोध्यां
सम्बन्धिमित्रैरनुगम्यमानः ।

लक्ष्मणः— अद्यैव पश्यन्तु च नागरास्त्वां
चन्द्रं सनक्षत्रमिवोदयस्थम् ॥ १४ ॥

(भरतवाक्यम् ।)

यथा रामश्च जानक्या बन्धुभिश्च समागतः ।
तथा लक्ष्म्या समायुक्तो राजा भूमिं प्रशास्तु नः ॥ १५ ॥

(निष्क्रान्ताः सर्वे ।)

सप्तमोऽङ्कः ।

प्रतिमानाटकं समाप्तम् ।

श्लोकानुक्रमणिका ।

अभिषेकस्य कथावस्तु ।

अत्र किष्किन्धा-सुंन्दर-युद्धकाण्डगतं रामचरितं सर्वं प्रपञ्चितम् , अन्ते च देवैर्दशरथानुमत्या रामो राज्येऽभिषिक्तः ।

पात्राणि ।

पुरुषाः—

रामः—दशरथस्य ज्येष्ठः पुत्रः ।

लक्ष्मणः—रामानुजः ।

सुग्रीवः—कपीश्वरः ।

नीलः—सुग्रीवविधेयो वानरः ।

विभीषणः—लङ्केश्वरस्य भ्राता ।

वाली—किष्किन्धाधिपतिः ।

अङ्गदः—वालिपुत्रः ।

रावणः—लङ्केश्वरः ।

हनूमान्—वानरमुख्यः ।

बलाध्यक्षः—वानरसेनापतिः ।

विद्युज्जिह्वः—राक्षसः ।

शङ्कुकर्णः—लङ्केश्वरस्य वार्ताहरः ।

अक्षः }
इन्द्रजित् } —लङ्केश्वरस्य पुत्रौ ।

शुकसारणौ—मायारूपधारिणौ राक्षसौ ।

बिलमुखः—सुग्रीवस्य वार्ताहरः ।

ककुभः—वानरेश्वरस्य भृत्यः ।

काञ्चुकीयः—राक्षसेश्वरस्य भृत्यः ।

काञ्चुकीयः—वानरेश्वरस्य भृत्यः ।

प्रथमः
द्वितीयः } —विद्याधराः ।
तृतीयः

अग्निः

वरुणः

स्त्रियः—

सीता—रामपत्नी ।

तारा—वालिपत्नी ।

राक्षस्यः

॥ श्रीः ॥

भासनाटकचक्रे

अभिषेकनाटकम् ।

(नान्द्यन्ते ततः प्रविशति सूत्रधारः)

सूत्रधारः-

यो गाधिपुत्रमखविघ्नकराभिहन्ता
युद्धे विराधखरदूषणवीर्यहन्ता ।
दर्पोद्यतोल्बणकबन्धकपीन्द्रहन्ता
पायात् स वो निशिचरेन्द्रकुलाभिहन्ता ॥ १ ॥

एवमार्यमिश्रान् विज्ञापयामि । (परिक्रम्यावलोक्य) अये किन्नु खलु मयि विज्ञापनव्यग्रे शब्द इव श्रूयते ! अङ्ग ! पश्यामि ।

(नेपथ्ये)

सुग्रीव ! इत इतः ।

(प्रविश्य)

पारिपार्श्विकः-भाव !

कुतो नु खल्वेष समुत्थितो ध्वनिः
प्रवर्तते श्रोत्रविदारणो महान् ।
प्रचण्डवातोद्धतभीमगामिनां
बलाहकानामिव खेऽभिगर्जताम् ॥ २ ॥

सूत्रधारः-मार्ष ! किं नावगच्छसि । एष खलु सीतापहरणजनितसन्तापस्य रघुकुलप्रदीपस्य सर्वलोकनयनाभिरामस्य रामस्य च,

३ दाराभिमर्शननिर्विषयीकृतस्य सर्वहर्यृक्षराजस्य सुविपुलमहाग्रीवस्य सुग्रीवस्य च परस्परोपकारकृतप्रतिज्ञयोः सर्ववानराधिपतिं हेममालिनं वालिनं हन्तुं समुद्योगः प्रवर्तते । तत एतौ हि,

इदानीं राज्यविभ्रष्टं सुग्रीवं रामलक्ष्मणौ ।
पुनः स्थापयितुं प्राप्ताविन्द्रं हरिहराविव ॥ ३ ॥

(निष्क्रान्तौ)

स्थापना ।

३ (ततः प्रविशति रामो, लक्ष्मणसुग्रीवौ, हनुमांश्च ।)

रामः–सुग्रीव ! इत इतः ।

मत्सायकाग्निहतभिन्नविकीर्णदेहं
शत्रुं तवाद्य सहसा भुवि पातयामि ।
राजन् ! भयं त्यज ममापि समीपवर्ती
दृष्टस्त्वया च समरे निहतः स वाली ॥ ४ ॥

सुग्रीवः–देव ! अहं खल्वार्यस्य प्रसादाद् देवानामपि राज्यमाशङ्के, किं पुनर्वानराणाम् । कुतः,

मुक्तो देव ! तवाद्य वालिहृदयं भेत्तुं न मे संशयः
सालान् सप्त महावने हिमगिरेः शृङ्गोपमाञ्छ्रीधर ।
भित्त्वा वेगवशात् प्रविश्य धरणीं गत्वा च नागालयं
मज्जन् वीर ! पयोनिधौ पुनरयं सम्प्राप्तवान् सायकः ॥५॥

हनुमान्–

तव नृप ! मुखनिःसृतैर्वचोभि-
र्विगतभया हि वयं विनष्टशोकाः ।
रघुवर ! हरये जयं प्रदातुं
गिरिमभिगच्छ सनीरनीरदाभम् ॥ ६ ॥

लक्ष्मणः—आर्य ! सोपस्नेहतया वनान्तरस्याभितः खलु किष्किन्धया भवितव्यम्।

१ सुग्रीवः—सम्यगाह कुमारः।

सम्प्राप्ता हरिवरबाहुसम्प्रगुप्ता
किष्किन्धा तव नृप ! बाहुसम्प्रगुप्ता।
तिष्ठ त्वं नृवर ! करोम्यहं विसंज्ञं
नादेन प्रचलमहीधरं नृलोकम् ॥ ७ ॥

रामः—भवतु, गच्छ।

सुग्रीवः—यदाज्ञापयति देवः। (परिक्रम्य) भोः !

अपराधमनुद्दिश्य परित्यक्तस्त्वया विभो !।
युद्धे त्वत्पादशुश्रूषां सुग्रीवः कर्तुमिच्छति ॥ ८ ॥

(नेपथ्ये)

कथं कथं सुग्रीव इति।

२ (ततः प्रविशति वाली, गृहीतवस्त्रया तारया सह।)

वाली—कथं कथं सुग्रीव इति।

तारे ! विमुञ्च मम वस्त्रमनिन्दिताङ्गि !
प्रस्रस्तवक्त्रनयने ! किमसि प्रवृत्ता।
सुग्रीवमद्य समरे विनिपात्यमानं
तं पश्य शोणितपरिप्लुतसर्वगात्रम् ॥ ९ ॥

तारा—पसीअदु पसीअदु महाराओ। अप्पेण कारणेण ण आगमिस्सइ सुग्गीओ। ता अमच्चवग्गेण सह सम्मन्तिअ गन्तव्वं।

३ [प्रसीदतु प्रसीदतु महाराजः। अल्पेन कारणेन नागमिष्यति सुग्रीवः। तदमात्यवर्गेण सह संमन्त्र्य गन्तव्यम्।]

वाली—आः,

शक्रो वा भवतु गतिः शशाङ्कवक्त्रे !
शत्रोर्मे निशितपरश्वधः शिवो वा ।
नालं मामभिमुखमेत्य सम्प्रहर्तुं
विष्णुर्वा विकसितपुण्डरीकनेत्रः ॥ १० ॥

तारा–पसीअउ पसीअउ महाराओ । इमस्स जणस्स अणुग्गहं दाव करेउं अरिहदि[1] महाराओ । [प्रसीदतु प्रसीदतु महाराजः । अस्य जनस्यानुग्रहं तावत् कर्तुमर्हति महाराजः ।]

वाली–श्रूयतां मत्पराक्रमः ।

तारे ! मया खलु पुरामृतमन्थनेऽपि
गत्वा प्रहस्य सुरदानवदैत्यसङ्घान् ।
उत्फुल्लनेत्रमुरगेन्द्रमुदग्ररूप-
माकृष्यमाणमवलोक्य सुविस्मितास्ते ॥ ११ ॥

तारा–पसीअउ पसीअउ महाराओ । [प्रसिदतु प्रसीदतु महाराजः ।]

वाली–आः, मम वशानुवर्तिनी भव । प्रविश त्वमभ्यन्तरम् ।

तारा–एसा गच्छामि मन्दभाआ (निष्क्रान्ता) [एषा गच्छामि मन्दभागा ।]

वाली–हन्त प्रविष्टा तारा । यावदहं सुग्रीवं भग्नग्रीवं करोमि । (द्रुतमुपगम्य) सुग्रीव ! तिष्ठ तिष्ठ ।

इन्द्रो वा शरणं तेऽस्तु प्रभुर्वा मधुसूदनः ।
मच्चक्षुष्पथमासाद्य सजीवो नैव यास्यसि ॥ १२ ॥

इत इतः ।

सुग्रीवः–यदाज्ञापयति महाराजः ।

(उभौ नियुद्धं कुरुतः ।)

---

१ अर्हदि ।

रामः–एष एष वाली,

सन्दष्टोष्ठश्चण्डसंरक्तनेत्रो
मुष्टिं कृत्वा गाढमुद्वृत्तदंष्ट्रः ।
गर्जन् भीमं वानरो भाति युद्धे
संवर्त्ताग्निः सन्दिधक्षुर्यथैव ॥ १३ ॥

लक्ष्मणः–सुग्रीवमपि पश्यत्वार्यः,

विकसितशतपत्त्ररक्तनेत्रः
कनकमयाङ्गदनद्धपीनबाहुः ।
हरिवरमुपयाति वानरत्वाद्
गुरुमभिभूय सतां विहाय वृत्तम् ॥ १४ ॥

वालिना ताडितः पतितः सुग्रीवः ।

हनुमान्–हा ! धिक् । (ससम्भ्रमं राममुपगम्य) जयतु देवः । अस्यै-
२ षावस्था ।

बलवान् वानरेन्द्रस्तु दुर्बलश्च पतिर्मम ।
अवस्था शपथश्चैव सर्वमार्येण चिन्त्यताम् ॥ १५ ॥

रामः–हनूमन् ! अलमलं सम्भ्रमेण । एतदनुष्ठीयते । (शरं मुक्त्वा) हन्त पतितो वाली ।

३ लक्ष्मणः–एष एष वाली,

रुधिरकलितगात्रः स्रस्तसंरक्तनेत्रः
कठिणविपुलबाहुः काललोकं विविक्षुः ।
अभिपतति कथञ्चिद् धीरमाकर्षमाणः
शरवरपरिवीतं शान्तवेगं शरीरम् ॥ १६ ॥

वाली–(मोहमुपगम्य पुनः समाश्वस्य शरे नामाक्षराणि वाचयित्वा राममुद्दिश्य)

युक्तं भो ! नरपतिधर्ममास्थितेन
युद्धे मां छलयितुमक्रमेण राम ! ।
वीरेण व्यपगतधर्मसंशयेन
लोकानां छलमपनेतुमुद्यतेन ॥ १७ ॥

हन्त भोः ।

भवता सौम्यरूपेग यशसो भाजनेन च ।
छलेन मां प्रहरता प्ररूढमयशः कृतम् ॥ १८ ॥

भो राघव ! चीरवल्कलधारिणा वेषविपर्यस्तचित्तेन मम भ्रात्रा सह युद्धव्यग्रस्याधर्म्यः खलु प्रच्छन्नो वधः ।

रामः—कथमधर्म्यः खलु प्रच्छन्नो वध इति ।

३ वाली—कः संशयः ।

रामः—न खल्वेतत् । पश्य,

वागुराच्छन्नमाश्रित्य मृगाणामिष्यते वधः ।
वध्यत्वाच्च मृगत्वाच्च भवाञ्छन्नेन दण्डितः ॥ १९ ॥

वाली—दण्ड्य इति मां भवान् मन्यते ।

रामः—कः संशयः ।

३ वाली—केन कारणेन ।

रामः—अगम्यागमनेन ।

वाली—अगम्यागमनेनेति । एषोऽस्माकं धर्मः ।

६ रामः—ननु युक्तं भोः !

भवता वानरेन्द्रेण धर्माधर्मौ विजानता ।
आत्मानं मृगमुद्दिश्य भ्रातृदाराभिमर्शनम् ॥ २० ॥

वाली—भ्रातृदाराभिमर्शनेन तुल्यदोषयोरहमेव दण्डितो, न सुग्रीवः ।

रामः—दण्डितस्त्वं हि दण्ड्यत्वाद्, अदण्ड्यो नैव दण्ड्यते ।

३ वाली—

सुग्रीवेणाभिमृष्टाभूद् धर्मपत्नी गुरोर्मम ।
तस्य दाराभिमर्शेन कथं दण्ड्योऽस्मि राघव ॥ २१ ॥

रामः-न त्वेव हि कदाचिज्ज्येष्ठस्य यवीयसो दाराभिमर्शनम् ।

वाली-हन्त अनुत्तरा वयम् । भवता दण्डितत्वाद् विगतपापोऽहं ननु ।

रामः-एवमस्तु ।

सुग्रीवः-हा धिक् ।

करिकरसदृशौ गजेन्द्रगामिं-
स्तव रिपुशस्त्रपरिक्षताङ्गदौ च ।
अवनितलगतौ समीक्ष्य बाहू
हरिवर ! हा पततीव मेऽद्य चित्तम् ॥ २२ ॥

वाली-सुग्रीव ! अलमलं विषादेन । ईदृशो लोकधर्मः ।

(नेपथ्ये)

हा हा महाराओ ।

वाली-सुग्रीव ! संवार्यतां संवार्यतां स्त्रीजनः । एवंगतं नार्हति मां द्रष्टुम् ।

सुग्रीवः-यदाज्ञापयति महाराजः । हनूमन् ! एवं क्रियताम् ।

हनूमान्-यदाज्ञापयति कुमारः । (निष्क्रान्तः ।)

(ततः प्रविशत्यङ्गदो हनूमांश्च)

हनूमान्-अङ्गद ! इत इतः ।

अङ्गदः-

श्रुत्वा कालवशं यान्तं हरिमृक्षगणेश्वरम् ।
समापतितसन्तापः प्रयामि शिथिलक्रमः ॥ २३ ॥

हनूमन् ! कुत्र महाराजः ।

हनूमान्–एष महाराजः,

शरनिर्भिन्नहृदयो विभाति धरणीतले ।
गुहशक्तिसमाक्रान्तो यथा क्रौञ्चाचलोत्तमः ॥ २४ ॥

अङ्गदः–(उपसृत्य) हा महाराज !

अतिबलसुखशायी पूर्वमासीर्हरीन्द्रः
क्षितितलपरिवर्ती क्षीणसर्वाङ्गचेष्टः ।
शरवरपरिवीतं व्यक्तमुत्सृज्य देहं
किमभिलषसि वीर स्वर्गमद्याभिगन्तुम् ॥ २५ ॥

(इति भूमौ पतितः ।)

वाली–अङ्गद ! अलमलं विषादे । भोः सुग्रीव !

मया कृतं दोषमपास्य बुद्ध्या
त्वया हरीणामधिपेन सम्यक् ।
विमुच्य रोषं परिगृह्य धर्मं
कुलप्रवालं परिगृह्यतां नः ॥ २६ ॥

सुग्रीवः–यदाज्ञापयति महाराजः ।

वाली–भो राघव ! यस्मिन् कस्मिन् वापराधेऽनयोर्वानरचापलं क्षन्तुमर्हसि ।

रामः–बाढम् ।

वाली–सुग्रीव ! प्रतिगृह्यतामस्मत्कुलधनं हेममाला ।

सुग्रीवः–अनुगृहीतोऽस्मि । (प्रतिगृह्णाति ।)

वाली–हनूमन् ! आपस्तावत् ।

हनूमान्–यदाज्ञापयति महाराजः । (निष्क्रम्य प्रविश्य) इमा आपः ।

वाली–(आचम्य) परित्यजन्तीव मां प्राणाः । इमा गङ्गाप्रभृतयो महानद्य एता उर्वश्यादयोऽप्सरसो मामभिगताः । एष सहस्र-

१ °मद्यापि गन्तुम् ।

हंसप्रयुक्तो वीरवाही विमानः कालेन प्रेषितो मां नेतुमागतः । भवतु । अयमयमागच्छामि । (स्वर्यातः ।)

सर्वे–हा हा महाराज ! ।

रामः–हन्त स्वर्गं गतो वाली । सुग्रीव ! क्रियतामस्य संस्कारः ।

सुग्रीवः–यदाज्ञापयति देवः ।

रामः–लक्ष्मण ! सुग्रीवस्याभिषेकः कल्प्यताम् ।

लक्ष्मणः–यदाज्ञापयत्यार्यः ।

(निष्क्रान्ताः सर्वे ।)

प्रथमोऽङ्कः ।

अथ द्वितीयोऽङ्कः ।

(ततः प्रविशति ककुभः ।)

ककुभः–निष्ठितप्रायत्वात् कार्यस्याहारव्यापृताः सर्वे वानरयूथपाः । तस्मादहमपि किञ्चिदाहारजातं सम्भावयामि । (तथा करोति ।)

(प्रविश्य)

बिलमुखः–पेसिओ म्हि महाळाएण सुग्गीवेण–अय्यरामस्स किदोवआरप्पच्चुवआरणिमित्तं सव्वासु दिसासु सीदाविअअणे पेसिआ सव्वे वाणरा आअदा । तेसं दक्खिणापहमुहस्स कुमारस्स अङ्गदस्स पवुत्तिं जाणिअ सिग्घं आअच्छत्ति । ता कहिं णु हु गओ कुमारो । (परिक्रम्याग्रतो विलोक्य) एसो अय्यकउहो । जाव णं पुच्छामि । (उपसृत्य) सुहं अय्यस्स । [प्रेषितोऽस्मि महाराजेन सुग्रीवेण–आर्यरामस्य कृतोपकारप्रत्युपकारनिमित्तं सर्वासु दिशासु सीताविचयने प्रेषिताः सर्वे वानरा आगताः । तेषां दक्षिणापथमुखस्य

कुमारस्याङ्गदस्य प्रवृत्तिं ज्ञात्वा शीघ्रमागच्छेति । तत् क नु खलु गतः कुमारः । एष आर्यककुभः । यावदेनं पृच्छामि । सुखमार्यस्य ।]

ककुभः–अये बिलमुखः । कुतो भवान् ।

बिलमुखः–अय्य ! महाळाअस्स सासणेण कुमारं अङ्गदं पेक्खिदुं आअदो म्हि । [आर्य ! महाराजस्य शासनेन कुमारमङ्गदं प्रेक्षितुमागतोऽस्मि ।]

ककुभः–अपि कुशली आर्यरामो महाराजश्च ।

बिलमुखः–आम् ।

ककुभः–कोऽभिप्रायो महाराजस्य ।

(बिलमुखः पेसिओ म्हि इति पूर्ववत् पठति)

ककुभः–किं न जानीषे निश्चितमर्थं कार्यस्य ।

बिलमुखः–किं किम् ।

ककुभः–श्रूयतां,

लब्ध्वा वृत्तान्तं रामपत्न्याः खगेन्द्राद्
आरुह्यागेन्द्रं सद्विपेन्द्रं महेन्द्रम् ।
लङ्कामभ्येतुं वायुपुत्रेण शीघ्रं
वीर्यप्राबल्याल्लङ्घितः सागरोऽद्य ॥ १ ॥

तस्मादागच्छ, कुमारपादमूलमेव संश्रयावः ।

(निष्क्रान्तौ ।)

विष्कम्भकः ।

(ततः प्रविशति राक्षसीगणपरिवृता सीता ।)

सीता–हद्धि अदिधीरा खु म्हि मन्दभाआ । जा अय्यउत्तविरहिदा रक्खसराअभवणं आणीदा अणिट्ठाणि अणरिहाणि जहमणोरहप्पवुत्ताणि वअणाणि साविअमाणा जीवामि मन्दभाआ । आदु

अय्यउत्तसाअअप्पच्चएण कहं वि अत्ताणं पय्यवत्थावेमि। किं णु खु अज्ज पज्जालिअमाणे कम्मआरग्गिमण्डळे उदअप्पसेओ विअ किञ्चि हिअअप्पसादो समुप्पण्णो। किं णु खु मं अन्तरेण पसण्णहिअओ अय्यउत्तो भवे । [हा धिग् अतिधीरा खल्वस्मि मन्दभागा । यार्यपुत्रविरहिता राक्षसराजभवनमानीतानिष्टान्यनर्हाणि यथामनोरथप्रवृत्तानि वचनानि श्राव्यमाणा जीवामि मन्दभागा। अथवा आर्यपुत्रसायकप्रत्ययेन कथमप्यात्मानं पर्यवस्थापयामि । किन्नु खल्वद्य प्रज्वाल्यमाने कर्मकाराग्निमण्डले उदकप्रसेक इव किञ्चिद् हृदयप्रसादः समुत्पन्नः । किन्नु खलु मामन्तरेण प्रसन्नहृदय आर्यपुत्रो भवेत् ।]

(ततः प्रविशति हनूमान् अङ्गुलीयकहस्तः ।)

हनूमान्–(लङ्कां प्रविश्य) अहो रावणभवनस्य विन्यासः ।

कनकरचितचित्रतोरणाढ्या
　मणिवरविद्रुमशोभितप्रदेशा ।
विमलविकृतसञ्चितैर्विमानै-
　र्वियति महेन्द्रपुरीव भाति लङ्का ॥ २ ॥

अहो तु खलु,

एतां प्राप्य दशग्रीवो राजलक्ष्मीमनुत्तमाम् ।
विमार्गप्रतिपन्नत्वाद् व्यापादयितुमुद्यतः ॥ ३ ॥

(सर्वतो गत्वा) विचरितप्राया मया लङ्का ।

गर्भागारविनिष्कुटेषु बहुशः शालाविमानादिषु
　स्नानागारनिशाचरेन्द्रभवनप्रासादहर्म्येषु च ।
पानागारनिशान्तदेशविवरेष्वाक्रान्तवानस्म्यहं
　सर्वं भोः ! विचितं न चैव नृपतेः पत्नी मया दृश्यते ॥४॥

अहो व्यर्थो मे परिश्रमः । भवतु, एतद्धर्म्याग्रमारुह्यावलोकयामि । (तथा कृत्वा) अये अयं प्रमदवनराशिः । इमं प्रविश्य परीक्षिष्ये ।
३ (प्रविश्यावलोक्य) अहो प्रमदवनसमृद्धिः । इह हि,

कनकरचितविद्रुमेन्द्रनीलै-
र्विकृतमहाद्रुमपङ्क्तिचित्रदेशा ।
रुचिरतरनगा विभाति शुभ्रा
नभसि सुरेन्द्रविहारभूमिकल्पा ॥ ५ ॥

अपि च,

चित्रप्रस्रुतहेमधातुरुचिराः शैलाश्च दृष्टा मया
नानावारिचराण्डजैर्विरचिता दृष्टा मया दीर्घिकाः ।
नित्यं पुष्पफलाढ्यपादपयुता देशाश्च दृष्टा मया
सर्वं दृष्टमिदं हि रावणगृहे सीता न दृष्टा मया ॥ ६ ॥

को नु खल्वेतस्मिन् प्रदेशे सप्रभ इव दृश्यते । तत्र तावदवलोकयामि । (तथा कृत्वा) अये का नु खल्वियम् ।

राक्षसीभिः परिवृता विकृताभिः सुमध्यमा ।
नीलजीमूतमध्यस्था विद्युल्लेखेव शोभते ॥ ७ ॥

यैषा,

असितभुजगकल्पां धारयन्त्येकवेणीं
करपरिमितमध्या कान्तसंसक्तचित्ता ।
अनशनकृशदेहा बाष्पसंसिक्तवक्त्रा
सरसिजवनमालेवातपे विप्रविद्धा ॥ ८ ॥

अये कथं दीपिकावलोकः । (विलोक्य) अये रावणः ।

मणिविरचितमौलिश्चारुताम्रायताक्षो
मदसललितगामी मत्तमातङ्गलीलः ।

युवतिजननिकाये भात्यसौ राक्षसेशो
हरिरिव हरिणीनामन्तरे चेष्टमानः ॥ ९ ॥

किमिदानीं करिष्ये । भवतु, दृष्टम् । एनमशोकपादपमारुह्य कोटरान्तरितो भूत्वा दृढं वृत्तान्तं ज्ञास्यामि । (तथा करोति ।)

(ततः प्रविशति रावणः सपरिवारः ।)

रावणः–

दिव्यास्त्रैः सुरदैत्यदानवचमूविद्रावणं रावणं
युद्धे क्रुद्धसुरेभदन्तकुलिशव्यालीढवक्षस्थलम् ।
सीता मामविवेकिनी न रमते सक्ता च मुग्धेक्षणा
क्षुद्रे क्षत्रियतापसे ध्रुवमहो दैवस्य विघ्नक्रिया ॥ १० ॥

(ऊर्ध्वमवलोक्य) एष एष चन्द्रमाः,

रजतरचितदर्पणप्रकाशः
करनिकरैर्हृदयं ममाभिपीड्य ।
उदयति गगने विजृम्भमाणः
कुमुदवनप्रियबान्धवः शशाङ्कः ॥ ११ ॥

(परिक्रम्य) एषा सीता पादपमूलमाश्रित्य ध्यानसंवीतहृदयानशनक्षामवदना स्वदेहमिव प्रवेष्टुकामा सङ्गूढस्तनोदरी दुर्दिनान्तर्गता चन्द्रलेखेव राक्षसीगणपरिवृतोपविष्टा । यैषा,

अपास्य भोगान् मां चैव श्रियं च महतीमिमाम् ।
मानुषे न्यस्तहृदया नैव वश्यत्वमागता ॥ १२ ॥

हनूमान्–हन्त सुविज्ञातम् ।

इयं सा राजतनया पत्नी रामस्य मैथिली ।
सिंहदर्शनवित्रस्ता मृगीव परितप्यते ॥ १३ ॥

रावणः–(उपेत्य)

सीते ! त्यज त्वं व्रतमुग्रचर्यं
भजस्व मां भामिनि ! सर्वगात्रैः ।
अपास्य तं मानुषमद्य भद्रे !
गतायुषं कामपथान्निवृत्तम् ॥ १४ ॥

सीता–हस्सो खु रावणओ, जो वअणगदसिद्धिं वि ण जाणादि ।
[हास्यः खलु रावणकः, यो वचनगतसिद्धिमपि न जानाति ।]

३ हनूमान्–(सक्रोधम्) अहो रावणस्यावलेपः ।

तौ च बाहु न विज्ञाय तच्चापि सुमहद् धनुः ।
सायकं चापि रामस्य गतायुरिति भाषते ॥ १५ ॥

न शक्नोमि रोषं धारयितुम् । भवतु, अहमेवार्यरामस्य कार्यं साधयामि । अथवा,

यद्यहं रावणं हन्मि कार्यसिद्धिर्भविष्यति ।
यदि मां प्रहरेद् रक्षो महन् कार्यं विपद्यते ॥ १६ ॥

रावणः–

वरतनु ! तनुगात्रि ! कान्तनेत्रे !
कुवलयदामनिभां विमुच्य वेणीम् ।
बहुविधमणिरत्नभूषिताङ्गं
दशशिरसं मनसा भजस्व देवि ! ॥ १७ ॥

सीता–हं विपरीओ खु धम्मो, जं जीवदि खु अअं पापरक्खसो ।
[हं, विपरीतः खलु धर्मः, यद् जीवति खल्वयं पापराक्षसः ।]

३ रावणः–ननु देवि ।

सीता–सत्तो सि । [शप्तोऽसि ।]

रावणः–हहह, अहो पतिव्रतायास्तेजः ।

देवाः सेन्द्रादयो भग्ना दानवाश्च मया रणे ।
सोऽहं मोहं गतोऽस्म्यद्य सीतायास्त्रिभिरक्षरैः ॥ १८ ॥

(नेपथ्ये)

जयतु देवः । जयतु लङ्केश्वरः । जयतु स्वामी । जयतु महाराजः । दश नाडिकाः पूर्णाः । अतिक्रामति स्नानवेला । इत इतो महाराजः ।

(निष्क्रान्तः सपरिवारो रावणः ।)

हनूमान्–हन्त निर्गतो रावणः, सुप्ताश्च राक्षसस्त्रियः । अयं कालो देवीमुपसर्पितुम् । (कोटरादवरुह्य) जयत्वविधवा ।

प्रेषितोऽहं नरेन्द्रेण रामेण विदितात्मना ।
त्वद्गतस्नेहसन्तापविक्लवीकृतचेतसा ॥ १९ ॥

सीता–(आत्मगतम्) को णु खु अअं, पापरक्खसो अय्यउत्तकेरओ त्ति अत्ताणं ववदिसिअ वाणररूवेण मं वञ्चिदुकामो भवे । भोदु, तुह्णिआ भविस्सं । [को नु खल्वयं, पापराक्षस आर्यपुत्रसंबन्धीत्यात्मानं व्यपदिश्य वानररूपेण मां वञ्चयितुकामो भवेत् । भवतु, तूष्णीका भविष्यामि ।]

हनूमान्–कथं न प्रत्येति भवती । अलमन्यशङ्कया । श्रोतुमर्हति भवती ।

इक्ष्वाकुकुलदीपेन सन्धाय हरिणा त्वहम् ।
प्रेषितस्त्वद्विचित्यर्थं हनूमान् नाम वानरः ॥ २० ॥

सीता–(आत्मगतम्) जो वा को वा भोदु । अय्यउत्तणामसङ्कित्तणेण अहं एदेण अभिभासिस्सं । (प्रकाशम्) भद्द ! को वुत्तन्तो अय्यउत्तस्स । [यो वा को वा भवतु । आर्यपुत्रनामसंकीर्तनेनाहमेतेनाभिभाषिष्ये । भद्र ! को वृत्तान्त आर्यपुत्रस्य ।]

हनूमान्–भवति ! श्रूयताम्,

अनशनपरितप्तं पाण्डु स क्षामवक्त्रं
तव वरगुणचिन्तावीतलावण्यलीलम् ।
वहति विगतधैर्यं हीयमानं शरीरं
मनसिजशरदग्धं बाष्पपर्याकुलाक्षम् ॥ २१ ॥

सीता-(आत्मगतम्) हद्धि वीळिआ खु म्हि मन्दभाआ एवं सोअन्तं अय्यउत्तं सुणिअ। अय्यउत्तस्स विरहपरिस्समो वि मे सफळो संवुत्तो त्ति पेक्खामि, जदि खु अअं वाणरो सच्चं मन्तेदि। अय्यउत्तस्स इमस्सिं जणे अणुक्कोसं परिस्समं च सुणिअ सुहस्स दुक्खस्स अ अन्तरे डोळाअदि विअ मे हिअअं। (प्रकाशम्) भद्द! कहं तुम्हेहि अय्यउत्तस्स सङ्गमो जादो। [हा धिग् व्रीडिता खल्वस्मि मन्दभागा एवं शोचन्तमार्यपुत्रं श्रुत्वा। आर्यपुत्रस्य विरहपरिश्रमोऽपि मे सफलः संवृत्त इति पश्यामि, यदि खल्वयं वानरः सत्यं मन्त्रयते। आर्यपुत्रस्यास्मिन् जनेऽनुक्रोशं परिश्रमं च श्रुत्वा सुखस्य दुःखस्य चान्तरे दोलायत इव मे हृदयम्। भद्र! कथं युष्माभिरार्यपुत्रस्य संगमो जातः।]

हनूमान्-भवति! श्रूयतां।

हत्वा वालिनमाहवे कपिवरं त्वत्कारणादग्रजं
सुग्रीवस्य कृतं नरेन्द्रतनये! राज्यं हरीणां ततः।
राज्ञा त्वद्विचयाय चापि हरयः सर्वा दिशः प्रेषिता-
स्तेषामस्म्यहमद्य गृध्रवचनात् त्वां देवि! सम्प्राप्तवान्॥२२॥

अपि च, ईदृशमिव।

सीता-अहो अअरुणा क्खु इस्सरा एव्वं सोअन्तं अय्यउत्तं करअन्तो। [अहो अकरुणाः खल्वीश्वरा एवं शोचन्तमार्यपुत्रं कुर्वन्तः।]

हनूमान्-भवति! मा विषादेन। रामो हि,

प्रगृहीतमहाचापो वृतो वानरसेनया ।
समुद्धर्तुं दशग्रीवं लङ्कामेवाभियास्यति ॥ २३ ॥

सीता- किण्णु खु सिविणो मए दिट्ठो । भद्द ! अवि सच्चं । ण आणामि । [किन्नु खलु स्वप्नो मया दृष्टः । भद्र ! अपि सत्यम् । न जानामि ।]

हनूमान्- (स्वगतम्) भोः ! कष्टम् ।

एवं गाढं परिज्ञाय भर्तारं भर्तृवत्सला ।
न प्रत्यायति शोकार्ता यथा देहान्तरं गता ॥ २४ ॥

(प्रकाशम्) भवति ! अयमिदानीं,

समुदितवरचापबाणपाणिं पतिमिह राजसुते ! तवानयामि ।
भव हि विगतसंशया मयि त्वं नरवरपार्श्वगता विनीतशोका ॥२५॥

सीता-भद्द ! एदं मे अवत्थं सुणिअ अय्यउत्तो जह सोअपरवसो ण होइ, तह मे उत्तन्तं भणेहि । [भद्र ! एतां मेऽवस्थां श्रुत्वार्यपुत्रो यथा शोकपरवशो न भवति, तथा मे वृत्तान्तं भण ।]

हनूमान्-यदाज्ञापयति भवती ।

सीता-गच्छ, कय्यसिद्धी होदु । [गच्छ, कार्यसिद्धिर्भवतु ।]

हनूमान्-अनुगृहीतोऽस्मि । (परिक्रम्य) कथमिदानीं ममागमनं रावणाय निवेदयामि । भवतु, दृष्टम् ।

परभृतगणजुष्टं पद्मषण्डाभिरामं
सुरुचिरतरुषण्डं तोयदाभं त्रिकूटम् ।
करचरणविमर्दैः काननं चूर्णयित्वा
विगतविषयदर्पं राक्षसेशं करोमि ॥ २६ ॥

(निष्क्रान्तौ)

द्वितीयोऽङ्कः ।

—

अथ तृतीयोऽङ्कः ।

(ततः प्रविशति शङ्कुकर्णः)

शङ्कुकर्णः—क इह भोः ! काञ्चनतोरणद्वारमशून्यं कुरुते ।

(प्रविश्य)

प्रतिहारी—अय्य ! अहं विजया । किं करीअदु । [आर्य ! अहं विजया । किं क्रियताम् ।]

शङ्कुकर्णः—विजये ! निवेद्यतां निवेद्यतां महाराजाय लङ्केश्वराय—भग्नप्रायाशोकवनिकेति ! कुतः,

यस्यां न प्रियमण्डनापि महिषी देवस्य मण्डोदरी
स्नेहाल्लुम्पति पल्लवान्न च पुनर्वीजन्ति यस्यां भयात् ।
वीजन्तो मलयानिला अपि करैरस्पृष्टबालद्रुमा
सेयं शक्ररिपोरशोकवनिका भग्नेति विज्ञाप्यताम् ॥ १ ॥

प्रतिहारी—अय्य ! णिच्चं भट्टिपादमूले वत्तमाणस्स जणस्स अदिट्ठपुरुवो अअं सम्भमो । किं एदं । [आर्य ! नित्यं भर्तृपादमूले वर्तमानस्य जनस्यादृष्टपूर्वोऽयं सम्भ्रमः । किमेतद् ।]

शङ्कुकर्णः—भवति ! अतिपाति कार्यमिदम् । शीघ्रं निवेद्यतां निवेद्यताम् ।

प्रतिहारी—अय्य ! इयं णिवेदेमि । (निष्क्रान्ता) [आर्य ! इयं निवेदयामि ।]

शङ्कुकर्णः—(पुरतो विलोक्य) अये अयं महाराजो लङ्केश्वर इत एवाभिवर्तते । य एषः,

अमलकमलसन्निभोग्रनेत्रः
कनकमयोज्ज्वलदीपिकापुरोगः ।
त्वरितमभिपतत्यसौ सरोषो
युगपरिणामसमुद्यतो यथार्कः ॥ २ ॥

(ततः प्रविशति यथानिर्दिष्टो रावणः।)

रावणः–

कथं कथं भो नववाक्यवादिञ्छृणोमि शीघ्रं वद केन चाद्य।
मुमूर्षुणा मुक्तभयेन धृष्टं वनाभिमर्दात् परिधर्षितोऽहम् ॥ ३ ॥

शङ्कुकर्णः–(उपसृत्य) जयतु महाराजः। अविदितागमनेन केनचिद् वानरेण ससंरम्भमभिमृदिताशोकवनिका।

रावणः– (सावज्ञम्) कथं वानरेणेति। गच्छ, शीघ्रं निगृह्यानय।

शङ्कुकर्णः–यदाज्ञापयति महाराजः। (निष्क्रान्तः।)

रावणः–भवतु भवतु।

युधि जगत्त्रयभीतिकृतोऽपि मे यदि कृतं त्रिदशैरिदमप्रियम्
अनुभवन्त्वचिरादमृताशिनः फलमतो निजशाठ्यसमुद्भवम् ॥४॥

(प्रविश्य)

शङ्कुकर्णः–जयतु महाराजः। महाराज! महाबलः खलु स वानरः। तेन खलु मृणालवदुत्पाटिताः सालवृक्षाः, मुष्टिना भग्नो दारुपर्वतकः, पाणितलाभ्यामभिमृदितानि लतागृहाणि, नादेनैव विसंज्ञीकृताः प्रमदवनपालाः। तस्य ग्रहणसमर्थं बलमाज्ञापयितुमर्हति महाराजः।

रावणः–तेन हि किङ्कराणां सहस्रं बलमाज्ञापय वानरग्रहणाय।

शङ्कुकर्णः–यदाज्ञापयति महाराजः। (निष्क्रम्य प्रविश्य) जयतु महाराजः।

अस्मदीयैर्महावृक्षैरस्मदीया महाबलाः।
क्षिप्रमेव हतास्तेन किङ्करा द्रुमयोधिना ॥ ५ ॥

रावणः–कथं हता इति। तेन हि कुमारमक्षमाज्ञापय वानरग्रहणाय।

शङ्कुकर्णः–यदाज्ञापयति महाराजः। (निष्क्रान्तः।)

रावणः–(विचिन्त्य)

कुमारो हि कृतास्त्रश्च शूरश्च बलवानपि ।
सह्य चापि गृह्णीयाद्धन्याद् वा तं वनौकसम् ॥ ६ ॥

(प्रविश्य)

शङ्कुकर्णः–अनन्तरीयं बलमाज्ञापयितुमर्हति महाराजः ।

रावणः–किमर्थम् ।

शङ्कुकर्णः–श्रोतुमर्हति महाराजः । कुमारं वानरमभिगच्छन्तं दृष्ट्वा महाराजेनानाज्ञापिता अप्यनुगताः पञ्च सेनापतयः ।

रावणः–ततस्ततः ।

शङ्कुकर्णः–ततस्तानभिद्रुतान् दृष्ट्वा किञ्चिद् भीत इव तोरणमाश्रित्य काञ्चनपरिघमुद्यम्य निपातितास्तेन हरिणा पञ्च सेनापतयः ।

रावणः–ततस्ततः ।

शङ्कुकर्णः–ततः कुमारमक्षं

क्रोधात् संरक्तनेत्रं त्वरिततरहयं स्यन्दनं वाहयन्तं
प्रावृट्कालाभ्रकल्पं परमलघुतरं बाणजालान् वमन्तम् ।
तान् बाणान् निर्विधून्वन् कपिरपि सहसा तद्रथं लङ्घयित्वा
कण्ठे सङ्गृह्य धृष्टं मुदिततरमुखो मुष्टिना निर्जघान ॥७॥

रावणः–(सरोषम्) आः, कथं कथं निर्जघानेति ।

तिष्ठ त्वमहमेवैनमासाद्य कपिजन्तुकम् ।
एष भस्मीकरोम्यस्मत्क्रोधानलकणैः क्षणात् ॥ ८ ॥

शङ्कुकर्णः– प्रसीदतु प्रसीदतु महाराजः । कुमारमक्षं निहतं श्रुत्वा क्रोधाविष्टहृदयः कुमारेन्द्रजिदभिगतवांस्तं वनौकसम् ।

रावणः–तेन हि गच्छ । भूयो ज्ञायतां वृत्तान्तः ।

शङ्कुकर्णः—यदाज्ञापयति महाराजः । (निष्क्रान्तः ।)

रावणः—कुमारो हि कृतास्त्रश्च,

अवश्यं युधि वीराणां वधो वा विजयोऽथवा ।
तथापि क्षुद्रकर्मेदं [1]मह्यमीषन्मनोज्वरः ॥ ९ ॥

(प्रविश्य)

शङ्कुकर्णः—जयतु महाराजः । जयतु लङ्केश्वरः । जयतु भद्रमुखः ।

संवृत्तं तुमुलं युद्धं कुमारस्य च तस्य च ।
ततः स वानरः शीघ्रं बद्धः पाशेन साम्प्रतम् ॥ १० ॥

रावणः—कोऽत्र विस्मय इन्द्रजिता शाखामृगो बद्ध इति । कोऽत्र भोः ! ।

(प्रविश्य)

राक्षसः—जयतु महाराजः ।

रावणः—गच्छ बिभीषणस्तावदाहूयताम् ।

राक्षसः—यदाज्ञापयति महाराजः । (निष्क्रान्तः ।)

रावणः—त्वमपि तावद् वानरमानय ।

शङ्कुकर्णः—यदाज्ञापयति महाराजः । (निष्क्रान्तः ।)

रावणः—(विचिन्त्य) भोः ! कष्टम् ।

अचिन्त्या मनसा लङ्का सहितैः सुरदानवैः ।
अभिभूय दशग्रीवं प्रविष्टः किल वानरः ॥ ११ ॥

अपि च,

जित्वा त्रैलोक्यमाजौ ससुरदनुसुतं यन्मया गर्वितेन
क्रान्त्वा कैलासमीशं स्वगणपरिवृतं साकमाकम्प्य देव्या ।
लब्ध्वा तस्मात् प्रसादं पुनरगसुतया नन्दिनानादृतत्वाद्
दत्तं शप्तं च ताभ्यां यदि कपिविकृतिच्छद्मना तन्मम स्यात् ॥१२॥

---

१. मह्यमीषां मनोज्वरः ?—

(ततः प्रविशति विभीषणः ।)

विभीषणः–(सविमर्शम्) अहो तु खलु महाराजस्य विपरीता खलु बुद्धिः संवृत्ता । कुतः,

मयोक्तो मैथिली तस्मै बहुशो दीयतामिति ।
न मे शृणोति वचनं सुहृदां शोककारणात् ॥ १३ ॥

(उपेत्य)

जयतु महाराजः ।

रावणः–बिभीषण ! एह्येहि । उपविश ।

विभीषणः–एष एष उपविशामि । (उपविशति)

रावणः–बिभीषण ! निर्विण्णमिव त्वां लक्षये ।

बिभीषणः–निर्वेद एव खल्वनुक्तग्राहिणं स्वामिनमुपाश्रितस्य भृत्यजनस्य ।

रावणः–छिद्यतामेषा कथा । त्वमपि तावद् वानरमानय ।

बिभीषणः–यदाज्ञापयति महाराजः । (निष्क्रान्तः ।)

(ततः प्रविशति राक्षसैर्गृहीतो हनूमान् ।)

सर्वे–आः इत इतः ।

हनूमान्–

नैवाहं धर्षितस्तेन नैर्ऋतेन दुरात्मना ।
स्वयं ग्रहणमापन्नो राक्षसेशदिदृक्षया ॥ १४ ॥

(उपगम्य)

भो राजन् ! अपि कुशली भवान् ।

रावणः–(सावज्ञम्) बिभीषण ! किमस्य तत् कर्म ।

बिभीषणः–महाराज ! अतोऽप्यधिकम् ।

रावणः–कथं त्वमवगच्छसि ।

बिभीषणः-प्रष्टुमर्हति महाराजः कस्त्वमिति ।

रावणः-भो वानर ! कस्त्वम् । केन कारणेन धर्षितोऽस्माकमन्तःपुरं प्रविष्टः ।

हनूमान्-भोः ! श्रूयताम्,

अञ्जनायां समुत्पन्नो मारुतस्यौरसः सुतः ।
प्रेषितो राघवेणाहं हनूमान् नाम वानरः ॥ १५ ॥

बिभीषणः-महाराज ! किं श्रुतम् ।

रावणः-किं श्रुतेन ।

बिभीषणः-हनूमन् ! किमाह तत्रभवान् राघवः ।

हनूमान्-भोः ! श्रूयतां रामशासनम् ।

रावणः- कथं कथं रामशासनमित्याह । आः हन्यतामयं वानरः ।

बिभीषणः-प्रसीदतु प्रसीदतु महाराजः । सर्वापराधेष्ववध्याः खलु दूताः । अथवा रामस्य वचनं श्रुत्वा पश्चाद् यथेष्टं कर्तुमर्हति महाराजः ।

रावणः-भो वानर ! किमाह स मानुषः ।

हनूमान्-भोः ! श्रूयतां,

वरशरणमुपेहि शङ्करं वा प्रविश च दुर्गतमं रसातलं वा ।
शरवरपरिभिन्नसर्वगात्रं यमसदनं प्रतियापयाम्यहं त्वाम् ॥ १६ ॥

रावणः- ह ह ह ।

दिव्यास्त्रैस्त्रिदशगणा मयाभिभूता
दैत्येन्द्रा मम वशवर्तिनः समस्ताः ।
पौलस्त्योऽप्यपहृतपुष्पकोऽवसन्नो
भो ! रामः कथमभियाति मानुषो माम् ॥ १७ ॥

हनूमान्-एवंविधेन भवता किमर्थं प्रच्छन्नं तस्य दारापहरणं कृतम् ।

बिभीषणः-सम्यगाह हनूमान् ।

अपास्य मायया रामं त्वया राक्षसपुङ्गव ! ।
भिक्षुवेषं समास्थाय च्छलेनापहृता हि सा ॥ १८ ॥

रावणः-बिभीषण ! किं विपक्षपक्षमवलम्बसे ।

बिभीषणः-

प्रसीद राजन् ! वचनं हितं मे प्रदीयतां राघवधर्मपत्नी ।
इदं कुलं राक्षसपुङ्गवेन त्वया हि नेच्छामि विपद्यमानम् ॥१९॥

रावणः-बिभीषण ! अलमलं भयेन ।

कथं लम्बसटः सिंहो मृगेण विनिपात्यते ।
गजो वा सुमहान् मत्तः शृगालेन निहन्यते ॥ २० ॥

हनूमान्-भो रावण ! विपद्यमानभाग्येन भवता किं युक्तं राघवमेवं वक्तुम् । मा तावद् भोः !

नक्तञ्चरापसद ! रावण ! राघवं तं
वीराग्रगण्यमतुलं त्रिदशेन्द्रकल्पम् ।
प्रक्षीणपुण्य ! भवता भुवनैकनाथं
वक्तुं किमेवमुचितं गतसार ! नीचैः ॥ २१ ॥

रावणः-कथं कथं नामाभिधत्ते । हन्यतामयं वानरः । अथवा दूतवधः खलु वचनीयः । शङ्कुकर्ण ! लाङ्गूलमादीप्य विसृज्यतामयं वानरः ।

शङ्कुकर्णः-यदाज्ञापयति महाराजः । इत इतः ।

रावणः-अथवा एहि तावत् ।

हनूमान्-अयमस्मि ।

रावणः-अभिधीयतां मद्वचनात् स मानुषः ।

अभिभूतो मया राम ! दारापहरणादसि ।
यदि तेऽस्ति धनुःश्लाघा दीयतां मे रणो महान् ॥ २२ ॥

हनूमान्—अचिराद् द्रक्ष्यसि,

अभिहतवरवप्रगोपुराट्टां
रघुवरकार्मुकनादनिर्जितस्त्वम् ।
हरिगणपरिपीडितैः समन्तात्
प्रमदवनैरभिसंवृतां स्वलङ्काम् ॥ २३ ॥

रावणः—आः निर्वास्यतामयं वानरः ।

राक्षसाः—इत इतः ।

(रक्षोभिः सह निष्क्रान्तो हनूमान् ।)

बिभीषणः—प्रसीदतु प्रसीदतु महाराजः । अस्ति काचिद् विवक्षा महाराजस्य हितमन्तरेण ।

रावणः—उच्यतां, तच्छ्रेयो वयमपि श्रोतारः ।

बिभीषणः—सर्वथा राक्षसकुलस्य विनाशोऽभ्यागत इति मन्ये ।

रावणः—केन कारणेन ।

बिभीषणः—महाराजस्य विप्रतिपत्त्या ।

रावणः—का मे विप्रतिपत्तिः ।

बिभीषणः—ननु सीतापहरणमेव ।

रावणः—सीतापहरणेन को दोषः स्यात् ।

बिभीषणः—अधर्मश्च ।

रावणः—चशब्देन सावशेषमिव ते वचनम् । तद् ब्रूहि ।

बिभीषणः—तदेव ननु ।

रावणः—बिभीषण ! किं गूहसे । मम खलु प्राणैः शापितः स्याः, यदि सत्यं न ब्रूयाः ।

बिभीषणः—अभयं दातुमर्हति महाराजः ।

रावणः— दत्तमभयम् । उच्यताम् ।

विभीषणः— बलवद्विग्रहश्च ।

२१ रावणः—(सरोषम्) कथं कथं बलवद्विग्रहो नाम ।

शत्रुपक्षमुपाश्रित्य मामयं राक्षसाधमः ।
क्रोधमाहारयंस्तीव्रमभीरुरभिभाषते ॥ २४ ॥

कोऽत्र ।

ममानवेक्ष्य सौभ्रात्रं शत्रुपक्षमुपाश्रितम् ।
नोत्सहे पुरतो द्रष्टुं तस्मादेष निरस्यताम् ॥ २५ ॥

विभीषणः—प्रसीदतु महाराजः । अहमेव यास्यामि ।

शासितोऽहं त्वया राजन् ! प्रयामि न च दोषवान् ।
त्यक्त्वा रोषं च कामं च यथा कार्यं तथा कुरु ॥ २६ ॥

(परिक्रम्य) अयमिदानीम्—

अद्यैव तं कमललोचनमुग्रचापं
रामं हि रावणवधाय कृतप्रतिज्ञम् ।
संश्रित्य संश्रितहितप्रथितं नृदेवं
नष्टं निशाचरकुलं पुनरुद्धरिष्ये ॥ २७ ॥

(निष्क्रान्तः ।)

रावणः—हन्त निर्गतो विभीषणः । यावदहमपि नगररक्षां सम्पा-
३ दयामि । (निष्क्रान्तः ।)

तृतीयोऽङ्कः ।

अथ चतुर्थोऽङ्कः ।

(ततः प्रविशति वानरकाञ्चुकीयः ।)

काञ्चुकीयः—भो भो बलाध्यक्ष ! सन्नाहमाज्ञापय वानरवाहिनीम् ।

(प्रविश्य)

बलाध्यक्षः—आर्य ! किंकृतोऽयं समुद्योगः ।

काञ्चुकीयः—तत्रभवता हनूमतानीतः खल्वार्यरामस्य देव्याः सीताया वृत्तान्तः ।

बलाध्यक्षः—किमिति किमिति ।

काञ्चुकीयः—श्रूयतां,

लङ्कायां किल वर्तते नृपसुता शोकाभिभूतां भृशं
पौलस्त्येन विहाय धर्मसमयं संक्लेश्यमाना ततः ।
श्रुत्वैतद् भृशशोकतप्तमनसो रामस्य कार्यार्थिना
राज्ञा वानरवाहिनी प्रतिभया सन्नाहमाज्ञापिता ॥ १ ॥

बलाध्यक्षः—एवम् । यदाज्ञापयति महाराजः ।

काञ्चुकीयः—यावदहमपि सन्नद्धा वानरवाहिनीति महाराजाय निवेदयामि ।

(निष्क्रान्तौ ।)

विष्कम्भकः ।

(ततः प्रविशति रामो लक्ष्मणः सुग्रीवो हनूमांश्च ।)

रामः—

आक्रान्ताः पृथुसानुकुञ्जगहना मेघोपमाः पर्वताः
सिंहव्याघ्रगजेन्द्रपीतसलिला नद्यश्च तीर्णा मया ।
क्रान्तं पुष्पफलाढ्यपादपयुतं चित्रं महत् काननं
सम्प्राप्तोऽस्मि कपीन्द्रसैन्यसहितो वेलातटं साम्प्रतम् ॥ २ ॥

लक्ष्मणः-एष एष भगवान् वरुणः,

सजलजलधरेन्द्रनीलनीरो विलुलितफेनतरङ्गचारुहारः ।
समधिगतनदीसहस्रबाहुर्हरिरिव भाति सरित्पतिः शयानः ॥३॥

रामः-कथं कथं भोः !

रिपुमुद्धर्तुमुद्यन्तं मामयं सक्तसायकम् ।
सजीवमद्य तं कर्तुं निवारयति सागरः ॥ ४ ॥

सुग्रीवः-अये वियति

सजलजलदसन्निभप्रकाशः
कनकमयामलभूषणोज्ज्वलाङ्गः ।
अभिपतति कुतो नु राक्षसोऽसौ
शलभ इवाशु हुताशनं प्रवेष्टुम् ॥ ५ ॥

हनूमान्-भो भो वानरवीराः ! अप्रमत्ता भवन्तु भवन्तः ।

शैलैर्द्रुमैः सम्प्रति मुष्टिबन्धैर्दन्तैर्नखैर्जानुभिरुग्रनादैः ।
रक्षोवधार्थं युधि वानरेन्द्रास्तिष्ठन्तु रक्षन्तु च नो नरेन्द्रम् ॥६॥

रामः-राक्षस इति । हनूमन् ! अलमलं सम्भ्रमेण ।

हनूमान्-यदाज्ञापयति देवः ।

(ततः प्रविशति विभीषणः ।)

विभीषणः-भोः ! प्राप्तोऽस्मि राघवस्य शिबिरसन्निवेशम् । (विचिन्त्य) अकृतदूतसम्प्रेषणमविदितागमनममित्रसम्बन्धिनं कथं नु खलु मामवगच्छेत् तत्रभवान् राघवः । कुतः,

क्रुद्धस्य यस्य पुरतः सहितोऽप्यशक्तः
स्थातुं सुरैः सुररिपोर्युधि वज्रपाणिः ।
तस्यानुजं रघुपतिः शरणागतं मां
किं वक्ष्यतीति हृदयं परिशङ्कितं मे ॥ ७ ॥

अथवा,

दृष्टधर्मार्थतत्त्वोऽयं साधुः संश्रितवत्सलः ।
शङ्कनीयः कथं रामो विशुद्धमनसा मया ॥ ८ ॥

(अधोऽवलोक्य) इदं रघुकुलवृषभस्य स्कन्धावारम् । यावदवतरामि । (अवतीर्य) हन्त इह स्थित्वा ममागमनं देवाय निवेदयामि ।

हनूमान्–(ऊर्ध्वमवलोक्य) अये कथं तत्रभवान् विभीषणः ।

विभीषणः–अये हनूमान् । हनूमन् ! ममागमनं देवाय निवेदय ।

हनूमान्–बाढम् । (उपगम्य) जयतु जयतु देवः ।

राजंस्त्वत्कारणादेव भ्रात्रा निर्विषयीकृतः ।
विभीषणोऽयं धर्मात्मा शरणार्थमुपागतः ॥ ९ ॥

रामः–कथं विभीषणः शरणागत इति । वत्स लक्ष्मण ! गच्छ, सत्कृत्य प्रवेश्यतां विभीषणः ।

लक्ष्मणः–यदाज्ञापयत्यार्यः ।

रामः–सुग्रीव वक्तुकाममिव त्वां लक्षये ।

सुग्रीवः–देव ! बहुमायाश्छलयोधिनश्च राक्षसाः । तस्मात् सम्प्रधार्य प्रवेश्यतां विभीषणः ।

हनूमान्–महाराज ! मा मैवं,

देवे यथा वयं भक्तास्तथा मन्ये विभीषणम् ।
भ्रात्रा विवदमानोऽपि दृष्टः पूर्वं पुरे मया ॥ १० ॥

रामः–यद्येवं, गच्छ, सत्कृत्य प्रवेश्यतां विभीषणः ।

लक्ष्मणः–यदाज्ञापयत्यार्यः । (परिक्रम्य) अये विभीषणः । विभीषण ! अपि कुशली भवान् ।

विभीषणः–अये कुमारो लक्ष्मणः । कुमार ! अद्य कुशली संवृत्तोऽस्मि ।

लक्ष्मणः–विभीषण ! उपसर्पावस्तावदार्यम् ।

विभीषणः–बाढम् ।

(उपसर्पतः ।)

लक्ष्मणः–जयत्वार्यः ।

विभीषणः–प्रसीदतु देवः । जयतु देवः ।

रामः–अये विभीषणः । विभीषण ! अपि कुशली भवान् ।

विभीषणः–देव ! अद्य कुशली संवृत्तोऽस्मि ।

भवन्तं पद्मपत्राक्षं शरण्यं शरणागतः ।
अद्यास्मि कुशली राजंस्त्वद्दर्शनविकल्मषः ॥ ११ ॥

रामः–अद्यप्रभृति मद्वचनाल्लङ्केश्वरो भव ।

विभीषणः– अनुगृहीतोऽस्मि ।

रामः–विभीषण ! त्वदागमनादेव सिद्धमस्मत्कार्यम् । सागरतरणे खलूपायो नाधिगम्यते ।

विभीषणः–देव ! किमत्रावगन्तव्यम् । यदि मार्गं न ददाति, समुद्रे दिव्यमस्त्रं तावद् विस्रष्टुमर्हति देवः ।

रामः–साधु विभीषण ! साधु । भवतु, एवं तावत् करिष्ये । (सहसोत्तिष्ठन् सरोषम्)

मम शरपरिदग्धतोयपङ्कं हतशतमत्स्यविकीर्णभूमिभागम् ।
यदि मम न ददाति मार्गमेनं प्रतिहतवीचिरवं करोमि शीघ्रम् ॥१२॥

(ततः प्रविशति वरुणः ।)

वरुणः–(ससम्भ्रमम्)

नारायणस्य नररूपमुपाश्रितस्य
कार्यार्थमभ्युपगतस्य कृतापराधः ।
देवस्य देवरिपुदेहहरात् प्रतूर्णं
भीतः शराच्छरणमेनमुपाश्रयामि ॥ १३ ॥

(विलोक्य) अये अयं भगवान्,

मानुषं रूपमास्थाय चक्रशार्ङ्गगदाधरः।
स्वयं कारणभूतः सन् कार्यार्थी समुपागतः॥ १४॥

नमो भगवते त्रैलोक्यकारणाय नारायणाय।

लक्ष्मणः-(विलोक्य) अये को नु खल्वेषः।

मणिविरचितमौलिश्चारुताम्रायताक्षो
नवकुवलयनीलो मत्तमातङ्गलीलः।
सलिलनिचयमध्यादुत्थितस्त्वेष शीघ्र-
मवनतमिव कुर्वंस्तेजसा जीवलोकम्॥ १५॥

विभीषणः-देव ! अयं खलु भगवान् वरुणः प्राप्तः।

रामः-किं वरुणोऽयम्। भगवन् ! वरुण ! नमस्ते।

वरुणः-न मे नमस्कारं कर्तुमर्हति देवेशः। अथवा,

राजपुत्र ! कुतः कोपो रोषेण किमलं तव।
कर्तव्यं तावदस्माभिर्वद शीघ्रं नरोत्तम !॥ १६॥

रामः-लङ्कागमने मार्गं दातुमर्हति भवान्।

वरुणः-एष मार्गः। प्रयातु भवान्। (अन्तर्हितः।)

रामः-कथमन्तर्हितो भगवान् वरुणः। विभीषण ! पश्य पश्य भगवत्प्रसादान्निष्कम्पवीचिमन्तं सलिलाधिपतिम्।

विभीषणः-देव ! साम्प्रतं द्विधाभूत इव दृश्यते जलनिधिः।

रामः-क्व हनूमान्।

हनूमान्-जयतु देवः।

रामः-हनूमन् ! गच्छाग्रतः।

हनूमान्-यदाज्ञापयति देवः।

(सर्वे परिक्रामन्ति।)

रामः-(विलोक्य सविस्मयम्) वत्स लक्ष्मण ! वयस्य विभीषण !

महाराज सुग्रीव! सखे हनूमन्! पश्यन्तु पश्यन्तु भवन्तः। अहो विचित्रता सागरस्य। इह हि,

क्वचित् फेनोद्गारी क्वचिदपि च मीनाकुलजलः
क्वचिच्छङ्खाकीर्णः क्वचिदपि च नीलाम्बुदनिभः।
क्वचिद् वीचीमालः क्वचिदपि च नक्रप्रतिभयः
क्वचिद् भीमावर्तः क्वचिदपि च निष्कम्पसलिलः॥ १७॥

भगवत्प्रसादादतीतः सागरः।

हनूमान्–देव! इयमियं लङ्का।

रामः–(चिरं विलोक्य) अहो राक्षसनगरस्य श्रीरचिराद् विपत्स्यते।

मम शरवरवातपातभग्ना कपिवरसैन्यतरङ्गताडितान्ता।
उदधिजलगतेव नौर्विपन्ना निपतति रावणकर्णधारदोषात्॥ १८॥

सुग्रीव! अस्मिन् सुवेलपर्वते क्रियतां सेनानिवेशः। (उपविशति।)

सुग्रीवः–यदाज्ञापयति देवः। नील! एवं क्रियताम्।

(प्रविश्य)

नीलः–यदाज्ञापयति महाराजः। (निष्क्रम्य प्रविश्य) जयतु देवः। क्रमान्निवेश्यमानासु सेनासु वृन्दपरिग्रहेषु परीक्ष्यमाणेषु पुस्तकप्रामाण्यात् कुतश्चिदप्यविज्ञायमानौ द्वौ वनौकसौ गृहीतौ। वयं न जानीमः कर्तव्यम्। देवस्तस्मात् प्रमाणम्।

रामः–शीघ्रं प्रवेशयत्वेतौ।

नीलः–यदाज्ञापयति देवः। (निष्क्रान्तः)

(ततः प्रविशति नीलो वानरैर्गृह्यमाणौ वानररूपधारिणौ सम्पुटिकाहस्तौ शुकसारणौ च।)

वानराः–अङ्घो भणथ। के तुम्हे भणथ। [अङ्घो भणतं कौ युवां भणतम्।]

उभौ–भट्टा ! अम्हे अय्यकुमुदस्स सेवआ । [भर्तः ! आवामार्यकुमुदस्य सेवकौ ।]

वानराः–भट्टा ! अय्यकुमुदस्स सेवअत्ति अत्ताणं अवदिसन्ति । [भर्तः ! आर्यकुमुदस्य सेवकावित्यात्मानमपदिशतः ।]

विभीषणः–(सावधानं शुकसारणौ विलोक्य)

> स्वसैनिकौ न चाप्येतौ न चाप्येतौ वनौकसौ ।
> प्रेषितौ रावणेनैतौ राक्षसौ शुकसारणौ ॥ १९ ॥

उभौ–(आत्मगतम्) हन्त कुमारेण विज्ञातौ स्वः । (प्रकाशम्) आर्य ! आवां खलु राक्षसराजस्य विप्रतिपत्त्या विपद्यमानं राक्षसकुलं दृष्ट्वास्पदमलभमानौ आर्यसंश्रयार्थं वानररूपेण सम्प्राप्तौ ।

रामः–वयस्य ! विभीषण ! कथमिव भवान् मन्यते ।

विभीषणः–देव !

> एतौ हि राक्षसेन्द्रस्य सम्मतौ मन्त्रिणौ नृप ! ।
> प्राणान्तिकेऽपि व्यसने लङ्केशं नैव मुञ्चतः ॥ २० ॥

तस्माद् यथार्हं दण्डमाज्ञापयतु देवः ।

रामः–विभीषण ! मा मैवम् ।

> अनयोः शासनादेव न मे वृद्धिर्भविष्यति ।
> क्षयो वा राक्षसेन्द्रस्य तस्मादेतौ विमोचय ॥ २१ ॥

लक्ष्मणः–यदि विमुञ्चेत्, सर्वस्कन्धावारं प्रविश्य परीक्ष्य पुनर्मोक्षमाज्ञापयत्वार्यः ।

रामः–सम्यगभिहितं लक्ष्मणेन । नील ! एवं क्रियताम् ।

नीलः–यदाज्ञापयति देवः ।

रामः–अथवा एहि तावत् ।

उभौ–इमौ स्वः ।

रामः-अभिधीयतां मद्वचनात् स राक्षसेन्द्रः ।

मम दारापहारेण स्वयङ्ग्राहितविग्रहः ।
आगतोऽहं न पश्यामि द्रष्टुकामो रणातिथिः ॥ २२ ॥

इति ।

उभौ-यदाज्ञापयति देवः । (निष्क्रान्तौ ।)

रामः-विभीषण ! वयमपि तावदानन्तरीयं बलं परीक्षिष्यामहे ।

विभीषणः-यदाज्ञापयति देवः ।

रामः-(परिक्रम्य विलोक्य) अये अस्तमितो भगवान् दिवाकरः । सम्प्रति हि,

अस्ताद्रिमस्तकगतः प्रतिसंहृतांशुः
सन्ध्यानुरञ्जितवपुः प्रतिभाति सूर्यः ।
रक्तोज्ज्वलांशुकवृते द्विरदस्य कुम्भे
जाम्बूनदेन रचितः पुलको यथैव ॥ २३ ॥

(निष्क्रान्ताः सर्वे ।)

चतुर्थोऽङ्कः ।

अथ पञ्चमोऽङ्कः ।

(ततः प्रविशति राक्षसकाञ्चुकीयः)

राक्षसकाञ्चुकीयः-क इह भोः ! प्रवालतोरणद्वारमशून्यं कुरुते ।

(प्रविश्यान्यो राक्षसः)

राक्षसः-आर्य ! अयमस्मि । किं क्रियताम् ।

काञ्चुकीयः-गच्छ, महाराजस्य शासनाद् विद्युज्जिह्वस्तावदाहूयताम् ।

राक्षसः-आर्य ! तथा । (निष्क्रान्तः ।)

काञ्चुकीयः—अहो तु खलु विपद्यमानाभ्युदये राक्षसकुले विपन्नसर्वसाधनस्य निहतवीरपुरुषस्य स्वयं च प्राणसंशयं प्राप्तस्येदानीमपि प्रसन्नत्वं नोपगच्छति महाराजस्य बुद्धिः । को हि नाम,

चलत्तरङ्गाहतभीमवेलमुदीर्णनक्राकुलनीलनीरम् ।
समुद्रमाक्रान्तमवेक्ष्य तस्मै दारप्रदानान्न करोति शान्तिम् ॥ १ ॥

अपि, च

प्रहस्तप्रमुखा वीराः कुम्भकर्णपुरस्सराः ।
निहता राघवेणाद्य शक्रजिच्चापि निर्गतः ॥ २ ॥

एवमपि गते,

मदनवशगतो महानयार्थं सचिववचोऽप्यनवेक्ष्य वीरमानी ।
रघुकुलवृषभस्य तस्य देवीं जनकसुतां न ददाति योद्धुकामः ॥ ३ ॥

(प्रविश्य)

विद्युज्जिह्वः—अपि सुखमार्यस्य ।

काञ्चुकीयः—विद्युज्जिह्व ! गच्छ, महाराजवचनाद् रामलक्ष्मणयोः शिरःप्रतिकृतिरानीयताम् ।

विद्युज्जिह्वः—यदाज्ञापयति महाराजः । (निष्क्रान्तः ।)

काञ्चुकीयः—यावदहमपि महाराजस्य प्रत्यन्तरीभविष्यामि ।

(निष्क्रान्तः ।)

विष्कम्भकः ।

(ततः प्रविशति राक्षसीगणपरिवृता सीता)

सीता—किण्णु हु अय्यउत्तस्स आगमणेण पह्लादिअस्स हिअअस्स अज्ज आवेओ विअ संवुत्तो । अणिट्ठाणि णिमित्ताणि अ दिस्सन्ति । एवं वि दाणि (अच्चाहिअं ?) हिअअस्स महन्तो अब्भुदओ वड्ढइ । सव्वहा इस्सरा सन्तिं करन्तु । [किन्नु खल्वार्य-

पुत्रस्यागमनेन प्रह्लादितस्य हृदयस्याद्यावेग इव संवृत्तः । अनिष्टानि निमित्तानि च दृश्यन्ते । एवमपीदानीं हृदयस्य महानभ्युदयो वर्धते । सर्वथेश्वराः शान्तिं कुर्वन्तु ।]

(ततः प्रविशति रावणः ।)

रावणः–मा तावद् ,

एषा विहाय भवनं मम सम्प्रयाता
नारी नवामलजलोद्भवलग्नहस्ता ।
लङ्का यदा हि समरे यशमागता मे
पौलस्त्यमाशु परिजित्य तदा गृहीता ॥ ४ ॥

भवति ! तिष्ठ तिष्ठ । न खलु न खलु गन्तव्यम् । किं ब्रवीषि–– उत्सृज्य त्वां राममुपगच्छामीति । आः अपध्वंस ।

बलादेव गृहीतासि तदा वैश्रवणालये ।
बलादेव ग्रहीष्ये त्वां हत्वा राघवमाहवे ॥ ५ ॥

किमनया । यावदहमपि सीतां विलोभयिष्ये । (मदनावेशं निरूप्य) अहो तु खल्वतुलबलता कुसुमधन्वनः । कुतः,

निद्रां मे निशि विस्मरन्ति नयनान्यालोक्य सीताननं
तत्संश्लेषसुखार्थिनी तनुतरा याता तनुः पाण्डुताम् ।
सन्तापं रमणीयवस्तुविषये बध्नाति पुष्पेषुणा
कष्टं निर्जितविष्टपत्रयभुजो निर्जीयते रावणः ॥ ६ ॥

(उपेत्य)

सीते ! त्यज त्वमरविन्दपलाशनेत्रे !
चित्तं हि मानुषगतं मम चित्तनाथे ! ।
शस्त्रेण मेऽद्य समरे विनिपात्यमानं
प्रेक्षस्व लक्ष्मणयुतं तव चित्तकान्तम् ॥ ७ ॥

सीता—हं मूढो खु सि रावणओ, जो मन्दरं हत्थेण तुळयिदुकामो ।
[हं मूढः खल्वसि रावणकः, यो मन्दरं हस्तेन तुलयितुकामः ।]

(प्रविश्य)

राक्षसः—जयतु महाराजः ।

एते तयोर्मानुषयोः शिरसी राजपुत्रयोः ।
युधि हत्वा कुमारेण गृहीते त्वत्प्रियार्थिना ॥ ८ ॥

रावणः—सीते ! पश्य पश्य तयोर्मानुषयोः शिरसी ।

सीता—हा अय्यउत्त ! । (इति मूर्छिता पतति) [हा आर्यपुत्र ! ।]

रावणः—

सीते ! भावं परित्यज्य मानुषेऽस्मिन् गतायुषि ।
अद्यैव त्वं विशालाक्षि ! महतीं श्रियमाप्नुहि ॥ ९ ॥

सीता—(प्रत्यभिज्ञाय) हा अय्यउत्त ! परिमळणवकमळसण्णिहे वदणे परिवुत्तणअणे पेक्खन्ती अदिधीरा खु म्हि मन्दभाआ । हा अय्यउत्त ! एदस्सिं दुःखसाअरे मं णिक्खिविअ कहिं गदो सि । जाव ण मरामि । किं णु खु अळिअं एदं भवे । भद्द ! जेण असिणा अय्यउत्तस्स असदिसं किदं, तेण मं वि मारेहि । [हा आर्यपुत्र ! परिमलनवकमलसन्निभे वदने परिवृत्तनयने पश्यन्ती अतिधीरा खल्वस्मि मन्दभागा । हा आर्यपुत्र ! एतस्मिन् दुःखसागरे मां निक्षिप्य कुत्र गतोऽसि । यावन्न म्रिये । किन्नु खल्वलीकमेतद् भवेत् । भद्र ! येनासिनार्यपुत्रस्यासदृशं कृतं तेन मामपि मारय ।]

रावणः—

व्यक्तमिन्द्रजिता युद्धे हते तस्मिन् नराधमे ।
लक्ष्मणेन सह भ्रात्रा केन त्वं मोक्षयिष्यसे ॥ १० ॥

(नेपथ्ये)

रामेण रामेण ।

सीता– चिरं जीव।

(प्रविश्य)

राक्षसः–(ससम्भ्रमम्) रामेण रामेण।

रावणः–कथं कथं रामेणेति।

राक्षसः–प्रसीदतु प्रसीदतु महाराजः। अतिपातिवृत्तान्तनिवेदनत्वरयावस्थान्तरं नावेक्षितम्।

रावणः–ब्रूहि ब्रूहि। किं कृतं मनुजतापसेन।

राक्षसः–श्रोतुमर्हति महाराजः। तेन खलु,

उदीर्णसत्त्वेन महाबलेन लङ्केश्वरं त्वामभिभूय शीघ्रम्।
सलक्ष्मणेनाद्य हि राघवेण प्रसह्य युद्धे निहतः सुतस्ते ॥ ११ ॥

रावणः–आः दुरात्मन्! समरभीरो!

देवाः सेन्द्रा जिता येन दैत्याश्चापि पराङ्मुखाः।
इन्द्रजित् सोऽपि समरे मानुषेण निहन्यते ॥ १२ ॥

राक्षसः–प्रसीदतु प्रसीदतु महाराजः। महाराजपादमूले कुमारमन्तरेणानृतं नाभिधीयते।

रावणः–हा वत्स! मेघनाद!। (इति मूर्छितः पतति।)

राक्षसः–महाराज! समाश्वसिहि समाश्वसिहि।

रावणः–(प्रत्यभिज्ञाय)

हा वत्स! सर्वजगतां ज्वरकृत्! कृतास्त्र!
हा वत्स! वासवजिदानतवैरिचक्र!।
हा वत्स! वीर! गुरुवत्सल! युद्धशौण्ड!
हा वत्स! मामिह विहाय गतोऽसि कस्मात् ॥ १३ ॥

(इति मोहमुपगतः।)

राक्षसः–हा धिक् त्रैलोक्यविजयी लङ्केश्वर एतामवस्थां प्रापितो हतकेन विधिना । महाराज ! समाश्वसिहि समाश्वसिहि ।

रावणः–(समाश्वस्य) इदानीमनर्थहेतुभूतया सीतया किमनया त्रैलोक्यविजयविफलया चपलया श्रिया च । किं भोः कृतान्तहतक ! अद्यापि भयविह्वलोऽसि ।

इदानीमपि निःस्नेहो वत्सेनेन्द्रजिता विना ।
कष्टं कठोरहृदयो जीवत्येष दशाननः ॥ १४ ॥

(इति सन्तापात् पतति ।)

राक्षसः–हा भो रजनीचरवीराः ! एवंगते राजन्यन्तःकक्ष्यास्थिता रक्षिणश्चाप्रमत्ता भवन्तु भवन्तः ।

(नेपथ्ये)

भो भो रजनीचरवीराः ! समरमुखनिरस्तप्रहस्तनिकुम्भकुम्भकर्णेन्द्रजिद्विकलबलजलधिजनितभयचकितविमुखाः ! चपलपलायनमनुचितमविरतममरसमराणि जितवतां भवताम्, अथ च विश्वलोकविजयविख्यातविंशद्बाहुशालिनि भर्तर्यत्र स्थितवति लङ्केश्वरे ।

रावणः– (श्रुत्वा सामर्षम्) गच्छ, भूयो ज्ञायतां वृत्तान्तः ।

राक्षसः–यदाज्ञापयति महाराजः । (निष्क्रम्य प्रविश्य) जयतु महाराजः । एष हि रामः,

धनुषि निहितबाणस्त्वामतिक्रम्य गर्वा-
द्धरिगणपरिवारो हाससम्फुल्लनेत्रः ।
रणशिरसि सुतं ते पातयित्वा तु राज-
न्नभिपतति हि लङ्कां सन्दिधक्षुर्यथैव ॥ १५ ॥

रावणः–(सहसोत्थाय सरोषम्) क्वासौ क्वासौ । (असिमुद्यम्य)

वज्रीभकुम्भतटभेदकठोरधारः
क्रोधोपहारमसिरेष विधास्यति त्वाम् ।
सम्प्रत्यवन्त्वनिमिषा इह मत्करस्थः
क्षुद्र ! क्व यास्यसि कुतापस ! तिष्ठ तिष्ठ ॥ १६ ॥

राक्षसः–महाराज ! अलमतिसाहसेन ।

सीता–अणिट्ठाणि अणरुहाणि अणिमित्ताणि इदाणिं करअंतस्स रावणस्स अइरेण मरणं भविस्सिदि । [अनिष्टान्यनर्हाण्यनिमित्तानीदानीं कुर्वतो रावणस्याचिरेण मरणं भविष्यति ।]

रावणः–अस्याः कारणेन बहवो भ्रातरः सुताः सुहृदश्च मे निहताः । तस्मादमित्रविषयमस्या हृदयं भित्त्वा कृष्टान्त्रमालालङ्कृतः खड्गाशनिपातेन समनुजयुगलं सकलवानरकुलं ध्वंसयामि ।

राक्षसः–प्रसीदतु प्रसीदतु महाराजः । अलमलमिदानीमरिबलावलेपमन्तरेणानवरतवृथाप्रयासेन । अवश्यं च स्त्रीवधो न कर्तव्यः ।

रावणः–तेन हि स्यन्दनमानय ।

राक्षसः–यदाज्ञापयति महाराजः । (निष्क्रम्य प्रविश्य) जयतु महाराजः । इदं स्यन्दनम् ।

रावणः–(रथमारुह्य)

समावृतं सुरैरद्य सीते ! द्रक्ष्यसि राघवम् ।
मम चापच्युतैस्तीक्ष्णैर्बाणैराक्रान्तचेतसम् ॥ १७ ॥

(निष्क्रान्तः सपरिवारो रावणः ।)

सीता–इस्सरा ! अत्तणो कुळसदिसेण चारित्तेण जदि अहं अणुसरामि अय्यउत्तं, अय्यउत्तस्स विजओ होदु । [ईश्वराः ! आत्मनः कुलसदृशेन चारित्रेण यद्यहमनुसराम्यार्यपुत्रम्, आर्यपुत्रस्य विजयो भवतु ।]

(निष्क्रान्ता ।)

पञ्चमोऽङ्कः ।

अथ षष्ठोऽङ्कः ।

(ततः प्रविशन्ति विद्याधरास्त्रयः ।)

३ सर्वे-एते स्मो भो ! एते स्मः ।

प्रथमः-

इक्ष्वाकुवंशविपुलोज्ज्वलदीप्तकेतोः

द्वितीयः-

रामस्य रावणवधाय कृतोद्यमस्य ।

तृतीयः-

सङ्ग्रामदर्शनकुतूहलबद्धचित्ताः

सर्वे-

प्राप्ता वयं हिमवतः शिखरात् प्रतूर्णम् ॥ १ ॥

प्रथमः-चित्ररथ ! एते देवदेवर्षिसिद्धविद्याधरादयो निरन्तरं नभः
कृत्वा स्थिताः । तस्माद् वयमप्येतेषामेतान् गणान् परिहरन्तः
३ स्वैरमेकान्ते स्थित्वा रामरावणयोर्युद्धविशेषं पश्यामः ।

उभौ-बाढम् ।

(तथा कृत्वा)

६ प्रथमः-अहो प्रतिभयदर्शनीया खल्वियं युद्धभूमिः । इह हि,

रजनिचरशरीरनीरकीर्णा कपिवरवीचियुता वरासिनक्रा ।
उदधिरिव विभाति युद्धभूमी रघुवरचन्द्रशरांशुवृद्धवेगा ॥ २ ॥

द्वितीयः-एवमेतत् ।

एते पादपशैलभग्नशिरसो मुष्टिप्रहारैर्हताः
क्रुद्धैर्वानरयूथपैरतिबलैरुत्पुच्छकर्णैर्वृताः ।
कण्ठग्राहविवृत्ततुङ्गनयनैर्दष्टोष्ठतीव्रैर्मुखैः
शैला वज्रहता इवाशु समरे रक्षोगणाः पातिताः ॥ ३ ॥

तृतीयः– एते चापि द्रष्टव्या भवद्भ्यां,

निशितविमलखड्गाः क्रोधविस्फारिताक्षा
विमलविकृतदंष्ट्रा नीलजीमूतकल्पाः ।
हरिगणपतिसैन्यं हन्तुकामाः समन्ताद्
रभसविवृतवक्त्रा राक्षसाः सम्पतन्तिः ॥ ४ ॥

प्रथमः–अहो तु खलु,

बाणाः पात्यन्ते राक्षसैर्वानरेषु

२ द्वितीयः–

शैला क्षिप्यन्ते वानरैर्नैर्ऋतेषु ।

तृतीयः–

६ मुष्टिप्रक्षेपैर्जानुसङ्घट्टनैश्च

सर्वे–

भीमश्चित्रं भोः ! सम्प्रमर्दः प्रवृत्तः ॥ ५ ॥

प्रथमः–रावणमपि पश्येतां भवन्तौ,

कनकरचितदण्डां शक्तिमुल्लालयन्तं
विमलविकृतदंष्ट्रं स्यन्दनं वाहयन्तम् ।
उदयशिखरिमध्ये पूर्णबिम्बं शशाङ्कं
ग्रहमिव भगणेशं राममालोक्य रुष्टम् ॥ ६ ॥

द्वितीयः–राममपि पश्येतां भवन्तौ ।

सव्येन चापमवलम्ब्य करेण वीर-
मन्येन सायकवरं परिवर्तयन्तम् ।
भूमौ स्थितं रथगतं रिपुमीक्षमाणं
क्रौञ्चं यथा गिरिवरं युधि कार्त्तिकेयम् ॥ ७ ॥

तृतीयः–हहह ।

रावणेन विमुक्तेयं शक्तिः कालान्तकोपमा ।
रामेण स्मयमानेन द्विधा छिन्ना धनुष्मता ॥ ८ ॥

प्रथमः–

शक्तिं निपातितां दृष्ट्वा क्रोधविस्फारितेक्षणः ।
रामं प्रत्यैषवं वर्षमभिवर्षति रावणः ॥ ९ ॥

द्वितीयः–अहो रामस्य शोभा ।

एता रावणजीमूताद् बाणधारा विनिस्सृताः ।
विभान्ति राममासाद्य वारिधारा वृषं यथा ॥ १० ॥

तृतीयः–एष एषः,

कनकरचितचापं तीक्ष्णमुद्यम्य शीघ्रं
रणशिरसि सुघोरं बाणजालं विधून्वन् ।
रथगतमभियान्तं रावणं याति पद्भ्यां
गजपतिमिव मत्तं तीक्ष्णदंष्ट्रो मृगेन्द्रः ॥ ११ ॥

सर्वे–अये ज्वलित इव प्रभायायं देशः । किन्नु खल्विदम् ।

प्रथमः–आ युद्धसामान्यजनितशङ्केन महेन्द्रेण प्रेषितो मातलिवाहितो रथः ।

द्वितीयः–उपस्थितं मातलिं दृष्ट्वा तस्य वचनाद् रथमारूढवान् रामः ।

तृतीयः– एष हि,

सुरवरजयदर्पदेशिकेऽस्मिन् दितिसुतनाशकरे रथे विभाति ।
रजनिचरविनाशकारणः संस्त्रिपुरवधाय यथा पुरा कपर्दी ॥१२॥

प्रथमः–अहो महत् प्रवृत्तं युद्धम् ।

शरवरपरिपीततीव्रबाणं नरवरनैर्ऋतयोः समीक्ष्य युद्धम् ।
विरतविविधशस्त्रपातमेते हरिवरराक्षससैनिकाः स्थिताश्च ॥ १३ ॥

द्वितीयः–अहो तु खलु,

चारीभिरेतौ परिवर्तमानौ रथे स्थितौ बाणगणान् वमन्तौ ।
स्वरश्मिजालैर्धरणिं दहन्तौ सूर्याविव द्वौ नभसि भ्रमन्तौ ॥ १४ ॥

तृतीयः–रावणमपि पश्येतां भवन्तौ ।

शरैर्भीमवेगैर्हयान् मर्दयित्वा ध्वजं चापि शीघ्रं बलेनाभिहत्य ।
महद् बाणवर्षं सृजन्तं नदन्तं हसन्तं नृदेवं भृशं भीषयन्तम् ॥१५॥

प्रथमः–एष हि रामः,

स्थानाक्रामणवामनीकृततनुः किञ्चित् समाश्वास्य वै
तीव्रं बाणमवेक्ष्य रक्तनयनो मध्याह्नसूर्यप्रभः ।
व्यक्तं मातलिना स्वयं नरपतिर्दत्तास्पदो वीर्यवान्
क्रुद्धः संहितवान् वरास्त्रममितं पैतामहं पार्थिवः ॥१६॥

द्वितीयः–एतदस्त्रं,

रघुवरभुजवेगविप्रमुक्तं ज्वलनदिवाकरयुक्ततीक्ष्णधारम् ।
रजनीचरवरं निहत्य सङ्ख्ये पुनरभिगच्छति राममेव शीघ्रम् ॥१७॥

सर्वे–हन्त निपातितो रावणः ।

प्रथमः–

रावणं निहतं दृष्ट्वा पुष्पवृष्टिर्निपातिता ।
एता नदन्ति गम्भीरं भेर्यस्त्रिदिवसद्मनाम् ॥ १८ ॥

द्वितीयः–भवतु । सिद्धं देवकार्यम् ।

प्रथमः–तदागम्यताम् । वयमपि तावत् सर्वहितं रामं सम्भावयिष्यामः ।

उभौ–बाढम् । प्रथमः कल्पः ।

(निष्क्रान्ताः सर्वे ।)

विष्कम्भकः ।

(ततः प्रविशति रामः ।)

रामः–

हत्वा रावणमाहवेऽद्य तरसा मद्बाणवेगार्दितं
कृत्वा चापि विभीषणं शुभमतिं लङ्केश्वरं साम्प्रतम् ।
तीर्त्वा चैवमनल्पसत्त्वचरितं दोर्भ्यां प्रतिज्ञार्णवं
लङ्कामभ्युपयामि बन्धुसहितः सीतां समाश्वासितुम् ॥ १९ ॥

(प्रविश्य)

लक्ष्मणः–जयत्वार्यः । आर्य ! एषा ह्यार्यायस्य समीपमुपसर्पति ।

३ रामः– वत्स ! लक्ष्मण !

अपायाद्ध हि वैदेह्या उषिताया रिपुक्षये ।
दर्शनात् साम्प्रतं धैर्यं मन्युर्मे वारयिष्यति ॥ २० ॥

लक्ष्मणः–यदाज्ञापयत्यार्यः । (निष्क्रान्तः ।)

(प्रविश्य)

३ विभीषणः–जयतु देवः ।

एषा हि राजंस्तव धर्मपत्नी त्वद्बाहुवीर्येण विधूतदुःखा ।
लक्ष्मीः पुरा दैत्यकुलच्युतेव तव प्रसादात् समुपस्थिता सा ॥२१॥

रामः–विभीषण ! तत्रैव तावत् तिष्ठतु रजनिचरावमर्शजातकल्मषा
इक्ष्वाकुकुलस्याङ्कभूता । राजानं दशरथं पितरमुद्दिश्य न युक्तं भो
३ लङ्काधिपते ! मां द्रष्टुम् । अपि च,

मज्जमानमकार्येषु पुरुषं विषयेषु वै ।
निवारयति यो राजन् ! स मित्रं रिपुरन्यथा ॥ २२ ॥

विभीषणः–प्रसीदतु देवः ।

रामः–नार्हति भवानतः परं पीडयितुम् ।

(प्रविश्य)

लक्ष्मणः– जयत्वार्यः । आर्यस्याभिप्रायं श्रुत्वैवाग्निप्रवेशाय प्रसादं प्रतिपालयत्यार्या ।

रामः–लक्ष्मण ! अस्याः पतिव्रतायाश्छन्दमनुतिष्ठ ।

लक्ष्मणः–यदाज्ञापयत्यार्यः । (परिक्रम्य) भोः ! कष्टम् ।

विज्ञाय देव्याः शौचं च श्रुत्वा चार्यस्य शासनम् ।
धर्मस्नेहान्तरे न्यस्ता बुद्धिर्दोलायते मम ॥ २३ ॥

कोऽत्र ।

(प्रविश्य)

हनूमान्– जयतु कुमारः ।

लक्ष्मणः–हनूमन् ! यदि ते शक्तिरस्ति, एवमाज्ञापयत्यार्यः ।

हनूमान्–अत्र किं तर्कयति कुमारः ।

लक्ष्मणः–निष्फलो मम तर्कः । अथवा वयमार्यस्याभिप्रायमनुवर्तितारः । गच्छामस्तावत् ।

हनूमान्– यदाज्ञापयति कुमारः ।

(निष्क्रान्तौ ।)

(प्रविश्य)

लक्ष्मणः–प्रसीदत्वार्यः । आर्य ! आश्चर्यमाश्चर्यम् । एषा ह्यार्या,

विकसितशतपत्रदामकल्पा ज्वलनमिहाशु विमुक्तजीविताशा ।
श्रममिह तव निष्फलं च कृत्वा प्रविशति पद्मवनं यथैव हंसी ॥२४॥

रामः–आश्चर्यमाश्चर्यम् । लक्ष्मण ! निवारय निवारय ।

लक्ष्मणः–यदाज्ञापयत्यार्यः ।

(प्रविश्य)

हनूमान्–जयतु देवः ।

एषा कनकमालेव ज्वलनाद् वर्धितप्रभा ।
पावना पावकं प्राप्य निर्विकारमुपागता ॥ २५ ॥

रामः–(सविस्मयम्) किमिति किमिति ।

लक्ष्मणः–अहो, आश्चर्यम् ।

३ (प्रविश्य)

सुग्रीवः–जयतु देवः ।

को नु खल्वेष जीवन्तीमादाय जनकात्मजाम् ।
प्रणम्यरूपः सम्भूतो ज्वलतो हव्यवाहनात् ॥ २६ ॥

लक्ष्मणः–अये अयमार्यां पुरस्कृत्येत एवाभिवर्तते भगवान् विभावसुः ।

रामः–अये अयं भगवान् हुताशनः । उपसर्पामस्तावत् ।

३ (सर्वे उपसर्पन्ति ।)

(ततः प्रविशत्यग्निः सीतां गृहीत्वा ।)

अग्निः–एष भगवान् नारायणः । जयतु देवः ।

६ रामः–भगवन् ! नमस्ते ।

अग्निः–न मे नमस्कारं कर्तुमर्हति देवेशः ।

इमां गृह्णीष्व राजेन्द्र ! सर्वलोकनमस्कृताम् ।
अपापामक्षतां शुद्धां जानकीं पुरुषोत्तम ! ॥ २७ ॥

अपि च,

इमां भगवतीं लक्ष्मीं जानीहि जनकात्मजाम् ।
सा भवन्तमनुप्राप्ता मानुषीं तनुमास्थिता ॥ २८ ॥

रामः– अनुगृहीतोऽस्मि ।

जानतापि च वैदेह्याः शुचितां धूमकेतन ! ।
प्रत्ययार्थं हि लोकानामेवमेव मया कृतम् ॥ २९ ॥

(नेपथ्ये दिव्यगन्धर्वा गायन्ति ।)

नमो भगवते त्रैलोक्यकारणाय नारायणाय ।

ब्रह्मा ते हृदयं जगत्त्रयपते ! रुद्रश्च कोपस्तव
नेत्रे चन्द्रदिवाकरौ सुरपते ! जिह्वा च ते भारती ।
सब्रह्मेन्द्रमरुद्गणं त्रिभुवनं सृष्टं त्वयैव प्रभो !
सीतेयं जलसम्भवालयरता विष्णुर्भवान् गृह्यताम् ॥ ३० ॥

(पुनर्नेपथ्ये अपरे गायन्ति ।)

मग्नेयं हि जले वराहवपुषा भूमिस्त्वयैवोद्धृता
विक्रान्तं भुवनत्रयं सुरपते ! पादत्रयेण त्वया ।
स्वैरं रूपमुपस्थितेन भवता देव्या यथा साम्प्रतं
हत्वा रावणमाहवे न हि तथा देवाः समाश्वासिताः ॥ ३१ ॥

अग्निः—भद्रमुख ! एते देवदेवर्षिसिद्धविद्याधरगन्धर्वाप्सरोगणाः स्वविभवैर्भवन्तं वर्धयन्ति ।

रामः—अनुगृहीतोऽस्मि ।

अग्निः—भद्रमुख ! अभिषेकार्थमित इतो भवान् ।

रामः—यदाज्ञापयति भगवान् ।

(निष्क्रान्तौ)

(नेपथ्ये)

जयतु देवः । जयतु स्वामी । जयतु भद्रमुखः । जयतु महाराजः । जयतु रावणान्तकः । जयत्वायुष्मान् ।

विभीषणः—एष एष महाराजः,

तीर्त्वा प्रतिज्ञार्णवमाहवेऽद्य
सम्प्राप्य देवीं च विधूतपापाम् ।
देवैः समस्तैश्च कृताभिषेको
विभाति शुभ्रे नभसीव चन्द्रः ॥ ३२ ॥

लक्ष्मणः—अहो तु खल्वार्यस्य वैष्णवं तेजः ।

यमवरुणकुबेरवासवाद्यैस्त्रिदशगणैरभिसंवृतो विभाति।
दशरथवचनात् कृताभिषेकस्त्रिदशपतित्वमवाप्य वृत्रहेव ॥ ३३ ॥

(ततः प्रविशति कृताभिषेको रामः सीतया सह।)

रामः– वत्स! लक्ष्मण!

येनाहं कृतमङ्गलप्रतिसरो भद्रासनारोपितो
ऽप्यम्बायाः प्रियमिच्छता नृपतिना भिन्नाभिषेकः कृतः।
व्यक्तं दैवगतिं गतेन गुरुणा प्रत्यक्षतः साम्प्रतं
तेनैवाद्य पुनः प्रहृष्टमनसा प्राप्ताभिषेकः कृतः ॥ ३४ ॥

अग्निः– भद्रमुख! एता हि महेन्द्रनियोगाद् भरतशत्रुघ्नपुरःसराः प्रकृतयो भवन्तमुपस्थिताः।

रामः– भगवान्! प्रहृष्टोऽस्मि।

अग्निः– इमे महेन्द्रादयोऽमृतभुजो भवन्तमभिवर्धयन्ति।

रामः– अनुगृहीतोऽस्मि।

अग्निः– भद्रमुख! किं ते भूयः प्रियमुपहरामि।

रामः– यदि मे भगवान् प्रसन्नः, किमतः परमहमिच्छामि।

(भरतवाक्यम्।)

भवन्त्वरजसो गावः परचक्रं प्रशाम्यतु।
इमामपि महीं कृत्स्नां राजसिंहः प्रशास्तु नः ॥ ३५ ॥

(निष्क्रान्ताः सर्वे)

षष्ठोऽङ्कः।

अभिषेकनाटकं समाप्तम्।

श्लोकानुक्रमणिका ।

पञ्चरात्रस्य कथावस्तु ।

यज्ञस्यान्ते दुर्योधनो यज्ञाङ्गदक्षिणात्वेनाचार्याय द्रोणाय तदीप्सितस्य यस्य कस्याप्यर्थस्य दानं प्रतिशुश्राव । ततः पाण्डवेभ्योर्धराज्यसंविभागमेव स्वाभीप्सितमर्थं द्रोणः शशंस । ततः शकुनिच्छन्दानुवर्तिना दुर्योधनेन "यदि पञ्चरात्राभ्यन्तरेऽज्ञातवासिनां पाण्डवानां प्रवृत्तिरुपलभ्येत तर्हि तेभ्योऽर्धराज्यं दास्यामि" इत्यपूर्वः समयः परिकल्पितः । अत्रान्तरे विराटनगरात् प्राप्तेन दूतेन महाबलस्य कीचकशतस्य निगूढवधे निवेदिते भीमसेनादपरो न कोऽपि एतत्कर्तुं समर्थ इति मत्वा विराटपुरे पाण्डवप्रवृत्तेरुपलम्भनीयतां सम्भावयतो भीष्मस्य प्रेरणया द्रोणेनाङ्गीकृतः समयः । यज्ञानागमनापराधं चापदिश्य विराटस्य गोग्रहणं कर्तुं भीष्मद्रोणदुर्योधनादयः सर्वेऽपि युद्धार्थं तन्नगरीमभिप्रतस्थिरे । तत्र बृहन्नलावेषच्छन्नात्मनार्जुनेन सर्वेऽपि कौरवाः पराजिताः समरमपास्य प्रदुद्रुवुः । ततोऽज्ञातवेषेण निवसतः पाण्डवान् ज्ञात्वा सत्कृत्य विराटेन गोग्रहणविजयशुल्कार्थे दत्ता उत्तरा स्वपुत्रार्थेऽर्जुनेन प्रतिगृहीता । तत उत्तराभिमन्युविवाहकार्यं निवेदयितुं युधिष्ठिरेण स्वपितामहाय प्रेषितो विराटपुत्र उत्तरः । इत्थं च पञ्चरात्राभ्यन्तरे पाण्डवानां प्रवृत्तिमुपलभ्य यथाप्रतिज्ञं दुर्योधनः पाण्डवेभ्योऽर्धराज्यं ददौ ।

पात्राणि ।

दुर्योधनः—कुरुराजः ।

भीष्मः—दुर्योधनादीनां पितामहः ।

द्रोणः—दुर्योधनादीनां धनुराचार्यः ।

कर्णः—अङ्गेश्वरो दुर्योधनस्य सखा ।

शकुनिः—दुर्योधनस्य मातुलः ।

भटः—दुर्योधनस्य भृत्यः ।

वृद्धगोपालकः—गोकुलाध्यक्षः ।

गोमित्रकः—कश्चिद् गोपालः ।

राजा—मत्स्यदेशाधिपतिर्विराटनामा ।

भगवान्—ब्राह्मणरूपधारी धर्मपुत्रः ।

भीमसेनः—धर्मपुत्रस्यानुजः ।

अर्जुनः—तथा ।

बृहन्नला—अर्जुनः ।

अभिमन्युः—अर्जुनस्य पुत्रः ।

उत्तरः—विराटस्य पुत्रः ।

सूतः—विराटस्याभिमन्योश्च सारथिः ।

काञ्चुकीयः—विराटस्य परिजनः ।

दूतः—तथा ।

भटः—विराटस्य भृत्यः ।

॥ श्रीः ॥

भासनाटकचक्रे

पञ्चरात्रम्

(नान्द्यन्ते ततः प्रविशति सूत्रधारः ।)

सूत्रधारः–

द्रोणः पृथिव्यर्जुनभीमदूतो
यः कर्णधारः शकुनीश्वरस्य ।
दुर्योधनो भीष्मयुधिष्ठिरः स
पायाद् विराडुत्तरगोऽभिमन्युः ॥ १ ॥

(परिक्रम्य) एवमार्यमिश्रान् विज्ञापयामि । अये किन्नु खलु मयि विज्ञापनव्यग्रे शब्द इव श्रूयते । अङ्ग ! पश्यामि ।

३ (नेपथ्ये)

अहो कुरुराजस्य यज्ञसमृद्धिः ।

सूत्रधारः–भवतु, विज्ञातम् ।

सर्वैरन्तःपुरैः सार्धं प्रीत्या प्राप्तेषु राजसु ।
यज्ञो दुर्योधनस्यैष कुरुराजस्य वर्तते ॥ २ ॥

(निष्क्रान्तः ।)

स्थापना ।

३ (ततः प्रविशन्ति ब्राह्मणास्त्रयः ।)

सर्वे–अहो ! कुरुराजस्य यज्ञसमृद्धिः ।

प्रथमः– इह हि,

द्विजोच्छिष्टैरन्नैः प्रकुसुमितकाशा इव दिशो
हविर्धूमैः सर्वे हृतकुसुमगन्धास्तरुगणाः ।
मृगैस्तुल्या व्याघ्रा वधनिभृतसिंहाश्च गिरयो
नृपे दीक्षां प्राप्ते जगदपि समं दीक्षितमिव ॥ ३ ॥

द्वितीयः—सम्यग् भवानाह ।

तृप्तोऽग्निर्हविषामरोत्तममुखं तृप्ता द्विजेन्द्रा धनै-
स्तृप्ताः पक्षिगणाश्च गोगणयुतास्ते ते नराः सर्वशः ।
हृष्टं सम्प्रति सर्वतो जगदिदं गर्जन्नृपे सद्गुणै-
रेवं लोकमुदारुरोह सकलं देवालयं तद्गुणैः ॥ ४ ॥

तृतीयः—इमेऽत्रभवन्तो द्विजातयः,

राज्ञां वेष्टनपट्टघृष्टचरणाः श्लाघ्यप्रभूतश्रवा
वार्द्धक्येऽप्यभिवर्धमाननियमाः स्वाध्यायशूरैर्मुखैः ।
विप्रा यान्ति वयःप्रकर्षशिथिला यष्टित्रिपादक्रमाः
शिष्यस्कन्धनिवेशिताञ्चितकरा जीर्णा गजेन्द्रा इव ॥ ५ ॥

सर्वे—भो भो माणवकाः ! भो भो माणवकाः ! अनवसितेऽवभृथस्नाने न खलु तावदग्निरुत्स्रष्टव्यो भवद्भिः ।

प्रथमः—हा धिग्, दर्शितमेव तावद् बटुचापलम् ।

एषा दीप्तैकयूपा कनकमयभुजेवाभाति वसुधा
चैत्याग्निर्लौकिकाग्निं द्विज इव वृषलं पार्श्वे न सहते ।
नात्यर्थं प्लुष्टपृष्ठा हरितकुशतया वेदी परिवृता
प्राग्वंशं चैष धूमो गज इव नलिनीं फुल्लां प्रविशति ॥६॥

द्वितीयः—एवमेतद्,

अग्निरग्निभयादेष भीतैर्निर्वास्यते द्विजैः ।
कुले व्युत्क्रान्तचारित्रे ज्ञातिर्ज्ञातिभयादिव ॥ ७ ॥

तृतीयः–

शकटी च घृतापूर्णा सिच्यमानापि वारिणा ।
नारीवोपरतापत्या बालस्नेहेन दह्यते ॥ ८ ॥

प्रथमः– सम्यग् भवानाह ।

एतां चक्रधरस्य धर्मशकटीं दग्धुं समभ्युद्यतो
दर्भे शुष्यति नीलशाद्वलतया वह्निः शनैर्वामनः ।
वातेनाकुलितः शिखापरिगतश्चक्रं क्रमेणागतो
नेमीमण्डलमण्डलीकृतवपुः सूर्यायते पावकः ॥ ९ ॥

द्वितीयः– इदमपरं पश्य,

वल्मीकमूलाद् दहनेन भीता-
स्तत्कोटरैः पञ्च समं भुजङ्गाः ।
समं विपन्नस्य नरस्य देहाद्
विनिःसृताः पञ्च यथेन्द्रियाणि ॥ १० ॥

तृतीयः– इदमपरं पश्येतां भवन्तौ,

दह्यमानस्य वृक्षस्य सानिलेन मखाग्निना ।
कोटरान्तरदेहस्थाः खगाः प्राणा इवोद्गताः ॥ ११ ॥

प्रथमः– एवमेतत् ,

शुष्केणैकेन वृक्षेण वनं पुष्पितपादपम् ।
कुलं चारित्रहीनेन पुरुषेणेव दह्यते ॥ १२ ॥

वनं सवृक्षक्षुपगुल्ममेतत्
प्रकाममाहारमिवोपभुज्य ।
कृशानुसारेण हुताशनोऽसौ
नदीमुपस्प्रष्टुमिवावतीर्णः ॥ १३ ॥

द्वितीयः– एष एषः,

गतो वृक्षाद् वृक्षं विततकुशचीरेण दहनः
कदल्या विप्लुष्टं पतति परिणामादिव फलम् ।
असौ चाग्रे तालो मधुपटलचक्रेण महता
चिरं मूले दग्धः परशुरिव रुद्रस्य पतति ॥ १४ ॥

तृतीयः–हन्त सत्पुरुषरोष इव प्रशान्तो भगवान् हुताशनः ।

एतदग्नेर्बलं नष्टमिन्धनानां परिक्षयात् ।
दानशक्तिरिवार्यस्य विभवानां परिक्षयात् ॥ १५ ॥

प्रथमः–

स्रग्भाण्डमरणीं दर्भानुपभुङ्क्ते हुताशनः ।
व्यसनित्वान्नरः क्षीणः परिच्छदमिवात्मनः ॥ १६ ॥

द्वितीयः–

अवनतविटपो नदीपलाशः
पवनवशाच्चलितैकपर्णहस्तः ।
दवदहनविपन्नजीविताना–
मुदकमिवैष करोति पादपानाम् ॥ १७ ॥

तृतीयः–तदागम्यताम् । वयमपि तावदुपस्पृशामः ।

उभौ–बाढम् ।

२ (सर्वे उपस्पृश्य)

प्रथमः–अये अयमत्रभवता कुरुराजो दुर्योधनो भीष्मद्रोणपुरःसरः सर्वराजमण्डलेनानुगम्यमान इत एवाभिवर्तते । इमे हि,

यज्ञेन भोजय महीं जय विक्रमेण
रोषं परित्यज्ज, भव स्वजने दयावान् ।

इत्येवमागतकथामधुरं ब्रुवन्तः
　　कुर्वन्ति पाण्डवपरिग्रहमेव पौराः ॥ १८ ॥

तदागम्यताम् । वयमपि तावत् कुरुराजं सम्भावयामः ।

उभौ–बाढम् ।

सर्वे–जयतु भवान् जयतु । (निष्क्रान्ताः सर्वे ।)

विष्कम्भकः ।

(ततः प्रविशतो भीष्मद्रोणौ ।)

द्रोणः–धर्ममालम्बमानेन दुर्योधनेनाहमेवानुगृहीतो नाम ।
कुतः,

अतीत्य बन्धूनवलङ्घ्य मित्रा-
　　ण्याचार्यमागच्छति शिष्यदोषः !
बालं ह्यपत्यं गुरवे प्रदातु-
　　र्नैवापराधोऽस्ति पितुर्न मातुः ॥ १९ ॥

भीष्मः–एष दुर्योधनः,

अवाप्य रूप्यग्रहणात् समुच्छ्रयं
　　रणप्रियत्वादयशो निपीतवान् ।
निषेव्य धर्मं सुकृतस्य भाजनं
　　स एव रूपेण चिरस्य शोभते ॥ २० ॥

(ततः प्रविशति दुर्योधनः कर्णः शकुनिश्च ।)

दुर्योधनः–

कृतश्रद्धो ह्यात्मा वहति परितोषं गुरुजनो
जगद् विश्वस्तं मे निवसति गुणो नष्टमयशः ।
मृतैः प्राप्यः स्वर्गो यदि कथयत्येतदनृतं
परोक्षो न स्वर्गो बहुगुणमिहैवैष फलति ॥ २१ ॥

कर्णः-गान्धारीमातः ! न्यायेनागतमर्थमतिसृजता न्याय्यमेव भवता कृतम् । कुतः,

बाणाधीना क्षत्रियाणां समृद्धिः
पुत्रापेक्षी वञ्च्यते सन्निधाता ।
विप्रोत्सङ्गे वित्तमावर्ज्य सर्वं
राज्ञा देयं चापमात्रं सुतेभ्यः ॥ २२ ॥

शकुनिः-सम्यगाह गङ्गोपस्पर्शनाद् धौतकल्मषाङ्गोऽङ्गराजः ।

कर्णः--

इक्ष्वाकुशर्य्यातिययातिराम-
मान्धातृनाभागनृगाम्बरीषाः ।
एते सकोशाः पुरुषाः सराष्ट्रा
नष्टाः शरीरैः क्रतुभिर्धरन्ते ॥ २३ ॥

सर्वे-गान्धारीमातः ! यज्ञसमाप्त्या दिष्टया भवान् वर्धते ।

दुर्योधनः-अनुगृहीतोऽस्मि । भो आचार्य ! अभिवादये ।

१ द्रोणः- एह्येहि पुत्र ! अयमक्रमः ।

दुर्योधनः-अथ कः क्रमः ।

द्रोणः-किं न पश्यति भवान्,

दैवतं मानुषीभूतमेष तावन्नमस्यताम् ।
अन्यायाचरणं मन्ये भीष्ममुत्क्रम्य वन्दितुम् ॥ २४ ॥

भीष्मः-मा मा भवानेवम् । बहुभिः कारणैरपकृष्टोऽहं भवतः । कुतः,

अहं हि मात्रा जनितो भवान् स्वयं
ममायुधं वृत्तिरपह्नवस्तव ।
द्विजो भवान् क्षत्रियवंशजा वयं
गुरुर्भवान् शिष्यमहत्तरा वयं ॥ २५ ॥

द्रोणः—नोत्सहन्ते महात्मानो ह्यात्मानमपस्तोतुम् । एहि पुत्र ! अभिवादयस्व माम् ।

दुर्योधनः—आचार्य ! अभिवादये ।

द्रोणः—एह्येहि पुत्र ! एवमेवावभृथस्नानेषु खेदमवाप्नुहि ।

दुर्योधनः—अनुगृहीतोऽस्मि । पितामह ! अभिवादये ।

भीष्मः—एह्येहि पौत्र ! एवमेव ते बुद्धिप्रशमनं भवतु ।

दुर्योधनः—अनुगृहीतोऽस्मि । मातुल ! अभिवादये ।

शकुनिः—वत्स !

एवमेव क्रतून् सर्वान् समानीयाप्तदक्षिणान् ।
राजसूये नृपान् जित्वा जरासन्ध इवानय ॥ २६ ॥

द्रोणः—अहो ! आशीर्वचनेऽपि शकुनिरुद्योगं जनयति । अहो ! प्रियविरोधः खल्वयं क्षत्रियकुमारः ।

दुर्योधनः—वयस्य कर्ण ! गुरुजनप्रणामावसाने प्राप्तक्रममुपभुज्यतां वयस्यविस्रम्भः ।

कर्णः—गान्धारीमातः !

क्रतुव्रतैस्ते तनु गात्रमेतत्
सोढुं बलं शक्ष्यसि पीडयानि ।
अन्तस्त्वनामन्त्र्य न धर्षयामि
राजर्षिधीराद् वचनाद् भयं मे ॥ २७ ॥

दुर्योधनः—एवमेव ते बुद्धिरस्तु ।

द्रोणः—पुत्र दुर्योधन ! एष महेन्द्रप्रियसखो भीष्मको नाम भवन्तं सभाजयति ।

दुर्योधनः—स्वागतमार्याय । अभिवादये ।

भीष्मः—पौत्र दुर्योधन ! एष दक्षिणापथपरिघभूतो भूरिश्रवा

नाम भवन्तं सभाजयिष्यति ।

दुर्योधनः—स्वागतमार्याय ।

द्रोणः—पुत्र दुर्योधन ! भवतो यज्ञं सभाजयता वासुभद्रेण प्रेषितोऽभिमन्युर्भवन्तं सभाजयति ।

शकुनिः—वत्स दुर्योधन ! एष जरासन्धपुत्रः सहदेवो भवन्तमभिवादयति ।

दुर्योधनः—एह्येहि वत्स ! पितृसदृशपराक्रमो भव ।

सर्वे—एतत् सर्वराजमण्डलं भवन्तं सभाजयति ।

दुर्योधनः—अनुगृहीतोऽस्मि । भोः ! किन्नु खलु समागते सर्वराजमण्डले विराटो नागच्छति ।

शकुनिः—प्रेषितोऽस्य मया दूतः, शङ्के पथि वर्तत इति ।

दुर्योधनः—भो आचार्य ! धर्मे धनुषि चाचार्य ! प्रतिगृह्यतां दक्षिणा ।

द्रोणः—दक्षिणेति । भवतु भवतु । व्यपश्रयिष्ये तावद् भवन्तम् ।

दुर्योधनः—कथमाचार्योऽपि व्यपश्रयिष्यते ।

भीष्मः—भोः ! किन्नु खलु प्रयोजनं, यदा—

पीतः सोमो बाल्यदत्तो नियोगा-
च्छत्रच्छाया सेव्यते ख्यातिरस्ति ।
किं तद् द्रव्यं किं फलं को विशेषः
क्षत्राचार्यो यत्र विप्रो दरिद्रः ॥ २८ ॥

दुर्योधनः—आज्ञापयतु भवान् किमिच्छति । किमनुतिष्ठामि ।

द्रोणः—पुत्र दुर्योधन ! कथयामि ।

दुर्योधनः—किमिदानीं भवता विचार्यते,

प्राणाधिकोऽस्मि भवता च कृतोपदेशः
शूरेषु यामि गणानां कृतसाहसोऽस्मि ।
स्वच्छन्दतो वद किमिच्छसि किं ददानि
हस्ते स्थिता मम गदा भवतश्च सर्वम् ॥ २९ ॥

द्रोणः–पुत्र ! ब्रवीमि खलु तावत् । बाष्पवेगस्तु मां बाधते ।

सर्वे–कथमाचार्योऽपि बाष्पमुत्सृजति ।

भीष्मः–पौत्र दुर्योधन ! अफलस्ते परिश्रमः ।

दुर्योधनः-कोऽत्र ।

(प्रविश्य)

भटः– जयतु महाराजः ।

दुर्योधनः–आपस्तावत् ।

भटः–यदाज्ञापयति महाराजः । (निष्क्रम्य प्रविश्य) जयतु महाराजः । इमा आपः ।

दुर्योधनः–आनय । (कलशं गृहीत्वा) भो आचार्य ! अश्रुपातोच्छिष्टस्य क्रियतां शौचम् ।

द्रोणः–भवतु भवतु । मम कार्यक्रियैव मुखोदकमस्तु ।

दुर्योधनः-हा धिग्,

यदि विमृशसि पूर्वजिह्मतां मे
यदि च समर्थयसे न दास्यतीति ।
शरशतकठिनं प्रयच्छ हस्तं
सलिलमिदं करणं प्रतिग्रहाणाम् ॥ ३० ॥

द्रोणः–हन्त लब्धो मे हृदयविश्वासः । पुत्र ! श्रूयतां,

येषां गतिः क्वापि निराश्रयाणां
संवत्सरैर्द्वादशभिर्न दृष्टा ।

त्वं पाण्डवानां कुरु संविभाग-
मेषा च भिक्षा मम दक्षिणा च ॥ ३१ ॥

शकुनिः- (सोद्वेगम्) मा तावद् भोः !

उपन्यस्तस्य शिष्यस्य विश्वस्तस्य च गौरवे ।
यदप्रस्तुतमुत्पाद्य युक्तेयं धर्मवञ्चना ॥ ३२ ॥

द्रोणः-कथं धर्मवञ्चनेति । मा तावद् भो गान्धारविषयविस्मित शकुने ! त्वदनार्यभावात् सर्वलोकमनार्यमिति मन्यसे । हन्त भोः !

भ्रातॄणां पैतृकं राज्यं दीयतामिति वञ्चना ।
किं वरं[1] याचितैर्दत्तं बलात्कारेण तैर्हृतम् ॥ ३३ ॥

सर्वे-कथं बलात्कारेण नाम ।

भीष्मः-पौत्र दुर्योधन ! अवभृथस्नानमात्रमेव खलु तावत् । मित्रमुखस्य शत्रोः शकुनेर्वचनं न श्रोतव्यम् । पश्य पौत्र !

यत् पाण्डवा द्रुपदराजसुतासहायाः
कान्ताररेणुपरुषाः पृथिवीं भ्रमन्ति ।
यत् त्वं च तेषु विमुखस्त्वयि ते च वामा-
स्तत् सर्वमेव शकुनेः परुषावलेपः ॥ ३४ ॥

दुर्योधनः- भवतु, एवं तावदाचार्य ! पृच्छामि ।

द्रोणः- पुत्र ! कथय ।

दुर्योधनः-

यत् पुरा ते सभामध्ये राज्ये माने च धर्षिताः ।
बलात्कारसमर्थैस्तैः किं रोषो धारितस्तदा ॥ ३५ ॥

द्रोणः-अत्रेदानीं धर्मच्छलेन वञ्चितो द्यूताश्रयवृत्तिर्युधिष्ठिरःप्रष्टव्यः,

येन भीमः सभास्तम्भं तुलयन्नेव वारितः ।
यद्येकस्मिन् विमुक्तः स्यान्नास्माञ्छकुनिराक्षिपेत् ॥ ३६ ॥

---

१. परम् ।

भीष्मः—अन्यत् प्रस्तुतमन्यदापतितम् । भो आचार्य ! कार्यमत्र गुरुतरं, न कलहः ।

३ द्रोणः—मात्र कदर्थनं कार्यं, कलह एव भवतु ।

भीष्मः—प्रसीदत्वाचार्यः । पश्य पौत्र !

ये दुर्बलाश्च कृपणाश्च निराश्रयाश्च
त्वत्तश्च शर्म मृगयन्ति न गर्वयन्ति ।
ज्येष्ठो भवान् प्रणयिनस्त्वयि ते कुटुम्बे
तान् धारयिष्यसि मृगैः सह वर्तयन्तु ॥ ३७ ॥

शकुनिः—वर्तयन्तु वर्तयन्तु ।

कर्णः—भो आचार्य ! अलममर्षेण । दुर्योधनो हि नाम,

हितमपि परुषार्थं रुष्यति श्राव्यमाणो
वरपुरुषविशेषं नेच्छति स्तूयमानम् ।
गतमिदमवसानं रक्ष्यतां शिष्यकार्यं
गज इव बहुदोषो मार्दवेनैव ग्राह्यः ॥ ३८ ॥

द्रोणः—वत्स कर्ण ! तेजस्वि ब्राह्मण्यम् । काले सम्बोधितोऽस्मि । एषोऽहं भवच्छन्दमनुवर्ते । पुत्र दुर्योधन ! अहं तव प्रभावी
३ ननु ।

भीष्मः—एष इदानीं मार्गेणारब्धः । सान्त्वं हि नाम दुर्विनीताना मौषधम् ।

६ दुर्योधनः—न ममैव, कुलस्यापि मे भवान् प्रभुः ।

द्रोणः—एतत् तवैव युक्तम् । तत् पुत्र !

त्वं वञ्च्यसे यदि मया न तवात्र दोष-
स्त्वां पीडयामि यदि वास्तु तवैष लाभः ।
भेदाः परस्परगता हि महाकुलानां
धर्माधिकारवचनेषु शमीभवन्ति ॥ ३९ ॥

दुर्योधनः-तेन हि समर्थयितुमिच्छामि ।

द्रोणः-पुत्र ! केन समर्थयितुमिच्छसि ।

भीष्मेण कर्णेन कृपेण केन किं सिन्धुराजेन जयद्रथेन ।
किं द्रौणिनाहो विदुरेण सार्धं पित्रा स्वमात्रा वद पुत्र! केन ॥४०॥

दुर्योधनः-नहि नहि, मातुलेन ।

द्रोणः-शकुनिना । हन्त विपन्नं कार्यम् ।

दुर्योधनः-मातुल ! इतस्तावत् । वयस्य कर्ण ! इतस्तावत् ।

द्रोणः-भवतु, एवं तावत् करिष्ये । वत्स गान्धारराज ! इतस्तावत् ।

शकुनिः-अयमस्मि ।

द्रोणः-वत्स !

क्रोधप्रायं वयो जीर्णं क्षन्तव्यं बटुचापलम् ।
अस्य रूक्षस्य वचसः परिष्वङ्गः शमीक्रिया ॥ ४१ ॥

भीष्मः-(आत्मगतम्)

एष शिष्यस्य वात्सल्याच्छकुनिं याचते गुरुः ।
एवं सान्त्वीकृतो[1] ह्येष नैव मुञ्चति जिह्मताम् ॥ ४२ ॥

शकुनिः-(आत्मगतम्) अहो शठः खल्वाचार्यः स्वकार्यलोभान्मां सान्त्वयति ।

(सर्वे परिक्रम्योपविशन्ति ।)

दुर्योधनः-मातुल ! पाण्डवानां राज्यार्धं प्रति को निश्चयः ।

शकुनिः-न दातव्यमिति मे निश्चयः ।

दुर्योधनः-दातव्यमिति वक्तुमर्हति मातुलः ।

---

१. सान्त्वीकृतोऽप्येष ।

शकुनिः-यदि दातव्ये राज्ये किमस्माभिः सह मन्त्रयसे। ननु सर्वमेव प्रदीयताम्।

९ दुर्योधनः-वयस्य अङ्गराज ! भवानिदानीं न किञ्चिदाह।

कर्णः-इदानीं किमभिधास्यामि,

रामेण भुक्तां परिपालितां च
सुभ्रातृतां न प्रतिषेधयामि।
क्षमाक्षमत्वे तु भवान् प्रमाणं
सङ्ग्रामकालेषु वयं सहायाः॥ ४३॥

दुर्योधनः-मातुल ! बलवत्प्रत्यमित्रोऽनुपजीव्यश्च कश्चित् कुदेशश्चिन्त्यताम्। तत्र वसेयुः पाण्डवाः।

३ शकुनिः-हन्त भोः !

शून्यमित्यभिधास्यामि कः पार्थाद् बलवत्तरः।
ऊषरेष्वपि सस्यं स्याद् यत्र राजा युधिष्ठिरः॥ ४४॥

दुर्योधनः-अथेदानीं,

गुरुकरतलमध्ये तोयमावर्जितं मे
श्रुतमिह कुलवृद्धैर्यत् प्रमाणं पृथिव्याम्।
तदिदमपनयो वा वञ्चना वा यथा वा
भवतु नृप ! जलं तत् सत्यमिच्छामि कर्तुम्॥ ४५॥

शकुनिः-अनृतवचनान्मोचयितव्यो भवान् ननु।

दुर्योधनः-अथ किम्।

२ शकुनिः-तेन हि इतस्तावत्। (उपसृत्य) भो आचार्य ! इहात्रभवान् कुरुराजो भवन्तं विज्ञापयति।

द्रोणः-वत्स गान्धारराज ! अभिधीयताम्।

शकुनिः–यदि पञ्चरात्रेण पाण्डवानां प्रवृत्तिरुपनेतव्या, राज्यस्यार्धं प्रदास्यति किल । समानयतु भवानिदानीम् ।

द्रोणः–मा तावद् भोः !

ये कर्तुकामैश्छलनं भवद्भिः
संवत्सरैर्द्वादशभिर्न दृष्टाः ।
ते पञ्चरात्रेण मयोपनेया
वरं ह्यदत्तं विशदाक्षरेण ॥ ४६ ॥

भीष्मः–पौत्र दुर्योधन ! अच्छलो धर्मः । वयमपि तावदस्मिन्नर्थे प्रीताः स्मः । पश्य पौत्र !

वर्षेण वा वर्षशतेन तेषां
त्वं पाण्डवानां कुरु संविभागम् ।
तस्मात् प्रतिज्ञां कुरु वीर ! सत्यां
सत्या प्रतिज्ञा हि सदा कुरूणाम् ॥ ४७ ॥

दुर्योधनः–एष एव मे निश्चयः ।

द्रोणः–(आत्मगतम्)

अद्य मे कार्यलोभेन हनूमत्त्वं गता स्पृहा ।
लङ्घयित्वार्णवं येन नष्टा सीता निवेदिता ॥ ४८ ॥

तत् कुतो नु खलु पाण्डवानां प्रवृत्तिरुपनेतव्या ।

(प्रविश्य)

भटः–जयतु महाराजः । विराटनगराद् दूतः प्राप्तः ।

सर्वे–शीघ्रं प्रवेश्यताम् ।

भटः–यदाज्ञापयथ । (निष्क्रान्तः ।)

(प्रविश्य)

दूतः–जयतु महाराजः ।

सर्वे-किमागतो विराटेश्वरः ।

९ भटः-विशादेनावृतो नोपगच्छति, यत्तत्सम्बन्धि सन्निकृष्टं कीच-
कानां भ्रातृशतं,

रात्रौ छन्नेन केनापि बाहुभ्यामेव हिंसितम् ।
दृश्यते हि शरीराणामशस्त्रजनितो वधः ॥ ४९ ॥

इति ।

भीष्मः-कथमशस्त्रेणेति । भो आचार्य ! अभ्युपगम्यतां पञ्चरात्रम् ।

२ द्रोणः-किमर्थम् ।

भीष्मः-

भीमसेनस्य लीलैषा सुव्यक्तं बाहुशालिनः ।
योऽस्मिन् भ्रातृशते रोषः स तस्मिन् फलितः शते ॥५०॥

द्रोणः-कथं भवान् जानाति ।

भीष्मः-

कथं पण्डित ! कूलेषु भ्रान्तानां बालचापलम् ।
नाभिजानन्ति वत्सानां शृङ्गस्थानानि गोवृषाः ॥ ५१ ॥

द्रोणः- गोवृषा इति । हन्त सिद्धं कार्यम् । पुत्र दुर्योधन ! अस्तु
पञ्चरात्रम् ।

३ दुर्योधनः-अथ किम् ।

द्रोणः-भो भो यज्ञमनुभवितुमागता राजानः ! शृण्वन्तु शृण्वन्तु
भवन्तः । इहात्रभवान् कुरुराजो दुर्योधनः, न, न, मातुलसहितः
६ यदि पाण्डवानां प्रवृत्तिरुपनेतव्या, राज्यस्यार्धं प्रदास्यति किल ।
ननु पुत्र !

दुर्योधनः- अथ किम् ।

९ द्रोणः- एतद् द्विस्त्रिः सम्प्रधार्यताम् ।

शकुनिः– काले ज्ञास्यामि ।

द्रोणः–ननु गाङ्गेय !

१२ भीष्मः–(आत्मगतम्)

आचार्यस्य यदा हर्षो धैर्यमुत्क्रम्य सूचितः ।
शङ्के दुर्योधनेनैष वञ्च्यमानेन वञ्चितः ॥ ५२ ॥

(प्रकाशम्) पौत्र दुर्योधन ! अस्ति मम विराटेनाप्रकाशं वैरम्,
अथ भवतो यज्ञमनुभवितुमनागत इति । तस्मात् क्रियतां तस्य
३ गोग्रहणम् । ब्राह्मणार्जवबुद्धे !

धर्षिता रथशब्देन रोषमेष्यन्ति पाण्डवाः ।
अस्ति तेषां कृतज्ञत्वमिष्टं गोग्रहणे स्थितम् ॥ ५३ ॥

(प्रविश्य)

भटः–सज्जाः खलु रथा वाहाः प्रवेशाभिमुखाय ते ।

दुर्योधनः–

एभिरेव रथैः शीघ्रं क्रियतां तस्य गोग्रहः ।
गदा यज्ञप्रशान्ता च पुनर्मे करमेष्यति ॥ ५४ ॥

द्रोणः–

तस्मान्मे रथमानयन्तु पुरुषाः,

शकुनिः–हस्ती ममानीयतां,

कर्णः–

भारार्थं भृशमुद्यतैरिह हयैर्युक्तो रथः स्थाप्यताम् ।

भीष्मः–

बुद्धिर्मे त्वरते विराटनगरं गन्तुं धनुस्त्वर्यतां

सर्वे–

मुक्त्वा चापमिहैव तिष्ठतु भवानाज्ञाविधेया वयम् ॥५५॥

द्रोणः–पुत्र दुर्योधन ! आवां तव युद्धे पराक्रमं द्रष्टुमिच्छावः ।

दुर्योधनः– यदभिरुचितं भवते ।

द्रोणः– वत्स गान्धारराज ! अस्मिन् गोग्रहणे तव खलु प्रथमरथः ।

शकुनिः–बाढम् । प्रथमः कल्पः ।

(निष्क्रान्ताः सर्वे ।)

प्रथमोऽङ्कः ।

अथ द्वितीयोऽङ्कः ।

(ततः प्रविशति वृद्धगोपालकः)

वृद्धगोपालकः– गावो मे अहीणवच्छा होन्तु । अविहवा अ गोवजुवदीओ होन्तु । णो ळाआ विळाडो एक्कच्छत्तप्पुहुवीपदी होदु । महाळाअष्ष विळाडश्श वष्षवड्ढणगोप्पदाणनिमित्तं इमर्षिं णअलोववणवीहीए आअन्तु गोधणं षव्वे च किदमङ्गळमोदआ गोवदाळआ दाळिआ अ दाव । एषु ज्जेष्ठं गच्छिअ अणुभविष्षम् । (विलोक्य) किण्णु हु एषो वाअषो षुक्खलुक्खं आलुहिअ षुक्खषाखाणिघट्टिअतुण्डं आदिच्चाहिमुहं विष्षळं विळवदि । षन्ती होदु षन्ती होदु अम्हाणं गोधणष्ष अ । जाव एषु ज्जेष्ठं गच्छिअ गोवदाळआणं दाळिआणं वाहळामि । गोमित्तअ ! गोमित्तअ ! । [गावो मेऽहीनवत्सा भवन्तु । अविधवाश्च गोपयुवतयो भवन्तु । अस्माकं राजा विराट एकच्छत्रपृथिवीपतिर्भवतु । महाराजस्य विराटस्य वर्षवर्धनगोप्रदाननिमित्तमस्यां नगरोपवनवीथ्यामायान्तु गोधनं सर्वे च कृतमङ्गलमोदका गोपदारका दारिकाश्च तावत् । एषु ज्यैष्ठ्यं गत्वानुभविष्यामि । किंनु खल्वेष वायसः शुष्कवृक्षमारुह्य शुष्कशाखानिघट्टिततुण्डमादित्याभिमुखं विस्वरं विलपति । शान्तिर्भवतु शान्तिर्भवतु अस्माकं गोधनस्य च ।

यावदेषु ज्यैष्ठ्यं गत्वा गोपदारकाणां दारिकाणां व्याहरामि । गोमित्रक ! गोमित्रक !]

(प्रविश्य)

गोमित्रकः—मातुळ ! वन्दामि । [मातुल ! वन्दे ।]

वृद्धगोपालकः—षन्ती होदु षन्ती होदु अम्हाअं गोधणष्ष अ । अळे गोमित्तअ ! महाळाजष्ष विळाडश्श वष्षवड्ढणगोप्पदाणणिमित्तं इमर्षिष णअळोववणवीहीए आअन्तु गोधणं षव्वे च किदमङ्गळमोदआ गोवदाळिआ अ । अळे गोमित्तअ ! गोवदाळआणं दाळिआणं वाहळ । [शान्तिर्भवतु शान्तिर्भवतु अस्माकं गोधनस्य च । अरे गोमित्रक ! महाराजस्य विराटस्य वर्षवर्धनगोप्रदाननिमित्तमस्यां नगरोपवनवीथ्यामायान्तु गोधनं सर्वे च कृतमङ्गलमोदका गोपदारका दारिकाश्च । अरे गोमित्रक ! गोपदारकाणां दारिकाणां व्याहर ।]

गोमित्रकः—जं मादुळो आणवेदि । गोळक्खिणिए ! घिदपिण्ड ! षामिणि ! वषभदत्त ! कुम्भदत्त ! महिषदत्त ! आअच्छह आअच्छह शिग्घं । [यन्मातुल आज्ञापयति । गोरक्षिणिके ! घृतपिण्ड ! स्वामिनि ! वृषभदत्त ! कुम्भदत्त ! महिषदत्त ! आगच्छतागच्छत शीघ्रम् ।

(ततः प्रविशन्ति सर्वे ।)

सर्वे—मादुळ ! वन्दामो । [मातुल ! वन्दामहे ।]

वृद्धगोपालकः—षन्ती होदु षन्ती होदु अम्हाणं गोवदाळआणं । महाळाअष्ष विळाडष्ष वष्षवड्ढणगोप्पदाणणिमित्तं इमर्षिष णअळोववणवीहीए आअन्तु गोधणं । तत्तअं वेळं गाअन्तो णच्चन्तो होम । [शान्तिर्भवतु शान्तिर्भवतु अस्माकं गोपदारकाणां दारिकाणां

च । महाराजस्य विराटस्य वर्षवर्धनगोप्रदाननिमित्तमस्यां नगरोपवनवीथ्यामायातु गोधनम् । तावतीं वेलां गायन्तो नृत्यन्तो भवामः ।]

सर्वे–जं मादुळो आणवेदि । (सर्वे नृत्यन्ति ।) [यन्मातुल आज्ञापयति ।]

वृद्धगोपालकः–हीही षुठ्ठु णच्चिदम् , षुठ्ठु गाइदं । जाव अहं पि णच्चेमि । [हीही सुष्ठु नर्तितं, सुष्ठु गीतं, यावदहमपि नृत्यामि ।]

सर्वे–हाहा मादुळ ! अदिमहन्तं ळेणुं उप्पदिदो । [हाहा मातुल ! अतिमहान् रेणुरुत्पतितः ।]

वृद्धगोपालकः–ण हु ळेणुं एव्वं, षंक्खुदुन्दुभिघोषं उप्पदिदो । [न खलु रेणुरेव, शङ्खदुन्दुभिघोषः उत्पतितः ।]

सर्वे–दिवाचन्दप्पभापण्डुळजोह्णावगुण्ठिदो षदमण्डलु षुय्यो अत्थि अ णत्थि अ । [दिवाचन्द्रप्रभापाण्डुरज्योत्स्नावगुण्ठितः शतमण्डलः सूर्योऽस्ति च नास्ति च ।]

गोमित्रकः–हाहा मादुळ ! एदे के वि मणुष्षा दहिपिण्डपण्डरेहि छत्तेहि घोडअषअडिअं आलुहिअ षव्वं घोषुं विद्दवन्ति चोळा । [हाहा मातुल ! एते केऽपि मनुष्या दधिपिण्डपाण्डरैश्छत्रैर्घोटकशकटिकामारुह्य सर्वं घोषं विद्रवन्ति चोराः ।]

वृद्धगोपालकः–हीही षरषंपादा उट्ठिदा । दारआ ! दाळिआ ! षिग्घं पक्कणं पविषह । [हीही शरसंपाता उत्थिताः । दारकाः ! दारिकाः ! शीघ्रं पक्कणं प्रविशत ।]

सर्वे–जं मादुळो आणवेदि । (निष्क्रान्ताः ।) [यन्मातुल आज्ञापयति ।]

वृद्धगोपालकः–हाहा चिट्ठह चिट्ठह । पहरह पहरह । गह्णह गह्णह । इमं वुत्तन्तं महाळाअविळाडश्श णिवेदइष्षामो । [हाहा तिष्ठत तिष्ठत ।

६६ प्रहरत प्रहरत । गृह्णीत गृह्णीत । इमं वृत्तान्तं महाराजविराटाय
निवेदयिष्यामः ।]

(निष्क्रान्तः ।)

६९ प्रवेशकः ।

(ततः प्रविशति भटः)

भटः—भोभो निवेद्यतां निवेद्यतां महाराजाय विराटेश्वराय—- एता
३ हि दस्युकर्मप्रच्छन्नविक्रमैर्धार्तराष्ट्रैर्ह्रियन्ते गाव इति । तत्र हि,

द्रुतैश्च वत्सैर्व्यथितैश्च गोगणै-
निरीक्षणत्रस्तमुखैश्च गोवृषैः ।
कृतार्तनादाकुलितं समन्ततो
गवां कुलं शोच्यमिहाकुलाकुलम् ॥ १ ॥

इति ।

(नेपथ्ये)

३ किं धार्तराष्ट्रैरिति ।

भटः—आर्य ! अथ किम् ।

(प्रविश्य)

६ काञ्चुकीयः—सदृशमेतद् भ्रातृजनेष्वपि द्रोहिणाम् ।

सज्जैश्चापैर्बद्धगोधाङ्गुलित्रा
वर्मच्छन्नाः कल्पितस्यन्दनस्थाः ।
वीर्योत्सिक्ता युद्धसज्जाः कृतास्त्रा
राज्ञो वैरं गोषु निर्यातयन्ति ॥ २ ॥

जयसेन ! जन्मनक्षत्रक्रियाव्यापृतस्य महाराजस्य तावदकाल-
निवेदनं मन्युमुत्पादयति । तस्मात् पुण्याहावसाने निवेदयिष्ये ।

३ भटः—आर्य ! अतिपाति कार्यमिदं, शीघ्रं निवेद्यताम् ।

काञ्चुकीयः—इदं निवेद्यते ।

(ततः प्रविशति राजा ।)

६ राजा—

मा तावद् व्यथितविकीर्णबालवत्सा
गावो मे रथरवशङ्कया ह्रियन्ते ।
पीनांसश्चलवलयः सचन्दनार्द्रो
निर्लज्जो मम च करः कराणि भुङ्क्ते ॥ ३ ॥

जयसेन ! जयसेन !

(प्रविश्य)

३ भटः—जयतु जयतु महाराजः ।

राजा—अलं महाराजशब्देन । अवधूतं मे क्षत्रियत्वम् । उच्यतां रणविस्तरः ।

६ भटः—न विस्तरार्हाणि विप्रियाणि । एष समासः,

एकवर्णेषु गात्रेषु गवां स्यन्दनरेणुना ।
कशापातेषु दृश्यन्ते नानावर्णविभक्तयः ॥ ४ ॥

राजा—तेन हि,

धनुरुपनय शीघ्रं कल्प्यतां स्यन्दनो मे
मम गतिमनुयातु च्छन्दतो यस्य भक्तिः ।
रणशिरसि गवार्थे नास्ति मोघः प्रयत्नो
निधनमपि यशः स्यान्मोक्षयित्वा तु धर्मः ॥ ५ ॥

भटः—यदाज्ञापयति महाराजः । (निष्क्रान्तः ।)

राजा—भोः । किन्नु खलु दुर्योधनस्य मामन्तरेण वैरम् । आ यज्ञ-
३ मनुभवितुमागत इति । कथमनुभवामि । कीचकानां विना-

शेन वयमुन्नीतसन्तापाः संवृत्ताः । अथवा परोक्षमपि पाण्डवानां स्निग्ध इति । सर्वथा योद्धव्यम् । हस्तिनपुरनिवासाच्छीलज्ञो
६ भगवान् दुर्योधनस्य । अथवा,

कामं दुर्योधनस्यैष न दोषमभिधास्यति ।
अर्थित्वादपरिश्रान्तः पृच्छत्येव हि कार्यवान् ॥ ६ ॥

कोऽत्र ।

(प्रविश्य)

भटः–जयतु महाराजः ।

३ राजा–भगवांस्तावदाहूयताम् । (निष्क्रान्तः ।)

(ततः प्रविशति भगवान् ।)

भगवान्–(सर्वतो विलोक्य) भोः ! किन्नु खल्विदम् ।

गजेन्द्राः कल्प्यन्ते तुरगपतयो वर्मरचिताः
रथाः सानूकर्षाः कृतपरिकरा योधपुरुषाः ।
समुद्योगं दृष्ट्वा भयमननुभूतं स्पृशति मां
न खल्वात्मन्यस्तं कृतमतिरहं ते तु चपलाः ॥ ७ ॥

राजा–जयतु भगवान् जयतु । विराटो भगवन् ! अभिवादये ।

भगवान्–स्वस्ति ।

३ विराटः–भगवन् ! एतदासनमास्यताम् ।

भगवान्–(उपविश्य) भो राजन् !

उद्योगः प्रस्तुतः कस्माच्छ्रीर्न सन्तोषमिच्छति ।
पीडयिष्यति सोत्सेकान् पीडितान् मोक्षयिष्यति ॥ ८ ॥

राजा–भगवन् । गोग्रहणादवमानितोऽस्मि ।

भगवान्–केन कारणेन ।

३ राजा–धार्तराष्ट्रैः ।

भगवान्–(आत्मगतम्) भोः कष्टम्,

एकोदकत्वं खलु नाम लोके मनस्विनां कम्पयते मनांसि ।
वैरप्रियैस्तैर्हि कृतेऽपराधे यत्सत्यमस्माभिरिवापराद्धम् ॥ ९ ॥

विराटः–भगवन् । किमिदानीं विचार्यते ।

भगवान्–न खलु किञ्चित् । तेषामुत्सुकः ।

३ राजा–अद्यप्रभृति निभृता भविष्यन्ति । यदि शक्तोऽपि युधिष्ठिरो मर्षयति, अहं न मर्षयामि ।

भगवान्–(आत्मगतम्)

अद्येदानीं पर्णशय्या च भूमौ राज्यभ्रंशो द्रौपदीधर्षणं वा ।
वेषान्यत्वं संश्रितानां निवासः सर्वं श्लाघ्यं यत्क्षमा ज्ञायते मे ॥१०॥

(प्रविश्य)

भटः–जयतु महाराजः ।

३ राजा–अथ किं चेष्टते दुर्योधनः ।

भटः–न खलु दुर्योधन एव, पृथिव्यां राजानः सर्वे प्राप्ताः ।

द्रोणश्च भीष्मश्च जयद्रथश्च शल्योङ्गराजः शकुनिः कृपश्च ।
तेषां रथोत्कम्पचलत्पताकैर्भग्ना ध्वजैरेव वयं न बाणैः ॥ ११ ॥

राजा–(उत्थाय कृताञ्जलिः) कथं तत्रभवान् गाङ्गेयोऽपि प्राप्तः ।

भगवान्–साधु धर्षितेनापि नातिक्रान्तः समुदाचारः । (आत्म-
३ गतम्) भोः,

किमर्थं खलु सम्प्राप्तः कुरूणां गुरुरुत्तमः ।
शङ्के तीर्णा प्रतिज्ञेति स्मारणं क्रियते मम ॥ १२ ॥

(प्रकाशम्)

राजा–कोऽत्र ।

३ (प्रविश्य)

भटः–जयतु महाराजः ।

---

१. अत्र द्वित्राणि वाक्यानि त्रुटितानि ।

विराटः—सूतस्तावदाहूयताम् ।

६ भटः—यदाज्ञापयति महाराजः । (निष्क्रान्तः ।)

(प्रविश्य)

सूतः—जयत्वायुष्मान् ।

३ विराटः—

रथमानय शीघ्रं मे श्लाघ्यः प्राप्तो रणातिथिः ।
तोषयिष्ये शरैर्भीष्मं जेष्यामीत्यमनोरथः ॥ १३ ॥

सूतः—यदाज्ञापयत्यायुष्मान् । आयुष्मन् !

रिपूणां सैन्यभेदेषु यस्ते परिचितो रथः ।
रथचर्यां बहिष्कर्तुं तमास्थायोत्तरो गतः ॥ १४ ॥

विराटः—कथं निर्यातः कुमारः ।

भगवान्—भो राजन् ! संवार्यतां संवार्यतां कुमारः ।

अगणितगुणदोषो युद्धतीक्ष्णश्च बाल्या-
न्न च दहति न कश्चित् सन्निकृष्टो रणाग्निः ।
अथ च परिहरन्ते धार्तराष्ट्रा न किञ्चि-
न्न खलु परिभवात् ते युद्धदोषान् ब्रवीमि ॥ १५ ॥

राजा—तेन हि शीघ्रमन्यो रथः कल्प्यताम् ।

सूतः—यदाज्ञापयत्यायुष्मान् ।

६ राजा—अथवा एहि तावत् ।

सूतः—आयुष्मन् ! अयमस्मि ।

राजा—

त्वमिदानीं कुमारस्य किं न वाहितवान् रथम् ।
अनुज्ञातोऽसि किं तेन न राज्ञां सारथिर्भवान् ॥ १६ ॥

सूतः–प्रसीदत्वायुष्मान् । रथं कल्पयित्वा तु सूतसमुदाचारेणोपस्थितः खल्वहम् । कुमारेण,

किन्नु तत्परिहासार्थं किन्नु तत्रास्ति कौशलम् ।
मामतिक्रम्य सारथ्ये विनियुक्ता बृहन्नला ॥ १७ ॥

भगवान्–राजन् ! अलमलं सम्भ्रमेण ।

यदि स्वचक्रोद्धतरेणुदुर्दिनं
　रथं समास्थाय गता बृहन्नला ।
परान् क्षणैर्नेमिरवैर्निवारयन्
　विनापि बाणान् रथ एव जेष्यति ॥ १८ ॥

राजा–तेन हि शीघ्रमन्यो रथः कल्प्यताम् ।

सूतः–यदाज्ञापयत्यायुष्मान् (निष्क्रान्तः ।)

(प्रविश्य)

भटः–भग्नः खलु कुमारस्य रथः ।

राजा–कथं भग्नो नाम ।

भटः– श्रोतुमर्हति महाराजः ।

बहुभिः समराभिज्ञैराच्छिन्नोऽश्वपथः परैः ।
भग्नो वा[१]हनलोभेन श्मशानाभिमुखो रथः ॥ १९ ॥

भगवान्–(आत्मगतम्) आः अत्र खलु गाण्डीवम् । (प्रकाशम्) भो राजन् !

निमित्तं किञ्चिदुत्पन्नं श्मशानाभिमुखे रथे ।
धार्तराष्ट्राः स्थिता यत्र श्मशानं तद् भविष्यति ॥ २० ॥

राजा–भगवन् ! अकाले स्वस्थवाक्यं मन्युमुत्पादयति ।

भगवान्–अलं मन्युना । कदाचिदनृतं नोक्तपूर्वम् ।

राजा–आ अस्त्येतत् । गच्छ भूयो ज्ञायतां वृत्तान्तः ।

---

१. गहनलोभेन ।

भटः- यदाज्ञापयति महाराजः । (निष्क्रान्तः ।)

राजा-

को नु खल्वेष सहसा कम्पयन्निव मेदिनीम् ।
नदीस्रोत इवाविद्धः क्षणात् संवर्तते ध्वनिः ॥ २१ ॥

ज्ञायतां शब्दः ।

(प्रविश्य)

३ भटः-जयतु महाराजः । श्मशानान्मुहूर्तविश्रान्ततुरगेण कुमारेण तु

भगवान्-एष मामनृतवादिनं न कुर्यात् ।

भटः-

कृता नीला नागाः शरशतनिपातेन कपिला
हयो वा योधो वा न वहति न कश्चिच्छरशतम् ।
शरैः स्तम्भीभूताः शरपरिकराः स्यन्दनवराः
शरैश्छन्ना मार्गाः स्रवति धनुरुग्रां शरनदीम् ॥ २२ ॥

भगवान्-(आत्मगतम्)

एतदक्षयतूणीत्वं येन शक्रस्य खाण्डवे ।
यावत्यः पतिता धारास्तावन्तः प्रेषिताः शराः ॥ २३ ॥

राजा-अथ परेष्विदानीं को वृत्तान्तः ।

भटः-अप्रत्यक्षं हि तत्र मे । प्रवृत्तिपुरुषाः कथयन्ति--

धनुर्घोषं द्रोणस्तदिदमिति बुद्ध्वा प्रतिगतः
ध्वजे[1] बाणं दृष्ट्वा कृतमिति न भीष्मः प्रहरति ।
शरैर्भग्नः कर्णः किमिदमिति चान्ये नृपतयो
भयेऽप्येको बाल्यान्न भयमभिमन्युर्गणयति ॥ २४ ॥

भगवान्-कथमभिमन्युः प्राप्तः । भो राजन् !

---

१. स्वजे ।

युध्यते यदि सौभद्रस्तेजोग्निर्वंशयोर्द्वयोः ।
सारथिः प्रेष्यतामन्यो विक्लवात्र बृहन्नला ॥ २५ ॥

राजा—मा मा भवानेवम् ।

भीष्मं रामशरैरभिन्नकवचं द्रोणं च मन्त्रायुधं
कृत्वा कर्णजयद्रथौ च विमुखौ शेषांश्च तांस्तान् नृपान् ।
सौभद्रं स्वशरैर्न धर्षयति किं भीतः पितुः प्रत्ययात्
संसृष्टोऽपि वयस्यभावसदृशं तुल्यं वयो रक्षति ॥ २६ ॥

भटः—एष खलु कुमारस्य रथः,

आलम्बितो भ्रमति धावति तेन मुक्तो
न प्राप्य धर्षयति नेच्छति विप्रकर्तुम् ।
आसन्नभूमिचपलः परिवर्तमानो
योग्योपदेशमिव यस्य रथः करोति ॥ २७ ॥

राजा—गच्छ । भूयो ज्ञायतां वृत्तान्तः ।

भटः—यदाज्ञापयति महाराजः । (निष्क्रम्य प्रविश्य) जयतु महाराजः । जयतु विराटेश्वरः । प्रियं निवेदये महाराजाय । अवजितं गोग्रहणम् । अपयाता धार्तराष्ट्राः ।

भगवान्—दिष्ट्या भवान् वर्धते ।

राजा—न न । भगवतो वृद्धिरेषा । अथ कुमार इदानीं क ।

भटः—दृष्टपरिस्पन्दानां योधपुरुषाणां कर्माणि पुस्तकमारोपयति कुमारः ।

राजा—अहो श्लाघनीयव्यापारः खल्वयं कुमारः ।

ताडितस्य हि योधस्य श्लाघनीयेन कर्मणा ।
अकालान्तरिता पूजा नाशयत्येव वेदनाम् ॥ २८ ॥

अथ बृहन्नलेदानीं क ।

भटः–प्रियनिवेदनार्थमभ्यन्तरं प्रविष्टा ।

राजा–बृहन्नला तावदाहूयताम् ।

भटः–यदाज्ञापयति महाराजः ।

(ततः प्रविशति बृहन्नला ।)

बृहन्नला– (निरूप्य सविमर्शम्)

गाण्डीवेन मुहूर्तमाततगुणेनासीत् प्रतिस्पर्धितं
बाणानां परिवर्तनेष्ववविशदा मुष्टिर्न मे संहता ।
गोधास्थानगता न चास्ति पटुता स्थाने हृतं सौष्ठवं
स्त्रीभावाच्छिथिलीकृतः परिचयादात्मा तु पश्चात् स्मृतः ॥२९॥

मया हि,

अनेन वेषेण नरेन्द्रमध्ये लज्जायमानेन धनुर्विकृष्टम् ।
यात्रा तु तावच्छरदुर्दिनेषु शीघ्रं निमग्नः कलुषश्च रेणुः ॥ ३० ॥

भो !

जित्वापि गां विजयमप्युपलभ्य राज्ञो
नैवास्ति मे जयगतो मनसि प्रहर्षः ।
दुःशासनं समरमूर्धनि सन्निगृह्य
बद्धूवा यदद्य न विराटपुरं प्रविष्टः ॥ ३१ ॥

उत्तराप्रीतिदत्तालङ्कारेणालङ्कृतो व्रीळित इवास्मि राजानं द्रष्टुम् । तस्माद् विराटेश्वरं पश्यामि । अये ! अयमार्यो युधिष्ठिरः,

सयौवनः श्रेष्ठतपोवने रतो
नरेश्वरो ब्राह्मणवृत्तमाश्रितः ।
विमुक्तराज्योऽप्यभिवर्धितः श्रिया
त्रिदण्डधारी न च दण्डधारकः ॥ ३२ ॥

(उपगम्य) भगवन् ! अभिवादये ।

भगवान्- स्वस्ति ।

३ बृहन्नला-जेदु भट्टा । [जयतु भर्ता ।]

राजा-

अकारणं रूपमकारणं कुलं
　महत्सु नीचेषु च कर्म शोभते ।
इदं हि रूपं परिभूतपूर्वकं
　तदेव भूयो वहुमानमागतम् ॥ ३३ ॥

बृहन्नले ! परिश्रान्तामपि भवतीं भूयः परिश्रमयिष्ये । उच्यतां रणविस्तरः ।

३ बृहन्नला- सुणादु भट्टा । [शृणोतु भर्ता ।]

राजा-ऊर्जितं कर्म । संस्कृतमभिधीयताम् ।

बृहन्नला-श्रोतुमर्हति महाराजः ।

६　　(प्रविश्य)

भटः-जयतु महाराजः ।

राजा-

अपूर्व इव ते हर्षो ब्रूहि केनासि विस्मितः ।

भटः-

अश्रद्धेयं प्रियं प्राप्तं सौभद्रो ग्रहणं गतः ॥ ३४ ॥

बृहन्नला-कथं गृहीतः । (आत्मगतम् ।)

तुलितबलमिदं मयाद्य सैन्यं
　परिगणितं च रणेऽद्य मे स दृष्टः ।
सदृश इह तु तेन नास्ति कश्चित्
　क इह भवेन्निहतेषु कीचकेषु ॥ ३५ ॥

भगवान्-बृहन्नले ! किमेतत् ।

२९

बृहन्नला-भगवन् !

न जाने तस्य जेतारं बलवाञ्छिक्षितस्तु सः ।
पितॄणां भाग्यदोषेण प्राप्नुयादपि धर्षणम् ॥ ३६ ॥

राजा-कथमिदानीं गृहीतः ।

भटः-

रथमासाद्य निःशङ्कं बाहुभ्यामवतारितः ।

राजा-केन ।

भटः-

यः किलैष नरेन्द्रेण विनियुक्तो महानसे ॥ ३७ ॥

बृहन्नला-(अपवार्य) एवमार्यभीमेन परिश्वक्तः, न गृहीतः ।

दूरस्था दर्शनादेव वयं सन्तोषमागताः ।
पुत्रस्नेहस्तु निर्विष्टो येन सुव्यक्तकारिणा ॥ ३८ ॥

राजा-तेन सत्कृत्य प्रवेश्यतामभिमन्युः ।

भगवान्-भो राजन् ! वृष्णिपाण्डवनाथस्याभिमन्योः पूजां भया-
३ दिति लोको ज्ञास्यति । तदवधीरणमस्य न्याय्यम् ।

राजा-नावधीरणमर्हति यादवीपुत्रः । कुतः,

पुत्रो ह्येष युधिष्ठिरस्य तु वयस्तुल्यं हि नः सूनुना
सम्बन्धो द्रुपदेन नः कुलगतो नप्ता हि तस्माद् भवेत् ।
जामातृत्वमदूरतोऽपि च भवेत् कन्यापितृत्वं हि नः
पूजार्होऽप्यतिथिर्भवेत् स्वविभवैरिष्टा हि नः पाण्डवाः ॥३९॥

भगवान्-एवमेतत् । वक्तव्यं परिहर्तव्यं च ।

राजा-अथ केनायं प्रवेशयितव्यः ।

३ भगवान्-बृहन्नलया प्रवेशयितव्यः ।

राजा-बृहन्नले ! प्रवेश्यतामभिमन्युः ।

बृहन्नला–यदाज्ञापयति महाराजः । (आत्मगतम्) चिरस्य ख-
६ ल्वाकाङ्क्षितोऽयं नियोगो लब्धः ।

भगवान्–(आत्मगतम्)

अद्येदानीं यातु सन्दर्शनं वा शून्ये दृष्ट्वा गाढमालिङ्गनं वा ।
स्वैरं तावद् यातुमुद्बाष्पतां वा मत्प्रत्यक्षं लज्जते ह्येष पुत्रम् ॥४०॥

राजा–पश्यतु भवान् कुमारस्य कर्म ।

नृपा भीष्मादयो भग्नाः सौभद्रो ग्रहणं गतः ।
उत्तरेणाद्य संक्षेपादर्थतः पृथिवी जिता ॥ ४१ ॥

(ततः प्रविशति भीमसेनः ।)

भीमसेनः–

आदीपिते जतुगृहे स्वभुजावसक्ता
मद्भ्रातरश्च जननी च मयोपनीताः ।
सौभद्रमेकमवतार्य रथात्तु बालं
तं च श्रमं प्रथममद्य समं हि मन्ये ॥ ४२ ॥

इत इतः कुमारः ।

(ततः प्रविशत्यभिमन्युः ।)

अभिमन्युः– भोः ! को नु खल्वेषः,

विशालवक्षास्तनिमार्जितोदरः
स्थिरोन्नतांसोरुमहान् कटीकृशः ।
इहाहृतो येन भुजैकयन्त्रितो
बलाधिकेनापि न चास्मि पीडितः ॥ ४३ ॥

बृहन्नला–इत इतः कुमारः ।

अभिमन्युः–अये अयमपरः कः,

अयुज्यमानैः प्रमदाविभूषणैः
करेणुशोभाभिरिवार्पितो गजः ।
लघुश्च वेषेण महानिवौजसा
विभात्युमावेषमिवाश्रितो हरः ॥ ४४ ॥

बृहन्नला–(अपवार्य) इममिहानयता किमिदानीमार्येण कृतम् ।

अवजित इति तावद् दूषितः पूर्वयुद्धे
दयितसुतवियुक्ता शोचनीया सुभद्रा ।
जित इति पुनरेनं रुष्यते वासुभद्रो
भवतु बहु किमुक्त्वा दूषितो हस्तसारः ॥ ४५ ॥

भीमसेनः–अर्जुन !

बृहन्नला–अथ किमथ किमर्जुनपुत्रोऽयम्

२ भीमसेनः–(अपवार्य)

जानाम्येतान् निग्रहादस्य दोषान्
को वा पुत्रं मर्षयेच्छत्रुहस्ते ।
इष्टापत्त्या किन्तु दुःखे हि मग्ना
पश्यत्वेन द्रौपदीत्याहृतोऽयम् ॥ ४६ ॥

बृहन्नला–(अपवार्य) आर्य ! अभिभाषणकौतूहलं मे महत् । वाचालयत्वेनमार्यः ।

३ भीमसेनः–बाढम् । अभिमन्यो !

अभिमन्युः–अभिमन्युर्नाम ।

भीमसेनः– रुष्यत्येष मया । त्वमेवैनमभिभाषय ।

६ बृहन्नला– अभिमन्यो !

अभिमन्युः–कथं कथम् । अभिमन्युर्नामाहम् । भोः !

नीचैरप्यभिभाष्यन्ते नामभिः क्षत्रियान्वयाः ।
इहायं समुदाचारो ग्रहणं परिभूयते ॥ ४७ ॥

बृहन्नला—अभिमन्यो ! सुखमास्ते ते जननी ।

अभिमन्युः- कथं कथम् । जननी नाम ।

किं भवान् धर्मराजो मे भीमसेनो धनञ्जयः ।
यन्मां पितृवदाक्रम्य स्त्रीगतां पृच्छसे कथाम् ॥ ४८ ॥

बृहन्नला—अभिमन्यो ! अपि कुशली देवकीपुत्रः केशवः ।

अभिमन्युः—कथं तत्रभवन्तमपि नाम्ना । अथ किम्, अथ किम् । कुशली भवता संसृष्टः ।

(उभौ परस्परमवलोकयतः ।)

अभिमन्युः-कथमिदानीं सावज्ञमिव मां हस्यते ।

बृहन्नला—न खलु किञ्चित् ।

पार्थं पितरमुद्दिश्य मातुलं च जनार्दनम् ।
तरुणस्य कृतास्त्रस्य युक्तो युद्धपराजयः ॥ ४९ ॥

अभिमन्युः—

अलमात्मस्तवं कर्तुं नास्माकमुचितं कुले ।
हतेषु हि शरान् पश्य नाम नान्यद् भविष्यति ॥ ५० ॥

बृहन्नला—(आत्मगतम्) सम्यगाह कुमारः ।

सरथतुरगद्दप्तनागयौधे
　शरनिपुणेन न कश्चिदप्यविद्धः ।
अहमपि च परिक्षतो भवेयं
　यदि न मया परिवर्तितो रथः स्यात् ॥ ५१ ॥

(प्रकाशम्) एवं वाक्यशौण्डीर्यम् । किमर्थं तेन पदातिना गृहीतः ।

अभिमन्युः—

अशस्त्रो मामभिगतस्ततोऽस्मि ग्रहणं गतः ।
न्यस्तशस्त्रं हि को हन्यादर्जुनं पितरं स्मरन् ॥ ५२ ॥

भीमसेनः—

धन्यः खल्वर्जुनो येन प्रत्यक्षमुभयं श्रुतम् ।
पुत्रस्य च पितुः श्लाघ्यं सङ्ग्रामेषु पराक्रमः ॥ ५३ ॥

राजा—त्वर्यतां त्वर्यतामभिमन्युः ।

बृहन्नला—इत इतः कुमारः । एष महाराजः । उपसर्पतु कुमारः ।

अभिमन्युः—आः कस्य महाराजः ।

बृहन्नला—न न । ब्राह्मणेन सहास्ते ।

अभिमन्युः— ब्राह्मणेनेति । भगवन् ! अभिवादये ।

भगवान्—एह्येहि वत्स !

शौण्डीर्यं धृतिविनयं दयां स्वपक्षे
माधुर्यं धनुषि जयं पराक्रमं च ।
एकस्मिन् पितरि गुणानवाप्नुहि त्वं
शेषाणां यदपि च रोचते चतुर्णाम् ॥ ५४ ॥

राजा—एह्येहि पुत्र ! कथं न मामभिवादयसि । अहो उत्सिक्तः खल्वयं क्षत्रियकुमारः । अहमस्य दर्पप्रशमनं करोमि । अथ केनायं गृहीतः ।

भीमसेनः-महाराज ! मया ।

अभिमन्युः— अशस्त्रेणेत्यभिधीयताम् ।

भीमसेनः— शान्तं शान्तं पापम् ।

सहजौ मे प्रहरणं भुजौ पीनांसकोमलौ ।
तावाश्रित्य प्रयुध्येयं दुर्बलैर्गृह्यते धनुः ॥ ५५ ॥

अभिमन्युः—मा तावद् भोः !

बाहुरक्षौहिणी यस्य निर्व्याजो यस्य विक्रमः ।
किं भवान् मध्यमस्तातस्तस्यैतत् सदृशं वचः ॥ ५६ ॥

भगवान्–पुत्र ! कोऽयं मध्यमो नाम ।

अभिमन्युः–श्रूयताम् । नन्वनुत्तरा वयं ब्राह्मणेषु, साध्वन्यो ब्रूयात् ।

राजा–भवतु भवतु । मद्वचनात् पुत्र ! कोऽयं मध्यमो नाम ।

अभिमन्युः–श्रूयताम् । येन,

तुलयित्वा जरासन्धं कण्ठश्लिष्टेन बाहुना ।
असह्यकर्म तत् कृत्वा नीतः कृष्णोऽतदर्हताम् ॥ ५७ ॥

राजा–

न ते क्षेपेण रुष्यामि रुष्यता भवता रमे ।
किमुक्त्वा नापराद्धोऽहं कथं तिष्ठति यात्विति ॥ ५८ ॥

अभिमन्युः -यद्यहमनुग्राह्यः,

पादयोः समुदाचारः क्रियतां निग्रहोचितः ।
बाहुभ्यामाहृतं भीमो बाहुभ्यामेव नेष्यति ॥ ५९ ॥

(ततः प्रविशत्युत्तरः ।)

उत्तरः–

मिथ्याप्रशंसा खलु नाम कष्टा येषां तु मिथ्यावचनेषु भक्तिः ।
अहं हि युद्धाश्रयमुच्यमानो वाचानुवर्ती हृदयेन लज्जे ॥ ६० ॥

(उपसृत्य) भगवन् ! अभिवादये ।

भगवान्–स्वस्ति ।

उत्तरः–तात ! अभिवादये ।

राजा–एह्येहि पुत्र ! आयुष्मान् भव । पुत्र ! पूजिताः कृतकर्माणो योधपुरुषाः ।

उत्तरः–पूजिताः । पूज्यतमस्य क्रियतां पूजा ।

राजा–पुत्र ! कस्मै ।

उत्तरः-इहात्रभवते धनञ्जयाय ।

१ राजा-कथं धनञ्जयायेति ।

उत्तरः-अथ किम् । अत्रभवता,

श्मशानाद्धनुरादाय तूणी चाक्षयसायके ।
नृपा भीष्मादयो भग्ना वयं च परिरक्षिताः ॥ ६१ ॥

बृहन्नला-प्रसीदतु प्रसीदतु महाराजः ।

अयं बाल्यात्तु सम्भ्रान्तो न वेत्ति प्रहरन्नपि ।
कृत्स्नं कर्म स्वयं कृत्वा परस्येत्यवगच्छति ॥ ६२ ॥

उत्तरः-व्यपनयतु भवाञ्छङ्काम् । इदमाख्यास्यते,

प्रकोष्ठान्तरसङ्गूढं गाण्डीवज्याहतं किणम् ।
यत्तद् द्वादशवर्षान्ते नैव याति सवर्णताम् ॥ ६३ ॥

बृहन्नला-

एतन्मे पारिहार्याणां व्यावर्तनकृतं किणम् ।
सन्निरोधविवर्णत्वाद् गोधास्थानमिहागतम् ॥ ६४ ॥

राजा-पश्यामस्तावत् ।

बृहन्नला-

रुद्रबाणावलीढाङ्गो यद्यहं भारतोऽर्जुनः ।
अव्यक्तं भीमसेनोऽयमयं राजा युधिष्ठिरः ॥ ६५ ॥

राजा-भो धर्मराज ! वृकोदर ! धनञ्जय ! कथं न मां विश्वसिथ । भवतु भवतु प्राप्तकाले । बृहन्नले ! प्रविश त्वमभ्यन्तरम् ।

२ बृहन्नला-यदाज्ञापयति महाराजः ।

भगवान्-अर्जुन ! न खलु न खलु प्रवेष्टव्यम् । तीर्णप्रतिज्ञा वयम् ।

अर्जुनः-यदाज्ञापयत्यार्यः ।

६ राजा—

शूराणां सत्यसन्धानां प्रतिज्ञां परिरक्षताम् ।
पाण्डवानां निवासेन कुलं मे नष्टकल्मषम् ॥ ६६ ॥

अभिमन्युः—इहात्रभवन्तो मे पितरः । तेन खलु,

न रुष्यन्ति मया क्षिप्ता हसन्तश्च क्षिपन्ति माम् ।
दिष्ट्या गोग्रहणं स्वन्तं पितरो येन दर्शिताः ॥ ६७ ॥

(भीमसेनमुद्दिश्य) भोस्तात !

अज्ञानात्तु मया पूर्वं यद् भवान् नाभिवादितः ।
तस्य पुत्रापराधस्य प्रसादं कर्तुमर्हसि ॥ ६८ ॥

भीमसेनः—एह्येहि पुत्र ! पितृसदृशपराक्रमो भव । पुत्र ! अभिवादयस्व पितरम् ।

२ अभिमन्युः—भोस्तात ! अभिवादये ।

अर्जुनः—एह्येहि पुत्र !

अयं स हृदयह्लादी पुत्रगात्रसमागमः ।
यत्तद् द्वादशवर्षान्ते प्रोषितः पुनरागतः ॥ ६९ ॥

पुत्र ! अभिवाद्यतां विराटेश्वरः ।

अभिमन्युः—अभिवादये ।

३ राजा—एह्येहि वत्स !

यौधिष्ठिरं धैर्यमवाप्नुहि त्वं भैमं बलं नैपुणमर्जुनस्य ।
माद्रीसुतात् कान्तिमथाभिरूप्यं कीर्तिं च कृष्णस्य जगत्प्रियस्य॥७०॥

(आत्मगतम्) उत्तरासन्निकर्षस्तु मां बाधते । किमिदानीं करिष्ये।
भवतु दृष्टम् । कोऽत्र ।

३ (प्रविश्य)

भटः—जयतु महाराजः ।

राजा–आपस्तावत् ।

भटः–यदाज्ञापयति महाराजः । (निष्क्रम्य प्रविश्य) इमा आपः ।

राजा–अर्जुन ! गोग्रहणविजयशुल्कार्थं प्रतिगृह्यतामुत्तरा ।

भगवान्–एतदवनतं शिरः ।

अर्जुनः–कथं चारित्रं मे तुलयति । भो राजन् !

इष्टमन्तःपुरं सर्वं मातृवत् पूजितं मया ।
उत्तरैषा त्वया दत्ता पुत्रार्थे प्रतिगृह्यते ॥ ७१ ॥

भगवान्–एतदुन्नतं शिरः ।

राजा–भवतु पितामहसकाशमुत्तरं प्रेषयामः । धर्मराज ! वृकोदर ! धनञ्जय ! इत इतो भवन्तः ।

(निष्क्रान्ताः सर्वे ।)

द्वितीयोऽङ्कः ।

अथ तृतीयोऽङ्कः ।

(ततः प्रविशति भटः ।)

भटः–भो भोः ! निवेद्यतां निवेद्यतां सर्वक्षत्राचार्यपुरोगाणां क्षत्रियाणाम् । एष हि,

आपस्य नारायणचक्रजं भयं
चिरप्रनष्टान् परिभूय बान्धवान् ।
धनुःसहायैः कुरुभिर्न रक्षितो
हतोऽभिमन्युः क्रियतां व्यपत्रपा ॥ १ ॥

इति ।

(ततः प्रविशतो भीष्मद्रोणौ ।)

द्रोणः–सूत ! कथय कथय ।

रणभुव[1] उपनीतः केन मे शिष्यपुत्रः
　क इह मम शरैस्तैर्दैवतैर्योद्धुकामः ।
कथय पुरुषसारं यावदस्त्रं बलं वा
　बलवत इव दूतांस्तत्र सम्प्रेषयामि ॥ २ ॥

भीष्मः–सूत ! कथय कथय ।

भग्नापयानेष्वनभिज्ञदोषस्तारुण्यभावेन विलम्बमानः ।
केनैष हस्तिग्रहणोद्यतेन यूथे प्रयाते कलभो गृहीतः ॥ ३ ॥

(ततः प्रविशति दुर्योधनः कर्णः शकुनिश्च ।)

दुर्योधनः-सूत ! कथय कथय । केनापनीतोऽभिमन्युः । अहमेवैनं मोक्षयामि । कुतः,

मम हि पितृभिरस्य प्रस्तुतो ज्ञातिभेद-
　स्तदिह मम च दोषो वक्तृभिः पातनीयः ।
अथ च मम स पुत्रः पाण्डवानां तु पश्चात्
　सति च कुलविरोधे नापराध्यन्ति बालाः ॥ ४ ॥

कर्णः–अतिस्निग्धमनुरूपं चाभिहितम् । गान्धारीमातः !

मा तावत् स्वजनधिया तु बालभावाद्
　व्यापन्नः समरमुखे तव प्रियार्थम् ।
अस्माभिर्न च परिरक्षितोऽभिमन्यु-
　र्गृह्यन्तां धनुरपनीय वल्कलानि ॥ ५ ॥

शकुनिः– बहुनाथः खलु सौभद्रः । मुक्त एवेति सम्प्रधार्यताम् । कुतः,

मुञ्चेदर्जुनपुत्र इत्यवगतो राजा विराटः स्वयं
स्मृत्वा चाद्य रणाजिरादपगतं मुञ्चेत् स दामोदरम् ।
क्रोधोद्धूतहलात् प्रलम्बमथनाद् भीतेन मुच्येत वा
भीमस्त्वेनमिहानयेद् बलमहान् हत्वा रिपूनूर्जितान् ॥६॥

---

१. रणपटुरपनीतः ।

द्रोणः—सूत ! कथय कथय । कथमिदानीं गृहीतः ।

पर्यस्तोऽस्य रथो हया नु चपलाश्चक्राक्षमा मेदिनी
तूणी क्षीणशरे त्वमस्य विगुणो ज्याच्छेदवन्ध्यं धनुः ।
एता दैवकृता भवन्ति रथिनां युद्धाश्रया व्यापदो
बाणैरप्यवकृष्यते खलु परैः स्वाधीनशिक्षस्तु सः ॥७॥

सूतः—आयुष्मन् ! परुषमयो धनुर्वेदः । किमायुष्मता न ज्ञायते ।

न चापि दोषा भवताभिभाषिताः
स चापि बाणौघमयो महारथः ।
[1]अलातचक्रप्रतिमस्तु मे रथो
गृहीत एवापतता पदातिना ॥ ८ ॥

सर्वे—कथं पदातिनेति । अथ कीदृशः स पदातिः ।

सूतः—किमभिधास्यामि रूपं वा पराक्रमं वा ।

भीष्मः—रूपेण स्त्रियः कथ्यन्ते । पराक्रमेण तु पुरुषाः । तत् पराक्रमोऽस्याभिधीयताम् ।

सूतः—आयुष्मन् !

दुर्योधनः—

किमर्थं स्तूयते कोऽपि भवता गर्वितारः ।
कथ्यतां नास्ति मे त्रासो यद्येष पवनो जवे ॥ ९ ॥

सूतः—श्रोतुमर्हति महाराजः । तेन खलु,

लङ्घयित्वा जवेनाश्वान् न्यस्त आपस्करे करः ।
प्रसारितहयग्रीवो निष्कम्पश्च रथः स्थितः ॥ १० ॥

भीष्मः—तेन हि न्यस्यन्तामायुधानि ।

सर्वे—किमर्थम् ।

---

१. अवातचक्र ।

भीष्मः-

हृतप्रवेगो यदि वा' न वा रथो
वृकोदरस्याङ्कगतः स चिन्त्यताम् ।
पुरा हि तेन द्रुपदात्मजां हरन्
पदातिनैवावजितो जयद्रथः ॥ ११ ॥

द्रोणः-सम्यगाह गाङ्गेयः । बाल्योपदेशात् प्रभृत्यहं तस्य जवमवगच्छामि । इष्वस्त्रशालायां हि,

कर्णायते तेन शरे विमुक्ते
विकम्पितं तस्य शिरो मयोक्तम् ।
गत्वा तदा तेन च बाणतुल्य-
मप्राप्तलक्ष्यः स शरो गृहीतः ॥ १२ ॥

शकुनिः-अहो हास्यमभिधानम् ।

नास्त्यन्यो बलवाँल्लोके सर्वमिष्टेषु कथ्यते ।
जगद्व्याप्तान् भवन्तः किं सर्वे पश्यन्ति पाण्डवान् ॥ १३ ॥

भीष्मः-गान्धारराज ! सर्वमनुमानात् कथ्यते ।

वयं व्यपाश्रित्य रणं प्रयामः शस्त्राणि चापानि रथाधिरूढाः ।
द्वावेव दोर्भ्यां समरे प्रयातौ हलायुधश्चैव वृकोदरश्च ॥ १४ ॥

शकुनिः-एकेनैव वयं भग्नाः सहसा साहसप्रियाः ।
उत्तरं च तमप्येके कथयिष्यन्ति फल्गुनम् ॥ १५ ॥

द्रोणः-भो गान्धारराज ! अत्रापि तावद् भवतः सन्देहः ।

किमुत्तरेणापि रणे विकृष्यते
निसृष्टशुष्काशनिगर्जितं धनुः ।
किमुत्तरस्यापि शरैर्हृतातपः
कृतो मुहूर्तास्तमितो दिवाकरः ॥ १६ ॥

---

१. बाहुना ।

भीष्मः–गान्धारीमातः ! विस्पष्टं खलु कथ्यते । ननु जानीते भवान् ।

बाणपुङ्खाक्षरैर्वाक्यैर्ज्याजिह्वापरिवर्तिभिः ।
विकृष्टं खलु पार्थेन न च श्रोत्रं प्रयच्छति ॥ १७ ॥

(प्रविश्य)

सूतः–जयत्वायुष्मान् । शान्तिकर्मानुष्ठीयताम् ।

३ भीष्मः–किमर्थम् ।

सूतः-

उचितं ते पुरा कर्तुं ध्वजे बाणप्रधर्षिते ।
अयं हि बाणः कस्यापि पुङ्खे नामाभिधीयते ॥ १८ ॥

भीष्मः–आनय ।

(त उपनयति ।)

भीष्मः–(गृहीत्वा निरीक्ष्य) वत्स ! गान्धारराज ! जराशिथिलं मे चक्षुः । वाच्यतामयं शरः ।

शकुनिः–(गृहीत्वानुवाच्य) अर्जुनस्य । (इति क्षिपति । द्रोणस्य पादयोः पतति ।)

द्रोणः–(शरं गृहीत्वा) एह्येहि वत्स !

एष शिष्येण मे क्षिप्तो गाङ्गेयं वन्दितुं शरः ।
पादयोः पतितो भूमौ मां क्रमेणाभिवन्दितुम् ॥ १९ ॥

शकुनिः–

यौधः स्यादर्जुनो नाम तेनायं चोज्झितः शरः ।
लिखितं चोत्तरेणापि प्रकाशमुपनीयताम् ॥ २० ॥

दुर्योधनः–

तेषां राज्यप्रदानार्थमनृतं कथ्यते यदि ।
राज्यस्यार्धं प्रदास्यामि यावद् दृष्टे युधिष्ठिरे ॥ २१ ॥

(प्रविश्य)

भटः–जयतु महाराजः । विराटनगराद् दूतः प्राप्तः ।

दुर्योधनः–प्रवेश्यताम् ।

भटः–यदाज्ञापयति महाराजः । (निष्क्रान्तः)

(ततः प्रविशत्युत्तरः ।)

उत्तरः–

अध्वानमल्पमतिमुक्तजवैस्तुरङ्गै-
रागच्छता पथि रथेन विलम्बितं मे ।
कौन्तेयबाणनिहतैर्द्विरदैः समन्ताद्
दुःखेन यान्ति तुरगा विषमा हि भूमिः ॥ २२ ॥

(प्रविश्य कृताञ्जलिः) भो भो ! आचार्यपितामहपुरोगं सर्वराजमण्डलमभिवादये ।

सर्वे–आयुष्मान् भव ।

द्रोणः–किमाह तत्रभवान् विराटेश्वरः ।

उत्तरः–नाहं तत्रभवता प्रेषितः ।

द्रोणः–अथ केन त्वं प्रेषितः ।

उत्तरः–तत्रभवता युधिष्ठिरेण ।

द्रोणः–किमाह धर्मराजः ।

उत्तरः–श्रूयताम् ,

उत्तरा मे स्नुषा लब्धा प्रतीक्षे राजमण्डलम् ।
तत्रैव किमिहैवास्तु विवाहः क्व प्रवर्तताम् ॥ २३ ॥

शकुनिः–तत्रैव तत्रैव ।

द्रोणः–

इत्यर्थं वयमानीताः पञ्चरात्रोऽपि वर्तते ।
धर्मेणावर्जिता भिक्षा धर्मेणैव प्रदीयताम् ॥ २४ ॥

दुर्योधनः–

बाढं दत्तं मया राज्यं पाण्डवेभ्यो यथापुरम् ।
मृतेऽपि हि नराः सर्वे सत्ये तिष्ठन्ति तिष्ठति ॥ २५ ॥

द्रोणः–

हन्त सर्वे प्रसन्नाः स्मः प्रवृद्धकुलसङ्ग्रहाः ।
इमामपि महीं कृत्स्नां राजसिंहः प्रशास्तु नः ॥ २६ ॥

(निष्क्रान्ताः सर्वे ।)

तृतीयोऽङ्कः ।

अवसितं पञ्चरात्रम् ।

श्लोकानुक्रमणिका ।

मध्यमव्यायोगस्य कथावस्तु ।

अथ कदाचिद् दारपुत्रत्रयानुयातः कश्चिद् वृद्धो ब्राह्मणो हिडिम्बावने घटोत्कचेन भीमसेनसूनुना रुद्धोऽभूत । 'मन्मातुर्हिडिम्बाया उपवासनिसर्गार्थं त्रिषु पुत्रेषु त्वमेकं विसर्जय' इति तेनोक्तो द्वितीयं पुत्रं मध्यमनामानं पितृ-भ्रातृवत्सलं विसर्जयामास । अथ पिपासाप्रतीकारार्थमदूरवर्तिनं कमपि जलाशयं राक्षसानुमत्या गतश्चिरायमाणो मातुराहारकालातिक्रमशङ्कया "भो मध्यम शीघ्रमागच्छ" इति उच्चैरसकृत् तेनाहूतः । ततः पाण्डवमध्यमो भीम आत्मानमेव मध्यमनाम्नाहूयमानं मत्वा तस्मिन् देशे प्राप्तः सन् वृद्धेनाभयं याचितः । ततो भीम आत्मानमेव राक्षसानुगामिनं प्रतिज्ञाय ब्राह्मणपुत्रं मध्यमं राक्षसान्मोचयामास । अथ स्वपुत्रस्य घटोत्कचस्य बलपरीक्षणेच्छया तमवोचत् "शक्तश्चेद् बलात्कारेण मां नय" । तत्र युद्धे पराजेतुमशक्नुवता राक्षसेन पूर्वसमयं स्मारितो भीमसेनस्तमनुसरन् हिडिम्बाया अन्तिकमास-साद । तत्र हिडिम्बया भार्योचितसमुदाचारेण सम्भावितः । घटोत्कचोऽपि मातृवाक्यात्तमात्मनः पितरं विज्ञाय तमभ्यवादयत । भीमश्च तं परिष्वज्याशि-षाभिननन्द ।

पात्राणि ।

पुरुषाः—

वृद्धः—ब्राह्मणः केशवदासनामा ।

प्रथमः—वृद्धस्य ज्येष्ठः पुत्रः ।

द्वितीयः—वृद्धस्य द्वितीयः पुत्रो मध्यमनामा ।

तृतीयः—वृद्धस्य कनिष्ठः पुत्रः ।

घटोत्कचः—राक्षसो हिडिम्बाभीमसेनयो सूनुः ।

भीमसेनः—मध्यमः कुन्तीपुत्रः ।

स्त्रियः--

ब्राह्मणी—वृद्धस्य भार्या ।

हिडिम्बा—राक्षसी भीमसेनस्य पत्नी ।

॥ श्रीः ॥

भासनाटकचक्रे

मध्यमव्यायोगः ।

(नान्द्यन्ते ततः प्रविशति सूत्रधारः ।)

सूत्रधारः–

पायात्स वोऽसुरवधूहृदयावसादः
पादो हरेः कुवलयामलखड्गनीलः ।
यः प्रोद्यतस्त्रिभुवनैक्रमणे[1] रराज
वैडूर्यसंक्रम इवाम्बरसागरस्य ॥ १ ॥

एवमार्यमिश्रान्विज्ञापयामि । अये किं नु खलु मयि विज्ञापनव्यग्रे शब्द इव श्रूयते । अङ्ग पश्यामि ।

२ (नेपथ्ये)

भोस्तात ! को नु खल्वेषः ।

सूत्रधारः–भवतु, विज्ञातम् ।

भोः शब्दोच्चारणादस्य ब्राह्मणोऽयं न संशयः ।
त्रास्यते निर्विशङ्केन केनचित्पापचेतसा ॥ २ ॥

(पुनर्नेपथ्ये)

भोस्तात ! को नु खल्वेषः ।

३ सूत्रधारः–हन्त दृढं विज्ञातं । एष खलु पाण्डवमध्यमस्यात्मजो हिडिम्बारणिसंभूतो राक्षसाग्निरकृतवैरं ब्राह्मणजनं वित्रासयति । भोः कष्टम्[2] । अत्र हि

---

१. °भुवनैकमणे । २. कष्टं कष्टं खलु पत्नीसुतपरिवृतस्य ब्राह्मणस्य वृत्तान्तः ।

[1]भ्रान्तैः सुतैः परिवृतस्तरुणैः सदारैः
वृद्धो द्विजो निशिचरानुचरः स[2] एषः ।
व्याघ्रानु[3]सारचकितो वृषभः सधेनुः
सन्त्रस्तवत्सक इवाकुलतामुपैति ॥ ३ ॥

(निष्क्रान्ताः ।)

स्थापना ।

२ (ततः प्रविशति सुतत्रयकलत्रपरिवृतो ब्राह्मणः पृष्ठतो घटोत्कचश्च ।)

ब्राह्मणः– भोः को नु खल्वेषः ।

तरुणरविकरप्रकीर्णकेशो भ्रुकुटिपुटोज्ज्वलपिङ्गलायताक्षः ।
सतडिदिव घनः सकण्ठसूत्रो युगनिधने प्रतिमाकृतिर्हरस्य ॥४॥

प्रथमः–भोस्तात ! को नु खल्वेषः ।

ग्रहयुगलनिभाक्षः पीनविस्तीर्णवक्षाः
कनककपिलकेशः पीनकौशेयवासाः ।
तिमिरनिवहवर्णः पाण्डरोद्वृत्तदंष्ट्रो
नव इव जलगर्भो लीयमानेन्दुलेखः ॥ ५ ॥

द्वितीयः–क एष भोः !

कलभदशनदंष्ट्रो लाङ्गलाकारनासः
करिवरकरबाहुर्नीलजीमूतवर्णः ।
हुतहुतवहदीप्तो य स्थितो भाति भीम-
स्त्रिपुरपुरनिहन्तुः शङ्करस्येव रोषः ॥ ६ ॥

तृतीयः–भोस्तात ! को नु खल्वयमस्मान्पीडयति ।

---

१. श्रान्तैः । २. सरोषः । ३. व्याघ्रानुचारचकितो, व्याघ्रानुसारचरितो ।

वज्रपातोऽचलेन्द्राणां श्येनः सर्वपतत्रिणाम् ।[1]
मृगेन्द्रो मृगसंघानां मृत्युः पुरुषविग्रहः ॥ ७ ॥

ब्राह्मणी—अय्य को एसो अम्हाअं सन्दावेइ । [आर्य ! क एषोऽस्मान् सन्तापयति ।]

३ घटोत्कचः—भो ब्राह्मण ! तिष्ठ तिष्ठ ।

किं यासि मद्भयविनाशितधैर्यसारो
वित्रस्तदारसुतरक्षणहीनशक्ते ! ।
तार्क्ष्याग्र्यपक्षपवनोद्धतरोषवह्नि-
तीव्रः कलत्रसहितो भुजगो यथार्तः ॥ ८ ॥

भो ब्राह्मण ! न गन्तव्यं न गन्तव्यम् ।

वृद्धः—ब्राह्मणि ! न भेतव्यम् । पुत्रकाः न भेतव्यम् । सविमर्श
३ श्चस्य वाणी ।

घटोत्कचः—भोः ! कष्टम् ।

जानामि सर्वत्र सदा च नाम द्विजोत्तमाः पूज्यतमाः पृथिव्याम् ।
अकार्यमेतच्च मयाद्य कार्यं मातुर्नियोगादपनीय[2] शङ्काम् ॥ ९ ॥

वृद्धः—ब्राह्मणि ! किं न स्मरसि तत्रभवता जलक्लिन्नेन मुनिनोक्तं-अनपेतराक्षसमिदं वनमप्रमादेन गन्तव्यमिति । तदेवोत्पन्नं भयम् ।

३ ब्राह्मणी—किं दाणि अय्यो मज्झत्थवण्णो विअ दिस्सदि । [किमिदानीमार्यो मध्यस्थवर्ण इव दृश्यते ।]

वृद्धः—किं करिष्यामि मन्दभाग्यः ।

६ ब्राह्मणी—णं विक्कोसामो । [ननु विक्रोशामः ।]

प्रथमः—भवति कस्य वयं विक्रोशामः ।

---

१. भुजङ्गानाम् । २. अपनीतशङ्कम् ।

इदं हि शून्यं तिमिरोत्करप्रभैर्नगप्रकारैरवरुद्धदिक्पथम् ।
खगैर्मृगैश्चापि समाकुलान्तरं वनं निवासाभिमतं मनस्विनाम् ॥१॥

वृद्धः–ब्राह्मणि ! न भेतव्यं, न भेतव्यम् । मनस्विजननिवासयोग्यमिति श्रुत्वा विगत इव मे संत्रासः । शङ्के नातिदूरेण[1] पाण्डवाश्रमेण भवितव्यं । पाण्डवास्तु,

युद्धप्रियाश्च शरणागतवत्सलाश्च
दीनेषु पक्षपतिताः कृतसाहसाश्च ।
एवंविधप्रतिभयाकृतिचेष्टितानां
दण्डं यथार्हमिह धारयितुं समर्थाः ॥ ११ ॥

प्रथमः–भोस्तात ! न तत्र पाण्डवा इति मन्ये ।

वृद्धः–कथं त्वं जानीषे ।

प्रथमः–श्रुतं मया तस्मादागच्छता केनचिद्ब्राह्मणेन[2] शतकुम्भं नाम यज्ञमनुभवितुं महर्षेर्धौम्यस्याश्रमं गता इति ।

वृद्धः–हन्त हताःस्मः ।

प्रथमः–तात ! न तु सर्व एव । आश्रमपरिपालनार्थमिह स्थापितः किल मध्यमः ।

वृद्धः–यद्येवं सन्निहिताः सर्वे पाण्डवाः ।

प्रथमः–स चाप्यस्यां वेलायां व्यायामपरिचयार्थं विप्रकृष्टदेशस्थ इति श्रूयते ।

वृद्धः–हन्त निराशाः स्मः । भवतु पुत्र व्यपाश्रयिष्ये[3] तावदेनम् ।

प्रथमः–अलमलं परिश्रमेण ।

वृद्धः–पुत्र ! निर्वेदप्रत्यर्थिनी खलु प्रार्थना । भवतु पश्यामस्तावत् । भो भोः पुरुष ! अस्त्यस्माकं मोक्षः ।

---

१. नात्रातिदूरेण । २. 'कथितं' इति विवक्षितं भाति । ३. व्यपश्रयिष्ये ।

घटोत्कचः—मोक्षोऽस्ति समयतः।

वृद्धः—कः समयः।

घटोत्कचः—अस्ति मे तत्रभवती जननी। तयाहमाज्ञप्तः। पुत्र! ममोपवासनिसर्गार्थमस्मिन्वनप्रदेशे कश्चिन्मानुषः प्रतिगृह्य[1]ानेतव्य इति। ततो मयासादितो भवान्।

पत्न्या चारित्रशालिन्या द्विपुत्रो मोक्षमिच्छसि।
बलाबलं परिज्ञाय पुत्रमेकं विसर्जय॥ १२॥

वृद्धः—हं भो राक्षसापसद! किमहमब्राह्मणः।

ब्राह्मणः[2] श्रुतवान्वृद्धः पुत्रं शीलगुणान्वितम्।
पुरुषादस्य दत्वाहं कथं निर्वृतिमाप्नुयाम्॥ १३॥

घटोत्कचः—

यद्यर्थितो द्विजश्रेष्ठ! पुत्रमेकं न मुञ्चसि।
सकुटुम्बः क्षणेनैव विनाशमुपयास्यसि॥ १४॥

वृद्धः—एष एव मे निश्चयः।

कृतकृत्यं शरीरं मे परिणामेन जर्जरम्।
राक्षसाग्नौ सुतापेक्षी होष्यामि विधिसंस्कृतम्॥ १५॥

ब्राह्मणी—अय्य! मा मा एवं। पदिमत्तधम्मिणी पदिव्वदत्ति णाम। गहीदफळेण एदिणा सरीरेण अय्यं कुळं च रक्खिदुमिच्छामि।

[आर्य, मा मैवम्। पतिमात्रधर्मिणी पतिव्रतेति नाम। गृहीतफलेनैतेन शरीरेणार्यं कुलं च रक्षितुमिच्छामि।]

घटोत्कचः—भवति! न खलु स्त्रीजनोऽभिमतस्तत्रभवत्या।

वृद्धः—अनुगमिष्यामि भवन्तम्।

घटोत्कचः—आः वृद्धस्त्वमपसर।

---

१. परिमृग्या। २. किमहं श्रुतवान्।

प्रथमः–भोस्तात ! ब्रवीमि खलु तावत्किंचित् ।

९ वृद्धः–ब्रूहि ब्रूहि शीघ्रम् ।

प्रथमः–

मम प्राणैर्गुरुप्राणानिच्छामि परिरक्षितुम् ।
रक्षणार्थं कुलस्यास्य मोक्तुमर्हति मां भवान् ॥ १६ ॥

द्वितीयः–आर्य ! मा मैवम् ।

ज्येष्ठः श्रेष्ठः कुले लोके पितॄणां च सुसंप्रियः ।
ततोऽहमेव यास्यामि गुरुवृत्तिमनुस्मरन् ॥ १७ ॥

तृतीयः–आर्यौ ! मा मैवम् ।

ज्येष्ठो भ्राता पितृसमः कथितो ब्रह्मवादिभिः ।
ततोऽहं कर्तुमस्म्यर्हो गुरूणां प्राणरक्षणम् ॥ १८ ॥

प्रथमः–वत्स ! मा मैवम् ।

आपदं हि पिता प्राप्तो ज्येष्ठपुत्रेण तार्यते[2] ।
ततोऽहमेव यास्यामि गुरूणां प्राणरक्षणात् ॥ १९ ॥

वृद्धः–ज्येष्ठमिष्टतमं न शक्नोमि परित्यक्तुम् ।

ब्राह्मणी–जह अय्यो ज्येष्ठमिच्छदि तह अहं पि कणिट्ठमिच्छामि ।

३ [यथार्यो ज्येष्ठमिच्छति तथाहमपि कनिष्ठमिच्छामि ।]

द्वितीयः–पित्रोरनिष्टः कस्येदानीं प्रियः ।

घटोत्कचः–अहं प्रीतोऽस्मि । शीघ्रमागच्छ ।

द्वितीयः–धन्योऽस्मि यद् गुरुप्राणाः स्वैः प्राणैः परिरक्षिताः ।
बन्धुस्नेहाद्धि महतः कायस्नेहस्तु[3] दुर्लभः ॥ २० ॥

घटोत्कचः–अहो स्वजनवात्सल्यमस्य ब्राह्मणबटोः ।

द्वितीयः–भोस्तात ! अभिवादये ।

---

१. °मनुस्मर । २. धार्यते । ३. कालस्नेहस्तु ।

३ वृद्धः-एह्येहि पुत्र ।

विनिमाय गुरुप्राणान् स्वैः प्राणैर्गुरुवत्सल ।
अकृतात्मदुरावापं ब्रह्मलोकमवाप्नुहि ॥ २१ ॥

द्वितीयः-अनुगृहीतोऽस्मि । अम्ब ! अभिवादये ।

ब्राह्मणी-जाद ! चिरं जीव । [जात ! चिरं जीव ।]

३ द्वितीयः-अनुगृहीतोऽस्मि । आर्य ! अभिवादये ।

प्रथमः-एह्येहि वत्स ।

परिष्वजस्व गाढं मां परिष्वक्तः शुभैर्गुणैः ।
कीर्त्या तव परिष्वक्ता भविष्यति वसुन्धरा ॥ २२ ॥

द्वितीयः-अनुगृहीतोऽस्मि ।

तृतीयः-आर्य ! अभिवादये ।

३ द्वितीयः-स्वस्ति ।

तृतीयः-अनुगृहीतोऽस्मि ।

द्वितीयः-भोः पुरुष ! किंचिद्ब्रवीमि ।

६ घटोत्कचः-ब्रूहि ब्रूहि शीघ्रम् ।

द्वितीयः-एतस्मिन्वनान्तरे जलाशय इव दृश्यते । तत्र मे प्रकल्पित-
परलोकस्य पिपासाप्रतीकारं करिष्यामि ।

९ घटोत्कचः-दृढव्यवसायिन् ! गम्यताम् । अतिक्रामति मातुराहार-
कालः । शीघ्रमागच्छ ।

द्वितीयः-भोस्तात ! एष गच्छामि । (निष्क्रान्तः ।)

१२ वृद्धः-हा हा परिमुषिताः स्मो भोः ! परिमुषिताः स्मः ।

यस्त्रिशृंगो मम त्वासीन्मनोज्ञो वंशपर्वतः ।
स मध्यशृंगभङ्गेन मनस्तपति मे भृशम् ॥ २३ ॥

हा पुत्रक ! कथं गत एव ।

तरुण ! तरुणतानुरूपकान्ते !
नियमपराध्ययनप्रसक्तबुद्धे ! ।
कथमिव गजराजदन्तभग्न-
स्तरुरिव यास्यसि पुष्पितो विनाशम् ॥ २४ ॥

घटोत्कचः—चिरायते खलु ब्राह्मणबटुः । अतिक्रामति मातुराहारकालः । किं नु खलु करिष्ये । भवतु दृष्टम् । भो ब्राह्मण ! आहूयतां तव पुत्रः ।

वृद्धः—आः अतिराक्षसं खलु ते वचनम् ।

घटोत्कचः—कथं रुष्यति । मर्षयतु भवान्मर्षयतु । अयं मे प्रकृतिदोषः । अथ किंनामा तव पुत्रः ।

वृद्धः—एतदपि न शक्यं श्रोतुम् ।

घटोत्कचः—युक्तं भोः ! ब्राह्मणकुमार ! किंनामा ते भ्राता ।

प्रथमः—तपस्वी मध्यमः ।

घटोत्कचः— मध्यम इति सदृशमस्य । अहमेवाह्वयामि । भो मध्यम ! मध्यम ! शीघ्रमागच्छ ।

(ततः प्रविशति भीमसेनः ।)

भीमः-कस्यायं स्वरः ।

खगशतविरुते विरौति तारं
द्रुमगहने दृढसंकटे वनेऽस्मिन् ।
जनयति च मनोज्वरं स्वरोऽयं
बहुसदृशो हि धनंजयस्वरस्य[1] ॥ २५ ॥

घटोत्कचः—चिरायते खलु ब्राह्मणबटुः । अतिक्रामति मातुराहारकालः । किं नु खलु करिष्ये । भवतु दृष्टम् । उच्चैः शब्दापयामि । भो मध्यम ! शीघ्रमागच्छ ।

---

१. धनंजयस्य शब्दः ।

भीमः—भोः । को नु खल्वेतस्मिन्वनान्तरे मम व्यायामविघ्नमुत्पाद्य
मध्यम इति मां शब्दापयति । भवतु पश्यामस्तावत् । (परिक्रम्या-
६ वलोक्य सविस्मयं) अहो दर्शनीयोऽयं पुरुषः । अयं हि,

सिंहास्यः सिंहदंष्ट्रो मधुनिभनयनः स्निग्धगम्भीरकण्ठो
　बभ्रुभ्रूः श्येननासो द्विरदपतिहनुर्दीप्त[1]विश्लिष्टकेशः ।
व्यूढोरा वज्रमध्यो गजवृषभगतिर्लम्बपीनांसबाहुः
　सुव्यक्तं राक्षसीजो विपुलबलयुतो लोकवीरस्य पुत्रः ॥ २६ ॥

घटोत्कचः—चिरायते खलु ब्राह्मणबटुः । उच्चैः शब्दापयामि । भो भो
मध्यम ! शीघ्रमागच्छ ।

३ भीमः—भोः ! प्राप्तोऽस्मि ।

घटोत्कचः—न खल्वयं ब्राह्मणबटुः । अहो दर्शनीयोऽयं पुरुषः । य
एषः—

सिंहाकृतिः कनकतालसमानबाहु-
　मध्ये तनुर्गरुडपक्षविलिप्त[2] पक्षः ।
विष्णुर्भवेद्विकसिताम्बुजपत्रनेत्रो
　नेत्रे ममाहरति बन्धुरिवागतोऽयम् ॥ २७ ॥

भो मध्यम ! त्वां खल्वहं शब्दापयामि ।

भीमः—अतः खल्वहं प्राप्तः ।

३ घटोत्कचः—किं भवानपि मध्यमः ।

भीमः—न तावदपरः ।

मध्यमोऽहमवध्यानामुत्सिक्तानां च मध्यमः ।
मध्यमोऽहं क्षितौ भद्र भ्रातॄणामपि मध्यमः ॥ २८ ॥

घटोत्कचः—भवितव्यम् ।

---

१. °दीर्घ° । २. विलिप्तवक्षाः ।

भीमः–अपि च,

मध्यमः पञ्चभूतानां पार्थिवानां च मध्यमः ।
[1]भये च मध्यमो लोके सर्वकार्येषु मध्यमः ॥ २९ ॥

वृद्धः–

मध्यमस्त्विति संप्रोक्ते नूनं पाण्डवमध्यमः ।
अस्मान्मोक्तुमिहायातो दर्पान्मृत्योरिवोत्थितः ॥ ३० ॥

(प्रविश्य)

मध्यमः–

अस्यामाचम्य पद्मिन्यां परलोकेषु दुर्लभम् ।
आत्मनैवात्मनो दत्तं पद्मपत्रोज्ज्वलं जलम् ॥ ३१ ॥

(उपगम्य) भोः पुरुष ! प्राप्तोऽस्मि ।

घटोत्कचः–भवानि[2] दानिं खल्वसि मध्यमः । मध्यम ! इत इतः ।

वृद्धः–(भीमसेनमुपगम्य) भो मध्यम ! परित्रायस्व ब्राह्मणकुलम् ।

भीमः–न भेतव्यम् न भेतव्यम् । मध्यमोऽहमभिवादये ।

वृद्धः–वायुरिव दीर्घायुर्भव ।

भीमः–अनुगृहीतोऽस्मि । कुतो भयमार्यस्य ।

वृद्धः–श्रूयताम् । अहं खलु कुरुराजेन युधिष्ठिरेणाधिष्ठितपूर्वे कुरुजाङ्गले यूपग्रामवास्तव्यो माठरसगोत्रश्च कल्पशाखाध्वर्युः केशवदासो नाम ब्राह्मणः । तस्य ममोत्तरस्यां दिशि उद्यामकग्रामवासी मातुलः कौशिकसगोत्रो यज्ञबन्धुर्नामास्ति । तस्य पुत्रोपनयनार्थं सकलत्रोऽस्मि प्रस्थितः ।

भीमः–अरिष्टोऽस्तु पन्था: । ततस्ततः ।

वृद्धः–ततो मामेष हि–

१. भवे । २. प्राप्तवान् इदानीं खल्वसि ।

सजलजलदगात्रः पद्मपत्रायताक्षो
　　मृगपतिगतिलीलो राक्षसः प्रोग्रदंष्ट्रः ।
जगति विगतशङ्कस्त्वद्विधानां समक्षं
　　ससुतपरिजनं भो ! हन्तुकामोऽभ्युपैति ॥ ३२ ॥

भीमः—एवम् । अनेन ब्राह्मणजनस्य मार्गविघ्नः कृतः । भवतु निग्रहिष्यामि तावदेनम् । भोः पुरुष ! तिष्ठ तिष्ठ ।

३ घटोत्कचः—एष स्थितोऽस्मि ।

भीमः—किमर्थं ब्राह्मणजनमपराध्यसि[1] ।

पुत्रनक्षत्रकीर्णस्य पत्नीकान्तप्रभस्य च ।
वृद्धस्य विप्रचन्द्रस्य भवान् राहुरिवोत्थितः ॥ ३३ ॥

घटोत्कचः—अथ किम् । राहुरेव ।

भीमः—आः,

निवृत्तव्यवहारोऽयं सदारस्तनयैः सह ।
सर्वापराधेऽवध्यत्वान्मुच्यतां द्विजसत्तमः ॥ ३४ ॥

घटोत्कचः—न मुच्यते ।

भीमः—(आत्मगतम्) भोः । कस्य पुत्रेणानेन भवितव्यम् ।

भ्रातॄणां मम सर्वेषां कोऽयं भोः ! गुणतस्करः ।
दृष्ट्वैवतद्बालशौण्डीर्यं सौभद्रस्य स्मराम्यहम् ॥ ३५ ॥

(प्रकाशम्) भोः पुरुष ! मुच्यताम् ।

घटोत्कचः—न मुच्यते ।

मुच्यतामिति विस्रब्धं ब्रवीति यदि मे पिता ।
न मुच्यते तथा ह्येष गृहीतो मातुराज्ञया ॥ ३६ ॥

---

१. पर (रा) स्यासि ।

भीमः–(आत्मगतम्) कथं मातुराज्ञेति । अहो गुरुशुश्रूषुः खल्वयं तपस्वी ।

माता किल मनुष्याणां दैवतानां च दैवतम् ।
मातुराज्ञां पुरस्कृत्य वयमेतां दशां गताः ॥ ३७ ॥

(प्रकाशम्) भोः पुरुष ! प्रष्टव्यं खलु तावदस्ति ।

घटोत्कचः–ब्रूहि ब्रूहि, शीघ्रम् ।

भीमः–का नाम भवतो माता ।

घटोत्कचः–श्रूयतां, हिडिम्बा नाम राक्षसी,

कौरव्यकुलदीपेन पाण्डवेन महात्मना ।
सनाथा या महाभागा पूर्णेन द्यौरिवेन्दुना[1] ॥ ३८ ॥

भीमः–(सहर्षमात्मगतम्) एवं हिडिम्बायाः पुत्रोऽयम् । सदृशो ह्यस्य गर्वः ।

रूपं सत्त्वं बलं चैव पितृभिः सदृशं बहु ।
प्रजासु वीतकारुण्यं मनश्चैवास्य कीदृशम् ॥ ३९ ॥

(प्रकाशम्) भोः पुरुष ! मुच्यताम् ।

घटोत्कचः–न मुच्यते ।

भीमः–भो ब्राह्मण ! गृह्यतां तव पुत्रः । वयमेनमनुगमिष्यामः ।

द्वितीयः–मा मा भवानेवम् ।

त्यक्ताः प्रागेव मे प्राणाः गुरुप्राणेष्वपेक्षया ।
युवा रूपगुणोपेतो भवांस्तिष्ठतु भूतले ॥ ४० ॥

भीमः–आर्य ! मा मैवम् । क्षत्रियकुलोत्पन्नोऽहम् । पूज्यतमाः खलु ब्राह्मणाः । तस्माच्छरीरेण ब्राह्मणशरीरं विनिमातुमिच्छामि ।

घटोत्कचः–एवं क्षत्रियोऽयं, तेनास्य दर्पः । भवतु, इममेव हत्वा नेष्यामि । अथ केनायं वारितः ।

---

१. रिवात्मना ।

भीमः—मया ।

घटोत्कचः—किं त्वया ।

भीमः—अथ किम् ।

घटोत्कचः—तेन हि भवानेवागच्छतु ।

भीमः—एवमति[1]बलवीर्यान्नानुगच्छामि । यदि ते शक्तिरस्ति बलात्कारेण मां नय ।

घटोत्कचः—किं मां प्रत्यभिजानीते भवान् ।

भीमः—मत्पुत्र इति जाने ।

घटोत्कचः—कथं कथं तव पुत्रोऽहम् ।

भीमः—कथं रुष्यति । मर्षयतु भवान् । सर्वाः प्रजाः क्षत्रियाणां पुत्रशब्देनाभिधीयन्ते । अत एवं मयाभिहितम् ।

घटोत्कचः—भीतानामायुधं गृहीतम् ।

भीमः—

शपामि सत्येन भयं न जाने ज्ञातुं तदिच्छामि भवत्समीपे ।
किंरूपमेतद्वद भद्र तस्य गुणागुणज्ञः सदृशं प्रपत्स्ये ॥ ४१ ॥

घटोत्कचः—एष ते भयमुपदिशामि । गृह्यतामायुधम् ।

भीमः—आयुधमिति, गृहीतमेतत् ।

घटोत्कचः—कथमिव ।

भीमः—

काञ्चनस्तम्भसदृशो रिपूणां निग्रहे रतः ।
अयं तु दक्षिणो बाहुरायुधं [2]सहजं मम ॥ ४२ ॥

घटोत्कचः—इदमुपपन्नं पितुर्मे भीमसेनस्य ।

भीमः—अथ कोऽयं भीमो नाम ।

---

१. अतिवीर्यबलं । २. सदृशं ।

विघ्नकर्ता शिवः कृष्णः शक्रः शक्तिधरो यमः ।
एतेषु कथ्यतां भद्र केन ते सदृशः पिता ॥ ४३ ॥

घटोत्कचः-सर्वैः ।

भीमः-धिगनृतमेतत् ।

घटोत्कचः-कथं कथमनृतमित्याह । क्षिपसि मे गुरुम् । भवत्विमं स्थूलं वृक्षमुत्पाट्य प्रहरामि । (उत्पाट्य प्रहरति ।) कथमनेनापि न शक्यते हन्तुम् । किं नु खलु करिष्ये । भवतु, दृष्टम् । एतद्गिरिकूटमुत्पाट्य प्रहरामि ।

शैलकूटं मयाक्षिप्तं प्राणानादाय यास्यति ।

भीमः-

रुष्टोऽपि कुञ्जरो वन्यो न व्याघ्रं धर्षयेद्वने ॥ ४४ ॥

घटोत्कचः-(प्रहृत्य) कथमनेनापि न शक्यते हन्तुम् । किं नु खलु करिष्ये । भवतु दृष्टम् ।

नन्वहं भीमसेनस्य पुत्रः पौत्रो नभस्वतः ।
तिष्ठेदानीं सुसन्नद्धो नियुद्धे नास्ति मत्समः ॥ ४५ ॥

(इत्युभौ नियुद्धं कुरुतः ।)

घटोत्कचः-(भीमसेनं बद्ध्वा)

व्रजसि कथमिह त्वं वीर्यमुल्लङ्घ्य बाह्वो-
र्गज इव दृढपाशैः पीडितो मद्भुजाभ्याम् ।

भीमः-(आत्मगतम्) कथं गृहीतोऽस्म्यनेन । भोः सुयोधन ! वर्धते ते शत्रुपक्षः । कृतरक्षो भव । (प्रकाशम्) भोः पुरुष ! अवहितो भव ।

घटोत्कचः-अवहितोऽस्मि ।

भीमः-(नियुद्धबन्धमवधूय)

व्यपनय बलदर्पं दृष्टसारोऽसि वीर !
न हि मम परिखेदो विद्यते बाहुयुद्धे ॥ ४६ ॥

घटोत्कचः—कथमनेनापि न शक्यते हन्तुम् । किं नु खलु करिष्ये । भवतु, दृष्टम् । अस्ति मातृप्रसादलब्धो मायापाशः । तेन बध्वैनं नेष्यामि । कुतः खल्वापः । भो गिरे ! आपस्तावत् । हन्त स्रवति । (आचम्य मन्त्रं जपति ।) भोः पुरुष !

मायापाशेन बद्धस्त्वं विवशोऽनुगमिष्यसि[1] ।
राजसे रज्जुभिर्बद्धः शक्रध्वज इवोत्सवे ॥ ४७ ॥

(इति मायया बध्नाति ।)

भीमः— कथं मायापाशेन बद्धोऽस्मि । किमिदानीं करिष्ये । भवतु दृष्टम् । अस्ति मे महेश्वरप्रसादाल्लब्धो मायापाशमोक्षो मन्त्रः । तं जपामि । कुतः खल्वापः । भो ब्राह्मणकुमार ! आनय कमण्डलुगता आपः ।

वृद्धः—इमा आपः ।

(भीमः आदायाचम्य म त्रं जप्त्वा मायामपनयति ।)

घटोत्कचः—अये पतितः पाशः । किमिदानीं करिष्ये । भवतु, दृष्टम् । भोः पुरुष ! पूर्वसमयं स्मर ।

भीमः—समयमिति । एष स्मरामि । गच्छाग्रतः । (उभौ परिक्रामतः ।)

वृद्धः—पुत्रकाः किं कुर्मः । अयं गच्छति वृकोदरः ।

आक्रम्य राक्षसमिमं ज्वलदुग्ररूप-
मुग्रेण बाहुबलवीर्यगुणेन युक्तम् ।
एष प्रयाति शनकैरवधूय शीघ्र-
मासारवर्षमिव गोवृषभस्सलीलम् ॥ ४८ ॥

---

१. न गमिष्यसि ।

घटोत्कचः–इह तिष्ठ । त्वदागमनमम्बायै निवेदयामि ।

भीमः–बाढम् । गच्छ ।

घटोत्कचः–(उपसृत्य) अम्ब ! अयमभिवादये । चिराभिलषितो भवत्या आहारार्थमानीतो मानुषः ।

(प्रविश्य)

हिडिम्बा–जाद ! चिरं जीव । [जात ! चिरं जीव ।]

घटोत्कचः–अनुगृहितोऽस्मि ।

हिडिम्बा–जाद ! कीदिसो माणुसो आणीदो । [जात, कीदृशो मानुष आनीतः ।]

घटोत्कचः–भवति रूपमात्रेण मानुषः । न वीर्येण ।

हिडिम्बा–किं बह्मणो । [किं ब्राह्मणः ।]

घटोत्कचः–न ब्राह्मणः ।

हिडिम्बा–आदु थेरो । [अथवा स्थविरः ।]

घटोत्कचः–न वृद्धः ।

हिडिम्बा–किं वाळो । [किं बालः ।]

घटोत्कचः–न बालः ।

हिडिम्बा–जइ एव्वं, पेक्खामि दाव णं । (उभौ परिक्रामतः ।) [यद्येवं पश्यामि तावदेनम् ।]

हिडिम्बा– किं एसो माणुसो आणीदो । [किमेष मानुष आनीतः ।]

घटोत्कचः–अम्ब ! कोऽयम् ।

हिडिम्बा–उम्मत्तअ दव्वदं खु अम्हाअं । [उन्मत्तक दैवतं खल्वस्माकम् ।

घटोत्कचः–आः कस्य दैवतम् ।

हिडिम्बा– तव अ, मम अ । [तव च, मम च ।]

घटोत्कचः–कः प्रत्ययः ।

हिडिम्बा–अअं पच्चओ । जेदु अय्यउत्तो । [अयं प्रत्ययः ! जयत्वार्यपुत्रः ।]

भीमः–(विलोक्य) का पुनरियम् । अये देवी हिडिम्बा ।

अस्माकं भ्रष्टराज्यानां भ्रमतां गहने वने ।
जातकारुण्यया देवि ! संतापो नाशितस्त्वया ॥ ४९ ॥

हिडिम्बे ! किमिदम् ।

हिडिम्बा–(कर्णे) अय्यउत्त ! ईदिसं विअ । [आर्यपुत्र ! ईदृशमिव ।]

भीमः–जात्या राक्षसी, न समुदाचारेण ।

हिडिम्बा–उम्मत्तअ ! अभिवादेहि पिदरं । [उन्मत्तक ! अभिवादय पितरम् ।]

घटोत्कचः–भोस्तात !

[1]अज्ञानात्तु मया पूर्वं यद्भवान्नाभिवादितः ।
अस्य पुत्रापराधस्य प्रसादं कर्तुमर्हसि ॥ ५० ॥

अहं स धार्तराष्ट्रवनदवाग्निर्घटोत्कचोऽभिवादये । पुत्रचापलं क्षन्तुमर्हसि ।

भीमः–एह्येहि पुत्र व्यतिक्रमकृतं क्षान्तमेव[2] । (इति परिष्वज्य) अयं स धार्तराष्ट्रवनदवाग्निः । पुत्रापेक्षीणि खलु पितृहृदयानि । पुत्र, अतिबलपराक्रमो भव ।

घटोत्कचः–अनुगृहीतोऽस्मि ।

वृद्धः–एवं भीमसेनपुत्रोऽयं घटोत्कचः ।

भीमः–पुत्र ! अभिवादयात्रभवन्तं केशवदासम् ।

घटोत्कचः–भगवन्नभिवादये ।

---

१. अयं श्लोकः मुद्रितपुस्तकेषु न दृश्यते । २. कान्तमेव । ३. धार्तराष्ट्रवनदवाग्निपुत्रापेक्षिणि ।

वृद्धः–पितृसदृशगुणाकीर्तिर्भव ।

घटोत्कचः–अनुगृहीतोऽस्मि ।

१२ वृद्धः–भो वृकोदर ! रक्षितमस्मत्कुलं, स्वकुलमुद्धृतं च । गच्छाम-
स्तावत् ।

भीमः–

अनुग्रहात्तु भवतः सर्वमासीदिदं शुभम् ।
आश्रमोऽदूरतोऽस्माकं तत्र विश्रम्य गम्यताम् ॥ ५१ ॥

वृद्धः–कृतमातिथ्यमनेन जीवितप्रदानेन । तस्माद्गच्छामस्तावत् ।

भीमः–गच्छतु भवान् सकुटुम्बः पुनर्दर्शनाय ।

३ वृद्धः–बाढम् । प्रथमः कल्पः । (सपुत्रत्रयकलत्रो निष्क्रान्तः केशवदासः ।)

भीमः–हिडिम्बे ! इतस्तावत् । वत्स घटोत्कच ! इतस्तावत् । तत्र-भवन्तं केशवदासं आश्रमपदद्वारमात्रमपि संभावयिष्याम: ।

यथा नदीनां प्रभवः समुद्रो
यथाहुतीनां प्रभवो हुताशनः ।
यथेन्द्रियाणां प्रभवं मनोऽपि
तथा प्रभुर्नो भगवानुपेन्द्रः ॥ ५२ ॥

(निष्क्रान्ताः सर्वे ।)

॥ मध्यमव्यायोगं नाम नाटकं समाप्तम् ॥

श्लोकानुक्रमणिका ।

दूतवाक्यस्य कथावस्तु ।

सर्वक्षत्रियकुलसंक्षयकारकस्य कुरुपाण्डवयुद्धस्य प्राक् श्रीकृष्णेन पाण्डवार्थे दुर्योधनसभायां कृतं दौत्यमस्य नाटकस्य कथावस्तु ।

पात्राणि ।

काञ्चुकीयः–दुर्योधनस्य भृत्यो बादरायणः ।

दुर्योधनः–कौरवमुख्यः ।

वासुदेवः–पाण्डवदूतः श्रीकृष्णः ।

सुदर्शनः–श्रीकृष्णस्यायुधवरम् ।

धृतराष्ट्रः–दुर्योधनस्य पिता ।

॥ श्रीः ॥

भासनाटकचक्रे

दूतवाक्यम् ।

(नान्द्यन्ते ततः प्रविशति सूत्रधारः ।)

सूत्रधारः–

पादः पायादुपेन्द्रस्य सर्वलोकोत्सवः स वः ।
व्याविद्धो नमुचिर्येन तनुताम्रनखेन खे ॥ १ ॥

एवमार्यमिश्रान् विज्ञापयामि । अये किं नु खलु मयि विज्ञापनव्यग्रे शब्द इव श्रूयते । अङ्ग ! पश्यामि ।

३ (नेपथ्ये)

भो भोः प्रतिहाराधिकृताः ! महाराजो दुर्योधनः समाज्ञापयति ।

सूत्रधारः– भवतु, विज्ञातम् ।

उत्पन्ने धार्तराष्ट्राणां विरोधे पाण्डवैः सह ।
मन्त्रशालां रचयति भृत्यो दुर्योधनाज्ञया ॥ २ ॥

(निष्क्रान्तः ।)

स्थापना ।

(ततः प्रविशति काञ्चुकीयः)

काञ्चुकीयः–भो भोः प्रतिहाराधिकृताः ! महाराजो दुर्योधनः समा-
३ ज्ञापयति—अद्य सर्वपार्थिवैः सह मन्त्रयितुमिच्छामि । तदा-
हूयन्तां सर्वे राजान इति । (परिक्रम्यावलोक्य) अये अयं महाराजो
दुर्योधन इत एवाभिवर्तते । य एषः,

श्यामो युवा सितदुकूलकृतोत्तरीयः
सच्छत्रचामरवरो रचिताङ्गरागः ।
श्रीमान् विभूषणमणिद्युतिरञ्जिताङ्गो
नक्षत्रमध्य इव पर्वगतः शशाङ्कः ॥ ३ ॥

(ततः प्रविशति यथानिर्दिष्टो दुर्योधनः ।)

दुर्योधनः–उद्धूतरोषमिव मे हृदयं सहर्षं
प्राप्तं रणोत्सवमिमं सहसा विचिन्त्य ।
इच्छामि पाण्डवबले वरवारणाना
मुत्कृदत्तदन्तमुसलानि मुखानि कर्तुम् ॥ ४ ॥

काञ्चुकीयः–जयतु महाराजः । महाराजशासनात् समानीतं सर्वराजमण्डलम् ।

दुर्योधनः–सम्यक् कृतम् । प्रविश त्वमवरोधनम् ।

काञ्चुकीयः–यदाज्ञापयति महाराजः । (निष्क्रान्तः)

दुर्योधनः–आर्यौ वैकर्णवर्षदेवौ ! उच्यताम्–अस्ति ममैकादशाक्षौहिणीबलसमुदयः । अस्य कः सेनापतिर्भवितुमर्हति । किं किमाहतुर्भवन्तौ–महान् खल्वयमर्थः । मन्त्रयित्वा वक्तव्यमिति । सदृशमेतत् । तदागम्यतां मन्त्रशालामेव प्रविशामः । आचार्य अभिवादये । प्रविशतु भवान् मन्त्रशालाम् । पितामह ! अभिवादये । प्रविशतु भवान् मन्त्रशालाम् । मातुल ! अभिवादये । प्रविशतु भवान् मन्त्रशालाम् । आर्यौ वैकर्णवर्षदेवौ ! प्रविशतां भवन्तौ । भो भोः सर्वक्षत्रियाः ! स्वैरं प्रविशन्तु भवन्तः । वयस्य ! कर्ण ! प्रविशामस्तावत् ।

(प्रविश्य)

आचार्य ! एतत् कूर्मासनम् , आस्यताम् । पितामह ! एतत् सिंहासनम् , आस्यताम । मातुल ! एतच्चर्मासनम् , आस्यताम् । आर्यौ

वैकर्णवर्षदेवौ ! आसातां भवन्तौ । भो भोः सर्वक्षत्रियाः !
१८ स्वैरमासतां भवन्तः । किमिति किमिति महाराजो नास्त इति ।
अहो सेवाधर्मः । नन्वयमहमासे । वयस्य कर्ण ! त्वमप्यास्स्व ।
(उपविश्य) आर्यौ वैकर्णवर्षदेवौ ! उच्यताम्-अस्ति ममैकादशा-
२१ क्षौहिणीबलसमुदयः । अस्य कः सेनापतिर्भवितुमर्हतीति ।
किमाहतुर्भवन्तौ-अत्रभवान् गान्धारराजो वक्ष्यतीति । भवतु,
मातुलेनाभिधीयताम् । किमाह मातुलः-अत्रभवति गाङ्गेये स्थिते
२४ कोऽन्यः सेनापतिर्भवितुमर्हतीति । सम्यगाह मातुलः । भवतु
भवतु, पितामह एव भवतु । वयमप्येतदभिलषामः ।

सेनानिनादपटहस्वनशङ्खनादै-
श्चण्डानिलाहतमहोदधिनादकल्पैः ।
गाङ्गेयमूर्ध्नि पतितैरभिषेकतोयैः
सार्धं पतन्तु हृदयानि नराधिपानाम् ॥ ५ ॥

(प्रविश्य)

काञ्चुकीयः-जयतु महाराजः । एष खलु पाण्डवस्कन्धावाराद्
३ दौत्येनागतः पुरुषोत्तमो नारायणः ।
दुर्योधनः- मा तावद् भो बादरायण ! । किं किं कंसभृत्यो दामोदर-
स्तव पुरुषोत्तमः । स गोपालकस्तव पुरुषोत्तमः । बार्हद्रथापहृतवि-
६ षयकीर्तिभोगस्तव पुरुषोत्तमः । अहो पार्थिवासन्नमाश्रितस्य भृत्य-
जनस्य समुदाचारः । सगर्वं खल्वस्य वचनम् । आ अपध्वंस ।
काञ्चुकीयः-प्रसीदतु महाराजः । संभ्रमेण समुदाचारो विस्मृतः ।
९ (पादयोः पतति ।)
दुर्योधनः-संभ्रम इति । आ मनुष्याणामस्त्येव संभ्रमः । उत्तिष्ठोत्तिष्ठ ।
काञ्चुकीयः-अनुगृहीतोऽस्मि ।
१२ दुर्योधनः-इदानीं प्रसन्नोऽस्मि । क एष दूतः प्राप्तः ।

काञ्चुकीयः–दूतः प्राप्तः केशवः ।

दुर्योधनः–केशव इति । एवमेष्टव्यम् । अयमेव समुदाचारः । भो भो राजानः ! दौत्येनागतस्य केशवस्य किं युक्तम् । किमाहुर्भवन्तः- अर्घ्यप्रदानेन पूजयितव्यः केशव इति । न मे रोचते । ग्रहणमस्यात्र हितं पश्यामि ।

ग्रहणमुपगते तु वासुभद्रे
हृतनयना इव पाण्डवा भवेयुः ।
गतिमतिरहितेषु पाण्डवेषु
क्षितिरखिलापि भवेन्ममासपत्ना ॥ ६ ॥

अपि च योऽत्र केशवस्य प्रत्युत्थास्यति, स मया द्वादशसुवर्णभारेण दण्ड्यः । तदप्रमत्ता भवतु भवन्तः । को नु खलु ममाप्रत्युत्थानस्योपायः । हन्त दृष्ट उपायः । बादरायण ! आनीयतां स चित्रपटो ननु, यत्र द्रौपदीकेशाम्बरावकर्षणमालिखितम् । (अपवार्य) तस्मिन् दृष्टिविन्यासं कुर्वन् नोत्थास्यामि केशवस्य ।

काञ्चुकीयः–यदाज्ञापयति महाराजः । (निष्क्रम्य प्रविश्य) जयतु महाराजः । अयं स चित्रपटः ।

दुर्योधनः–ममाग्रतः प्रसारय ।

काञ्चुकीयः–यदाज्ञापयति महाराजः । (प्रसारयति ।)

दुर्योधनः–अहो दर्शनीयोऽयं चित्रपटः । एष दुःशासनो द्रौपदीं केशहस्ते गृहीतवान् । एषा खलु द्रौपदी,

दुःशासनपरामृष्टा सम्भ्रमोत्फुल्ललोचना ।
राहुवक्त्रान्तरगता चन्द्रलेखेव शोभते ॥ ७ ॥

एष दुरात्मा भीमः सर्वराजसमक्षमवमानितां द्रौपदीं दृष्ट्वा प्रवृद्धामर्षः सभास्तम्भं तुलयति । एष युधिष्ठिरः,

सत्यधर्मघृणायुक्तो द्यूतविभ्रष्टचेतनः ।
करोत्यपाङ्गविक्षेपैः शान्तामर्षं वृकोदरम् ॥ ८ ॥

एष इदानीमर्जुनः,

रोषाकुलाक्षः स्फुरिताधरोष्ठ—
स्तृणाय मत्वा रिपुमण्डलं तत् ।
उत्सादयिष्यन्निव सर्वराज्ञः
शनैः समाकर्षति गाण्डिवज्याम् ॥ ९ ॥

एष युधिष्ठिरोऽर्जुनं निवारयति । एतौ नकुलसहदेवौ,

कृतपरिकरबन्धौ चर्मनिस्त्रिंशहस्तौ
परुषितमुखरागौ स्पष्टदष्टाधरोष्ठौ ।
विगतमरणशङ्कौ सत्वरं भ्रातरं मे
हरिमिव मृगपोतौ तेजसाभिप्रयातौ ॥ १० ॥

एष युधिष्ठिरः कुमारावुपेत्य निवारयति—

नीचोऽहमेव विपरीतमतिः कथं वा
रोषं परित्यजतमद्य नयानयज्ञौ ।
द्यूताधिकारमवमानममृष्यमाणाः
सत्वाधिकेषु वचनीयपराक्रमाः स्युः ॥ ११ ॥

इति । एष गान्धारराजः,

अक्षान् क्षिपन् सकितवं प्रहसन् सगर्वं
सङ्कोचयन्निव मुदं द्विषतां स्वकीर्त्या ।
स्वैरासनो द्रुपदराजसुतां रुदन्तीं
काक्षेण पश्यति लिखत्यभिखं नयज्ञः ॥ १२ ॥

एतावाचार्यपितामहौ तां दृष्ट्वा लज्जायमानौ पटान्तान्तर्हितमुखौ

५

स्थितौ । अहो अस्य वर्णाढ्यता । अहो भावोपपन्नता । अहो युक्तलेखता । सुव्यक्तमालिखितोऽयं चित्रपटः । प्रीतोऽस्मि । कोऽत्र ।

काञ्चुकीयः—जयतु महाराजः ।

दुर्योधनः—बादरायण ! आनीयतां स विहगवाहनमात्रविस्मितो दूतः ।

काञ्चुकीयः—यदाज्ञापयति महाराजः । (निष्क्रान्तः)

दुर्योधनः—वयस्य कर्ण !

प्राप्तः किलाद्य वचनादिह पाण्डवानां
दौत्येन भृत्य इव कृष्णमतिः स कृष्णः ।
श्रोतुं सखे ! त्वमपि सज्जय कर्ण ! कर्णौ
नारीमृदूनि वचनानि युधिष्ठिरस्य ॥ १३ ॥

(ततः प्रविशति वासुदेवः काञ्चुकीयश्च ।)

वासुदेवः—अद्य खलु धर्मराजवचनाद् धनञ्जयाकृत्रिममित्रतया चाहवदर्पमनुक्तग्राहिणं सुयोधनं प्रति मयाप्यनुचितदौत्यसमयोऽनुष्ठितः । अथ च,

कृष्णापराभवभुवा रिपुवाहिनीभ—
कुम्भस्थलीदलनतीक्ष्णगदाधरस्य ।
भीमस्य कोपशिखिना युधि पार्थपत्रि—
चण्डानिलैश्च कुरुवंशवनं विनष्टम् ॥ १४ ॥

इदं सुयोधनशिबिरम् । इह हि,

आवासाः पार्थिवानां सुरपुरसदृशाः स्वच्छन्दविहिता
विस्तीर्णाः शस्त्रशाला बहुविधकरणैः शस्त्रैरुपचिताः ।
हेषन्ते मन्दुरास्थास्तुरगवरघटा बृंहन्ति करिण
ऐश्वर्यं स्फीतमेतत् स्वजनपरिभवादासन्नविलयम् ॥ १५ ॥

भोः !

दुष्टवादी गुणद्वेषी शठः स्वजननिर्दयः ।
सुयोधनो हि मां दृष्ट्वा नैव कार्यं करिष्यति ॥ १६ ॥

भो बादरायण ! किं प्रवेष्टव्यम् ।

काञ्चुकीयः–अथ किमथ किम् । प्रवेष्टुमर्हति पद्मनाभः ।

वासुदेवः–(प्रविश्य) कथं कथं मां दृष्ट्वा संभ्रान्ताः सर्वक्षत्रियाः । अलमलं संभ्रमेण । स्वैरमासतां भवन्तः ।

दुर्योधनः–कथं कथं केशवं दृष्ट्वा संभ्रान्ताः सर्वक्षत्रियाः । अलमलं संभ्रमेण । स्मरणीयः पूर्वमाश्रावितो दण्डः । नन्वहमाज्ञप्ता ।

वासुदेवः–भोः सुयोधन ! किमास्से ।

दुर्योधनः–(आसनात् पतित्वा आत्मगतम्) सुव्यक्तं प्राप्त एव केशवः ।

उत्साहेन मतिं कृत्वायासीनोऽस्मि समाहितः ।
केशवस्य प्रभावेन चलितोऽस्म्यासनादहम् ॥ १७ ॥

अहो बहुमायोऽयं दूतः । (प्रकाशम्) भो दूत ! एतदासनमास्यताम् ।

वासुदेवः–आचार्य ! आस्यताम् । गाङ्गेयप्रमुखा राजानः ! स्वैरमासतां भवन्तः । वयमप्युपविशामः । (उपविश्य) अहो दर्शनीयोऽयं चित्रपटः । मा तावत् । द्रौपदीकेशधर्षणमत्रालिखितम् । अहो तु खलु,

सुयोधनोऽयं स्वजनावमानं पराक्रमं पश्यति बालिशत्वात् ।
को नाम लोके स्वयमात्मदोषमुद्घाटयेन्नष्टघृणः सभासु ॥ १८ ॥

आः अपनीयतामेष चित्रपटः ।

दुर्योधनः–बादरायण ! अपनीयतां किल चित्रपटः ।

काञ्चुकीयः-यदाज्ञापयति महाराजः । (अपनयति ।)

दुर्योधनः–भो दूत !

धर्मात्मजो वायुसुतश्च भीमो भ्रातार्जुनो मे त्रिदशेन्द्रसूनुः ।
यमौ च तावश्विसुतौ विनीतौ सर्वे सभृत्याः कुशलोपपन्नाः ॥१९॥

वासुदेवः–सदृशमेतद् गान्धारीपुत्रस्य । अथ किमथ किम् । कुश-
लिनः सर्वे । भवतो राज्ये शरीरे बाह्यभ्यन्तरे च कुशलमनामयं
३ च पृष्ट्वा विज्ञापयन्ति युधिष्ठिरादयः पाण्डवाः–

अनुभूतं महद् दुःखं संपूर्णः समयः स च ।
अस्माकमपि धर्म्यं यद् दायाद्यं तद् विभज्यताम् ॥ २० ॥

इति ।

दुर्योधनः–कथं कथं दायाद्यमिति ।

वने पितृव्यो मृगयाप्रसङ्गतः कृतापराधो मुनिशापमाप्तवान् ।
तदाप्रभृत्येव स दारनिस्पृहः परात्मजानां पितृतां कथं व्रजेत् ॥२१॥

वासुदेवः–पुराविदं भवन्तं पृच्छामि ।

विचित्रवीर्यो विषयी विपत्तिं क्षयेण यातः पुनरम्बिकायाम् ।
व्यासेन जातो धृतराष्ट्र एष लभेत राज्यं जनकः कथं ते ॥ २२ ॥

मा मा भवान्

एवं परस्परविरोधविवर्धनेन
शीघ्रं भवेत् कुरुकुलं नृप ! नामशेषम् ।
तत् कर्तुमर्हति भवानपकृष्य रोषं
यत् त्वां युधिष्ठिरमुखाः प्रणयाद् ब्रुवन्ति ॥ २३ ॥

दुर्योधनः–भो दूत ! न जानाति भवान् राज्यव्यवहारम् ।

राज्यं नाम नृपात्मजैः सहृदयैर्जित्वा रिपून् भुज्यते
तल्लोके न तु याच्यते न तु पुनर्दीनाय वा दीयते ।
काङ्क्षा चेन्नृपतित्वमाप्तुमचिरात् कुर्वन्तु ते साहसं
स्वैरं वा प्रविशन्तु शान्तमतिभिर्जुष्टं शमायाश्रमम् ॥२४॥

वासुदेवः-भो सुयोधन ! अलं बन्धुजने परुषमभिधातुम् ।

पुण्यसञ्चयसम्प्राप्तामधिगम्य नृपश्रियम् ।
वञ्चयेद् यः सुहृद्बन्धून् स भवेद् विफलश्रमः ॥ २५ ॥

दुर्योधनः-

स्यालं तव गुरोर्भूपं कंसं प्रति न ते दया ।
कथमस्माकमेवं स्यात् तेषु नित्यापकारिषु ॥ २६ ॥

वासुदेवः-अलं तन्मद्दोषतो ज्ञातुम् ।

कृत्वा पुत्रवियोगार्तां बहुशो जननीं मम ।
वृद्धं स्वपितरं बद्ध्वा हतोऽय मत्युना स्वयम् ॥ २७ ॥

दुर्योधनः-सर्वथा वञ्चितस्त्वया कंसः । अलमात्मस्तवेन । न शौर्यमेतत् । पश्य,

जामातृनाशव्यसनाभितप्ते रोषाभिभूते मगधेश्वरेऽथ ।
पलायमानस्य भयातुरस्य शौर्यं तदेतत् क्व गतं तवासीत् ॥२८॥

वासुदेवः-भो सुयोधन ! देशकालावस्थापेक्षितं खलुः शौर्यं नयानुगामिनाम् । इह तिष्ठतु तावदस्मद्गतः परिहासः । स्वकार्यमनुष्ठीयताम् ।

कर्तव्यो भ्रातृषु स्नेहो विस्मर्तव्या गुणेतराः ।
सम्बंधो बन्धुभिः श्रेयान् लोकयोरुभयोरपि ॥ २९ ॥

दुर्योधनः-

देवात्मजैर्मनुष्याणां कथं वा बन्धुता भवेत् ।
पिष्टपेषणमेतावत् पर्याप्तं छिद्यतां कथा ॥ ३० ॥

वासुदेवः- (आत्मगतम्)

प्रसाद्यमानः साम्नायं न स्वभावं विमुञ्चति ।
हन्त संक्षोभयाम्येनं वचोभिः परुषाक्षरैः ॥ ३१ ॥

(प्रकाशम्) भो सुयोधन ! किं न जानीषेऽर्जुनस्य बलपराक्रमम् ।

दुर्योधनः-न जाने ।

२ वासुदेवः-भोः ! श्रूयतां,

कैरातं वपुरास्थितः पशुपतिर्युद्धेन संतोषितो
वह्नेः खाण्डवमश्नतः सुमहती वृष्टिः शरैश्छादिता ।
देवेन्द्रार्तिकरा निवातकवचा नीताः क्षयं लीलया
नन्वेकेन तदा विराटनगरे भीष्मादयो निर्जिताः ॥३२॥

अपि च, तवापि प्रत्यक्षमपरं कथयामि ।

ननु त्वं चित्रसेनेन नीयमानो नभस्तलम् ।
विक्रोशन् घोषयात्रायां फल्गुनेनैव मोक्षितः ॥ ३३ ॥

किं बहुना,

दातुमर्हसि मद्वाक्याद् राज्यार्धं धृतराष्ट्रज ! ।
अन्यथा सागरान्तां गां हरिष्यन्ति हि पाण्डवाः ॥ ३४ ॥

दुर्योधनः-कथं कथम् । हरिष्यन्ति हि पाण्डवाः ।

प्रहरति यदि युद्धे मारुतो भीमरूपी
प्रहरति यदि साक्षात् पार्थरूपेण शक्रः ।
परुषवचनदक्ष ! त्वद्वचोभिर्न दास्ये
तृणमपि पितृभुक्ते वीर्यगुप्ते स्वराज्ये ॥ ३५ ॥

वासुदेवः-भोः कुरुकुलकलङ्कभूत ! अयशोलुब्ध ! वयं किल तृणान्तराभिभाषकाः ।

२ दुर्योधनः-भो गोपालक ! तृणान्तराभिभाष्यो भवान् ।

अवध्यां प्रमदां हत्वा हयं गोवृषमेव च ।
मल्लानपि सुनिर्लज्जो वक्तुमिच्छसि साधुभिः ॥ ३६ ॥

वासुदेवः—भोः सुयोधन ! ननु क्षिपसि माम् ।

दुर्योधनः—आः, अभाष्यस्त्वम् ।

अहमवधृतपाण्डरातपत्रो द्विजवरहस्तधृताम्बुसिक्तमूर्धा ।
अवनतनृपमण्डलानुयात्रैः सह कथयामि भवद्विधैर्न भाषे ॥३७॥

वासुदेवः—न व्याहरति किल मां सुयोधनः । भोः !

शठ ! बान्धवनिःस्नेह ! काक ! केकर ! पिङ्गल ! ।
त्वदर्थात् कुरुवंशोऽयमचिरान्नाशमेष्यति ॥ ३८ ॥

भो भो राजानः ! गच्छामस्तावत् ।

दुर्योधनः—कथं यास्यति किल केशवः । दुःशासन ! दुर्मर्षण !
१ दुर्मुख ! दुर्बुद्धे ! दुष्टेश्वर ! दूतसमुदाचारमतिक्रान्तः केशवो बध्य-
ताम् । कथमशक्ताः । दुःशासन ! न समर्थः खल्वसि ।

करितुरगनिहन्ता कंसहन्ता स कृष्णः
पशुपकुलनिवासादानुजीव्यानभिज्ञः ।
हृतभुजबलवीर्यः पार्थिवानां समक्षं
स्ववचनकृतदोषो बध्यतामेष शीघ्रम् ॥ ३९ ॥

अयमशक्तः । मातुल ! बध्यतामयं केशवः । कथं पराङ्मुखः पतति । भवतु, अहमेव पाशैर्बध्नामि । (उपसर्पति ।)

२ वासुदेवः—कथं बद्धुकामो मां किल सुयोधनः । भवतु, सुयोधनस्य
सामर्थ्यं पश्यामि । (विश्वरूपमास्थितः ।)

दुर्योधनः—भो दूत !

सृजसि यदि समन्ताद् देवमायाः स्वमायाः
प्रहरसि यदि वा त्वं दुर्निवारैः सुरास्त्रैः ।
हयगजवृषभाणां पातनाज्जातदर्पो
नरपतिगणमध्ये बध्यसे त्वं मयाद्य ॥ ४० ॥

आः तिष्ठेदानीम् । कथं न दृष्टः केशवः । अयं केशवः । अहो ह्रस्वत्वं केशवस्य । आः तिष्ठेदानीम् । कथं न दृष्टः केशवः । अयं केशवः । अहो दीर्घत्वं केशवस्य । कथं न दृष्टः केशवः । अयं केशवः । सर्वत्र मन्त्रशालायां केशवा भवन्ति । किमिदानीं करिष्ये । भवतु, दृष्टम् । भो भो राजानः ! एकैनैकः केशवो बध्यताम् । कथं स्वयमेव पाशैर्बद्धाः पतन्ति राजानः । साधु भो जम्भक ! साधु !

मत्कार्मुकोदरविनिःसृतबाणजालै-
विद्धक्षरत्क्षतजरञ्जितसर्वगात्रम् ।
पश्यन्तु पाण्डुतनयाः शिबिरोपनीतं
त्वां बाष्परुद्धनयनाः परिनिःश्वसन्तः ॥ ४१ ॥

(निष्क्रान्तः)

वासुदेवः–भवतु, पाण्डवानां कार्यमहमेव साधयामि । भोः सुदर्शन ! इतस्तावत् ।

(ततः प्रविशति सुदर्शनः ।)

सुदर्शनः–एष भोः ।

श्रुत्वा गिरं भगवतो विपुलप्रसादा-
न्निर्धावितोऽस्मि परिवारिततोयदौघः ।
कस्मिन् खलु प्रकुपितः कमलायताक्षः
कस्याद्य मूर्धनि मया प्रविजृम्भितव्यम् ॥ ४२ ॥

क नु खलु भगवान् नारायणः ।

अव्यक्तादिरचिन्त्यात्मा लोकसंरक्षणोद्यतः ।
एकोऽनेकवपुः श्रीमान् द्विशद्बलनिषूदनः ॥ ४३ ॥

(विलोक्य) अये अयं भगवान् हस्तिनपुरद्वारे दूतसमुदाचारेणोपस्थितः । कुतः खल्पापः, कुतः खल्वापः । भगवति आकाशगङ्गे

आपस्तावत् । हन्त स्रवति । (आचम्योपसृत्य) जयतु भगवान् नारायणः । (प्रणमति ।)

३ वासुदेवः-सुदर्शन ! अप्रतिहतपराक्रमो भव ।

सुदर्शनः-अनुगृहीतोऽस्मि ।

वासुदेवः- दिष्ट्या भवान् कर्मकाले प्राप्तः ।

६ सुदर्शनः- कथं कथं कर्मकाल इति । आज्ञापयतु भगवानाज्ञापयतु ।

किं मेरुमन्दरकुलं परिवर्तयामि
संक्षोभयामि सकलं मकरालयं वा ।
नक्षत्रवंशमखिलं भुवि पातयामि
नाशक्यमस्ति मम देव ! तव प्रसादात् ॥ ४४ ॥

वासुदेवः-भोः सुदर्शन ! इतस्तावत् । भोः सुयोधन !

यदि लवणजलं वा कन्दरं वा गिरीणां
ग्रहगणचरितं वा वायुमार्गं प्रयासि ।
मम भुजबलयोगप्राप्तसंजातवेगं
भवतु चपल ! चक्रं कालचक्रं तवाद्य ॥ ४५ ॥

सुदर्शनः-भोः सुयोधनहतक ! (इति पुनर्विचार्य) प्रसीदतु प्रसीदतु भगवान् नारायणः ।

महीभारापनयनं कर्तुं जातस्य भूतले ।
अस्मिन्नेव गते देव ! ननु स्याद् विफलः श्रमः ॥ ४६ ॥

वासुदेवः-सुदर्शन ! रोषात् समुदाचारो नावेक्षितः । गम्यतां स्वनिलयमेव ।

३ सुदर्शनः-यदाज्ञापयति भगवान् नारायणः । कथं कथं गोपालक इति । त्रिचरणातिक्रान्तत्रिलोको नारायणः खल्वत्रभवान् । शरणं

व्रजन्तु भवन्तः। यावद् गच्छामि। अये एतद् भगवदायुधवरं
६ शार्ङ्गं प्राप्तम्।

तनुमृदुललिताङ्गं स्त्रीस्वभावोपपन्नं
हरिकरधृतमध्यं शत्रुसङ्घैककालः।
कनकखचितपृष्ठं भाति कृष्णस्य पार्श्वे
नवसलिलदपार्श्वे चारुविद्युल्लतेव ॥ ४७ ॥

भो भोः ! प्रशान्तरोषो भगवान् नारायणः। गम्यतां स्वनिलयमेव। हन्त निवृत्तः। यावद् गच्छामि। अये इयं कौमोदकी प्राप्ता।

मणिकनकविचित्रा चित्रमालोत्तरीया
सुररिपुगणगात्रध्वंसने जाततृष्णा।
गिरिवरतटरूपा दुर्निवारातिवीर्या
व्रजति नभसि शीघ्रं मेघवृन्दानुयात्रा ॥ ४८ ॥

हे कौमोदकि ! प्रशान्तरोषो भगवान् नारायणः। हन्त निवृत्ता। यावद् गच्छामि। अये अयं पाञ्चजन्यः प्राप्तः।

पूर्णेन्दुकुन्दकुमुदोदरहारगौरो
नारायणाननसरोजकृतप्रसादः।
यस्य स्वनं प्रलयसागरघोषतुल्यं
गर्भा निशम्य निपतन्त्यसुराङ्गनानाम् ॥ ४९ ॥

हे पाञ्चजन्य ! प्रशान्तरोषो भगवान्। गम्यताम्। हन्त निवृत्तः। अये नन्दकासिः प्राप्तः।

वनिताविग्रहो युद्धे महासुरभयङ्करः।
प्रयाति गगने शीघ्रं महोल्केव विभात्ययम् ॥ ५० ॥

हे नन्दक ! प्रशान्तरोषो भगवान्। गम्यताम्। हन्त निवृत्तः। यावद् गच्छामि। अये एतानि भगवदायुधवराणि।

सोऽयं खड्गः खरांशोरपहसिततनुः स्वैः करैर्नन्दकाख्यः
सेयं कौमोदकी या सुररिपुकठिनोरःस्थलक्षोददक्षा ।
सैषा शार्ङ्गाभिधाना प्रलयघनरवज्यारवा चापरेखा
सोऽयं गम्भीरघोषः शशिकरविशदः शङ्खराट् पाञ्चजन्यः ॥५१॥

हे शार्ङ्ग ! कौमोदकि ! पाञ्चजन्य !
दैत्यान्तकृन्नन्दक ! शत्रुवह्ने ! ।
प्रशान्तरोषो भगवान् मुरारिः
स्वस्थानमेवात्र हि गच्छ तावत् ॥ ५२ ॥

हन्त निवृत्ताः । यावद् गच्छामि । अये अत्युद्धूतो वायुः । अति-
तपत्यादित्यः । चलिताः पर्वताः । क्षुब्धाः सागराः । पतिताः वृक्षाः ।
३ भ्रान्ता मेघाः । प्रलीना वासुकिप्रभृतयो भुजङ्गेश्वराः । किन्नु खल्वि-
दम् । अये अयं भगवतो वाहनो गरुडः प्राप्तः ।

सुरासुराणां परिखेदलब्धं येनामृतं मातृविमोक्षणार्थम् ।
आच्छिन्नमासीद् द्विषतो मुरारेस्त्वामुद्वहामीति वरोऽपि दत्तः ॥५३॥

हे काश्यपप्रियसुत ! गरुड ! प्रशान्तरोषो भगवान् देवदेवेशः ।
गम्यतां स्वनिलयमेव । हन्त निवृत्तः । यावद् गच्छामि ।

एते + + + + + + + + + + +
+ + + संभ्रमचलन्मकुटोत्तमाङ्गाः ।
रुष्टेऽच्युते विगतकान्तिगुणाः प्रशान्तं
श्रुत्वा श्रयन्ति सदनानि निवृत्ततापाः ॥ ५४ ॥

यावदहमपि कान्तां मेरुगुहामेव यास्यामि । (निष्क्रान्तः ।)

वासुदेवः—यावदहमपि पाण्डवशिबिरमेव यास्यामि ।

३ (नेपथ्ये)

न खलु न खलु गन्तव्यम् ।

वासुदेवः—अये वृद्धराजस्वर इव । भो राजन् ! एष स्थितोऽस्मि ।

६ (ततः प्रविशति धृतराष्ट्रः ।)

धृतराष्ट्रः—क नु खलु भगवान् नारायणः । क नु खलु भगवान् पाण्डवश्रेयस्करः । क नु खलु भगवान् विप्रप्रियः । क नु खलु भगवान्
९ देवकीनन्दनः ।

मम पुत्रापराधात् तु शार्ङ्गपाणे ! तवाधुना ।
एतन्मे त्रिदशाध्यक्ष ! पादयोः पतितं शिरः ॥ ५५ ॥

वासुदेवः—हा धिक् पतितोऽत्रभवान् । उत्तिष्ठोत्तिष्ठ ।

धृतराष्ट्रः—अनुगृहीतोऽस्मि । भगवन् ! इदमर्घ्यं पाद्यं च प्रति-
३ गृह्यताम् ।

वासुदेवः—सर्वं गृह्णामि । किं ते भूयः प्रियमुपहरामि ।

धृतराष्ट्रः—यदि मे भगवान् प्रसन्नः, किमतःपरमिच्छामि ।

६ वासुदेवः—गच्छतु भवान् पुनर्दर्शनाय ।

धृतराष्ट्रः—यदाज्ञापयति भगवान् नारायणः । (निष्क्रान्तः ।)

(भरतवाक्यम्)

इमां सागरपर्यन्तां हिमवद्विन्ध्यकुण्डलाम् ।
महीमेकातपत्राङ्कां राजसिंहः प्रशास्तु नः ॥ ५६ ॥

(निष्क्रान्ताः सर्वे)

दूतवाक्यं समाप्तम् ।

श्लोकानुक्रमणिका ।

दूतघटोत्कचस्य कथावस्तु ।

अथ प्रवृत्ते कुलविग्रहे बहुभिर्मिलित्वा कौरववीरैर्बालोऽभिमन्युर्निहतः । ततो श्रीकृष्णप्रेरितो घटोत्कचो दुर्योधनपक्षे दौत्येन प्राप्तः । ततो दुर्योधनेन प्रतिसंदिष्टम्- " मम वचनादेवं स कृष्णः वक्तव्यः- तिष्ठ त्वं सह पाण्डवैः प्रतिवचो दास्यामि ते सायकैरिति " । अयं संदर्भोऽपूर्वः कविना स्वयमुत्प्रेक्ष्य निबद्धः ।

पात्राणि ।

पुरुषाः—

धृतराष्ट्रः—वृद्धो दुर्योधनपिता ।

भटः—जयत्रातो वार्ताहरः ।

दुर्योधनः—कुरुराजः ।

दुश्शासनः—कुरुराजस्य यवीयान् भ्राता ।

शकुनिः—मातुलः कुरुराजस्य ।

घटोत्कचः—दौत्येनागतो भीमपुत्रो राक्षसः ।

स्त्रियः—

गान्धारी—माता दुर्योधनस्य ।

दुःशला—स्वसा दुर्योधनस्य, जयद्रथपत्नी ।

प्रतिहारी—राजकुले द्वारपालिका ।

॥ श्रीः ॥

भासनाटकचक्रे

दूतघटोत्कचम् ।

(नान्द्यन्ते ततः प्रविशति सूत्रधारः ।)

सूत्रधारः—

नारायणस्त्रिभुवनैकपरायणो वः
पायादुपाय[1]शतयुक्तिकरः सुराणाम् ।
लोकत्रयाविरतनाटकतन्त्रवस्तु-
प्रस्तावनप्रतिसमापनसूत्रधारः ॥ १ ॥

(परिक्रम्य) एवमार्यमिश्रान्विज्ञापयामि । अये किं नु खलु मयि विज्ञापनव्यग्रे शब्द इव श्रूयते । अङ्ग पश्यामि ।

(नेपथ्ये)

भो भो निवेद्यतां निवेद्यतां तावत् ।

सूत्रधारः—भवतु । विज्ञातम् । एष खलु संशप्तकानीकनिवाहिते[2] जनार्दनसहाये धनञ्जये तदनन्तरमुपगतभीष्मवधामर्षितैर्धार्तराष्ट्रैः परिवार्य निपातितः कुमारोऽभिमन्युः । तथाहि

यान्त्यर्जुनप्रत्यभियानभीता
यतोऽर्जुनस्तां दिशमीक्षमाणाः ।
नराधिपाः स्वानि निवेशनानि
सौभद्रबाणाङ्कितनष्टसंज्ञाः ॥ २ ॥

(निष्क्रान्तः ।)

स्थापना ।

---

१. °दुपायगत० । २. निर्वासिते ।

(ततः प्रविशति भटः ।)

भटः—भो भोः ! निवेद्यतां तावत्पुत्रशतश्लाघ्यबान्धवाय विज्ञानविस्तारितविनयाचारदीर्घचक्षुषे महाराजाय धृतराष्ट्राय । एष खलु

योधस्यन्दनवाजिवारणवधैर्विक्षोभ्य राज्ञां बलं
बालेनार्जुनकर्म येन समरे लीलायता दर्शितम् ।
सौभद्रः स रणे नराधिपशतैर्वेगागतैः सर्वशः
खे शक्रस्य पितामहस्य सहसैवोत्सङ्गमारोपितः ॥ ३ ॥

(ततः प्रविशति धृतराष्ट्रो गान्धारी दुःशला प्रतिहारी च ।)

धृतराष्ट्रः—कथं नु भोः !

केनैतच्छ्रुतिपथदूषणं कृतं मे
कोऽयं मे प्रियमिति विप्रियं ब्रवीति ।
कोऽस्माकं शिशुवधपातकाङ्क्षितानां
वंशस्य क्षयमवघोषयत्यभीतः ॥ ४ ॥

गान्धारी—महाराअ ! अत्थि उण जाणीअदि केवळं पुत्तसंखअकारओ कुळविग्गहो भविस्सिदि त्ति । [महाराज ! अस्ति पुनर्ज्ञायते केवलं पुत्रसंक्षयकारकः कुलविग्रहो भविष्यतीति ।]

धृतराष्ट्रः—गान्धारि ! ज्ञायते ।

गान्धारी—महाराअ कदा णु खु । [महाराज कदा नु खलु ।]

धृतराष्ट्रः—गान्धारि ! शृणु

अद्याभिमन्युनिधनाज्जनितप्रकोपः
सामर्षकृष्णधृतरश्मिगुणप्रतोदः ।
पार्थः करिष्यति तदुग्रधनुःसहायः
शान्तिं गमिष्यति विनाशमवाप्य लोकः ॥ ५ ॥

गान्धारी—हा वच्छ अभिमञ्ञो ! ईदिसे वि णाम पुरुसखअकारए

कुळविग्गहे वत्तमाणे वाळभावणिमज्जणं अम्हाणं भग्गकमेण करअंतो कहिं दाणिं पोत्तअ ! गदोसि । [हा वत्स अभिमन्यो ! ईदृशोऽपि नाम पुरुषक्षयकारके कुलविग्रहे वर्तमाने बालभावनिमज्जनमस्माकं भाग्यक्रमेण कुर्वन् कुत्रेदानीं पौत्रक ! गतोऽसि ।]

दुःशला—जेण दाणि वहूए उत्तराए वेधव्वं दाइदं, तेण अत्तणो जुवदिजणस्स वेधव्वमादिट्ठं । [येनेदानीं वध्वै उत्तरायै वैधव्यं दत्तं, तेनात्मनो युवतिजनाय वैधव्यमादिष्टम् ।]

धृतराष्ट्रः—अथ केनैष व्यसनार्णवस्य सेतुबन्धः कृतः ।

भटः—महाराज ! मया ।

धृतराष्ट्रः—को भवान् ।

भटः—महाराज ! ननु जयत्रातोऽस्मि ।

धृतराष्ट्रः—जयत्रात !

केनाभिमन्युर्निहतः कस्य जीवितमप्रियम् ।
पञ्चानां पाण्डवाग्नीनां आत्मा केनेन्धनीकृतः ॥ ६ ॥

भटः—महाराज ! बहुभिः किल पार्थिवैः समागतैर्निहतः कुमारोऽभिमन्युः । स्यात्तु जयद्रथो निमित्तभूतः ।

धृतराष्ट्रः—हन्त जयद्रथो निमित्तभूतः ।

भटः—महाराज अथ किम् ।

धृतराष्ट्रः—हन्त जयद्रथो निहतः ।

(तच्छ्रुत्वा दुःशला रोदिति ।)

धृतराष्ट्रः—कैषा रोदिति ।

प्रतीहारी—महाराअ ! भट्टिदारिआ दुश्शळा । [महाराज ! भर्तृदारिका दुःशला ।]

धृतराष्ट्रः—वत्से अलमलं रुदितेन । पश्य,

भर्तुस्ते नूनमत्यन्तमवैधव्यं न रोचते ।
येन गाण्डीविबाणानामात्मा लक्षीकृतः स्वयम् ॥ ७ ॥

दुःशला–तेण हि अणुजाणादु मं तादो, अहं वि गमिस्सं वहूए उत्तराए सआसं । [तेन ह्यनुजानातु मां तातः, अहमपि गमिष्यामि वध्वा उत्तरायाः सकाशम् ।]

धृतराष्ट्रः–वत्से किमभिधास्यसि ।

दुःशला–ताद ! एवं च भणिस्सं–अज्जकालिअं च दे वेसग्गहणं अहं वि उवधारइस्सामि त्ति । [तात ! एवं च भणिष्यामि–अद्य-कालिकं च ते वेषग्रहणमहमप्युपधारयिष्यामीति ।]

गान्धारी–पुत्तिए ! मा खु मा खु अमंगळं भणाहि । जीवदि खु दे भत्ता । [पुत्रिके ! मा खलु, मा खल्वमङ्गलं भण । जीवति खलु ते भर्ता ।]

दुःशला–अम्ब ! कुदो मे एत्तिआणि भाअधेआणि । जो जण-द्दणसहाअस्स धणंजअस्स विप्पिअं करिअ कोहि णाम जीविस्सिदि । [अम्ब ! कुतो मे एतावन्ति भागधेयानि । यो जनार्दनसहायस्य धनञ्जयस्य विप्रियं कृत्वा को हि नाम जीविष्यति ।]

धृतराष्ट्रः–सत्यमाह तपस्विनी दुश्शला । कुतः,

कृष्णस्याष्टभुजोपधानरचिते योऽङ्के विवृद्धश्चिरं
यो मत्तस्य हलायुधस्य भवति प्रीत्या द्वितीयो मदः ।
पार्थानां सुरतुल्यविक्रमवतां स्नेहस्य यो भाजनं
तं हत्वा क इहोपलप्स्यति चिरं स्वैर्दुष्कृतैर्जीवितम् ॥८॥

जयत्रात ! अथ तदवस्थं पुत्रं दृष्ट्वा किं प्रतिपन्नं तेन गाण्डीव-धन्वना ।

भटः–महाराज ! किं वार्जुनसमीपे वृत्तमेतत् ।

धृतराष्ट्रः–कथमर्जुनोऽपि नात्रासीत् ।

भटः–महाराज ! अथ किम् ।

धृतराष्ट्रः– कथमिदानीं वृत्तमेतत् ।

भटः–श्रूयतां–संशप्तकानीकनिवाहिते[1] जनार्दनसहाये धनंजये स बालभावाददृष्टदोषः संग्राममवतीर्णः कुमारोऽभिमन्युः ।

धृतराष्ट्रः–हन्त युक्तरूपोऽस्य वधः । कोहि संनिहितशार्दूलां गुहां धर्षयितुं शक्तः । अथ शेषाः पाण्डवाः किमनुतिष्ठन्ति ।

भटः–महाराज ! श्रूयताम् ।

चितां न तावत्स्वयमस्य देहमारोपयन्त्यर्जुनदर्शनार्थम् ।
तेषां च नामान्युपधारयन्ति यैस्तस्य गात्रे प्रहृतं नरेन्द्रैः ॥९॥

धृतराष्ट्रः–गान्धारि ! तदागम्यताम् । गङ्गाकूलमेव यास्यावः ।

गान्धारी–महाराअ ! णं तहिं गाहामो । [महाराज ! ननु तत्र गाहावहे ।]

धृतराष्ट्रः–गान्धारि ! शृणु ।

अद्यैव दास्यामि जलं हतेभ्यः स्वेनापराधेन तवात्मजेभ्यः ।
न त्वस्मि शक्तः सलिलप्रदानैः कर्तुं नृपाणां शिबिरोपरोधम् ॥१०॥

(ततः प्रविशति दुर्योधनो दुश्शासनः शकुनिश्च ।)

दुर्योधनः–वत्स दुश्शासन !

यातोऽभिमन्युनिधनात् स्थिरतां विरोधः
　　प्राप्तो जयः प्रचलिता रिपवो निरस्ताः ।
उन्मूलितोऽस्य च मदो मधुसूदनस्य
　　लब्धो मयाद्य सममभ्युदयेन शब्दः ॥ ११ ॥

दुश्शासनः–अहो तु खलु,

---

१. निर्वासिते ।

रुद्धाः पाण्डुसुता जयद्रथबलेनाक्रम्य शत्रोर्बलं
सौभद्रे विनिपातिते शरशतक्षेपैर्द्वितीयेऽर्जुने ।
प्राप्तैश्च व्यसनानि भीष्मपतनादस्माभिरद्याहवे
तीव्राः शोकशराः कृताः खलु मनस्येषां[1] सुतोत्सादनात् ॥१२॥

शकुनिः—

जयद्रथेनाद्य महत्कृतं रणे नृपैरसंभावितमात्मपौरुषम् ।
प्रसह्य तेषां यदनेन संयुगे समं सुतेनाप्रतिमं हृतं यशः ॥१३॥

दुर्योधनः—मातुल ! इतस्तावत् । दुश्शासन ! इतस्तावत् । तत्रभवन्तं तातमभिवादयिष्यामः ।

३ शकुनिः—वत्स दुर्योधन ! मा मैवम् ।

कामं न तस्य रुचितः कुलविग्रहोऽय—
मस्मांश्च गर्हयति स प्रियपाण्डवत्वात् ।
युद्धोत्थितैर्जयमवाप्य हि तुल्यरूपं
एवं प्रहृष्टवदनैरभिगन्तुमेनम्[2] ॥ १४ ॥

दुर्योधनः—मातुल ! मा मैवम् । यथा तथा भवतु । तत्रभवन्तं तातमभिवादयिष्यामः ।

३ उभौ—बाढम् । (परिक्रामति ।)

दुर्योधनः—तात ! दुर्योधनोऽहमभिवादये ।

दुश्शासनः—तात ! दुश्शासनोऽहमभिवादये ।

६ शकुनिः—शकुनिरहमभिवादये ।

सर्वे—कथमाशीर्वचनं न प्रयुज्यते ।

धृतराष्ट्रः—पुत्र ! कथमाशीर्वचनमिति ।

---

१. मनाक्तेषां २. ° र्गुरवे हि गन्तुम् ।

सौभद्रे निहते बाले हृदये कृष्णपार्थयोः ।
जीविते निरपेक्षाणां कथमाशीः प्रयुज्यते ॥ १५ ॥

दुर्योधनः–तात ! किंकृतोऽयं संभ्रमः ।

धृतराष्ट्रः–किंकृतोऽयं संभ्रम इति ।

एका कुलेऽस्मिन्बहुपुत्रनाथे लब्ध्वा सुता पुत्रशताद्विशिष्टा ।
सा बान्धवानां भवतां प्रसादाद् वैधव्यमश्लाघ्यमवाप्स्यतीति ॥१६॥

दुर्योधनः–तात ! किं चात्र जयद्रथस्य ।

धृतराष्ट्रः–तेन किल वरविदग्धेन रुद्धाः पाण्डवाः ।

३ दुर्योधनः–आः, तेन रुद्धाः । बहुभिः खल्वन्यैः ।

धृतराष्ट्रः–भोः ! कष्टम् ।

बहूनां समवेतानामेकस्मिन्निर्घृणात्मनाम् ।
बाले पुत्रे प्रहरतां कथं न पतिता भुजाः ॥ १७ ॥

दुर्योधनः– तात !

वृद्धं भीष्मं छलैर्हत्वा तेषां न पतिता भुजाः ।
हत्वास्माकं पतिष्यन्ति तमबालपराक्रमम् ॥ १८ ॥

धृतराष्ट्रः–वत्स ! किं भीष्मस्य निपातनमभिमन्योश्च वधः समः ।

दुर्योधनः–तात ! कथं न समः ।

३ धृतराष्ट्रः–पुत्र ! श्रूयताम्,

स्वच्छन्दमृत्युर्निहतो हि भीष्मः स्वेनोपदेशेन कृतात्मतुष्टिः[2] ।
अयं तु बालः कुरुवंशनाथश्छिन्नोऽर्जुनस्य प्रथमः प्रवालः ॥१९॥

दुश्शासनः–तात ! बालो न बाल इति । अभिमन्युना,

धृतराष्ट्रः–किं किं दुश्शासनो व्याहरति ।

३ दुश्शासनः–अथ किम् ।

---

१. कथं । २. कृतात्मतुष्टः ।

सर्वेषां नः पश्यतां युध्यतां च
व्यायामोष्णं[1] गृह्य चापं करेण ।
सूर्येणैवाभ्यागतैरंशुजालैः
सर्वे बाणैरङ्किता भूमिपालाः ॥ २० ॥

धृतराष्ट्रः–कष्टं भोः !

बालेनैकेन तावद्भोः ! सौभद्रेणेदृशं कृतम् ।
पुत्रव्यसनसन्तप्तः पार्थो वः किं करिष्यति ॥ २१ ॥

दुर्योधनः–किं करिष्यति ।

धृतराष्ट्रः–तत्करिष्यति, यत्सावशेषायुषो द्रक्ष्यथ ।

३ दुर्योधनः–तात ! कस्तावदर्जुनो नाम ।

धृतराष्ट्रः–पुत्र ! अर्जुनपि न जानीषे ।

दुर्योधनः–तात ! न जाने ।

६ धृतराष्ट्रः–तेन हि अहमपि न जाने । किन्तु, अर्जुनस्य बलवीर्यज्ञाः बहवः सन्ति । तान् पृच्छ ।

दुर्योधनः–तात ! केऽर्जुनस्य बलवीर्यज्ञा मया प्रष्टव्याः ।

९ धृतराष्ट्रः–पुत्र ! श्रूयताम् ।

शक्रं पृच्छ पुरा निवातकवचप्राणोपहारार्चितं
पृच्छास्त्रैः परितोषित बहुविधैः कैरातरूपं हरम् ।
पृच्छाग्निं भुजगाहुतिप्रणयिनं यस्तर्पितः खाण्डवे
विद्यारक्षितमद्य येन च जितस्त्वं पृच्छ चित्रांगदम् ॥ २२ ॥

दुर्योधनः–यद्येतद्वीर्यमर्जुनस्य किमस्माकं बले न सन्ति प्रतियोद्धारोऽर्जुनस्य ।

३ धृतराष्ट्रः–पुत्र ! के ते ।

---

१. व्याधामोष्णं ।

दुर्योधनः—ननु कर्ण एव तावत् ।

धृतराष्ट्रः—अहो हास्यः खलु तपस्वी कर्णः ।

६ दुर्योधनः—केन कारणेन ।

धृतराष्ट्रः—श्रूयतां,

शक्रापनीतकवचोऽर्धरथः प्रमादी
　व्याजोपलब्धविफलास्त्रबलो घृणावान् ।
कर्णोऽर्जुनस्य किल यास्यति तुल्यभावं
　यद्यस्त्रदानगुरवो दहनेन्द्ररुद्राः ॥ २३ ॥

शकुनिः—प्रभवति भवानस्मानवधीरयितुम् ।

धृतराष्ट्रः—शकुनिरेष व्याहरति । भोः शकुने !

त्वया हि यत्कृतं कर्म सततं द्यूतशालिना ।
तत्कुलस्यास्य वैराग्निर्बालेष्वपि न शाम्यति ॥ २४ ॥

दुर्योधनः—अये,

भूमिकम्पः सशब्दोऽयं कुतो नु सहसोत्थितः ।
उल्काभिश्च पतन्तीभिः प्रज्वालितमिवाम्बरम् ॥ २५ ॥

धृतराष्ट्रः—पुत्र ! एवं मन्ये,

सुव्यक्तं निहतं दृष्ट्वा पौत्रमायस्तचेतसः ।
उल्कारूपाः पतन्त्येते महेन्द्रस्याश्रुबिन्दवः ॥ २६ ॥

दुर्योधनः—जयत्रात ! गच्छ, पाण्डवशिबिरे शङ्खपटहसिंहनादरवोन्मिश्रः किंकृतोऽयं शब्द इति ज्ञायताम् ।

३ भटः—यदाज्ञापयति । (निष्क्रम्य प्रविश्य) जयतु महाराजः । संशप्त-
कानीकनिवाहितप्रतिनिवृत्तेन धनंजयेन निहतं पुत्रमङ्कस्थमश्रुभिः
परिषिच्य जनार्दनावभर्त्सितेन प्रतिज्ञातं किलानेन ।

६ दुर्योधनः—किमिति किमिति ।

भटः–

तस्यैव व्यवसायतुष्टहृदयैस्तद्विक्रमोत्साहिभि-
स्तुष्टास्यैर्जितमित्यवेक्ष्य सहसा नादः [1]प्रहर्षोत्कृतः ।
आक्रान्ता गुरुभिर्धराधरवरैः संक्षोभितैः पार्थिवै-
र्भूमिश्चागतसंभ्रमेव युवतिस्तस्मिन् क्षणे कम्पिता ॥ २७ ॥

धृतराष्ट्रः–

प्रतिज्ञा[2]सारमात्रेण कम्पितेयं वसुन्धरा ।
सुव्यक्तं धनुषि स्पृष्टे त्रैलोक्यं विचलिष्यति ॥ २८ ॥

दुर्योधनः–जयत्रात ! किमनेन प्रतिज्ञातम् ।

भटः–

येन मे निहतः पुत्रस्तुष्टिं खे च हते गताः ।
श्वः सूर्येऽस्तमसम्प्राप्ते निहनिष्यामि तानहम् ॥ २९ ॥

इति ।

दुर्योधनः–प्रतिज्ञाव्याघाते किं प्रायश्चित्तम् ।

भटः–चित्तारोहणं किल गाण्डीवेन सह ।

दुर्योधनः–मातुल ! चितारोहणं चितारोहणम् । वत्स दुश्शासन ! चितारोहणं चितारोहणम् । वयमपि तावत्प्रतिज्ञाव्याघाते प्रयत्नमनुतिष्ठामः ।

धृतराष्ट्रः–पुत्र ! किं करिष्यसि ।

दुर्योधनः–ननु सर्वाक्षौहिणीसन्दोहेन च्छादयिष्ये जयद्रथं । अपि च,

द्रोणोपदेशेन यथा तथाहं संयोजये व्यूहमभेद्यरूपम् ।
खिन्नाशयास्ते सगजाः सयोधा अप्राप्तकामा ज्वलनं विशेयुः ॥३०॥

---

१. प्रकर्षात् । २. स्वरमात्रेण ।

धृतराष्ट्रः-

अपि प्रविष्टं धरणीमप्यारूढं नभस्थलम् ।
सर्वत्रानुगमिष्यन्ति शरास्ते कृष्णचक्षुषः ॥ ३१ ॥

भटः-

क्रूरमेवं नरपतिं नित्यमुद्यतशासनम् ।
यः कश्चिदपरो ब्रूयान्न तु जीवेत्स तत्क्षणम् ॥ ३२ ॥

(ततः प्रविशति घटोत्कचः ।)

घटोत्कचः-एष भोः !

प्रयामि सौभद्रविनाशचोदितः[1] दिदृक्षुरद्यारिमनार्यचेतसम् ।
विचिन्तयंश्चक्रधरस्य शासनं यथा गजेन्द्रोऽङ्कुशशङ्कितो बलिम् ॥३३॥

(अधो विलोक्य) इदम्[2]स्योपस्थानगृहद्वारम् । यावदवतरामि ।
(अवतीर्य) आत्मनैवात्मानं निवेदयिष्ये । भोः !

हैडिम्बोऽस्मि घटोत्कचो यदुपतेर्वाक्यं गृहीत्वागतो
द्रष्टव्योऽत्र मया गुरुः स्वचरितैर्दोषैर्गतः शत्रुताम् ।

दुर्योधनः-

एह्येहि प्रविशस्व शत्रुभवनं कौतूहलं मे महत्
धृष्टं श्रावय मां जनार्दनवचो दुर्योधनोऽहं स्थितः ॥ ३४ ॥

घटोत्कचः-(प्रविश्य) अये अयमत्रभवान् धृतराष्ट्रः । अनार्यशत-
स्योत्पादयिता । अयं ननु ललितगम्भीराकृतिविशेषः । आश्चर्य-
३ माश्चर्यम् ।

वृद्धोऽप्यनाततवलीगु[3]रुसंहतांसः
श्रद्धेयरूप इव पुत्रशतस्य धृत्या[4] ।

---

१. चो (द) कं । २. इदमन्योपस्थानद्वारमुखम् । ३. (शत्रु ! शत) संहतांसः । ४. सूत्या ।

मन्ये सुरैस्त्रिदिवरक्षणजातशङ्कै-
त्रासान्निमीलितमुखोऽत्रभवान् हि सृष्टः ॥ ३५ ॥

(उपसृत्य) पितामह ! अभिवादये घटोत्क (इत्यर्धोक्ते) न न अयमक्रमः । युधिष्ठिरादयश्च मे गुरवो भवन्तमभिवादयन्ति । पश्चाद्घटोत्कचोऽहमभिवादये ।

धृतराष्ट्रः–एह्येहि पुत्र !

न ते[1] प्रियं दुःखमिदं ममापि
यद् भ्रातृनाशाद् व्यथितस्[2]तवात्मा ।
इत्थं च ते नानुगतोयमर्थो
मत्पुत्रदोषात्कृपणीकृतोऽस्मि ॥ ३६ ॥

घटोत्कचः–अहो कल्याणः खल्वत्रभवान् । कल्याणानां प्रसूतिं पितामहमाह भगवांश्चक्रायुधः ।

धृतराष्ट्रः–(आसनादुत्थाय ।) किमाज्ञापयति भगवांश्चक्रायुधः ।

घटोत्कचः-न न न । आसनस्थेनैव भवता श्रोतव्यो जनार्दनस्य सन्देशः।

धृतराष्ट्रः–यदाज्ञापयति भगवांश्चक्रायुधः । (उपविशति ।)

घटोत्कचः–पितामह ! श्रूयताम् । हा वत्स अभिमन्यो ! हा वत्स कुरुकुलप्रदीप ! हा वत्स यदुकुलप्रवाल ! तव जननीं मातुलं च मामपि परित्यज्य पितामहं द्रष्टुमाशया स्वर्गमभिगतोऽसि । पितामह एकपुत्रविनाशादर्जुनस्य तावदीदृशी खल्ववस्था, का पुनर्भवतो भविष्यति । ततः क्षिप्रमिदानीमात्मबलाधानं कुरुष्व । यथा ते पुत्रशोकसमुत्थितोऽग्निर्न दहेत्प्राणमयं हविरिति ।

---

१. न मे (प्रियादारवमिदं ?) ममापि २. व्यसितः ।

१२ धृतराष्ट्रः-

सक्रोधव्यवसायेन कृष्णेनैतदुदाहृतम् ।
पश्यामीव हि गाण्डीवी सर्वक्षत्रवधे धृतः ॥ ३७ ॥

सर्वे-अहो हास्यमभिधानम् ।

घटोत्कचः-किमेतद्धास्यते ।

२ दुर्योधनः-एतद्धास्यते ।

देवैर्मन्त्रयते सार्धं स कृष्णो जातमत्सरः ।
पार्थेनैकेन यो वेत्ति निहतं राजमण्डलम् ॥ ३८ ॥

घटोत्कचः-

हससि त्वमहं वक्ता प्रेषितश्चक्रपाणिना ।
श्रावितं पार्थकर्मेदमहो युक्तं तवैव तु ॥ ३९ ॥

अपि च, भवतापि श्रोतव्यो जनार्दनसन्देशः ।

दुश्शासनः-मा तावत् भोः ! क्षत्रियावमानिन् !

पृथिव्यां शासनं यस्य धार्यते सर्वपार्थिवैः ।
सन्देशः श्रोष्यतेऽप्यन्यो न राज्ञस्तस्य संनिधौ ॥ ४० ॥

घटोत्कचः-कथं दुश्शासनो व्याहरति । अरे दुश्शासन ! अराजा नाम भवतां चक्रायुधः । हं भोः !

मुक्ता येन यदा पुरा नृपतयः प्रभ्रष्टमानोच्छ्रयाः
येनार्घ्यं नृपमण्डलस्य मिषतो भीष्माग्रहस्ताद्धृतम् ।
श्रीर्यस्याभिरता नियोगसुमुखी श्रीवक्षशय्यागृहे
श्लाघ्यः पार्थिवपार्थिवस्तव कथं राजा न चक्रायुधः ॥४१॥

दुर्योधनः-दुश्शासन ! अलं विवादेन ।

---

१. जरापुरान्नृपतयः । २. श्रीवत्स० ।

राजा वा यदि वा राजा बली वा यदि वा बली ।
बहुनात्र किमुक्तेन किमाह भवतां प्रभुः ॥ ४२ ॥

घटोत्कचः–अथ किमथ किम् । प्रभुरेव त्रैलोक्यनाथो भगवांश्च-क्रायुधः । विशेषतोऽस्माकं प्रभुः । अपि च,

अवसितमवगच्छ क्षत्रियाणां विनाशं
नृपशतविनिचित्या लाघवं चास्तु भूमेः ।
न हि तनयविनाशादुद्यतोग्रास्त्रमुक्तैः
समरशिरसि कश्चित्फल्गुनस्यातिभारः ॥ ४३ ॥

शकुनिः–

यदि स्याद्वाक्यमात्रेण निर्जितेयं वसुन्धरा ।
वाक्ये वाक्ये यदि भवेत्सर्वक्षत्रवधः कृतः ॥ ४४ ॥

घटोत्कचः–शकुनिरेष व्याहरति । भोः शकुने !

अक्षान्विमुञ्च शकुने ! कुरु बाणयोग्य-
मष्टापदं समरकर्मणि युक्तरूपम् ।
न ह्यत्र दारहरणं न च राज्यतन्त्रं
प्राणाः पणोऽत्र रतिरुग्रबलैश्च बाणैः ॥ ४५ ॥

दुर्योधनः–भो भोः ! प्रकृतिं गतः ।

क्षिपसि वदसि रूक्षं लंघयित्वा प्रमाणं
न च गणयसि किञ्चिद्व्याहरन्दीर्घहस्तः ।
यदि खलु तव दर्पो मातृपक्षोग्ररूपो
वयमपि खलु रौद्राः राक्षसोग्रस्वभावाः ॥ ४६ ॥

घटोत्कचः–शान्तं शान्तं पापम् । राक्षसेभ्योऽपि भवन्त एव क्रूरतराः । कुतः,

---

१. ०रुग्रफलाश्च बाणाः । २. वृत्तं ।

न तु जतुगृहे सुप्तान् भ्रातॄन् दहन्ति निशाचराः
शिरसि न तथा भ्रातुः पत्नीं स्पृशन्ति निशाचराः।
न च सुतवधं संख्ये कर्तुं स्मरन्ति निशाचराः
विकृतवपुषोऽप्युग्राचारा घृणा न तु वर्जिता ॥ ४७ ॥

दुर्योधनः—

दूतः खलु भवान् प्राप्तो न त्वं युद्धार्थमागतः।
गृहीत्वा गच्छ सन्देशं न वयं दूतघातकाः ॥ ४८ ॥

घटोत्कचः—(सरोषम्) किं दूत इति मां प्रधर्षयसि। मा तावद् भोः ! न दूतोऽहम्।

अलं वो व्यवसायेन प्रहरध्वं समाहृताः[1]।
ज्याच्छेदाद् दुर्बलो नाहमभिमन्युरिह स्थितः ॥ ४९ ॥

महानेष कैशोरकोऽयं मे मनोरथः। अपि च,

दष्टोष्ठो मुष्टिमुद्यम्य तिष्ठत्येष घटोत्कचः।
उत्तिष्ठतु पुमान् कश्चिद्गन्तुमिच्छेद्यमालयम् ॥ ५० ॥

(सर्वे उत्तिष्ठन्ति।)

धृतराष्ट्रः— पौत्र घटोत्कच। मर्षयतु मर्षयतु भवान्। मद्वचनावगन्ता भव।

घटोत्कचः— भवतु भवतु। पितामहस्य वचनाद् दूतोऽहमस्मि। तथापि हि न शक्नोमि रोषं धारयितुम्। किमिति विज्ञाप्यः।

दुर्योधनः— आ कस्य विज्ञाप्यम्। मद्वचनादेवं स वक्तव्यः,

किं व्यर्थं बहु भाषसे न खलु ते पारुष्य[2]साध्या वयं
कोपान्नार्हसि किंचिदेव वचनं युद्धं यदा दास्यसि।
निर्याम्येष निरन्तरं नृपशतच्छत्रावलीभिर्वृत-
स्तिष्ठ त्वं सह पाण्डवैः प्रतिवचो दास्यामि ते सायकैः ॥ ५१ ॥

---

१. समागताः। २. पौरु (ब १ष्य) साध्या।

घटोत्कचः– पितामह ! एष गच्छामि ।

धृतराष्ट्रः– पौत्र ! गच्छ, गच्छ ।

३ घटोत्कचः– भो भो राजानः ! श्रूयतां जनार्दनस्य पश्चिमः सन्देशः ।

धर्मं समाचर कुरु स्वजनव्यपेक्षां
यत्कांक्षितं मनसि सर्वमिहानुतिष्ठ ।
ज्ञात्योपदेश इव पाण्डवरूपधारी
सूर्यांशुभिः सममुपैष्यति वः कृतान्तः ॥ ५२ ॥ इति ।

(निष्क्रान्ताः सर्वे ।)

दूतघटोत्कचं नामोत्सृष्टिकाङ्कं समाप्तम् ॥

श्लोकानुक्रमणिका ।

कर्णभारस्य कथावस्तु ।

संदर्भेऽस्मिन् ब्राह्मणच्छद्मने शक्राय कर्णस्य कवचकुण्डलार्पणमुपनिबद्धम् ।

पात्राणि ।

पुरुषाः—

कर्णः—अङ्गेश्वरः कौरवसेनापतिः ।

शल्यः—शल्यराजः कर्णसूतः ।

भटः

शक्रः—ब्राह्मणरूपधारीन्द्रः ।

॥ श्रीः ॥

भासनाटकचक्रे

कर्णभारम् ।

(नान्द्यन्ते ततः प्रविशति सूत्रधारः ।)

सूत्रधारः–

नरमृगपतिवर्ष्मालोकेनभ्रान्तनारी–
नरदनुजसुपर्वव्रातपाताललोकः ।
करजकुलिशपालीभिन्नदैत्येन्द्रवक्षाः
सुररिपुबलहन्ता श्रीधरोऽस्तु श्रिये वः ॥ १ ॥

एवमार्यमिश्रान्विज्ञापयामि । (परिक्रम्य, कर्णं दत्वा ।) अये किं नु खलु मयि विज्ञापनव्यग्रे शब्द इव श्रूयते । अङ्ग ! पश्यामि ।

३ (नेपथ्ये)

भो भोः ! निवेद्यतां निवेद्यतां महाराजायाङ्गेश्वराय ।

सूत्रधारः– भवतु विज्ञातम् ।

संग्रामे तुमुले जाते कर्णाय कलिताञ्जलिः ।
निवेदयति संभ्रान्तो भृत्यो दुर्योधनाज्ञया ॥ २ ॥

(निष्क्रान्तः ।)

प्रस्तावना ।

६ (ततः प्रविशति भटः ।)

भटः– भो भोः ! निवेद्यतां निवेद्यतां महाराजायाङ्गेश्वराय युद्धकाल उपस्थित इति ।

---

१. सुपर्ण० इत्यादर्शपुस्तकेषूपलभ्यते ।

करितुरगरथस्थैः पार्थकेतोः पुरस्तात्
मुदितनृपतिसिंहैः सिंहनादः कृतोद्य ।
त्वरितमरिनिनादैर्दुस्सहालोकवीरः
समरमभिगतार्थः प्रस्थितो नागकेतुः ॥ ३ ॥

(परिक्रम्य विलोक्य) अये अयमङ्गराजः समरपरिच्छदपरिवृतः
शल्यराजेन सह स्वभवनान्निष्क्रम्येत एवाभिवर्तते । भोः ! किं नु
३ खलु युद्धोत्सवप्रमुखस्य दृष्टपराक्रमस्याभूतपूर्वो हृदयपरितापः ।
एष हि

अत्युग्रदीप्तिविशदः समरेऽग्रगण्यः
शौर्ये च संप्रति सशोकमुपैति धीमान् ।
प्राप्ते निदाघसमये घनराशिरुद्धः
सूर्यः स्वभावरुचिमानिव भाति कर्णः ॥ ४ ॥

यावदपसर्पामि । (निष्क्रान्तः ।)

(ततः प्रविशति यथानिर्दिष्टः कर्णः शल्यश्च ।)

३ कर्णः-

मा तावन्मम शरमार्गलक्ष्यभूताः
संप्राप्ताः क्षितिपतयः सजीवशेषाः ।
कर्तव्यं रणशिरसि प्रियं कुरूणां
द्रष्टव्यो यदि स भवेद्धनंजयो मे ॥ ५ ॥

शल्यराज ! यत्रासावर्जुनस्तत्रैव चोद्यतां मम रथः ।

शल्यः- बाढम् । (चोदयति)

३ कर्णः- अहो नु खलु

---

१. दुःसहं लोकवीरः । २. ०मभिगतार्थः ३. किं प्राप्ताः ।

अन्योन्यशस्त्रविनिपातनिकृत्तगात्र-
यौधाश्ववारणरथेषु महाहवेषु
क्रुद्धान्तकप्रतिमविक्रमिणो ममापि
वैधुर्यमापतति चेतसि युद्धकाले ॥ ६ ॥

भोः कष्टम्।

पूर्वं कुन्त्यां समुत्पन्नो राधेय इति विश्रुतः।
युधिष्ठिरादयस्ते मे यवीयांसस्तु पाण्डवाः ॥ ७ ॥

अयं स कालः क्रमलब्धशोभनो
गुणप्रकर्षो दिवसोऽयमागतः।
निर्[1]र्थमस्त्रं च मयाहि शिक्षितं
पुनश्च मातुर्वचनेन वारितः ॥ ८ ॥

भोः शल्यराज श्रूयतां ममास्त्रस्य वृत्तान्तः।

शल्यः- ममाप्यस्ति कौतूहमेनं वृत्तान्तं श्रोतुम्।

३ कर्णः- पूर्वमेवाहं जामदग्न्यस्य सकाशं गतवानस्मि।

शल्यः- ततस्ततः।

कर्णः- ततः,

विद्युल्लताकपिलतुङ्गजटाकलाप-
मुद्यत्प्रभावलयिनं परशुं दधानम्।
क्षत्रान्तकं मुनिवरं भृगुवंशकेतुं
गत्वा प्रणम्य निकटे निभृतः स्थितोऽस्मि ॥ ९ ॥

शल्यः- ततस्ततः।

कर्णः- ततो जामदग्निना[2] ममाशीर्वचनं दत्वा पृष्टोऽस्मि। को भवान्
३ किमर्थमिहागत इति।

---

१. निरस्तमस्त्र। २. जामदग्न्येन।

शल्यः– ततस्ततः ।

कर्णः– ततः भगवन् अखिलान्यस्त्राण्युपशिक्षितुमिच्छामीत्युक्तवानस्मि ।

शल्यः– ततस्ततः ।

कर्णः– ततः उक्तोऽहं भगवता ब्राह्मणेषूपदेशं करिष्यामि न क्षत्रियाणामिति ।

शल्यः– अस्ति खलु भगवतः क्षत्रियवंश्यैः पूर्ववैरम् । ततस्ततः ।

कर्णः– ततो नाहं क्षत्रिय इत्यस्त्रोपदेशं ग्रहीतुमारब्धं[1] मया ।

शल्यः– ततस्ततः ।

कर्णः– ततः कतिपयकालातिक्रमे कदाचित्फलमूलसमित्कुशकुसुमाहरणाय गतवता गुरुणा सहानुगतोऽस्मि ।

शल्यः– ततस्ततः ।

कर्णः– ततः स गुरुर्वनभ्रमणपरिश्रमान्मदङ्के निद्रावशमुपगतः ।

शल्यः– ततस्ततः ।

कर्णः– ततः

कृत्ते वज्रमुखेन नाम कृमिणा दैवान्ममोरुद्वये
　　निद्राच्छेदभयादसह्यत गुरोर्धैर्यात्तदा वेदना ।
उत्थाय क्षतजाप्लुतः स सहसा रोषानलोद्दीपितो
　　बुध्वा मां च शशाप कालविफलान्यस्त्राणि ते सन्त्विति ॥१०॥

शल्यः– अहो कष्टमभिहितं तत्रभवता ।

कर्णः– परीक्षामहे तावदस्त्रस्य वृत्तान्तम् । (तथा कृत्वा) एतान्यस्त्राणि निर्वीर्याणीव लक्ष्यन्ते । अपि च ।

---

१. आरब्धः ।

इमे हि दैन्येन निमीलितेक्षणा
मुहुः स्खलन्तो विवशास्तुरङ्गमाः ।
गजाश्च सप्तच्छददानगन्धिनो
निवेदयन्तीव रणे निवर्तनम् ॥ ११ ॥

शङ्खदुन्दुभयश्च निःशब्दाः ।

शल्यः—भोः कष्टं किं नु खल्विदम् ।

कर्णः—शल्यराज ! अलमलं विषादेन ।

हतोऽपि लभते स्वर्गं जित्वा तु लभते यशः ।
उभे बहुमते लोके नास्ति निष्फलता रणे ॥ १२ ॥

अपि च

इमे हि युद्धेष्वनिवर्तिताशा
हयाः सुपर्णेन समानवेगाः ।
श्रीमत्सु काम्बोजकुलेषु जाताः
रक्षन्तु[1] मां यद्यपि रक्षितव्यम ॥ १३ ॥

अक्षयोऽस्तु गोब्राह्मणानाम् । अक्षयोऽस्तु पतिव्रतानाम् । अक्षयोऽस्तु रणेष्वपराङ्मुखानां यौधपुरुषाणाम् । अक्षयोऽस्तु मम प्राप्तकालस्य ।

३ एष भोः प्रसन्नोऽस्मि ।

समरमुखमसह्यं पाण्डवानां प्रविश्य
प्रथितगुणगणाढ्यं धर्मराजं च बद्ध्वा ।
मम शरवरवेगैरर्जुनं पातयित्वा
वनमिव हतसिंहं सुप्रवेशं करोमि ॥ १४ ॥

शल्यराज ! यावद्रथमारोहावः ।

शल्यः—बाढम् ।

---

१. रक्षन्त्यमी ।

(उभौ रथारोहणं नाटयतः ।)

कर्णः—शल्यराज ! यत्रासावर्जुनस्तत्रैव चोद्यतां मम रथः ।

(नेपथ्ये)

भो कण्ण ! महत्तरं भिक्खं याचेमि । [भोः कर्ण ! महत्तरां भिक्षां याचे ।]

कर्णः—(आकर्ण्य) अये वीर्यवान् शब्दः ।

श्रीमानेष न केवलं द्विजवरो यस्मात्प्रभावो महा-
नाकर्ण्य स्वरमस्य धीरनिनदं[1] चित्रार्पिताङ्गा इव ।
उत्कर्णस्तिमिताञ्चिताक्षवलितग्रीवार्पिताग्राननाः-
स्तिष्ठन्त्यस्ववशांगयष्टि सहसा यान्तो ममैते हयाः ॥ १५ ॥

आहूयतां स विप्रः । न न । अहमेवाह्वयामि । भगवन्नित इतः ।

(ततः प्रविशति ब्राह्मणरूपेण शक्रः ।)

शक्रः—भो मेघाः ! सूर्येणैव निवर्त्य गच्छन्तु भवन्तः । (कर्णमुपगम्य) भो कण्ण ! महत्तरं भिक्खं याचेमि । [भोः कर्ण ! महत्तरां भिक्षां याचे ।]

कर्णः—दृढं प्रीतोऽस्मि भगवन् !

यातः कृतार्थगणनामहमद्य लोके
राजेन्द्रमौलिमणिरञ्जितपादपद्मः ।
विप्रेन्द्रपादरजसा तु पवित्रमौलिः
कर्णो भवन्तमहमेष नमस्करोमि ॥ १६ ॥

शक्रः—(आत्मगतम्) किं नु खलु मया वक्तव्यं, यदि दीर्घायुर्भवेति वक्ष्ये दीर्घायुर्भविष्यति । यदि न वक्ष्ये मूढ इति मां परिभवति । तस्मादुभयं परिहृत्य किं नु खलु वक्ष्यामि । भवतु दृष्टम् । (प्रकाशम्)

---

१. धीरमधुरं ।

भो कण्ण ! सुय्ये विअ, चन्दे विअ, हिमवन्ते विअ, सागळे विअ, चिट्ठदु दे जसो । [भोः कर्ण ! सूर्य इव, चन्द्र इव, हिमवान् इव,
६ सागर इव तिष्ठतु ते यशः ।]

कर्णः–भगवान् ! किं न वक्तव्यं दीर्घायुर्भवेति । अथवा एतदेव शोभनम् । कुतः–

धर्मो हि यत्नैः पुरुषेण साध्यो भुजंगजिह्वाचपला नृपश्रियः ।
तस्मात्प्रजापालनमात्रबुध्या हतेषु देहेषु गुणा धरन्ते ॥ १७ ॥

भगवन् , किमिच्छसि । किमहं ददामि ।

शक्रः–महत्तरं भिक्खं याचेमि । [महत्तरां भिक्षां याचे ।]

३ कर्णः–महत्तरां भिक्षां भवते प्रदास्ये । श्रूयन्तां मद्विभवाः ।

गुणवदमृतकल्पक्षीरधाराभिवर्षि
द्विजवर ! रुचितं ते तृप्तवत्सानुयात्रम्[1] ।
तरुणमधिकमर्थिप्रार्थनीयं पवित्रं
विहितकनकशृङ्गं गोसहस्रं ददामि ॥ १८ ॥

शक्रः–गोसहस्सं त्ति । मुहुत्तअं खिरं पिबामि । णेच्छामि कण्ण ! णेच्छामि । [गोसहस्रमिति । मुहूर्तकं क्षीरं पिबामि । नेच्छामि कर्ण !
३ नेच्छामि ।]

कर्णः–किं नेच्छति भवान् । इदमपि श्रूयताम् ।

रवितुरगसमानं साधनं राजलक्ष्म्याः
सकलनृपतिमान्यं मान्यकाम्बोजजातम् ।
सुगुणमनिलवेगं युद्धदृष्टापदानं
सपदि बहु सहस्रं वाजिनां ते ददामि ॥ १९ ॥

---

१. ०वत्सानुपातम् ।

शक्रः–अस्स त्ति । मुहुत्तअं आलुहामि । णेच्छामि कण्ण ! णेच्छामि । [अश्व इति । मुहूर्तकमारोहामि । नेच्छामि कर्ण ! नेच्छामि ।]

कर्णः–किं नेच्छति भगवान् । अन्यदपि श्रूयताम् ।

मदसरितकपोलं षट्पदैः सेव्यमानं
गिरिवरनिचयाभं मेघगम्भीरघोषम् ।
सितनखदशनानां वारणानामनेकं
रिपुसमरविमर्दं वृन्दमेतद्ददामि ॥ २० ॥

शक्रः–गअ त्ति मुहुत्तअं आलुहामि । णेच्छामि कण्ण ! नेच्छामि । [गज इति । मुहूर्तकमारोहामि । नेच्छामि कर्ण ! नेच्छामि ।]

कर्णः–किं नेच्छति भवान् । अन्यदपि श्रूयताम् । अपर्याप्तं कनकं ददामि ।

शक्रः–गह्णिअ गच्छामि । (किंचिद्गत्वा) णेच्छामि कण्ण ! णेच्छामि । [गृहीत्वा गच्छामि । नेच्छामि कर्ण ! नेच्छामि ।]

कर्णः–तेन हि जित्वा पृथिवीं ददामि ।

शक्रः–पुहुवीए किं करिस्सम् । [पृथिव्या किं करिष्यामि ।]

कर्णः–तेन ह्यग्निष्टोमफलं ददामि ।

शक्रः–अग्गिट्ठोमफळेण किं कय्यं । [अग्निष्टोमफलेन किं कार्यम् ।]

कर्णः–तेन हि मच्छिरो ददामि ।

शक्रः–अविहा अविहा । [अविहा अविहा ।]

कर्णः–न भेतव्यं न भेतव्यम् । प्रसीदतु भवान् । अन्यदपि श्रूयताम् ।

अङ्गैः सहैव जनितं मम देहरक्षा
देवासुरैरपि न भेद्यमिदं सहास्त्रैः ।

देयं तथापि कवचं सह कुण्डलाभ्यां
प्रीत्या मया भगवते[1] रुचितं यदि स्यात् ॥ २१ ॥

शक्रः—(सहर्षम् ।) देदु, देदु । [ददातु, ददातु ।]

कर्णः—(आत्मगतम्) एष एवास्य कामः । किं नु खल्वनेककपटबुद्धेः कृष्णस्योपायः । सोऽपि भवतु । धिगयुक्तमनुशोचितुम् । नास्ति संशयः । (प्रकाशम्) गृह्यताम् ।

शल्यः—अङ्गराज ! न दातव्यं न दातव्यम् ।

कर्णः—शल्यराज ! अलमलं वारयितुम् । पश्य

शिक्षा क्षयं गच्छति कालपर्ययात्
सुबद्धमूला निपतन्ति पादपाः ।
जलं जलस्थानगतं च शुष्यति
हुतं च दत्तं च तथैव तिष्ठति ॥ २२ ॥

तस्मात् गृह्यताम् । (निकृत्य ददाति ।)

शक्रः—(गृहीत्वा आत्मगतम् ।) हन्त गृहीते एते । पूर्वमेवा (हम् ?)-र्जुनविजयार्थं सर्वदेवैर्यत् समर्थितं तदिदानीं मयानुष्ठितम् । तस्मादहमप्यैरावतमारुह्यार्जुनकर्णयोर्द्वन्द्वयुद्धं पश्यामि । (निष्क्रान्तः ।)

शल्यः-भो अङ्गराज ! वञ्चितः खलु भवान् ।

कर्णः—केन ।

शल्यः—शक्रेण ।

कर्णः—न खलु । शक्रः खलु मया वञ्चितः । कुतः,

अनेकयज्ञाहुतितर्पितो द्विजैः
किरीटिमान् दानवसंघमर्दनः ।
सुरद्विपास्फालनकर्कशाङ्गुलि-
र्मया कृतार्थः खलु पाकशासनः ॥ २३ ॥

---

१. भगवतो ।

(प्रविश्य ब्राह्मणरूपेण)

देवदूतः-भोः कर्ण ! कवचकुण्डलग्रहणाज्जनितपश्चात्तापेन पुरंदरेणानुगृहीतोऽसि । पाण्डवेष्वेकपुरुषवधार्थममोघमस्त्रं विमला नाम शक्तिरियं प्रतिगृह्यताम् ।

कर्णः-धिग् , दत्तस्य न प्रतिगृह्णामि ।

देवदूतः-ननु ब्राह्मणवचनाद् गृह्यताम् ।

कर्णः-ब्राह्मणवचनमिति । न मयातिक्रान्तपूर्वम् । कदा लभेय ।

देवदूतः-यदा स्मरसि तदा लभस्व ।

कर्णः- बाढम् । अनुगृहीतोऽस्मि । प्रतिनिवर्ततां भवान् ।

देवदूतः-बाढम् । (निष्क्रान्तः ।)

कर्णः-शल्यराज ! यावद्रथमारोहावः ।

शल्यः-बाढम् । (रथारोहणं नाटयतः ।)

कर्णः-अये शब्द इव श्रूयते । किं नु खल्विदम्

शङ्खध्वनिः प्रलयसागरघोषतुल्यः
कृष्णस्य वा न तु भवेत्स तु फाल्गुनस्य ।
नूनं युधिष्ठिरपराजयकोपितात्मा
पार्थः करिष्यति यथाबलमद्य युद्धम् ॥ २४ ॥

शल्यराज ! यत्रासावर्जुनस्तत्रैव चोद्यतां मम रथः ।

शल्यः-बाढम् ।

(भरतवाक्यम्)

सर्वत्र सम्पदः सन्तु नश्यन्तु विपदः सदा ।
राजा राजगुणोपेतो भूमिमेकः प्रशास्तु नः ॥ २५ ॥

(निष्क्रान्तौ ।)

कर्णभारमवसितम् ।

श्लोकानुक्रमणिका ।

ऊरुभङ्गस्य कथावस्तु ।

अत्र भीमेन गदायुद्धे दुर्योधनोरुभञ्जनं प्रतिपाद्यं वस्तु ।

पात्राणि ।

पुरुषाः—

भटाः

बलदेवः---दुर्योधनस्य गदायुद्धे गुरुः ।

दुर्योधनः—कुरुराजः ।

धृतराष्ट्रः—वृद्धो दुर्योधनपिता ।

दुर्जयः--दुर्योधनस्य पुत्रः ।

अश्वत्थामा--द्रोणपुत्रः ।

स्त्रियः—

गान्धारी--कुरुराजस्य माता ।

देव्यौ--कुरुराजस्य महिष्यौ ।

॥ श्रीः ॥

भासनाटकचक्रे

ऊरुभङ्गम् ।

(नान्द्यन्ते ततः प्रविशति सूत्रधारः ।)

सूत्रधारः–

भीष्मद्रोणतटां जयद्रथजलां गान्धारराजह्रदां
कर्णद्रौणिकृपोर्मिनक्रमकरां दुर्योधनस्रोतसं ।
तीर्णः शत्रुनदीं श[1]रासिसिकतां येन प्लवेनार्जुनः
शत्रूणां तरणेषु वः स भगवानस्तु प्लवः केशवः ॥ १ ॥

एवमार्यमिश्रान्विज्ञापयामि । अये, किन्नु खलु मयि विज्ञापनव्यग्रे शब्द इव श्रूयते ! अङ्ग ! पश्यामि ।

३ (नेपथ्ये)

एते स्मो भोः ! एते स्मः ।

सूत्रधारः–भवतु, विज्ञातम् ।

६ (प्रविश्य)

पारिपार्श्विकः–भाव कुतो नु खल्वेते,

स्वर्गार्थमाहवमुखोद्यतगात्रहोमा
नाराचतोमरशतैर्विषमीकृताङ्गाः ।
मत्तद्विपेन्द्रदशनोल्लिखितैः शरीरै-
रन्योन्यवीर्यनिकषाः पुरुषा भ्रमन्ति ॥ २ ॥

सूत्रधारः–मार्ष ! किं नावगच्छसि । तनयशतनय[3]नशून्ये दुर्योधनावशेषे धृतराष्ट्रपक्षे, पाण्डवजनार्दनावशेषे युधिष्ठिरपक्षे, राज्ञां शरीर-
३ समाकीर्णे समन्तपञ्चके,

---

१. शरास० । २. °देहा । ३. नयशून्ये ।

एतद्रणं[1] हतगजाश्वनरेन्द्रयौधं
संकीर्णलेख्यमिव चित्रपटं प्रविद्धम् ।
युद्धे वृकोदरसुयोधनयोः प्रवृत्ते
यौधा नरेन्द्रनिधनैकगृहं प्रविष्टाः ॥ ३ ॥

(निष्क्रान्तौ)

स्थापना

३ (ततः प्रविशति भटास्त्रयः ।)

सर्वे—एते स्मो भोः ! एते स्मः ।

प्रथमः—वैरस्यायतनं बलस्य निकषं मानप्रतिष्ठागृहं
युद्धेष्वप्सरसां स्वयंवरसभां शौर्यप्रतिष्ठां नृणाम् ।
राज्ञां पश्चिमकालवीरशयनं प्राणाग्निहोमक्रतुं
संप्राप्ता रणसंज्ञमाश्रमपदं राज्ञां नभःसंक्रमम् ॥ ४ ॥

द्वितीयः—सम्यग्भवानाह ।

उपलविषमा नागेद्राणां शरीरधराधरा
दिशि दिशि कृता गृध्रावासा हतातिरथा रथाः ।
अवनिपतयः स्वर्गं प्राप्ताः क्रियामरणे रणे
प्रतिमुखमिमे तत्तत्कृत्वा चिरं निहताहताः ॥ ५ ॥

तृतीयः—एवमेतत् ।

करिवरकरयूपो बाणविन्यस्तदर्भो
हतगजचयनोच्चो वैरवह्निप्रदीप्तः ।
ध्वजविततवितानः[2] सिंहनादोच्चमन्त्रः
पतितपशुमनुष्यः संस्थितो युद्धयज्ञः ॥ ६ ॥

---

१. एतद्रणाहतगजा० । २. विमानः ।

प्रथमः– इदमपरं पश्येतां भवन्तौ ।

एते परस्परशरैर्हृतजीवितानां
　देहै रणाजिरमहीं समुपाश्रितानाम् ।
कुर्वन्ति चात्र पिशितार्द्रमुखा विहङ्गा
　राज्ञां शरीरशिथिलानि विभूषणानि ॥ ७ ॥

द्वितीयः–

प्रसक्तनाराचनिपातपातितः समग्रयुद्धोद्यतकल्पितो गजः ।
विशीर्णवर्मा सशरः सकार्मुको नृपायुधागारमिवावसीदति ॥८॥

तृतीयः– इदमपरं पश्येतां भवन्तौ ।

माल्यैर्ध्वजाग्रपतितैः कृतमुण्डमालं
　[1]लग्नैकसायकवरं रथिनं विपन्नम् ।
जामातरं प्रवहणादिव बन्धुनार्यो
　हृष्टाः शिवा रथमुखादवतारयन्ति ॥ ९ ॥

सर्वे– अहो तु खलु निहतपतितगजतुरगनररुधिरकलिलभूमिप्रदेशस्य
विक्षिप्तवर्मचर्मातपत्रचामरतोमरशरकुन्तकवचकबन्धादिपर्याकुलस्य
३ शक्तिप्रासपरशु[2]भिण्डिपालशूलमुसलमुद्गरवराहकर्णकणयकर्पणशङ्कु-
त्रासिगदादिभिरायुधैरवकीर्णस्य समन्तपञ्चकस्य प्रतिभयता ।

प्रथमः– इह हि,

रुधिरसरितो निस्तीर्यन्ते हतद्विपसंक्रमा
　नृपतिरहितैः स्रस्तैः सूतैर्वहन्ति रथान् हयाः ।
पतितशिरसः पूर्वाभ्यासाद् द्रवन्ति कबन्धकाः
　पुरुषरहिता मत्ता नागा भ्रमन्ति यतस्ततः ॥ १० ॥

---

१. रत्नै० । २. हाटक० ।

द्वितीयः– इदमपरं पश्येतां भवन्तौ । एते,

गृध्रा मधूकमुकुलोन्नतपिङ्गलाक्षा
दैत्येन्द्रकुञ्जरनताङ्कुशतीक्ष्णतुण्डाः ।
भान्त्यम्बरे विततलम्बविकीर्णपक्षा
मांसैः प्रवालरचिता इव तालवृन्ताः ॥ ११ ॥

तृतीयः– एषा निरस्तहयनागनरेन्द्रयौधा
व्यक्तीकृता दिनकरोग्रकरैः समन्तात् ।
नाराचकुन्तशरतोमरखड्गकीर्णा
तारागणं पतितमुद्वहतीव भूमिः ॥ १२ ॥

प्रथमः–अहो ईदृश्यामप्यवस्थायामविमुक्तशोभा विराजन्ते क्षत्रियाः । इह हि,

स्रस्तोद्वर्तितनेत्रषट्पदगणा ताम्रोष्ठपत्रोत्करा
भ्रूभेदाञ्चितकेसरा स्वमुकुटव्याविद्धसंवर्तिका ।
वीर्यादित्यविबोधिता रणमुखे नाराचनालोन्नता
निष्कम्पा स्थलपद्मिनीव रचिता राज्ञामभीतैर्मुखैः ॥ १३ ॥

द्वितीयः– ईदृशानामपि क्षत्रियाणां मृत्युः प्रभवतीति न शक्यं खलु विषमस्थैः पुरुषैरात्मबलाधानं कर्तुम् ।

३ तृतीयः– मृत्युरेव प्रभवति क्षत्रियाणामिति ।

प्रथमः–कः संशयः ।

द्वितीयः– मा मा भवानेवम्

स्पृष्ट्वा खाण्डवधूमरञ्जितगुणं संशप्तकोत्सादनं
स्वर्गाक्रन्दहरं निवातकवचप्राणोपहारं धनुः ।
पार्थेनास्त्रबलान्महेश्वररणक्षेपावशिष्टैः शरै–
र्दर्पोत्सिक्तवशा नृपा रणमुखे मृत्योः प्रतिग्राहिताः ॥ १४ ॥

सर्वे– अये शब्दः ।

किं मेघा निनदन्ति वज्रपतनैश्चूर्णीकृताः पर्वता
निर्घातैस्तुमुलस्वनप्रतिभयैः किं दार्यते वा मही ।
किं मुञ्चत्यनिलावधूतचपलक्षुब्धोर्मिमालाकुलं
शब्दं मन्दरकन्दरोदरदरीः संहत्य वा सागरः ॥ १५ ॥

भवतु, पश्यामस्तावत । (सर्वे परिक्रामन्ति ।)

प्रथमः– अये एतत्खलु द्रौपदीकेशधर्षणावमर्षितस्य पाण्डवमध्यमस्य भीमसेनस्य भ्रातृशतवधक्रुद्धस्य महाराजदुर्योधनस्य च द्वैपायनहलायुधकृष्णविदुरप्रमुखानां कुरुयदुकुलदैवतानां प्रत्यक्षं प्रवृत्तं गदायुद्धम् ।

द्वितीयः–

भीमस्योरसि चारुकांचनशिलापीने प्रतिस्पालिते
भिन्ने वासवहस्तिहस्तकठिने दुर्योधनांसस्थले ।
अन्योन्यस्य भुजद्वयान्तरतटेष्वासज्यमानायुधे
यस्मिंश्चण्डगदाभिघातजनितः शब्दः समुत्तिष्ठति ॥ १६ ॥

तृतीयः– एष महाराजः,

[1]शीर्षोत्कंपनवल्गमानमकुटः को[2]धाग्निकाक्षाननः
स्थानाक्रामणवामनीकृततनुः प्रत्यग्रहस्तोच्छ्रयः ।
यस्यैषा रिपुशोणितार्द्रकलिला भात्यग्रहस्ते गदा
कैलासस्य गिरेरिवाग्ररचिता सोल्का महेन्द्राशनिः ॥ १७ ॥

प्रथमः– एष संप्रहाररुधिरसिक्ताङ्गस्तावद्दृश्यतां पाण्डवः ।

निर्भिन्नाग्रललाटवान्तरुधिरो भग्नांसकूटद्वयः
सान्द्रैर्निर्गलितप्रहाररुधिरैरार्द्रीकृतोरःस्थलः ।

---

१. शिष्टो० । २. क्रोधाधि० ।

भीमो भाति गदाभिघातरुधिरक्लिन्नावगाढव्रणः
शैलो मेरुरिवैष धातुसलिलासारोपदिग्धोपलः ॥ १८ ॥

द्वितीयः– भीमां गदां क्षिपति गर्जति वल्गमानः

शीघ्रं भुजं हरति तस्य कृतं भिनत्ति ।
चारीं गतिं प्रचरति प्रहरत्यभीक्ष्णं
शिक्षा[1]न्वितो नरपतिर्बलवांस्तु भीमः ॥ १९ ॥

तृतीयः– एष वृकोदरः,

शिरसि गुरुनिखातस्रस्तरक्तार्द्रगात्रो
धरणिधरनिकाशः संयुगेष्वप्रमेयः ।
प्रविशति गिरिराजो मेदिनीं वज्रदग्धः
शिथिलविसृतधातुर्हेमकूटो यथाद्रिः ॥ २० ॥

प्रथमः–एष गाढप्रहारशिथिलीकृताङ्गं निपतन्तं भीमसेनं दृष्ट्वा,

एकाग्रांगुलिधारितोन्नतमुखो व्यासः स्थितो विस्मितः

३ द्वितीयः–

दैन्यं याति युधिष्ठिरोऽत्र विदुरो बाष्पाकुलाक्षः स्थितः ।

तृतीयः–

स्पृष्टं गाण्डिवमर्जुनेन गगनं कृष्णः समुद्वीक्षते

सर्वे–

शिष्यप्रीत[2]तया हलं भ्रमयते रामो रणप्रेक्षकः ॥ २१ ॥

प्रथमः–एष महाराजः,

वीर्यालयो विविधरत्नविचित्रमौलि-
र्युक्तोऽभिमानविनयद्युतिसाहसैश्च ।

---

१. संशिक्षितो । २. °प्रीतितया ।

वाक्यं वदत्युपहसन्न तु भीम ! दीनं
वीरो निहन्ति समरेषु भयं त्यजेति ॥ २२ ॥

द्वितीयः—एष इदानीमपहास्यमानं भीमसेनं दृष्ट्वा स्वमूरुमभिहत्य कामपि संज्ञां प्रयच्छति जनार्दनः ।

३ तृतीयः—एष संज्ञया समाश्वासितो मारुतिः,

संहृत्य भ्रुकुटीर्ललाटविवरे स्वेदं करेणाक्षिपन्
बाहुभ्यां परिगृह्य भीमवदनश्चित्राङ्गदां स्वां गदाम् ।
पुत्रं दीनमुदीक्ष्य सर्वगतिना लब्ध्वेव दत्तं बलं
गर्जन् सिंहवृषेक्षणः क्षितितलाद् भूयः समुत्तिष्ठति ॥ २३ ॥

प्रथमः—हन्त पुनः प्रवृत्तं गदायुद्धम् । अनेन हि,

भूमौ पाणितले निघृष्य तरसा बाहू प्रमृज्याधिकं
सन्दष्टोष्ठपुटेन विक्रमबलात् क्रोधाधिकं गर्जता ।
त्यक्त्वा धर्मघृणां विहाय समयं कृष्णस्य संज्ञासमं
गान्धारीतनयस्य पाण्डुतनयेनोर्वोर्विमुक्ता गदा ॥ २४ ॥

सर्वे—हा धिक् पतितो महाराजः ।

तृतीयः-एष रुधिरपतनद्योतिताङ्गं निपतन्तं कुरुराजं दृष्ट्वा खमुत्पतितो
३ भगवान् द्वैपायनः । य एषः,

मौलासंवृतलोचनेन हलिना नेत्रोपरोधः कृतः
दृष्ट्वा क्रोधनिमीलितं हलधरं दुर्योधनापेक्षया ।
संभ्रान्तैः करपञ्जरान्तरगतो द्वैपायनज्ञापितो
भीमः कृष्णभुजावलंबितगतिर्निर्वाह्यते पाण्डवैः ॥ २५ ॥

प्रथमः—अये अयमप्यमर्षोन्मीलितरभसलोचनो भीमसेनापक्रमणमुद्वीक्षमाणः इत एवाभिवर्तते भगवान् हलायुधः । य एषः,

---

१. हेला० ।

च[1]लविलुलितमौलिः क्रोधताम्रायताक्षो
भ्रमरमुखविदष्टां किंचिदुत्कृष्य मालाम् ।
असिततनुविलम्बिस्त्रस्तवस्त्रानुकर्षी
क्षितितलमवतीर्णः पारिवेषीव चन्द्रः ॥ २६ ॥

द्वितीयः–तदागम्यतां वयमपि तावन्महाराजस्य प्रत्यनन्तरीभवामः ।

उभौ–बाढम् । प्रथमः कल्पः ।

३ (निष्क्रान्ताः ।)

विष्कम्भकः ।

(ततः प्रविशति बलदेवः ।)

६ बलदेवः–भो भोः पार्थिवाः ! न युक्तमिदम् ।

मम रिपुबलकालं लाङ्गलं लङ्घयित्वा
रणकृतमतिसंधिं मां च नावेक्ष्य दर्पात् ।
रणशिरसि गदां तां तेन दुर्योधनोर्वोः
कुलविनयसमृध्या पातितः पातयित्वा ॥ २७ ॥

भो दुर्योधन ! मुहूर्तं तावदात्मा धार्यताम् ।

सौभोच्छिष्टमुखं महासुरपुरप्राकारकूटाङ्कुशं
कालिन्दीजलदेशिकं रिपुबलप्राणोपहारार्चितम् ।
हस्तोत्क्षिप्तहलं करोमि रुधिरस्वेदार्द्रपंकोत्तरं
भीमस्योरसि यावदद्य विपुले केदारमार्गाकुलम् ॥ २८ ॥

(नेपथ्ये)

प्रसीदतु प्रसीदतु भगवान् हलायुधः ।

३ बलदेवः–अये एवंगतोऽप्यनुगच्छति मां तपस्वी दुर्योधनः । य एषः,

श्रीमान् संयुगचन्दनेन रुधिरेणार्द्रानुलिप्तच्छवि-
र्भूसंसर्पणरेणुपाटलभुजो बालव्रतं ग्राहितः ।

१. प्रचलललित० ।

निर्वृत्तेऽमृतमन्थने क्षितिधरान्मुक्तः सुरैः सासुरै-
राकर्षन्निव भोगमर्णवजले श्रान्तोज्झितो वासुकिः ॥ २९ ॥

(ततः प्रविशति भग्नोरुयुगलो दुर्योधनः ।)

दुर्योधनः-एष भोः !

भीमेन भित्वा समयव्यवस्थां गदाभिघातक्षतजर्जरोरुः ।
भूमौ भुजाभ्यां परिकृष्यमाणं स्वं देहमर्धोपरतं वहामि ॥ ३० ॥

प्रसीदतु प्रसीदतु भगवान् हलायुधः ।

त्वत्पादयोर्निपतितं पतितस्य भूमा-
वेतच्छिरः प्रथममद्य विमुञ्च रोषम् ।
जीवन्तु ते कुरुकुलस्य निवापमेघा
वैरं च विग्रहकथाश्च वयं च नष्टाः ॥ ३१ ॥

बलदेवः-भोः दुर्योधन ! मुहूर्तं तावदात्मा धार्यताम् ।

दुर्योधनः-किं भवान्करिष्यति ।

बलदेवः-भो श्रूयताम् ,

आक्षिप्तलाङ्गलमुखोल्लिखितैः शरीरै-
र्निर्दारितांसहृदयान्मुसलप्रहारैः ।
दास्यामि संयुगहतान्सरथाश्वनागान्
स्वर्गानुयात्रपुरुषांस्तव पाण्डुपुत्रान् ॥ ३२ ॥

दुर्योधनः-मा मा भवानेवम् ।

प्रतिज्ञावसिते भीमे गते भ्रातृशते दिवम् ।
मयि चैवं गते राम ! विग्रहः किं करिष्यति ॥ ३३ ॥

बलदेवः-मत्प्रत्यक्षं वञ्चितो भवानित्युत्पन्नो मे रोषः ।

दुर्योधनः-वञ्चित इति मां भवान् मन्यते ।

बलदेवः-कः संशयः ।

दुर्योधनः–हन्त भोः ! दत्तमूल्या इव मे प्राणाः । कुतः

आदीप्तानलदारुणाज्जतुगृहाद् बुध्यात्मनिर्वाहिणा
युद्धे वैश्रवणालयेऽचलशिलावेगप्रतिस्पालिना ।
भीमेनाद्य हिडिंबराक्षसपतिर्प्राणप्रतिग्राहिणा
यद्येवं समवैषि मां छलजितं भो राम ! नाहं जितः ॥ ३४ ॥

बलदेवः–भीमसेन इदानीं तव युद्धवञ्चनामुत्पाद्य स्थास्यति ।

दुर्योधनः–किं चाहं भीमसेनेन वञ्चितः ।

बलदेवः–अथ केन भवानेवंविधः कृतः ।

दुर्योधनः–श्रूयताम् ,

येनेन्द्रस्य स पारिजातकतरुर्मानेन तुल्यं हृतो
दिव्यं वर्षसहस्रमर्णवजले सुप्तश्च यो लीलया ।
तीव्रां भीमगदां प्रविश्य सहसा निर्व्याजयुद्धप्रिय-
स्तेनाहं जगतः प्रियेण हरिणा मृत्योः प्रतिग्राहितः ॥ ३५ ॥

(नेपथ्ये)

उस्सरह उस्सरह अय्या ! उस्सरह । [उत्सरतोत्सरतार्याः ! उत्सरत ।]

बलदेवः–(विलोक्य) अये अयमत्रभवान् धृतराष्ट्रः गान्धारी च दुर्जयेनादेशितमार्गोऽन्तःपुरानुबन्धः शोकाभिभूतहृदयश्चकितगतिरित एवाभिवर्तते । य एषः,

वीर्याकरः सुतशतप्रविभक्तचक्षु–
र्दर्पोद्यतः कनकयूपविलम्बबाहुः ।
सृष्टो ध्रुवं त्रिदिवरक्षणजातशंकै–
र्देवैररातितिमिराञ्जलिताडिताक्षः ॥ ३६ ॥

१. परित्राण० ।

(ततः प्रविशति धृतराष्ट्रो गान्धारी देव्यौ दुर्जयश्च ।)

धृतराष्ट्रः– पुत्र क्वासि ।

३ गान्धारी–पुत्तअ ! कहिं सि । [पुत्रक ! क्वासि ।]

देव्यौ–महाराज ! कहिं सि । [महाराज ! क्वासि ।]

धृतराष्ट्रः–भोः ! कष्टम् ।

वञ्चनानिहतं श्रुत्वा सुतमद्याहवे मम ।
मुखमन्तर्गतास्राक्षमन्धमन्धतरं कृतम् ॥ ३७ ॥

गान्धारि ! किं धरसे ।

गान्धारी–जीवाविदम्हि मन्दभाआ । [जीवितास्मि मन्दभागा ।]

२ देव्यौ–महाराअ ! महाराअ ! [महाराज ! महाराज !]

राजा–भोः ! कष्टम् । यन्ममापि स्त्रियो रुदन्ति ।

पूर्वं न जानामि गदाभिघात-
रुजामिदानीं तु समर्थयामि ।
यन्मे प्रकाशीकृतमूर्धजानि
रणं प्रविष्टान्यवरोधनानि ॥ ३८ ॥

धृतराष्ट्रः–गान्धारि ! किं दृश्यते दुर्योधननामधेयः कुलमानी ।

गान्धारी–महाराअ ! ण दिस्सदि । [महाराज ! न दृश्यते ।]

३ धृतराष्ट्रः– कथं न दृश्यते । हन्त भो ! अद्यास्म्यहमन्धो योऽहम-
न्वेष्टव्ये काले पुत्रं न पश्यामि । भोः कृतान्ताहतक !

रिपुसमरविमर्दं मानवीर्यप्रदीप्तं
सुतशतमतिधीरं वीरमुत्पाद्य मानम्[1] ।
धरणितलविकीर्णं किं स योग्यो न भोक्तुं
सकृदपि धृतराष्ट्रः पुत्रदत्तं निवापम् ॥ ३९ ॥

---

१. 'मानी' इति स्यात् ।

गान्धारी—जाद सुयोधण ! देहि मे पडिवअणं । पुत्तसदविणासदुत्थिदं समस्सासेहि महाराअं । [जात सुयोधन । देहि मे प्रतिवचनम् । पुत्रशतविनाशदुःस्थितं समाश्वासय महाराजम् ।]

बलदेवः—अये । इयमत्रभवती गान्धारी ।

या पुत्रपौत्रवदनेष्वकुतूहलाक्षी
दुर्योधनास्तमितशोकनिपीतधैर्या ।
अस्त्रैररजस्त्रमधुना पतिधर्मचिह्न-
मार्द्रीकृतं नयनबन्धमिदं दधाति ॥ ४० ॥

धृतराष्ट्रः—पुत्र दुर्योधन ! अष्टादशाक्षौहिणीमहाराज ! कासि ।

राजा—अद्यास्मि महाराजः ।

धृतराष्ट्रः—एहि पुत्रशतज्येष्ठ । देहि मे प्रतिवचनम् ।

राजा—ददामि खलु प्रतिवचनम् । अनेन वृत्तान्तेन व्रीलितोऽस्मि ।

धृतराष्ट्रः—एहि पुत्र ! अभिवादयस्व माम् ।

राजा—अयमयमागच्छामि । (उत्थानं रूपयित्वा पतति) हा धिक् ! अयं मे द्वितीयः प्रहारः । कष्टं भोः !

हृतं मे भीमसेनेन गदापातकचग्रहे ।
सममूरुद्वयेनाद्य गुरोः पादाभिवन्दनम् ॥ ४१ ॥

गान्धारी—एत्थ जादा ! । [अत्र जाते !]

देव्यौ—अय्ये ! इमा म्ह । [आर्ये ! इमे स्वः ।]

गान्धारी—अण्णेसह भत्तारं । [अन्वेषेथां भर्तारम् ।]

देव्यौ—गच्छाम मन्दभाआ । [गच्छावः मन्दभागे ।]

धृतराष्ट्रः—क एष भो ! मम वस्त्रान्तमाकर्षन् मार्गमादेशयति ।

दुर्जयः—ताद ! अहं दुज्जओ । [तात ! अहं दुर्जयः ।]

धृतराष्ट्रः—पौत्र दुर्जय ! पितरमन्विच्छ ।

दुर्जयः—ताद ! परिस्संतो खु अहं । [तात ! परिश्रान्तः खल्वहम् ।]

९ धृतराष्ट्रः– गच्छ, पितुरङ्के विश्रमस्व।

दुर्जयः– ताद ! अहं गच्छामि। (उपसृत्य) ताद ! कहिं सि। [तात ! अहं गच्छामि । तात क्वासि ।]

१२ राजा– अयमप्यागतः। भोः ! सर्वावस्थायां हृदयसंनिहितः पुत्रस्नेहो मां दहति। कुतः,

दुःखानामनभिज्ञो यो ममाऽङ्कशयनोचितः।
निर्जितं दुर्जयो दृष्ट्वा किन्नु मामभिधास्यति॥ ४२॥

दुर्जयः– अअं महाराओ भूमीए उवविट्ठो। [अयं महाराजो भूम्यामुपविष्टः ।]

३ राजा– पुत्र किमर्थमिहागतः।

दुर्जयः– तुवं चिरायसि त्ति। [त्वं चिरायसीति ।]

राजा– अहो अस्यामवस्थायामपि पुत्रस्नेहो हृदयं दहति।

६ दुर्जयः– अहं पि खु दे अङ्के उवविसामि। (अङ्कमारोहति) [अहमपि खलु ते अङ्के उपविशामि ।]

राजा– (निवार्य) दुर्जय ! दुर्जय ! भोः ! कष्टम्।

हृदयप्रीतिजननो यो मे नेत्रोत्सवः स्वयम्।
सोऽयं कालविपर्यासाच्चन्द्रो वह्नित्वमागतः॥ ४६॥

दुर्जयः–अङ्के उववेसं किण्णिमित्तं तुवं वारेसि। [अङ्क उपवेशं किन्निमित्तं त्वं वारयसि ।]

३ राजा–

त्यक्त्वा परिचितं पुत्र ! यत्र तत्र त्वयास्यताम्।
अद्यप्रभृति नास्तीदं पूर्वभुक्तं तवासनम्॥ ४४॥

दुर्जयः– कहि णु हु महाराओ गमिस्सिदि। [कुत्र नु खलु महाराजो गमिष्यति ।]

राजा– भ्रातृशतमनुगच्छामि ।

दुर्जयः– मं पि तहि णेहि । [मामपि तत्र नय ।]

राजा– गच्छ पुत्र ! एवं वृकोदरं ब्रूहि ।

दुर्जयः– एहि महाराअ ! अण्णेसीअसि । [एहि महाराज ! अन्विष्यसे ।]

राजा– पुत्र केन ।

दुर्जयः– अय्याए अय्येण सव्वेण अन्तेउरेण अ । [आर्ययार्येण सर्वेणान्तःपुरेण च ।]

राजा– गच्छ पुत्र ! नाहमागन्तुं समर्थः ।

दुर्जयः– अहं तुमं णइस्सं । [अहं त्वां नेष्यामि ।]

राजा– बालस्तावदसि पुत्र ।

दुर्जयः– (परिक्रम्य) अय्या ! अअं महाराओ । [आर्याः ! अयं महाराजः ।]

देव्यौ– हा हा ! महाराओ ! [हा हा ! महाराजः ।]

धृतराष्ट्रः– क्वासौ महाराजः ।

गान्धारी– कहिं मे पुत्तओ । [कुत्र मे पुत्रकः ।]

दुर्जयः– अअं महाराओ भूमीए उववि‌ट्ठो [अयं महाराजो भूम्यामुपविष्टः ।]

धृतराष्ट्रः– हन्त भोः ! किमयं महाराजः ।

य: काञ्चनस्तम्भसमप्रमाणो लोके किलैको वसुधाधिपेन्द्रः ।
कृतः स मे भूमिगतस्तपस्वी द्वारेन्द्रकीलार्धसमप्रमाणः ॥४५॥

गान्धारी– जाद सुयोधण ! परिस्संतोसि । [जात सुयोधन ! परिश्रान्तोऽसि ।]

राजा– भवत्याः खल्वहं पुत्रः ।

धृतराष्ट्रः– केयं भोः ! ।

गान्धारी–महाराज ! अहमभीदपुत्तप्पसविणी । [महाराज !
६ अहममीतपुत्रप्रसविनी ।]

राजा–अद्योत्पन्नमिवात्मानमवगच्छामि । भोस्तात किमिदानीं वैक्लव्येन ।

९ धृतराष्ट्रः–पुत्र कथम[1]विक्लवो भविष्यामि ।

यस्य वीर्यबलोत्सिक्तं संयुगाध्वरदीक्षितम् ।
पूर्वं भ्रातृशतं नष्टं त्वय्येकस्मिन्हते हतम् ॥ ४६ ॥

(पतति ।)

राजा–हा धिक् । पतितोऽत्रभवान् । तात ! समाश्वासयात्रभवतीम् ।

धृतराष्ट्रः–पुत्र ! किमिति समाश्वासयामि ।

राजा–अपराङ्मुखो युधि हत इति । भोस्तात ! शोकनिग्रहेण
६ क्रियतां ममानुग्रहः ।

त्वत्पादमात्रप्रणताग्रमौलिर्ज्वलन्तमप्यग्निमचिन्तयित्वा ।
येनैव मानेन समं प्रसूतस्तेनैव मानेन दिवं प्रयामि ॥ ४७ ॥

धृतराष्ट्रः–

वृद्धस्य मे जीवितनिःस्पृहस्य निसर्गसंमीलितलोचनस्य ।
धृतिं निगृह्यात्मनि संप्रवृत्तस्तीव्रस्समाक्रामति पुत्रशोकः ॥ ४८ ॥

बलदेवः–भोः ! कष्टम् ।

दुर्योधननिराशस्य नित्यास्तमितचक्षुषः ।
न शक्नोम्यत्रभवतः कर्तुमात्मनिवेदनम ॥ ४९ ॥

राजा–विज्ञापयाम्यत्रभवतीम् ।

गान्धारी–भणाहि जाद ! । [भण जात !]

---

१. कथं विक्लवो ।

राजा—नमस्कृत्य वदामि त्वां यदि पुण्यं मया कृतम् ।
अन्यस्यामपि जात्यां मे त्वमेव जननी भव ॥ ५० ॥

गान्धारी—मम मणोरहो खु तुए भणिदो । [मम मनोरथः खलु त्वया भणितः ।]

३ राजा—मालवि ! त्वमपि शृणु ।

भिन्ना मे भ्रुकुटी गदानिपतितैर्व्यायुद्धकालोत्थितै—
वक्षस्युत्पतितैः प्रहाररुधिरैर्हारावकाशो हृतः ।
पश्येमौ व्रणकाञ्चनाङ्गदधरौ पर्याप्तशोभौ भुजौ
भर्ता ते नपराङ्मुखो युधि हतः किं क्षत्रिये रोदिषि ॥५१॥

देवी—बाळा एसा सहधर्मचारिणी रोदामि । [बाला एषा सहधर्मचारिणी रोदिमि ।]

३ राजा—पौरवि ! त्वमपि शृणु ।

वेदोक्तैर्विविधैर्मखैरभिमतैरिष्टं धृता बान्धवाः
शत्रूणामुपरि स्थितं प्रियशतं न व्यंसिताः संश्रिताः ।
युद्धेऽष्टादशवाहिनीनृपतयः संतापिता निग्रहे
मानं मानिनि ! वीक्ष्य मे न हि रुदन्त्येवंविधानां स्त्रियः ॥५२॥

पौरवी—एक्ककिदप्पवेसणिच्चआ ण रोदामि । [एककृतप्रवेशनिश्चया न रोदिमि ।]

३ राजा—दुर्जय ! त्वमपि शृणु ।

धृतराष्ट्रः—गान्धारि ! किं नु खलु वक्ष्यति ।

गान्धारी—अहं पि तं एव्व चिन्तेमि । [अहमपि तदेव चिन्तयामि ।]

६ राजा—अहमिव पाण्डवाः शुश्रूषयितव्याः, तत्रभवत्याश्चांबायाः कुन्त्या निदेशो वर्तयितव्यः । अभिमन्योर्जननी द्रौपदी चोभे मातृवत्पूजयितव्ये । पश्य पुत्र !

श्लाघ्यश्रीरभिमानदीप्तहृदयो दुर्योधनो मे पिता
तुल्येनाभिमुखं रणे हत इति त्वं शोकमेवं त्यज ।
स्पृष्ट्वा चैव युधिष्ठिरस्य विपुलं क्षौमापसव्यं भुजं
देयं पाण्डुसुतैस्त्वया मम समं नामावसाने जलम् ॥ ५३ ॥

बलदेवः–अहो वैरं पश्चात्तापः संवृत्तः । अये शब्द इव ।

सन्नाहदुन्दुभिनिनादवियोगमूके
विक्षिप्तबाणकवचव्यजनातपत्रे ।
कस्यैष कार्मुकरवो हतसूतयोधे
विभ्रान्तवायसगणं गगनं करोति ॥ ५४ ॥

(नेपथ्ये)

दुर्योधनेनाततकार्मुकेण यो युद्धयज्ञः सहितः प्रविष्टः ।
तमेव भूयः प्रविशामि शून्यमध्वर्युणा वृत्तमिवाश्वमेधम् ॥५५॥

बलदेवः–अये अयं गुरुपुत्रोऽश्वत्थामेत एवाभिवर्तते । य एषः,

स्फुटितकमलपत्रस्पष्टविस्तीर्णदृष्टी
रुचिरकनकयूपव्यायतालम्बबाहुः ।
सरभसमयमुग्रं कार्मुकं कर्षमाणः
सदहन इव मेरुः शृङ्गलग्नेन्द्रचापः ॥ ५६ ॥

(ततः प्रविशत्यश्वत्थामा ।)

अश्वत्थामा–(पूर्वोक्तमेव पठित्वा) भो भोः ! समरसंरम्भोभयबल-
२ जलधिसङ्गमसमयसमुत्थितशस्त्रनक्रकृत्तविग्रहाः स्तोकावशेषश्वा-
नुबद्धमन्दप्राणाः समरश्लाधिनो राजानः ! शृण्वन्तु शृण्वतु भवन्तः ।

छलबलदलितोरुः कौरवेंद्रो न चाहं
शिथिलविफलशस्त्रः सूतपुत्रो न चाहम् ।

१. प्रविशाम्यशून्य० ।

इह तु विजयभूमौ द्रष्टुमद्योद्यतास्त्रः
सरभसमहमेको द्रोणपुत्रः स्थितोऽस्मि ॥ ५७ ॥

किमनया ममाप्यप्रतिलाभविजयश्लाघया समरश्रिया । (परिक्रम्य) मा तावत् । मयि गुरुनिवपनव्यग्रे वञ्चितः किल कुरुकुलतिलकभूतः कुरुराजः । क एतच्छ्रद्धास्यति । कुतः,

उद्यत्प्राञ्जलयो रथद्विपगताश्चापद्वितीयैः करै-
र्यस्यैकादशवाहिनीनृपतयस्तिष्ठन्ति वाक्योन्मुखाः ।
भीष्मो रामशरावलीढकवचस्तातश्च योद्धा रणे
व्यक्तं निर्जित एव सोऽप्यतिरथः कालेन दुर्योधनः ॥५८॥

तत् क नु खलु गतो गान्धारीपुत्रः । (परिक्रम्यावलोक्य) अये अयमभिहतगजतुरगनररथप्राकारमध्यगतः समरपयोधिपारगः कुरुराजः । य एषः,

मौलीनिपातचलकेशमयूखजालै-
र्गात्रैर्गदानिपतनक्षतशोणितार्द्रैः ।
[1]भ्रात्यस्तमस्तकशिलातलसंनिविष्टः
सन्ध्यावगाढ इव पश्चिमकालसूर्यः ॥ ५९ ॥

(उपसृत्य) भोः कुरुराज ! किमिदम् ।
राजा—गुरुपुत्र ! फलमपरितोषस्य ।
अश्वत्थामा—भोः कुरुराज ! सत्कारमूलमावर्जयिष्यामि ।
राजा—किं भवान् करिष्यति ।
अश्वत्थामा—श्रूयताम् ।

युद्धोद्यतं गरुडपृष्ठनिविष्टदेह-[2]
मष्टार्धभीमभुजमुद्यतशार्ङ्गचक्रम् ।

---

१. यात्य । २. °देहं स्पष्टाष्ट°

कृष्णं सपाण्डुतनयं युधि शस्त्रजालैः
संकीर्णलेख्यमिव चित्रपटं क्षिपामि ॥ ६० ॥

राजा—मा मा भवानेवम् ।

गतं धात्र्युत्संगे सकलमभिषिक्तं नृपकुलं
गतः कर्णः स्वर्गं निपतिततनुः शन्तनुसुतः ।
गतं भ्रातॄणां मे शतमभिमुखं संयुगमुखे
वयं चैवंभूताः गुरुसुत ! धनुर्मुञ्चतु भवान् ॥ ६१ ॥

अश्वत्थामा—भोः कुरुराज !

संयुगे पाण्डुपुत्रेण गदापातकचग्रहे ।
सममूरुद्वयेनाद्य दर्पोऽपि भवतो हृतः ॥ ६२ ॥

राजा—मा मैवम् । मानशरीरा राजानः । मानार्थमेव मया निग्रहो गृहीतः । पश्य गुरुपुत्र !

यत्कृष्टा करनिग्रहाञ्चितकचा द्यूते तदा द्रौपदी
यद्बालोऽपि हतस्तदा रणमुखे पुत्रोऽभिमन्युः पुनः ।
अक्षव्याजजिता वनं वनमृगैर्यत्पाण्डवाः संश्रिता
नन्वल्पं मयि तैः कृतं विमृश भो ! दर्पाहृतं[1] दीक्षितैः ॥ ६३ ॥

अश्वत्थामा—सर्वथा कृतप्रतिज्ञोऽस्मि ।

भवता चात्मना चैव वीरलोकैः शपाम्यहम् ।
निशासमरमुत्पाद्य रणे धक्ष्यामि पाण्डवान् ॥ ६४ ॥

बलदेवः—एतद्भविष्यत्युदाहृतं गुरुपुत्रेण ।

अश्वत्थामा—हलायुधोऽत्रभवान् ।

३ धृतराष्ट्रः—हन्त ! साक्षिमती खलु वञ्चना ।

अश्वत्थामा—दुर्जय ! इतस्तावत् ।

---

१. दर्पव्रतं ।

पितृविक्रमदायाद्ये राज्ये भुजबलार्जिते ।
विनाभिषेकं राजा त्वं विप्रोक्तैर्वचनैर्भव ॥ ६५ ॥

राजा–हन्त ! कृतं मे हृदयानुज्ञातम् । परित्यजन्तीव मे प्राणाः । इमेऽत्रभवन्तः शन्तनुप्रभृतयो मे पितृपितामहाः । एतत्कर्णमग्रतः कृत्वा समुत्थितं भ्रातृशतम् । अयमप्यैरावतशिरोविषक्तः काकपक्षधरो महेन्द्रकरतलमवलम्ब्य क्रुद्धोऽभिभाषते मामभिमन्युः । उर्वश्यादयोऽप्सरसो मामभिगताः । इमे महार्णवा मूर्तिमन्तः । एता गंगाप्रभृतयो महानद्यः । एष सहस्रहंसप्रयुक्तो मां नेतुं वीरवाही विमानः कालेन प्रेषितः । अयमयमागच्छामि । (स्वर्गं गतः ।)

(यवनिकास्तरणं करोति ।)

धृतराष्ट्रः–

यास्येष सज्जनधनानि तपोवनानि
पुत्रप्रणाशविफलं हि धिगस्तु राज्यम् ।

अश्वत्थामा–

यातोऽद्य सौप्तिकवधोद्यतबाणपाणिः

(भरतवाक्यम्)

बलदेवः–गां पातु नो नरपतिः शमितारिपक्षः ॥ ६६ ॥

(निष्क्रान्ताः सर्वे ।)

ऊरुभङ्गं नाम नाटकं समाप्तम् ॥

—

श्लोकानुक्रमणिका ।

बालचरितस्य कथावस्तु ।

बालचरिते बालस्य श्रीकृष्णस्य जन्मदिनादारभ्य कंसहननान्तं सर्वं चरितं प्रतिपाद्यं वस्तु ।

पात्राणि ।

पुरुषाः—

नारदः—देवर्षिः ।

वसुदेवः—कृष्णस्य जनकः ।

नन्दगोपः—वसुदेवस्य मित्रं गोकुलाध्यक्षः ।

उग्रसेनः— कंसस्य पिता ।

दामोदरः
सङ्कर्षणः } — भगवन्तौ वसुदेवसुतौ ।

गरुडः—विष्णोर्वाहनम् ।

चक्रः
शार्ङ्गः
शङ्खः
नन्दकः } — भगवत आयुधवराणि ।

राजा—मथुराधीशः कंसः ।

चाणूरः
मुष्टिकः } — मल्लविशेषौ कंससम्बन्धिनौ ।

भटः— कंसस्य भृत्यो ध्रुवसेननामा ।

काञ्चुकीयः—कंसस्य भृत्यो बालाकिनामा ।

शापः—शापाधिदेवता ।

सर्वे—रक्षिपुरुषाः ।

कुण्डोदरः
शूलः
नीलः
मनोजवः } — कात्यायन्या भृत्याः ।

वृद्धगोपालकः—कश्चिद् गोपालकः ।

दामकः— कश्चिद् गोपालकः ।

अरिष्टर्षभः—असुरविशेषः ।

कालियः—यमुनाह्रदनिवासी महानागः ।

स्त्रियः—

देवकी—कृष्णस्य जननी ।

प्रतिहारी—देवक्या द्वारपालिका ।

धात्री—मायादारिकाया उपमाता ।

सर्वाः—चण्डालयुवतयः ।

कात्यायनी—कंसहस्तादुत्प्लुत्याकाशस्थिता देवी ।

सर्वाः—गोप्यो घोषसुन्दर्यादयः ।

राजश्रीः—राज्याधिदेवता ।

प्रतिहारी—कंसस्य द्वारपालिका मधुकरिका ।

प्रतिहारी—कंसस्य द्वारपालिका यशोधरा ।

कौमोदकी—भगवत आयुधवरम् ।

॥ श्रीः ॥

भासनाटकचक्रे

बालचरितम् ।

(नान्द्यन्ते ततः प्रविशति सूत्रधारः ।)

सूत्रधारः--

शङ्खक्षीरवपुः पुरा कृतयुगे नाम्ना तु नारायण-
स्त्रेतायां त्रिपदार्पितत्रिभुवनो विष्णुः सुवर्णप्रभः ।
दूर्वाश्यामनिभः स रावणवधे रामो युगे द्वापरे
नित्यं योऽञ्जनसन्निभः कलियुगे वः पातु पामोदरः ॥१॥

एवमार्यमिश्रान् विज्ञापयामि । अये किन्नु खलु मयि विज्ञापनव्यग्रे शब्द इव श्रूयते । अङ्ग ! पश्यामि ।

२ (नेपथ्ये)

अहं गगनसञ्चारी ।

सूत्रधारः--भवतु, विज्ञातम् ।

पतत्यसौ पुष्पमयी च वृष्टिर्नदन्ति तूर्याणि च देवतानाम् ।
द्रष्टुं हरिं वृष्णिकुले प्रसूतमभ्यागतो नारद एष तूर्णम् ॥ २ ॥

(निष्क्रान्तः ।)

स्थापना

(ततः प्रविशति नारदः ।)

३ नारदः--

अहं गगनसञ्चारी त्रिषु लोकेषु विश्रुतः ।
ब्रह्मलोकादिह प्राप्तो नारदः कलहप्रियः ॥ ३ ॥

भोः !

क्षीणेषु देवासुरविग्रहेषु नित्यप्रशान्ते न रमेऽन्तरिक्षे ।
अहं हि वेदाध्ययनान्तरेषु तन्त्रीश्च वैराणि च घट्टयामि ॥४॥

अपि च,

भक्तिः परा मम पितामहभाषितेषु
सर्वाणि मे बहुमतानि तपोवनानि ।
सत्यं ब्रवीमि करजाग्रहता च वीणा
वैराणि भीमकठिनाः कलहाः प्रिया मे ॥ ५ ॥

तद् भगवन्तं लोकादिमनिधनमव्ययं लोकहितार्थं कंसवधार्थं वृष्णिकुले प्रसूतं नारायणं द्रष्टुमिहागतोऽस्मि । अये, इयमत्रभवती देवकी । मायया शिशुत्वमुपागतं त्रिलोकेश्वरं प्रगृह्य वसुदेवेन सह शनैः स्वगृहान्निष्क्रामति । यैषा,

लोकानामभयकरं गुरुं सुराणां
दैत्यानां निधनकरं रथाङ्गपाणिम् ।
शोकार्ता शशिवदना निशि प्रशान्ता
बाहुभ्यां गिरिमिव मन्दरं वहन्ती ॥ ६ ॥

एष एष भगवान् नारायणः,

अनन्तवीर्यः कमलायताक्षः सुरेन्द्रनाथोऽसुरवीर्यहन्ता ।
त्रिलोकहेतुर्जगतश्च[1] कर्ता भर्ता जनानां पुरुषः पुराणः ॥ ७ ॥

हन्तैतदुत्पन्नं कलहस्य मूलम् । यावदहमपि भगवन्तं नारायणं प्रदक्षिणीकृत्य ब्रह्मलोकमेव यास्यामि । नमो भगवते त्रैलोक्यकारणाय ।

---

१. जगतां च कर्ता ।

नारायणाय नरलोकपरायणाय
　　लोकाननाय कमलामललोचनाय ।
रामाय रावणविरोचनपातनाय
　　वीराय वीर्यनिलयाय नमो वराय ॥ ८ ॥

(निष्क्रान्तः ।)

(ततः प्रविशति बालहस्ता देवकी ।)

३ देवकी–हद्धि, पुत्तअस्स मे महाणुभावत्तणं सूअइस्सन्दाणि जम्म
समअसमुब्भूदाणि महाणिमित्ताणि पच्चक्खीकरअन्ती अवि कंस-
हदअणिसंसत्तणं चिन्तअन्ती सुट्ठु ण पच्चआमि मन्दभाइणी ।
६ कहिं णु गदो अय्यउत्तो । (परिक्रम्य अग्रतो विलोक्य) अम्मो, एसो
अय्यउत्तो हरिसविम्हअफुल्लणअणो इदो एव्व आअच्छदि ।
[हा धिक्, पुत्रकस्य मे महानुभावत्वं सूचियिष्यन्ति जन्मसमयसमु-
९ द्भूतानि महानिमित्तानि प्रत्यक्षीकुर्वत्यपि कंसहतकनृशंसत्वं चिन्तयन्ती
सुष्ठु न प्रत्येमि मन्दभागिनी । क्व नु गत आर्यपुत्रः । अम्मो, एष आर्य-
पुत्रो हर्षविस्मयफुल्लनयन इत एवागच्छति ।]

१२ (ततः प्रविशति वसुदेवः ।)

वसुदेवः– (सविमर्शम्) भोः ! किं नु खल्विदम् ।

भ्रमति नभसि विद्युच्चण्डवातानुविद्धै-
　　र्नवजलदनिनादैर्मेदिनी सम्प्रकम्पा ।
इह तु जगति नूनं रक्षणार्थं प्रजाना-
　　मसुरसमितिहन्ता विष्णुरद्यावतीर्णः ॥ ९ ॥

(विलोक्य) एषा देवकी,

---

१. रहसि ।

अगणितपरिखेदा याति षण्णां सुताना-
मपचयगमनार्थं सप्तमं रक्षमाणा ।
बहुगुणकृतलोभा जन्मकाले निमित्तैः
सुत इति कृतसंज्ञं कंसमृत्युं वहन्ती ॥ १० ॥

देवकी– (उपसृत्य) जेदु अय्यउत्तो । [जयत्वार्यपुत्रः ।]

वसुदेवः–देवकि ! अर्धरात्रः[1] खलु वर्तते । प्रसुप्तो मथुरायां सर्वो जनः । तस्माद् यावन्न कश्चित् पश्यति, तावद् बालं गृहीत्वापक्रामामि ।

देवकी–कहिं अय्यउत्तो इमं णइस्सदि । [क्वार्यपुत्र इमं नेष्यति ।]

वसुदेवः–देवकि ! सत्यं ब्रवीषि । अहमपि न जाने । किन्तु, एकच्छत्रच्छायां पृथिवीं समाज्ञापयति दुरात्मा कंसः । तत् क्व नु खल्वयमायुष्मान् नेतव्यो भविष्यति । अथवा यत्र दैवं विधास्यति, तत्र बालं गृहीत्वापक्रामामि ।

देवकी–अय्यउत्त ! इच्छामि दाव णं सुदिट्ठं कत्तुं । [आर्यपुत्र ! इच्छामि तावदेनं सुदृष्टं कर्तुम् ।]

वसुदेवः-अयि अतिपुत्रवत्सले !

किं द्रष्टव्यः शशाङ्कोऽयं राहोर्वदनमण्डले ।
त्वयाप्यस्य सुदृष्टस्य कंसो मृत्युर्भविष्यति ॥ ११ ॥

देवकी–सव्वहा ण भविस्सदि । [सर्वथा न भविष्यति ।]

वसुदेवः-यद् भवत्याभिहितं, तत् सर्वदैवतैरभिहितं भवतु । आनय ।

देवकी–गह्णदु अय्यउत्तो । [गृह्णत्वार्यपुत्रः ।]

वसुदेवः-(गृहीत्वा) अहो गुरुत्वं बालस्य । साधु,

---

१. अर्धरात्रं ।

विन्ध्यमन्दरसारोऽयं बालः पद्मदलेक्षणः ।
गर्भे यया धृतः श्रीमानहो धैर्यं हि योषितः ॥ १२ ॥

देवकि ! प्रविश त्वमभ्यन्तरम् ।

देवकी–एसा गच्छामि मन्दभाआ । (निष्क्रान्ता ।) [एषा गच्छामि
३ मन्दभागा ।]

वसुदेवः–एषा देवकी,

हृदयेनेह तत्राङ्गैर्द्विधाभूतेव गच्छति ।
यथा नभसि तोये च चन्द्रलेखा द्विधाकृता ॥ १३ ॥

हन्त प्रविष्टा देवकी । यावदहमपि नगरद्वारं संश्रयामि । एष भोः,

प्रथमसुतविनाशजातमन्युर्नृपतिभयाकुलितः प्रगृह्य बालम् ।
त्वरिततरमिह प्रयामि मार्गे गिरिमिव मन्दरमुद्वहन्भुजाभ्याम् ॥ १४॥

(परिक्रम्य) इदं नगरद्वारम् । यावत् प्रविशामि । (प्रविश्य) अये
प्रसुप्तो मथुरायां सर्वो जनः । यावदपक्रामामि । (परिक्रम्य)
३ निष्क्रान्तोऽस्मि मथुरायाः । अहो बलवांश्चायमन्धकारः । सम्प्रति
हि,

लिम्पतीव तमोऽङ्गानि वर्षतीवाञ्जनं नभः ।
असत्पुरुषसेवेव दृष्टिर्निष्फलतां गता ॥ १५ ॥

अहो तमसः प्रभुत्वम् ।

अप्रकाशा इव दिशो घनीभूता इव द्रुमाः ।
सुनिविष्टस्य लोकस्य कृतो रूपविपर्ययः ॥ १६ ॥

नाहं गन्तुं समर्थः । अये दीपिकालोकः । किन्नु खलु दुरात्मा कंसो
ममापक्रमणं ज्ञात्वा दीपिकाभिः परिवृतो मां ग्रहीतुमागतो भवेत् ।
३ भवत्वहमस्य दर्पप्रशमनं करोमि । (खड्गमुत्कोशयति । निवृत्यावलोक्य)
अये न कश्चिद् दृश्यते । आ,

तमसा संवृते लोके मम मार्गमपश्यतः ।
अपक्रमणहेतोस्तु कुमारेण प्रभा कृता ॥ १७ ॥

एष मार्गः । यावदपक्रामामि । अये इयं भगवती यमुना कालवर्षसम्पूर्णा स्थिता । अहो व्यर्थो मे परिश्रमः । किमिदानीं करिष्ये । भवतु, दृष्टम् ।

इमां नदीं ग्राहभुजङ्गसङ्कुलां
महोर्मिमालां मनसापि दुस्तराम् ।
भुजप्लवेनाशु गतार्थविक्लवो
वहामि सिद्धिं यदि दैवतं स्थितम् ॥ १८ ॥

(तथा कृत्वा सविस्मयम्) हन्त द्विधा छिन्नं जलम् ; इतः स्थितम् , इतः प्रधावति । दत्तो मे भगवत्या मार्गः । यावदपक्रामामि । (अवतीर्य) निष्क्रान्तोऽस्मि यमुनायाः । अये हुङ्कारशब्द इव श्रूयते । व्यक्तं घोषसमीपे वर्तते मन्दभाग्यः । आ, अत्र च समीपघोषे मम वयस्यो नन्दगोपः प्रतिवसति । स खलु मया कंसाज्ञया निगलितः कशाभिहतश्च । यावत् प्रविशामि । अथवा रात्रौ वसुदेवः प्रविष्ट इति शङ्किता गोपालका भविष्यन्ति । तस्मादिह न्यग्रोधपादपस्याधस्तात् प्रभातवेलां रजन्याः प्रतिपालयामि । भो भो न्यग्रोधदेवताः ! यद्ययं बालो लोकहितार्थं कंसवधार्थं वृष्णिकुले प्रसूतश्चेद् , घोषात् कश्चिदिहागच्छतु । न, न, मम वयस्यो नन्दगोप एवागच्छतु ।

(ततः प्रविशति दारिकां गृहीत्वा नन्दगोपः ।)

नन्दगोपः–(सशोकम्) दाळिए ! दाळिए ! किं दाणि णो गेहळ्षिं णळमिअ तदो णो उज्झिअ णं गच्छषि । षम्पदि हि महिषदसम्पादषदिं अहो बळिअं अन्धआळं ।

१. (स) न्नि (हि) ता. २. लोकहितार्थः ।

दुद्दिणविणट्ठजोह्ना ळत्ती वट्टइ णिमीळिआकाळा ।
षम्पाउदप्पपुत्ता णीळणिवषणा जहा गोवी ॥ १९ ॥

अज्ज हि अड्ढळत्ते अम्हाणं कुडुम्बिणीए जषोदाए पषूदा इअं च दाळी तवष्षिणी जादमत्ता एव्व ओग्गदप्पाणा षंवुत्ता । षुवे अम्हाणां घोषष्ष उइदो इन्दयञ्ञो णाम उष्षुवो भविषषदि । ता मा खु एदं दुक्खं गोवजणेहि अणुहूअमाणं त्ति मए एक्काइणा णिगळगुलुचळणेण इमं दाळिअं गह्णिअ णिग्गदो म्हि । जषोदा वि तवष्षिणी णैव जाणादि दाळओ वा दाळिआ वा पषूद त्ति मोहं गदा । दाळिए ! दाळिए ! । [दारिके ! दारिके ! किमिदानीं नो गेहलक्ष्म्यां न रन्त्वा ततो न उज्झित्वा ननु गच्छसि । संप्रति हि महिषशतसंपातसदृशोऽहो बलवानन्धकारः ।

दुर्दिनविनष्टज्योत्स्ना रात्रिर्वर्तते निमीलिताकारा ।
संप्रावृतप्रसुप्ता नीलनिवसना यथा गोपी ॥ १९ ॥

अद्य ह्यर्धरात्रेऽस्माकं कुटुम्बिन्या यशोदया प्रसूतेयं च दारी तपस्विनी जातमात्रैवापगतप्राणा संवृत्ता । श्वोऽस्माकं घोषस्योचित इन्द्रयज्ञो नामोत्सवो भविष्यति । तद् मा खल्वेतद् दुःखं गोपजनैरनुभूयमानमिति मयैकाकिना निगलगुरुचरणेनेमां दारिकां गृहीत्वा निर्गतोऽस्मि । यशोदापि तपस्विनी नैव जानाति दारको वा दारिका वा प्रसूत इति मोहं गता । दारिके ! दारिके ! ।]

वसुदेवः—को नु खल्वयं रात्रौ परिदेवयति । अस्मत्सब्रह्मचारी खल्वयं तपस्वी ।

नन्दगोपः—किं दाणिं णो गेहळष्षिं ण ळमिअ तदो णो उज्झिअ णं गच्छषि । [किमिदानीं नो गेहलक्ष्म्यां न रन्त्वा ततो न उज्झित्वा ननु गच्छसि ।]

वसुदेवः–स्वरेण प्रत्यभिजानामि । मम वयस्येन नन्दगोपेन भवितव्यम् । यावच्छब्दापयामि । वयस्य नन्दगोप ! इतस्तावत् ।

नन्दगोपः– (सभयम्) अविहा को दाणि मं षुदपुलुवेण विअ षळयोगेण णन्दगोव ! णन्दगोव ! त्ति मं षद्दावेदि । किण्णु ळक्खशा वा, आदु पिषाषो वा । ईदिषीए पदिभअळअणीए मदळिआ दाळिआ मम हत्थे । किं णु हु कळिष्षं । [अविहा क इदानीं मां श्रुतपूर्वेणेव स्वरयोगेन नन्दगोप ! नन्दगोप ! इति मां शब्दयति । किं नु राक्षसो वा, उत पिशाचो वा । ईदृश्यां प्रतिभयरजन्यां मृता दारिका मम हस्ते । किं नु खलु करिष्यामि ।]

वसुदेवः–वयस्य नन्दगोप ! अलमन्यशङ्कया । इतस्तावत् ।

नन्दगोपः–(कर्णं दत्त्वा । सावधानम्) अम्मो, षळयोगेण भट्टा वषुदेव त्ति जाणामि । जाव उवषप्पिष्षं । अहव तहि मम किं कय्यं । एदिणा कंषष्ष ळञ्ञो वअणं षुणिअ अवळद्धो कषाहि ताळिअ णिअळेहि बद्धो म्हि । ता ण गमिष्षं । अहव धिक्खु मे णिषंषभावं । मम गुणषहष्षं किदं, दुक्खे दुक्खइ, षुहे षुहिणो होदि, तहवि षुमळामि ळाअषाषणेण किदं एक्कबन्धणं । जाव उवषप्पिष्षं । इयं दाळी । किं कळिष्षं । होदु एवं दाव कळिष्षं । (उपसृत्यावलोक्य च । सविस्मयम्) पभादा ळअणी । एषो भट्टा वषुदेवो दाळअं गह्णिअ ठ्ठिदो । (उपसृत्य) जेदु भट्टा जेदु । [अम्मो, स्वरयोगेन भर्ता वसुदेव इति जानामि । यावदुपसर्प्स्यामि । अथवा तत्र मम किं कार्यम् । एतेन कंसस्य राज्ञो वचनं श्रुत्वापराद्धः कशाभिस्ताडयित्वा निगलैर्बद्धोऽस्मि । तन्न गमिष्यामि । अथवा धिक् खलु मे नृशंसभावम् । मम गुणसहस्रं कृतं, दुःखे दुःख्यति, सुखे सुखी भवति, तथापि स्मरामि राजशासनेन कृतमेकबन्धनम् । यावदुपसर्प्स्यामि । इयं दारी । किं करिष्यामि । भवत्वेवं तावत् करिष्यामि ।

प्रभाता रजनी। एष भर्ता वसुदेवो दारकं गृहीत्वा स्थितः। जयतु भर्ता जयतु।]

वसुदेवः—वयस्य नन्दगोप ! अपि भगवतीभ्यो गोभ्यः कुशलम्।

नन्दगोपः—आम भट्टा ! कुषळं। [आम भर्तः ! कुशलम्।]

वसुदेवः—अथ भवतः परिजनस्य कुशलम्।

नन्दगोपः—परिजणमिति। आम भट्टा ! कुषळं। [परिजनमिति। आम भर्तः ! कुशलम्।]

वसुदेवः—वयस्य ! किमिदानीं प्रच्छाद्यते।

नन्दगोपः—भट्टा ! णत्थि किञ्चि। [भर्तः ! नास्ति किंचित्।]

वसुदेवः—मम खलु प्राणैः शापितः स्याद्, यदि सत्यं न ब्रूयात्।

नन्दगोपः—का गई। षुणादु भट्टा। अज्ज अड्ढळत्ते अम्हाणं कुडुम्बिणीए, ण हि ण हि, तुम्हाणं दाषीए जषोदाए पषूदा इअं च दाळी तवष्षिणी जादमत्ता एव्व ओग्गदप्पाणा षंवुत्ता। षुवे अम्हाणं घोषष्ष उइदो इन्दयञ्ञो णाम उष्षवो भविष्षदि। ता मा खु एदं दुक्खं गोवजणेहि अणुहूअमाणं त्ति मए एक्काइणा णिगळगुलुचळणेण इमं दाळिअं गह्णिअ णिग्गदो म्हि। जषोदा वि तवष्षिणी णेव जाणादि दाळओ दाळिआ वा पषूद त्ति मोहं गदा। [का गतिः। शृणोतु भर्ता। अद्यार्धरात्रेऽस्माकं कुटुम्बिन्या, न हि न हि, युष्माकं दास्या यशोदया प्रसूतेयं च दारी तपस्विनी जातमात्रैवापगतप्राणा संवृत्ता। श्वोऽस्माक घोषस्योचित इन्द्रयज्ञो नामोत्सवो भविष्यति। तद् मा खल्वेतद् दुःखं गोपजनैरनुभूयमानमिति मयैकाकिना निगलगुरुचरणेनेमां दारिकां गृहीत्वा निर्गतोऽस्मि। यशोदापि तपस्विनी नैव जानाति दारको दारिका वा प्रसूत इति मोहं गता।]

वसुदेवः–हन्त भोः ! न शक्यं लोकस्याधिष्ठानभूतं कृतान्तं वञ्चयितुम् । वयस्य ! काष्ठभूतं कलेवरं त्यज्यताम् ।

नन्दगोपः–ण षक्कुणोमि । भट्टा ! ण षक्कुणोमि । [न शक्नोमि भर्तः ! न शक्नोमि ।]

वसुदेवः–ईदृशो लोकधर्मः । त्यज्यताम् ।

नन्दगोपः–जं भट्टा आणवेदि । दालिए ! दालिए ! । (इति रोदिति ।) [यद् भर्ताज्ञापयति । दारिके ! दारिके ! ।]

वसुदेवः–वयस्य ! अलमलं रुदितेन उत्तिष्ठोत्तिष्ठ ।

नन्दगोपः–(तथा कृत्वोपगम्य) जेदु भट्टा । इमिणा दाषजणेण किं कत्तव्वं । [जयतु भर्ता । अनेन दासजनेन किं कर्तव्यम् ।]

वसुदेवः–वयस्य ! ननु त्वमपि जानासि दुरात्मना कंसेन ममं षट् पुत्रा निधनमुपानीता इति ।

नन्दगोपः–जाणामि भट्टा ! जाणामि । [जानामि भर्तः ! जानामि ।]

वसुदेवः–तत् सप्तमोऽयं दीर्घायुः । नास्ति मम पुत्रेषु भाग्यम् । तव भाग्याज्जीवितुं गृह्यताम् ।

नन्दगोपः–भाआमि भट्टा ! भाआमि । जदि कंषो ळाआ षुणादि-वषुदेवष्ष दाळओ णन्दगोवष्ष हत्थे णाषो णिक्खित्तो त्ति, किं बहुणा, गदं एव्व मे षीषं । [बिभेमि भर्तः ! बिभेमि । यदि कंसो राजा शृणोति–वसुदेवस्य दारको नन्दगोपस्य हस्ते न्यासो निक्षिप्त इति, किं बहुना, गतमेव मे शीर्षम् ।]

वसुदेवः–(आत्मगतम्) हन्त विपन्नं कार्यम् । उत्कण्ठाः खलु नृशंसाः । तदेवं कथयामि । (प्रकाशम्) वयस्य नन्दगोप !

यद्यस्मि भवतः किञ्चिन्मया पूर्वकृतं भवेत् ।
तस्य प्रत्युपकारस्य कालस्ते समुपागतः ॥ २० ॥

नन्दगोपः—किं किं पच्चुवकाळं त्ति । जदि कंषो वा होदु, कंषष्ष पिदा उग्गषेणो वा होदु । आणेदु भट्टा दाळअं । [किं किं प्रत्युपकार इति । यदि कंसो वा भवतु, कंसस्य पितोग्रसेनो वा भवतु । आनयतु भर्ता दारकम् ।]

वसुदेवः—वयस्य ! गृह्यताम् ।

नन्दगोपः—भट्टा ! अचोक्खिदम्हि, मदळिआ दाळिआ गहीदा । मुहुत्तअं पडिवाळेदु भट्टा । जाव जमुणाहळं गच्छिअ चोक्खं कळेमि । [भर्तः ! अशौचितोऽस्मि, मृता दारिका गृहीता । मुहूर्तकं प्रतिपालयतु भर्ता, यावद् यमुनाजलं गत्वा शौचं करोमि ।]

वसुदेवः—वयस्य ! घोषवासात् प्रकृत्या शुचिरेव भवान् ।

नन्दगोपः—तेण हि अम्हाणं घोषष्ष उइदं पङ्खुणा चोक्खं कळेमि । [तेन ह्यस्माकं घोषस्योचितं पांसुना शौचं करोमि ।]

वसुदेवः—कोऽत्र दोषः । क्रियतां शौचम् ।

नन्दगोपः—जं भट्टा आणवेदि । (तथा कुर्वन् सविस्मयम्) अच्छळीअं अच्छळीअं भट्टा ! अच्छळीअं । पङ्खूणि मग्गमाणष्ष धळणीं भिन्दिअ जुगप्पमाणा षळिळधाळा उट्ठिदा । [यद् भर्ताज्ञापयति । आश्चर्यमाश्चर्यं भर्तः ! आश्चर्यम् । पांसून् मार्गयतो धरणीं भित्त्वा युगप्रमाणा सलिलधारोत्थिता ।]

वसुदेवः—बालस्यैव प्रभावः । क्रियतां शौचम् ।

नन्दगोपः—भट्टा ! तह । (तथा कृत्वोपसृत्य) भट्टा ! अअम्हि । [भर्तः ! तथा । भर्तः ! अयमस्मि ।]

वसुदेवः—गृह्यताम्

नन्दगोपः—भट्टा ! अदिदुब्बळा मे बाहा मन्दळषदिषं बाळअं गह्णिदुं ण षमत्था । [भर्तः ! अतिदुर्बलौ मे बाहू मन्दरसदृशं बालकं ग्रहीतुं न समर्थौ ।]

वसुदेवः—वयस्य ! महाबलपराक्रमः खलु भवान् ।

नन्दगोपः—षुणादु भट्टा मम बळपळक्कमं । षन्दाळिअमाणे वषभे षिङ्गं गह्णिअ मोचेमि । पङ्कुणिमग्गाणि भण्डषअडआणि आघट्टआमि । ईदिषो दाणि अहं दाळअं गह्णिउं ण षमत्थो म्हि । [शृणोतु भर्ता मम बलपराक्रमं । सन्दारयमाणे वृषभे शृङ्गं गृहीत्वा मोचयामि । पङ्कनिमग्नान् भाण्डशकटकान् आघट्टयामि । ईदृश इदानीमहं दारकं ग्रहीतुं न समर्थोऽस्मि ।]

(ततः प्रविशन्ति पञ्चायुधानि गरुडश्च)

गरुडः—

अहं सुपर्णो गरुडो महाजवः शाङ्गायुधस्यास्य रथो ध्वजश्च ।
पुरा हि देवासुरविग्रहेषु वहामि भो विष्णुबलेन विष्णुम् ॥ २१ ॥

चक्रः—

चक्रोऽस्मि कृष्णस्य कराग्रशोमी मध्याह्नसूर्यप्रतिमोग्रतेजाः ।
त्रिविक्रमे चामृतमन्थने च मया हता दानवदैत्यसङ्घाः ॥२२॥

शार्ङ्गः—

शार्ङ्गोऽस्मि विष्णुकरलग्नसुवृत्तमध्या
स्त्री विग्रहात् पुरुषवीर्यबलातिदर्पा ।
यस्यार्थमाहवमुखेषु मयारिसङ्घाः
प्रभ्रष्टनागरथवाजिनराः प्रभग्नाः ॥ २३ ॥

कौमोदकी—

कौमोदकी नाम हरेर्गदाहमाज्ञावशात् सर्वरिपून् प्रमथ्य ।
मया हतानां युधि दानवानां प्रक्रीडितं[1] शोणितनिम्नगासु ॥ २४ ॥

शङ्खः—

अहं हि शङ्खः क्षीरोदाद् विष्णुना स्वयमुद्धृतः ।
मम शब्देन नश्यन्ति युद्धे ते देवशत्रवः ॥ २५ ॥

१. प्रपीडितं ।

नन्दकः–

नन्दकोऽहं न मे कश्चित् सङ्ग्रामेष्वपराङ्मुखः ।
गच्छामि स्मृतमात्रेण विष्णुना प्रभविष्णुना ॥ २६ ॥

चक्रः–

चक्रशार्ङ्गगदाशङ्खनन्दका दैत्यमर्दनाः ।
वासुदेवस्य कार्यार्थं प्राप्ताः पारिषदा वयम् ॥ २७ ॥

तस्मादागम्यताम् । वयमपि मनुष्यलोकमवतीर्णस्य भगवतो विष्णोर्बालचरितमनुचरितुं गोपालकवेषप्रच्छन्ना घोषमेवावतरिष्यामः ।

सर्वे– तथास्तु । (विष्णुमुपस्थिताः)

वसुदेवः–वयस्य ! बाल एव नमस्यताम् ।

नन्दगोपः–भट्टा ! तह । ळाअदाळअ ! णमो दे णमो दे । ही, होदु[1], अत्ताणं एव अत्ताणं णिव्वावेहि । अम्हाणं गोपजणष्ष तुमं गह्णिदुं को बळपळक्कमो । [भर्तः ! तथा । राजदारक ! नमस्ते नमस्ते । ही, भवतु, आत्मनैवात्मानं निर्वाहय । अस्माकं गोपजनस्य त्वां ग्रहीतुं को बलपराक्रमः ।]

चक्रः–नमो भगवते नारायणाय । भगवन् ! महाविष्णो !

कार्याण्यकार्याण्यमरा[2]सुराणां
　त्वया भविष्यन्ति ब[3]हूनि लोके ।
तस्माज्जनस्यास्य लघुत्वयोगात्
　कुरु प्रसादं यदुवंशकेतो ! ॥ २८ ॥

वसुदेवः–गृह्यताम् ।

नन्दगोपः–जं भट्टा आणवेदि । (गृह्णाति) [यद् भर्ताज्ञापयति ।]

वसुदेवः–वयस्य ! प्रभाता रजनी । प्रतिनिवर्ततां भवान् ।

नन्दगोपः–अच्छळीअं अच्छळीअं भट्टा ! अच्छळीअं । इमे

---

१. (दिहळ होहि दूरत्तणय्येव अत्ताणं णिण्याभेभि ?) २. °ण्य (खिला) मराणां. ३. ब (ल ? ला) नि.

बन्धणे पडिदे । [आश्चर्यमाश्चर्यं भर्तः ! आश्चर्यम् । इमे बन्धने पतिते ।]

वसुदेवः–सर्वमेतत् कुमारस्य प्रभावः । प्रतिनिवर्ततां भवान् ।

नन्दगोपः–जं भट्टा आणवेदि । [यद् भर्ताज्ञापयति ।]

वसुदेवः–अथवा एहि तावत् ।

नन्दगोपः–भट्टा ! अअम्हि । [भर्तः ! अयमस्मि ।]

वसुदेवः–

जाने नित्यं वत्सलं त्वां प्रकृत्या
स्नेहोऽप्यस्मिन्नर्थ्यते रूढभावः ।
अस्मिन् काले दग्धभूयिष्ठशेषं
न्यस्तं बीजं रक्षितुं यादवानाम् ॥ २९ ॥

कुमारस्य किं करिष्यति भवान् ।

नन्दगोपः–सुणादु भट्टा । एकस्सिं गेहे गच्छिअ खीरं पिबइ, अण्णस्सिं गेहे गच्छिअ दधिं भक्खइ । अपरस्सिं गेहे गच्छिअ णवणीदं गिळइ । अण्णस्सिं गेहे गच्छिअ पाअसं भुञ्जइ । इदरस्सिं गेहे गच्छिअ तक्कघटं पळोअदि । किं बहुणा, अम्हाणं घोषस्स पदी होइ । [श्रृणोतु भर्ता । एकस्मिन् गेहे गत्वा क्षीरं पिबति । अन्यस्मिन् गेहे गत्वा दधि भक्षयति । अपरस्मिन् गेहे गत्वा नवनीतं गिलति । अन्यस्मिन् गेहे गत्वा पायसं भुङ्क्ते । इतरस्मिन् गेहे गत्वा तक्रघटं प्रलोकते । किं बहुना, अस्माकं घोषस्य पतिर्भवति ।]

वसुदेवः-एवमस्तु । प्रतिनिवर्ततां भवान् ।

नन्दगोपः–जं भट्टा आणवेदि । (निष्क्रान्तः ।) [यद् भर्ताज्ञापयति ।]

वसुदेवः–ननु निर्गतो नन्दगोपः । यावदहमपि मधुरामेव यास्यामि । (परिक्रम्य) रुदितशब्द इव श्रूयते । किं नु खलु कंसभयात्

प्रतिनिवृत्तो नन्दगोपः । (परिक्रम्य) अये प्रत्यागतप्राणेयं दारिका । यावदिमां गृहीत्वा देवक्या हस्ते निक्षिप्य दुरात्मानं कंसं वञ्चयामि । (गृहीत्वा) अहो गुरुत्वमस्याः । एतदपि कुमारात् किञ्चिदन्तरं महद् भूतम् । यावदपक्रामामि । अये इयं भगवती यमुना तथैव स्थिता । यावदपक्रामामि । निष्क्रान्तोऽस्मि यमुनायाः । एतन्नगरद्वारम् । तथैव प्रसुप्तो मथुरायां सर्वो जनः । यावत् प्रविशामि । (प्रविश्य) इदं खलु दुरात्मनः कंसस्य गृहं ज्येष्ठाश्रितमिव दृश्यते । इदमस्मदीयं गृहं श्रियारूढमिव दृश्यते । यावदहमप्यन्तःपुरं प्रविश्य देवकीं समाश्वासयामि । ईश्वराः स्वस्ति कुर्वन्तु । (निष्क्रान्तः ।)

प्रथमोऽङ्कः ।

अथ द्वितीयोऽङ्कः ।

(ततः प्रविशन्ति चण्डालयुवतयः ।)

सर्वाः-आअच्छ भट्टा ! आअच्छ । अम्हाणं कण्णाणं तुए सह विवाहो होदु । [आगच्छ भर्तः ! आगच्छ । अस्माकं कन्यानां त्वया सह विवाहो भवतु ।]

(ततः प्रविशति राजा ।)

राजा-भोः ! किन्नु खल्विदम् ।

यन्मेदिनी प्रचलिता पतिताग्रहर्म्या
सन्तारनौरिव विकीर्णमहोर्मिमाला ।
सेव्यैः प्रधानगुणकर्मफलैर्निमित्तैः
किं वाग्रतो व्यसनमभ्युदयो नु तन्मे ॥ १ ॥

सर्वाः-आअच्छ भट्टा ! आअच्छ । अम्हाणं कण्णआणं तुए सह विवाहो होदु । [आगच्छ । भर्तः ! आगच्छ । अस्माकं कन्यकानां त्वया सह विवाहो भवतु ।]

राजा-

यस्मान्न रक्षिपुरुषाः प्रचरन्ति केचिद्
यस्मान्न दीपकधराः प्रमदाश्चरन्ति ।
तस्मादिमा मम गृहं समनुप्रविष्टा
नीलोत्पलाञ्जननिभा भयदाः श्वपाक्यः ॥ २ ॥

सर्वाः-आअच्छ भट्टा ! आअच्छ । अम्हाणं कण्णआणं तुए सह विवाहो होदु । [आगच्छ भर्तः ! आगच्छ । अस्माकं कन्यकानां त्वया सह विवाहो भवतु ।]

राजा-अहो सृष्टाः खल्वेताश्चण्डालयुवतयः-

क्रोधेन नश्यति सदा मम शत्रुपक्षः
सूर्यः शशी हुतवहश्च वशे स्थिता मे ।
योऽहं यमस्य च यमो भयदो भयस्य
तं मापवादवचनैः परिधर्षयन्ति ॥ ३ ॥

सर्वाः-आअच्छ भट्टा ! आअच्छ । [आगच्छ भर्तः ! आगच्छ ।]

राजा-आ अप[1]ध्वंस । कथं सहसैव नष्टाः । यावदिदानीमभ्यन्तरमेव प्रविशामि ।

(ततः प्रविशति शापः ।)

शापः-हं, केदानीं प्रविशसि । इदं खलु मम गृहं संवृत्तम् ।

राजा-

कोऽयं विनिष्पतति गर्भगृहं विगाह्य
उल्कां प्रगृह्य सहसाञ्जनराशिवर्णः ।

---

१. अवध्वंसाः ।

भीमोग्रदंष्ट्रवदनो ह्यहिपिङ्गलाक्षः
क्रोधो महेश्वरमुखादिव गां प्रपन्नः ॥ ४ ॥

को भवान्।

शापः-किं न जानीषे माम्। अहं खलु मधूकस्य ऋषेः शापो वज्रबाहुर्नाम।

श्मशानमध्यादहमागतोऽस्मि चण्डालवेषेण विरूपचण्डम्।
कपालमालातिविचित्रवेषः कंसस्य राज्ञो हृदयं प्रवेष्टुम् ॥ ५ ॥

कंसः-असम्भाव्यमर्थं प्रार्थयसि।

सौवर्णकान्ततरकन्दरकूटकुञ्जं
मेरुं न कम्पयति वायसपक्षवातः।
हास्योऽसि भोः! समकरक्षुभितोर्मिमालं
पातुं य इच्छसि कराञ्जलिना समुद्रम् ॥ ६ ॥

शापः-काले ज्ञास्यसि।

राजा-हं, कथं सहसैव नष्टः। यावदहमपि शयनमुपगम्य नयनव्याक्षेपं करोमि। (स्वपिति।)

शापः-अये प्रसुप्तः। अलक्ष्मि! खलति! कालरात्रि! महानिद्रे! पिङ्गलाक्षि! तदागम्यतामभ्यन्तरं प्रविशामः।

सर्वाः-एवं होदु। [एवं भवतु।]

(प्रविश्य)

राजश्रीः-न खलु प्रवेष्टव्यम्।

शापः-का भवती।

श्रीः-किं मां न जानीषे। अहं खल्वस्य लक्ष्मीः।

शापः-एवम्। राजश्रीः! अपक्रामतु भवती। इदं खलु मम गृहं संवृत्तम्।

श्रीः–हं,

लङ्कोपमं मम गृहं नविचिन्त्य मूढ !
कस्याश्रयाद् विशसि मामवधूय रात्रौ ।
किं भाषितेन बहुना न च शक्यमेतद्
द्रष्टुं प्रवेष्टुमिह तेऽद्य मयाभिजुष्टम् ॥ ७ ॥

शापः–भगवति पद्मालये ! अपक्रामतु किल कंसशरीरात् । विष्णुराज्ञापयति ।

३ श्रीः–कथं विष्णुराज्ञापयतीति भोः ! कष्टम् ।

न चाहं चिरसंवासात् त्यक्तुं शक्नोमि पार्थिवम् ।
बलवान् गुणसङ्ग्राहो दृढं तपति मामयम् ॥ ८ ॥

भवतु । अनतिक्रमणीया विष्णोराज्ञा । तस्मादहमपि विष्णुसकाशमेव यास्यामि । (निष्क्रान्ता ।)

३ शापः–अपक्रान्ता राजश्रीः । हन्तेदानीमिदमस्माकमावासः संवृत्तः । अलक्ष्मि ! खलति ! कालरात्रि ! महानिद्रे ! पिङ्गलाक्षि ! अभ्यन्तरं प्रविश्य स्वजातिसदृशी क्रीडा क्रियताम् ।

६ सर्वाः–अज्जप्पहुदि अवणीदधम्मचारित्तो होहि । [अद्यप्रभृत्यपनीतधर्मचारित्रो भव ।]

शापः–

परिष्वजामि गाढं त्वां नित्याधर्मपरायणम् ।
प्राप्नोमि मुनिशापस्त्वामचिरान्नाशमेष्यसि ॥ ९ ॥

(अन्तर्हितः ।)

(प्रविश्य)

१ प्रतिहारी–जेदु भट्टा । [जयतु भर्ता ।]

राजा–ह !

प्रतिहारी–भट्टा ! जसोधरा खु अहं । [भर्तः ! यशोधरा खल्वहम् ।]

राजा–यशोधरे । किं त्वया मातङ्गीजनप्रवेशो न दृष्टः ।

प्रतिहारी–हं मादङ्गिजणत्ति । णिच्चं भट्टिपादमूळे वत्तमाणस्स व जणस्स इह प्पवेसो दुळ्लहो, किं उण मादङ्गिजणस्स । [हं मातङ्गीजन इति । नित्यं भर्तृपादमूले वर्तमानस्यैव जनस्येह प्रवेशो दुर्लभः, किं पुनर्मातङ्गीजनस्य ।]

राजा–किं स्वप्नो नु मयानुभूतः । यशोधरे ! गच्छ । बालाकिः काञ्चुकीयः प्रवेश्यताम् ।

प्रतिहारी–जं भट्टा आणवेदि । (निष्क्रान्ता ।) [यद् भर्ताज्ञापयति ।]

(ततः प्रविशति काञ्चुकीयः ।)

काञ्चुकीयः–जयतु महाराजः ।

राजा–आर्य बालाके ! प्रष्टव्यौ सांवत्सरिकपुरोहितौ––अद्य रात्रौ वातोद्भ्रामभूमिकम्पोल्कापाता दैवतप्रतिमाश्च प्रतिभासिताः किमर्थमिति ।

काञ्चुकीयः–महाराज । सांवत्सरिकपुरोहितौ विज्ञापयतः ।

राजा–किमिति ।

काञ्चुकीयः–श्रूयताम् ।

भूतं नभस्तलनिवासि नरेन्द्र ! नित्यं
कार्यान्तरेण नरलोकमिह प्रपन्नम् ।
आकाशदुन्दुभिरवैः समहीप्रकम्पै-
स्तस्यैष जन्मनि विशेषकरो विकारः ॥ १० ॥

राजा–

कस्मिञ्जाते सशैलेन्द्रा कम्पितेयं वसुन्धरा ।
ज्ञायतां तस्य पुत्रोऽयं किं वा जन्मप्रयोजनम् ॥ ११ ॥

इति ।

काञ्चुकीयः–यदाज्ञापयति महाराजः । (निष्क्रम्य प्रविश्य) जयतु महाराजः । प्रसूतवती किल देवकी ।

राजा–किं प्रसूतम् ।

काञ्चुकीयः–दारिका प्रसूता ।

राजा–मा तावत् । एतानि महानिमित्तानि दारिकाप्रसूतिमात्रेण उत्पद्यन्ते ।

काञ्चुकीयः–प्रसीदतु महाराजः । अनृतं नाभिहितपूर्वं मया । भवतो भृत्यवर्गपरिवृतायाः धात्र्या हस्ते दृष्टा सा ।

राजा–अथवा ब्राह्मणवचनमनृतमपि सत्यं पश्यामि । गच्छ, वसुदेवस्तावदाहूयताम् ।

काञ्चुकीयः–यदाज्ञापयति महाराजः । (निष्क्रान्तः ।)

राजा–धर्मशीलः सत्यवादी वसुदेवः । अथ तु मम समीपेऽनृतं न ब्रवीति । भवतु, श्रोष्यामस्तावत् ।

(ततः प्रविशति वसुदेवः ।)

वसुदेवः–

षण्णां सुतानां समुपेत्य नाशं वहन्निदं शोककृशं शरीरम् ।
आहूयमानोऽकरुणेन राज्ञा गच्छाम्यहं भृत्य इवास्वतन्त्रः ॥१२॥

भोः ! एवंविधा लोकवृत्तिः ।

स्मरतापि भयं राजा भयं न स्मरतापि वा ।
उभाभ्यामपि गन्तव्यो भयादप्यभयादपि ॥ १३ ॥

(उपसृत्य) शौरसेनीमातः ! आस्यते ।

राजा–यादवीमातः ! आस्यताम् ।

वसुदेवः–बाढम् । (उपविश्य) शौरसेनीमातः ! किमर्थं वयमाहूताः ।

राजा–यादवीमातः ! प्रसूतवती किल देवकी ।

वसुदेवः–अथ किम्, प्रसूतवती ।

राजा–किं प्रसूतम् ।

वसुदेवः–(आत्मगतम्) मयापि नामानृतं वक्तव्यं भविष्यति । अथवा कुमाररक्षणार्थमनृतमपि सत्यं पश्यामि । किमिदानीं करिष्ये । भवतु, दृष्टम् । (प्रकाशम्) दारिका प्रसूता तया ।

राजा–दारिका वा कुमारो वा हन्तव्यः सर्वथा मया ।
दैवं पुरुषकारेण वञ्चयिष्याम्यहं ध्रुवम् ॥ १४ ॥

(प्रविश्य)

प्रतिहारी–जेदु भट्टा । अम्हाअं भट्टिणी विण्णवेदि–दारिअत्ति बाळेत्ति अ करीअदु किळ महाराएण अणुक्कोसो । [जयतु भर्ता । अस्माकं भट्टिनी विज्ञापयति–दारिकेति बालेति च क्रियतां किल महाराजेनानुक्रोशः ।]

वसुदेवः–शौरसेनीमातः ! क्रियतां तपस्विन्या देवक्या वाक्यम् । दारिकासु स्त्रीणामधिकतरः स्नेहो भवति ।

राज–किं भवान् स्मरति समयम् ।
मधूकस्य ऋषेः शापं श्रुत्वा मे समयस्तदा ।
देवक्या धारितान् गर्भान् दास्यामीति त्वया[1] कृतः ॥१५॥

वसुदेवः–समय इति । एष न व्याहरामि ।

प्रतिहारी–भट्टा किं त्ति अम्हाअं भट्टिणीए णिवेदिदव्वं । [भर्तः ! किमित्यस्माकं भट्टिन्यै निवेदयितव्यम् ।]

राजा–यशोधरे ! उच्यतां देवक्याः–न युक्तमिदानीं निर्बन्धमभिधातुम् । अन्यत् प्रियतरं करिष्यामीति ।

प्रतिहारी–जं भट्टा आणवेदि । [यद् भर्ताज्ञापयति ।]

राजा–यशोधरे ! एवं क्रियताम् ।

प्रतिहारी–सुहं पविसदु किळ भट्टा । [सुखं प्रविशतु किल भर्ता ।]

वसुदेवः–विविक्तमिच्छता मयापि नाम परापत्यं निधनमुपनेतव्यं भवति । किन्तु खलु कुमारमेवानीय प्रयच्छामि । अथवा,

१. य (या ? था)

दारिकेयं मृता पूर्वं पुनरेव समुत्थिता ।
अस्य बालस्य माहात्म्यान्नैषा वधमवाप्स्यति ॥ १६ ॥

यावदहमपि देवकीं समाश्वासयामि । (निष्क्रान्तः ।)

राजा–यशोधरे ! प्रवेश्यतां सा दारिका ।

प्रतिहारी–जं भट्टा आणवेदि । (निष्क्रान्ता)

(ततः प्रविशति दारिकां गृहीत्वा धात्री रक्षिपुरुषाश्च ।)

सर्वे–सणिअं सणिअं अय्या । इदं मज्झमदुवाळं । पविसदु अय्या । [शनैः शनैरार्या । इदं मध्यमद्वारम् । प्रविशत्वार्या ।]

धात्री–(प्रविश्य) जेदु भट्टा । इअं दारिआ अम्हेहि चिरप्पहुदि रक्खिदा । [जयतु भर्ता । इयं दारिकास्माभिश्चिरात् प्रभृति रक्षिता ।]

राजा–अहो राजदर्शनीयेयं दारिका । मयापि नाम स्त्रीवधः कर्तव्यो भवति ।

धात्री–सणिअं सणिअं भट्टा ! । [शनैः शनैः भर्तः ! ।]

राजा–इयं कंसशिला । यावत् साहसमनुष्ठास्यामि ।

अयं हि सप्तमो गर्भ ऋषिशापबलोत्थितः ।
अस्मिन् नाशं गते गर्भे मम शान्तिर्भविष्यति ॥ १७ ॥

(गृहीत्वा प्रहृत्य) अये,

एकांशः[1] पतितो भूमावेकांशो दिवमुन्नतः ।
मां निहन्तुमिहोद्भूतः करैः शस्त्रसमुज्ज्वलैः ॥ १८ ॥

अये इयमिदानीं

तीक्ष्णाग्रं शूलमालम्ब्य रौद्रवेषेण जृम्भते ।
विनाशकाले सम्प्राप्ते कालरात्रिरिवोत्थिता ॥ १९ ॥

(ततः प्रविशति कात्यायनी सपरिवारा ।)

कात्यायनी–

सुम्भं निसुम्भं महिषं च हत्वा कृत्वा सुरांस्तान्[2] हतशत्रुपक्षान् ।
अहं प्रसूता वसुदेववंशे कात्यायनी कंसकुलक्षयाय ॥ २० ॥

१. एकांशपतितो । २. सुरा(णां ? ना)हतशत्रुपक्षान् ।

कुण्डोदरः–

कुण्डोदरोऽहमजितो रणचण्डकर्मा
देव्याः प्रसूतिजनितोग्रमहानिनादः ।
शीघ्रं प्रयामि गगनादवनीं विशालां
हन्तुं जिघांसुरसुराजतिवीर्यदर्पान् ॥ २१ ॥

शूलः–

शूलोऽस्मि भूतमिह भूमितले प्रपन्नो
देव्याः प्रसादजनितोज्ज्वलचारुवेषः ।
कंसं निहत्य समरे परिकर्षयामि
तं पादपं जलनिधेरिव कार्त्तिकेयः ॥ २२ ॥

नीलः–

अहं हि नीलः कलहस्य कर्ता सङ्ग्रामशूरो नपराङ्मुखश्च ।
निहन्मि कंसं युधि दुर्विनीतं क्रौञ्चं यथा शक्तिधरः प्रकृष्टः ॥२३॥

मनोजवः–

मनोजवो मारुततुल्यवेगो देव्यास्तु कार्यार्थमिहोपयातः ।
करोमि सङ्ग्रामशिरःसु दैत्यान् वह्निर्नलानां निलयं यथैव ॥२४॥

कात्यायनी–कुण्डोदर ! शङ्कुकर्ण ! महानील ! मनोजव ! तदागम्यताम् । भगवतो विष्णोर्बालचरितमनुभवितुं गोपालकवेषप्रच्छन्ना घोषमेवावतरिष्यामः ।

सर्वे–यदाज्ञापयति भगवती । (निष्क्रान्ता सपरिवारा कात्यायनी ।)

राजा–अये प्रभाता रजनी

अतः प्रविश्य शान्त्यर्थं शान्तिकर्मोचितं गृहम् ।
करोमि विपुलां शान्तिं मम शान्तिर्भविष्यति ॥ २५ ॥

(निष्क्रान्ताः सर्वे ।)

द्वितीयोऽङ्कः ।

अथ तृतीयोऽङ्कः ।

(ततः प्रविशति वृद्धगोपालकः ।)

वृद्धगोपालकः—भो मेघदिण्ण ! क्खु, वषभदिण्ण ! क्खु, कुम्भदिण्ण ! क्खु, घोषदिण्ण ! क्खु पकाळेथ पकाळेथ गोधणं । एदेष्षिं वुन्दावणे पकामं पाणीअं पादूणं हुम्भारवं करन्तो आअन्तु गोधणं । एषो गोवज्जहादो[1] णिक्कमिअ परिघट्टिअवम्मीअमूळो भुजङ्गेहि कुवण्णेहिं णीलुप्पळादामेहि षिंगळग्गेहि विअ वषभो षोभदि । अण्णो वि एषो वषभो उषिदप्पषारिअपुच्छो णिकुञ्चिअजाणू षषीव धवळङ्गो अग्गविषाणेहि महीं उव्वहन्तो विअ षोभदि । जाव दाणि दामअं षद्दावआमि । अळे दामअ ! भअवदीणं षुथळे ओदाळिअ षहवच्छाणं तुवं पि आअच्छ । [भो मेघदत्त ! खलु, वृषभदत्त ! खलु, कुम्भदत्त ! खलु, घोषदत्त ! खलु, प्रकालयत प्रकालयत गोधनम् । एतस्मिन् वृन्दावने प्रकामं पानीयं पीत्वा हुम्भारवं कुर्वदायतु गोधनम् । एष गोव्रजान् (?) निष्क्रम्य परिघट्टितवल्मीकमूलो भुजङ्गैः कुवर्णैः नीलोत्पलदामभिः शृङ्गलग्नैरिव वृषभः शोभते । अन्योऽप्येष वृषभ उच्छ्रितप्रसारितपुच्छो निकुञ्चितजानुः शशीव धवलाङ्गोऽग्रविषाणाभ्यां महीमुद्वहन्निव शोभते । यावदिदानीं दामकं शब्दयामि । अरे दामक ! भगवतीः सुस्थलेऽवतार्य सहवत्सास्त्वमप्यागच्छ ।]

(ततः प्रविशति दामकः ।)

दामकः—अहो महन्तं तिणजाळं षामिणो णन्दगोवष । षुदजणणदिणादो आळहिअ अहिअदळं आणन्दुब्भुदं वड्ढइ । भोदु, इह चिट्ठदु गोधणं, जाव मादुळं उवषप्पिष्षं । (उपसृत्य) मादुळ ! वन्दामि । [अहो महत् तृणजालं स्वामिनो नन्दगोपस्य ।

1. (जोवगाहजूवादो ?) गोवषहजूहादो (गोवृषभयूथात् इति च्छाया).

सुतजननदिनादारभ्याधिकतरमानन्दादद्भुतं वर्धते । भवतु, इह तिष्ठतु गोधनं, यावन्मातुलमुपसर्प्स्यामि । मातुल ! वन्दे ।]

वृद्धगोपालकः–षन्ती होदु षन्ती होदु अम्हाणं गोधणष्ष अ । [शान्तिर्भवतु शान्तिर्भवत्वस्माकं गोधनस्य च ।]

दामकः–मादुळ ! जदप्पहुदि नन्दगोवपुत्ते पषूदे, तदप्पहुदि अम्हाणं गोधणं वज्जिअरोअं षंवुत्तं । ण (णं ?) षव्वाणं गोवजणाणं पीदी वड्ढइ । अण्णं च, खादे खादे मूळाणि, फळाणि गुम्हे गुम्हे । मधु केत्तिअं दुघ्घदि क्खीरं तत्तअं एव्व घिदं । [मातुल ! यदाप्रभृति नन्दगोपपुत्रः प्रसूतः, तदाप्रभृत्यस्माकं गोधनं वर्जितरोगं संवृत्तम् । ननु सर्वेषां गोपजनानां प्रीतिर्वर्धते, अन्यच्च, खाते खाते मूलानि, फलानि गुल्मे गुल्मे । मधु कियद् दुह्यते क्षीरं तावद् एव घृतम् ।]

वृद्धगोपालकः–अण्णं च इदं अच्छळिअं । दषरत्तप्पषूदे णन्दगोववुत्ते पूतणा णाम दाणवी विषषम्पूरिदत्थणा णन्दगोवीए रूवं गह्णिअ आअदा । तदो ताए दाळअं गह्णिअ तष्ष मुहे त्थणं पक्खित्तं । तदो तं विजाणिअ षुविदा पाडिदा चम्मवषेषा दाणवी भविअ तत्तो एव्व मुदा । तदो माषमत्ते णन्दगोववुत्ते षअडो णाम दाणवो षअडवेषं गह्णिअ आअदो । तं पि जाणिअ एकपादप्पहारेण चुण्णीकिदो षो वि दाणवो भविअ तत्तो एव्व मुदो । तदो माषपरिवुत्ते नन्दगोववुत्ते एकष्षिं गेहे गच्छिअ खीरं पिबइ, अण्णष्षिं गेहे गच्छिअ दधिं भक्खइ, एकष्षिं गेहे गच्छिअ णवणीदं गिळदि, अण्णष्षिं गेहे गच्छिअ पाअसं भुञ्जइ, अपरष्षिं गेहे गच्छिअ तक्कघटं पळोअदि । तदो लुट्ठाहि गोवजुवदीहि णन्दगोवीए उत्तं । तदो लुट्ठाए णन्दगोवीए दामं गह्णिअ तष्ष मज्झे बन्धिअ षेषं उळूहळे बज्झं । तदो तं पि उळूहळं आघट्टअन्तं पेक्खिअ जमळज्जुणे

णाम दाणवे णिक्खित्तं। तदो दुवे एक्कीभूदे। तेषं अन्तळेण गच्छन्तेण णन्दगोववुत्तेण आघट्टअन्तेण षमूळविडवं चुण्णीकिदे ते वि दाणवे भविअ तत्तो एव्व मुदे। तदो गोवजणेहि उत्तं- महाबळपळक्कमो अज्जप्पहुदि भट्टिदामोदळो णाम होदु त्ति। तदो आहावणप्पहावणमत्ते णन्दगोववुत्ते पळंबो णाम दाणवो णन्दगोववेसं गह्णिअ आअदो। तदो षङ्कळिषणं कण्ठे णिक्खिविअ गच्छन्तं तं विजाणिअ भट्टिणा षङ्कळिषणेण तष्ष दाणवष्ष षीषे मुट्ठिप्पहारो किदो। तेण प्पहारेण उक्खित्तचक्खू षो वि दाणवो भविअ तत्तो एव्व मुदो गोवजणेहि परिवुदो ताळहळाणि गह्णिदुं ताळवणं गदो। तहिं ताळवणे धेणुओ णाम दाणवो गद्दभवेसं गह्णिअ आअदो। तदो तं पि जाणिअ भट्टिदामोदळेण तष्ष वामपादं गह्णिअ उक्खिविअ पादिदाणि ताळफळाणि। षो वि दाणवो भविअ तत्तो एव्व मुदो। तदो केसी णाम दाणवो तुळङ्गवेसं गह्णिअ आअदो। तदो तं पि जाणिअ भट्टिदामोदळेण तष्ष मुहे कोप्परो दिण्णो। तदो तेण दुवी (?) पाडिदो तुळङ्गो। षो वि दाणवो भविअ तत्तो एव मुदो। एदाणि अण्णाणि (अ) कम्माणि किदाणि भट्टिदामोदळेण।

[अन्यच्चेदमाश्चर्यम्। दशरात्रप्रसूते नन्दगोपपुत्रे पूतना नाम दानवी विषसम्पूरितस्तना नन्दगोप्या रूपं गृहीत्वागता। ततस्तया दारकं गृहीत्वा तस्य मुखे स्तनः प्रक्षिप्तः। ततस्तां विज्ञाय सुप्ता पातिता सापि दानवी भूत्वा तत एव मृता। ततो मासमात्रे नन्दगोपपुत्रे शकटो नाम दानवः शकटवेषं गृहीत्वागतः। तमपि ज्ञात्वैकपादप्रहारेण चूर्णीकृतः सोऽपि दानवो भूत्वा तत एव मृतः। ततो मासपरिवृत्तो नन्दगोपपुत्र एकस्मिन् गेहे गत्वा क्षीरं पिबति, अन्यस्मिन् गेहे गत्वा दधि भक्षयति, एकस्मिन् गेहे गत्वा नवनीतं गिरति, अन्य-

स्मिन् गेहे गत्वा पायसं भुङ्क्ते अपरस्मिन् गेहे गत्वा तक्रघटं प्रलोकते । ततो रुष्टाभिर्गोपयुवतिभिर्नन्दगोप्यै उक्तम् । ततो रुष्टया नन्दगोप्या दाम गृहीत्वा तस्य मध्ये बद्ध्वा शेषमुलूखले बद्धम् । ततस्तदप्युलूखलमाघट्टयत् प्रेक्ष्य यमलार्जुनयोर्नाम दानवयोर्निक्षिप्तम् । ततो द्वावेकीभूतौ । तयोरन्तरेण गच्छता नन्दगोपपुत्रेणाघट्टयता समूलविटपं चूर्णीकृतौ तावपि दानवौ भूत्वा तत एव मृतौ । ततो गोपजनैरुक्तं–महाबलपराक्रमोऽद्यप्रभृति भर्तृदामोदरो नाम भवतु इति । तत आधावनप्रधावनमात्रे नन्दगोपपुत्रे प्रलम्बो नाम दानवो नन्दगोपवेषं गृहीत्वागतः । ततः संकर्षणं कण्ठे निक्षिप्य गच्छन्तं तं विज्ञाय भर्त्रा संकर्षणेन तस्य दानवस्य शीर्षे मुष्टिप्रहारः कृतः । तेन प्रहारेणोत्क्षिप्तचक्षुः सोऽपि दानवो भूत्वा तत एव मृतः । गोपजनैः परिवृतस्तालफलानि ग्रहीतुं तालवनं गतः । तत्र तालवने धेनुको नाम दानवो गर्दभवेषं गृहीत्वागतः । ततस्तमपि ज्ञात्वा भर्तृदामोदरेण तस्य वामपादं गृहीत्वोत्क्षिप्य पातितानि तालफलानि । सोऽपि दानवो भूत्वा तत एव मृतः । ततः केशी नाम दानवः तुरङ्गवेषं गृहीत्वागतः । ततस्तमपि ज्ञात्वा भर्तृदामोदरेण तस्य मुखे कूर्परो दत्तः । ततस्तेन द्विधा पाटितस्तुरङ्गः । सोऽपि दानवो भूत्वा तत एव मृतः । एतान्यन्यानि (च) कर्माणि कृतानि भर्तृदामोदरेण ।]

दामकः– **मादुळ ! षव्वं दाव चिट्ठदु । अज्ज भट्टिदामोदळो इमर्षिं वुन्दावणे गोवकण्णआहिं षह हळ्ळीषअं णाम पकीळिदुं आअच्छदि ।** [मातुल ! सर्वं तावत् तिष्ठतु । अद्य भर्तृदामोदरोऽस्मिन् वृन्दावने गोपकन्यकाभिः सह हल्लीसकं नाम प्रक्रीडितुमागच्छति ।]

वृद्धगोपालकः– **तेण हि षव्वेहिं गोवजणेहिं षह भट्टिदामोदळष्ष हळ्ळीषअं पेक्खम्ह ।** [तेन हि सर्वैर्गोपजनैः सह भर्तृदामोदरस्य हल्लीसकं पश्यामः ।]

दामकः– **जं मादुळो आणवेदि ।** [यद् मातुल आज्ञापयति ।]

(निष्क्रान्तौ ।)

१०२ **प्रवेशकः ।**

(प्रविश्य)

वृद्धगोपालकः–

अणुदिअमत्ते षुय्ये पणमह षव्वादळेण षीषेण ।
णिच्चं जगमादूणं गोणाणं अमिदपुण्णाणं ॥ १ ॥

अहो अम्हाणं पक्कणाणं षमिद्धी । आडोवषज्जाओ पडहरूववेसाओ वाहळिदुं गच्छामो । अम्हाअं गोवकण्णआओ ! घोषषुन्दळि ! वणमाळे ! चन्दळेहे ! मिअक्खि ! आअच्छह आअच्छह षिग्घं ।

[अनुदितमात्रे सूर्ये प्रणमत सर्वादरेण शीर्षेण ।
नित्यं जगन्मातृणां गवाममृतपूर्णानाम् ॥ १ ॥

अहो अस्माकं पक्कणानां समृद्धिः । आटोपसज्जाः पटहरूपवेषा व्याहर्तुं गच्छामः । अस्माकं गोपकन्यकाः ! घोषसुन्दरि ! वनमाले ! चन्द्ररेखे ! मृगाक्षि ! आगच्छतागच्छत शीघ्रम् ।]

(ततः प्रविशन्ति सर्वाः ।)

सर्वाः– **मादुळ ! वन्दामो ।** [मातुल ! वन्दामहे ।]

वृद्धगोपालकः– **दाळिआ ! एषो भट्टा दामोदळो गोक्खीरपण्डरेण भट्टिणा षङ्कळिषणेण षह गोवाळएहि अ परिवुदो गुहाणिक्खित्तो षिंहो विअ इदो एव्व आअच्छदि ।** [दारिकाः ! एष भर्ता दामोदरः गोक्षीरपाण्डरेण भर्त्रा सङ्कर्षणेन सह गोपालकैश्च परिवृतः गुहानिक्षिप्तः सिंह इवेत एवागच्छति ।]

(ततः प्रविशति गोपजनपरिवृतो दामोदरः सङ्कर्षणश्च ।)

दामोदरः– (सविस्मयम्) **अहो प्रकृत्या रमणीयानां गोपकन्यकानां वेषग्रहणविशेषः ।**

एताः प्रफुल्लकमलोत्पलवक्त्रनेत्रा
गोपाङ्गनाः कनकचम्पकपुष्पगौराः।
नानाविरागवसना मधुरप्रलापाः
क्रीडन्ति वन्यकुसुमाकुलकेशहस्ताः ॥ २ ॥

सङ्कर्षणः–एते गोपदारकाः समागताः।

रक्तैर्वेसुकडिण्डिमैः प्रमुदिताः केचिन्नदन्तः स्थिताः
केचित् पङ्कजपत्रनेत्रवदनाः क्रीडन्ति नानाविधम्।
घोषे जागरिमा (?) गुरुप्रमुदिता हुम्भारशब्दाकुले
वृन्दारण्यगते समप्रमुदिता गायन्ति केचित् स्थिताः ॥ ३ ॥

वृद्धगोपालकः–आम भट्टा! षव्वा षण्णद्धा आअदा। [आम भर्तः! सर्वे सन्नद्धा आगताः।]

दामकः–जेदु भट्टा। [जयतु भर्ता।]

सङ्कर्षणः–दामक! सर्वे गोपदारकाः समागताः।

दामकः– आम भट्टा! षव्वे षण्णद्धा आअदा। [आम भर्तः! सर्वे सन्नद्धा आगताः।

दामोदरः–घोषसुन्दरि! वनमाले! चन्द्ररेखे! मृगाक्षि! घोषवासस्यानुरूपोऽयं हल्लीसकनृत्तबन्ध उपयुज्यताम्।

सर्वाः–जं भट्टा आणवेदि। [यद् भर्ताज्ञापयति।]

सङ्कर्षणः–दामक! मेघनाद! वाद्यन्तामातोद्यानि।

उभौ–भट्टा! तह। [भर्तः! तथा।]

वृद्धगोपालकः–भट्टा! तुम्हे हळ्ळीसअं पकीळन्ति। अहं एत्थ किं करोमि। [भर्तः! यूयं हल्लीसकं प्रक्रीडथ। अहमत्र किं करोमि।]

दामोदरः– प्रेक्षको भवान् ननु।

वृद्धगोपालकः–भट्टा! तह। [भर्तः! तथा।]

---

१. जागरि (मा ? ता).

(सर्वे नृत्यन्ति ।)

वृद्धगोपालकः-ही ही सुट्ठु ईदं । सुट्ठु वाइदं । सुट्ठु णच्चिदं । जाव अहं वि णच्चेमि । परिस्सन्तो खु अहं । [ही ही सुष्ठु गीतम् । सुष्ठु वादितम् । सुष्ठु नर्तितम् । यावदहमपि नृत्यामि । परिश्रान्तः खल्वहम् ।]

(प्रविश्य)

गोपालकः–हा हा भट्टा अवक्कमदु इमादो देसादो । [हा हा भर्ता अपक्रामत्वस्माद् देशाद् ।]

दामोदरः–दामक ! किमसि सम्भ्रान्तः ।

गोपालकः–एषो अळिट्ठवषभो णाम दाणवो पिण्डीकिदणीग्घादरूवो भूमिदळं खुरपुडेहि ळिहन्तो, जष्ष घोषो मेघरवत्ति षङ्किदो जादो । [एषोऽरिष्टवृषमो नाम दानवः पिण्डीकृतनिर्घातरूपो भूमितलं खुरपुटैर्लिखन्, यस्य घोषो मेघरव इति शङ्कितो जातः ।]

दामोदरः–एवं, प्राप्तोऽरिष्टर्षभः । इमा नो गोपदारिका दारकांश्च गृहीत्वैतत् पर्वतशिखरमारुह्य दुरात्मनो मम च युद्धविशेषं पश्यत्वार्यः । अहमस्य दर्पप्रशमनं करोमि ।

(सङ्कर्षणस्तैः सह निष्क्रान्तः ।)

दामोदरः–एष एष दुरात्मारिष्टर्षभः ।

कृत्वा खुरैर्भूमितलं प्रभिन्नं शृङ्गैश्च कूलानि समाक्षिपंश्च ।
भयार्तगोपैः प्रसमीक्ष्यमाणो नदन् समाधावति गोवृषेन्द्रः ॥४॥

(ततः प्रविशत्यरिष्टर्षभः ।)

अरिष्टर्षभः–एष भोः !

शृङ्गाग्रकोटिकिरणैः खमिवालिखंश्च
शत्रोर्वधार्थमुपगम्य वृषस्य रूपम् ।
वृन्दावने सललितं प्रतिगर्जमान-
माक्रम्य शत्रुमहमद्य सुखं चरामि ॥ ५ ॥

हुङ्कारशब्देन ममेह घोषे स्रवन्ति गर्भा वनिताजनस्य ।
खुराग्रपातैर्लिखितार्धचन्द्रा प्रकम्पते सद्रुमकानना भूः ॥ ६ ॥

क्व नु खलु गतो नन्दगोपपुत्रः । भो नन्दगोपपुत्र ! क्वासि ।

दामोदरः– भो गोवृषाधम ! इत इतः । एष स्थितोऽस्मि ।

३ अरिष्टर्षभः– (दृष्ट्वा) अहो,

सारवान् खल्वयं बालो यो मां दृष्ट्वा महाबलम् ।
उग्ररूपं महानादं नैव भीतो न विस्मितः ॥ ७ ॥

दामोदरः–

किमेतद् भो ! भयं नाम भवतोऽद्य मया श्रुतम् ।
भीतानामभयं दातुं समुत्पन्नो महीतले ॥ ८ ॥

अरिष्टर्षभः– भो ! बालस्त्वम् । अतः खलु भयं न जानासि ।

दामोदरः– भो गोवृषाधम ! किं बाल इति मां प्रधर्षयसि ।

किं दष्टः कृष्णसर्पेण बालेन न निहन्यते ।
बालेन हि पुरा क्रौञ्चः स्कन्देन निधनं गतः ॥ ९ ॥

भवितव्यम् ।

अपीदं शृणु मूर्ख ! त्वं कठिनोपलसञ्चयः ।
किं न पल्लवमात्रेण शैलो वज्रेण पातितः ॥ १० ॥

अरिष्टर्षभः– भो नन्दगोपपुत्र ! किं व्यवसितम् ।

दामोदरः– त्वां निधनमुपनेतुम् ।

३ अरिष्टर्षभः– समर्थो भवान् ।

दामोदरः– कः संशयः ।

अरिष्टर्षभः– तेन हि गृह्यतां स्वजातिसदृशं प्रहरणम् ।

६ दामोदरः– प्रहरणमिति । हं भोः !

गिरितटकठिनांसावेव बाहू ममैतौ
प्रहरणमपरं तु त्वादृशां दुर्बलानाम् ।
अथ मम भुजदण्डैः पीड्यमानश्च शीघ्रं
यदि न पतसि भूमौ नास्मि दामोदरोऽहम् ॥ ११ ॥

अरिष्टर्षभः– तेन हि प्रवर्ततां युद्धम् ।

दामोदरः– भो गोवृषाधम ! यदि ते शक्तिरस्ति, मां पादेनैकेन स्थितं स्थानात् कम्पय ।

अरिष्टर्षभः– कोऽत्र संशयः । (तथा कर्तुं चेष्टयित्वा मूर्छितः पतति ।)

दामोदरः– भो गोवृष ! समाश्वसिहि समाश्वसिहि । अनेन वीर्येण भवान् गर्वितः ।

अरिष्टर्षभः– (आश्वस्य, आत्मगतम्) अहो दुष्प्रसह्योऽयं बालः ।

रुद्रो वायं भवेच्छक्रो विष्णुर्वापि स्वयं भवेत् ।
अमिथ्या खलु मे तर्कः स एव पुरुषोत्तमः ॥ १२ ॥

आ,

यत्र यत्र वयं जातास्तत्र तत्र त्रिलोकधृत् ।
दानवानां वधार्थाय वर्तते[1] मधुसूदनः ॥ १३ ॥

भवतु । विष्णुना हतस्याप्यक्षयो लोको मे भविष्यति । तस्माद् युद्धं करिष्यामि । (प्रकाशम्) भो नन्दगोपपुत्र ! पुनरपि जातो मे दर्पः ।

दामोदरः– हम् । तिष्ठ तिष्ठेदानीम् ।

किं गर्जसे भुजगतो मम गोवृषेन्द्र !
पातप्रवृद्ध इव वार्षिककालमेघः ।
एहि क्षिपामि धरणीतलमभ्युपेहि
वज्राहतस्तट इवाञ्जनपर्वतस्य ॥ १४ ॥

---

१. (सौवर्त्त ! संवृत्तो)

(तथा कृत्वा) एष दुरात्मारिष्टर्षभः,

विसृतरुधिरधाराक्लिन्ननासास्यनेत्रं
चलितककुदवालः प्रस्फुरत्पादकर्णः।
निपतति विगतात्मा भूतले वज्रभिन्नो
गिरिरिव शिखराग्रैर्गोवृषो दानवेन्द्रः॥ १५॥

(प्रविश्य)

दामकः–जेदु भट्टा। एषो भट्टा षङ्कलिषणो पव्वदादो जमुणाहळे कालिओ णाम महाणाओ उट्ठिदो त्ति सुणिअ तं पडिगओ। वाळेहि वाळेहि भट्टा! षङ्कलिषणं। [जयतु भर्ता। एष भर्ता संकर्षणः पर्वताद् यमुनाहृदे कालियो नाम महानाग उत्थित इति श्रुत्वा तं प्रतिगतः। वारय वारय भर्तः! संकर्षणम्।]

दामोदरः–कालियो नाम मयापि श्रूयते सदर्पः पन्नगपतिः। भवत्वहमस्य दर्पप्रशमनं करोमि।

गोब्राह्मणादयस्तेन सुजूष्यन्ते किल प्रजाः।
अद्यप्रभृति शान्तात्मा निष्प्रभः स भविष्यति॥ १६॥

(निष्क्रान्तौ।)

तृतीयोऽङ्कः।

———

अथ चतुर्थोऽङ्कः ।

(ततः प्रविशति दामोदरः ।)

दामोदरः–

एता मत्तचकोरशावनयनाः प्रोद्भिन्नकम्रस्तनाः
कान्ताः प्रस्फुरिताधरोष्ठरुचयो विस्रस्तकेशस्रजः ।
सम्भ्रान्ता गलितोत्तरीयवसनास्त्रासाकुलव्याहृता-
स्त्रस्ता मामनुयान्ति पन्नगपतिं दृष्ट्वैव गोपाङ्गनाः ॥ १ ॥

(ततः प्रविशन्ति गोपकन्यकाः ।)

सर्वाः–मा खु मा खु भट्टा ! एदं जळासअं पविसिदुं । एसो खु
२ दुट्ठमहोरअकुळावासो । [मा खलु मा खलु भर्तः ! एतं जलाशयं प्रवेष्टुम् । एष खलु दुष्टमहोरगकुलावासः ।]

दामोदरः– न खलु न खलु विषादः कार्यः । पश्यन्तु भवत्यः ।

निष्पक्षिव्यालयूथं भयचकितकरिव्रातविप्रेक्षिताम्भो-
गम्भीरं स्निग्धनीरं ह्रदमुदधिनिभं क्षोभयन् सम्प्रविश्य ।
गोपीभिः शङ्किताभिः प्रियहितवचनैः पेशलैर्वार्यमाणः
कालिन्दीवासरक्तं भुजगमतिबलं कालियं धर्षयामि ॥ २ ॥

सर्वाः-भट्टा ! षङ्कलिषण ! वाळेहि वाळेहि भट्टिदामोदळं ।
[भर्तः ! संकर्षण ! वारय वारय भर्तृदामोदरम् ।]

३ (प्रविश्य)

सङ्कर्षण –अलमलं भयविषादाभ्याम् । दर्शितोऽनुरागः । पश्यन्तु भवत्यः ।

विषदहनशिखाभिर्यन्मुखात् प्रोद्गताभिः
कपिशितमशिवाभिश्चक्रवालं दिशानाम् ।
सरभसमभियान्तं कृष्णमालक्ष्य शङ्की
नमयति शिरसान्तर्मण्डलं चण्डनागः ॥ ३ ॥

सर्वाः—हं भट्टिदामोदलो वि तादिसो एव । [हं भर्तृदामोदरोऽपि तादृश एव ।]

दामोदरः—सर्वप्रजाहितार्थं द्रुततरं नागं मे वशं करोमि । (इति ह्रदं प्रविष्टः ।)

सर्वाः—हा हा धूमो उट्ठिदो । [हा हा धूम उत्थितः ।]

दामोदरः—अहो ह्रदस्य गाम्भीर्यम् । इह हि,

सितेतराभ्रुभ्रदुकूलकान्तिद्रुतेन्द्रनीलप्रतिमानवीचिम् ।
इमामहं कालियधूमधूम्रां सान्तर्विषाग्निं यमुनां करोमि ॥ ४ ॥

(निष्क्रान्तः ।)

(ततः प्रविशति वृद्धगोपालकः ।)

वृद्धगोपालकः—हा भट्टा ! एषो कण्णआहि वालिअमाणो जमुणाहृदं पविट्ठो । मा खु मा खु षाहषं कलिअ पविषिदुं । एत्थ वग्घा वराहा हत्थिणो पाणीअं पिबिअ तहिं तहिं एव्व विमरन्ति । कहं ण दिस्सदि । किं दाणिं करोमि । होदु, इमं दाव कुम्भवळाअं आळुहिअ णिज्झाआमि । (आरुह्यावलोक्य) हा हा धूमो उट्ठिदो । [हा भर्तः ! एष कन्यकाभिर्वार्यमाणो यमुनाह्रदं प्रविष्टः । मा खलु मा खलु साहसं कृत्वा प्रवेष्टुम् । अत्र व्याघ्रा वराहा हस्तिनः पानीयं पीत्वा तत्र तत्रैव विम्रियन्ते । कथं न दृश्यते । किमिदानीं करोमि । भवतु, इमं तावत् कुम्भपलाशमारुह्य निध्यायामि । हा हा धूम उत्थितः ।]

सङ्कर्षणः—पश्यन्तु भवत्यः ।

दामोदरोऽयं परिगृह्य नागं विक्षोभ्य तोयं च समूलमस्य ।
भोगे स्थितो नीलभुजङ्गमस्य मेघे स्थितः शक्र इवावभाति ॥५॥

वृद्धगोपालकः—ही ही षाहु भट्टा ! षाहु । [ही ही साधु भर्तः ! साधु ।]

(ततः प्रविशति कालियं गृहीत्वा दामोदरः ।)

दामोदरः–एष भोः !

निर्मर्त्स्य कालियमहं परिविष्फुरन्तं
मूर्धाञ्चितैकचरणश्चलबाहुकेतुः ।
भोगे विषोल्बणफणस्य महोरगस्य
हल्लीसकं सललितं रुचिरं वहामि ॥ ६ ॥

सर्वाः–अच्छलीअं भट्टा ! अच्छलीअं । कालिअस्स पञ्च फणाणि अक्कमन्तो हळ्लीषअं पकीळदि । [आश्चर्यं भर्तः ! आश्चर्यम् । कालियस्य पञ्च फणानाक्रामन् हल्लीसकं प्रक्रीडति ।]

दामोदरः–यावदहमपि पुष्पाण्यपचिनोमि ।

कालियः–आः,

लोकालोकमहीधरेण भुवनाभोगं यथा मन्दरं
शैलं शर्वधनुर्गुणेन फणिना यद्वच्च यादोनिधौ ।
स्थूलाखण्डलहस्तिहस्तकठिनो भोगेन संवेष्टितं
त्वामेष त्रिदशाधिवासमधुना सम्प्रेषयामि क्षणात् ॥७॥

वृद्धगोपालकः–हा हा भट्टा ! । एसो भट्टिदामोदळो पुप्फाणुकारेहि पदेहि आआरवन्तं विअ जमुणाहळं महाणाअं पादेण परिघट्टअन्तो पुप्फाणि अवइणोदि । (अवतीर्य) षाहु भट्टा ! षाहु । फळ्लेहि फळ्लेहि । अहं वि षहाओ होमि । अहो भाआमि भट्टा ! भाआमि । जाव इमं वुत्तन्तं णन्दगोवष्ष णिवेदेमि । (निष्क्रान्तः ।) [हा हा भर्तः ! एष भर्तृदामोदरः पुष्पानुकाराभ्यां पदाभ्यामाकारवन्तमिव यमुनाहृदं महानागं पातेन परिघट्टयन् पुष्पाण्यवचिनोति । साधु भर्तः ! साधु । फालय फालय । अहमपि सहायो भवामि । अहो बिभेमि भर्तः ! बिभेमि । यावदिमं वृत्तान्तं नन्दगोपाय निवेदयामि ।]

दामोदरः-

विध्वस्तमीनमकराद् यमुनाह्लदान्ताद्
　　दर्पोच्छ्रयेण महता दृढमुच्छ्वसन्तम् ।
आशीविषं कलुषमायतवृत्तभोग-
　　मेष प्रसह्य सहसा भुवि विक्षिपामि ॥ ८ ॥

कालियः-एष भोः !

रोषेण धूमायति यस्य देहस्तेनैव दाहं पृथिवी प्रयाति ।
३ ज्वालावलीभिः प्रदहामि सोऽहं रक्षन्तु लोकाः समरुद्गणास्त्वाम् ॥९॥

दामोदरः-कालिय ! यदि ते शक्तिरस्ति, दह्यतां ममैको भुजः ।

कालियः-हहह,

चतुःसागरपर्यन्तां ससप्तकुलपर्वताम् ।
दहेयं पृथिवीं कृत्स्नां किं भुजं न दहामि ते ॥ १० ॥

हं, तिष्ठेदानीम् । एष त्वां भस्मीकरोमि । (विषाग्निं मुञ्चति)

दामोदरः- हन्त दर्शितं ते वीर्यम् ।

३ कालियः-प्रसीदतु प्रसीदतु भगवान् नारायणः ।

दामोदरः-अनेन वीर्येण भवान् गर्वितः ।

कालियः-प्रसीदतु भगवान् ।

गोवर्धनोद्धरणमप्रतिमप्रभावं
　　बाहुं सुरेश ! तव मन्दरतुल्यसारम् ।
का शक्तिरस्ति मम दग्धुमिमं सुवीर्यं
　　यं संश्रितास्त्रिभुवनेश्वर ! सर्वलोकाः ॥ ११ ॥

भगवन् ! अज्ञानादतिक्रान्तवान्, सान्तःपुरः शरणागतोऽस्मि ।

दामोदरः-कालिय ! किमर्थमिदानीं यमुनाह्रदं प्रविष्टोऽसि ।

कालियः–भगवतो वरवाहनाद् गरुडाद् भीतोऽहमिह प्रविष्टोऽस्मि। तदिच्छामि गरुडादभयं भगवत्प्रसादात्।

दामोदरः–भवतु भवतु।

मम पादेन नागेन्द्र ! चिह्नितं तव मूर्धनि।
सुपर्ण एव दृष्ट्वेवमभयं ते प्रदास्यति ॥ १२ ॥

कालियः–अनुगृहीतोऽस्मि।

दामोदरः–प्रविशतु भवान्।

कालियः–यदाज्ञापयति भगवान् नारायणः।

दामोदरः–अथवा एहि तावत्।

कालियः–भगवन् ! अयमस्मि।

दामोदरः–अद्यप्रभृति गोब्राह्मणपुरोगासु सर्वप्रजास्वप्रमादः कर्तव्यः।

कालियः– भगवन् ! मद्विषदूषितमिदं जलम्। तदिदानीमेव विषं संहृत्य यमुनाह्रदान्निष्क्रामामि।

दामोदरः–प्रतिनिवर्ततां भवान्।

कालियः–यदाज्ञापयति भगवान् नारायणः। (सपरिजनो निष्क्रान्तः।)

दामोदरः–यावदहमपि ह्रदाद् गृहीतानि पुष्पाणि गोपकन्यकाभ्यः प्रयच्छामि।

सर्वाः–एसो भट्टा अम्हाणं हिअआणन्दं करन्तो अक्खदसरीरो इदो एव आअच्छदि। जेदु भट्टा। [एष भर्तास्माकं हृदयानन्दं कुर्वन् अक्षतशरीर इत एवागच्छति। जयतु भर्ता।]

सङ्कर्षणः–दिष्ट्या गोब्राह्मणहितं कृतम्।

दामोदरः–गृह्यन्तां पुष्पाणि।

सर्वाः–भट्टा ! एदाणि मुणिसङ्घेहि अणवइदपुव्वाणि पुप्फाणि पव्लामिट्ठाणि चन्दादिच्चकिरणेहि अपरिमट्ठिदाणि। भाआमो भट्टा!।

[भर्तः ! एतानि मुनिसङ्घैरनवचितपूर्वाणि पुष्पाणि परामृष्टानि चन्द्रादित्यकिरणैरपरिमर्दितानि । बिभीमो भर्तः ! ।]

दामोदरः–पूर्वं दृष्टभया वित्रस्तास्तपस्विन्यः । न भेतव्यं न भेतव्यम् । इदानीं खलु मत्करस्पर्शनात् सौम्यभावमुपगतानि गृह्यताम् ।

सर्वाः–जं भट्टा आणवेदि । [यद् भर्ताज्ञापयति ।]

(प्रविश्य)

भटः–भो गोपालक ! क्व गतो नन्दगोपपुत्रः ।

गोपालकः–एषो भट्टा कालिअं णाम महाणाअं परिपीडिअ गोवकण्णआहि परिवुदो ट्ठिओ । [एष भर्ता कालियं नाम महानागं परिपीड्य गोपकन्यकाभिः परिवृतः स्थितः ।]

भटः–(उपगम्य) भो नन्दगोपपुत्र ! अनुगतार्थनामधेयस्य महाराजस्योग्रसेनस्य पुत्रः कंसराजो भवन्तमाज्ञापयति ।

दामोदरः–कथमाज्ञापयतीति ।

भटः– मधुरायां धनुर्महो नाम महोत्सवो भविष्यति । तमनुभवितुं सपरिजनाभ्यां भवद्भ्यामागन्तव्यमिति ।

दामोदरः–आर्य ! अयं ननु देवरहस्यकालः ।

सङ्कर्षणः–शीघ्रमिदानीं गमिष्यावः ।

दामोदरः–बाढम् । प्रथमः कल्पः । एष भोः !

प्रभ्रष्टरत्नमुकुटं परिकीर्णकेशं
　विच्छिन्नहारपतिताङ्गदलम्बसूत्रम् ।
आकृष्य कंसमहमद्य दृढं निहन्मि
　नागं मृगेन्द्र इव पूर्वकृतावलेपम् ॥ १३ ॥

(निष्क्रान्ताः सर्वे ।)

चतुर्थोऽङ्कः ।

अथ पञ्चमोऽङ्कः ।

(ततः प्रविशति राजा ।)

राजा–

श्रुत्वा व्रजे विपुलविक्रमवीर्यसत्त्वं
दामोदरं सह बलेन समाचरन्तम् ।
आदिश्य कार्मुकमहं तमिहोपनीय
मल्लेन रङ्गगतमद्य तु घातयामि ॥ १ ॥

ध्रुवसेन ! ध्रुवसेन !

(प्रविश्य)

भटः–जयतु महाराजः ।

राजा–ध्रुवसेन ! किमागतो नन्दगोपपुत्रः ।

भटः–श्रोतुमर्हति महाराजः––प्रविशन्नेव दामोदरः ससङ्कर्षणो गोपजनपरिवृतो रजकेभ्यो वस्त्राण्याच्छिद्य गृहीतवानिति श्रुत्वा महामात्रेणोत्पलापीडो नाम गन्धहस्ती सञ्चोदितस्तमभिघातयितुम् । ततः,

तमापतन्तं सहसा समीक्ष्य सं[1]भीतगोपालकवृन्दमध्ये ।
बालो बलेनाद्रिनिभं गजेन्द्रं दन्तं समाकृष्य जघान शीघ्रम् ॥ २ ॥

राजा–कथं जघानेति । गच्छ । भूयो ज्ञायतां वृत्तान्तः ।

भटः–यदाज्ञापयति महाराजः । (निष्क्रम्य प्रविश्य) जयतु महाराजः । एष इदानीं नन्दगोपपुत्र उत्सवाधिकारोच्छ्रितध्वजपताकमवसक्तमाल्यदामालङ्कृतमुत्थापितागुरुधूपसमाकुलं राजमहापथं प्रविश्य राजकुलद्वारे गन्धसमुद्गावसक्तहस्तां मदनिकां नाम कुब्जिकां दृष्ट्वा तस्या हस्ताद् गन्धमादाय स्वगात्रमनुलिप्य तेनैव हस्तेन कुब्जस्यानुमार्जनेन विगतकुब्जभावां तां कृत्वा

१. स (मे) तगो०

मालाकारापणेभ्यः पुष्पाण्याहृत्यावबध्य धनुःशालाभिमुखो गतः ।

९ राजा—किन्नु खलु तेन व्यवसितम् । तेन हि शीघ्रं गच्छ । भूयो ज्ञायतां वृत्तान्तः ।

भटः—यदाज्ञापयति महाराजः । (निष्क्रम्य प्रविश्य) जयतु महाराजः ।

१२ धनुःशालारक्षकेण सिंहबलेन वार्यमाणस्तं कर्णमूले प्रहृत्य हत्वा धनुः समादाय द्विखण्डं कृत्वा साम्प्रतमुपस्थानाभिमुखो गतः । स हि,

आपीडदामशिखिबर्हविचित्रवेषः
पीताम्बरः सजलतोयदराशिवर्णः ।
अभ्येति रोषपरिवृत्तविशालनेत्रो
रामेण सार्धमिह मृत्युरिवावतीर्णः ॥ ३ ॥

राजा—सावेगमिव मे हृदयम् । गच्छ, यथानिर्दिष्टौ चाणूरमुष्टिकौ प्रवेशय, वृष्णिकुमाराणां सन्नाहमाज्ञापय ।

३ भटः—यदाज्ञापयति महाराजः । (निष्क्रान्तः ।)

राजा—यावदहमपि प्रासादमारुह्य चाणूरमुष्टिकयोर्युद्धं पश्यामि । (आरुह्य) मधुरिके ! विघाट्यतां द्वारम् ।

६ प्रतिहारी—जं भट्टा आणवेदि । [यद् भर्ताज्ञापयति ।]

(राजा प्रविश्योपविशति ।)

(ततः प्रविशतश्चाणूरमुष्टिकौ ।)

९ चाणूरः—

एसो म्हि जुद्धसज्जो मत्तो हत्थीव दप्पसम्पुण्णो ।
भञ्जेमि अज्ज बाळं दामोदळं ळंगमज्झम्मि ॥ ४ ॥

[एषोऽस्मि युद्धसज्जो मत्तो हस्तीव दर्पसंपूर्णः ।
भनज्म्यद्य बालं दामोदरं रङ्गमध्ये ॥]

मुष्टिकः-

ळोहमयमुट्ठिहत्थो णामेण अ मुट्ठिओ लुट्ठि ।
पादेमि अज्ज ळामं गिळिवळ्कूटं जहा वज्जो ॥ ५ ॥

[लोहमयमुष्टिहस्तो नाम्ना च मुष्टिको रुष्टः ।
पातयाम्यद्य रामं गिरीवरकूटं यथा वज्रः ॥]

भटः-एष महाराजः । उपसर्पेतां भवन्तौ ।

उभौ-(उपेत्य) जेदु भट्टा । [जयतु भर्ता ।]

राजा-चाणूरमुष्टिकौ ! सर्वप्रयत्नेन युवाभ्यामानृण्यं कर्तव्यम् ।

उभौ-सुणादु भट्टां । अड्ढिदकरणसन्धाबन्धप्पहारेहि जुद्धविसेसेहि सिद्धिं गच्छामो । हं पेक्खदु भट्टा । [श्रृणोतु भर्ता । (अष्ठिद ?) करणसन्धाबन्धप्रहारैर्युद्धविशेषैः सिद्धिं गच्छामः । हं पश्यतु भर्ता ।]

राजा-बाढमेवं क्रियताम् । ध्रुवसेन ! प्रवेश्यतां गोपदारकौ ।

भटः-यदाज्ञापयति महाराजः । (निष्क्रान्तः ।)

(ततः प्रविशतो दामोदरसङ्कर्षणौ ध्रुवसेनेन सह ।)

दामोदरः-आर्य !

मर्त्येषु जन्म विफलं मम तानि घोषे
कर्माणि चाद्य नगरे धृतये न तावत् ।
यावन्न कंसहतकं युधि पातयित्वा
जन्मान्तरासुरमहं परिकर्षयामि ॥ ६ ॥

सङ्कर्षणः-

प्रविश्य रङ्गं कृतलोहमुष्टिं तं मुष्टिना मुष्टिकमद्य रुष्टम् ।
हत्वा चरिष्याम्यनिलप्रचण्डः प्रलम्बमम्भोदमिवान्तरिक्षे ॥७॥

भटः-एष महाराजः । उपसर्पेतां भवन्तौ ।

उभौ– आः कस्य महाराजः ।

भटः– सर्वस्य जगतोऽस्माकं च ।

दामोदरः– अद्यप्रभृति न भविष्यति ।

भटः– जयतु महाराजः । एतौ तौ ।

राजा– (विलोक्य) अयं स दामोदरः । अहो,

श्रीमान् मदान्धगजधीरविलासगामी
श्यामः स्थिरांसभुजपीनविकृष्टवक्षाः ।
पूर्वं श्रुतानि चरितानि न चित्रमस्य
लोकत्रयं हि परिवर्तयितुं समर्थः ॥ ८ ॥

अयं नु ललितगम्भीराकृतिः पूर्वजोऽस्य राम इति श्रूयते ।

अभिनवकमलामलायताक्षः शशिनिभमूर्तिरुदारनीलवासाः ।
रजतपरिघवृत्तदीर्घबाहुश्चलदसितोत्पलपत्रचित्रमालः ॥ ९ ॥

दामोदरः– आर्य ! एतावेवावाभ्यां युद्धसन्नद्धाविति मन्ये ।

सङ्कर्षणः– भवितव्यम् ।

राजा– ध्रुवसेन ! प्रवर्ततां युद्धम् ।

भटः– यदाज्ञापयति महाराजः (मालां क्षिपति ।)

मल्लौ– अङ्घो ! वादेथ[1] वादेथ सङ्खपटहाणि । [अङ्गो ! वादयत वादयत सङ्खयपटहान् ।]

चाणूरः– एहि दामोदळ ! अज्ज मे भुजजुअळेहि सिद्धिं गच्छ । [एहि दामोदर ! अद्य मे भुजयुगलेन सिद्धिं गच्छ ।]

दामोदरः–

प्राप्तोऽस्मि तिष्ठ मम वेगमिमं सहस्व

मुष्टिकः– ए ए ळाम ! अज्ज मे मुट्ठिपिट्ठिगत्तगळिअळुहिळपडळमज्जो जीविअं उज्झसि । [ए ए राम ! अद्य मे मुष्टिपिष्टगात्रगलितरुधिरपटलमज्जो जीवितमुज्झसि]

---

१. वादे (ह) वादे (ह).

सङ्कर्षणः–

त्वामद्य मुष्टिक ! यमाय निवेदयामि ।

(सर्वे नियुद्धं कुर्वन्ति ।)

दामोदरः–(चाणूरं निहत्य)

भग्नास्थिरेष निहतो

सङ्कर्षणः–

निहतो मयापि

दामोदरः–

कंसासुरं च यमलोकमहं नयामि ॥ १० ॥

(प्रासादमारुह्य कंसं शिरसि निगृह्य पातयित्वा) एष एष दुरात्मा कंसः,

विस्तीर्णलोहितमुखः परिवृत्तनेत्रो
भग्नांसकण्ठकटिजानुकरोरुजङ्घः ।
विच्छिन्नहारपतिताङ्गदलम्बसूत्रो
वज्रप्रभग्नशिखरः पतितो यथाद्रिः ॥ ११ ॥

(नेपथ्ये)

हा हा महाराजः ।

(पुनर्नेपथ्ये)

भो भो वृष्णियोधाः ! अनावृष्टिशिवकहृदिकपृथुकसोमदत्ताक्रूरप्रमुखाः ! अयं खलु भर्तृपिण्डनिष्क्रयस्य कालः । शीघ्रमागच्छन्तु भवन्तः ।

दामोदरः– आर्य ! संवार्यतां सैन्यम् ।

सङ्कर्षणः– अयमयं वारयामि ।

द्रुततरगरथेभभ्रान्तयोधोग्रनादं
विलसदमलखड्गप्रासशक्त्यृष्टिकुन्तम् ।

पवनबलविकीर्णं फेनजालोर्मिमालं
जलनिधिमिव दोर्भ्यां क्षोभयाम्येष सैन्यम् ॥ १२ ॥

(ततः प्रविशति वसुदेवः ।)

वसुदेवः-भो भो मधुरावासिनः । अलमलं साहसेन ।

ज्येष्ठोऽयं मम तनयस्तु रौहिणेयो
देवक्यास्तनयमिमं च किं न वित्थ ।
सन्नाहं त्यजत किमायुधैश्च कार्यं
कंसार्थं स्वयमिह विष्णुराजगाम ॥ १३ ॥

सङ्कर्षणः- (विलोक्य) अये तातः । तात ! सङ्कर्षणोऽहमभिवादये ।

दामोदरः-तात ! दामोदरोऽहमभिवादये ।

वसुदेवः-अक्षयविजयिनौ भवेतां भवन्तौ । सत्पुत्रजन्मफलमद्य प्राप्तवानस्मि ।

उभौ-अनुगृहीतौ स्वः ।

वसुदेवः-कोऽत्र ।

(प्रविश्य)

भटः-जयत्वार्यपुत्रः ।

वसुदेवः-अपविध्यन्तां कलेवराणि ।

भटः-यदाज्ञापयत्यार्यपुत्रः ।

गोपालकाःसर्वे-ही ही गोवाळआणं रज्जं संवुत्तं । [ही ही गोपालकानां राज्यं संवृत्तम् ।]

वसुदेवः-कोऽत्र ।

भटः-जयत्वार्यपुत्रः ।

वसुदेवः-गच्छ, शीघ्रं दामोदरस्यादेशादनावृष्टिमाज्ञापय-महाराजमुग्रसेनमपनीय निगलान्निर्वृत्ताभिषेकं कृत्वा प्रवेशयेति ।

भटः—यदाज्ञापयत्यार्यपुत्रः । (निष्क्रान्तः ।)

वसुदेवः-अये,

नदन्ति सुरतूर्याणि वृष्टिः पतति कौसुमी ।
कंसान्तकस्य पूजार्थं प्रायो देवाः समागताः ॥ १४ ॥

(नेपथ्ये)

श्रीमानिमां कनकचित्रितहर्म्यमालां
विस्तीर्णराजभवनापणगोपुराट्टाम् ।
पायात् सदैव मधुरां कमलायताक्ष-
स्त्रैलोक्यजित् सुरवरस्त्रिदशेन्द्रनाथः ॥ १५ ॥

वसुदेवः-भो भो मधुरावासिनः ! शृण्वन्तु शृण्वन्तु भवन्तः । अस्य खलु दैत्येन्द्रपुरार्गलोत्पाटनपटोः सर्वक्षत्रपराङ्मुखावलोकिनो वसुदेवसम्भवस्य वासुदेवस्य प्रसादात् पुनरधिगतराज्यस्योग्रसेनस्य शासनमिदानीमवघुष्यते ।

सर्वे—प्रतिष्ठितमिदानीं वृष्णिराज्यम् ।

वसुदेवः-प्रवेश्यतां महाराजः ।

भटः—यदाज्ञापयत्यार्यपुत्रः । (निष्क्रान्तः ।)

(ततः प्रविशत्युग्रसेनः ।)

उग्रसेनः-

चिरोपरोधसम्प्राप्तः क्लेशो मे केशिसूदनात् ।
अपनीतः स्ववीर्येण यथा विष्णोः शतक्र(तु ? तो)ः ॥१६॥

भगवत्प्रसादाद् व्यसनार्णवादुत्तारितोऽस्मि ।

(ततः प्रविशति नारदः ।)

नारदः— कंसे प्रमथिते विष्णोः पूजार्थं देवशासनात् ।
सगन्धर्वाप्सरोमिश्र देवलोकादिहागतः ॥ १७ ॥

दामोदरः—अये देवर्षिर्नारदः । देवर्षे ! स्वागतम् । इदमर्घ्यं पाद्यं च ।

नारदः—सर्वं गृह्णामि । गन्धर्वाप्सरसो गायन्ति ।

नारायण ! नमस्तेऽस्तु प्रणमन्ति च देवताः ।
अनेनासुरनाशेन मही च परिरक्षिता ॥ १८ ॥

दामोदरः-देवर्षे ! परितुष्टोऽस्मि । किं ते भूयः प्रियमुपहरामि ।

नारदः—

प्रहृष्टो यदि मे विष्णुः सफलो मे परिश्रमः ।
गमिष्ये विबुधावासं सह सर्वैः सुरोत्तमैः ॥ १९ ॥

दामोदरः—गच्छतु भवान् पुनर्दर्शनाय ।

नारदः—यदाज्ञापयति भगवान् नारायणः । (निष्क्रान्तः ।)

(भरतवाक्यम्)

इमां सागरपर्यन्तां हिमवद्विन्ध्यकुण्डलाम् ।
महीमेकातपत्राङ्कां राजसिंहः प्रशास्तु नः ॥ २० ॥

(निष्क्रान्ताः सर्वे)

पञ्चमोऽङ्कः ।

अवसितं बालचरितम् ॥

श्लोकानुक्रमणिका ।

APPENDIX A

Metrical Analysis

(Stanzas marked with an asterisk are in Prakrta)

अनुष्टुप् (श्लोक)

पञ्चमं लघु सर्वत्र सप्तमं द्विचतुर्थयोः ।
गुरु षष्ठं च पादानां चतुर्णां स्यादनुष्टुभि ॥

Svapna. : I. 2, 7, 10, 15; IV. 6, 8, 9, 10; V. 6, 7, 8, 9, 10, 11; VI. 3, 6, 7, 9, 11, 12, 13, 14, 16, 17, 18, 19. Pratijña : I. 1, 2, 7, 9, 10, 15-17; II. 5–7, 10, 11, 13; III. 3, 7–9; IV. 8, 10, 14, 15, 17, 19–21, 23-25. Avimaraka : I. 4; II. 4, 10; IV. 7, 14; V. 3; VI. 3, 6-8, 12–14, 17, 22. Carudatta : I, 7, 19, 22, 24, 25, 27, 28; III. 12, 14–17, 19; IV. 2, 3, 5, 7. Pratima : I, 4, 6, 9–13, 15-17, 19–21, 23, 24, 26–28, 31; II. 3, 5, 6, 8–12, 15–18, 20; III. 4-6, 8, 10, 12, 14, 16, 19, 20, 23, 24; IV. 3-5, 11, 12, 14, 15, 19, 26, 28; V. 6, 8, 9, 12-15, 20-22; VI, 5, 9-11, 13-15; VII. 5, 8, 13, 15. Abhiṣeka : I. 3, 8, 12, 15, 18–21, 23, 24; II. 3, 7, 12, 13, 15, 16, 18–20, 23, 24; III. 5, 6, 8–11, 13–15, 18, 20, 22, 24-26; IV. 4, 8-11, 14, 16, 19–22; V. 2, 5, 8-10, 12, 14-17; VI. 8–10, 18, 20, 22, 23, 25–29, 35. Pañcaratram : I. 2, 7, 8, 11, 12, 15, 16, 24, 26, 32, 33, 35, 36, 41, 42, 44, 48–54; II. 4, 6, 8. 12–14, 16, 17, 19-21, 23, 25, 28, 34, 36–38, 41, 47–50, 52, 53, 55–59, 61–69, 71; III. 9, 10, 13, 15, 17–21, 23–26. Madhyamavyayoga : I. 2, 7, 12–23, 28-31. 33–40, 42-45, 47, 49-51. Dūtavakyam : I. 1, 2, 7, 8, 16, 17, 20, 25-27, 29–31, 33, 34, 36, 38, 43, 46, 50, 55, 56. Dūtaghaṭotkaca : I. 6, 7, 15, 17, 18, 21, 24-26, 28, 29, 31, 32, 34–40, 42, 44, 48-50. Karṇabharam : I, 2, 7, 12, 25. Ūrubhangam : I. 33, 37, 41–44, 46–49, 50, 62, 64, 65. Balacaritam : I. 3, 11-13, 15-17, 20, 25–27; II. 8, 9, 11, 13–19, 25; III. 7–10, 12, 13, 16; IV. 10, 12; V. 14, 16-20.

इन्द्रवज्रा

स्यादिन्द्रवज्रा यदि तौ जगौ गः ।

Avimāraka: III. 6; IV. 2; VI. 2, 15, 16. Pratima: I. 29; IV. 25; VII. 14. Pañcaratram: I. 1, 23, 31, 40, 47; II. 11, 70; III. 3. Dūtaghaṭotkacam: I. 10, 16, 30. Balacaritam: IV. 5, 9.

उपेन्द्रवज्रा

उपेन्द्रवज्रा जतजास्ततो गौ ।

Svapna: V. 13. Avimaraka: I. 9. Cārudatta: I. 10* (Pāda *a* has one Syllable in excess). Abhiṣeka: I. 26; III. 3, 19; V. 11. Pañcarātram: I 13. Madhyamavyayoga: I. 52.

उपजाति

स्यादिन्द्रवज्रा यदि तौ जगौ गः ।

उपेन्द्रवज्रा जतजास्ततो गौ ॥ (इत्यनयोरुपजातिः ।)

Svapna: V. 5. Pratijñā.: I. 5, 12; II. 1; IV. 2. Avimaraka: I. 3, 10; II. 8, 9, 12; III. 18; IV. 6, 15, 16, 17, 21; V. I. 5; VI. 5, 10, 20, 21. Carudatta: I. 4, 12,* 23,*; III. 3, 7; IV. 1. Pratima: I. 1; III. 15; IV. 9, 13; V. 3, 4, 5; VI. 16; VII. 3. Abhiṣeka: II. 14; IV. 6; V. 1; VI. 14, 21, 32. Pañcarātram: I. 10, 19, 27, 43, 46; II. 9, 30, 60; III. 12, 14. Madhyamavyayoga: I. 9, 41. Dūtavākyam: I. 9, 18, 19, 22, 28, 52, 53. Dutaghaṭotkacam: I. 2, 9, 19, 36. Karṇabhāram: I. 13, 17,– (Pāda *b* is a वंशस्थ), Ūrubhangam: I. 30, 38, 45, 47, 48, 55. Balacaritam: I. 2. 4, 7, 21 (Pāda *a* is a वंशस्थ), 22, 24, 28; II. 5, 12, 20, 23, 24; III. 4, 6. IV. 4; V. 2, 7.

शालिनी

मात्तौ गौ चेच्छालिनी वेद लोकैः ।

Svapna: I. 13; IV. 6; VI. 10. Pratijña: I. 13, 18; II. 14; IV. 11. Avimāraka: I. 7; III. 5. Cārudatta: III. 9. Pratimā: II. 13; III. 18; V. 17. Abhiṣeka I. 13.

Pañcarātram : I. 22, 28; II. 2, 10, 40, 46. Dūtaghaṭotkacam : I. 20. Bālacaritam : I. 29.

द्रुतविलम्बित

द्रुतविलम्बितमाह नभौ भरौ ।

Abhiṣeka : III. 4.

पुष्पिताग्रा

अयुजि नयुगरेफतो यकारो युजि च नजौ जरगाश्च पुष्पिताग्रा ।

Svapna : I. 5; VI. 1. Pratijñā : II. 12; IV. 5, 9. Avimāraka : II. 11; III. 4, 9, 11, 13; IV. 12, 20; V. 4; VI. 4, 9, 18. Cārudatta : I. 16, 20. Pratimā : II. 21; IV. 18; V. 19; VI. 8. Abhiṣeka : I. 6, 14, 22; II. 2, 5, 11, 17, 25; III. 2, 16, 23; IV. 3, 5, 12, 18; V. 3; VI. 2, 12, 13, 17, 24, 33. Pañcarātram : I. 17, 30; II. 35, 51. Madhyamavyayoga : I. 4, 24, 25. Dūtavākyam : I. 6, 37.

भुजंगप्रयात

भुजंगप्रयातं चतुर्भिर्यकारैः ।

Abhiṣeka : VI. 15.

वंशस्थ

जतौ तु वंशस्थमुदीरितं जरौ ।

Pratijñā : III. 2; IV. 18, 22. Avimāraka : IV. 23. Cārudatta : I. 3, 15*, 26; III. 4. Pratimā : III. 13; IV. 20; VI. 1, 2. Abhiṣeka : I. 2. Pañcarātram : I. 20, 25; II. 1, 18, 32, 33, 43, 44; III. 1, 8, 11, 16. Madhyamavyāyoga : I. 10. Dūtavākyam : I. 21. Dūtaghaṭotkacam : I. 13, 33. Karṇabhāram : I. 8, 11, 22 (Pāda *a* is इन्द्रवंशा), 23. Ūrubhangam : I. 8. Bālacaritam : I. 18.

वैश्वदेवी

पञ्चाश्वैश्छिन्ना वैश्वदेवी ममौ यौ ।

Svapna : I. 9. Pratijñā. : I. 3; II. 8. Abhiṣeka : II. 1; VI. 5.

प्रहर्षिणी

म्नौ ज्रौ गस्त्रिदशयतिः प्रहर्षिणीयम् ।

Avimāraka : I. 8; IV. 3. Cārudatta : IV. 6. Pratimā I. 30; IV. 6; V. 18. Abhiṣeka : I. 7, 10. 17; III. 17. Pañcarātram : II. 3, 54; III. 5. Dutaghatotkacam : I. 4. Karṇabhāram : I. 5. Bālacaritam : I. 6; V. 13.

वसन्ततिलका

ज्ञेया वसन्ततिलका तभजा जगौ गः ।

Svapna. : I. 4, 6, 11; IV. 2; V. 1-3; VI. 2, 4, 5, 15. Pratijñā : I. 4, 6; II. 2, 9; III. 4; IV. 4, 6, 7. Avimāraka: I. 2, 6, 11; II. 1, 2, 7, 13; III. 1, 7, 8, 10, 12, 15-17, 19; IV. 1, 5, 8, 13, 18, 22; V. 2, 7; VI. 1. 11, 19. Cārudatta : I. 2, 5, 8*, 9, 11, 18; III. 1, 2, 5, 10, 18; IV. 4. Pratimā : I. 7, 8, 22; II. 2, 4; IV. 1, 2, 16, 22, 24; V. 10, 11; VI. 4, 6, 7, 12; VII. 4, 6, 7, 9-11. Abhiṣeka : I. 1, 4, 9, 11; III. 21, 27; IV. 7, 13, 23; V. 4, 7, 13, 16; VI. 1, 7. Pañcarātram : I. 18, 29, 34, 37, 39; II. 27, 31, 42; III. 22. Madhyamavyāyoga : I. 1, 3, 8, 11, 27, 48. Dūtavākyam : I. 3–5, 11--14, 23, 41, 42, 44, 49, 54. Dūtaghaṭotkacam : I. 1, 5, 11, 14, 23, 35, 45, 52. Karṇabhāram: I. 4, 6, 9, 16, 21, 24. Ūrubhangam : I. 2, 3, 7, 9, 11, 12, 19, 22, 31, 32, 36, 40, 54, 59, 60, 66. Bālacaritam : I. 5, 8, 23; II. 1–4, 6, 7, 10, 21, 22; II. 2, 5, 14; IV. 6, 8, 11, 13; V. 1, 3, 6, 8, 10, 11, 15.

मालिनी

ननमयययुतेयं मालिनी भोगिलोकैः ।

Pratijñā : I. 11, 14; II. 3; IV. 3, 13. Avimāraka : II. 5; III. 2; IV. 9. Cārudatta : I. 13, 14, 17, 29. Pratimā : I. 14, 25; III. 9, 21; IV. 10, 20; V. 7; VII. 1, 2, 12. Abhiṣeka : I. 16, 25; II. 8, 9, 21, 26; IV. 15; V. 15; VI. 4,

6, 11. Pañcarātram : I. 38, 45; II. 5, 15, 45; III. 2, 4. Madhyamavyāyoga : I. 5, 6, 32, 46. Dūtavākyam : I. 10, 35, 39, 40, 45, 47, 48. Dūtaghatotkacam : I. 43, 46. Karṇabhāram : I. 1, 3, 14, 18–20. Ūrubhangam : I. 6, 20, 26, 27, 39, 56, 57. Bālacaritam : I. 9, 10; III. 11, 15; IV. 3; V. 12.

पृथ्वी

जसा जसयला वसुग्रहयतिश्च पृथ्वी गुरुः ।

Avimāraka : II. 6.

हरिणी

नसमरसला गः षड्वेदैर्हयैर्हरिणी मता ।

Svapna. : VI. 8. Pratimā : I. 18; III. 17; IV. 8; V. 2. Dūtaghaṭotkaca : I. 47. Ūrubhangam : I. 5, 10.

शिखरिणी

रसै रुद्रैश्छिन्ना यमनसभला गः शिखरिणी ।

Svapna : I. 14, 16. Pratijñā : II. 4. Āvimāraka : I. 5; II. 3; III. 14. Pratimā : II. 14; III. 1, 2, 22; IV. 7. Abhiṣeka : IV. 17. Pañcarātram : I. 3, 14, 21; II. 7, 22, 24. Ūrubhangam : I. 61.

शार्दूलविक्रीडित

सूर्याश्वैर्यदि मः सजौ सततगाः शार्दूलविक्रीडितम् ।

Svapna : I. 3, 8, 12; IV. 1; V. 4, 12. Pratijñā : I. 8; III. 5, 6; IV. 12, 16. Avimāraka : III. 3, 20; IV. 4, 10, 11. Cārudatta : I. 6; III. 6, 8, 11, 13. Pratimā : I. 3. 5; II. 2, 19; IV. 23, 27; V. 1, 16; VI. 3. Abhiṣeka : I. 5; II. 4, 6, 10, 22; III. 1; IV. 1, 2; V. 6; VI. 3, 16, 19, 30, 31, 34. Pañcarātram : I. 4, 5, 9, 55; II. 26, 29, 39; III. 6, 7. Madhyamavyāyoga : I. 26. Dūtavākyam : I. 24, 32. Dūtagaṭotkacam : I. 3, 8, 12, 22, 27, 34, 41, 51.

Karṇabhāram : I. 10, 15. Ūrubhaṅgam : I. 1, 4, 13–18, 21, 23–25, 28, 29, 34, 35, 51–53, 58, 63. Bālacaritam : I. 1; III. 3; VI. 1, 7.

सुवदना

ज्ञेया सप्ताश्वषड्भिर्मरभनययुता म्लौ गः सुवदना ।

Pratimā : III. 7, 11. Pañcarātram : I. 6. Dūtavākyam: I. 15.

स्रग्धरा

म्रभ्नैर्यानां त्रयेण त्रिमुनियतियुता स्रग्धरा कीर्तितेयम् ।

Avimāraka : I. 1, 12; IV. 19. Pratimā : IV. 17. Abhiseka : III. 7, 12. Dūtavākyam : I. 51. Bālacaritam : IV.2.

मेघमाला (संङ्कृतिभेदः)

Pratimā : III. 3.

दण्डक (चण्डवृष्टिः २न । ७र)

Avimāraka : V. 6.

वैतालीय

षड्विषमेऽष्टौ समे कलास्ताश्च समे स्युर्निरंतराः ।
न समात्र पराश्रिता कला वैतालीयेऽन्ते रलौ गुरुः ॥

Pratijñā : III. 1*.

आर्या

यस्याः पादेप्रथमे द्वादश मात्रास्तथा तृतीयेऽपि ।
अष्टादश द्वितीये चतुर्थके पंचदश सार्या ॥

Svapna. : I. 1; IV. 3, 4. Pratijñā : IV. 1*. Carudatta : I. 1*, 21. Pratimā : I. 2; II. 7. Balacaritam : I. 19*; III. 1*; V. 4*.

उपगीति

आर्योत्तरार्धतुल्यं प्रथमार्धमपि प्रयुक्तं चेत् ।
कामिनि तामुपगीतिं प्रतिभाषन्ते महाकवयः ॥

Balacaritam : V. 5.*

	Svapna	Pra.-Yaug.	Avimāraka	Cārudatta	Pratimā	Abhiṣeka	Pañcarātram	M. Vyāyoga	Dūtavākyam	Dūta-ghaṭa	Karṇabhāram	Ūrubhanga	Bālacarita	Total
Śloka ...	26	29	15	17	75	68	76	34	22	22	4	12	37	437
Indravajrā ...	...	...	5	...	3	...	8	...	...	3	...	...	2	21
Upendravajrā ...	1	...	1	1	...	4	1	1	...	...	...	...	...	9
Upajāti ...	1	4	17	6	9	6	10	2	7	4	2	6	17	91
Śālinī ...	3	4	2	1	3	1	6	...	...	1	...	...	1	22
Drutavilambita.	...	...	...	...	...	1	...	...	...	...	...	...	...	1
Pushpitāgrā ...	2	3	11	2	4	22	4	3	2	...	...	...	2	55
Bhujaṅgaprayāta	...	...	...	...	...	1	...	...	...	...	...	...	...	1
Vaṁśastha ...	...	3	1	4	4	1	12	1	1	2	4	1	1	35
Vaiśvadevī ...	1	2	...	...	...	2	...	...	...	...	...	...	...	5
Praharṣiṇī ...	...	...	2	1	3	4	3	...	...	1	1	...	2	17
Vasantatilakā ...	11	8	27	12	22	15	9	6	13	8	6	16	26	179
Mālinī ...	...	5	3	4	10	11	7	4	7	2	6	7	6	72
Pṛthvī ...	...	...	1	...	...	...	...	...	...	...	...	...	...	1
Hariṇī ...	1	...	...	...	4	...	...	...	...	1	...	2	...	8
Śikhariṇī ...	2	1	3	...	5	1	6	...	...	...	...	1	...	19
Śārdulavi. ...	6	5	5	5	9	15	9	1	2	8	2	21	4	92
Suvadanā ...	...	...	...	...	2	...	1	...	1	...	...	...	...	4
Sragdharā ...	...	...	3	...	1	2	...	...	1	...	...	...	1	8
Meghamālā ...	...	...	...	...	1	...	...	...	...	...	...	...	...	1
Daṇḍaka ...	...	...	1	...	...	...	...	...	...	...	...	...	...	1
Vaitālīya ...	...	1	...	...	...	...	...	...	...	...	...	...	...	1
Āryā ...	3	1	...	2	2	...	...	...	...	...	...	...	3	11
Upagīti ...	...	...	...	...	...	...	...	...	...	...	...	...	1	1
Total ...	57	66	97	55	157	154	152	52	56	52	25	66	103	1092

APPENDIX B

List of irregular Constructions and Solecisms

Irregular Sandhi

स्मराम्यवन्त्याधिपतेः सुतायाः । P. 39

हत्वा रिपुप्रभवमप्रतिमं **तमौघम्** । P. 316

कोऽयं विनिष्पतति गर्भगृहं विगाह्य[1] **उल्कां** प्रगृह्य । P. 526

१. इह विसन्धिता दृश्यते । श्लोकार्धे च संहिता नित्या ।

Use of Parasm. for Ātm.

आपृच्छामि भवन्तौ । P. 11

साधुजनहस्तगतैषा **नोत्कण्ठिष्यति** । P. 12

दृष्टिर्न तृप्यति **परिष्वजतीव** साङ्गम् । P. 143

पुत्रं पितेव च **परिष्वजति** प्रहृष्टः । P. 171

गाढं **परिष्वज** सखे । P. 175

आपृच्छ पुत्रकृतकान् हरिणान् द्रुमांश्च । P. 298

आपृच्छामि अत्रभवतीम् । P. 310

तं हत्वा क **इहोपलप्स्यति** चिरं स्वैर्दुष्कृतैर्जीवितम् । P. 462

परिष्वजामि गाढं त्वाम् । P. 528

रोषेण **धूमायति** यस्य देहः । P. 553

Use of Ātm. for Parasm.

अपरिचयात्तु न **श्लिष्यते** मे मनसि । P. 3

काले काले छिद्यते **रुह्यते** च । P. 50

दैवप्रामाण्याद् **भ्रश्यते** वर्धते वा । P. 58

कथमगणितपूर्वं **द्रक्ष्यते** तं नरेन्द्रः

कथमपुरुषवाक्यं **श्रोष्यते** सिद्धवाक्यः । P. 67

कुरङ्गीमभिलषमाणो । P. 154

यदि **विमुञ्चे** दृश्यते भवान् । P. 165

शीलशशिनः कान्तिः **परिम्लायते** । P. 198

उभयमपि हि **रक्षतेऽन्धकारः** । P. 203

अथ कस्मिन् प्रदेशे **विश्रमिष्ये** । P. 275

एतस्मिन् वृक्षान्तराविष्कृते देवकुले मुहूर्तं **विश्रमिष्ये** । P. 275

इमां दशरथस्य त्वं प्रतिमां किं न **पृच्छसे** P. 278

अभिपतति कथंचिद् घोरमाकर्षमाणः । P. 325

अथ च **परिहरन्ते** धार्तराष्ट्रा न किंचित् । P. 396.

जितं इति पुनरेनं **रुष्यते** वासुभद्रो । P. 404

स्त्रीगतां **पृच्छसे** कथाम् । P. 405

किं **गर्जसे** भुजगतो मम गोवृषेन्द्र । P. 542

गमिष्ये विबुधावासम् । P. 557

सरभसमयमुग्रं कार्मुकं **कर्षमाणः** । P. 505

अपचयगमनार्थं सप्तमं **रक्षमाणा** । P. 514

वृन्दावने सललितं **प्रतिगर्जमानं** । P. 540

Changes of Conjugation

धरते खलु वासवदत्ता । P. 43

वृत्तान्तं तावदाधारय यावदहम**ुच्छ्वसामि** । P. 66

न च पुन**र्वीजन्ति** यस्यां भयात् । P. 338

वीजन्तो मलयानिला अपि । P. 338

नष्टाः शरीरैः ऋतुभि**र्धरन्ते** । P. 378

कथमिदानीं सावज्ञमिव मां **हस्यते** । P. 405

हतेषु देहेषु गुणा **धरन्ते** । P. 483

Causative for Simplex

अथ कस्मिन्देशे **विश्रमयिष्ये** । P. 7

केन कारणेन **धर्षितो**ऽस्माकमन्तःपुरं प्रविष्टः । P. 343

Change of Gender

महार्णवाभे युधि नाशयामि । P. 44

अद्य कुन्तिभोजस्य ... **कार्यसङ्कटो** वर्तते । P. 180

भवति ! राजमार्गे **निष्क्रमणः** क्रियताम् । P. 212

Intransitive roots used transitively

इमं हद्वीणं ण रमामि । P. 223

अदो एव्व एदं अहं ण रमामि । P. 224

सीता मामविवेकिनी न रमते । P. 333

स्रवति धनुरुग्रां शरनदीम् । P. 398

मत्प्रत्यक्षं लज्जते ह्येष पुत्रम् । P. 413

Simplex for the Causative

भूयः परव्यसनमेत्य विमोक्तुकामा । P. 113

अमच्चो अय्यभूदिओ ... महाराएण पूइदो पत्थिदो अ । P. 127

तात अभिवादनक्रममुपदेष्टुमिच्छामि मातॄणाम् । P. 220

मम हस्ते निक्षिप्तं तव राज्यं चतुर्दशवर्षान्ते प्रतिग्रहीतुमिच्छामि । P. 291

Irregular Compounds

एवं लोकस्तुल्य[1] धर्मो वनानां । P. 50

स्वस्ति भवते सपत्नीकाय[2] । P. 185

जयवर्मणे सुमित्रा प्रदीयतां काशिराज्ञे[3] । P. 187

व्यूढोरा[4] वज्रमध्यो । P. 429

उत्सादयिष्यन्निव सर्वराज्ञः ।[3] P. 445

१. 'धर्मादनिच् केवलात्' (V. 4–124) इति 'अनिच्' विहितः । सोऽत्र न कृतः । २. 'प्रकृत्याशिषि' (VI. 3–83) इति सूत्रेण आशिषि विहितः प्रकृतिभावः सहशब्दस्य । अत्र तु तस्य सभावः विधिविरुद्धः । ३. 'राजाहःसखीभ्यः' (V. 4-91) इति समासान्तप्रत्ययो न कृतः । ४. 'उरःप्रभृतिभ्यः कप्' (V. 4-151) इति नित्यं 'कप्' प्रत्ययविधानम् ।

Irregular Syntactial Combinations

अय्ये[1] मा दाणिं अज्जं चिन्तिअ । P. 18

मा मा[1] भूयो अवंइणिअ । P. 23

अय्यउत्तो इह आआच्छिअ इमं कुसुमसमिद्धिं पेक्खिअ सम्माणिदा

भवेअं । P. 23

दुःखं त्यक्तुं बद्धमूलोऽनुरागः । P. 32

मा[1] दाणि भवं अणत्थं चिन्तिअ । P. 44

मां[1] दाणिं भट्टा ! अदिमत्तं सन्तप्पिदुं । P. 50

मा[1] खा मा खु मं शविदुं । P. 87

यद्येवं नलागिरिग्रहणार्थं विमुक्तश्चेद्[2] । P. 104

याचेमि मा[1] णिब्बन्धिअ । P. 134

इष्टं चे[2]देकचित्तानां यद्यग्निः साधयिष्यति । P. 151

यावत्[3] प्रच्छन्नरूपेण तावत् संवत्सरं व्रजेः । P. 178

अळं दाणि भवं अदिमत्तं सन्तप्पिदुं । P. 196

मा[1] स्वयं मन्युमुत्पाद्य । P. 258

अलमुपहतासु[4] स्त्रीबुद्धिषु स्वमार्जवमुपनिक्षेप्तम् । P. 259

अळं[4] दाणि महाराओ अदिमत्तं सन्ताप्पिअ परवसं अत्ताणं कादुं । P. 266

परशङ्कामलं[4] कर्तुं गृह्यतां भरतो ह्ययम् । P. 279

कुमार ! अलं[4] गुरुजनापवादमभिधातुम् । P. 285

अलमिदानीं[4] व्रणे प्रहर्तुम् । P. 290

हं अय्यउत्त ! मा[1] खु मा खु एवं भणिदुं । P. 313

—भो भो बलाध्यक्ष ! सन्नाहमाज्ञापय[5] वानरवाहिनीम् । P. 347

राज्ञा वानरवाहिनी प्रतिभया सन्नाहमाज्ञापिता[5] । P. 347

[6]यदि दातव्ये राज्ये किमस्माभिः सह मन्त्रयसे । P. 385

मा[1] खु मा खु भट्टा एदं जळासअं पविसिदुं । P. 544

मा[1] खु मा खु षाहशं कळिअ पविषिदुं । P. 545

१. इह मा शब्दयोगे 'क्त्वा' प्रत्ययः 'तुमुन्' प्रत्ययो वा प्रयुक्तोऽशास्त्रीयः। २. यदिशब्दचेच्छब्दयोः सहप्रयोगोऽपूर्वः । ३. 'अत्र' यावत्, 'तावत्' शब्दौ केवलं पादपूरणार्थकौ द्रष्टव्यौ । ४. "अलंखल्वोः" (III. 4. 18) इति सूत्रेण अलं खलु इत्येतयोः प्रतिषेधवाचिनोरुपपदयोर्धातोः क्त्वा प्रत्ययो विहितः । अत्र तु 'तुमुन्' कृतः । ५. अत्र द्विकर्मकत्वं चिन्त्यम् । ६. अत्र यदिशब्दस्य सत्सप्तम्याश्च सहप्रयोगोऽपूर्वः ।

Anomalous Formations

अद्यापि गन्धेन न **संश्रयन्ते**[1] । P. 150

ताते **धनु[2]र्नमयि** । P. 261

क्रमेण **शुश्रूषयिष्ये**[3] । P. 289

सुस्सूसइदव्वो[3] । P. 290

सुष्ठु खल्विह लक्ष्मणः **शुश्रूषयतु**[3] । तत्रस्थो मां भरतः **शुश्रूषयतु**[3] । P. 290

शुश्रूषयस्व भगवन्तम् । P. 299

न **प्रत्यायति** शोकार्ता । P. 337

विजयविख्यात **विंशद्बाहुशालिनि**[5] । P. 359

लङ्कामभ्युपयामि बन्धुसहितः सीतां **समाश्वासितुम्**[6] । P. 365

अहमेवैनं **मोक्षयामि**[7] । P. 411

अक्षान् क्षिपन् **सकितवम्**[8] । P. 445

द्रुपदराजसुतां **रुदन्तीम्**[9] । P. 445

व्यायामोष्णं गृह्य[10] चापं करेण । P. 466

अहमिव पाण्डवा **शुश्रूषयितव्याः**[4] । P. 504

घोषे जागरिमा[11] । P. 539

१. संश्रयन्ते इति प्रामादिकं रूपम् । " संश्रियन्ते " इति तु युक्तम् । २. अस्य स्थाने ' नमय ' इति वा ' नमतु ' इति वा पठितुं योग्यम् । ३. ' ज्ञाश्रुस्मृदृशां सनः ' (I. 3. 57) इति सूत्रेण सन्नन्तात् आत्मनेपदं विहितम् । अत्र तु स्वार्थे णिचः प्रयोगः अवैधः । ४. ' प्रत्येति ' इत्यर्थे " प्रत्यायति " रूपं चिन्त्यम् । प्रत्याङ्पूर्वस्यायते रूपमेतदिति समाधेयम् । अयतेरात्मनेपदं च न कृतम् । ५. ' विंशति ' इत्यस्य स्थाने ' विंशद् '— इति रूपं प्रामादिकम् । ६. अत्र णिजूलोपः प्रामादिकः । ७. " मोक्षे " " मुमुक्षे " इति शास्त्रीयं रूपम् । स्वार्थे णिजविहितः । ८. ' सकैतवम् ' इत्येपेक्षितं भाति । ' स कितवः ' इति पाठः सूचितः । ९. इह ' नुम् ' अशास्त्रीयः । १०. क्त्वास्थाने ल्यब्पूर्वः अशास्त्रीयश्च । ११. अत्र जागरशब्दात् इमनिचः प्रयोगः चिन्त्यः ।

Implied alternative sentences

[1]क्रीडेयं नियमस्पृहा । P. 257

[1]किं क्षमा निर्मनस्विता । P. 260

[1]कथं तिष्ठतु, यात्विति । P. 285

[1]तान् धारयिष्यसि, मृगैः सह वर्तयन्तु । P. 383

[1]अनुज्ञातोऽसि किं तेन, न राज्ञां सारथिर्भवान् । P. 396

[1]इहायं समुदाचारो, ग्रहणं परिभूयते । P. 404

१. अत्र हि विकल्पः आक्षिप्तः । वाशब्दस्याप्रयोगात् ।

Use of मे at the beginning of a quarter

[1]मे शापितो न परिरक्षसि चेत् स्वराज्यम् । P. 291

१. अत्र पादादौ युष्मच्छब्दस्य " मे " आदेशः न युक्तः ।

APPENDIX C

References to Bhasa or his works in literature:—

(१) भासनाटकचक्रेऽपि च्छेकैः क्षिप्ते परीक्षितुम् ।
स्वप्नवासवदत्तस्य दाहकोऽभून्न पावकः ॥

Attributed to Rajaśekhara in Sūktimuktavali

(२) "तुल्यवेतनोऽस्मि, भवद्भिः सहभोग्यमिदं राज्यं, मयाभिहितः परोऽभिहन्तव्यः " इति; वेदेष्वप्यनुश्रूयते--

'समाप्तदक्षिणानां यज्ञानामवभृथेषु सा ते गतिर्या शूराणाम्' इति अपीह श्लोकौ भवतः—

' यान् यज्ञसङ्घैस्तपसा च विप्राः स्वर्गैषिणः पात्रचयाश्च यान्ति ।
क्षणेन तान्यप्यतियान्ति शूराः प्राणान् सुयुद्धेषु परित्यजन्तः ॥
' नवं शरावं सलिलस्य पूर्णं सुसंस्कृतं दर्भकृतोत्तरीयम् ।
तत् तस्य मा भून्नरकं च गच्छेद् यो भर्तृपिण्डस्य कृते न युध्येत् ॥
इति मन्त्रिपुरोहिताभ्यामुत्साहयेद् योधान् ॥

From Kauṭaliya Arthaśāstra, Adhikaraṇa X–Adhyāya III.

(३) प्रथितयशसां भाससौमिल्लकविपुत्रादीनां प्रबन्धानतिक्रम्य " etc.

—Kālidāsa in Malavikāgnimitra Act I.

(४) " अणेण मम भादा हदो अणेण मम पिदा, अणेण मम सुदो "

From Pratijñā seems to be referred to in

हतोऽनेन मम भ्राता मम पुत्रः पिता मम ।
मातुलो भागिनेयश्च रुषा संरब्धचेतसः ॥ ४४ ॥

vide काव्यालंकार of भामह chapter iv, verses 40-47

(५) सूत्रधारकृतारम्भैर्नाटकैर्बहुभूमिकैः ।
सपताकैर्यशो लेभे भासो देवकुलैरिव ॥

— हर्षचरितम्

(६) लिम्पतीव तमोऽङ्गानि वर्षतीवाञ्जनं नभः ।
असत्पुरुषसेवेव दृष्टिर्निष्फलतां गता ॥

From Bālacarita and Cārudatta cited by Daṇḍin in Kāvyādarśa. II. 226

(७) " यो भर्तृपिण्डस्य कृते न युध्येत् "

From āratijñā cited by Vāmana in Kāvyālankāra, Adhikaraṇa. II.

(८) यासां बलिर्भवति मद्गृहदेहलीनां
हंसैश्च सारसगणैश्च विलुप्तपूर्वः ।
तास्वेव पूर्वबलिरूढयवाङ्कुरासु
बीजाञ्जलिः पतति कीटमुखावलीढः ॥

Cited by Vāmana in his Kāvyālaṅkāra, Adhikaraṇa,- V.

(९) शरच्छशाङ्कगौरेण वाताविद्धेन भामिनि ।
काशपुष्पलवेनेदं साश्रुपातं मुखं मम ॥

From Svapna. cited by Vāmana in Adhikaraṇa IV Adhyāya III.

(१०) भासम्मि जलणमित्ते कन्तीदेवे अ जस्स रहुआरे ।
सोबन्धवे अ बन्धम्मि हारियन्दे अ आणन्दो ॥

— गउडवहो-वैदग्ध्यवर्णनम् ।

Bombay Sanskrit and Prakrit Series No. 34-P. 221

(११) महाकविना भासेनापि स्वप्रबन्ध उक्तः—

त्रेतायुगं तद्धि न मैथिली सा
रामस्य रागपदवी मृदु चास्य चेतः ।
लब्ध्वा जनस्य यदि रावणमस्य कायं
प्रोत्कृत्य तन्न तिलशो न वितृप्तिगामी ॥

अभिनवभारती-- P. 320. Comm. on नाट्यशास्त्र
(Gaekwad's Oriental Series)

(१२) सञ्चितपक्ष्मकपाटं नयनद्वारं स्वरूपतडनेन (?) ।
उद्घाट्य सा प्रविष्टा हृदयगृहं मे नृपतनूजा ॥

Abhinavagupta's comm. on ध्वन्यालोक.

(१३) " क्वचित् क्रीडा यथा स्वप्नवासवदत्तायाम् "
From Abhinavabhāratī

also-तत एव विक्रमोर्वशीयस्वप्नवासवदत्ता (त्ते) नाटकमिति व्यवहरन्ति ।
Abhinavabhāratī, Page 17, Gaekwad's Oriental Series XXXVI

(१४) The following stanza from काव्यादर्श II. 280 is also given by Bhojadeva: —

' मृतेति प्रेत्य संगन्तुं यया मे मरणं मतम् ।
सैवावन्ती मया लब्धा कथमत्रैव जन्मनि ॥

अत्र स्थायिनो विभावानुभावव्यभिचारिसंयोगाद्रसनिष्पत्तिरिति रतिरेव शृङ्गाररूपेण निष्पद्यते । अत्रावन्त्या वासवदत्ताया आलम्बनविभावभूतायाः सकाशादुत्पन्नो वत्सेश्वरस्य रतिस्थायिभावः, तस्याः पुनर्जीवनादिभिरुद्दीपनविभावैरुद्दीप्यमानो मृतेत्यादिना वागारम्भानुभावेनानुमीयमानैर्हर्षधृतिप्रभृतिभिः सुखात्मकैर्व्यभिचारिभिः संसृज्यमानः करुणान्तरः संभोगः शृङ्गाराख्यां लभते ॥

— सरस्वतीकण्ठाभरणम् ।
पञ्चमो परिच्छेदः ।

(Kāvyamāla No. 94-P. 595)

(१५) शकार किं प्रार्थनया प्रावारेणामिषेण वा ।
अकार्यवर्जं मे ब्रूहि किमभीष्टं करोमि ते ॥
--सरस्वतीकण्ठाभरणे पञ्चमपरिच्छेदे ४११

the dislocated elements of which are found in मृच्छकटिक. It is, however, probable that Bhoja may have versified the prose of the मृच्छकटिक.

(१६) स्वप्नवासवदत्ते पद्मावतीमस्वस्थां द्रष्टुं राजा समुद्रगृहकं गतः । पद्मावतीरहितं च तदवलोक्य तस्या एव शयने सुष्वाप । वासवदत्तां च स्वप्नवदस्वप्ने ददर्श । स्वप्नायमानश्च वासवदत्तामाबभाषे । स्वप्नशब्देन चेह स्वापो वा स्वप्नदर्शनं वा स्वप्नायितं वा विवक्षितम् ।

-- from शृङ्गारप्रकाश of भोजदेव.

(१७) प्रशान्तरसभूयिष्ठं प्रशान्तं नाम नाटकम् ।
न्यासो न्याससमुद्भेदो बीजोक्तिर्बीजदर्शनम् ॥
ततोनुद्दिष्टसंहारः प्रशान्ते पञ्च संधयः ।
स्वप्नवासवदत्ताख्यमुदाहरणमत्र तु ॥
आच्छिद्य भूपाद्व्यसनाद्देवी मागधिकाकरे ।
न्यस्ता यतस्ततो न्यासो मुखसन्धिरयं भवेत् ॥
न्यासस्य च प्रतिमुखं समुद्भेद उदाहृतः ।
पद्मावत्या मुखं वीक्ष्य विशेषकविभूषितम् ।
जीवत्यावन्तिकेत्येतज् ज्ञातं भूमिभुजा यथा ॥
उत्कण्ठितेन सोद्वेगं बीजोक्तिर्नाम कीर्तनम् ।
एहि वासवदत्तेति क्व यासीत्यादि दृश्यते ॥
सहावस्थितयोरेकप्राप्त्यान्यस्य गवेषणम् ।
दर्शनस्पर्शनालापैरेतत्स्याद् बीजदर्शनम् ॥
चिरप्रसुप्तः कामो मे वीणया प्रतिबोधितः ।
तां तु देवीं न पश्यामि यस्या घोषवती प्रिया ॥
किं ते भूयः प्रियं कार्यमिति वागत्र नोच्यते ।
तदनुद्दिष्टसंहारमित्याहुर्भरतादयः ॥

--भावप्रकाश of शारदातनय

(१८) स्वदिशमात्मसात्कर्तुम् उदयनस्य पद्मावतीपरिणयोऽर्थश्रृङ्गारः स्वप्नवासवदत्ते, तृतीयस्तस्यैव वासवदत्तापरिणयः कामश्रृङ्गारः।

—अमरकोशटीकासर्वस्वे सर्वानन्दविरचिते। P. 147.

(१९) " कूण सङ्कोचने " चुरादिर्दीर्घादिरिति धातुप्रदीपः। तथा च " कूणं बाहुयुग " मिति भासकविः।

टीकासर्वस्वे। P. 305.

(२०) यथा स्वप्नवासवदत्ते। नेपथ्ये सूत्रधारः उत्सारणां श्रुत्वा पठति। अये कथं तपोवनेऽप्युत्सारणा। (विलोक्य) कथं मन्त्री यौगन्धरायणो वत्सराजस्य राज्यप्रत्यानयनं कर्तुकामः पद्मावतीयजनेनोत्सार्यते।

--नाटकलक्षणरत्नकोशः of सागरनन्दिनः।

(२१) श्रृङ्गाराश्च त्रयः। धर्मश्रृङ्गारः। कामश्रृङ्गारः। अर्थश्रृङ्गारः।... तत्राद्यो यथा। लामकायनाङ्के नन्दयन्त्या ब्राह्मणभोजनादि। स्वदेशमात्मसात्कर्तुरुदयनस्य पद्मावतीपरिणयः अर्थश्रृङ्गारः। कामश्रृङ्गारः तस्यैव वासवदत्तापरिणयः।

--नाटकलक्षणरत्नकोशः। P. 117.

(२२) पादाक्रान्तानि पुष्पाणि सोष्म चेदं शिलातलम्।
नूनं काचिदिहासीना मां दृष्ट्वा सहसा नता (गता ?)॥

नाट्यदर्पण of रामचंद्र and गुणचंद्र.

(२३) यथा चारुदत्तः--

शुष्कद्रुमगतो रौति आदित्याभिमुखं स्थितः।
कथयत्यनिमित्तं मे वायसो ज्ञानपण्डितः॥

--नाटकलक्षणरत्नकोशे। P. 41.

(२४) A reference to the story of Avimaraka:—

शौनकमिव बन्धुमती कुमारमविमारकं कुरङ्गीव।
अर्हति कीर्तिमतीयं कान्तं कल्याणवर्माणम्॥

—कौमुदीमहोत्सवे II. 15, and v. 9

(२५) चारुदत्ते पुनः सूत्रधारस्यापि प्राकृतम्

— शाकुन्तलव्याख्या

(२६) सुविभक्तमुखाद्यङ्गैर्व्यक्तलक्षणवृत्तिभिः।
परेतोऽपि स्थितो भासः शरीरेणैव नाटकैः॥

—अवन्तिसुन्दरीकथा दण्डिन् v. II.
Cited in Ind. Hist. Quarterly 1929, 726

APPENDIX D

Stanzas attributed to Bhāsa in the Anthologies, but not found in the existing texts.

1 दग्धे मनोभवतरौ बालाकुचकुम्भसंभृतैरमृतैः ।
त्रिवलीकृतालवाला जाता रोमावली वल्ली ॥

सदुक्तिकर्णामृते

2 पेया सुरा प्रियतमामुखमीक्षणीयं
ग्राह्यः स्वभावललितो विकटश्च वेषः ।
येनेदमीदृशमदृश्यत मोक्षवर्त्म
दीर्घायुरस्तु भगवान् स पिनाकपाणिः ॥

3 तीक्ष्णं रविस्तपति नीच इवाचिराढ्यः
शृङ्गं रुरुस्त्यजति मित्रमिवाकृतज्ञः ।
तोयं प्रसीदति मुनेरिव चित्तमन्तः
कामी दरिद्र इव शोषमुपैति पङ्कः ॥

शार्ङ्गधरपद्धतौ

4 बाला च सा विदितपञ्चशरप्रपञ्चा
तन्वी च सा स्तनभरोपचिताङ्गयष्टिः ।
लज्जां समुद्वहति सा सुरतावसाने
हा कापि सा किमिव किं कथयामि तस्याः ।

सुभाषितावल्याम्

5 कपाले मार्जारः पय इति कराँल्लेढि शशिन-
स्तरुच्छिद्रप्रोतान्बिसमिति करी संकलयति ।
रतान्ते तल्पस्थान् हरति वनिताप्यंशुकमिति
प्रभामत्तश्चन्द्रो जगदिदमहो विप्लवयति ॥

शार्ङ्गधरपद्धतौ

6 कठिणहृदये मुञ्च क्रोधं सुखप्रतिघातकं
लिखति दिवसं यातं यातं यमः किल मानिनि ।
वयसि तरुणे नैतद्युक्तं चले च समागमे
भवति कलहो यावत्तावद्वरं सुभगे रतम् ॥

सुभाषितावल्याम्

7 कृतककृतकैर्मायासख्यैस्त्वयास्म्यतिवञ्चिता
निभृतनिभृतैः कार्यालापैर्मयाप्युपलक्षितम् ।
भवतु विदितं नेष्टाहं ते वृथा किमु खिद्यसे
ह्यहमसहना त्वं निःस्नेहः समेन समं गतम् ॥

सुभाषितावल्याम्

8 विरहिवनितावक्त्रौपम्यं बिभर्ति निशापति-
र्गलितविभवस्याज्ञेवाद्य द्युतिर्मसृणा रवेः ।
अभिनववधूरोषस्वादुः करीषतनूनपा-
दसरलजनाश्लेषक्रूरस्तुषारसमीरणः ॥

सदुक्तिकर्णामृते

9 यदपि विबुधैः सिन्धोरन्तः कथंचिदुपार्जितं
तदपि सकलं चारुस्त्रीणां मुखेषु विलोक्यते ।
सुरसुमनसः श्वासामोदे शशी च कपोलयो-
रमृतमधरे तिर्यग्भूते विषं च विलोचने ॥

सूक्तिमुक्तावल्याम्

10 दुःखार्ते मयि दुःखिता भवति या हृष्टे प्रहृष्टा तथा
दीने दैन्यमुपैति रोषपरुषे पथ्यं वचो भाषते ।
कालं वेत्ति कथाः करोति निपुणा मत्संस्तवे रज्यति
भार्या मन्त्रिवरः सखा परिजनः सैका बहुत्वं गता ॥

सुभाषितावल्याम्

11 प्रत्यासन्नविवाहमङ्गलविधौ देवार्चनव्यग्रया
दृष्ट्वाग्रे परिणेतुरेव लिखितां गङ्गाधरस्याकृतिम् ।
उन्मादस्मितरोमलज्जितरसैर्गौर्या कथंचिच्चिरा-
द्बद्धः स्त्रीवचनात्प्रिये विनिहितः पुष्पांजलिः पातु वः ॥

सदुक्तिकर्णामृते

12 अस्या ललाटे रचिता सखीभि-
र्विभाव्यते चन्दनपत्रलेखा ।
आपाण्डुरक्षामकपोलभित्ता-
वनङ्गबाणव्रणपट्टिकेव ॥
दयिताबाहुपाशस्य कुतोऽयमपरो विधिः ।
जीवयत्यर्पितः कण्ठे मारयत्यपवर्जितः ॥

शार्ङ्गधरपद्धतौ

APPENDIX E

Select Glossary

अट्टालः (पृ. १४१) –प्राकारादुपरितममुन्नतं स्थानम् ।

अतिपाति (कार्यं) (पृ. ३३४)–विलम्बासहम् ।

अधिकरणं (पृ. ५४) –साक्षी.

अद्धमणसिलावट्टएहिं (पृ. २२)–अर्धमनःशीलपट्टकैः ।

अनभिवादकः (पृ. ११६)–प्रतिकूलवाक् ।

अनिविष्टः (कलत्रं) (पृ. ११५)–अविवाहितः ।

अनूर्जिता (पृ. ६०)– अमहती ।

अन्तलिक्खवासो (पृ. १४५)–अन्तरीयवासः, परिधानवस्त्रम् ।

अपनयः (पृ. ५४)–अपनयनम् ।

अभ्यवपत्तुकामः (पृ. ९)-रक्षां परित्राणं वा चिकीर्षुः ।

अयः (वासवदत्तायः) (पृ. ५७)–शुभावहः विधिः ।

अवजिदिं (पृ. १२)–अपचितिं, निष्क्रयम् ।

अवतीर्णम् (पृ. १)–अवतारः ।

अश्वारोहणीयम् (पृ. ६०)-तुरङ्ग-सादिबलम् ।

असमायुक्तः (पृ. १०२)-असम्यक् शिक्षितः ।

आढत्तो (पृ. ९७) आधीकृतः ।

आधारय (वृत्तान्तं (पृ. ६६)-ईषत् स्थापय, विरमय ।

आपन्नं (पृ. ६६)-विपद्गतम् ।

आर्यपुत्रः (पृ. ४४)-काञ्चुकीयेन भटेन वा प्रयुक्तोऽयं राज्ञ आमन्त्रण-शब्दोऽपूर्वः ।

आवर्तयति (विद्यां) (पृ. १५४)-चिन्तयति ।

आसन्नं (पृ. ४४३)-अन्तिकं, निकटम् ।

उग्घादो (पृ. २५६)-उद्घातः, कार्योपक्रमः ।

उपक्रोशः (पृ. १०५)-निन्दा ।

उल्लालिअ (पृ. १९४)-उल्लाल्य, उपच्छन्द्य ।

एकायनस्थः (पृ. ६४)-अगतिकः ।

ओवट्ठिइओ (पृ. ५९)-औपस्थितिक उपस्थितिं समीपावस्थानं नित्य-मर्हति सः । अन्तिकचरः ।

कण्डिलं (पृ. ८७)-सुरायुक्तम् ।

कण्डिलसुण्डिगिणी (पृ. ९४)-कण्डिल-शौण्डिकी कण्डिला-मत्ता मद्य-विक्रयिणी ।

कपिशीर्षकम् (पृ. १४१)प्राकारा-ग्रम्

कर्कटकरज्जुः (पृ. १४१)-संदंशकयुक्ता रज्जुः ।

कर्मकारः (पृ. ३३१)-लौहकारः ।

कवोदसन्दाणअं (पृ. २७३)-कपोत-सन्दानकं, कपोतनीडम् ।

कस्थूलिका (पृ. ८१)-निशाहिमजलं, अवश्यायसलिलम् ।

काकली (पृ. २२८)-सन्ध्युत्पाद-कश्चोरसाधनविशेषः ।

काक्षः (पृ. ४४५)-कटाक्षः ।

काल्यं (पृ. २२८)-प्रत्यूषः ।

केकरः (पृ. ४५१)-वलिरः, नेत्र-वियुक्तः ।

कौतुकक्रिया (पृ. १०६) मङ्गलकर्म ।

क्षुपाः (पृ. १७७) क्षुद्रवृक्षाः ।

क्षुरप्रमाला (पृ. ९७)-अर्धचन्द्रमाला ।

गण्डभेद (पृ. १२१)-गण्डिभेदअ ? ग्रन्थिभेदकः, कुम्भीलकः ।

गृष्टिः (पृ. १७१)-सकृत्प्रसूता गौः ।

घोडअ (पृ. ३९१)-घोटकः , अश्वः ।

चाङ्गेरिका (पृ. १४६)-चाङ्गेरी वात-पित्तहरा काचिदोषधिः ।

जम्भकः (पृ. १७१,४५२)-मायावी ।

डिण्डिकः (पृ. ८२)-विकृतवेषभाषो याचकः ।

तर्षः (पृ. २८२)-तृष्णा ।

त्रिवर्णा (दशा) (पृ. १०)–त्रिरूपा ।

त्वरता (पृ. ११५)–त्वरा ।

दुर्गुणितम् (पृ. १२२)–दुरभ्यस्तम् ।

दूतसंपातः (पृ. ५) दूतसंप्रेषणम् ।

देशिकः (राजधर्मस्य) (पृ. ५)–उपदेष्टा ।

नन्दिपटहः (पृ. २५०)–आनन्दसूचकः मङ्गलपटहः ।

नवयोगा (पृ. ४६)–नवतन्त्रीभिः प्रतियोजिता ।

निर्विष्टः (पृ. १८१)–कृतदारपरिग्रहः ।

निशान्तम् (पृ. ३३१)–मन्दिरं, गृहम् ।

निष्ठाणिता (पृ. ८७)–तेमनयुक्ता, दध्यादिव्यञ्जनयुक्ता ।

नैत्यकम् (पृ. २७६)–नित्यकर्म ।

न्यङ्गम् (पृ. ६०, २८५)–अवद्यम्, दोषः ।

पक्कणं (पृ. ३९१)–आभीरशबरादीनां निवासस्थानम् ।

पच्चन्तवासी (पृ. ६२)–प्रत्यन्तवासी, अनार्यदेशवासी ।

परिणीवित । (पृ. ७३)–स्थूलित, परिबृंहित ।

परिप्फन्दो (पृ. २२१)–परिस्पन्दः पराक्रमः, ऊर्जितं कर्म ।

परिवट्टामि (पृ. २२६)·परिवर्तयामि, प्रत्यर्पयामि ।

परिस्पन्दः (पृ. ३९९)–पराक्रमः ।

पिअक्खाणिअं (पृ. २५३)–प्रियाख्यानिकं, प्रियवार्ता ।

पुष्यरथः (पृ. २५०)–क्रीडारथः ।

प्रक्षेपभूमिः (पृ. १६०)–निषिद्धा भूमिः ।

प्रतिच्छन्दः (पृ. १२२)–प्रतिमा ।

प्रतिसरा (पृ. ५८)–हस्तधार्यं रक्षासूत्रम् ।

प्रतीक्षः (पृ. ७३)–प्रतीक्षमाणः ।

प्रतीहारः (अदेशकालः प्रतीहारस्य), (पृ. ४५)–प्रवेशद्वारम् ।

प्रतोली (पृ. १४१)–अभ्यन्तरमार्गः ।

भृङ्गारः (पृ. १०५)–स्वर्णरचितपात्रविशेषः ।

मग्गमदअणीए (पृ. ६१)–मार्गमदन्या, मार्गं मृगसमूहः तन्मदयति इति मार्गमदनी, तया ।

मरुत्प्रपातः (पृ. १५२)–पर्वतपतनस्थानं, भृग्वादि प्राणत्यागार्थम् ।

यवनिका (पृ. ५४)–मुखाच्छादनवस्त्रं, अवगुण्ठनम् ।

योगः (पृ. १२६)–ध्यानम्, संगमश्च ।

रज्जविब्भट्टं (पृ. २८३) राज्यविभ्रष्टं, राज्यभ्रंशः ।

ळण्डुओ (पृ. १९२)- लण्डितः। उत्क्षिप्तः।

वडिवस्सअजणो (पृ. १९१)-वरिवस्यकजनः, व्रतानुष्ठापको धार्मिकः।

वण्णिआरं (पृ. १३५)-वर्णिकारं।

वयस्थः (पृ. २७९)-वयसि पूर्वे स्थितः। युवा।

वरण्डी (पृ. १९२)- वरण्डः, तृणसञ्चयः।

वादसोणिदं (पृ. २०)-वातशोणितम्, तत्क्षोभजनितविकारः।

विघट्टाः (पृ. २००)-विमार्गाः।

विद्यारक्षितः (पृ. ४६६)-विद्याधरः।

वीरमानी (पृ. ८१, ३५५) वीरं आत्मानं मन्यते सः।

वेदालिआ (पृ. ७५)-वैतालिकी, वीणादिवादनवृत्तिः स्त्री।

व्यपाश्रयणा (पृ. ६)-प्रार्थना।

व्याक्षेपः (पृ. १५४)-चित्तविक्षोभः, चित्तभ्रमः।

शिरःस्थानानि (पृ. २६४)-प्रधानावसथानि।

शृङ्गाटकम् (पृ. १४०)-चतुष्पथम्।

समाहिदं (पृ. २५)-समाहितं, सुश्लिष्टम्।

संवर्ताग्निः (पृ. ३२५)-प्रलयाग्निः।

सानूकर्षा (पृ. ३९४)-रथस्य अधोधरणदारु अनुकर्षाख्यं, तद्युक्ताः।

साविग्गं (पृ. ६०) सावेगम्।

सुमणावण्णअं (पृ. २१)-सुमनोवर्णकं पुष्पलेपनादि।

श्रुतिविशेषणार्थं (पृ. ८)- श्रुतीनां विशेषपरिचयार्थम्।

सोपस्नेहता (पृ. २२८)-वृक्षलताबाहुल्यप्रयुक्तं स्निग्धत्वम्।

हस्तसारः (पृ. ४०४)-हस्तबलं, बाहुबलम्।